Don Quijote
de la Mancha
(Parte I)

Juan de la Cuesta
Hispanic Monographs

Series: *Documentación cervantina,* N° 16
Clásicos para estudiantes, N° 2

EDITOR

Tom Lathrop

MIGUEL DE CERVANTES SAAVEDRA

El ingenioso hidalgo
don Quijote de la Mancha

(Parte I)

Revised and Corrected Edition
Edited and with notes by

TOM LATHROP

Founder Member of the Cervantes Society of America
Asociación de Cervantistas
Sociedad Cervantina, Madrid

Drawings by GUSTAVE DORÉ
From his First Spanish Edition (Barcelona, 1875)

Juan de la Cuesta
Newark, Delaware

Table of Contents

INTRODUCTION ix

Text 1

Tabla de los capítulos 420

I dedicate PART I to my mother

ETHEL M. LATHROP

*who gave me my initial inspiration
to learn foregn languages*

Introduction to Students

FOR DECADES, English-speaking students like you have studied foreign-language literary masterpieces such as the *Chanson de Roland*, Dante's *Commedia*, and Camões' *Lusíadas* in editions with notes (in English) explaining the background, culture, and language of the text.

Don Quijote is the most studied foreign-language masterwork in the United States, yet there has never been—until now—an edition of it prepared for you. Our classes continue to use editions published in Spain for Spaniards. In these editions, vocabulary and syntactic structures that are difficult for English speakers go without annotation. Cultural information which educated Spanish speakers already know, but English speakers do not, is equally not annotated. This means that you are deprived of much of what you need to know in order to understand the text.

I have included several features to help you get through the text as efficiently as possible. On every page there is a running headline telling an important detail of what is happening on that page. Lines are numbered in the left margin, and at the top of each even-numbered page the Part and Chapter number are given.

There are vocabulary glosses—10,504 in both parts—in the margin immediately opposite the line where the Spanish word to be defined appears. The Spanish words to be glossed are followed by ° (and some are preceded by ' if there is more than one word to be glossed). The same ° follows archaic or odd forms of words whose modern or common equivalents are given in the margin. Using the marginal glosses will allow you to find out meanings instantly. Since there is enough room for two or three glosses per line, marginal glosses have allowed for the definition of a great many words. If the glosses spill over onto the next line, the continuation is indented. A semicolon precedes a definition from a preceding line (see p. 378, ll. 7-9 for a good example of how the system works). Generally, a word is defined in the margin only once in any given meaning—if a word has several meanings, each one will be defined in the margin as it arises.

If too many words need to be glossed in the margin, whole phrases will be translated in footnotes. The vocabulary footnotes show the word or words that begins the phrase in boldface, followed by the meaning in italics. Footnotes—there are 3,742 notes of all types in both parts—also deal with cultural items, historical, geographical, biblical, mythological, textual, and all kinds of other references. But footnotes will *not* offer interpretations—that's for you, your class, and instructor to figure out.

The text of this book is based on the Schevill-Bonilla edition (Madrid, 1928-41, 4 vols.) which takes into account all of the early editions. Schevill-Bonilla is a conservative edition since almost every change that the editors made is set off in some way. In many ways my edition is even more conservative than Schevill-Bonilla since I frequently restore what they have changed.

Schevill and Bonilla prepared an old-spelling edition. Old spelling is an unnecessary annoyance for modern readers. For example, in Golden Age typographic norms, a *u* could represent the consonant *b*; also a *y* substituted for the *i,* so the old-spelling *yua* NATURALLY was pronounced *iba* (which is the modern spelling used in this text). An initial *h* was frequently omitted and accent marks were almost always left off—*aura* represented *habrá*. I modernize spelling only when that spelling *doesn't* affect the pronunciation of the word. I changed *ss* to s 7694 times (*assí to así,* for example), *vn* to *un* (and its variations *una, uno, unas, unos*) 3790 times, *ze, zi* to *ce, ci* 5288 times, *ç* to *z* 3134 times, *qua* to *cua* 2315 times, and *Quixote* to *Quijote* 2179 times (not to mention the other instances of *x* to *j*).[1] This represents 24,667 changes only in these six categories. There are about 50,000 additional changes in less-common categories as well.

Where modernizing the spelling *would* affect the pronunciation, I made no substantial changes. Thus *ansí* was NOT changed to *así, escrebí* was not changed to *escribí, vee* to *ve, estraño* to *extraño, podimos* to *pudimos, escuridad* to *oscuridad, eceto* to *excepto, trujo* to *trajo,* and so on. You may notice that different characters use different forms of words—it would falsify the text to change the forms. Many times you might (or *will*) think there is a typographical error in the text, when the word really represents an older variant used by Cervantes. When Don Quijote is talking in archaic style, in

---

[1] In Cervantes' time, the *x* of *Quixote* was pronounced like the *sh* of *ship* (as seen by the way the French, Portuguese, and Italians transcribed the name: *Quichotte, Quixote,* and *Chisciotte* respectively—the middle consonant is pronounced *sh* in every case). The modern *j* is the normal phonetic outcome of that old sound.

imitation of the state of the language at the time the books of chivalry which he is imitating were in fashion, none of his words has been modernized.

I have followed the typographical style of the first edition wherever possible. The look of the title page (p. 1); the way the headings of the four parts are done (p. 2 and p. 68, for example); the way the parts end with lines of a diminishing length (p. 104 and p. 218, for example); the chapter headings all in italics, with indented lines starting with the second line; the 2-line drop capital to begin each chapter; indenting all lines of a poetic stanza after the first, all follow the original edition. I have also followed the first edition's Roman numeral 4, which is always IIII.

Grammatical Notes

Cervantes is a pleasure to read. I hope his style will influence your own. The Spanish that Cervantes uses is almost modern, but there are a few grammatical items that you should be aware of so they will not confuse you.

First, there was frequently an assimilation of consonants when the pronoun **le(s)** followed an infinitive (**–rl–** > **–ll–**):

Le vino deseo de tomar la pluma y **dalle** fin al pie de la letra como allí se promete. I, 1
He wanted to take up his pen and end it exactly as it is promised there.
Fueron a despertar a don Quijote, y a **decille** si estaba todavía con propósito de ir a ver el famoso entierro. I, 13
They went to wake Don Quijote, and ask him if he was still of a mind to go to see the famous burial
Le pareció ser bien **socorrelle** con un jarro de agua. I, 17
It seemed to be a good idea to her to rescue him with a pitcher of water
No podía dejar de **fatigalles** el olfato. I, 49
It could not help but offend their sense of smell.

There were also more contractions with **de** than we have today. In those days **de** could contract with pronouns:

Sin querer hacer nueva experiencia **della**. I, 1
Without wanting to make a new experiment of it.

Por haberles parecido a los autores **dellas**. I, 3
For having seemed to the authors of them.
De uno **dellos** desgajó don Quijote un ramo seco. I, 8
From one of them [the trees] Don Quijote ripped off a dry limb.
Lo que **dél** sabían. I, 44
What they knew about him.

Very frequently, Cervantes uses the past subjunctive where we would expect the conditional:

Sin duda alguna lo **hiciera**. I, 1
Without any doubt he would have done it.
Os la **pusiera** en vuestras manos. I, 52
I would put her in your hands.
No me **tuviera** yo por famoso caballero andante. I, 47
I wouldn't consider myself as a famous knight errant.
"Como si fueran de vino tinto, **pudiera** vuestra merced decir mejor." I, 37
"As if they of were of red wine, your grace could better say."
No **consintiera** que tan adelante pasaras. I, 33
I wouldn't allow you to proceed.

The future subjunctive was to disappear soon after Cervantes' time. It was formed like the past subjunctive in **–ra** but with an **–e** instead of an **–a**. It was used after **si** *if,* where modern Spanish just uses the present indicative.

Yo soy libre y volveré si me **diere** gusto. I, 44
I am free and will return if it pleases me.
Si acaso **llegare** a saberlo. I, 34
If perhaps he comes to learn it.
Si no me **contentare** la vivienda. I, 31
If I don't like the lifestyle.
Pero si yo le **hiciere**.[2] I, 21
But if I do it...

---

[2] This example also shows Cervantes' use of **le** for an inanimate direct object pronoun.

It is also used after the conjunctions and certain other expressions that nowadays are followed by a present subjunctive:

En tanto que **tuviere** vida. I, 40
As long as I have life.
Todo el tiempo que el cielo **quisiere**. I, 36
As long as heaven wants.
Corred y decid a vuestro padre que se entretenga en esa batalla lo mejor que **pudiere**. 1, 44
Run and tell your father to defend himself as well as he can in that battle.
Quien **quisiere** valer y ser rico... I, 39
Whoever wants to be worthy and rich...
Bien os dará lugar a ello el que se **tardare** en abrir la sepultura. I, 13
You will have plenty of time for it during the time it takes to open the grave
En lo que **tocare** a defender mi persona no tendré mucha cuenta con esas leyes. I, 8
Insofar as what deals with defending myself, I'll not have much use for those laws.

You may also wonder about several words beginning with a– that have seemed to change gender such as **el alcuza, el ausencia, el añadidura, el ayuda, el Andalucía,** and **el armada.** We are used to the feminine article **el** only before *stressed* initial **a–,** as in **el aspa** and **el ama,** but in Cervantes' time it could be used before *any* initial **a–,** as the examples have shown.

When *Don Quijote* was written, the form of address **usted** had not yet developed—nobody was called **usted.** There was the formal **vuestra merced** *your grace* which Sancho Panza, Don Quijote's squire, almost always uses with his master, and which Don Quijote frequently uses with other people. Don Quijote most often calls Sancho **tú,** the familiar form that would be used today. In between the two is **vos,** generally used with one's equals, and whose forms look like the modern **vosotros** forms. Only one character uses the rustic **voacé** form (p. 164, l. 22), which, like **vuestra merced,** is conjugated like the modern **usted** forms.

Since not everybody will read this introduction, the notions mentioned here are glossed or footnoted as well. Some glosses that appear in the material before Chapter 1 are repeated when they first are used in the chapters themselves since many will not read the preliminary material.

The Life of Cervantes

Miguel de Cervantes was the fourth of seven children. He was born on September 29, 1547 in Alcalá de Henares, a university town about 30 kms. east of Madrid. His father, Rodrigo, was a barber-surgeon. The family had little money and moved frequently. When he was three and a half years old, they moved to Valladolid, the capital, then on to Córdoba in 1553, when Miguel was seven years old. In 1564 at age 17, the family was in Seville. Next to nothing is known about Miguel's education, although it had to be both intense and broad, whether in schools or on his own. There is a record that he attended the Estudio de la Villa de Madrid for about six months when he was a rather old 20, under the humanist priest Juan López de Hoyos. Cervantes contributed four poems (one sonnet, two short poems in the *redondilla* format, and a 66 stanza long elegy written in tercets) to the obituary volume put together by López de Hoyos to honor the dead queen, Isabel de Valois.[3] Cervantes—although not noted as a poet—could handle many poetic forms adroitly, and used a large number of poetic formats in the *Quijote* (there are 45 of his poems in both parts of the book).

On September 15, 1569, an arrest warrant was issued in Madrid for Cervantes, who had wounded a rival in a duel. The warrant said that Cervantes' right hand was supposed to be cut off and he was to be in exile from Madrid for ten years. He fled to Andalucía and shortly thereafter made his way to Rome where he worked in the household of Cardinal Giulio Acquaviva, whom he may have met the previous year in Madrid. He worked only a few months for the cardinal. There he learned something of the Italian language and was initiated into Italian literature. You will see many references to Italy, and writings in Italian, in the *Quijote*, particularly the Italian continuations of the French *Song of Roland*. The *novella* of the *Curioso impertinente* (in Chapters 33-35 in Part I) is based on Italian models. In the summer of 1570, Cervantes joined a Spanish regiment in Naples and went off to war as a naval gunner. He fought against the Turks in the Battle of Lepanto

---

[3] This volume was called *Historia y relación verdadera de la enfermedad, felicísimo tránsito y suntuosas exequias fúnebres de la Serenísima Reina Doña Isabel de Valois.*

(Greece) on October 7, 1571, a critical battle on which the future of Europe as a Christian continent hinged. After another battle in Tunis, and a stay in Naples, as Cervantes was finally returning to Spain in 1575, his galley was attacked by Barbary pirates and he was taken to Algiers where he was held for five years waiting to be ransomed. His time in Algiers is reflected in the Captive's Tale (Chapters 39-41 of Part I).

Once back in Spain, twelve years after he left, he had to set about earning money, and got some work from the king. Miguel married Catalina de Salazar—18 years his junior—in 1584, in what turned out to be an unhappy marriage. They lived in Esquivias in La Mancha, where he came to know the types of people who were later to populate his *Quijote*.[4] The following year, he published the first—and, as it turns out, the *only*—part of his pastoral novel *La Galatea*, which he had been writing for a few years. The novel was not successful enough to support him for long. He liked the pastoral genre sufficiently well to write a number of pastoral narrations in the *Quijote* (starting with the 11th chapter in Part I).

For about ten years he had a job as a buyer and tax collector for the crown, and traveled all around Andalusia. His knowledge of the geography of that region is frequently seen in the *Quijote*. In 1590 he applied for one of several positions in the New World—Guatemala, Cartagena [modern Colombia], or La Paz [modern Bolivia]—but his petition was denied, for which posterity can be grateful.

In 1604 he moved to Valladolid to a house that you can visit today. Part I of his *Quijote* was all but finished by then, and was printed on the presses of Juan de la Cuesta in Madrid in 1605. It was an instantaneous success. As the printers were taking apart the typeset pages from the first printing, a second printing was urgently needed and what had been taken apart had to be re-set. Since the original royal license (the equivalent of the modern copyright) didn't include Portugal, two enterprising Lisbon printers produced

---

[4] For example, fifty years earlier the local priest in Esquivias was named Pero Pérez, and he baptized the son of Mari Gutiérrez. Pero Pérez is the name of Don Quijote's village priest, and Mari Gutiérrez is one of the names ascribed to Sancho Panza's wife. This is reported by Astrana Marín in his *Vida ejemplar y heroica de Miguel de Cervantes* (Madrid: Reus, 1948-1958, vol. IV, p. 29). It all may just be coincidence, of course, since neither name is remarkable in any way, but what is important is how Cervantes created his village folk partially based on his daily observations in Esquivias.

pirated Spanish-language editions immediately. It was reprinted in Madrid once again, this time *including* a license for Portugal. There was also an edition in Valencia. All of this publishing activity so far was in 1605! Then came foreign editions in Spanish (Part I, Brussels, 1607; Milan, 1610; and of both parts, Antwerp—there were many editions in this city, 1697; London, 1738; The Hague, 1744; Amsterdam, 1755; Leipzig, 1800-07; Bordeaux, 1804; Berlin, 1804-05; Paris, 1814; Mexico, 1833; New York, 1853), followed by translations (English, 1612; French, 1614; German, 1621; Italian, 1622-25; Dutch, 1657; Portuguese, 1794; Russian, 1769). In fact, the *Quijote* has been translated into more languages than any other work of fiction.

Now that he was well known as an author, Cervantes turned to other projects. In 1613 he published his twelve *Novelas ejemplares*, several of them being in the Italian style. In 1614 he published a long poem called *Viaje del Parnaso* in which he talks about 120 different authors. Although he had hinted at a second part of his *Quijote* at the end of Part I he waited until 1615 to finish his Part II. In the meantime, in 1614, a second author came out with his own continuation of Cervantes' book (more about this in the introduction to Part II since the spurious *Quijote* affected the second part greatly). Also in 1615 his *Ocho comedias y ocho entremeses* was published. Cervantes was a real fan of the theater, and in Chapters 47-48 of Part I, there is a critique of the contemporary theater. The following year, just as he was getting ready to publish *Persiles y Sigismunda*, he died on April 23, 1616.

The Maligned Genius

Ever since the *Quijote* has been annotated, every editor has pointed out that the book is filled with inconsistencies, contradictions, and errors. And it is absolutely true. You will soon see that when something—anything—is stated, sooner or later it will be contradicted. This has led footnote writers since the erudite and vituperous Clemencín in the 1830s, to proclaim that this masterwork of world literature was written by an extremely careless author who must have written at full speed without ever going over his work, and that he included hundreds of contradictions without ever realizing his terrible mistakes. That there are hundreds of inconsistencies is undeniable, but that Cervantes was a careless writer is very far from the truth.

Since there are no wholesale contradictions in his other works, the obvious conclusion has to be that Cervantes put them in the *Quijote* ON PURPOSE. But why? The answer is very simple. Cervantes' advertised objective in writing *Don Quijote* was to make fun of the ancient romances of chivalry—the ancient books that told tales of roaming knights in armor—so that no further romances of chivalry would be written. In this he was successful, since no new romances were written in Spanish.

In the romances that Cervantes was parodying, you will find errors and contradictions. Their authors were writing stories to entertain, and paid little attention to consistency in details. In order to imitate the romances fully, Cervantes satirized not only their content but also imitated their careless style. It's as simple as that. Far from being a defect in the book, these contradictions are really an integral part of the art of the book. No one can convince me that Cervantes, whose erudition and memory were so vast that he was able to cite, in this book alone, 104 mythological, legendary, and biblical characters; 131 chivalresque, pastoral, and poetic characters; 227 historical persons or lineages; 21 famous animals; 93 well-known books; 261 geographical locations; 210 proverbs; and who created 371 characters (230 of whom have speaking roles),[5] could possibly forget from one paragraph to the next the name of Sancho Panza's wife (yet she is called Juana Gutiérrez on p. 60, l. 14 and Mari Gutiérrez five lines later. And in Part II she is *also* called Juana Panza, Teresa Panza, and Teresa Cascajo).

So Cervantes imitated the careless style of these romances by, in a *very carefully* planned way, making mistakes *on purpose* about practically everything, and he made sure that whatever was said was eventually contradicted.

In Chapter 4, when Don Quijote makes an error in math and says that seven times nine is *seventy* three (p. 39, l. 24), some editors think that the typesetter has made a mistake—after all, there's only one letter different between *setenta* and *sesenta*, after all. Far from being a typesetter's mistake, this is Don Quijote's error. Many editors have *corrected* Don Quijote's mistake to make it come out right, and most of those don't mention that a change had been made. When editors make those silent changes, *you* are cheated out of a great deal of charm and humor in the book.

On another occasion, Don Quijote makes a mistake when he says that the biblical Samson removed the doors of the temple. It was really the gates of the city of Gaza that Samson tore off. Cervantes inserted this error on purpose, either to show that Don Quijote's erudition was faulty, or to show

---

[5] These numbers come from the very organized appendices to Américo Castro's edition of the *Quijote* (México: Porrúa, 1960) prepared by José Bergúa.

that in the heat of excitement one's memory is not as acute as it should be. To state, as Clemencín does, that this is "nuevas pruebas de la falta de atención de Cervantes y de su inexactitud en las citas" (p. 1170 of Clemencín's Castilla edition) is ludicrous. Many, many errors that the characters make are attributed to Cervantes. The characters are capable of making their own mistakes all by themselves, and when they make them we should assign them to the characters rather than to the author.

Cervantes, as a rule, simply does not make mistakes and he's not careless either. Indeed he had to be particularly keen and creative in order to make sure everything was contradicted. Every contradiction, every mistake, every careless turn of phrase, is there because Cervantes wanted it exactly that way.[6]

A Case in Point—"Erroneous" Chapter Titles

Aside from the contradictions and inconsistencies in the text itself, Cervantes has made sure there are mistakes in the chapter titles, also in imitation of careless titles in the books of chivalry. In preparing the romances of chivalry for the press, a person who was not the author obviously has frequently supplied the chapter titles, sometimes making mistakes that the author could never make. In *El caballero del Cisne*, for example, the title of Chapter 114 says: "Cómo sus enemigos mataron el caballo del caballero del Cisne," yet the horse was not killed in that chapter.[7] What Cervantes did, although he created everything himself, was to imitate the chopping of the book into chapters, and the careless preparation of chapter titles that went along with it.

Cervantes used practically every variation possible to mess up chapter titles. One thing he did was to do exactly what the example from *El caballero del Cisne* did, which was to state in the chapter title events that happened in the story, but *not* in the chapter in question. In Part 1, chapter 10 (p. 73) the title is preposterously wrong. It says: "De lo que más le avino a don Quijote con el vizcaíno y del peligro en que se vio con une turba de yangüeses." The episode with the Basque ("vizcaíno") was just finished, and the Yanguesans don't come for five more chapters. Who could possibly fail to see this

---

[6] These ideas can be read more fully in my article "Contradictions in the *Quijote* Explained," in *Jewish Culture and the Hispanic World*, ed. Mishael M. Caspi and Samuel Armistead, Berkeley: Judah Magnes Museum, 1999, pp. 242-46. These are studies in memory of my professor at UCLA, Joseph Silverman.

[7] I thank Bruce Fitch for this reference.

amusing parody? The Spanish Royal Academy of the Language did just that in their 1780 edition, and they, "corrigiendo tan notoria equivocación," in the words of the hostile Clemencín, changed the title to: "De los graciosos razonamientos que pasaron entre don Quijote y Sancho Panza, su escudero." Exactly the same thing happens in the title to Part I, Chapter 36 (p. 297), "Que trata de la brava y descomunal batalla que don Quijote tuvo con unos cueros de vino tinto, con otros raros sucesos que en la venta le sucedieron." The "descomunal batalla" already had taken place, and everybody knows it, especially Cervantes. Many of these contradictions are far from subtle.

Another variation was to switch chapter titles around. Cervantes reversed, *on purpose*, the titles for chapters 29 and 30 of Part I. The Academy's edition "fixed" these titles so that they corresponded to what was in the chapters.

Once, there is a false start. In Part I, chapter 37 (p. 305) it says, "Que trata donde se prosigue la historia de la famosa infanta Micomicona, con otras graciosas aventuras," where "Que trata" is superfluous. In the *Tabla de los capítulos* at the end of the book, the compositors changed this to read: "Que prosigue la historia de la famosa Infanta Micomicona..."

The title for Part I, Chapter 45 (p. 369) bears the Roman numeral XXXV, *thirty five*. This can hardly be a typesetter's mistake since it is so different from the "correct" LXV. It has to be that Cervantes once again "made a mistake" on purpose. The *Tabla* DOES correct it to *Capítulo cuarenta y cinco*. It is understandable that a responsible typesetter just could not allow the chapters to be numbered 43, 44, *35*,46, 47... in the table of contents.

In the first edition there is no Chapter 43 title in the body of the Part I—that is, it jumps from Chapter 42 to Chapter 44. A title for Chapter 43 *is* listed in the *Tabla* in back of the book (p. 423). Its page number refers to the place where the poem "Marinero soy de amor" begins (p. 353). Three preceding chapters have already begun with a poem (I,1 "En un lugar de la Mancha" was a verse from a *romance*; I,14 "Canción de Grisóstomo"; I,40 a sonnet)—so this might seem a logical break if there were to be a chapter division at all. But since we are dealing with *this* work it seems best to follow the first edition and to skip directly from 42 to 44.

The chapter title for 43 as listed in the *Tabla* is unique in the way it ends: "Capítulo cuarenta y tres, donde se cuenta la agradable historia del mozo de mulas; con otros estraños acaecimientos en la venta sucedidos. *Comienza: Marinero soy de amor*." Since compositors are supposed to set exactly what they see, it seems reasonable that they would not skip a chapter division (if one were at *Marinero soy de amor*). When the compositors were preparing the

Tabla, on the other hand, they must have been horrified to see that a heading had seemingly been left off (by the author), so they *made up* a title for Chapter 43, after they determined where they thought the chapter was *supposed to* begin. You might wonder why they didn't go back and put their made up title in the text where they said it was supposed to go. It was because the book was either already printed, or the pages were locked up and ready to be printed—you can't make a table of contents unless you know the page numbers. The printers would have had to shuffle type through the end of Chapter 51, where there is a bit of space (see folio 308ʳ of the first printing), to fit in this new title, that would represent 96 reworked or reprinted pages.

Another Case in Point—The Robbery of Sancho's Donkey

The biggest "error" in the whole of Part I is without doubt the mysterious robbery and return of Sancho's donkey. The readers of the first 1605 edition of the work suddenly found that Sancho's donkey was not only missing, but *stolen*, as he blurts out in Chapter 25: "Bien haya quien nos quitó ahora del trabajo de desenalbardar al rucio" (p. 191, l. 10). Soon, when Sancho has to do an errand for Don Quijote, he says: "Será bien tornar a ensillar a Rocinante para que supla la falta del rucio" (p. 191, l. 18). When Don Quijote asks for bandages a bit later, Sancho says: "Más fue perder el asno... pues se perdieron en él las hilas y todo" (p. 191, l. 11). And then, when Sancho calls himself an ass, he says: "Mas no sé yo para qué nombro «asno» en mi boca, pues no se ha de mentar la soga en casa del ahorcado." (p. 195, l. 29). In the next chapter, Sancho meets the priest and barber of his village and "les contó la pérdida del rucio" (p. 203, l. 15). It would seem that somewhere in Chapter 25, as many have pointed out, the donkey was stolen. Later in Chapter 29, Sancho is mentioned as being on foot: "Luego subió don Quijote sobre Rocinante... quedándose Sancho a pie, donde de nuevo se le renovó la pérdida del rucio" (p. 235, l. 19). Then, after twelve chapters with no mention either of the lost or recovered donkey, little by little, the donkey reappears. In Chapter 42, Sancho is found sleeping comfortably on his donkey's trappings, which were stolen along with the animal: "Se acomodó mejor que todos, echándose sobre los aparejos de su jumento" (p. 353, l. 16). After a few similar allusions to trappings and the donkey's halter, in Chapter 46, there is the donkey, miraculously, standing in the stable, and the innkeeper swore that "no saldría de la venta Rocinante ni el jumento de Sancho, sin que se le pagase primero hasta el último ardite" (p. 379, l. 39). And then the story continues with Sancho on his donkey and Don Quijote on his horse.

That's the way it was in the first Cuesta edition of 1605. In the second Cuesta edition of 1605, the one that included Portugal in its copyright area, we now read about the loss of the donkey in Chapter 23 (at p. 170, l. 9), and its recovery in Chapter 30 (at p. 246, l. 24). These additions have led some editors to believe that Cervantes went down to the Cuesta's print shop and corrected his huge mistake himself. Far from the truth. The way it was in the first edition was exactly as he wanted it.

I don't know who wrote the inserted sections. I suspect it was someone in the print shop, given the other "corrections" made there, but I know it *wasn't* Cervantes. I am sure of it for several reasons. On stylistic grounds, the passage which tells about the loss of the donkey uses an expression which Cervantes simply does not use. It says that "Sancho Panza... *halló* menos su rucio" (p. 170, note 10). Whenever Cervantes wanted to say 'to miss" he used "*echar* menos" and not "*hallar* menos,"[8] so the person who wrote that could not have been Cervantes.

Another important proof is *where* the new material was inserted. Flores, Allen, Hartzenbusch, Stagg, and others, all agree that the robbery should not have been in Chapter 23, where it was placed, but in Chapter 25, since there is where we first see references to it. And the recovery was stuck in the middle of Chapter 30 where it seems an intrusion. Would the author have put these added sections where they now are? Clearly not. But the added sections were never supposed to be inserted at all, as the next proof shows.

Printers in Spain and in the rest of Europe used the "corrected" second Cuesta edition as a basis for their own editions until and beyond when Cervantes' Part II came out. These included the edition in Valencia (1605), one in Brussels (1607), a new one in Madrid (1608), one in Milan (1610), and yet another in Brussels (1611). Most of the copies of the book in circulation at the time Part II came out, therefore, had the inserted sections describing the theft and recovery of the donkey.

In Chapter 3 of Part II, a new character named Sansón Carrasco arrives and says: "Algunos han puesto falta y dolo en la memoria del autor puesto que se le olvida de contar quién fue el ladrón que hurtó el rucio a Sancho,

---

[8] Both expressions were used in Cervantes' time. The expression comes from Portuguese, where *hallar* is *achar*. The Portuguese expression *achar menos* is closer phonetically, although not semantically, to *echar menos* in Spanish.

que allí no se declara, y sólo se infiere de lo escrito que se le hurtaron, y de allí a un poco le vemos a caballo sobre el mesmo jumento, sin haber parecido." To most readers this would have been perplexing, since chances are they had copies based on the *second* Cuesta edition, where not only did they know who had robbed the donkey, since it was mentioned in Chapter 30, but once it had been robbed, the second edition also corrected several subsequent references to Sancho riding it, and put him on foot. What this means is that Sansón is basing his observation on what went on in the first edition, the one without the added sections, the only one approved by Cervantes. If Cervantes had written the inserted sections, Sansón's observation would not have been made.

In my edition, as Martín de Riquer did, I have put the added sections in footnotes where they were placed in the second Cuesta edition. But to play the game correctly, in the Cervantine way, you should pay little heed to added sections. The first edition is as Cervantes wanted, and the giant error of the robbery of the donkey is also *exactly* the way Cervantes wanted it.[9]

Marcela and Don Quijote's Mission

From Chapter 12 to 14 of Part I there is a pastoral episode in which we learn of the shepherd Grisóstomo who killed himself because the beautiful shepherdess named Marcela didn't respond to his professed love for her. The general sentiment is that Marcela is responsible for his death. At Grisóstomo's funeral, Marcela appears in order to defend herself and then disappears into the forest.

This episode is important because it undermines Don Quijote's mission as a knight errant. To understand why, you have to go back to Chapter 11, where Don Quijote gives a speech to some goatherds who have invited Don Quijote and Sancho to dine and spend the night with them in their huts. In this speech, Don Quijote explains why knights errant are necessary in the world. He explains that in the Golden Age—which was long before the plow was invented—truth, sincerity, and justice were pure; that there was no need for judges; that there were no arbitrary laws. And whereas in the Golden Age maidens could roam freely and in total security, alone and unattended, in modern times no maiden is safe, not even closed up in the labyrinth of Crete

---

[9] There is more detail on this topic in my "¿Por qué Cervantes no incluyó el robo del rucio," *Anales cervantinos*, 22 (1984), 207-12.

(p. 80, l. 21). Since maidens now need to be defended, knights errant are necessary in this detestable Age of Iron, Don Quijote says.

Now, the very first maiden that Don Quijote sees is Marcela, who declares that she was born free to live in freedom in the fields and mountains and can take perfect care of herself (her speech is from p. 101, l. 22, to p. 103, l. 33). This maiden has no need whatsoever of a knight errant—she not only wanders freely and in total security in the wilderness but also she more than ably can defend herself.

Since this first maiden that Don Quijote sees doesn't need his services, maybe he should reconsider his purpose and realize that he really has no mission in the world. But Don Quijote rarely, if ever, heeds these signs.

It is interesting to see how these episodes are structured, how one will echo or respond to a previous one. There is nothing capricious about the structure of this book. Everything is there for a purpose.[10]

The Fictional Cervantes

There is a fictional Cervantes clearly represented in *Don Quijote*, but this character has not been recognized as such. Instead, other characters have been proffered as the fictional Cervantes.

In *Don Quijote*, the most common one on the fictional Cervantes list is Cide Hamete Benengeli, the author of the Arabic manuscript from which Don Quijote's story was translated (this starts on p. 70, l. 13). Fermín Caballero said that if you make an anagram of CIDE HAMETE BENENGELI you get **Migel de Cebante,** and five letters left over.[11] Cervantes always wrote his name with a **b** instead of a **v**, which bolsters Caballero's theory. But if Cervantes had added all the missing letters of his name and called his historian something like Cide Hasmete Bernengueli, it would have been clever, but it would not have made Benengeli into the fictional Cervantes.

The reason that Cide Hamete cannot be the fictional Cervantes is partly because Cide Hamete wrote only in Arabic, and Cervantes wrote only in Spanish. Cervantes, in the real world, created a book of *fiction* called *El ingenioso hidalgo Don Quijote de la Mancha compuesto por Miguel de*

---

[10] This is more developed in my "La función del episodio de Marcela y Grisóstomo en el *Quijote*, in *Actas del VIII Congreso de la Asociación Internacional de Hispanistas* (Madrid: ISTMO, 1986), pp. 123-27.

[11] In his *Pericia geográfica de Miguel de Cervantes, demostrada en la Historia de Don Quijote de la Mancha* (Madrid: Yenes. 1840).

Cervantes Saavedra, but in the world of fiction, Cide Hamete Benengeli created a book of *history* called *Historia de Don Quijote de la Mancha, por Cide Hamete Benengeli, historiador arábigo.*

Aside from the native language problem and the names of the real and fictional versions of the work, there are other things. I cannot see Cervantes referring to himself as "that dog of an author" (p. 71, l. 21) or as a person who has a reputation for lying (p, 71, l. 10). Cide Hamete is not the fictional Cervantes.

The narrator of the story, the one who in the first line of the book doesn't remember what village Don Quijote is from, the person who later will refer to himself as the *segundo autor*, is the second candidate for the fictional Cervantes. Américo Castro, in his article "Cide Hamete Benengeli: el cómo y el por qué," published in the Paris journal *Mundo nuevo* (Number 8, 1967, p. 6), states that: "En Toledo halló Cervantes el original de su obra mayor." This is absolutely astonishing to me, especially in the light of who said it. Did the real Cervantes plunge into the world of fiction and there purchase that famous Arabic manuscript? Don Américo is here equating Cervantes—the man of flesh and blood—with the book's un-named narrator whom he has dubbed "Cervantes" and whom he doubtless believed to be the *fictional* Cervantes.

Jay Allen refers to the narrator as Cervantes' fictional self in *Don Quijote: Hero or Fool* (Gainesville: University of Florida Press, 1969, p. 11). "This fictional Cervantes is not a simple copier but a dedicated researcher," he says. The narrator cannot be the fictional Cervantes. In order for it to be so, he would have to know the same things, look like, and be like the author. We have no information about what the narrator looked like, but we *do* know a few things about how the narrator worked, his attitudes, and what he could find out, and these do not equate him with Cervantes. Here is one example: the narrator could never find out what the hero's last name was, no matter where he looked, yet if Cervantes himself were the narrator it would be within his province to assign a last name, without archives and without research of any kind. Instead, Cervantes opted to create a *character* who could never locate what the elusive name might be. The narrator is not the fictional Cervantes.

Another candidate for the fictional Cervantes is don Quijote himself. It is true that Cervantes' age "frisaba con los cincuenta años" (p. 21, l. 18), and he was concerned with literature, just like his hero, but novels of chivalry didn't drive him mad, they only *made* him mad. There is a biography of

Cervantes called *The Man who was Don Quixote*, in which Rafaello Busoni approximates Cervantes to Don Quijote through manipulation of facts and a fanciful imagination (Englewood Cliffs: Prentice-Hall, 1958). Interesting reading, but far from true. In *Man of la Mancha*, Dale Wasserman also equates the two. It's a terrific musical play, but it has little to do either with Cervantes or Don Quijote.

Here, finally, is a good example of a fictional representation of Cervantes. When Don Quijote's library is being scrutinized for heretic books, the priest, talking about *La Galatea*, says: "Es grande amigo mío este Cervantes, y sé que es más versado en desdichas que en versos" (p. 55, l. 22). This Cervantes appears real, of course, because we know his name, we know that the real *Galatea* is his, and we know something about his life's troubles. But—and this is important—since the priest never lived in the real world but rather in the fictional one, it stands to reason that any friend of his, including that Cervantes whom he mentioned, would have to be fictional, too. We are also talking about a fictional *Galatea*. This Cervantes is a fictional Cervantes, but a minor one.

On a second occasion, in the Captive's Tale, we learn of an imprisoned soldier with the name "tal de Saavedra" (p. 327, l. 23). Annotators comment that "Éste es el mismo Cervantes" or "Aquí Cervantes se refiere a sí mismo." But Cervantes has not put himself into the novel, but rather a *fictional* representation of himself. Cervantes was imprisoned in the real Algeria, the "tal de Saavedra" was imprisoned in the Algeria of fiction, where he was seen by the Captive. Although the reference is fleeting, this is a second example of a fictional Cervantes.

These two examples are just minor representations of a fictional Cervantes. The principal fictional Cervantes is the person who speaks in the prologue of Part I. Howard Mancing, in his book *The Chivalric World of* Don Quijote (Columbia: University of Missouri Press, 1982, p. 192), says: "No one, to my knowledge, doubts that the 'yo' of the prologue is anyone other that the person referred to on the title page... Miguel de Cervantes." But *I* doubt it. This person—this *character*—is not Miguel de Cervantes from the title page (that's the *real* one), but rather a fictional representation of Cervantes, a character created by Cervantes as another element in his fiction.

What has tricked us about Cervantes' prologue is that it really sounds like the author's own voice before his narrator takes over when the novel begins. In this ironic introduction we see a perplexed author not knowing how to make his book more acceptable or more learned owing to his feeble intellect.

All of a sudden, an unnamed friend pops in and tells him what to do. Did someone really visit Cervantes when he had his pen behind his ear, his elbow on his desk, and his cheek in hand, and give to him the advice recorded in the prologue? No, of course not—it is all fiction.

Many people have been fooled by this prologue. Francisco Vindel, in his long-forgotten radio broadcast of April 27, 1934, called "Cervantes, Robles y Juan de la Cuesta," actually set out to prove who this mysterious caller was who visited Cervantes in that impromptu and providential fashion. Vindel tells us that it had to be Francisco de Robles, the bibliophile bookseller in whose shop *Don Quijote* would soon be sold. Who knows, maybe Robles did in fact inspire that character, but it does not make that character the real Robles.

We have all pitied Don Quijote because the poor crazy fellow believed that the fictional knight Amadís de Gaula really existed, really lived, and really engaged in eternal battles in real life. We are sorry for Don Quijote because he confused fiction with reality—he could never tell what was real, what was fiction, or what was his own imagination.

Many also fail to make this same distinction between what is fiction —which is everything that happens in *Don Quijote*—and real life, by assigning real person, Miguel de Cervantes, to different roles in that book—the narrator, the Arabic historian, the "segundo autor," and/or the protagonist himself. Real people cannot act in works of fiction, although fictional representatives of themselves can. The only true fictional Cervantes is the one who speaks in the Prologue of Part I, and this one is light years away from being the real Cervantes.[12]

The Arabic Manuscript

In the real world Cervantes created a book called *El ingenioso hidalgo don Quijote de la Mancha*. He created all of the characters, including the narrator. The first eight chapters of the book—within the reality of its fiction—were prepared by our unnamed narrator. As Chapter 8 ends, Don Quijote is in a furious battle with a raging Basque. Don Quijote has resolved to venture everything on one slash of his sword, and he begins his attack with his sword raised high. At this exact point, amazingly, the narrator's research

---

[12] This is more fully developed in my "El Cervantes ficticio" in *Hispanica Posnaniensia*, 1 (1990), 66-73, and, in a different version, in my "The Fictional Cervantes," in *Ingeniosa invención: Essays on Golden Age Literataure for Geoffrey L. Stagg in Honor of his 85th Biurthday*, published by this press in 1999, pp. 251-57.

could turn up nothing further, not even how the battle came out a few seconds afterward. Some time later, our narrator is in the market in Toledo and there sees a boy selling notebooks written in Arabic. He can't read that language, but takes one of them and finds someone who can translate for him. It turns out, astoundingly, that the manuscript is the story of Don Quijote. The narrator discovers this because the translator recites something that caught his eye in the margin: "Esta Dulcinea del Toboso, tantas veces en esta historia referida, dicen que tuvo la mejor mano para salar puercos que otra mujer de toda la Mancha" (p. 70, l. 7). This work, unlike the title of our book in the real world, is called (in translation) *Historia de don Quijote de la Mancha, escrita por Cide Hamete Benengeli, historiador arábigo*. In the world of fiction, our book was written by an Arabic-speaking author. In the ancient books of chivalry, frequently the authorship of the book is attributed to a foreign source: thus, within the reality of the fiction created by their real-world authors, *Don Cirongilio de Tracia* was written originally in Latin by an author named Elisabad; *Las Sergas de Esplandián* was written in Greek by Frestón; *El caballero de la Cruz* and *Las guerras civiles de Granada* were written in Arabic, and translated into Spanish. So the story of Don Quijote continues this tradition. Cide Hamete Benengeli is an author of the wizard enchanter type, like Frestón and Elisabad, just as Don Quijote predicts he has to be, otherwise he could not be omniscient, that is, otherwise he could not relate what Don Quijote and Sancho say when they are alone in the wilderness.

On the first page of this Arabic manuscript there is a miniature showing Don Quijote with his sword raised. Underneath him is a caption that says DON QUIJOTE and under Sancho there is one that says SANCHO ZANCAS, because "que con estos dos sobrenombres le llama algunas veces la historia" (p. 71, l. 4). It is an remarkable coincidence that Cide Hamete's manuscript begins at *exactly the same point* at which our narrator's research failed him, with Don Quijote attacking the Basque.

When you continue reading the book, you will never see that comment about Dulcinea salting pork anywhere in the book, and you will see that Sancho is always called Panza and never Zancas. What this means simply is that our narrator, who promised a faithful translation from Arabic into Spanish, has edited and changed his translated text, and has even omitted certain things. This leads us to wonder how reliable the finished text is. It is one of Cervantes' artistic triumphs that through these levels of narration we can perceive clearly the presence of Cide Hamete's manuscript and at times we can even reconstruct what the manuscript must have said.

Sometimes Cide Hamete is cited directly, so there is no question about his exact words. One time he says: "Juro como un católico cristiano" (Part II, Chapter 27, p. 605, l. 6), and another time: " '¡Bendito sea el poderoso Alá! dice Hamete Benengeli al comienzo de este octavo capítulo, '¡Bendito sea el poderoso Alá!' repite tres veces" (Part II, Chapter 8, p. 482, l. 6). There are longer direct quotes, as well, for example when Cide Hamete speaks of Don Quijote's bravery (Part II, Chapter 17, p. 538, l. 28) and his poverty (Part II, Chapter 44, p. 699, l. 16), but the ironic thing about these direct quotes is that none of them furthers the story in any way.

The narrator also cites Cide Hamete through indirect discourse. For example, in Part II, Chapter 1 (p. 431, l. 6), we see: "Cuenta Cide Hamete Benengeli en la segunda parte desta historia, y tercera salida de don Quijote que el cura y el barbero se estuvieron casi un mes sin verle..." which indicates that Cide Hamete's manuscript said simply (in Arabic, of course): "El cura y el barbero se estuvieron casi un mes sin verle..." Here is another example of many: "Cuenta Cide Hamete que estando don Quijote sano de sus aruños..." The Arabic manuscript would have said: "Estando don Quijote sano de sus aruños..." (Part II, Chapter 52, p, 748, l. 4).

Many times the narrator wants to emphasize that something said is Cide Hamete's declaration and not his own. For example, at one point the text says that Sancho is unusually charitable, and the narrator wants us to know that Cide Hamete said it, and not himself: "Como él (según Cide Hamete) era caritativo a demás..." (Part II, Chapter 54, p. 759, l. 31), so we can be reasonably sure that Cide Hamete said: "Como él era caritativo a demás..."

One thing the narrator cannot stand is Cide Hamete's inexactitude in matters of flora or fauna. Where Cide Hamete has given a generic term, our narrator likes to provide an appropriate specific term. Where Cide Hamete must have said: "Así como don Quijote se emboscó entre unos árboles..." our narrator has "Así como don Quijote se emboscó en la floresta, encinar o selva..." (Part II, Chapter 10, p. 492, l. 14). Where Cide Hamete must have written: "Yendo fuera de camino, le tomó la noche (a don Quijote) entre unos espesos árboles..." our narrator changes it and then adds a comment: "Yendo fuera de camino, le tomó la noche (a don Quijote) entre unas espesas encinas o alcorniques, que en esto no guarda la puntualidad Cide Hamete que en otras cosas suele..." (Part II, Chapter 60, p. 793, l. 11). And again: "Don Quijote, arrimado al tronco de un árbol, cantó desa suerte..." but our narrator writes: "Don Quijote, arrimado al tronco de una haya o de un alcornoque (que Cide

Hamete Benengeli no distingue el árbol que era), cantó desa suerte..." (Part II, Chapter 68, p. 837, l. 17). What difference does it make what kind of tree it was? Our narrator insists on supplying details that do not affect the substance of the story.

When three country girls arrive on their mounts, Cide Hamete doesn't mention what kind of animals they are riding, so our narrator proposes what they might be: "Venían tres labradoras sobre tres pollinas, o pollinos, que el autor [= Cide Hamete] no lo declara, aunque más se puede creer que eran borricas..." (Part II, Chapter 10, p. 494, l. 31). Cide Hamete must have said: "Venían tres labradoras sobre tres bestias..." but again, what difference does it make? Our narrator insists on exactitude where none is called for.

The Arabic manuscript is present and almost within reach throughout the book. And there is a huge contradiction involving that manuscript as well. At the end of Part I, in Chapter 52, Cide Hamete's manuscript runs out. There is nothing more left, and our narrator regrets he can find nothing else: "Pero el autor[13] desta historia, puesto que [= aunque] con curiosidad y diligencia ha buscado los hechos que don Quijote hizo en su tercera salida, no ha podido hallar noticia de ellas, a lo menos por escrituras auténticas..." (p. 415, l. 15). Then when Part II begins, it starts with a quote you have already seen: "Cuenta Cide Hamete Benengeli en la segunda parte desta historia, y tercera salida de don Quijote..." You figure it out!

The Secular Clergy

In the *Quijote*, soon after the visionary gentleman himself is introduced, we meet Pero (= Pedro) Pérez, the village priest. Our priest never engages in the ordinary work of priests (except once, in Chapter 74 of Part II, p. 862, l., 24). He never says a single mass in the whole book, nor does he even say he has to prepare for one, write a sermon, hasten off to hear confessions, or anything of the kind.

It is equally strange that Don Quijote himself never says that he has to go to mass, that he needs to confess, that he needs a blessing, that he requires spiritual advice. A Christian knight, which is what Don Quijote professes himself to be, you should think at least, would be in constant need of the services of a priest. When Don Quijote, or anyone else for that matter, eats, no matter in the open wilderness or in sumptuous banquets, it is strange that

---

[13] Now, our narrator, the *segundo autor*, calls himself the "author."

no one ever says a blessing.

But what does Pero Pérez *do* to pass the time if he doesn't engage in religious matters? We find out the instant he is mentioned for the first time in the book: "[Don Quijote] tuvo muchas veces pendencia con el cura de su lugar... sobre cuál ha sido mejor caballero: Palmerín de Ingalaterra o Amadís de Gaula" (p. 23, l. 3). What the priest does most of the time is to engage in literary discussions about secular literature. He never even *mentions* religious literature—the Bible, missals, prayer books, and so on. He is very astute in his valuations of secular literature and seems to have been a voracious reader in most areas.

The priest makes certain odd interjections throughout the book. At one point he makes a pagan exclamation: "Desde que Apolo fue Apolo..., tan gracioso ni tan disparatado libro como ése no se ha compuesto" (p. 54, l. 28). Why Apolo? Why not a biblical figure? Because this priest never thinks of religious matters, never considers religious sources. He is plainly obsessed with secular life and secular literature.

In Chapter 32 of Part I (p. 257, l. 10), our priest engages in a discussion of books of chivalry with an innkeeper who has just brought out a suitcase containing books of chivalry and history, and the priest astutely explains to him the difference between fiction and non-fiction. In Chapter 47 of Part I we meet the canon of Toledo (a canon is a priest who serves in a cathedral). The canon is taken aside by Pero Pérez and told of Don Quijote's craziness. This canon states that "He leído... el principio de todos los libros de caballerías... [pero] jamás me he podido acomodar a leer ninguno de principio al cabo" (p. 386, l. 25), yet he seems to know them better than that. The canon goes on to say that he has thought, not of writing a *religious* work, but of writing a book of chivalry, and in fact has already written two hundred pages of one, and the people who've read it like it. Our priest, talking about modern plays, thinks them bad, not on religious grounds, but because they don't follow the precepts of the pagan Cicero "espejo de la vida humana, ejemplo de las costumbres y imagen de la verdad." Couldn't he, as a man of the cloth, have found a better illustration for these traits—Christ, for example?

I confess that I have plenty more to say about this book, but I will get off my soap box and let you come to your own conclusions. This is a book that everybody has strong opinions about. You may have some thoughts quite different from your friends and teachers. That is fine and is to be expected. If you can justify your interpretations with evidence from within the book, they are legitimate. But keep in mind that everything is contradicted, so the people you argue with may have different and even opposite interpretations, but equally justified. I continue to enjoy disagreeing with everybody about this book, not to be contumacious, but because I am convinced I am right. And many of my friends enjoy disagreeing with me, too, not to be contumacious, but because they think *they* are right. It's a lot of fun.

Editions used

Aside from the Schevill-Bonilla edition and the original 1605 Juan de la Cuesta printing (in the photographically-reproduced edition done from a copy that the Hispanic Society of America has),[14] I turned frequently to other editions: Vicente Gaos' new edition of the *Quijote* is excellent textually and has very complete and very useful footnotes (Madrid: Gredos, 1987, 3 vols.). Juan Ignacio Ferreras also has very informative notes (Torrejón [Madrid]: Akal, 1991, 2 vols). I used this one a lot, too. While I was preparing this edition, the brand new edition of the *Quijote* done in Barcelona (Galaxia Gutenberg, 1998), done by Silvia Iriso and Gonzalo Pontón, and presented by Francisco Rico, came out. This fine edition neatly resolves lots of problems. Robert Flores settles a number of problems in his old-spelling edition (Vancouver: University of Vancouver Press, 1988). I also used Martín de Riquer's original edition (Barcelona: Juventud, 1955) in which all of my college notes are written, and his more reliable later edition (Barcelona: Planeta, 1980). I consulted Luis Murillo's edition (Madrid: Clásicos Castalia, 1987, 3 vols.), John Jay Allen's edition (Madrid: Cátedra, 1977, 2 vols.), Juan Bautista Avalle Arce's edition (Madrid: Alhambra, 1979, 2 vols.), Joaquín Casalduero's (Madrid: Alianza, 1984, 2 vols.), and Américo Castro's (Mexico City: Porrúa, 1960. I know all of the modern editors except Juan Ignacio Ferreras, Silvia Iriso, and Gonzalo Pontón, and I hope to meet them soon. Among the classical editions, I consulted Francisco Rodríguez Marín's 10 volume set (Madrid: Atlas, 1947-48) and the learned and merciless one by Diego Clemencín whose commentary exceeds the length of the *Quijote* (the modern edition is published by Castilla [Madrid, no year mentioned]). I have also used Covarrubias' *Teroso de la lengua castellana o española* in Martín

---

[14] The Royal Academy of the Language has also published its own photographically-reproduced edition, and there is now one on the Internet at http://www.intercom.es/intervista/quijote/).

de Riquer's edition (Barcelona: Horta, 1943), and the *Diccionario de la Lengua Española en CD-ROM* of the Real Academia de la Lengua (Madrid: Espasa Calpe, 1995).

Once in a while it was useful to see what the translators had to say. I used the [old] Norton Critical Edition version of Ormsby (1981), revised by my colleague Joseph R. Jones; the version by my professor, Walter Starkie (a Signet Classic, 1964); the [new] Norton Critical Editon by Burton Raffel (New York: Norton, 1995), and the Putnam translation (Modern Library, 1949).

Acknowledgements

I am indebted to several people who have contributed to this project. First, to my professor of *Don Quijote*, J. Richard Andrews, emeritus at Vanderbilt University. In my 1964 course with him at UCLA, he not only taught me truths about this book, but he also taught me about the nature of literature, a secret not revealed to everyone. I also owe a great debt to my longtime friend Dan Eisenberg of Regents College, who put the idea to do this edition into my head, and who made the good suggestion that no interpretive footnotes be given. I am very grateful to my wife Connie, who gave me a copy of the first full-sized Spanish edition of the *Quijote* with all of the Gustave Doré illustrations (Barcelona: Imprenta y Librería Religiosa y Científica del Heredero de don Pablo Riera, 1875, 2 vols.). The illlustrations from this book come from that edition. I would have loved to include *all* of Doré's ilsutrations, but it would have extended the number of pages drastically.

Annette Cash of Georgia State University read the whole text and all of the notes and made a great number of valuable corrections and suggestions of all kinds, for which I am very grateful. I also thank Jerry Culley and Nik Gross of my department, who helped me make sure that the Latin and Greek translations were correct. My students Amy Leyva and Christine Swoap did a particularly good job in critiquing parts the text from the student's point of view. And my assistant Mark Parsia did some astute last minute proofreading for which I am grateful. The Schevill-Bonilla edition was transcribed by an expert typist, Phyllis Dale, who did a perfect job. Any lingering infelicities are strictly my own—my friends are not responsible for any of them.

T. L.
October, 1998

EL INGENIOSO
HIDALGO DON QUI-
JOTE DE LA MANCHA,
Compuesto por Miguel de Cervantes Saavedra.
DIRIGIDO AL DUQUE DE BÉJAR,
Marqués de Gibraleón, Conde de Benalcázar y Bañares,
Vizconde de la Puebla de Alcocer, Señor de
las villas de Capilla, Curiel y
Burguillos.

Año  1605

CON PRIVILEGIO
EN MADRID Por Juan de la Cuesta

Véndese en casa de Francisco de Robles, librero del Rey nuestro señor.

2

Tasa° price

Yo, JUAN GALLO DE ANDRADA, escribano° de Cámara del Rey nuestro señor, de los que residen en su consejo,° certifico y doy fe: que, habiéndose visto por los señores dél un libro intitulado *El ingenioso hidalgo de la Mancha*, compuesto por Miguel de Cervantes Saavedra, tasaron° cada pliego del dicho libro a tres maravedís[1] y medio, el cual tiene ochenta y tres pliegos,[2] que al dicho precio monta el dicho libro docientos y noventa maravedís y medio, en que se ha de vender en papel,[3] y dieron licencia para que a este precio se pueda vender; y mandaron que esta tasa se ponga al principio del dicho libro, y no se pueda vender sin ella. Y para que dello conste, di la presente, en Valladolid, a veinte dias del mes de deciembre de mil y seiscientos y cuatro años.

Juan Gallo de Andrada.

- notary
- court
- fixed the price

---

[1] A *maravedí* was worth .094 grams of silver. The first part of the *Quijote* was thus worth 27.307 grams of silver (Riquer 1980). There were 34 *maravedís* in a *real*.

[2] A *pliego* is a "gathering" of a book. Each *pliego* has eight printed pages on it. There are 40 double *pliegos* and 3 single *pliegos* in the *Quijote*, 83 in all.

[3] **En papel** means *paperbound*.

Testimonio de las erratas° mistakes

ESTE LIBRO NO TIENE cosa digna° de notar que no corresponda a su worthy
original. En testimonio de lo haber correcto di esta fe,° en el Colegio de certificate
la Madre de Dios de los Teólogos de la Universidad de Alcalá, en primero
de diciembre de 1604 años.

El Licenciado Francisco Murcia de la Llana.

4

El Rey

POR CUANTO POR PARTE de vos,[1] Miguel de Cervantes, nos fue fecha
relación° que habíades compuesto un libro intitulado *El ingenioso*   report
hidalgo de la Mancha, el cual os había costado mucho trabajo, y era muy
5 útil y provechoso,° y nos pedistes y suplicastes os mandásemos dar licencia   beneficial
y facultad° para le poder imprimir,° y previlegio° por el tiempo que   right, print,
fuésemos servidos,[2] o como la nuestra merced fuese, lo cual, visto por los   copyright
del nuestro Consejo, por cuanto en el dicho libro se hicieron las diligencias
que la premática° últimamente por nos° fecha sobre la impresión de los   decree, **nosotros**
10 libros dispone, fue acordado que debíamos mandar dar esta nuestra cédula°   permission
para vos, en la dicha razón, y nos tuvímoslo por bien. Por la cual, por os
hacer bien y merced, os damos licencia y facultad para que vos, o la
persona que vuestro poder hubiere, y no otra alguna, podáis imprimir el
dicho libro, intitulado *El ingenioso hidalgo de la Mancha*, que de suso se
15 hace mención, en todos estos nuestros Reinos de Castilla,[3] por tiempo y
espacio de diez años, que corran y se cuenten desde el dicho día de la data
desta nuestra cédula; so pena que la persona, o personas, que sin tener
vuestro poder lo imprimiere o vendiere, o hiciere imprimir o vender, por el
mesmo caso pierda la impresión° que hiciere, con los moldes° y aparejos°   press-run, type, equi
20 della, y más incurra en pena° de cincuenta mil maravedís cada vez que lo   ment; fine
contrario hiciere. La cual dicha pena sea la tercia parte para la persona que
lo acusare, y la otra tercia parte para nuestra Cámara, y la otra tercia parte
para el juez° que lo sentenciare. Con tanto, que todas las veces que   judge
hubiéredes de hacer imprimir el dicho libro durante el tiempo de los dichos
25 diez años, le traigáis al nuestro Consejo, juntamente con el original que en
él fue visto, que va rubricado° cada plana,° y firmado al fin dél, de Juan   initialed, page
Gallo de Andrada, nuestro escribano de Cámara, de los que en él residen,
para saber si la dicha impresión está conforme° el original; o traigáis fe en   like
pública forma[4] de como por corretor nombrado por nuestro mandado, se vio
30 y corrigió la dicha impresión por el original y se imprimió conforme a él,
y quedan impresas las erratas por él apuntadas, para cada un libro de los
que así fueren impresos, para que se tase el precio que por cada volumen
hubiéredes de haber.

---

[1] **Vos**, used with inferiors, is a singular form.

[2] **Ser servido** is *to please*.

[3] Since the original copyright did not include Portugal, two pirated editions came out
in Lisbon in 1605 as well. Jorge Rodríguez and Pedro Crasbeeck printed these editions
in February and March, 1605. When the second 1605 Madrid edition came out, copyright
had been secured for Portugal as well, too late for the two Lisbon editions.

[4] **Fe en...** that is, an affidavit.

Y mandamos al impresor que así imprimiere el dicho libro, no imprima el principio, ni el primer pliego dél,[5] ni entregue más de un solo libro, con el original, al autor o persona a cuya costa lo imprimiere, ni otro alguno, para efeto de la dicha correción y tasa, hasta que antes y primero el dicho libro esté corregido y tasado por los del nuestro Consejo; y estando hecho, y no de otra manera, pueda imprimir el dicho principio y primer pliego, y sucesivamente ponga esta nuestra cédula, y la aprobación, tasa y erratas, so pena de caer e incurrir en las penas contenidas en las leyes y premáticas destos nuestros reinos.

Y mandamos a los del nuestro Consejo, y a otras cualesquier justicias dellos, guarden y cumplan esta nuestra cédula y lo en ella contenido.

Fecha en Valladolid, a veinte y seis días del mes de setiembre de mil y seiscientos y cuatro años.

YO EL REY

Por mandado del Rey nuestro señor,

Juan de Amezqueta.

---

[5] Since the first **pliego** *printed section* of a book has the **tasa**, the authorities needed to verify the size of the complete, printed book—without the first **pliego**—so that a price could be assigned to it. Once that price was assigned, the first **pliego**, with its notice of price, could be printed, and the book could be bound and sold.

6

AL DUQUE° DE
BÉJAR, MARQUÉS° DE
Gibraleón, Conde de Benalcázar y
Bañares, Vizconde de la Puebla de
Alcocer, Señor de las villas
de Capilla, Curiel y
Burguillos.

duke

marquis

*EN FE del buen acogimiento° y honra que hace Vuestra Excelencia a
toda suerte° de libros, como Príncipe tan inclinado a favorecer las
buenas artes, mayormente las que por su nobleza no se abaten° al
servicio y granjerías° del vulgo, he determinado de sacar a luz al* Ingenioso
Hidalgo don Quijote de la Mancha, *al abrigo° del clarísimo nombre de
vuestra Excelencia, a quien, con el acatamiento° que debo a tanta
grandeza, suplico le reciba agradablemente en su protección, para que a
su sombra,° aunque desnudo de aquel precioso ornamento de elegancia y
erudición de que suelen andar vestidas las obras que se componen en las
casas de los hombres que saben, ose° parecer seguramente en el juicio de
algunos que, no continiéndose° en los límites de su ignorancia, suelen
condenar con más rigor y menos justicia los trabajos ajenos; que, poniendo
los ojos la prudencia de vuestra Excelencia en mi buen deseo, fío° que no
desdeñará° la cortedad° de tan humilde servicio.*[1]

reception
type
submit
gain
shelter
veneration

shadow

dare
are not contained

I trust
scorn, smallness

Miguel de Cervantes.
Saavedra

[1] The duke was 28 when the *Quijote* came out. He died in 1619, and there is no
record of his doing any favors for Cervantes.

Prólogo

DESOCUPADO° LECTOR:° sin juramento° me podrás creer que quisiera que
este libro, como hijo del entendimiento,° fuera el más hermoso, el más
gallardo° y más discreto° que pudiera imaginarse; pero no he podido y
contravenir° al orden de naturaleza,° que en ella cada cosa engendra° su
semejante.° Y así, ¿qué podrá engendrar el estéril° y mal cultivado ingenio°
mío, sino la historia de un hijo seco,° avellanado,° antojadizo° y lleno de
pensamientos° varios, y nunca imaginados de otro alguno, bien como quien
se engendró en una cárcel,° donde toda incomodidad° tiene su asiento° y
donde todo triste ruido hace su habitación?° El sosiego,° el lugar apacible,°
la amenidad de los campos, la serenidad de los cielos, el murmurar de las
fuentes, la quietud del espíritu,° son grande parte para que las musas mas
estériles se muestren fecundas° y ofrezcan partos° al mundo que le colmen°
de maravilla y de contento.

Acontece tener un padre un hijo feo y sin gracia alguna, y el amor que
le tiene le pone una venda° en los ojos para que no vea sus faltas, antes las
juzga por discreciones° y lindezas,° y las cuenta a sus amigos por agudezas°
y donaires.° Pero yo, que, aunque parezco padre, soy padrastro° de don
Quijote, no quiero irme con la corriente del uso, ni suplicarte, casi con las
lágrimas° en los ojos, como otros hacen, lector carísimo, que perdones o
disimules° las faltas que en este mi hijo vieres; y ni eres su pariente, ni su
amigo, y tienes tu alma en tu cuerpo, y tu libre albedrío,° como el más
pintado,[2] y estás en tu casa, donde eres señor della, como el Rey de sus
alcabalas,° y sabes lo que comúnmente se dice, que *debajo de mi manto°
al Rey mato.*° Todo lo cual te esenta° y hace libre de todo respecto y
obligación, y así puedes decir de la historia todo aquello que te pareciere,
sin temor que te calunien° por el mal, ni te premien por el bien que dijeres
della.

Sólo quisiera dártela monda° y desnuda, sin el ornato° de prólogo, ni
de la inumerabilidad y caèlogo de los acostumbrados° sonetos, epigramas
y elogios° que al principio de los libros suelen° ponerse. Porque te sé decir,
que, aunque me costó algún trabajo componerla,° ninguno tuve por mayor
que hacer esta prefación° que vas leyendo. Muchas veces tomé la pluma
para escribille, y muchas la dejé, por no saber lo que escribiría; y estando
una suspenso,[3] con el papel delante, la pluma en la oreja, el codo° en el
bufete y la mano en la mejilla,° pensando lo que diría, entró 'a deshora° un
amigo mío, gracioso° y bien entendido,° el cual, viéndome tan imaginativo,°
me preguntó la causa, y no encubriéndosela° yo, le dije que pensaba en el
prólogo que había de hacer a la historia de don Quijote, y que me tenía 'de
suerte que° ni quería hacerle, ni menos sacar a luz las hazañas° de tan noble
caballero.°

"Porque ¿cómo queréis vos que no me tenga confuso° el que dirá el

---

Marginal glosses:

idle, reader, oath
intellect
gallant, ingenious
violate, nature, begets
like, barren, talent
dry, shriveled, capri-
cious; thoughts
jail, annoyance, site
dwelling, tranquility,
pleasant
soul
fruitful, births, bestow

blindfold
cleverness, charm,
subtleties; witticisms,
stepfather
tears
overlook
will

taxes, cloak
I kill, exempts

hold you responsible

pure, embellishment
usual
eulogies, usually
to write it
preface

elbow
cheek, unexpectedly
witty, wise, pensive
concealing...

so that, deeds
knight
fearful

---

[2] **Como...** *like the best of them.*
[3] That is, **estando una *vez* suspenso.**

antiguo legislador que llaman vulgo,° cuando vea que al cabo de tantos años   *public*
como ha que duermo en el silencio del olvido,° salgo ahora, con todos mis   *oblivion*
años 'a cuestas,° con una leyenda seca como un esparto, ajena de invención,   *on my shoulders*
menguada de estilo, pobre de concetos y falta de toda erudición y doctrina;
5   sin acotaciones en las márgenes y sin anotaciones en el fin del libro,[4] como
veo que están otros libros, aunque sean fabulosos° y profanos,° tan llenos   *ficticious, secular*
de sentencias° de Aristóteles, de Platón y de toda la caterva° de filósofos,   *maxims, multitide*
que admiran° a los leyentes,° y tienen a sus autores por hombres leídos,°   *amaze, readers,*
eruditos y elocuentes? ¡Pues qué, cuando citan la 'Divina Escritura,° no   *well-read; Bible*
10   dirán sino que son unos Santos Tomases[5] y otros Doctores de la Iglesia,
guardando en esto un decoro tan ingenioso, que en un renglón° han pintado   *written line*
un enamorado destraído,° y en otro hacen un sermoncico° cristiano, que es   *absent-minded, little*
un contento y un regalo oílle,[6] o leelle! De todo esto ha de carecer° mi   *sermon; lack*
libro, porque ni tengo qué acotar° en el margen, ni qué anotar en el fin, ni   *to annotate*
15   menos sé qué autores sigo en él, para ponerlos al principio, como hacen
todos, por las letras del ABC, comenzando en Aristóteles y acabando en
Xenofonte[7] y en Zoilo,[8] o Zeuxis,[9] aunque fue maldiciente° el uno y pintor°   *slanderer, painter*
el otro. También ha de carecer mi libro de sonetos al principio, a lo menos
de sonetos cuyos autores sean duques, marqueses, condes,° obispos,° damas   *counts, bishops*
20   o poetas celebérrimos.° Aunque si yo los pidiese a dos o tres oficiales   *most celebrated*
amigos, yo sé que me los darían, y tales que no les igualasen los de
aquellos que tienen más nombre en nuestra España.
     "En fin, señor y amigo mío," proseguí, "yo determino que el señor don
Quijote se quede sepultado° en sus archivos° en la Mancha, hasta que el   *buried, archives*
25   cielo depare° quien le adorne de tantas cosas como le faltan, porque yo me   *provides*
hallo incapaz° de remediarlas, por mi insuficiencia y pocas letras, y porque   *incapable*
naturalmente soy poltrón° y perezoso° de andarme buscando autores que   *lazy, lazy*
digan lo que yo me sé decir sin ellos. De aquí nace la suspensión° y   *hesitation*
elevamiento,° amigo, en que me hallastes, bastante causa para ponerme en   *rapture*
30   ella la que de mi habéis oído."
     Oyendo lo cual, mi amigo, dándose una palmada° en la frente° y   *slap, forehead*
disparando° en una carga° de risa,° me dijo: *discharging, load,*
     "Por Dios, hermano, que agora me acabo de desengañar° de un   *laughter; disabuse*
engaño° en que he estado todo el mucho tiempo que ha que os conozco, en   *deception*

---

[4] **Seca...** *day as a mat-weed, void of artifice, diminished in style, poor in conceits, and lacking in all erudition; without marginal notes and without annotations at the end of the book.*

[5] Saint Thomas Aquinas (1225-74), Italian priest who founded the accepted philosophy of Catholicism.

[6] A common feature of Golden Age Spanish was to merge the **-rl-** of an infinitive plus pronoun into **-ll-**. You will see this dozens of times in the book.

[7] Xenophon was born in 431 B.C. He was a friend of Socrates, a soldier of fortune, and a historical writer.

[8] Greek Sophist (4th century B.C.) who wrote nine books severely criticizing the contradicitons in Homer.

[9] Classical Greek painter, 5th century B.C. No work of his survives, but many were described.

el cual siempre os he tenido por discreto y prudente° en todas vuestras   judicious
aciones.° Pero agora veo que estáis tan lejos de serlo como lo está el cielo   **aciones**
de la tierra. ¿Cómo que es posible que cosas de tan poco momento, y tan
fáciles de remediar, puedan tener fuerzas de suspender° y absortar° un   stop, absorb
5 ingenio tan maduro° como el vuestro, y tan hecho a romper y atropellar°   mature, push through
por otras dificultades mayores? A la fe, esto no nace de falta de habilidad,°   talent
sino de sobra° de pereza° y penuria° de discurso.° ¿Queréis ver si es verdad   excess, laziness,
lo que digo? Pues estadme atento y veréis cómo en un abrir y cerrar de ojos   poverty, thought
confundo° todas vuestras dificultades, y remedio todas las faltas que decís   I master
10 que os suspenden y acobardan° para dejar de sacar a la luz del mundo la   intimidate
historia de vuestro famoso don Quijote, luz y espejo° de toda la ʹcaballería   mirror
andante.ʺ°   knight errantry

ʺDecid,ʺ le repliqué yo, oyendo lo que me decía, ʺ¿de qué modo
pensáis llenar el vacío° de mi temor, y reducir° a claridad el caos de mi   vacuum, convert
15 confusión?ʺ

A lo cual el dijo:

ʺLo primero, en que reparáis de los sonetos, epigramas o elogios que
os faltan para el principio, y que sean de personajes graves° y de título,° se   important, rank
puede remediar en que vos mesmo toméis algún trabajo en hacerlos, y
20 después los podéis bautizar° y poner el nombre que quisiéredes,   baptize
ahijándolos° al Preste Juan de las Indias, o al Emperador de Trapisonda,[10]   adopting
de quien yo sé que hay noticia° que fueron famosos poetas, y cuando° no   information, if
lo hayan sido, y hubiere algunos pedantes y bachilleres° que por detrás os   univ. graduates
muerdan° y murmuren° desta verdad, no se os dé dos maravedís, porque ya   bite, backbite
25 que os averigüen° la mentira, no os han de cortar la mano con que lo   discover
escribistes.

ʺEn lo de citar en las márgenes los libros y autores de donde sacáredes
las sentencias y dichos que pusiéredes en vuestra historia, no hay más sino
hacer de manera que ʹvengan a pelo° algunas sentencias, o latines,° que vos   suit perfectly, Latin
30 sepáis de memoria, o, a lo menos, que os cuesten poco trabajo el buscalle,   phrases
como será poner, tratando de libertad y cautiverio:° *Non bene pro toto*   captivity
libertas venditur auro;[11] y luego en el margen citar a Horacio,° o a quien   Horace
lo dijo. Si tratáredes del poder° de la muerte, acudir luego con *Pallida Mors*   power
æquo pulsat pede pauperum tabernas regumque turres.[12] Si de la amistad°   friendship
35 y amor que Dios manda que se tenga al enemigo,° entraros luego al punto   enemy
por la Escritura Divina, que lo podéis hacer con tantico° de curiosidad, y   a bit
decir las palabras, por lo menos, del mismo Dios: *Ego autem dico vobis,*
diligite inimicos vestros.[13] Si tratáredes de malos pensamientos, acudid° con   go
el Evangelio: *De corde exeunt cogitationes malæ.*[14] Si de la instabilidad de

[10] Both of these are fictional, legendary characters.
[11] ʺFreedom is not wisely sold for all the gold in the world,ʺ from Walter Anglius'
Æsop's Fables (12th century).
[12] ʺPale death goes equally to the hut of the poor and to the towers of kings,ʺ from
Horace.
[13] ʺBut what I tell you is this: love your enemies,ʺ Matthew 5:44.
[14] ʺFrom out of the heart proceed evil thoughts,ʺ Matthew 15:19.

los amigos, ahí está Catón, que os dará su dístico:° *Donec eris felix, multos*   couplet
numerabis amicos, tempora si fuerint nubila, solus eris.[15] Y con estos
latinicos,° y otros tales, os tendrán siquiera° por gramático;° que el serlo no   Latin phrases, at least,
es de poca honra y provecho° el día de hoy.   grammarian; profit

5   "En lo que toca al poner anotaciones al fin del libro, seguramente lo
podéis hacer desta manera: si nombráis algún gigante en vuestro libro,
hacelde° que sea el gigante Golías,° y con solo esto, que os costará casi   **hace*d*le,** Goliath
nada, tenéis una grande anotación, pues podéis poner: 'El gigante Golías,
o Goliat, fue un filisteo° a quien el pastor David mató de una gran pedrada°   Philistene, blow with
10 en el valle de Terebinto, según se cuenta en el libro de los Reyes, en el   stone
capítulo que vos halláredes que se escribe.' Tras esto, para mostraros
hombre erudito en letras humanas y cosmógrafo,° haced de modo como en   cosmographer
vuestra historia se nombre el río Tajo,° y veréisos luego con otra famosa   Tagus
anotación, poniendo: 'El río Tajo fue así dicho por un Rey de las Españas;
15 tiene su nacimiento en tal lugar y muere en el mar Océano, besando los
muros de la famosa ciudad de Lisboa,° y es opinión que tiene las arenas°   Lisbon, sands
de oro, &c.' Si tratáredes de ladrones,° yo os diré la historia de Caco,[16] que   thieves
la sé 'de coro;° si de mujeres rameras,° ahí está el Obispo de Mondoñedo,[17]   by heart, prostitutes
que os prestará° a Lamia, Laida y Flora, cuya anotación os dará gran   will lend
20 crédito;° si de crueles, Ovidio os entregará a Medea;[18] si de encantadores°   reputation, enchanters
y hechiceras,° Homero tiene a Calipso,[19] y Virgilio a Circe;[20] si de capitanes   witches
valerosos,° el mesmo Julio César° os prestará a sí mismo en sus   brave, Cæsar
Comentarios,[21] y Plutarco os dará mil Alejandros.[22] Si tratáredes de amores,
con dos onzas° que sepáis de la lengua toscana,° 'toparéis con° León   ounces, Tuscan, you'll
25 Hebreo,[23] que os hincha las medidas.[24] Y si no queréis andaros por tierras   run across
extrañas,° en vuestra casa tenéis a Fonseca, *Del amor de Dios*,[25] donde se   foreign
cifra° todo lo que vos y el más ingenioso acertare° a desear en tal materia.   enumerate, happen

---

[15] "When you are prosperous, you will have many friends, but when your situation
looks black you will be alone," adapted from Ovid, *Tristia*, I, 9.

[16] Famous bandit, of Roman mythology, son of Vulcan. He stole Hercules' oxen. His
story is related in Virgil's *Æneid*, Book 7.

[17] Fray Antonio de Guevara (1480-1545) was the Obispo de Mondoñedo (province of
Lugo), and writes of these three prostitutes in his *Epístolas familiares*.

[18] Medea murdered all but one of her children by Jason (whom she helped to find the
Golden Fleece), and probably killed her father as well.

[19] Calypso offered Odysseus eternal youth and immortality if he would stay with her
(he left after seven years).

[20] Circe was the mother of three of Odysseus' children. She lived alone on the Island
of Aeaea where she turned all visitors into animals.

[21] The *Commentaries* by Cæsar (102-44 B.C.) deal with the Gallic Wars and the civil
war.

[22] This is Alexander the Great, who is described among the 46 biographies in the
Parallel Lives of Plutarch (46?-*c*.120A.D.).

[23] León Hebreo (Juda Abravanel) wrote his *Dialoghi d'amore* in Italian (1535), but
you didn't need to know Italian to read them since they were translated into Spanish three
times before 1605.

[24] **Que...** *who will satisfy you completely*

[25] Fray Cristóbal de Fonseca wrote a *Tratado del Amor de Dios* (1592).

En resolución, no hay más sino que vos procuréis° nombrar estos nombres,   try to
o tocar° estas historias en la vuestra, que aquí he dicho, y dejadme a mí el   deal with
cargo° de poner las anotaciones y acotaciones;° que yo 'os voto a tal° de   charge, notes, by
llenaros las márgenes° y de gastar cuatro pliegos en el fin del libro.   Jove; margins

5   "Vengamos ahora a la citación° de los autores que los otros libros   references
tienen, que en el vuestro os faltan.° El remedio que esto tiene es muy fácil,   are lacking
porque no habéis de hacer otra cosa que buscar un libro que los acote°   annotate
todos, desde la A hasta la Z, como vos decís. Pues ese mismo abecedario°   alphabet
pondréis vos en vuestro libro; que, puesto que a la clara se vea la mentira,
10 por la poca necesidad que vos teníades de aprovecharos dellos, no importa
nada,[26] y quizá alguno habrá tan simple° que crea que de todos os habéis   foolish
aprovechado en la simple° y sencilla° historia vuestra. Y cuando no sirva   simple, simple
de otra cosa, por lo menos servirá aquel largo catálogo de autores a dar 'de
improviso autoridad° al libro. Y más, que no habrá quien se ponga a   instant credibility
15 averiguar° si los seguistes o no los seguistes, 'no yéndole nada en ello;°   discover, it's not
cuanto más que, si bien caigo en la cuenta,[27] este vuestro libro no tiene   worth it to him
necesidad de ninguna cosa de aquellas que vos decís que le falta, porque
todo el es una invectiva° contra los libros de caballerías, de quien nunca se   censure
acordó Aristóteles,[28] ni dijo nada San Basilio,[29] ni alcanzó Cicerón.[30] Ni
20 caen debajo de la cuenta de sus 'fabulosos disparates° las puntualidades° de   ficticious nonsense,
la verdad, ni las observaciones de la astrología, ni le son de importancia las   exactness
medidas° geométricas, ni la confutación° de los argumentos de quien se   measurements,
sirve la retórica, ni tiene para qué predicar° a ninguno, mezclando° lo   disproof; preach,
humano con lo divino, que es un género de mezcla de quien no se ha de   mixing
25 vestir ningún cristiano entendimiento.°   intellect

"Sólo tiene que aprovecharse de la imitación en lo que fuere°   **vaya**
escribiendo; que cuanto ella fuere más perfecta, tanto mejor será lo que se
escribiere. Y pues esta vuestra escritura° no mira a más que a deshacer la   writing
autoridad y cabida° que en el mundo y en el vulgo tienen los libros de   influence
30 caballerías, no hay para qué andéis mendigando° sentencias° de filósofos,   begging, maxims
consejos de la Divina Escritura, fábulas° de poetas, oraciones de retóricos,   fables
milagros de santos, sino procurar° que 'a la llana,° con palabras   try, simply
significantes, honestas° y bien colocadas,° salga vuestra oración y período°   pure, placed,
sonoro° y festivo;° pintando en todo lo que alcanzáredes° y fuere posible,   sentence; clear,
35 vuestra intención, dando a entender vuestros conceptos, sin intricarlos° y   witty, attain;
escurecerlos.° Procurad también que, leyendo vuestra historia, el   tangling; confusing
melancólico° se mueva a risa,° el risueño la acreciente, el simple no 'se   them; sad person,
enfade,° el discreto° se admire de la invención, el grave no la desprecie,°   laughter; be vexed,
   sharp person, scorn

---

[26] **Puesto que...** *even though your trick may be easily seen, since you will have little
need to use them [the quotes], it is not at all important*

[27] **Cuanto más...** *moreover, if I understand it correctly*

[28] Aristotle, the greatest Greek philospher (384-322 B.C.), studied under Plato and
tutored Alexander the Great.

[29] St. Basil (329-379) defended the orthodox faith against the heretical Arians. His
writings include the *Address to Young Men*, in which he defends the study of pagan
literature, such as that of classical Greece, by Christians.

[30] Cicero (106-43 B.C.) was Rome's greatest orator, also a politician and philosopher.

ni el prudente deje de alabarla.° En efecto, llevad la mira puesta a derribar   praise it
la máquina mal fundada destos caballerescos libros, aborrecidos de tantos
y alabados de muchos más;[31] que, si esto alcanzásedes, no habríades
alcanzado poco."

5   Con silencio grande estuve escuchando lo que mi amigo me decía, y
de tal manera se imprimieron° en mí sus razones,° que, sin ponerlas en   imprinted, words
disputa, las aprobé° por buenas, y de ellas mismas quise hacer este prólogo;   approved
en el cual verás, lector suave,° la discreción de mi amigo, la buena ventura°   gentle, fortune
mía en hallar en tiempo tan necesitado tal consejero,° y el alivio° tuyo en   adviser, relief
10   hallar tan sincera y tan sin revueltas° la historia del famoso don Quijote de   deviataions
la Mancha, de quien hay opinión por todos los habitadores° del distrito del   dwellers
campo de Montiel,[32] que fue el más casto° enamorado° y el mas valiente   chaste, lover
caballero que de 'muchos años a esta parte° se vio en aquellos contornos.°   for many years,
Yo no quiero encarecerte° el servicio que te hago en darte a conocer tan   vicinity; overrate
15   noble y tan honrado caballero; pero quiero que me agradezcas° el   thank
conocimiento° que tendrás del famoso Sancho Panza, su escudero,° en   acquaintance, squire
quien, a mi parecer,° te doy cifradas todas las gracias escuderiles que en la   opinion
caterva de los libros vanos de caballerías están esparcidas.[33]
        Y con esto, Dios te dé salud,°   health
20   y a mí no olvide.
                Vale.   good-bye, *Latin*

---

[31] **Llevad...** *look towards tearing down the ill-founded contrivance of these books
of chivalry, despised by so many and praised by even more*
[32] Montiel is a town in La Mancha.
[33] **Te doy...** *I have enumerated all of the squirely graces that are scattered
throughout the multitide of the inane books of chivalry*

Al libro de don Quijote de la Mancha
Urganda la Desconocida[1]

Si de llegarte a los bue—[nos],[2]
libro, fueres con letu—[ra],
5 *no te dirá el boquirru—[bio]*
que no pones bien los de—[dos].
Mas si el pan no se te cue—*[ce]*
por ir a manos de idio—[ta],
verás, de manos a bo—[ca],
10 *aun no dar una en el cla—[vo];*
si bien se comen las ma—[nos]
por mostrar que son curio—[sos].
Y, pues la espiriencia ense—*[ña]*
que el que a buen árbol se arri—[ma]
15 *buena sombra le cobi—[ja],*
en Béjar tu buena estre—[lla]
Un árbol real te ofre—*[ce]*
que da príncipes por fru—[to],
en el cual floreció un Du—[que]
20 *que es nuevo Alejandro Ma—[gno];*
llega a su sombra: que a osa—[dos]
favorece la fortu—[na].
De un noble hidalgo manche—*[go]*
contarás las aventu—[ras],
25 *a quien ociosas letu—[ras]*
trastornaron la cabe—[za].
Damas, armas, caballe—*[ros]*
le provocaron de mo—[do]
que, cual Orlando furio—[so],
30 *templado a lo enamora—[do],*
alcanzó a fuerza de bra—[zos]
a Dulcinea del Tobo—[so].
No indiscretos hierogli—[fos]

---

[1] Urganda was an enchantress in *Amadís de Gaula* who could change her appearance.
[2] These light **décimas** [poems with stanzas of ten eight syllable lines], were written with **cabo roto** *broken tail*—that is, the last syllable has been eliminated in order to create a puzzle for readers. I have restored the final syllable to help you decipher them. There were about a dozen verses that baffled me, so I broadcasted my doubts via the Internet. Jay Allen, Gonzalo Díaz-Migoyo, Dan Eisenberg, Baltasar Fra-Molinero, Michael Gerli, Aurelio Gonzales Pérez, David Hildner, and Randolph Pope swiftly responded, some with astute philological commentary, and I thank them for their assistance.

Since the poems themselves are not a part of the typical curriculum, I have not added any commentary about or glosses to the texts themselves. The authors of the poems are curious, so there are notes about them.

estampes en el escu—[do];
que, cuando es todo figu—[ra],
con ruines puntos se envi—[dia],
Si en la dirección te humi—[llas],
no dirá mofante algu—[no]:
"¡Qué don Álvaro de Lu—[na],
qué Aníbal el de Carta—[go],
qué Rey Francisco en Espa—[ña]
se queja de la fortu—[na]!"
Pues al cielo no le plu—[go]
que salieses tan ladi—[no]
como el negro Juan Lati—[no],
hablar latines rehu—[ye].
No me despuntes de agu—[do],
ni me alegues con filó—[nes];
porque torciendo la bo—[ca],
dirá el que entiende la le—[tra],
no un palmo de las ore—[jas]:
"¿Para qué conmigo flo—[res]?"
No te metas en dibu—[jos],
ni en saber vidas aje—[nas];
que en lo que no va ni vie—[ne]
pasar de largo es cordu—[ra].
Que suelen en caperu—[za]
darles a los que grace—[jan];
mas tú quémate las ce—[jas]
sólo en cobrar buena fa—[ma];
que el que imprime neceda—[des]
dalas a censo perpe—[tuo].
Advierte que es desati—[no],
siendo de vidrio el teja—[do],
tomar piedras en las ma—[nos]
para tirar al veci—[no].
Deja que el hombre de jui—[cio]
en las obras que compo—[ne]
se vaya con pies de plo—[mo];
que el que saca a luz pape—[les]
para entretener donce—[llas],
escribe a tontas y a lo—[cas].

Amadís de Gaula[3]
A don Quijote de la Mancha
SONETO

Tú, que imitaste la llorosa vida
    que tuve, ausente y desdeñado, sobre
    el gran ribazo de la Peña Pobre,
    de alegre a penitencia reducida;
Tú, a quien los ojos dieron la bebida
    de abundante licor, aunque salobre,
    y, alzándote la plata, estaño y cobre,
    te dio la tierra en tierra la comida;
Vive seguro de que eternamente,
    en tanto, al menos, que en la cuarta esfera
    sus caballos aguije el rubio Apolo,
Tendrás claro renombre de valiente,
    tu patria será en todas la primera,
    tu sabio autor, al mundo único y solo.

Don Belianís de Grecia[4]
A don Quijote de la Mancha
SONETO

Rompí, corté, abollé, y dije, y hice
    más que en el orbe caballero andante;
    fui diestro, fui valiente, fui arrogante;
    mil agravios vengué, cien mil deshice.
Hazañas di a la fama que eternice;
    fui comedido y regalado amante;
    fue enano para mí todo gigante,
    y a duelo en cualquier punto satisfice.
Tuve a mis pies postrada la fortuna,
    y trajo del copete mi cordura
    a la calva ocasión al estricote.
Mas, aunque sobre el cuerno de la luna
    siempre se vio encumbrada mi ventura,
    tus proezas embidio, ¡oh, gran Quijote!

---

[3] Amadís de Gaula is Spain's greatest fictional knight. His exploits were first published in Spanish in 1508.
[4] Don Belianís de Grecia was the hero of a romance of chivalry that bears his name (Seville, 1545).

La señora Oriana
A Dulcinea del Toboso[5]
SONETO

¡Oh, quien tuviera, hermosa Dulcinea,
    por mas comodidad y mas reposo,
    a Miraflores puesto en el Toboso,
    y trocara sus Londres con tu aldea!
¡Oh, quien de tus deseos y librea
    alma y cuerpo adornara, y del famoso
    caballero, que hiciste venturoso,
    mirara alguna desigual pelea!
¡Oh, quien tan castamente se escapara
    del señor Amadís, como tú hiciste
    del comedido hidalgo don Quijote!
Que así, envidiada fuera, y no envidiara,
    y fuera alegre el tiempo que fue triste,
    y gozara los gustos sin escote.

Gandalín, Escudero de Amadís de Gaula,
A Sancho Panza, escudero de don Quijote
SONETO

Salve, varón famoso, a quien fortuna,
    cuando en el trato escuderil te puso,
    tan blanda y cuerdamente lo dispuso,
    que lo pasaste sin desgracia alguna.
Ya la azada o la hoz poco repugna
    al andante ejercicio; ya está en uso
    la llaneza escudera, con que acuso
    al soberbio que intenta hollar la luna.
Envidio a tu jumento, y a tu nombre,
    y a tus alforjas igualmente imbidio,
    que mostraron tu cuerda providencia.
Salve otra vez, ¡oh, Sancho! tan buen hombre,
    que a solo tú nuestro español Ovidio
    con buzcorona te hace reverencia.

[5] Oriana was Amadís de Gaula's lady, as Dulcinea was Don Quixote's.

Del Donoso, poeta entreverado
A Sancho Panza y Rocinante[6]

Soy Sancho Panza, escude—[ro]
  del manchego don Quixo—[te];
5 puse pies en polvoro—[sa]
  por vivir a lo discre—[to];
que el tácito Villadie—[go]
  toda su razón de esta—[do]
  cifró en una retira—[da],
10 según siente *Celesti*—[*na*],
  libro, en mi opinión, divi—[no],
  se encubriera mas lo huma—[no].

A Rocinante

Soy Rocinante el famo—[so],
15 bisnieto del gran Babie—[ca];
  por pecados de flaque—[za]
  fui a poder de un don Quixo—[te].
Parejas corrí a lo flo—[jo],
  más por uña de caba—[llo]
20 no se me escapó ceba—[da];
  que esto saqué a Lazari—[llo]
  cuando, para hurtar el vi—[no]
  al ciego, le di la pa—[ja].

Orlando Furioso[7]
A don Quijote de la Mancha
SONETO

Si no eres par, tampoco le has tenido;
  que par pudieras ser entre mil pares,
30 *ni puede haberle donde tú te hallares,*
  invito vencedor, jamás vencido.
Orlando soy, Quijote, que, perdido
  por Angélica, vi remotos mares,
  ofreciendo a la fama en sus altares
35 *aquel valor que respetó el olvido.*
No puedo ser tu igual, que este decoro
  se debe a tus proezas y a tu fama,
  puesto que, como yo, perdiste el seso.

[6] Rocinante was Don Quixote's horse. Donoso is a made-up name,
[7] *Orlando furioso* is an Italian epic poem (published in 1540) based loosely on the French Roland legend.

Mas serlo has mío, si al soberbio moro
y cita fiero domas, que hoy nos llama
iguales en amor con mal suceso.

El Caballero del Febo[8]
A don Quijote de la Mancha
SONETO

A vuestra espada no igualó la mía,
   Febo español, curioso cortesano,
   ni a la alta gloria de valor mi mano,
   que rayo fue do nace y muere el día.
Imperios desprecié; la monarquía
   que me ofreció el Oriente rojo en vano
   dejé, por ver el rostro soberano
   de Claridiana, aurora hermosa mía.
Améla por milagro único y raro,
   y, ausente en su desgracia, el propio infierno
   temió mi brazo, que domó su rabia.
Mas vos, godo Quijote, ilustre y claro,
   por Dulcinea sois al mundo eterno,
   y ella por vos famosa, honesta y sabia.

De Solisdán[9]
A don Quijote de la Mancha
SONETO

Maguer, señor Quijote, que sandeces
   vos tengan el cerbelo derrumbado,
   nunca seréis de alguno reprochado
   por home de obras viles y soeces.
Serán vuesas fazañas los joeces,
   pues tuertos desfaciendo habéis andado,
   siendo vegadas mil apaleado
   por follones cautivos y raheces.
Y si la vuesa linda Dulcinea
   desaguisado contra vos comete,
   ni a vuesas cuitas muestra buen talante,
en tal desmán, vueso conorte sea
   que Sancho Panza fue mal alcagüete,
   necio él, dura ella, y vos no amante.

---

[8] *El caballero del Febo* was a romance of chivalry published in 1555.

[9] No one knows who this Solisdán is. It looks like an imitation of a character from or author of a romance of chivalry since the language uses archaic words and pronunciation.

Diálogo entre Babieca
y Rocinante[10]
SONETO

B.   ¿Cómo estáis, Rocinante, tan delgado?
R.   Porque nunca se come, y se trabaja.
B.   Pues ¿qué es de la cebada y de la paja?
R.   No me deja mi amo ni un bocado.
B.   Andá, señor, que estáis muy mal criado,
       pues vuestra lengua de asno al amo ultraja.
R.   Asno se es de la cuna a la mortaja.
       ¿Queréislo ver? Miraldo enamorado.
B.   ¿Es necedad amar?
R.   No es gran prudencia.
B.   Metafísico estáis.
R.   Es que no como.
B.   Quejaos del escudero.
R.   No es bastante.
   ¿Cómo me he de quejar en mi dolencia,
       si el amo y escudero o mayordomo
       son tan rocines como Rocinante?

[10] Babieca was the horse of the Cid, the hero of Spain's best-known epic poem. Rocinante is don Quijote's horse.

PRIMERA PARTE[1]
DEL INGENIOSO
hidalgo[2] Don Quijote de la Mancha.[3]

Capítulo Primero. Que trata de la condición y ejercicio[4] del famoso hidalgo don Quijote de la Mancha.

EN UN lugar° de la Mancha, de cuyo nombre no quiero acordarme, no ha° mucho tiempo que vivía un hidalgo de los de lanza en astillero, adarga antigua, rocín flaco y galgo corredor.[5] Una olla° de algo más vaca que carnero,° salpicón° las más noches, duelos y quebrantos[6] los sábados, lantejas° los viernes, algún palomino de añadidura[7] los domingos, consumían las 'tres partes° de su hacienda.° El resto della[8] concluían sayo de velarte, calzas de velludo para las fiestas, con sus pantuflos de lo mesmo, y los días de entre semana se honraba con su vellorí de lo más fino.[9]

    Tenía en su casa una ama que pasaba de los cuarenta,[10] y una sobrina que no llegaba a los veinte, y un mozo de campo y plaza, que así ensillaba el rocín como tomaba la podadera.[11] Frisaba° la edad de nuestro hidalgo con los cincuenta años. Era de complexión recia, seco de carnes, enjuto de rostro, gran madrugador[12] y amigo de la caza.° Quieren decir que tenía el sobrenombre° de Quijada, o Quesada, que en esto hay alguna diferencia en los autores° que deste caso escriben, aunque por conjeturas verosímiles° se deja entender[13] que se llamaba Quejana. Pero esto importa poco a nuestro

village
hace
stew
lamb, hash
lentejas = lentils
three-fourths, income

approached

hunt
last name
authorities, credible

---

[1] The 1605 *Quijote* was divided into four parts, seemingly in imitation of *Amadís de Gaula* (see note 29). Part I is the first eight chapters.

[2] Member of the lesser nobility, exempt from paying tribute.

[3] La Mancha is a rather poor, sparsely populated area of south central Spain, composed of the modern provinces of Albacete, Ciudad Real, Toledo and Cuenca.

[4] **Condición...** *characteristics and profession*

[5] **Lanza en astillero...** *lance in a lancerack, ancient shield, a lean nag, and a fleet greyhound.* The greyhound was a typical dog of the *hidalgos*.

[6] No one knows what this dish of "grief and afflictions" was.

[7] **Palomino...** *added pigeon*

[8] **Della** *of it* refers to his income.

[9] **Sayo de velarte...** *broadcloth jacket, velvet pants for parties, with matching slippers, and on weekdays he adorned himself with his finest [ordinary] broadcloth*

[10] **Una ama...** *a housekeeper who was past forty*

[11] **Mozo de campo...** *lad [who served him] in the field and marketplace, who saddled his hack as well as worked the pruning knife* (i.e., did gardening).

[12] **Era de complexión...** *He was of sturdy constitition, with dry skin, lean of face, and a great early riser*

[13] **Se deja...** *one is led to understand*

cuento; basta que en la narración dél[14] no se salga un punto° de la verdad.   detail

Es, pues, de saber que este sobredicho° hidalgo, los ratos que estaba   aforementioned
ocioso, que eran los más del año, se daba a leer libros de caballerías,° con   chivalry
tanta afición y gusto,° que olvidó casi de todo punto el ejercicio° de la caza,   pleasure, practice
5   y aun la administración de su hacienda;° y llegó a tanto su curiosidad y   estate
desatino° en esto, que vendió muchas hanegas° de 'tierra de sembradura°   folly, acres, farmland
para comprar libros de caballerías en que leer, y así llevó a su casa todos
cuantos pudo haber dellos,[15] y de todos, ningunos le parecían tan bien como
los que compuso el famoso Feliciano de Silva;[16] porque la claridad de su
10   prosa, y aquellas entricadas razones[17] suyas le parecían de perlas; y más
cuando llegaba a leer aquellos requiebros y cartas de desafíos,[18] donde en
muchas partes hallaba escrito: *La razón de la sinrazón que a mi razón se*
hace, de tal manera mi razón enflaquece, que con razón me quejo de la
vuestra fermosura. Y también cuando leía: *Los altos cielos que de vuestra*
15   *divinidad divinamente con las estrellas os fortifican, y os hacen merecedora*
del merecimiento que merece la vuestra grandeza.[19] Con estas razones
perdía el pobre caballero el juicio,° y desvelábase por entenderlas y   sanity
desentrañarles el sentido,[20] que no se lo sacara[21] ni las entendiera el mesmo
Aristóteles, si resucitara para sólo ello.[22]
20   No estaba 'muy bien° con las heridas° que don Belianís[23] daba y   at ease, wounds
recebía,° porque se imaginaba que, por grandes maestros que le hubiesen   **recibía**
curado,[24] no dejaría de tener el rostro y todo el cuerpo lleno de cicatrices
y señales.[25] Pero, con todo, alababa° en su autor aquel acabar su libro[26] con   praised
la promesa de aquella inacabable° aventura, y muchas veces le vino deseo   endless
25   de tomar la pluma y dalle fin al pie de la letra,[27] como allí se promete; y
sin duda alguna lo hiciera,° y aun saliera° con ello, si otros mayores y con-   **haría, saldría**

---

[14] **Dél** *of it*, i.e., the story.

[15] **Llevó a su casa...** *he took home all those he could obtain*

[16] Feliciano de Silva was a prolific popular author. His most famous *libro de*
caballerías was *Amadís de Grecia* (1535).

[17] **Entricadas...** *obscure words.* **Entricadas = intricadas;** **razón** *word.*

[18] **Requiebros...** *love stories and letters of challenge*

[19] The first of these is in the flavor of a quote from his *Florisel de Niquea* and the
second one bears resemblance to a quote from his *Segunda Celestina.*

[20] **Desvelábase por entenderlas...** *he stayed awake late to try to understand them and*
untangle [lit. *disembowel*] *their meaning*

[21] **Sacara** *sacaría.* The past subjunctive substituted for the conditional tense, and is
used this way frequently through the book.

[22] **Aristóteles...** *Aristotle, if he came back to life for that sole purpose.* Aristotle was
regarded as the wisest man who ever lived.

[23] Don Belianís is the chivalric hero of the four books of *Historia de don Belianís de*
Grecia (I and II = 1547, III and IV = 1579). Clemencín counted 101 serious wounds in
Parts I and II alone, and estimated even more in the remaining parts.

[24] **Por grandes...** *no matter how great the doctors were who cured him*

[25] **Cicatrices...** *scars and marks*

[26] **Aquel acabar...** *that way of finishing his book*

[27] **Dalle** *darle.* The final **-r** of infinitives frequently became **-l** before pronouns
beginning with **l-.** **Al pie...** *to the letter.*

tinuos pensamientos no se lo estorbaran.°

    Tuvo muchas veces competencia° con el cura° de su lugar, que era hombre docto,° graduado en Sigüenza,[28] sobre cuál había sido mejor caballero, Palmerín de Ingalaterra o Amadís de Gaula;[29] mas° maese
5 Nicolás, barbero del mesmo pueblo, decía que ninguno llegaba al Caballero del Febo,[30] y que si alguno se le podía comparar, era don Galaor, hermano de Amadís de Gaula, porque tenía muy acomodada condición para todo; que no era caballero melindroso,° ni tan llorón° como su hermano, y que en lo de la valentía no le iba en zaga.[31]
10   En resolución, el 'se enfrascó° tanto en su letura,° que se le pasaban las noches leyendo de claro en claro, y los días de turbio en turbio;[32] y así, del poco dormir y del mucho leer, se le secó el celebro[33] de manera que vino a perder el juicio. Llenósele la fantasía de todo aquello que leía en los libros, así de encantamentos como de pendencias, batallas, desafíos, heridas,
15 requiebros, amores, tormentas y disparates imposibles.[34] Y asentósele° de tal modo en la imaginación que era verdad toda aquella máquina° de aquellas sonadas soñadas invenciones[35] que leía, que para él no había otra historia mas cierta° en el mundo. Decía él que el Cid Ruy Díaz[36] había sido muy buen caballero; pero que no tenía que ver con el Caballero de la
20 Ardiente Espada,[37] que de sólo un revés había partido por medio dos fieros° y descomunales° gigantes. Mejor estaba con Bernardo del Carpio, porque en Roncesvalles había muerto a Roldán el encantado,[38] valiéndose° de la industria° de Hércules, cuando ahogó a Anteo, el hijo de la Tierra, entre los

Margin glosses: prevented; debate, priest; learned; but; namby-pamby, crybaby; engaged, **lectura**; settled; contrivance; certain; fierce; huge; using; trick

[28] Sigüenza's minor university was held in little esteem.

[29] Palmerín and Amadís are heroes of famous romances of chivalry (1547 and 1508). **Ingalaterra** is not a misprint—it is the only form listed by Covarrubias.

[30] The Caballero del Febo is the hero of the four books of the *Espejo de príncipes y cavalleros* (1555).

[31] **En lo de la valentía...** *in bravery he wasn't far behind*

[32] **Se le pasaban...** *he spent the nights reading from sunset to sunrise, and the days becoming more and more disturbed*

[33] **Se le secó...** *his brain dried up.* **Celebro = cerebro.**

[34] **Así de encantamentos...** *from enchantments as well as quarrels, battles, challenges, wounds, love stories, loves, misfortunes, and impossible nonsense*

[35] **Sonadas...** *resounding imagined fiction*

[36] The Cid, Spain's national hero (11th century) and the subject of the *Poema de mio Cid*.

[37] Amadís de Grecia, a fictional hero, was known by this name because of a red, sword-shaped birthmark on his chest. He never cut two giants in half, according to Clemencín.

[38] Bernardo is a legendary hero who appears only in Spanish versions of the story of Roland. Roland, Charlemagne's nephew, is the French hero sung about in the *Chanson de Roland*. Roncesvalles, the site of the massacre in which Roland was killed in 778, is in the western Spanish Pyrenees very near the French border.

brazos.[39] Decía mucho bien del gigante Morgante[40] porque, con ser de aquella generación gigantea, que todos son soberbios y descomedidos, él solo era afable y bien criado.[41] Pero sobre todos estaba bien con Reinaldos de Montalbán,[42] y más cuando le veía salir de su castillo, y robar cuantos topaba,° y cuando en allende° robó aquel ídolo de Mahoma,[43] que era todo de oro, según dice su historia.[44] Diera él, por dar una 'mano de coces° al traidor de Galalón,[45] al ama que tenía, y aun a su sobrina de añadidura.

    met, overseas
    a bunch of kicks

En efeto,° rematado° ya su juicio, vino a 'dar en° el más estraño° pensamiento que jamás dio loco en el mundo, y fue que le pareció convenible° y necesario, así para el aumento° de su honra como para el servicio de su república, hacerse caballero andante, y irse por todo el mundo con sus armas° y caballo, a buscar las aventuras, y a ejercitarse° en todo aquello que él había leído que los caballeros andantes se ejercitaban, deshaciendo todo género de agravio,° y poniéndose en ocasiones° y peligros, donde, acabándolos, cobrase° eterno nombre° y fama. Imaginábase el pobre ya coronado° por el valor° de su brazo, por lo menos del imperio° de Trapisonda,[46] y así, con estos tan agradables pensamientos, llevado del estraño gusto que en ellos sentía, se dio priesa° a poner en efeto lo que deseaba.

    efecto, ended, hit
    upon, **extraño**
    right, increase
    armor, put into
    practice
    injury, risks
    receive, renown
    crowned, power,
    empire
    prisa

Y lo primero que hizo fue limpiar unas armas que habían sido de sus bisabuelos,° que, tomadas de orín y llenas de moho,[47] luengos° siglos había que estaban puestas y olvidadas en un rincón. Limpiólas y aderezólas° lo mejor que pudo; pero vio que tenían una gran falta, y era que no tenían 'celada de encaje,° sino morrión simple;[48] mas a esto suplió su industria, porque de cartones° hizo un modo de media celada, que, encajada° con el morrión, hacían una apariencia° de celada entera.° Es verdad que para pro-

    ancestors, long
    repaired
    closed helmet
    cardboard, joined
    appearance, whole

[39] Antæus, son of Terra or Gaia (the Latin and Greek names for "Earth") was a mythological giant who compelled visitors to wrestle with him. When they were exhausted, he would kill them. Hercules, realizing that Antæus' strength came from his mother (the Earth), overcame him by first lifting him off the ground and then throttling him (Spanish verb = **ahogar**).

[40] Morgante is the giant whom Roland converts to Christianity in an Italian burlesque epic poem, *Morgante maggiore*, by Luigi Pulci, inspired by the French Roland legend. It was published in Spanish in 1535.

[41] **Todos son soberbios...** *all of them are arrogant and rude, he alone was courteous and well mannered*

[42] The Frenchman Renaut de Montauban was one of Roland's companions, together known as the Twelve Peers of France. He is well-known in the Spanish *romancero*.

[43] Mohammed (570-632) was a prophet and founder of Islam. Islam prohibits the use of idols.

[44] This story is the *Espejo de caballerías* (1525), which seems to derive from an Italian version of the Roland legend.

[45] Ganelon, as he is known in France, Charlemagne's brother-in-law, is the traitor who caused the death of Roland and the remaining Twelve Peers at Roncesvalles.

[46] The Empire of Trebizond (1204-1461), covered a large part of the southern coast of the Black Sea region.

[47] **Tomadas de orín...** *having rusted and full of mildew*

[48] **Morrión** = an open helmet with a slight brim.

bar si era fuerte y podía estar al riesgo de una cuchillada, sacó su espada[49] y le dio dos golpes,° y con el primero y en un punto deshizo° lo que había hecho en una semana; y no dejó de parecerle mal la facilidad con que la había hecho pedazos,[50] y por asegurarse° deste peligro, 'la tornó a hacer de nuevo,° poniéndole unas barras de hierro por de dentro, de tal manera que el quedó satisfecho de su fortaleza,° y sin querer hacer nueva experiencia° della, la diputó° y tuvo por celada finísima de encaje.

    Fue luego a ver su rocín,° y aunque tenía más cuartos que un real[51] y más tachas que el caballo de Gonela,[52] que *tantum pellis & ossa fuit*,[53] le pareció que ni el Bucéfalo de Alejandro, ni Babieca el del Cid[54] con él 'se igualaban.° Cuatro días se le pasaron en imaginar qué nombre le pondría, porque, según se decía él a sí mesmo, no era razón° que caballo de caballero tan famoso, y tan bueno él 'por sí° estuviese sin nombre conocido, y ansí,° procuraba acomodársele° de manera que declarase quién había sido antes que fuese de caballero andante, y lo que era entonces; pues estaba muy puesto en razón que, mudando su señor estado,[55] mudase él también el nombre, y le cobrase famoso y de estruendo,[56] como convenía a la nueva orden y al nuevo ejercicio que ya profesaba; y así, después de muchos nombres que formó, borró° y quitó, añadió, deshizo y tornó a hacer en su memoria e imaginación, al fin le vino a llamar Rocinante, nombre, a su parecer, alto, sonoro° y significativo de lo que había sido cuando fue rocín, antes de lo que ahora era, que era antes y primero de todos los rocines del mundo.

    Puesto nombre, y tan a su gusto, a su caballo, quiso ponérsele a sí mismo, y en este pensamiento duró otros 'ocho días,° y 'al cabo° se vino a llamar Don Quijote; de donde, como 'queda dicho,° tomaron ocasión los autores desta tan verdadera historia que, sin duda, se debía de llamar Quijada, y no Quesada, como otros quisieron decir. Pero acordándose que el valeroso° Amadís, no sólo se había contentado con llamarse Amadís 'a secas,° sino que añadió el nombre de su reino y patria[57] por hacerla famosa, y se llamó Amadís de Gaula, así quiso, como buen caballero, añadir al suyo el nombre de la suya[58] y llamarse Don Quijote de la Mancha, con que, a su parecer, declaraba muy 'al vivo° su linaje y patria, y la honraba con tomar el sobrenombre° della.

blows, undid

insure against
he made it again
strength, trial
deemed

horse

equaled
right
in himself
así, to make one fit

struck out

sonorous

one week, finally
has been said

brave
simply

vividly
name

---

[49] **Podía estar...** *could withstand a knife slash, he took out his sword*

[50] **Y no...** *and the ease with which he had knocked it to pieces seemed bad to him*

[51] A **cuarto** was a coin worth four **maravadís**. There were 68 **cuartos** in a **real de a ocho. Cuartos** is also an affliction that causes horses' hooves to split.

[52] Pietro Gonella was a buffoon in the court of the Duke of Ferrara (15th century).

[53] **Tantum...** *was all skin and bones*

[54] Alejandro is Alexander the Great. His horse is called Bucephalus in English. The Cid won Babieca in a battle with a Moorish king.

[55] **Mudando...** *his master changing professions*

[56] **Le cobrase...** *make him famous and well known*

[57] **Reino...** *kingdom and country*. **Patria** also means *region*, as it does in line 32 below.

[58] **Al suyo...** *to his [name] the name of his [region]* = **patria.**

　　Limpias, pues, sus armas, hecho del morrión celada,[59] puesto nombre
a su rocín y confirmándose a sí mismo, 'se dio a entender° que no le faltaba　　he understood
otra cosa sino buscar una dama de quien enamorarse;° porque el caballero　　to love
andante sin amores era árbol sin hojas° y sin fruto, y cuerpo sin alma.°　　leaves, soul
5　Decíase él a sí: "Si yo por malos de mis pecados,[60] o por mi buena suerte,°　　luck
me encuentro por ahí con algún gigante, como 'de ordinario les acontece°　　ordinarily happens
a los caballeros andantes, y le derribo de un encuentro,[61] o le parto° por　　split
mitad del cuerpo, o finalmente, le venzo° y le rindo,° ¿no será bien tener　　conquer, overcome
a quien enviarle presentado, y que entre y se hinque de rodillas[62] ante mi
10　dulce° señora, y diga con voz humilde,° y rendido:° 'Yo, señora, soy el　　sweet, meek, obse-
gigante Caraculiambro,[63] señor de la ínsula° Malindrania,[64] a quien venció　　quious; **isla**
en singular batalla el jamás como se debe alabado caballero[65] don Quijote
de la Mancha, el cual me mandó que me presentase ante vuestra merced
para que la vuestra grandeza[66] disponga de mí a su talante?' "[67]
15　¡Oh, cómo 'se holgó° nuestro buen caballero cuando hubo hecho este　　took pleasure
discurso,° y más cuando halló a quien dar nombre de su dama! Y fue, a lo　　speech
que se cree, que en un lugar cerca del suyo había una 'moza labradora° de　　peasant lass
muy 'buen parecer,° de quien él un tiempo anduvo enamorado, aunque,　　good looking
según se entiende, ella jamás lo supo ni se dio cata dello.[68] Llamábase
20　Aldonza Lorenzo, y a ésta le pareció ser bien darle título de señora° de sus　　mistress
pensamientos; y buscándole nombre que no desdijese mucho del suyo,[69] y
que tirase y se encaminase al de princesa[70] y gran señora, vino a llamarla
DULCINEA DEL TOBOSO, porque era natural del Toboso;[71] nombre, a su
parecer, músico y peregrino,° y significativo, como todos los demás que a　　rare
25　él y a sus cosas había puesto.

---

[59] **Hecho...** *having made a covered helmet of an uncovered one*
[60] **Por malos...** *through my evil sins*
[61] **Le derribo...** *I vanquish him in one encounter*
[62] **Enviarle...** *to send her as a present, and he enters and kneels*
[63] The giant's name is quite indecent—**cara** *face,* **cul(o)** *anus.* Even today the
expressions **caraculo** or **cara de culo** are used in a most deprecatory way. **Cara de
hambre** is an expression referring to an unfortunate person. **Caraculiambro** combines
both expressions. I thank Román Álvarez for these observations.
[64] With a switch in vowels, based on **malandrín** *rascal,* it means "Island of Rascals."
[65] **El jamás...** *the never enough praised knight*
[66] **Vuestra merced** *your grace* and **vuestra grandeza** *your greatness* are formal ways
of saying "you." In the Feliciano de Silva "quotes" above, there were other forms: **vuestra
fermosura** and **vuestra divinidad.** There are other variants that you will see throughout
the book.
[67] **Disponga de mí...** *do what you want with me*
[68] **Ni se dio...** *nor did she suspect it*
[69] **No desdijese...** *didn't differ much from her own*
[70] **Tirase y se...** *elevated itself and put itself on the path towards that of princess*
[71] El Toboso is a village in the extreme southeastern corner of the modern province
of Toledo. Today it has 2300 inhabitants, mostly engaged in farming and sheep raising.

Capítulo II. Que trata de la primera salida que de su tierra hizo el ingenioso don Quijote.

HECHAS, PUES, estas prevenciones,° no quiso aguardar° más tiempo a poner en efeto° su pensamiento, apretándole° a ello la falta que él
5 pensaba que hacía en el mundo su tardanza,° según eran los agravios que pensaba deshacer, tuertos que enderezar, sinrazones que emendar, y abusos que mejorar, y deudas que satisfacer.[1] Y así, sin 'dar parte° a persona alguna de su intención y sin que nadie le viese, una mañana, antes del día, que era uno de los calurosos° del mes de julio, se armó de todas sus armas,[2]
10 subió sobre Rocinante, puesta su mal compuesta° celada, embrazó° su adarga, tomó su lanza, y por la 'puerta falsa° de un corral,° salió al campo con grandísimo contento y alborozo° de ver 'con cuánta facilidad° había dado principio a su buen deseo.

Mas apenas se vio en el campo cuando le asaltó° un pensamiento
15 terrible, y tal, que por poco le hiciera dejar la comenzada empresa;[3] y fue que le vino a la memoria que no era armado° caballero, y que, conforme a ley de caballería,[4] ni podía ni debía tomar armas° con ningún caballero; y puesto que[5] lo fuera, había de llevar armas blancas,[6] como novel° caballero, sin empresa° en el escudo,° hasta que por su esfuerzo la ganase. Estos
20 pensamientos le hicieron titubear° en su propósito;° mas, pudiendo más su locura que otra razón alguna,[7] propuso de hacerse armar caballero del primero que topase, a imitación de otros muchos que así lo hicieron, según él había leído en los libros que tal le tenían.[8] 'En lo de° las armas blancas, pensaba limpiarlas de manera, en teniendo lugar, que lo fuesen más que un
25 armiño;[9] y con esto se quietó y prosiguió su camino, sin llevar otro que aquel que su caballo quería, creyendo que en aquello consistía la fuerza de las aventuras.

Yendo, pues, caminando nuestro flamante° aventurero, iba hablando consigo mesmo, y diciendo: "¿Quién duda, sino que en los venideros°
30 tiempos, cuando salga a luz la verdadera historia de mis famosos hechos,° que el sabio[10] que los escribiere no ponga, cuando llegue a contar esta mi primera salida tan de mañana, desta manera?: 'Apenas había el rubicundo Apolo[11] tendido por la faz° de la ancha y espaciosa tierra las doradas°

Margin glosses: preparations, wait · efecto, distressing him; delay · revealing · hot · mended, clasped, back door, yard, exhilaration, how easily · struck · dubbed · arms · novice · device, shield · waver, purpose · as far as · brand-new · future · deeds · face, golden

[1] **Según eran los agravios...** *such were the wrongs he planned to right, the injuries to rectify, the abuses to make better, and the debts to settle*

[2] **Se armó...** *he put all his armor on*

[3] **Por poco...** *it almost made him give up the already-begun undertaking*

[4] **Conforme a la ley...** *consistent with the law of knighthood*

[5] **Puesto que** frequently means *although* throughout this book.

[6] **Armas blancas** refer to a shield without any picture or motto on it since the novice knight had no feats to celebrate yet.

[7] **Pudiendo...** *his craziness being stronger than any other reasoning*

[8] **Que tal...** *which had [brought] him to this state*

[9] **En teninendo...** *as soon as he could, that they would be [whiter] than an ermine*

[10] In the books of chivalry, it was common for knights to have a **sabio** *wizard* historian who record their deeds. How else could their thoughts and actions be recorded when they were alone in the wilderness?

[11] The Greek god Apollo dragged the sun through the sky behind his chariot.

hebras° de sus hermosos cabellos, y apenas los pequeños y pintados°   locks, colored
pajarillos con sus harpadas° lenguas habían saludado con dulce y meliflua°   singing, honeyed
armonía la venida de la rosada° Aurora,[12] que, dejando la blanda cama del   crimson
celoso° marido, por las puertas y balcones del manchego° horizonte a los   Manchegan, jealous
5   mortales se mostraba, cuando el famoso caballero don Quijote de la
Mancha, dejando las ociosas plumas,° subió sobre su famoso caballo   feathers
Rocinante, y comenzó a caminar° por el antiguo y conicido campo de   to travel
Montiel.' "[13] Y era la verdad que por él caminaba; y añadió diciendo:
"Dichosa° edad, y siglo° dichoso, aquel adonde saldrán a luz las famosas   fortunate, epoch
10   hazañas mías, dignas de entallarse en bronces, esculpirse en mármoles y
pintarse en tablas,[14] para memoria en lo futuro. ¡Oh tú, sabio encantador,°   enchanter
quienquiera que seas, a quien ha de tocar el ser coronista° desta peregrina°   chronicler, rare
historia, ruégote que no te olvides de mi buen Rocinante, compañero eterno
mío en todos mis caminos y carreras°!" Luego volvía diciendo, como si   wanderings
15   verdaderamente fuera enamorado: "¡Oh princesa Dulcinea, señora deste
cautivo° corazón! mucho agravio me habedes fecho[15] en despedirme y   captive
reprocharme con el riguroso afincamiento de mandarme no parecer ante la
vuestra fermosura. Plegáos, señora, de membraros deste vuestro sujeto
corazón, que tantas cuitas por vuestro amor padece."[16] Con estos iba
20   ensartando° otros disparates,° todos al modo de los que sus libros le habían   stringing together,
enseñado, imitando en cuanto podía su lenguaje. Con esto caminaba tan   nonsense
despacio, y el sol entraba tan apriesa y con tanto ardor, que fuera bastante
a derretirle los sesos, si algunos tuviera.[17]

    Casi todo aquel día caminó sin acontecerle cosa que de contar fuese,[18]
25   de lo cual 'se desesperaba,° porque quisiera topar luego luego,[19] con quien   despaired
hacer experiencia° del valor de su fuerte brazo. Autores hay que dicen que   trial
la primera aventura que le avino° fue la del Puerto Lápice,[20] otros dicen que   happened
la de los 'molinos de viento°; pero lo que yo he podido averiguar° en este   windmills, find out
caso, y lo que he hallado escrito en los *Anales° de la Mancha* es que el   annals
30   anduvo todo aquel día, y al anochecer,° su rocín y él se hallaron cansados   nightfall

---

[12] Aurora was the Roman goddess of the dawn.

[13] Montiel is about 70 kms. to the south of El Toboso in the province of Ciudad Real.

[14] **Dignas de entallarse…** *worthy to be sculpted in bronze, to be sculpted in marble, and to be painted on panels*

[15] **Habedes fecho = habéis hecho.** Here is where Don Quixote begins speaking in the style of the ancient books he knew so well. **Fecho** shows the old characteristic—most initial fs before a vowel had fallen by Cervantes' time, but were still being pronounced when the old books of chivalry were being written.

[16] **Reprocharme con el riguroso…** *to exclude me with rigorous ardor of commanding me not to appear before you [your beauty]. May it please you, lady, to remember this subjected heart of yours, which so many afflictions suffers for your love.* **Afincamiento** is modern **ahincamiento.**

[17] **Tan apriesa…** *so hurriedly and with such vigor that it would be enough to melt his brains, if he had any*

[18] **Sin acontecerle…** *without anything happening that was worth relating*

[19] **Luego luego** *right then.* Doubling the word intensified it.

[20] Puerto Lápice (**puerto** means *mountain pass*) is a town about 40 kms. west of El Toboso in the province of Ciudad Real.

y muertos de hambre; y que, mirando a todas partes por ver si descubriría algún castillo° o alguna majada° de pastores donde recogerse,° y adonde pudiese remediar su mucha hambre y necesidad, vio, no lejos del camino por donde iba, una venta,° que fue como si viera una estrella que no a los portales, sino a los alcázares de su redención le encaminaba.[21] Diose priesa a caminar, y llegó a ella a tiempo que anochecía.

castle, hut,
take shelter
inn

Estaban acaso° a la puerta dos mujeres mozas, destas que llaman «del partido»,[22] las cuales iban a Sevilla con unos harrieros° que en la venta aquella noche acertaron a hacer jornada;[23] y como a nuestro aventurero todo cuanto pensaba, veía o imaginaba, le parecía ser hecho y pasar al modo de lo que había leído,[24] luego que vio la venta se le representó que era un castillo con sus cuatro torres y chapiteles de luciente plata, sin faltarle su puente levadiza y honda cava,[25] con todos aquellos aderentes° que semejantes° castillos se pintan.

by chance
muleteers

accoutrements
such

Fuese llegando a la venta que a él le parecía castillo, y a poco trecho° della detuvo las riendas° a Rocinante, esperando que algún enano° se pusiese entre las almenas,° a dar señal° con alguna trompeta de que llegaba caballero al castillo. Pero como vio que se tardaban° y que Rocinante se daba priesa por llegar a la caballeriza,° se llegó a la puerta de la venta, y vio a las dos destraídas° mozas que allí estaban, que a él le parecieron dos hermosas doncellas° o dos graciosas° damas, que delante de la puerta del castillo se estaban solazando.° En esto sucedió acaso que un porquero, que andaba recogiendo de unos rastojos una manada de puercos,[26] que, sin perdón, así se llaman, tocó un cuerno,° a cuya señal ellos se recogen, y 'al instante° se le representó a don Quijote lo que deseaba, que era que algún enano hacía señal de su venida°; y así, con estraño contento, llegó a la venta y a las damas. Las cuales, como vieron venir un hombre de aquella suerte° armado, y con lanza y adarga, llenas de miedo se iban a entrar en la venta; pero don Quijote, coligiendo° por su huida° su miedo, alzándose la visera de papelón,[27] y descubriendo° su seco y polvoroso° rostro, con gentil talante° y voz reposada les dijo:

distance
reins, dwarf
battlements, signal
delayed
stable
licentious
maidens, graceful
taking their ease

horn
immediately
arrival

kind
deducing, flight
uncovering, dusty
mien

"No fuyan° las vuestras mercedes ni teman desaguisado° alguno, ca° a la orden de caballería que profeso non toca ni atañe facerle a ninguno,[28]

flee, injury, for

---

[21] **Estrella que no…** *a star which was leading him, not to the gates, but rather to the palaces of his recovery*

[22] **Mujeres del partido** = *traveling prostitutes*

[23] **Acertaron…** *they happened to spend the night*

[24] **Todo cuanto…** *everything he thought, saw, or imagined, seemed to be fashioned and happen in the ways he had read*

[25] **Se le representó…** *he thought it was a castle with four towers and spires of shining silver, not lacking a drawbridge and a deep moat*

[26] **Un porquero…** *a swineherd, who was gathering a herd of pigs from a harvested field*

[27] **Alzándose la visera…** *raising his cardbord visor*

[28] **Que profeso…** *which I practice does not allow me to injure anyone.* **Non** is archaic.

cuanto más a tan altas doncellas como vuestras presencias demuestran."

Mirábanle las mozas, y andaban con los ojos buscándole el rostro, que la mala visera le encubría°; mas como se oyeron llamar doncellas, cosa tan fuera de su profesión, no pudieron tener la risa,[29] y fue de manera que don
5 Quijote 'vino a correrse° y a decirles:

"Bien parece la mesura en las fermosas, y es mucha sandez, además, la risa que de leve causa procede; pero non vos lo digo porque° os acuitedes ni mostredes mal talante, que el mío non es de ál que de serviros."[30]
10 El lenguaje, no entendido de las señoras, y el mal talle° de nuestro caballero acrecentaba° en ellas la risa, y en él el enojo,° y pasara muy adelante si a aquel punto no saliera el ventero,° hombre que, por ser muy gordo,° era muy pacífico°; el cual, viendo aquella figura contrahecha,° armada de armas tan desiguales° como eran la brida,° lanza, adarga y
15 coselete,° no estuvo en nada en acompañar a las doncellas en las muestras de su contento.[31] Mas, en efeto, temiendo la máquina de tantos pertrechos,[32] determinó de hablarle comedidamente,° y así le dijo:

"Si vuestra merced, señor caballero, busca posada,° amén° del lecho,° porque en esta venta no hay ninguno, todo lo demás se hallará en ella en
20 mucha abundancia."

Viendo don Quijote la humildad° del alcaide° de la fortaleza,° que tal le pareció a él el ventero y la venta, respondió:

"Para mí, señor castellano,° cualquiera cosa basta, porque «mis arreos° son las armas, / mi descanso el pelear,° &c.»"[33]
25 Pensó el huésped° que el haberle llamado castellano había sido por haberle parecido de los sanos de Castilla,[34] aunque el era andaluz,° y de los de la Playa de Sanlúcar, no menos ladrón° que Caco, ni menos maleante° que 'estudiantado paje°; y así, le respondió:

"Según eso, «las camas» de vuestra merced serán «duras peñas»,° y
30 «su dormir, siempre velar°»; y siendo así, bien 'se puede apear,° con seguridad de hallar en esta choza° ocasión y ocasiones para no dormir en todo un año, cuanto más en una noche."

Y diciendo esto, fue a tener° el estribo° a don Quijote, el cual se apeó con mucha dificultad y trabajo, como aquel que en todo aquel día no se ha-

---

Marginal glosses:

- concealed
- became offended
- para que
- figure
- increased, anger
- innkeeper
- fat, peaceful, de-
- formed; dissimilar,
- bridle; armor
- courteously
- lodging, except, bed
- meekness, governor,
- fortress
- warden, trappings
- fighting
- innkeeper
- Andalusian
- thief, rogue
- failed student
- large rocks
- staying awake, can,
- dismount; hovel
- hold, stirrup

---

[29] **No pudieron...** *they couldn't contain their laughter*

[30] **Bien parece...** *Politeness is becoming in beautiful women, and besides, laughter which comes from a trifling cause is great folly; but I am not telling you this so that you will grieve or display a bad disposition, for mine is no other than to serve you.* **Acuitedes** and **mostredes** are archaic verb forms. **Vos** is an archaic pronoun, and **ál** *other* is also archaic.

[31] **No estuvo...** *he was almost at the point of joining the damsels in their show of mirth*

[32] **La máquina...** *the mass of weaponry*

[33] These lines were from a well-known **romance**: "Mis arreos son las armas / mi descanso es pelear / mi cama las duras peñas / mi dormir siempre velar."

[34] The **sanos de Castilla** in ordinary language meant "good people," but in the underworld language it meant "cunning thieves."

bía desayunado. Dijo luego al huésped que le tuviese mucho cuidado de su
caballo, porque era la mejor pieza° que comía pan en el mundo. Miróle el   piece *of horseflesh*
ventero, y no le pareció tan bueno como don Quijote decía, ni aun la mitad;
y acomodándole° en la caballeriza, volvió a ver lo que su huésped°   sheltering him, guest
5   mandaba, al cual estaban desarmando° las doncellas, que ya se habían   removing armor
reconciliado con él; las cuales, aunque le habían quitado el peto° y el   breastplate
espaldar,° jamás supieron ni pudieron desencajarle la gola,° ni quitalle la   backplate, gorget
contrahecha celada que traía atada° con unas cintas° verdes, y era menester°   tied, ribbons, neces-
cortarlas por no poderse quitar los ñudos°; mas él no lo quiso consentir en   sary; knots
10   ninguna manera, y así, se quedó toda aquella noche con la celada puesta,
que era 'la mas graciosa° y estraña figura que se pudiera pensar. Y al   funniest
desarmarle, como él se imaginaba que aquellas 'traídas y llevadas° que le   prostitutes
desarmaban eran algunas principales señoras y damas de aquel castillo, les
dijo con mucho donaire°:   grace

15   "Nunca fuera caballero
              de damas tan bien servido,
              como fuera don Quijote
              cuando de su aldea° vino: village
              doncellas curaban° dél,   took care of
20   princesas del su rocino,[35]

"o Rocinante; que éste es el nombre, señoras mías, de mi caballo, y
don Quijote de la Mancha el mío; que, puesto que no quisiera descubrirme
fasta que las fazañas fechas en vuestro servicio y pro[36] me descubrieran, la
fuerza de acomodar° al propósito° presente este romance viejo[37] de   accommodate, subject
25   Lanzarote ha sido causa que sepáis mi nombre 'antes de toda sazón°; pero   prematurely
tiempo vendrá en que las vuestras señorías me manden, y yo obedezca, y
el valor de mi brazo descubra el deseo que tengo de serviros."
   Las mozas, que 'no estaban hechas° a oír semejantes retóricas, no   not accustomed
respondían palabra; sólo le preguntaron si quería comer alguna cosa.
30   "Cualquiera yantaría° yo," respondió don Quijote, "porque a lo que   I would eat
entiendo me haría mucho 'al caso.°'"   to the purpose
   'A dicha° acertó a ser viernes aquel día, y no había en toda la venta   by chance
sino unas raciones de un pescado que en Castilla llaman *abadejo*,[38] y en
Andalucía *bacallao*, y en otras partes *curadillo*, y en otras *truchuela*.
35   Preguntáronle si, por ventura, comería su merced truchuela; que no había
otro pescado que dalle a comer.

---

[35] Don Quixote here adapts a famous **romance** about Lancelot, whose last four lines
are: "como fuera Lanzarote / cuando de Bretaña vino, / que dueñas curaban dél / doncellas
de su rocino…"
    [36] **Fasta que…** *until the deeds done in your service and benefit.* **Fasta, fazañas,
fechas** and **pro** are all archaic.
    [37] The **romance viejo** was a traditional, fifteenth-century **romance**, different from the
romances nuevos of the sixteenth century.
    [38] All of these variants mean *codfish*.

"Como haya muchas truchuelas," respondió don Quijote, "podrán servir de una trucha;° porque eso 'se me da° que me den ocho reales en sencillos,° que en una pieza de a ocho.³⁹ Cuanto más que podría ser que fuesen estas truchuelas como la ternera,° que es mejor que la vaca, y el cabrito° que el cabrón.° Pero, sea lo que fuere,⁴⁰ venga luego, que el trabajo y peso de las armas no se puede llevar sin el gobierno de las tripas."⁴¹

Pusiéronle la mesa a la puerta de la venta por el fresco, y trújole° el huésped una porción del mal remojado y peor cocido bacallao,⁴² y un pan tan negro y mugriento° como sus armas; pero era materia de grande risa verle comer, porque, como tenía puesta la celada y alzada la visera, no podía poner nada en la boca con sus manos si otro no se lo daba y ponía, y ansí, una de aquellas señoras servía deste menester.°Mas al darle de beber, no fue posible, ni lo fuera,⁴³ si el ventero no horadara° una caña,° y puesto el un cabo° en la boca, por el otro le iba echando° el vino; y todo esto lo recebía° en paciencia, 'a trueco de° no romper las cintas de la celada.

Estando en esto, llegó acaso a la venta un castrador° de puercos, y así como llegó, sonó su silbato° de cañas cuatro o cinco veces, con lo cual acabó de confirmar don Quijote que estaba en algún famoso castillo, y que le servían con música, y que el abadejo eran truchas, el pan candeal,⁴⁴ y las rameras° damas, y el ventero castellano del castillo; y con esto daba por bien empleada su determinación° y salida. Mas lo que más le fatigaba° era el no verse armado caballero, por parecerle que no se podría poner legítimamente en aventura alguna, sin recebir° la orden de caballería.

trout, it's the same to me, small coins

veal, kid
he-goat

brought him

grimy

need
bored, reed
end, pouring
recibía, *in exchange for*

gelder
whistle

prostitutes
resolution, bothered

recibir

³⁹ A **pieza de a ocho** *coin of eight bits* was the same as eight **reales**. This explains why our "two bits" is a quarter.
⁴⁰ **Sea...** *be what it may.* Nowadays the future subjunctive has ceded to the present: **sea lo que sea**.
⁴¹ **Venga luego...** *Let it come right away, for travail and weight of armor cannot be borne without the support of the stomach*
⁴² **Mal remojado...** *badly marinated and worse cooked codfish*
⁴³ **Ni lo...** *nor would it have been*
⁴⁴ **El pan candeal** = *the bread [made of] white wheat*

Capítulo III. Donde se cuenta la graciosa° manera que tuvo don Quijote en armarse caballero.

°amusing

Y ASÍ, fatigado° deste pensamiento, abrevió su venteril° y limitada cena. La cual acabada, llamó al ventero, y encerrándose con él en la caballeriza, se hincó de rodillas ante él, diciéndole:

°weary, inn-style

"No me levantaré jamás de donde estoy, valeroso caballero, fasta que la vuestra cortesía me otorgue° un don° que pedirle quiero, el cual redundará en alabanza° vuestra y en pro del 'género humano.°'"

°grant, boon
°praise, mankind

El ventero, que vio a su huésped a sus pies y oyó semejantes razones, estaba confuso° mirándole sin saber qué hacerse ni decirle, y porfiaba° con él que se levantase, y jamás quiso, hasta que le hubo de decir que él le otorgaba el don que le pedía.

°perplexed, insisted

"No esperaba yo menos de la gran magnificencia vuestra, señor mío," respondió don Quijote, "y así os digo que el don que os he pedido, y de vuestra liberalidad me ha sido otorgado, es que mañana, en aquel día, me habéis de armar caballero,[1] y esta noche en la capilla° deste vuestro castillo velaré las armas, y mañana, como tengo dicho, 'se cumplirá° lo que tanto deseo, para poder, como se debe, ir por todas las cuatro partes del mundo buscando las aventuras en pro de los menesterosos,° como está 'a cargo de° la caballería y de los caballeros andantes, como yo soy, cuyo deseo a semejantes fazañas es inclinado.°'"

°chapel
°will be fulfilled

°needy, duty of

°disposed

El ventero, que, como está dicho, era un poco socarrón,° y ya tenía algunos barruntos° de la falta de juicio de su huésped, acabó de creerlo cuando acabó de oírle semejantes razones, y por tener que reír aquella noche,[2] determinó de seguirle el humor; y así, le dijo que andaba° muy acertado° en lo que deseaba y pedía, y que tal prosupuesto° era propio° y natural de los caballeros tan principales como él parecía y como su gallarda° presencia mostraba; y que él, ansimesmo,° en los años de su mocedad,° se había dado a aquel honroso ejercicio, andando por diversas partes del mundo buscando sus aventuras, sin que hubiese dejado los Percheles de Málaga, Islas de Riarán, Compás de Sevilla, Azoguejo de Segovia, la Olivera de Valencia, Rondilla de Granada, Playa de Sanlúcar, Potro de Córdoba y las Ventillas de Toledo,[3] y otras diversas partes, donde había ejercitado la ligereza de sus pies, sutileza de sus manos, haciendo muchos tuertos, recuestando muchas viudas, deshaciendo algunas doncellas y engañando a algunos pupilos,[4] y finalmente, dándose a conocer por cuantas audiencias

°jokester
°suspicion

°"was"
°correct, goal, proper
°gallant
°also, youth

---

[1] The evening before the ceremony, the novice knight typically watched over his arms and spent the night in prayer. The next day, the arms were blesssed, the novice confessed, and then was dubbed a knight in a religious ceremony.

[2] **Por tener que...** *to have something to amuse them that evening*

[3] These places form what Clemencín called "a picaresque map of Spain." The **Islas de Riarán** are in Málaga, and they're not islands, but rather city blocks.

[4] **Ejercitando...** *showing the fleetness of his feet, the light-fingeredness of his hands, doing many wrongs, courting many widows, deflowering some maidens, deceiving some orphans*

y tribunales[5] hay casi en toda España; y que, a lo último, se había venido a
recoger a aquel su castillo, donde vivía con su hacienda y con 'las ajenas,° — other people's
recogiendo en él a todos los caballeros andantes, de cualquiera calidad° y — rank
condición que fuesen, sólo por la mucha afición que les tenía, y porque
5 partiesen° con él de sus haberes° en pago de su 'buen deseo.° — share, assets, / benevolence
Díjole también que en aquel su castillo no había capilla alguna donde
poder velar las armas, porque estaba derribada° para hacerla de nuevo; pero — torn down
que, en caso de necesidad, él sabía que se podían velar dondequiera,° y que — anywhere
aquella noche las podría velar en un patio del castillo; que a la mañana,
10 siendo Dios servido, se harían las debidas ceremonias, de manera que él
quedase armado caballero, y tan caballero, que no pudiese ser más en el
mundo.
Preguntóle si traía dineros; respondió don Quijote que no traía blanca,[6]
porque él nunca había leído en las historias de los caballeros andantes que
15 ninguno los hubiese traído. A esto dijo el ventero que 'se engañaba°; que, — he was deceived
'puesto caso que° en las historias no se escribía, por haberles parecido a los — although
autores dellas que no era menester escrebir° una cosa tan clara y tan — **escribir**
necesaria de traerse, como eran dineros y camisas limpias, no por eso se
había de creer que no los trujeron°; y así, tuviese por cierto y averiguado° — **trajeron,** proven
20 que todos los caballeros andantes, de que tantos libros están llenos y
atestados,° llevaban bien herradas° las bolsas° por lo que pudiese sucederles, — crammed, stocked / bags; small chest
y que asímismo llevaban camisas y una arqueta° pequeña llena de
ungüentos° para curar las heridas que recebían,° porque no todas veces en — ointments, **recibía**
los campos y desiertos,° donde se combatían y salían heridos,° había quien — wilderness, wound
25 los curase, si ya no era que tenían algún sabio encantador por amigo, que
luego los socorría,° trayendo por el aire, en alguna nube, alguna doncella o — aided
enano° con alguna redoma de agua de tal virtud que, 'en gustando° alguna — dwarf, by tasting
gota della, luego al punto quedaban sanos de sus llagas y heridas, como si
mal alguno hubiesen tenido;[7] mas que, en tanto que esto no hubiese, tuvieron
30 los pasados caballeros por cosa acertada que sus escuderos fuesen proveídos
de dineros y de otras cosas necesarias, como eran hilas° y ungüentos para — bandages
curarse; y cuando sucedía que los tales caballeros no tenían escuderos, que
eran 'pocas y raras veces,° ellos mesmos lo llevaban todo en unas alforjas — few and far between
muy sutiles, que casi no se parecían,[8] a las ancas° del caballo, 'como que° — crupper, as if
35 era otra cosa de más importancia; porque no siendo por ocasión semejante,
esto de llevar alforjas no fue muy admitido entre los caballeros andantes, y
por esto le daba por consejo,° pues aun se lo podía mandar como a su — advice
ahijado, que tan presto lo había de ser,[9] que no caminase 'de allí adelante° — from then on

---

[5] **Dándose a conocer…** *making himself known in all the courts*
[6] The **blanca** was a coin worth half a **maravedí**.
[7] **Alguna redoma…** *some flask of water of such power that, by tasting a drop of it,*
they were instantly cured of their wounds, as if they had never had any injury
[8] **Alforjas muy sutiles…** *small saddlebags which you could hardly see*
[9] **Aun…** *he could even command him as his godson, since so soon he would be*

sin dineros y sin las prevenciones referidas, y que vería cuan bien se hallaba con ellas, cuando menos se pensase.[10]

Prometióle don Quijote de hacer lo que se le aconsejaba 'con toda puntualidad.° Y así, se dio luego orden como velase las armas en un corral grande que a un lado de la venta estaba, y recogiéndolas don Quijote todas, las puso sobre una pila° que junto a un pozo° estaba. Y embrazando° su adarga, 'asió de° su lanza, y con gentil continente° se comenzó a pasear° delante de la pila, y cuando comenzó el paseo comenzaba a cerrar la noche.

Contó el ventero a todos cuantos estaban en la venta la locura de su huésped, la vela° de las armas y la armazón° de caballería que esperaba. Admiráronse° de tan estraño género de locura, y fuéronselo a mirar desde lejos, y vieron que, con sosegado ademán,° unas veces se paseaba, otras, arrimado° a su lanza, ponía los ojos en las armas, sin quitarlos por un buen espacio dellas.[11] Acabó de cerrar la noche, pero con tanta 'claridad de la luna,° que podía competir con 'el que se la prestaba°; de manera que cuanto el novel caballero hacía era bien visto de todos.

Antojósele° en esto a uno de los harrieros que estaban en la venta ir a 'dar agua° a su recua,° y fue menester quitar las armas de don Quijote, que estaban sobre la pila, el cual, viéndole llegar, en voz alta le dijo:

"¡Oh, tú, quienquiera que seas, atrevido° caballero, que llegas a tocar° las armas del más valeroso andante que jamás se ciñó espada,[12] mira lo que haces y no las toques, si no quieres dejar la vida en pago de tu atrevimiento!"

No 'se curó° el harriero destas razones, y fuera° mejor que se curara, porque fuera curarse en salud; antes, trabando de las correas, las arrojó gran trecho de sí.[13] Lo cual, visto por don Quijote, alzó° los ojos al cielo,° y puesto el pensamiento, a lo que pareció, en su señora Dulcinea, dijo:

"Acorredme,° señora mía, en esta primera afrenta° que a este vuestro 'avasallado pecho° se le ofrece; no me desfallezca° en este primer trance vuestro favor y amparo.°"

Y, diciendo estas y otras semejantes razones, soltando° la adarga, alzó la lanza a dos manos, y dio con ella tan gran golpe al harriero en la cabeza, que le derribó en el suelo° tan maltrecho,° que, si segundara° con otro, no tuviera necesidad de maestro que le curara. Hecho esto, recogió sus armas y tornó a pasearse con el mismo reposo° que primero.

Desde allí a poco, sin saberse lo que había pasado, porque aun estaba aturdido° el harriero, llegó otro con la mesma intención de dar agua a sus

Marginal glosses:
- scrupulously
- trough, well, clasping
- grasped, mien, walk
- watching over, dubbing; were amazed; manner
- leaning against
- moonlight, [the sun] which lent it
- fancied
- water, mules
- impudent, to touch
- paid heed, **sería**
- raised, heaven
- help, affront
- enslaved heart, fail protection
- throwing down
- ground, ill-treated, did a second time tranquility
- dazed

---

[10] **Vería cuan...** _he would see how useful they were, when he least expected it_

[11] **Ponía los ojos...** _he looked intently at his armor, without taking his eyes off it for a long time_

[12] **Del más valeroso...** _of the bravest knight that ever girded a sword_

[13] **Trabando de las...** _seizing the straps, he threw them a long distance from himself_

mulos, y llegando a quitar las armas para desembarazar° la pila, sin hablar   unencumber
don Quijote palabra, y sin pedir favor° a nadie, soltó otra vez la adarga, y   permission
alzó otra vez la lanza, y sin hacerla pedazos, hizo más de tres la cabeza del
segundo harriero, porque se la abrió por cuatro. Al ruido acudió° toda la   ran to
5 gente de la venta, y entre ellos el ventero. Viendo esto don Quijote, embrazó
su adarga, y puesta mano a su espada, dijo:

"¡Oh, señora de la fermosura, esfuerzo° y vigor del debilitado° corazón   strength, weakened
mío, ahora es tiempo que vuelvas los ojos de tu grandeza a éste tu cautivo
caballero, que tamaña° aventura está atendiendo°!"   so great, waiting

10 Con esto cobró,° a su parecer, tanto ánimo,° que si le acometieran todos   recovered, spirit
los harrieros del mundo no volviera el pie atrás.[14] Los compañeros de los
heridos, que tales los vieron,[15] comenzaron desde lejos a llover piedras sobre
don Quijote, el cual, lo mejor que podía, 'se reparaba° con su adarga, y no   protected himself
se osaba apartar de la pila por no desamparar° las armas. El ventero 'daba   abandon
15 voces° que le dejasen, porque ya les había dicho como era loco, y que por   shouted
loco se libraría aunque los matase a todos.[16] También don Quijote las daba,
mayores, llamándolos de alevosos° y traidores, y que el señor del castillo era   treacherous
un follón° y mal nacido caballero, pues de tal manera consentía que se   rogue
tratasen los andantes caballeros, y que si él hubiera recebido la orden de
20 caballería, que él le diera a entender su alevosía:[17] "Pero de vosotros, soez°   vile
y baja canalla,° no hago caso alguno. ¡Tirad, llegad, venid y ofendedme° en   rabble, insult me
cuanto pudiéredes; que vosotros veréis el pago que lleváis de vuestra sandez
y demasía°!"   insolence

Decía esto con tanto brío° y denuedo,° que infundió un terrible temor   force, daring
25 en los que le acometían, y así, por esto, como por las persuasiones del
ventero, le dejaron de tirar,° y él dejó retirar° a los heridos, y tornó a la vela   throwing, take away
de sus armas con la misma quietud° y sosiego que primero.   tranquility

No le parecieron bien al ventero las burlas° de su huésped, y determinó   jokes
abreviar° y darle la negra° orden de caballería luego, antes que otra   cut short, cursed
30 desgracia° sucediese. Y así, llegándose a él, 'se desculpó de° la insolencia   misfortune,
que aquella gente baja con él había usado, sin que él supiese cosa alguna,   apologized for
pero que bien castigados° quedaban de su atrevimiento. Díjole, como ya le   punished
había dicho, que en aquel castillo no había capilla, y para lo que restaba° de   remained
hacer tampoco era necesaria; que todo el toque° de quedar armado caballero   main point
35 consistía en la pescozada y en el espaldarazo,[18] según él tenía noticia del
ceremonial° de la orden, y que aquello en mitad de un campo se podía   ceremony book
hacer, y que ya había cumplido con lo que tocaba° al velar de las armas, que   appertained
con solas dos horas de vela se cumplía, cuanto más que él había estado más
de cuatro.

---

[14] **No volviera...** *he wouldn't back up a step*
[15] **Que tales...** *who saw them in such a state*
[16] **Por...** *because he was crazy he would be set free even though he killed everyone*
[17] **Él le...** *he would make him accountable for his treachery*
[18] **La pescozada...** *the slap on the neck and shoulders*

Todo se lo creyó don Quijote y dijo que él estaba allí pronto° para   ready
obedecerle, y que concluyese 'con la mayor brevedad° que pudiese, porque   as soon as possible
si fuese otra vez acometido, y se viese armado caballero, no pensaba dejar
persona viva en el castillo, eceto° aquellas que él le mandase, a quien por   **excepto**
5 respeto dejaría.

Advertido° y medroso° desto el castellano, trujo luego un libro donde   advised, afraid
asentaba la paja y cebada[19] que daba a los harrieros, y con un cabo° de vela° stub, candle
que le traía un muchacho, y con las dos ya dichas doncellas, se vino adonde
don Quijote estaba, al cual mandó hincar de rodillas, y leyendo en su
10 manual,° como que decía alguna devota oración,° en mitad de la leyenda°   account book, prayer,
alzó la mano y diole sobre el cuello° un buen golpe, y tras él, con su mesma   reading; neck
espada, un gentil espaldarazo, siempre murmurando entre dientes, como que
rezaba.° Hecho esto, mandó a una de aquellas damas que le ciñese la espada,   was praying
la cual lo hizo con mucha desenvoltura° y discreción, porque no fue   ease
15 menester poca para no reventar° de risa a cada punto de las ceremonias. Pero burst
las proezas° que ya habían visto del novel caballero les tenía la risa 'a raya.° feats, within bounds

Al ceñirle la espada, dijo la buena señora:

"Dios haga a vuestra merced muy venturoso caballero y le dé ventura
en lides."[20]

20 Don Quijote le preguntó cómo se llamaba, porque él supiese de allí
adelante a quien quedaba obligado por la merced° recebida, porque pensaba   favor
darle alguna parte de la honra° que alcanzase por el valor de su brazo. Ella   glory
respondió con mucha humildad que se llamaba la Tolosa, y que era hija de
un remendón° natural° de Toledo, que vivía a las tendillas de Sancho   clothes mender,
25 Bienaya,[21] y que dondequiera que ella estuviese le serviría y le tendría por   native
señor. Don Quijote le replicó que, por su amor, le hiciese merced que de allí
adelante se pusiese DON,[22] y se llamase DOÑA TOLOSA. Ella se lo prometió,
y la otra le calzó° la espuela, con la cual le pasó casi el mismo coloquio°   put on, conversation
que con la de la espada. Preguntóle su nombre, y dijo que se llamaba la
30 Molinera, y que era hija de un honrado molinero de Antequera;[23] a la cual
también rogó don Quijote que se pusiese DON, y se llamase DOÑA
MOLINERA, ofreciéndole nuevos servicios y mercedes.

Hechas, pues, 'de galope° y aprisa, las hasta allí nunca vistas   hurriedly
ceremonias, no vio la hora don Quijote de verse a caballo y salir buscando
35 las aventuras, y ensillando luego a Rocinante, subió en él, y abrazando a

---

[19] **Donde asentaba...** *where he recorded the straw and barley*

[20] **Ventura en lides** *good fortune in fights.* She knows the language of books of knight
errantry, which were very popular reading, especially among young women.

[21] Sancho Bienhaya was a marketplace in Toledo. The father lived *near* the market
stands.

[22] In the Golden Age, only those who had a right to it could be called **don.** Nowadays,
you can call anyone by his or her first name if you precede it with **don** or **doña.**

[23] Spanish city in the province of Málaga.

su huésped, le dijo cosas tan estrañas, agradeciéndole la merced de haberle
armado caballero, que no es posible acertar a referirlas.° El ventero, por   to relate
verle ya fuera de la venta, con no menos retóricas, aunque con más breves
palabras, respondió a las suyas, y sin pedirle la costa° de la posada,° le dejó   expense, lodging
5 'ir a la buen hora.°   go away

Capítulo IIII. De lo que le sucedió a nuestro caballero cuando salió de la venta.

LA[1] DEL alba sería cuando don Quijote salió de la venta, tan contento, tan
gallardo, tan alborozado° por verse ya armado caballero, que el gozo le   exhilarated
10 reventaba por las cinchas° del caballo. Mas viniéndole a la memoria los   girths
consejos de su huésped 'cerca de° las prevenciones tan necesarias que había   about
de llevar consigo, especial° la de los dineros y camisas, determinó volver a   especially
su casa y acomodarse° de todo, y de un escudero, haciendo cuenta de   supply himself
recebir[2] a un labrador vecino° suyo, que era pobre y con hijos, pero muy a   neighbor
15 propósito para el oficio escuderil[3] de la caballería. Con este pensamiento
guió° a Rocinante hacia su aldea, el cual, casi conociendo la querencia,° con   guided, way
tanta gana° comenzó a caminar, que parecía que no ponía los pies en el   desire
suelo.
No había andado mucho, cuando le pareció que a su diestra° mano, de   right (*arch.*)
20 la espesura° de un bosque que allí estaba, salían unas voces delicadas,° como   dense part, faint
de persona que se quejaba,° y apenas° las hubo oído, cuando dijo: complained, hardly
"Gracias doy al cielo por la merced que me hace, pues tan presto me
pone ocasiones delante donde yo pueda 'cumplir con° lo que debo a mi   discharge
profesión y donde pueda coger el fruto de mis buenos deseos. Estas voces,
25 sin duda, son de algún menesteroso, o menesterosa, que ha° menester mi   **tiene**
favor y ayuda."
Y volviendo las riendas, encaminó a Rocinante hacia donde le pareció
que las voces salían. Y a pocos pasos° que entró por el bosque, vio atada°   steps, tied
una yegua° a una encina,° y atado en otra a un muchacho, desnudo de medio   mare, oak tree
30 cuerpo arriba,[4] hasta de edad de quince años, que era el que las voces daba,
y no sin causa, porque le estaba dando con una pretina° muchos azotes° un   belt, lashes
labrador de buen talle,° y cada azote le acompañaba° con una reprehensión°   size, followed,
y consejo. Porque decía: reprimand
"La lengua queda,° y los ojos listos.°"   quiet, diligent

---

[1] **La [hora] del alba**. The last word of the previous chapter is understood here.
[2] **Haciendo la cuenta...** *he planned to hire*
[3] **Muy propósito...** *very fit for the occupation of squire*
[4] **Desnudo...** *naked from the waist up*

Y el muchacho respondía:

"No lo haré otra vez, señor mío; por la pasión de Dios, que no lo haré otra vez, y yo prometo de tener de aquí adelante más cuidado con el hato.°"   flock

Y viendo don Quijote lo que pasaba, con voz airada° dijo: furious

"Descortés° caballero, mal parece tomaros con quien defender no se   ill-bred puede;⁵ subid sobre vuestro caballo y tomad vuestra lanza," que también tenía una lanza arrimada a la encina adonde estaba arrimada la yegua, "que yo os haré conocer ser de cobardes lo que estáis haciendo."⁶

El labrador, que vio sobre sí aquella figura llena de armas, blandiendo°   brandishing la lanza sobre su rostro,° túvose por muerto,⁷ y con buenas palabras   face respondió:

"Señor caballero, este muchacho que estoy castigando, es un mi criado que me sirve de guardar una 'manada de ovejas° que tengo en estos   flock of sheep contornos,° el cual es tan descuidado,° que cada día me falta una; y porque   vicinity, careless castigo su descuido, o bellaquería,° dice que lo hago 'de miserable,° por no   roguery, out of pagalle la soldada° que le debo, y en Dios y en mi ánima° que miente."   stinginess; salary, soul; vile rustic

"¿«Miente» delante de mí,⁸ 'ruin villano°?" dijo don Quijote. "Por el sol   illuminates, wide que nos alumbra,° que estoy por pasaros 'de parte a parte° con esta lanza;   open; objection pagadle luego sin más réplica°; si no, por el Dios que nos rige que os   untie him concluya y aniquile en este punto.⁹ Desatadlo° luego."

El labrador bajó la cabeza, y sin responder palabra, desató a su criado, al cual preguntó don Quijote que cuánto le debía su amo. Él dijo que nueve meses, a siete reales cada mes. 'Hizo la cuenta° don Quijote y halló que   calculated montaban° setenta y tres reales, y díjole al labrador que 'al momento° los   it amounted to, right desembolsase,° si no quería morir por ello. Respondió el medroso villano   then; disburse que para el paso° en que estaba y juramento° que había hecho—y aún no   situation, oath había jurado nada—, que no eran tantos, porque se le habían de descontar°   to deduct y 'recebir en cuenta° tres pares de zapatos que le había dado, y un real de   credit dos sangrías° que le habían hecho estando enfermo.¹⁰   bloodlettings

"Bien está todo eso," replicó don Quijote, "pero quédense los zapatos y las sangrías por los azotes¹¹ que sin culpa° le habéis dado; que si él   guilt rompió el cuero° de los zapatos que vos pagastes, vos le habéis rompido¹²   leather el de su cuerpo; y si le sacó el barbero sangre¹³ estando enfermo, vos en

⁵ **Mal parece...** *it seems bad to take on someone who cannot defend himself*

⁶ **Yo os...** *I will make you see that what you are doing is the work of cowards*

⁷ **Túvose...** *took himself for dead*

⁸ To claim that another person was lying—and not only in the books of chivalry—was considered an affront to the person being spoken to as well as the person spoken about.

⁹ **Por...** *by the God who rules us I'll finish and annihilate you on the spot*

¹⁰ **Estando...** *when he was sick*

¹¹ **Quédense...** *let the shoes and bloodlettings pay him back for the whiplashes*

¹² **Rompido** is used occasionally instead of **roto** by Cervantes.

¹³ Barbers were also surgeons, and letting blood in order to cure a sick person was common.

sanidad° se la habéis sacado; ansí que, por esta parte, no os debe nada."   health

"El daño° está, señor caballero, en que no tengo aquí dineros; véngase   hindrance
Andrés conmigo a mi casa, que yo se los pagaré un real sobre otro."

"¿Irme yo con él," dijo el muchacho, "más? ¡Mal año, no señor, ni por
5   pienso[14]; porque, en viéndose solo, me desuelle como a un San
Bartolomé!"[15]

"No hará tal," replicó don Quijote, "basta que yo se lo mande para que
me tenga respeto, y con que él me lo jure por la ley de caballería que ha
recebido, le dejaré ir libre[16] y aseguraré° la paga."   will assure

10   "Mire° vuestra merced, señor, lo que dice," dijo el muchacho, "que este   consider
mi amo° no es caballero, ni ha recebido orden de caballería alguna; que es   master
Juan Haldudo el rico, el vecino° del Quintanar[17].   resident

"Importa poco eso," respondió don Quijote, "que Haldudos puede haber
caballeros;[18] cuanto más, que cada uno es hijo de sus obras."

15   "Así es verdad," dijo Andrés, "pero este mi amo, ¿de qué obras es hijo,
pues me niega° mi soldada, y mi sudor° y trabajo?"   denies, sweat

"No niego, hermano Andrés," respondió el labrador, "y hacedme placer°   pleasure
de veniros conmigo; que yo juro por todas las órdenes que de caballerías hay
en el mundo de pagaros, como tengo dicho, un real sobre otro, y aun
20   sahumados."[19]

"Del sahumerio 'os hago gracia,°'" dijo don Quijote, "dádselos en   I exempt you
reales,[20] que con eso me contento, y mirad que lo cumpláis como lo habéis
jurado; si no, por el mismo juramento os juro de volver a buscaros y a
castigaros, y   que os 'tengo de° hallar, aunque os escondáis más que una   **tengo que**
25   lagartija.° Y si queréis saber quien os manda esto, para quedar con más   lizard
veras obligado a cumplirlo[21], sabed que yo soy el valeroso don Quijote de
la Mancha, el desfacedor° de agravios y sinrazones, y a Dios quedad; y 'no   undoer *(arch.)*
se os parta de las mientes° lo prometido y jurado, 'so pena de° la pena   don't forget, under
pronunciada."   the penalty of

30   Y en diciendo esto, picó a su Rocinante, y en 'breve espacio° se apartó   short time
dellos. Siguióle el labrador con los ojos, y cuando vio que había traspuesto°   left

---

[14] **Ni por...** *absolutely not*

[15] **Me desuelle...** *he'll flay me like a St. Bartholomew.* Bartholomew was one of the
twelve apostles, and tradition has it that he was flayed and beheaded by King Astyges of
of Babylonia.

[16] **Basta que yo...** *It is sufficient for me to command him for him to obey me; and
since he swears by the law of chivalry that he has received, I'll let him go free*

[17] El Quintanar de la Orden is in the modern province of Toledo, only 19 kms.
northwest of El Toboso

[18] **Haldudos puede...** *there can be Haldudos who are knights*

[19] **Sahumados** *perfumed.* Here, it seems to mean "with interest," according to
Casalduero. Most editors say it means "with good will," after the definition in Covarrubias.

[20] **En reales** = *in silver coins*

[21] **Para quedar...** *so that you will be even more obliged to fulfill it*

del bosque y que ya no parecía, volvióse a su criado Andrés, y díjole: "Venid acá, hijo mío, que os quiero pagar lo que os debo, como aquel deshacedor de agravios me dejó mandado."

"Eso juro yo," dijo Andrés, "y ¡cómo que andará vuestra merced acertado en cumplir el mandamiento de aquel buen caballero,[22] que mil años viva; que, según° es de valeroso y de buen juez, vive Roque que si no me paga, que vuelva y ejecute[23] lo que dijo!" *since*

"También lo juro yo," dijo el labrador, "pero, por lo mucho que os quiero, quiero acrecentar° la deuda° por acrecentar la paga." *increase, debt*

Y asiéndole° del brazo, le tornó a atar a la encina, donde le dio tantos azotes que le dejó por muerto. *seizing him*

"Llamad, señor Andrés, ahora," decía el labrador, "al desfacedor de agravios; veréis como no desface aquéste,° aunque creo que no está acabado de hacer, porque me viene gana de desollaros vivo,[24] como vos temíades." *this one (arch.)*

Pero, al fin, le desató y le dio licencia que fuese a buscar su juez para que ejecutase la pronunciada sentencia. Andrés se partió algo mohino,° jurando de ir a buscar al valeroso don Quijote de la Mancha y contalle punto por punto lo que había pasado, y que se lo había de pagar con las setenas.[25] Pero, con todo esto, él se partió llorando y su amo se quedó riendo. *mournful*

Y desta manera deshizo el agravio el valeroso don Quijote, el cual, contentísimo° de lo sucedido, pareciéndole que había dado felicísimo y alto principio a sus caballerías, con gran satisfacción° de sí mismo iba caminando hacia su aldea, diciendo a media voz: *very pleased* **satisfacción**

"Bien te puedes llamar dichosa° sobre cuantas hoy viven en la tierra, ¡oh, sobre las bellas bella Dulcinea del Toboso! pues te cupo en suerte[26] tener sujeto y rendido° a toda tu voluntad e° talante a un tan valiente y tan nombrado° caballero como lo es y será don Quijote de la Mancha. El cual, como todo el mundo sabe, ayer rescibió° la orden de caballería, y hoy ha desfecho el mayor tuerto y agravio que formó la sinrazón y cometió la crueldad. Hoy quitó el látigo° de la mano a aquel despiadado° enemigo, que tan sin ocasión° vapulaba° a aquel delicado infante.°" *fortunate* *surrendered, y* *renowned* **recibió** *whip, cruel* *reason, whipped, child*

En esto, llegó a un camino que en cuatro se dividía, y luego se le vino a la imaginación las encrucejadas[27] donde los caballeros andantes se ponían a pensar cuál camino de aquellos tomarían, y por imitarlos estuvo un rato quedo, y 'al cabo de° haberlo muy bien pensado, soltó° la rienda a Rocinante, dejando a la voluntad° del rocín la suya, el cual siguió su primer *after, released* *will*

---

[22] **¡Cómo...** *your worship will do well to obey the command of that good knight*

[23] **Que vuelva...** *may he come back and do*

[24] **Creo...** *I think it's not finished because I'm feeling like flaying you alive*

[25] **Pagar con las setenas** means *to pay back sevenfold,* from the *Fuero Juzgo,* an ancient book of Spanish law.

[26] **Te cupo...** *it befell your fortune*

[27] **Encrucejadas = encrucijadas** *crossroads*

intento,° que fue el irse camino de su caballeriza. Y habiendo andado como   intention
dos millas,° descubrió don Quijote un grande tropel° de gente, que, como   miles, crowd
después se supo, eran unos mercaderes° toledanos que iban a comprar seda°   merchants, silk
a Murcia.[28] Eran seis, y venían con sus quitasoles,° con otros cuatro criados   parasols
5 a caballo y tres mozos de mulas a pie.

   Apenas los divisó don Quijote, cuando se imaginó ser cosa de nueva
aventura; y por imitar en todo cuanto a él le parecía posible los pasos que
había leído en sus libros, le pareció venir allí de molde uno que pensaba
hacer.[28a] Y así, con gentil continente° y denuedo, 'se afirmó° bien en los   mien, made fast
10 estribos, apretó° la lanza, llegó° la adarga al pecho,° y puesto en la mitad del   clutched, placed,
camino, estuvo esperando que aquellos caballeros andantes llegasen, que ya   chest
él por tales los tenía y juzgaba,° y cuando llegaron a trecho que se pudieron   judged
ver y oír, levantó don Quijote la voz, y con 'ademán arrogante,° dijo: haughty manner

   "Todo el mundo 'se tenga,° si todo el mundo no confiesa° que no hay   stop, confess
15 en el mundo todo doncella más hermosa que la Emperatriz° de la Mancha,   Empress
la 'sin par° Dulcinea del Toboso."   peerless

   Paráronse° los mercaderes al son° destas razones, y a ver la estraña   stopped, sound
figura del que las° decía, y por la figura° y por las razones luego echaron de   i.e., **las razones,** fac
ver la locura de su dueño;[29] mas quisieron ver despacio en qué paraba
20 aquella confesión que se les pedía,[30] y uno dellos, que era un poco burlón°   jester
y muy mucho discreto,° le dijo: witty

   "Señor caballero, nosotros no conocemos quién sea esa buena señora
que decís; mostrádnosla, que si ella fuere de tanta hermosura como
significáis,° de buena gana y sin apremio° alguno confesaremos la verdad   represent, constraint
25 que por parte vuestra nos es pedida."

   "Si os la mostrara," replicó don Quijote, "¿qué hiciérades vosotros en
confesar una verdad tan notoria?[31] La importancia está en que, sin verla, lo
habéis de creer, confesar, afirmar, jurar y defender; 'donde no,° conmigo sois   if not
en batalla, gente descomunal° y soberbia. Que, ahora vengáis uno a uno,   monstrous
30 como pide la orden de caballería, ora° todos juntos, como es costumbre y   or
mala usanza° de los de vuestra ralea,° aquí os aguardo y espero, confiado°   custom, breed,
en la razón que de mi parte tengo."   confident

   "Señor caballero," replicó el mercader, "suplico° a vuestra merced, en entreat
nombre de todos estos príncipes° que aquí estamos que, por que no   princes
35 encarguemos° nuestras conciencias, confesando una cosa por nosotros jamás   burden
vista ni oída, y más siendo tan en perjuicio° de las emperatrices y reinas   detriment

---

  [28] Murcia is an important agricultural center in south-eastern Spain.

   [28a] **Por imitar...** *to imitate as closely as possible the exploits he had read about in his
books, the one that he planned to do seemed made to order.*

   [29] **Echaron de ver...** *they realized the craziness of their* [i.e., **las razones'**] *owner*

   [30] **Quisieron ver...** *they wanted to see where that confession they were being asked
to give was leading*

   [31] **¿Qué hiciérades...** *what merit would there be in confessing a truth so evident*

del Alcarria y Estremadura,[32] que vuestra merced sea servido de mostrarnos algún retrato° de esa señora, aunque sea tamaño° como un grano de trigo;° que por el hilo se sacará el ovillo,[33] y quedaremos con esto satisfechos y seguros, y vuestra merced quedará contento y pagado.° Y aun creo que estamos ya tan de su parte,[34] que, aunque su retrato nos muestre que es tuerta° de un ojo y que del otro le mana bermellón y piedra azufre,[35] con todo eso, por complacer° a vuestra merced, diremos en su favor todo lo que quisiere."

"No le mana, canalla infame,°" respondió don Quijote encendido en cólera,° "no le mana, digo, eso que decís, sino ámbar y algalia entre algodones;[36] y no es tuerta ni corcovada,° sino más derecha que un huso° de Guadarrama. Pero ¡vosotros pagaréis la grande blasfemia que habéis dicho contra tamaña beldad,° como es la de mi señora!"

Y en diciendo esto, arremetió° con la lanza baja° contra el que lo había dicho, con tanta furia y enojo, que, si la buena suerte° no hiciera que en la mitad del camino tropezara° y cayera Rocinante, lo pasara mal el atrevido mercader.[37] Cayó Rocinante, y fue rodando° su amo una buena pieza° por el campo, y queriéndose levantar, 'jamás pudo,° tal embarazo° le causaban la lanza, adarga, espuelas y celada, con el peso de las antiguas armas. Y entretanto° que 'pugnaba por° levantarse y no podía, estaba diciendo:

"¡Non fuyáis,° gente cobarde, gente cautiva,° atended; que no por culpa° mía, sino de mi caballo, estoy aquí tendido°!"

Un mozo de mulas de los que allí venían, que no debía de ser muy bien intencionado,° oyendo decir al pobre caído tantas arrogancias,[38] no lo pudo sufrir° sin darle la respuesta en las costillas.° Y llegándose a él, tomó la lanza, y después de haberla hecho pedazos, con uno dellos comenzó a dar a nuestro don Quijote tantos palos,° que, 'a despecho y pesar de° sus armas, le molió como cibera.° Dábanle voces sus amos que no le diese tanto,[39] y que le dejase; pero estaba ya el mozo picado° y no quiso dejar el juego hasta envidar° todo el resto de su cólera; y acudiendo por los demás trozos° de la lanza, los acabó de deshacer sobre el miserable caído, que, con toda aquella tempestad° de palos que sobre él llovía,[40] no cerraba la boca, amena-

portrait, so small,
wheat

satisfied

blind

humor

despicable
rage
hunchback, spindle

beauty

attacked, lowered
fortune
stumble
rolling, distance
couldn't, impediment

while, struggled to
flee, wretched, blame
stretched out

disposed
endure, ribs

blows, in spite of
wheat
irate
he parleyed, pieces

storm

---

[32] Alcarria is a region made up of parts of the modern provinces of Cuenca, Guadalajara and Madrid. Estremadura is a region composed of the provinces of Mérida and Badajoz in western Spain.

[33] **Por el hilo...** *by the yarn we can judge the skein*

[34] **Estamos ya...** *we are in such agreement with you*

[35] **Del...** *from the other she oozes vermillion and sulphur.* **Bermellón** *is a red pigment.*

[36] **Ámbar...** *ambergris and civet packed in cotton.* Ambergris forms in the intestines of the sperm whale, and "civet" is a secretion from the civet, a catlike mammal. Both are used in the manufacture of perfumes.

[37] **Lo pasara...** *the impudent merchant would have had a bad time of it*

[38] **Oyendo decir...** *hearing the poor fallen one say so many arrogant things*

[39] **Dábanle...** *his masters yelled to him not to beat him so much*

[40] The text says only **vía**, seemingly a typesetter's mistake.

zando° al cielo y a la tierra, y a los malandrines,° que tal le parecían.   threatening, brigan

    Cansóse el mozo, y los mercaderes siguieron su camino, llevando qué
contar en todo él del pobre apaleado.[41] El cual, después que se vio solo,
tornó a probar° si podía levantarse; pero si no lo pudo hacer cuando sano°   try, hale
5 y bueno, ¿cómo lo haría molido° y casi deshecho°? Y aún se tenía por   beaten-up, destroye
dichoso, pareciéndole que aquélla era propia desgracia de caballeros
andantes, y toda la atribuía a la falta° de su caballo; y no era posible   fault
levantarse, según tenía brumado° todo el cuerpo.   crushed

    [41] **Los mercaderes…** *the merchants continued their journey, taking with them stories
to tell for the rest of the trip about the drubbed person*

Capítulo V. Donde se prosigue la narración de la desgracia° de nuestro caballero.

VIENDO, PUES, que, en efeto, no podía menearse,° acordó de acogerse° a su ordinario° remedio, que era pensar en algún paso° de sus libros, y trújole° su locura a la memoria aquel de Valdovinos y del Marqués de Mantua,[1] cuando Carloto le dejó herido en la montiña,° historia sabida de los niños, no ignorada° de los mozos, celebrada° y aun creída de los viejos, y con todo esto, no más verdadera° que los milagros de Mahoma.[2] Ésta, pues, le pareció a él que le venía 'de molde° para el paso° en que se hallaba; y así, con muestras° de grande sentimiento,° se comenzó a volcar° por la tierra, y a decir con debilitado° aliento° lo mesmo que dicen decía el herido caballero del bosque:

> ¿Dónde estás, señora mía,
> que no te duele mi mal?
> O no lo sabes, señora,
> o eres falsa y desleal.°

Y desta manera fue prosiguiendo el romance, hasta aquellos versos que dicen:

> ¡Oh, noble Marqués de Mantua,
> mi tío y señor carnal!³

Y quiso la suerte⁴ que, cuando llegó a este verso, acertó a pasar por allí un labrador de su mesmo lugar y vecino suyo, que venía de llevar una carga de trigo al molino, el cual, viendo aquel hombre allí tendido, se llegó a él y le preguntó que quién era y qué mal sentía, que tan tristemente se quejaba.⁵

Don Quijote creyó, sin duda, que aquél era el Marqués de Mantua, su tío, y así, no le respondió otra cosa sino fue proseguir en su romance, donde 'le daba cuenta° de su desgracia y de los amores del hijo del Emperante° con su esposa; todo de la mesma manera que el romance lo canta. El labrador estaba admirado oyendo aquellos disparates, y quitándole la visera, que ya estaba hecha pedazos de los palos, le limpió el rostro, que le tenía cubierto de polvo,° y apenas le hubo limpiado,⁶ cuando le conoció, y le dijo:

"Señor Quijana"—que así se debía de llamar cuando él tenía juicio y no había pasado de hidalgo sosegado a caballero andante—"¿quién ha puesto a vuestra merced desta suerte?"

---

¹ This is a popular subject from the **romances viejos**. According to the **romance**, Carloto, son of Charlemagne, falls in love with the princess Sebilla, wife of Valdovinos. In order to have her, Carloto wounds Valdovinos and leaves him in a forest. The Marqués de Mantua, Valdovinos' uncle, finds him there while hunting. The referent to **le** in the next phrase is thus Valdovinos, and not the Marqués de Mantua.

² Mohammed worked no miracles.

³ The weakened Don Quijote makes a mistake: it should be **señor y tío carnal**. **Tío carnal** = *paternal or maternal uncle*.

⁴ **Quiso...** *as luck would have it*

⁵ **Se llegó...** *he approached him and asked him who he was and what had befallen him since he was lamenting so sadly*

⁶ Readers of the time would realize that Don Quijote's neighbor does exactly what the Marqués de Mantua did with Valdovinos in cleaning off his face.

Margin glosses: misfortune, / stir, resort / usual, passage / le trajo / forest / unknown, venerated / true / just right, situation / signs, pain, wallow, / weakened, vigor / unloyal / told of, Emperor / dirt

Pero él seguía con su romance a cuanto le preguntaba.

Viendo esto el buen hombre, lo mejor que pudo le quitó el peto y espaldar, para ver si tenía alguna herida; pero no vio sangre ni señal alguna. Procuró levantarle del suelo, y no con poco trabajo le subió sobre su
5 jumento,° por parecer caballería más sosegada.[7] Recogió las armas, hasta las astillas° de la lanza, y liólas° sobre Rocinante, al cual tomó de la rienda, y del cabestro° al asno, y se encaminó hacia su pueblo, bien pensativo° de oír los disparates que don Quijote decía. Y no menos iba don Quijote,[8] que, de puro molido y quebrantado,° no se podía tener sobre el borrico,[9] y de cuando
10 en cuando daba unos suspiros° que los ponía en el cielo; de modo que de nuevo obligó a que el labrador le preguntase le dijese qué mal sentía.[10] Y no parece sino que el diablo le traía a la memoria los cuentos acomodados a sus sucesos,[11] porque en aquel punto, olvidándose de Valdovinos, se acordó del moro° Abindarráez, cuando el alcaide° de Antequera, Rodrigo de Narváez,
15 le prendió y llevó cautivo° a su alcaidía.° De suerte que, cuando el labrador le volvió a preguntar que cómo estaba y qué sentía, le respondió las mesmas palabras y razones que el cautivo Abencerraje respondía a Rodrigo de Narváez, del mesmo modo que él había leído la historia en la *Diana*, de Jorge de Montemayor,[12] donde se escribe, aprovechándose° della tan 'a
20 propósito,° que el labrador se iba dando al diablo de oír tanta máquina de necedades;[13] por donde conoció que su vecino estaba loco y 'dábale priesa° a llegar al pueblo por escusar° el enfado° que don Quijote le causaba con su larga arenga.° 'Al cabo de lo cual,° dijo:

"Sepa[14] vuestra merced, señor don Rodrigo de Narváez, que esta
25 hermosa Jarifa, que he dicho,° es ahora la linda Dulcinea del Toboso, por quien yo he hecho, hago y haré los más famosos hechos de caballerías que se han visto, vean ni verán en el mundo."

A esto respondió el labrador:

"Mire vuestra merced, señor, ¡pecador de mí![15] que yo no soy don
30 Rodrigo de Narváez, ni el Marqués de Mantua, sino Pedro Alonso, su vecino; ni vuestra merced es Valdovinos, ni Abindarráez, sino el honrado° hidalgo del señor Quijana."

"Yo sé quién soy," respondió don Quijote, "y sé que puedo ser, no sólo los que he dicho, sino todos los doce Pares de Francia,[16] y aun todos los

mount

splinters, tied them
halter, worried

pounded
sighs

Moor, governor
captive, governor's
house

profiting from
aptly
hurried
avoid, vexation
speech, after which

mentioned

honorable

---

[7] **Por parecer...** *because it seemed like a calmer mount*

[8] **Y no menos...** *and no less [worried] went Don Quijote*

[9] **No se podía...** *he couldn't sit straight up on the donkey*

[10] **De nuevo...** *once again it compelled the peasant to ask him to tell him what ailed him*

[11] **El diablo...** *the devil brought stories to his mind that fit what happened to him*

[12] This legend is found in the *Siete libros de la Diana* (1561). It is the story of the Moor Abindarráez who, on his way to get married to Jarifa, is put in prison by Rodrigo de Narváez, governor of Antequera (near Málaga). The governor befriends the Moor and lets him go to get married, provided he come back within three days, which he does, with his new wife. The governor finally lets them both go free.

[13] **Se iba...** *he went along cursing his fate for having to hear such a lot of nonsense*

[14] **Sepa** as a command means *I want you to know.*

[15] **¡Pecador...** *sinner that I am*

[16] The Twelve Peers were Charlemagne's men, all equal in valor, therefore "peers."

Nueve de la Fama,[17]pues a todas las hazañas que ellos todos juntos y cada
uno por sí hicieron, se aventajarán las mías."[18]

En estas pláticas° y en otras semejantes llegaron al lugar a la hora que   conversations
anochecía; pero el labrador aguardó a que fuese algo más noche, porque no
5 viesen al molido hidalgo tan mal caballero.[19] Llegada, pues, la hora que le
pareció, entró en el pueblo y en la casa de don Quijote, la cual halló toda
alborotada°—y estaban en ella el cura y el barbero del lugar, que eran   upset
grandes amigos de don Quijote—que estaba diciéndoles su ama a voces:

"¿Qué le parece a vuestra merced, señor licenciado Pero Pérez," que así
10 se llamaba el cura, "de la desgracia de mi señor? Tres días ha que no
parecen él, ni el rocín, ni la adarga, ni la lanza, ni las armas. ¡Desventurada
de mí! que me doy a entender, y así es ello la verdad como nací para
morir,[20] que estos malditos° libros de caballerías que él tiene y suele leer tan   damned
'de ordinario,° le han vuelto el juicio;[21] que ahora me acuerdo haberle oído   usually
15 decir muchas veces, hablando 'entre sí,° que quería hacerse caballero andante   to himself
e irse a buscar las aventuras por esos mundos. Encomendados° sean a   commended
Satanás° y a Barrabás[22] tales libros, que así han echado a perder el más   satan
delicado entendimiento que había en toda la Mancha."[23]

La sobrina decía lo mesmo, y aun decía más:

20 "Sepa señor maese Nicolás," que éste era el nombre del barbero, "que
muchas veces le aconteció a mi señor tío estarse leyendo en estos
desalmados° libros de desventuras° dos días con sus noches, al cabo de los   soulless, misfortunes
cuales arrojaba el libro de las manos y ponía mano a la espada y andaba a
cuchilladas con las paredes,° y cuando estaba muy cansado, decía que había   walls
25 muerto° a cuatro gigantes como cuatro torres,° y el sudor° que sudaba del   killed, towers, sweat
cansancio° decía que era sangre de las feridas que había recebido en la   weariness
batalla, y bebíase luego un gran jarro° de agua fría, y quedaba sano y   pitcher
sosegado, diciendo que aquella agua era una preciosísima° bebida que le   very precious
había traído el sabio Esquife,[24] un grande encantador y amigo suyo. Mas yo
30 me tengo la culpa de todo, que no avisé° a vuestras mercedes de los   told
disparates de mi señor tío, para que lo remediaran° antes de llegar a lo que   remedy
ha llegado, y quemaran todos estos descomulgados° libros; que tiene   excommunicated
muchos, que bien merecen ser abrasados° como si fuesen de herejes.°"   burned, heretics
      in truth

"Esto digo yo también," dijo el cura, "y 'a fee° que no se pase el día   in truth

---

[17] The "Nine Worthies," as they are known in English are Joshua, David, Judas
Maccabæus (Jews), Hector, Alexander, Cæsar (pagans), Arthur, Charlemagne, and
Godefroy of Bouillon (Christians). The last named one was the leader of the First Crusade.

[18] **A todas...** *my deeds will surpass those of all of those put together and of each one
individually*

[19] **El labrador...** *the peasant waited for it to get darker so that [the people] wouldn't
see the beaten-up hidalgo so sorrily mounted*

[20] **¡Desventurada de mí...** *Woe is me. I'm beginning to understand, and it's the truth
just as I was born to die...*

[21] **Le han...** *have made him crazy*

[22] Barabbas was the prisoner released instead of Christ (Matthew 27:15-21).

[23] **Han echado...** *they have ruined the most sensitive mind that there was in all of la
Mancha*

[24] The niece probably means Alquife, husband of Urganda la Desconocida, who appears
in several books of the *Amadís* cycle.

de mañana sin que dellos no[25] se haga acto público,[26] y sean condenados° al   condemned
fuego, porque no den ocasión a quien los leyere de hacer lo que mi buen
amigo debe de haber hecho."

Todo esto estaban oyendo el labrador y don Quijote, con que acabó de
5   entender el labrador la enfermedad° de su vecino, y así, comenzó a decir a   illness
voces:

"Abran vuestras mercedes al señor Valdovinos y al señor Marqués de
Mantua, que viene mal ferido; y al señor moro Abindarráez, que trae cautivo
el valeroso Rodrigo de Narváez, alcaide de Antequera."

10   A estas voces salieron todos, y como conocieron los unos a su amigo,
las otras a su amo y tío, que aún no se había apeado del jumento, porque no
podía, corrieron a abrazarle. Él dijo:

"Ténganse todos; que vengo mal ferido por la culpa de mi caballo.
Llévenme a mi lecho, y llámese, si fuere posible, a la sabia Urganda,[27] que
15   'cure y cate de° mis feridas."   take care of

"¡Mirá en hora maza!"[28] dijo a este punto el ama, "si me decía a mí
bien mi corazón del pie que cojeaba mi señor![29] Suba vuestra merced en
buen hora; que, sin que venga esa Urgada,° le sabremos aquí curar.   "worn out"
¡Malditos, digo, sean otra vez y otras ciento estos libros de caballerías, que
20   tal han parado a vuestra merced!"[30]

Lleváronle luego a la cama, y catándole las feridas, no le hallaron
ninguna; y él dijo que todo era molimiento,° por haber dado una gran caída   pounding
con Rocinante, su caballo, combatiéndose con diez jayanes,° los más   giants
desaforados° y atrevidos° que se pudieran fallar° en gran parte de la tierra.   huge, fearless, **hallar**
25   "Ta, ta," dijo el cura, "¿jayanes hay en la danza? Para mi santiguada,°   sign of the cross
que yo los° queme mañana antes que llegue la noche."   i.e., the books

Hiciéronle a don Quijote mil preguntas, y a ninguna quiso responder
otra cosa sino que le diesen de comer y le dejasen dormir, que era lo que
más le importaba. Hízose así, y el cura se informó muy a la larga del
30   labrador, del modo que había hallado a don Quijote;[31] él se lo contó todo,
con los disparates que al hallarle y al traerle había dicho, que fue poner más
deseo en el licenciado de hacer lo que 'otro día° hizo, que fue llamar a su   the next day
amigo el barbero maese Nicolás, con el cual se vino a casa de don Quijote.

---

[25] This is a meaningless **no**. They are *going to do* the public judgment.

[26] **Acto público = auto público** *auto de fe*, the burning of heretics.

[27] Urganda la Desconocida was an enchantress in *Amadís de Gaula*, already mentioned
in note 24 and in the preliminary verses, p. 13, l. 1.

[28] **¡Mirá en hora maza!** = **¡Mirad en hora mala!** This is a **vos** command.

[29] **Si me decía...** *if my heart didn't tell me well on what leg my master limped,* i.e.
"what my master's problem was."

[30] **Que tal han...** *which have put you in such a state*

[31] **El cura se informó...** *the priest found out very extensively from the peasant about
how he had found Don Quijote*

*Capítulo VI. Del donoso° y grande escrutinio° que el cura
y el barbero hicieron en la librería de nuestro ingenioso
hidalgo.*

witty, scrutiny

EL CUAL aún todavía dormía.¹ Pidió las llaves a la sobrina del aposento°
donde estaban los libros, autores del daño,° y ella se las dio de muy
buena gana; entraron dentro todos, y la ama con ellos, y hallaron más de
cien cuerpos° de libros grandes muy bien encuadernados,° y otros pequeños;
y así como el ama los vio, volvióse a salir del aposento con gran priesa, y
tornó luego con una escudilla° de agua bendita° y un hisopo,° y dijo:

room
damage

volumes, bound

bowl, holy, sprinkler

    "Tome vuestra merced, señor licenciado; rocíe° este aposento, no esté
aquí algún encantador de los muchos que tienen estos libros, y nos encanten,
en pena de las que les queremos dar echándolos del mundo."²

sprinkle

    Causó risa al licenciado la simplicidad del ama, y mandó al barbero que
le fuese dando³ de aquellos libros, uno a uno, para ver 'de qué trataban,°
pues podía ser hallar algunos que no mereciesen castigo⁴ de fuego.

what they were about

    "No," dijo la sobrina, "no hay para qué perdonar a ninguno, porque
todos han sido los dañadores; mejor será arrojallos por las ventanas al patio,
y hacer un rimero° dellos y 'pegarles fuego,° y si no, llevarlos al corral, y
allí se hará la hoguera,° y no ofenderá el humo.°'"

pile, set fire to them
bonfire, smoke

    Lo mismo dijo el ama, tal era la gana que las dos tenían de la muerte
de aquellos inocentes; mas el cura no vino en ello sin primero leer siquiera
los títulos.⁵ Y el primero que maese Nicolás le dio en las manos, fue *Los
cuatro de Amadís de Gaula,*⁶ y dijo el cura:

    "Parece cosa de misterio ésta, porque, según he oído decir, este libro fue
el primero de caballerías que se imprimió en España, y todos los demás han
tomado principio y origen déste, y así me parece que, como a dogmatizador°
de una secta tan mala, le debemos sin escusa alguna condenar al fuego."

founder

    "No señor," dijo el barbero, "que también he oído decir que es el mejor
de todos los libros que de este género se han compuesto, y así, como a único
en su arte, se debe perdonar."

    "Así es verdad," dijo el cura, "y por esa razón se le otorga la vida por
ahora. Veamos esotro° que está junto a él."

este otro

---

¹ As with last two chapters, this one begins by continuing the previous chapter as if
there were no break. Don Quijote is the subject of **dormía**. The subject of **pidió** in the next
sentence is the priest.

² **No esté...** *so that some enchanter of the many that those books have won't come to
put a spell on us, to punish us for wanting to eject them from the world*

³ **Le fuese...** *he keep giving him*

⁴ **Podía...** *it might be they would find some that didn't deserve punishment*

⁵ **Mas el...** *but the priest would not agree to it without at least first reading the titles*

⁶ Don Quijote's library is well organized. The first section is his favorite books, the
romances of chivalry. In this part, the first several books all belong to the "Amadís
cycle"—*Amadís de Gaula* and its continuations. The first known edition of the four books
of *Amadís* is that of Zaragoza, 1508. There were 19 other editions preceding the
publication of *Don Quijote*, mostly from Seville and Toledo—those printed outside of
Spain in were in Louvain and Venice. The author of *Amadís de Gaula* is unknown,
although it was revised by Garci Rodríguez de Montalvo.

"Es," dijo el barbero, "*Las Sergas° de Esplandián*,[7] hijo legítimo de   deeds
Amadís de Gaula."
   "Pues en verdad," dijo el cura, "que no le ha de valer al hijo la bondad°   goodness
del padre. Tomad, señora ama, abrid esa ventana y echadle al corral, y dé
5 principio al montón° de la hoguera que se ha de hacer."   mound
   Hízolo así el ama con mucho contento, y el bueno de Esplandián fue
volando al corral, esperando con toda paciencia el fuego que le amenazaba.
   "Adelante," dijo el cura.
   "Este que viene," dijo el barbero, "es *Amadís de Grecia*,[8] y aun todos
10 los deste lado, a lo que creo, son del mesmo linaje de Amadís."
   "Pues vayan todos al corral," dijo el cura, "que a trueco de quemar a la
reina Pintiquiniestra[9] y al pastor Darinel, y a sus églogas,° y a las endiabla-   eclogues
das° y revueltas° razones de su autor, quemaré con ellos al padre que me   devilish, convolute
engendró, si anduviera en figura de caballero andante."[10]
15   "De ese parecer° soy yo," dijo el barbero.   opinion
   "Y aun yo," añadió la sobrina.
   "Pues así es," dijo el ama, "vengan, y al corral con ellos."
   Diéronselos, que eran muchos, y ella ahorró° la escalera,° y dio con   spared, stairs
ellos por la ventana abajo.
20   "¿Quién es ese tonel?"[11] dijo el cura.
   "Éste es," respondió el barbero, "*Don Olivante de Laura*."[12]
   "El autor de ese libro," dijo el cura, "fue el mesmo que compuso a
Jardín de flores,[13] y en verdad que no sepa determinar cuál de los dos libros
es más verdadero, o, por decir mejor, menos mentiroso.° Sólo sé decir que   lying
25 éste irá al corral por disparatado° y arrogante."   absurd
   "Este que se sigue es *Florimorte de Hircania*,"[14] dijo el barbero.

   [7] Written by Garci Rodríguez de Montalvo, the reviser of *Amadís de Gaula*. It is the
fifth book in the Amadís cycle (the first four are the four books of *Amadís de Gaula*).
Originally published in Seville, 1510, with nine more editions until 1588.
   [8] This is book 9 of the Amadís cycle, written by Feliciano de Silva and publlished in
Seville, 1530. Up to 1596 there were six other editions. Book 6, *Florisando* by Páez de
Ribera (Salamanca, 1510), is not mentioned because it was rare. The most recent edition
had been published in Seville, 1526, about seventy-five years before our story starts. Also
not mentioned are books 7 and 8 of the Amadís cycle, *Lisuarte de Grecia*, part 1 by
Feliciano de Silva (Seville, 1514, with nine more editions until 1587) and part 2 by Juan
Díaz, another rare book published only once, in Seville, 1526. In all, There were twelve
books in the Amadís cycle (book 10 was *Florisel de Niquea*, book 11 was *Rogel de
Grecia*, and book 12 was *Silves de la Selva*).
   [9] The priest doesn't quite remember right: it's "Pintiquinestra," without the fourth *i*.
   [10] **Si anduviera...** *if he were going around dressed as a knight errant*
   [11] **Tonel** means *cask*. Editors have thought that it refers to the large size of the book,
but this one was only slightly longer than *Amadís de Grecia*, and much shorter than
Amadís de Gaula.
   [12] By Antonio de Torquemada, published in Barcelona, 1564.
   [13] Published in Mondoñedo, 1553.
   [14] The book in the real world is called ***Felixmarte de Hircania*** by Melchor Ortega.
There was only one contemporary edition, Valladolid, 1556. Felixmarte's strange birth was
that his mother was midwifed by a wild woman in a forest. And his "resounding
adventures" include wiping out an army of 1,600,000 singlehandedly. Schevill changes the
title to *Florismarte...* since the 2nd and 3rd editions of the *Quijote* use that name.

"¿Ahí está el señor Florimorte?" replicó el cura. "Pues a fe que ha de parar presto en el corral, a pesar de su estraño nacimiento° y sonadas aventuras; que no da lugar a otra cosa la dureza y sequedad de su estilo.[15] Al corral con él y con esotro, señora ama." *birth*

5 "'Que me place,° señor mío," respondía ella, y con mucha alegría ejecutaba lo que le era mandado. *It pleases me*

"Éste es *El caballero Platir*,"[16] dijo el barbero.

"Antiguo libro es ése," dijo el cura, "y no hallo en él cosa que merezca venia°; acompañe a los demás sin réplica.°" *forgiveness, appeal*

10 Y así fue hecho.

Abrióse otro libro, y vieron que tenía por título *El Caballero de la Cruz*.[17]

"Por nombre tan santo° como este libro tiene, se podía perdonar su *holy* ignorancia; mas también se suele decir «tras° la cruz está el diablo»; vaya *behind*
15 al fuego."

Tomando el barbero otro libro, dijo:

"Éste es *Espejo*° *de caballerías*."[18] *mirror*

"Ya conozco a su merced," dijo el cura, "ahí anda el señor Reinaldos de Montalbán con sus amigos y compañeros, más ladrones que Caco, y los
20 doce Pares con el verdadero historiador Turpín,[19] y en verdad, que 'estoy por° condenarlos no más que a destierro° perpetuo, siquiera° porque tienen *I favor, exile, just* parte de la invención[20] del famoso Mateo Boiardo,[21] de donde también 'tejió su tela° el cristiano poeta Ludovico Ariosto,[22] al cual, si aquí le hallo, y que *wove his cloth* habla en otra lengua que la suya, no le guardaré respeto alguno; pero si
25 habla en su idioma, le pondré sobre mi cabeza."[23]

"Pues yo le tengo en italiano," dijo el barbero, "mas no le entiendo."

"Ni aun fuera bien que vos le entendiérades,"[24] respondió el cura, "y aquí le perdonáramos al señor capitán que no le hubiera traído a España y

---

[15] **Que no...** *the stiffness and dryness of his style deserve nothing else*

[16] Written by a certain "Enciso," published only once, in Valladolid, 1533.

[17] *Lepolemo o el Caballero de la Cruz* perhaps was written by Alonso de Salazar. It was first published in Valencia, 1521, with ten more editions up to 1563.

[18] Published in three parts. The first two are by Pedro López de Santa Catalina (Toledo, 1525 and 1527), and the third part by Pedro de Reinoso (Toledo 1547). The first complete edition (with all three parts together), and the last one published before 1605, was in Medina del Campo, 1586.

[19] Jean Turpin, archbishop of Reims, had been dead already 200 years when the false history of Charlemagne was attributed to him.

[20] That is, the characters *just mentioned* have a part in the invention.

[21] The Italian Mateo Boiardo wrote a semiburlesque poem called *Orlando Innamorato* (1486-95).

[22] Another Italian, Ludovico Ariosto published *Orlando Furioso* in 1532. It continues Boiardo's work.

[23] To show respect.

[24] **Ni aun...** *it's just as well you don't understand him.* In 1612, the Inquisition expurgated parts of the poem for the Spanish audience. If the barber could read the original, he would see things the Inquisition didn't want him to see.

hecho castellano,[25] que le quitó mucho de su natural valor°; y lo mesmo   value
harán todos aquellos que los libros de verso° quisieren volver° en otra   poetry, translate
lengua; que, por mucho cuidado que pongan y habilidad que muestren, jamás
llegarán al punto que ellos tienen en su primer nacimiento. Digo, en efeto,
5   que este libro y todos los que se hallaren que tratan destas cosas de Francia,
se echen y depositen en un pozo seco, hasta que con más acuerdo° se vea   concurrence
lo que se ha de hacer dellos, ecetuando a un *Bernardo del Carpio*[26] que anda
por ahí,[27] y a otro llamado *Roncesvalles*;[28] que éstos, en llegando a mis
manos, han de estar en las del ama y dellas en las del fuego, sin remisión
10   alguna."[29]
      Todo lo confirmó el barbero, y lo tuvo por bien y por cosa muy
acertada, por entender que era el cura tan buen cristiano y tan amigo de la
verdad, que no diría otra cosa por todas las° del mundo. Y abriendo otro   **las** *verdades*
libro, vio que era *Palmerín de Oliva*,[30] y junto a él estaba otro que se
15   llamaba *Palmerín de Ingalaterra*.[31] Lo cual, visto por el licenciado, dijo:
      "Esa Oliva se haga luego rajas° y se queme, que aun no queden della   shreds
las cenizas°; y esa Palma de Ingalaterra se guarde y se conserve, como a   ashes
cosa única,° y se haga para ello otra caja como la que halló Alejandro en los   unique
despojos° de Darío, que la diputó° para guardar en ella las obras del poeta   spoils, designated
20   Homero.[32] Este libro, señor compadre, tiene autoridad por dos cosas: la una,
porque él por sí es muy bueno; y la otra, porque 'es fama° que le compuso   it is said
un discreto rey de Portugal.[33] Todas las aventuras del castillo de Miraguarda
son bonísimas y de grande artificio, las razones cortesanas° y claras, que   courteous
guardan y miran el decoro del que habla con mucha propriedad y entendi-
25   miento.° Digo, pues, salvo vuestro buen parecer,[34] señor maese Nicolás, que   understanding
éste y *Amadís de Gaula* queden libres del fuego, y todos los demás, sin
hacer más 'cala y cata,° perezcan."   investigation
      "No, señor compadre," replicó el barbero, "que este que aquí tengo es

---

[25] **Le perdonáramos...** *We might pardon the captain if he had not brought it to Spain and made it Spanish.* Captain Jerónimo Jiménez de Urrea translated Ariosto's work into Spanish (1549), taking great liberties with it.

[26] *Historia de la hazañas y hechos del invencible caballero Bernardo del Carpio*, a poem in **octavas reales** by Agustín Alonso (1585).

[27] **Que...** *which is out there somewhere*

[28] *El verdadero suceso de la famosa batalla de Roncesvalles, con la muerte de los doce Pares de Francia* (Toledo, 1555) by Francisco Garrido de Villena.

[29] **En llegando...** *coming to my hands, will soon be in those of the housekeeper, and from them into the [hands] of the fire, without any appeal*

[30] Perhaps by Francisco Vázquez. It had twelve editions before the publication of *Don Quijote*, beginning with Salamanca, 1511. The editions were mostly published in Venice and Seville.

[31] Written by Francisco Moraes Cabral in Portuguese. The earliest Spanish version was published in Toledo in two parts: Part I, 1547 and Part II, 1548. The earliest *surviving* Portuguese edition is that of Évora, 1567. Remember that **Ingalaterra** was not a mistake in those days.

[32] According to Plutarch in his *Life of Alexander*, when Alexander found the jewel-encrusted box among King Dario's affairs, he resolved to store Homer's *Iliad* in it.

[33] People erroneously thought the book was by King João II of Portugal.

[34] **Salvo...** *unless you have a different opinion*

el afamado° *Don Belianís.*"[35]   famous

   "Pues ése" replicó el cura, "con la segunda, tercera y cuarta parte,
tienen necesidad de un poco de ruibarbo° para purgar la demasiada cólera   rhubarb
suya, y es menester quitarles todo aquello del castillo de la Fama y otras
5 impertinencias° de más importancia, para lo cual se les da 'término   nonsense
ultramarino,° y como se enmendaren, así se usará con ellos de misericordia   maximum time
o de justicia; y en tanto, tenedlos vos, compadre, en vuestra casa; mas no los
dejéis leer a ninguno."

   "Que me place," respondió el barbero.

10 Y sin querer cansarse más en leer libros de caballerías, el cura mandó
al ama que tomase todos los grandes y diese con ellos en el corral. No se
dijo a tonta ni a sorda, sino a quien tenía más gana de quemallos que de
echar una tela[36], por grande y delgada° que fuera, y asiendo casi ocho de una   fine
vez, los arrojó por la ventana. Por tomar muchos juntos,[37] se le cayó uno a
15 los pies del barbero, que le tomó gana de ver de quién era, y vio que decía:
Historia del famoso caballero Tirante el Blanco.[38]

   "¡Válame Dios!" dijo el cura, dando una gran voz, "¡que aquí esté
Tirante el Blanco! Dádmele acá, compadre, que 'hago cuenta° que he hallado   I state
en él un tesoro° de contento y una mina de pasatiempos.° Aquí está don   treasure, pastime
20 Quirieleisón de Montalbán, valeroso caballero, y su hermano Tomás de
Montalbán, y el caballero Fonseca, con la batalla que el valiente de Tirante
hizo con el alano,° y las agudezas de la doncella Placerdemivida, con los   Great Dane
amores y embustes° de la viuda° Reposada, y la señora Emperatriz,   tricks, widow
enamorada de Ipólito, su escudero. Dígoos verdad, señor compadre, que por
25 su estilo es éste el mejor libro del mundo. Aquí comen los caballeros, y
duermen y mueren en sus camas, y hacen testamento° antes de su muerte,   will
con otras cosas, de que todos los demás libros deste género carecen.° Con   lack
todo eso, os digo que merecía el que le compuso, pues no hizo tantas
necedades de industria, que le echaran a galeras por todos los días de su
30 vida.[39] Llevadle a casa y leedle, y veréis que es verdad cuanto dél os he
dicho."

   "Así será," respondió el barbero, "pero, ¿qué haremos destos pequeños
libros que quedan?"

[35] Written by Jerónimo Fernández, and published in four parts. Parts 1 and 2 were first
published in Seville, 1554 (followed by five more contemporary editions), and parts 3 and
4 were published in Burgos, 1579 (followed by just one more contemporary edition).

[36] **Tenía...** *she was more desirous of burning them than of getting ready to weave.*
Ferreras and Murillo assure us that "getting ready to weave" was a proverbial expression.

[37] **Por...** *for having taken so many at once*

[38] This was originally a Catalan work by Johanot Martorell, called *Tirant lo Blanch*
(Barcelona, 1490). It was translated and published in Spanish anonymously in 1511, and
was a rare item, thus the priest is so surprised to find it. Earlier the priest says that *Amadís
de Gaula* was the first romance of chivalry, but the 1490 *Tirant* preceded it. The priest
didn't know about the Catalan edition.

[39] **Merecía...** *The one who wrote it deserves, since he didn't produce so many
foolishnesses intentionally, to be in gallies for all the days of his life.* This has been called
"the most obscure passage of the *Quijote.*" It seems to refer to the gallies that are rowed,
but modern opinion is that it refers to printers' gallies, thus meaning that it should
constantly be reprinted. It has actually had very few editions.

"Éstos," dijo el cura, "no deben de ser de caballerías, sino de poesía."
Y abriendo uno, vio que era *La Diana*,[40] de Jorge de Montemayor, y
dijo, creyendo que todos los demás eran del mesmo género:

"Éstos no merecen ser quemados, como los demás, porque no hacen ni
5 harán el daño que los de caballerías han hecho, que son libros de entendimiento, sin perjuicio de tercero."[41]

"¡Ay, señor!" dijo la sobrina, "bien los puede vuestra merced mandar
quemar como a los demás, porque no sería mucho que, habiendo sanado mi
señor tío de la enfermedad caballeresca,° leyendo éstos se le antojase de   chivalresque
10 hacerse pastor° y andarse por los bosques y prados° cantando y tañendo,° y   shepherd, fields,
lo que sería peor, hacerse poeta, que, según dicen, es enfermedad incurable   playing (*arch.*)
y pegadiza.°"   contagious

"Verdad dice esta doncella," dijo el cura, "y será bien quitarle a nuestro
amigo este tropiezo° y ocasión delante. Y pues comenzamos por *La Diana*,   stumbling block
15 de Montemayor, soy de parecer que no se queme, sino que se le quite todo
aquello que trata de la sabia Felicia y de la agua encantada, y casi todos los
versos mayores,[42] y quédesele en hora buena la prosa y la honra de ser
primero en semejantes libros."

"Éste que se sigue," dijo el barbero, "es *La Diana*, llamada *segunda*, del
20 salmantino,° y éste, otro que tiene el mesmo nombre, cuyo autor es Gil   from Salamanca
Polo."[43]

"Pues la del salmantino," respondió el cura, "acompañe y acreciente° el   increase
número de los condenados al corral, y la de Gil Polo se guarde como si
fuera del mesmo Apolo; y pase adelante, señor compadre, y 'démonos prisa°   let's hurry
25 que se va haciendo tarde."

"Este libro es," dijo el barbero abriendo otro, "*Los diez libros de
fortuna de amor*, compuestos por Antonio de Lofraso, poeta sardo.°"[44]   Sardinian

"Por las órdenes que recebí," dijo el cura, "que desde que Apolo fue
Apolo, y las musas musas, y los poetas poetas, tan gracioso ni tan dispara-
30 tado libro como ése no se ha compuesto, y que, 'por su camino,° es el mejor   in its own way
y el más único de cuantos deste género han salido a la luz del mundo; y el
que no le ha leído 'puede hacer cuenta° que no ha leído jamás cosa de gusto.   may be sure
Dádmele acá, compadre; que precio más haberle hallado que si me dieran
una sotana de raja de Florencia."[45]

35   Púsole aparte con grandísimo gusto, y el barbero prosiguió diciendo:

---

[40] Don Quijote's library continues with the pastoral section. *Los siete libros de la Diana*
was published in 1559. This was the first and most famous **novela pastoril**, so it is natural
that it be first on his shelves. You read in the last chapter that the *Abencerraje* was a part
of this novel.

[41] **Son libros...** *They are intellectual books that can't hurt anyone.* There is a scholarly
debate as to whether or not **entendimento** should be changed to **entretenimiento**
entertainment, as suggested by Pellicer.

[42] A **verso mayor** is just a line of poetry longer than eight syllables.

[43] Both continuations of *Diana* were published in Valencia in 1564. The *Diana
segunda* is by Alonso Pérez and is not considered good; the other one, known as *Diana
enamorada*, by Gil Polo, is thought by many to be superior to Montemayor's.

[44] Published in Barcelona, 1573.

[45] **Precio...** *I prize more having found it than if they gave me a cassock of fine
Florentine cloth*

"Estos que se siguen son: *El Pastor de Iberia, Ninfas de Enares* y *Desengaños° de celos.*"[46]

    sad teachings

"Pues no hay más que hacer," dijo el cura, "sino entregarlos al brazo seglar[47] del ama, y no se me pregunte el por qué, que sería nunca acabar."

5   "Éste que viene es *El Pastor de Fílida.*"[48]

"No es ése pastor," dijo el cura, "sino muy discreto cortesano°; guárdese como joya° preciosa."

    courtly knight
    jewel

"Este grande que aquí viene se intitula," dijo el barbero, "*Tesoro de varias poesías.*"[49]

0   "Como ellas no fueran tantas,"[50] dijo el cura, "fueran° más estimadas; menester es que este libro 'se escarde° y limpie de algunas bajezas° que entre sus grandezas tiene; guárdese, porque su autor es amigo mío, y por respeto de otras más heroicas y levantadas° obras que ha escrito."

    serían
    weed, vulgarity

    lofty

"Éste es," siguió el barbero, "*El Cancionero,*[51] de López Maldonado."

5   "También el autor de ese libro," replicó el cura, "es grande amigo mío, y sus versos en su boca admiran a quien los oye, y tal es la suavidad° de la voz con que los canta, que encanta.° Algo largo es en las églogas, pero nunca lo bueno fue mucho;[52] guárdese con los escogidos.° Pero, ¿qué libro es ése que está junto a él?"

    mellowness
    enchants
    chosen ones

0   "*La Galatea,*[53] de Miguel de Cervantes," dijo el barbero.

"Muchos años ha que es grande amigo mío ese Cervantes, y sé que es más versado° en desdichas° que en versos. Su libro tiene algo de buena invención; propone° algo y no concluye nada. Es menester esperar la segunda parte que promete; quizá con la emienda° alacanzará 'del todo° la misericordia° que ahora se le niega, y entretanto que esto se ve, tenedle recluso° en vuestra posada,° señor compadre."

    versed, misfortunes
    he proposes
    emendation, complete
    mercy
    in seclusion, dwelling

5   "Que me place," respondió el barbero. "Y aquí vienen tres, todos juntos: *La Araucana* de don Alonso de Ercilla; *La Austríada,* de Juan Rufo, jurado° de Córdoba, y *El Monserrato,* de Cristóbal de Virués, poeta valenciano."[54]

    civil servant

---

[46] Three not-so-good pastoral novels, published in Seville, 1591; Alcalá de Henares, 1587; and Madrid, 1586. For purposes of chronology, however, the first one is important since it is the newest book in Don Quijote's library. The *H*enares River flows through Alcalá, 30 kms. east of Madrid, where Cervantes was born.

[47] After the Inquisition condemned a person, that person was given to the *secular arm* for execution of sentence.

[48] Published in Madrid, 1582, and written by Luis Gálvez de Montalvo.

[49] The remainder of the books are of poetry, except for the misplaced *Galatea*, a pastoral novel. The *Tesoro* is an anthology of poetry published by Pedro de Padilla in Madrid, 1582.

[50] **Como...** *if there weren't so many of them*

[51] Published in 1586. Cervantes has two poems in this collection.

[52] **Nunca...** *there was never much of what is good*

[53] This was Cervantes' first published book, a pastoral novel, 1585. He kept promising a second part which he never wrote.

[54] Three long poems. The first deals with the Spanish conquest of the Araucanian Indians (in modern Chile) (Madrid, 1569). The second is about Don Juan de Austria (Madrid, 1584), and the third talks about the founding of the monastery of Monserrat, near Barcelona (1587). The book is called *El Monserrate* in the real world.

"Todos esos tres libros," dijo el cura, "son los mejores que en verso heroico,[55] en lengua castellana, están escritos, y pueden competir con los más famosos de Italia. Guárdense como las más ricas prendas° de poesía que tiene España."
jewels

5 Cansóse el cura de ver más libros, y así, 'a carga cerrada,° quiso que todos los demás se quemasen; pero ya tenía abierto uno el barbero, que se llamaba las *Lágrimas de Angélica.*[56]
without looking

"Lloráralas[57] yo," dijo el cura en oyendo el nombre, "si tal libro hubiera mandado quemar; porque su autor fue uno de los famosos poetas del mundo, 10 no sólo de España, y fue felicísimo en la tradución° de algunas fábulas de Ovidio.°"
traducción
Ovid

Capítulo VII. De la segunda salida de nuestro buen caballero don Quijote de la Mancha

ESTANDO EN esto, comenzó a dar voces don Quijote, diciendo:
15   "¡Aquí, aquí, valerosos caballeros, aquí es menester mostrar la fuerza de vuestros valerosos brazos; que los cortesanos llevan lo mejor del torneo°!"
tournament

Por acudir a este ruido y estruendo,° no se pasó adelante[1] con el escrutinio de los demás libros que quedaban; y así, se cree que fueron al 20 fuego, sin ser vistos ni oídos: *La Carolea* y *León de España*, con *Los Hechos del Emperador,*[2] compuestos por don Luis de Ávila, que, sin duda, debían de estar entre los que quedaban, y quizá, si el cura los viera, no pasaran por tan rigurosa sentencia.
clatter

Cuando llegaron a don Quijote, ya él estaba levantado de la cama, y 25 proseguía en sus voces y en sus desatinos, dando cuchilladas y reveses a todas partes, estando tan despierto como si nunca hubiera dormido°; 'abrazáronse con° él y por fuerza le volvieron al lecho, y después que hubo sosegado un poco, volviéndose a hablar con el cùra, le dijo:
slept
surrounded

"Por cierto, señor arzobispo Turpín, que es gran mengua° de los que nos 30 llamamos Doce Pares, dejar tan sin más ni más llevar la vitoria deste torneo a los caballeros cortesanos,[3] habiendo nosotros los aventureros[4] ganado el
discredit

---

[55] **Verso heroico** means "eleven syllable lines."

[56] By Luis Barahona de Soto (1586), a long poem continuing *Orlando furioso.*

[57] **Las** refers to "tears."

[1] **No se...** *they didn't continue*

[2] There are TWO *Caroleas*: Jerónimo Sempere (Valencia, 1560, a not-very-good-book in verse about Carlos V) and Juan de Ochoa de Salde (Lisbon, 1585, also about Carlos V). Some editors favor one, some the other. The *León de España* by Pedro de Vecilla Castellanos (Salamanca, 1586), written in **octavas reales**, tells of historical events that took place in León (in northern Castile). In the real world, Luis de Ávila wrote no *Los hechos del Emperador.*

[3] **Dejar...** *to let the courtly knights so heedlessly win the victory of this tournament*

[4] Don Quijote here is making a broad distinction between the **cortesanos** *courtly knights* and the **aventureros** *knights errant.*

prez° en los tres días antecedentes."   *trophy*

"Calle vuestra merced, señor compadre," dijo el cura, "que Dios será servido que la suerte 'se mude° y que lo que hoy se pierde se gane mañana; *changes* y atienda° vuestra merced a su salud por agora, que me parece que debe de *take care of*
5 estar demasiadamente cansado, si ya no es que está mal ferido."

"Ferido, no," dijo don Quijote, "pero molido y quebrantado, no hay duda en ello, porque aquel bastardo de don Roldán[5] me ha molido a palos con el tronco de una encina,[6] y todo de envidia, porque ve que yo solo soy el opuesto de sus valentías.[7] Mas no me llamaría yo Reinaldos de Montalbán
10 si, en levantándome deste lecho, no me lo pagare, a pesar de todos sus encantamentos. Y por agora, tráiganme de yantar, que sé que es lo que más me hará al caso,[8] y quédese lo del vengarme° a mi cargo." *to avenge myself*

Hiciéronlo ansí, diéronle de comer, y quedóse otra vez dormido, y ellos admirados de su locura.

15 Aquella noche quemó y abrasó el ama cuantos libros había en el corral y en toda la casa, y tales debieron de arder° que merecían guardarse en *burned* perpetuos archivos. Mas no lo permitió su suerte y la pereza° del *laziness* escrutiñador,° y así se cumplió el refrán° en ellos, de que pagan a las veces *censor, saying* justos° por pecadores.° *pious, sinners*

20 Uno de los remedios que el cura y el barbero dieron por entonces, para el mal de su amigo, fue que le 'murasen y tapiasen° el aposento de los *wall up* libros, porque cuando se levantase no los hallase—quizá quitando la causa, cesaría el efeto—, y que dijesen que un encantador se los había llevado, y el aposento y todo. Y así fue hecho con mucha presteza.° *haste*

25 De allí a dos días se levantó don Quijote, y lo primero que hizo fue a ver[9] sus libros, y como no hallaba el aposento donde le había dejado, andaba de una en otra parte[10] buscándole. Llegaba adonde solía tener la puerta y tentábala° con las manos, y volvía y revolvía los ojos por todo,[11] sin decir *groped* palabra; pero al cabo de una buena pieza,° preguntó a su ama que hacia qué *time*
30 parte estaba el aposento de sus libros.[12]

El ama, que ya estaba bien advertida° de lo que había de responder, le *instructed* dijo:

"¿Qué aposento o qué nada busca vuestra merced? Ya no hay aposento ni libros en esta casa, porque todo se lo llevó él mesmo diablo."

35 "No era diablo," replicó la sobrina, "sino un encantador que vino sobre una nube una noche, después del día que vuestra merced de aquí se partió, y apeándose de una sierpe° en que venía caballero,° entró en el aposento, y *serpent, astride* no sé lo que se hizo dentro, que a cabo de poca pieza salió volando° por *flying*

---

[5] This is Roland, of the *Song of Roland* and the Italian versions, *Orlando Furioso* and *Orlando innamorato.*

[6] Reminiscent of a scene in *Orlando furioso.*

[7] **Solo...** *I alone rival him in his achievements*

[8] **Tráiganme...** *bring me something to eat, because I know it is what will do me most good*

[9] Schevill has changed this to **fue ir a ver**, as have others.

[10] **Andaba...** *he went here and there*

[11] **Volvía...** *he looked all around*

[12] **Preguntó...** *he asked his housekeeper the whereabouts of his book room*

el tejado,° y dejó la casa llena de humo,° y cuando acordamos a mirar[13] lo   roof, smoke
que dejaba hecho, no vimos libro ni aposento alguno; sólo se nos acuerda
muy bien[14] a mí y al ama que, al tiempo del partirse aquel mal viejo, dijo
en altas voces que, por enemistad° secreta que tenía al dueño de aquellos   hatred
5   libros y aposento, dejaba hecho el daño en aquella casa que después se vería.
Dijo, también, que se llamaba el sabio Muñatón."

     "Frestón[15] diría," dijo don Quijote.

     "No sé," respondió el ama, "si se llamaba Frestón o Fritón, sólo sé que
acabó en -TÓN su nombre."

10   "Así es," dijo don Quijote, "que ése es un sabio encantador, grande
enemigo mío, que me tiene ojeriza,° porque sabe por sus artes° y letras que   ill-will, cunning
tengo de venir, andando los tiempos,[16] a pelear° en singular batalla con un   fight
caballero a quien él favorece,° y le tengo de vencer sin que él lo pueda   protects
estorbar, y por esto procura hacerme todos los sinsabores° que puede; y   pains
15   mándole yo que mal° podrá él contradecir,° ni evitar,° lo que por el cielo   scarcely, contradict,
está ordenado."   avoid

     "¿Quién duda de eso?" dijo la sobrina. "¿Pero quién le mete° a vuestra   puts
merced, señor tío, en esas pendencias? ¿No será mejor estarse pacífico° en   tranquil
su casa y no irse por el mundo a buscar pan de trastrigo,[17] sin considerar
20   que muchos van por lana° y vuelven tresquilados[18]?"   wool

     "¡Oh, sobrina mía," respondió don Quijote, "y cuán mal que estás en la
cuenta![19] ·'Primero que° a mí me tresquilen, tendré peladas° y quitadas las   before, plucked
barbas° a cuantos imaginaren tocarme en la punta° de un solo cabello.°"[20]   beards, tip, hair

     No quisieron las dos replicarle más, porque vieron que se le encendía°   inflamed
25   la cólera.

     Es, pues, el caso que él estuvo 'quince días° en casa muy sosegado, sin   two weeks
dar muestras de querer segundar° sus primeros devaneos,° en los cuales días   repeat, mad pursuits
pasó graciosísimos cuentos[21] con sus dos compadres el cura y el barbero,
sobre que él decía que la cosa de que más necesidad tenía el mundo era de
30   caballeros andantes, y de que en él se resucitase la caballería andantesca.[22]
El cura algunas veces le contradecía, y otras concedía, porque si no guardaba
este artificio,° no había poder averiguarse con él.[23]   ploy

     En este tiempo solicitó° don Quijote a un labrador vecino suyo, hombre   made overtures
de bien, si es que este título se puede dar al que es pobre, pero de muy poca

---

[13] **Cuando...** *when we went to see*
[14] **Sólo...** *only we remember very well.*
[15] Don Quijote probably means Fristón. In *Belianís de Grecia*, Fristón is the wizard
author who tells the story of Belianís. In the real world, of course, Jerónimo Fernández
created both Fristón and Belianís.
[16] **Andando...** *in the course of time*
[17] **Pan de trastrigo** *bread made of ultra flour* is something impossible to obtain.
[18] **Tresquilado = trasquilado** *shorn*
[19] **Cuán...** *how little you understand the situation*
[20] The beard was the symbol of masculinity, and tearing hairs from or cutting one's
beard was a grave offense.
[21] **Pasó...** *he had delightful conversations*
[22] **que más...** *what the world most needed was knights errant and that through him
knight errantry would come back to life*
[23] **No había...** *there was no way to deal with him*

sal en la mollera.[24] En resolución, tanto le dijo, tanto le persuadió y
prometió, que el pobre villano 'se determinó de° salirse con él y servirle de   decided
escudero.

Decíale, entre otras cosas, don Quijote, que 'se dispusiese a° ir con él   get ready
'de buena gana,° porque 'tal vez° le podía suceder aventura, que ganase, en   gladly, some time
«quítame allá esas pajas,»[25] alguna ínsula, y le dejase a él por gobernador°   governor
de ella. Con estas promesas y otras tales, Sancho Panza, que así se llamaba
el labrador, dejó su mujer y hijos y 'asentó por° escudero de su vecino. Dio   became
luego don Quijote orden en buscar dineros,[26] y vendiendo una cosa y
empeñando° otra y malbaratándolas° todas, llegó° una razonable cantidad.   pawning, making bad
Acomodóse, asimesmo, de una rodela[27] que pidió prestada a un su amigo,   deals, collected
y pertrechando° su rota celada lo mejor que pudo, avisó° a su escudero   repairing, told
Sancho del día y la hora que pensaba 'ponerse en camino,° para que él se   to start out
acomodase de lo que viese que más le era menester.[28] Sobre todo le encargó
que llevase alforjas, e dijo que sí llevaría,[29] y que ansimesmo pensaba llevar
un asno que tenía muy bueno, porque él no estaba duecho° a andar mucho   accustomed
a pie.

En lo del asno reparó° un poco don Quijote, imaginando si se le   considered
acordaba si algún caballero andante había traído escudero 'caballero
asnalmente,° pero nunca le vino alguno a la memoria; mas con todo esto   on donkey-back
determinó que le llevase, con presupuesto de acomodarle de más honrada
caballería de habiendo ocasión para ello, quitándole el caballo al primer
descortés caballero que topase.[30]

'Proveyóse de° camisas y de las demás cosas que él pudo, conforme al   supplied with
consejo que el ventero le había dado. Todo lo cual hecho y cumplido,° sin   fulfilled
despedirse Panza de sus hijos y mujer, ni don Quijote de su ama y sobrina,
una noche se salieron del lugar sin que persona los viese;[31] en la cual
caminaron tanto, que, al amanecer,° se tuvieron por seguros[32] de que no los   daybreak
hallarían aunque los buscasen.

Iba Sancho Panza sobre su jumento como un patriarca, con sus alforjas
y su bota,° y con mucho deseo de verse ya gobernador de la ínsula que su   wineskin
amo le había prometido. Acertó° don Quijote a tomar la misma derrota° y   happened, path
camino que el que él había tomado en su primer viaje, que fue por el campo
de Montiel, por el cual caminaba con menos pesadumbre° que la vez pasada,   unpleasantness
porque, por ser la hora de la mañana y herirles a soslayo los rayos del sol,[33]
no les fatigaban.

Dijo en esto Sancho Panza a su amo:

[24] **Muy poca...** *not very smart*
[25] **Quítame...** *in the twinkling of an eye*
[26] **Dio...** *set about to raise money*
[27] A small iron shield. The adarga—his previous shield—was leather covered and
therefore easier to wield.
[28] **Se acomodase...** *he could supply himself with what he thought was most necessary*
[29] **Dijo...** *he said that he would certainly take them*
[30] **Acomodarle de más...** *to supply him with a more honorable mount when the chance
arose for it by taking away the horse from the first ill-bred knight he should run across*
[31] **Sin que...** *without anyone seeing them*
[32] **Se tuvieron...** *they were sure*
[33] **herirles...** *the rays of the sun shone upon them obliquely*

"Mire vuestra merced, señor caballero andante, que no se le olvide lo que de la ínsula me tiene prometido, que yo la sabré gobernar por grande que sea."[34]

A lo cual le respondió don Quijote:

5   "'Has de saber,° amigo Sancho Panza, que fue costumbre muy usada°   I want you to know
de los caballeros andantes antiguos, hacer gobernadores a sus escuderos de   common
las ínsulas o reinos que ganaban, y yo tengo determinado de que por mí no
falte tan agradecida usanza,[35] antes pienso aventajarme° en ella; porque ellos   surpass
algunas veces, y quizá las más, esperaban a que sus escuderos fuesen viejos,

10 y ya después de hartos° de servir y de llevar malos días y peores noches, les   so many [years]
daban algún título de conde,° o, por lo mucho, de marqués,° de algún valle   count, marquis
o provincia de poco 'más a menos°; pero si tú vives y yo vivo, bien podría   **más o menos**
ser que antes de seis días ganase yo tal reino, que tuviese otros a él
aderentes,[36] que viniesen de molde para coronarte° por rey de uno dellos. Y   crown you

15 no lo tengas a mucho,[37] que cosas y casos acontecen a los tales caballeros,
por modos tan nunca vistos ni pensados, que con facilidad te podría dar aún
más de lo que te prometo."

"De esa manera," respondió Sancho Panza, "si yo fuese rey por algún
milagro de los que vuestra merced dice, 'por lo menos,° Juana Gutiérrez, mi   **nada menos**

20 oíslo,° vendría a ser reina, y mis hijos infantes."   wife

"Pues ¿quién lo duda?" respondió don Quijote.

"Yo lo dudo," replicó Sancho Panza, "porque tengo para mí que, aunque
lloviese Dios reinos sobre la tierra, ninguno asentaría° bien sobre la cabeza   would fit
de Mari Gutiérrez. Sepa, señor que no vale dos maravedís para reina;

25 condesa le caerá mejor,[38] y aun «Dios, y ayuda»."[39]

"Encomiéndalo tú a Dios, Sancho," respondió don Quijote, "que él dará
lo que más le convenga; pero no apoques° tu ánimo tanto que te vengas a   undervalue
contentar con menos que con ser adelantado.°"   governor

"No haré, señor mío," respondió Sancho, "y más teniendo tan principal

30 amo en vuestra merced, que me sabrá dar todo aquello que me esté bien y
yo pueda llevar.°"   manage

[34] **Por...** *no matter how big it is*

[35] **Hacer gobernadores...** *to make their squires governors of islands or kingdoms that they won, and I have decided to maintain such a pleasing custom*

[36] **Que tuviese...** *that has others dependent upon it*

[37] **Y no...** *and don't consider it to be much*

[38] **Condesa...** *countess would suit her better*

[39] **Dios...** *God help her*

*Capítulo VIII. Del buen suceso° que el valeroso don
Quijote tuvo en la espantable° y jamás imaginada
aventura de los molinos de viento, con otros sucesos
dignos° de felice° recordación.°*

° success
° frightful

° worthy, **feliz**, re-
membrance

5   EN ESTO descubrieron treinta o cuarenta molinos de viento que hay en
aquel campo. Y así como don Quijote los vio, dijo a su escudero:
   "La ventura va guiando nuestras cosas mejor de lo que acertáramos a
desear,[1] porque ¿ves allí, amigo Sancho Panza, donde se descubren treinta,
o pocos más, desaforados gigantes con quien pienso hacer batalla y
10   quitarles a todos las vidas, con cuyos despojos comenzaremos a   to get rich, just
enriquecer°? Que ésta es buena° guerra, y es gran servicio de Dios quitar   seed, face
tan mala simiente° de sobre la faz° de la tierra."
   "¿Qué gigantes?" dijo Sancho Panza.
   "Aquellos que allí ves," respondió su amo, "de los brazos largos; que
15   los suelen tener algunos de casi dos leguas."[2]
   "Mire vuestra merced," respondió Sancho, "que aquellos que allí se
parecen no son gigantes, sino molinos de viento, y lo que en ellos parecen
brazos, son las aspas,° que, volteadas° del viento, hacen andar la 'piedra del   sails, being turned
molino.°'"   millstone
20   "Bien parece," respondió don Quijote, "que no estás cursado° en esto   accustomed
de las aventuras—ellos son gigantes, y si tienes miedo, quítate de ahí, y
ponte en oración 'en el espacio que° yo voy a entrar con ellos en fiera y   while
desigual° batalla."   unequal
   Y diciendo esto, dio de espuelas a su caballo Rocinante, sin 'atender
25   a° las voces que su escudero Sancho le daba, advirtiéndole° que sin duda   heeding, advising
alguna eran molinos de viento y no gigantes, aquellos que iba a acometer.
Pero él iba tan puesto° en que eran gigantes, que ni oía las voces de su   set
escudero Sancho, ni 'echaba de ver,° aunque estaba ya bien cerca, lo que   notiçe
eran; antes° iba diciendo en voces altas: rather
30   "¡Non fuyades,° cobardes y viles criaturas, que un solo caballero es el   flee (*arch.*)
que os acomete!"
   Levantóse en esto un poco de viento, y las grandes aspas comenzaron
a moverse, lo cual visto por don Quijote, dijo:
   "Pues aunque mováis más brazos que los del gigante Briareo,[3] me lo
35   habéis de pagar."[4]
   Y en diciendo esto, y encomendándose de todo corazón a su señora
Dulcinea, pidiéndole que en tal trance le socorriese, bien cubierto de su
rodela, con la lanza en el ristre,° arremetió a todo el galope de Rocinante,   lance rest
y embistió° con el primero molino que estaba delante, y dándole una   assailed
40   lanzada en el aspa, la volvió el viento con tanta furia que hizo la lanza
pedazos, llevándose tras sí al caballo y al caballero, que fue rodando muy
maltrecho° por el campo.   ill-treated

   [1] **Mejor de lo...** *better than we could have wished*
   [2] **Los suelen...** *some of them customarily have arms almost two leagues long.* A
league in Spain is 5,572 meters, more than three miles.
   [3] Briareus was one of the "hecatoncheiroi" *the hundred handed* of Greek mythology.
He had, obviously, a hundred arms.
   [4] **Me lo habéis...** *you'll have to answer to me for it*

Acudió Sancho Panza a socorrerle a todo el correr de su asno, y
cuando llegó, halló que no se podía menear—tal fue el golpe que dió con
él Rocinante.[5]

"¡Válame Dios!" dijo Sancho, "¿no le dije yo a vuestra merced que
5	mirase bien lo que hacía, que no eran sino molinos de viento, y no lo podía
ignorar sino quien llevase otros tales en la cabeza?"[6]

"Calla, amigo Sancho," respondió don Quijote, "que las cosas de la
guerra, más que otras, están sujetas a continua mudanza°; 'cuanto más° que   change, moreover
yo pienso, y es así verdad, que aquel sabio Frestón que me robó el aposento
10	y los libros ha vuelto° estos gigantes en molinos, por quitarme la gloria de turned
su vencimiento,° tal es la enemistad que me tiene. Mas, al cabo al cabo,[7]   vanquishment
han de poder poco sus malas artes contra la bondad de mi espada."[8]

"Dios lo haga como puede," respondió Sancho Panza.

Y ayudándole a levantar, tornó a subir sobre Rocinante, que medio
15	despaldado° estaba; y hablando en° la pasada aventura, siguieron el camino dislocated, **de**
del Puerto Lápice, porque allí decía don Quijote que no era posible dejar
de hallarse muchas y diversas aventuras, por ser lugar muy pasajero,[9] sino
que iba muy pesaroso° por haberle faltado la lanza, y diciéndoselo a su   sorrowful
escudero, le dijo:

20	"Yo me acuerdo haber leído que un caballero español, llamado Diego
Pérez de Vargas,[10] habiéndosele en una batalla roto la espada, desgajó° de   tore off
una encina un pesado° ramo° o tronco, y con él hizo tales cosas aquel día,   heavy, branch
y machacó° tantos moros, que le quedó por sobrenombre «Machuca», y así,   pounded
él como sus decendientes se llamaron desde aquel día en adelante[11] Vargas
25	y Machuca. Hete dicho esto, porque de la primera encina o roble° que 'se oak tree
me depare° pienso desgajar otro tronco, tal y tan bueno como aquél, que me   presents itself
imagino· y pienso hacer con él tales hazañas, que tú te tengas por bien
afortunado de haber merecido venir a vellas y a ser testigo de cosas que
apenas podrán ser creídas."[12]

30	"A la mano de Dios,"[13] dijo Sancho, "yo lo creo todo así como vuestra
merced lo dice. Pero enderécese un poco, que parece que va 'de medio   straighten up
lado,° y debe de ser del molimiento de la caída."   listing

"Así es la verdad," respondió don Quijote, "y si no me quejo del dolor,
es porque no es dado° a los caballeros andantes quejarse de herida alguna,   allowed
35	aunque se le salgan las tripas° por ella." intestines

---

[5] **Tal fue el...** *such was the blow that Rocinante gave him*

[6] **No lo podía...** *only a person who has windmills in his head could not know it*

[7] **Al cabo al cabo...** *at least.* Repeating an expression, as with *luego luego*, intensifies
its meaning

[8] **Han de...** *his evil cunning will have little power against the goodness of my sword*

[9] **No era posible...** *it was not possible to fail to find many and different adventures
since it was such a well-traveled place*

[10] Diego Pérez de Vargas was a real person who fought, in the thirteenth century,
under Fernando III, *el Santo.* He ripped off an olive branch to use as a weapon. Ferreras
says that this is the true origin of the name Machuca.

[11] **Desde...** *from that day on*

[12] **Tú te...** *you will consider yourself very fortunate to have deserved to come to see
them and to be a witness to things that will hardly be believed*

[13] **A la...** *be that as God wills*

"Si eso es así, no tengo yo qué replicar,°" respondió Sancho, "pero   to say
sabe Dios si yo me holgara que vuestra merced se quejara cuando alguna
cosa le doliera.[14] De mí sé decir que me he de quejar del más pequeño
dolor que tenga, si ya no se entiende también con los escuderos de los
5   caballeros andantes eso del no quejarse."[15]

No se dejó de reír don Quijote de la simplicidad de su escudero, y así,
le declaró que podía muy bien quejarse como y cuando quisiese,[16] sin gana
o con ella. Que hasta entonces no había leído cosa en contrario en la orden
de caballería. Díjole Sancho que mirase que era hora de comer. Respondióle
10   su amo que por entonces no le hacía menester, que comiese él cuando se
le antojase.[17]

Con esta licencia, se acomodó Sancho lo mejor que pudo sobre su
jumento, y sacando de las alforjas lo que en ellas había puesto, iba
caminando y comiendo detrás de su amo muy de su espacio, y de cuando
15   en cuando[18] empinaba° la bota, con tanto gusto, que le pudiera envidiar el   raised
más regalado bodegonero de Málaga.[19] Y en tanto que él iba de aquella
manera menudeando° tragos,° no se le acordaba de ninguna promesa que   repeating, swallows
su amo le hubiese hecho, ni tenía por ningún trabajo, sino por mucho
descanso,[20] andar buscando las aventuras, por peligrosas que fuesen.[21]

20   'En resolución,° aquella noche la pasaron entre unos árboles, y del uno   in short
dellos desgajó don Quijote un ramo seco° que casi le podía servir de lanza,   dry
y puso en él el hierro° que quitó de la que se le había quebrado.° Toda   lancehead, broken
aquella noche no durmió don Quijote, pensando en su señora Dulcinea, por
acomodarse a lo que había leído en sus libros cuando los caballeros pasaban
25   sin dormir muchas noches en las florestas y despoblados, entretenidos con
las memorias de sus señoras.[22]

No la pasó ansí Sancho Panza. Que, como tenía el estómago° lleno, y   stomach
no de agua de chicoria, de un sueño se la llevó toda, y no fueran parte para
despertarle, si su amo no lo llamara, los rayos del sol, que le daban en el
30   rostro, ni el canto de las aves, que muchas y muy regocijadamente la venida
del nuevo día saludaban.[23] Al levantarse, 'dio un tiento° a la bota, y hallóla   took a swig
algo más flaca que la noche antes, y afligiósele° el corazón, por parecerle   grieved
que no llevaban camino de remediar° tan presto su falta. No quiso   to remedy

---

[14] **Yo me...** *I would be pleased if you would complain when something hurt you*
[15] **Si ya...** *unless the business of not complaining extends to the squires of knights-errant.*
[16] **Como y...** *however and whenever he wanted*
[17] **Que comiese...** *that he should eat when he felt like it*
[18] **Muy de...** *taking his time, and once in a while*
[19] **Le pudiera...** *the most cheerful tavernkeeper of Málaga could envy him*
[20] **Ni tenía...** *nor did he hold it as travail, but rather as great recreation*
[21] **Por...** *no matter how dangerous they might be*
[22] **Florestas...** *forests and unpopulated areas, sustained by the memories of their ladies*
[23] **Agua de chicoria...** *worthless beverage, he slept the whole night away, and neither the rays of the sun nor the singing of the birds, who were many and joyfully greeted the coming of the new day, were enough to waken him, if his master had not called him*

desayunarse° don Quijote, porque, como está dicho, dio en sustentarse de   take breakfast
sabrosas memorias.²⁴

Tornaron a su comenzado camino del Puerto Lápice, y 'a obra de° las   at about
tres del día le° descubrieron.   i.e., Puerto Lápice

5   "Aquí," dijo en viéndole don Quijote, "podemos, hermano Sancho
Panza, meter las manos hasta los codos° en esto que llaman aventuras. Mas   elbows
advierte que, aunque° me veas en los mayores peligros del mundo, no has   even if
de poner mano a tu espada para defenderme, si ya no vieres que los que me
ofenden es canalla y gente baja,²⁵ que en tal caso bien puedes ayudarme;
10 pero si fueren caballeros, en ninguna manera te es lícito ni concedido° por   granted
las leyes de caballería que me ayudes, hasta que seas armado caballero."

"Por cierto, señor," respondió Sancho, "que vuestra merced sea° muy   **será**
bien obedecido° en esto, y más, que yo de mío me soy pacífico y enemigo   obeyed
de meterme en ruidos ni pendencias;²⁶ bien es verdad que 'en lo que tocare°   as regards
15 a defender mi persona no tendré mucha cuenta con esas leyes,²⁷ pues las
divinas y humanas permiten que cada uno se defienda de quien quisiere
agraviarle.°"   to harm him

"No digo yo menos," respondió don Quijote, "pero en esto de
ayudarme contra caballeros, has de tener 'a raya° tus naturales ímpetus."   within limits
20 "Digo que así lo haré," respondió Sancho, "y que guardaré ese preceto°   **precepto**
también como el día del domingo."

Estando en estas razones, asomaron por el camino dos frailes de la
orden de San Benito, caballeros° sobre dos dromedarios, que no eran más   riding
pequeñas dos mulas en que venían.²⁸ Traían sus 'antojos de camino° y sus   traveling masks
25 quitasoles.° Detrás dellos venía un coche con cuatro o cinco 'de a caballo°   parasols, on horse-
que le acompañaban, y dos mozos de mulas a pie. Venía en el coche, como   back
después se supo, una señora vizcaína° que iba a Sevilla, donde estaba su   Basque
marido, que pasaba° a las Indias con un muy honroso cargo.° No venían los   was going, position
frailes con ella, aunque iban el mesmo camino. Mas apenas los divisó° don   perceived
30 Quijote, cuando dijo a su escudero:

"O yo me engaño, o ésta ha de ser la más famosa aventura que se haya
visto, porque aquellos bultos° negros que allí parecen deben de ser, y son,   shapes
sin duda, algunos encantadores que llevan hurtada° alguna princesa en aquel   kidnapped
coche, y es menester deshacer este tuerto a todo mi poderío.°"   power
35 "Peor será esto que los molinos de viento," dijo Sancho. "Mire, señor,
que aquéllos son frailes de San Benito, y el coche debe de ser de alguna
gente pasajera.° Mire que digo que mire bien lo que hace, no sea el diablo   transient
que le engañe."

"Ya te he dicho, Sancho," respondió don Quijote, "que sabes poco de

---

²⁴ **Dio en...** *it was enough to sustain himself with pleasant memories*
²⁵ **No has...** *you must not take your sword to defend me, unless you see that those
who attack me are rabble and low people*
²⁶ **Yo del mío...** *on my part, I am peaceable and an enemy of getting mixed up in
other people's disputes*
²⁷ **No tendré...** *I won't pay much attention to those laws*
²⁸ **Caballeros...** *mounted on two dromedaries, since the two mules on which they
were coming were no smaller*

achaque° de aventuras; lo que yo digo es verdad, y ahora lo verás." — subject

Y, diciendo esto, 'se adelantó° y se puso en la mitad del camino por — moved forward
donde los frailes venían, y en llegando tan cerca que a él le pareció que le
podrían oír lo que dijese, en alta voz dijo:

"¡Gente endiablada° y descomunal, dejad 'luego al punto° las altas — devilish, immediately
princesas que en ese coche lleváis forzadas;[29] si no, aparejaos° a recebir — get ready
presta muerte por justo castigo de vuestras malas obras!"

Detuvieron los frailes las riendas, y quedaron admirados, así de la
figura de don Quijote como de sus razones, a las cuales respondieron:

"Señor caballero, nosotros no somos endiablados ni descomunales, sino
dos religiosos° de San Benito que vamos nuestro camino,[30] y no sabemos — friars
si en este coche vienen o no ningunas forzadas princesas."

"Para conmigo no hay palabras blandas—que ya yo os conozco,
'fementida canalla,°" dijo don Quijote. — rabble

Y sin esperar más respuesta, picó a Rocinante y la lanza baja,
arremetió contra el primero fraile, con tanta furia y denuedo, que si el fraile
no se dejara caer de la mula, él le hiciera venir al suelo mal de su grado,[31]
y aun mal ferido, si no cayera muerto.

El segundo religioso, que vio del modo que trataban a su compañero,
puso piernas al castillo de su buena mula,[32] y comenzó a correr por aquella
campaña,° 'más ligero° que el mesmo viento. — countryside, swifter

Sancho Panza, que vio en el suelo al fraile, apeándose ligeramente de
su asno, arremetió a él y le comenzó a quitar los hábitos.° Llegaron en esto — habits
dos mozos de los frailes, y preguntáronle que por qué le desnudaba°; — was undressing
respondióles Sancho que aquello le tocaba a él ligítimamente,° como — **ligítimamente** legitimately
despojos de la batalla que su señor don Quijote había ganado. Los mozos,
que no sabían de burlas, ni entendían aquello de despojos ni batallas, viendo
que ya don Quijote estaba desviado° de allí, hablando con las que en el — turned aside
coche venían, arremetieron con Sancho, y 'dieron con él° en el suelo, y sin — they threw him
dejarle pelo° en las barbas, le molieron a coces, y le dejaron tendido en el — hair
suelo, sin aliento ni sentido, y sin detenerse un punto,[33] tornó a subir el
fraile todo temeroso° y acobardado° y sin color en el rostro, y cuando se — fearful, low-spirited
vio 'a caballo,° picó tras su compañero, que un buen espacio° de allí le — mounted, distance
estaba aguardando y esperando en qué paraba aquel sobresalto;[34] y sin
querer aguardar el fin de todo aquel comenzado suceso, siguieron su
camino, haciéndose más cruces° que si llevaran al diablo 'a las espaldas.° — crosses, on their shoulders

Don Quijote estaba, como se ha dicho, hablando con la señora del
coche, diciéndole:

"La vuestra fermosura, señora mía, puede facer de su persona lo que
más le viniere en talante, porque ya la soberbia de vuestros robadores yace

---

[29] **Forzadas** *against their will*

[30] **Vamos...** *we're going our own way*

[31] **Si el fraile...** *if the friar had not let himself fall from the mule, he [Quijote] would
have made him go the ground much against his will*

[32] **Puso piernas...** *he put the spurs to his large mule*

[33] **Sin aliento...** *with the wind knocked out of him and senseless, and without waiting
a second*

[34] **Esperando...** *waiting to see how that frightening thing came out*

por el suelo,[35] derribada por este mi fuerte brazo; y porque no penéis por
saber el nombre de vuestro libertador,[36] sabed que yo me llamo don Quijote
de la Mancha, caballero andante y aventurero, y cautivo de la sin par y
hermosa doña Dulcinea del Toboso; y en pago del beneficio° que de mí   benefit
5 habéis recebido, no quiero otra cosa sino que volváis al Toboso, y que de
mi parte os presentéis ante esta señora y le digáis lo que por vuestra
libertad he fecho."
   Todo esto que don Quijote decía, escuchaba un escudero de los que el
coche acompañaban,[37] que era vizcaíno; el cual, viendo que no quería dejar
10 pasar el coche adelante, sino que decía que luego había de 'dar la vuelta°   return
al Toboso, se fue para don Quijote, y asiéndole de la lanza, le dijo en mala
lengua castellana y peor vizcaína, desta manera:
   "Anda, caballero, que mal andes; por el Dios que crióme, que, si no
dejas coche, así te matas como estás ahí vizcaíno."[38]
15   Entendióle muy bien don Quijote, y con mucho sosiego le respondió:
   "Si fueras caballero, como no lo eres, ya yo hubiera castigado tu
sandez° y atrevimiento, cautiva criatura.°"   folly, creature
   A lo cual replicó el vizcaíno:
   "¿Yo no caballero?[39] Juro a Dios tan mientes como cristiano. ¡Si lanza
20 arrojas y espada sacas, el agua cuán presto verás que al gato llevas.
Vizcaíno por tierra, hidalgo por mar, hidalgo por el diablo, y mientes que
mira si otra dices cosa."[40]
   " '¡Ahora lo veredes!' dijo Agrajes' "[41] respondió don Quijote. Y
arrojando la lanza en el suelo, sacó su espada y embrazó su rodela, y
25 arremetió al vizcaíno con determinación de quitarle la vida.
   El vizcaíno, que así le vio venir, aunque quisiera apearse de la mula,
que, por ser de las malas 'de alquiler,° no había que 'fiar en° ella, no pudo   rental, trust in
hacer otra cosa sino sacar su espada. Pero avínole bien[42] que se halló junto
al coche, de donde pudo tomar una almohada° que le sirvió de escudo, y   cushion
30 luego se fueron el uno para el otro, como si fueran dos mortales enemigos.
La demás gente quisiera ponerlos en paz; más no pudo, porque decía el

---

[35] **La vuestra...** *You, beauteous lady, can do with yourself whatever you want,*
because your arrogant kidnapers lie on the ground
[36] **Porque no...** *so that you won't agonize to know the name of your liberator*
[37] **Todo eso...** *Everything that Don Quijote said was heard by one of the squires who*
were accompanying the coach
[38] **Anda...** *If you don't let the coach alone, it is as certain that this Basque will kill*
you as you are standing there. Gaos' translation (translated).
[39] Rodríguez Marín says that just by being Basque, given their ancient lineage in the
Iberian Peninsula, gave the Basques the right to be considered noble.
[40] **Juro...** *I swear to God as a Christian that you are lying. If you throw down your*
lance and draw your sword, we'll see who wins. A Basque on land, an hidalgo *by sea,*
hidalgo *by the devil, and you're lying if you say anything else.* **"Llevar el gato al agua,"**
means *to have your own way.* **Mientes que mire = mira que mientes.**
[41] This was a proverb. Agrajes was a character in *Amadís de Gaula.* Agrajes never
said these exact words in the book.
[42] **Pero...** *but he was lucky*

vizcaíno en sus mal trabadas° razones, que si no le dejaban acabar su   joined
batalla, que él mismo había de matar a su ama y a toda la gente que se lo
estorbase.[43] La señora del coche, admirada y temerosa de lo que veía, hizo
al cochero que 'se desviase° de allí algún poco, y desde lejos se puso a   turn away
5   mirar la rigurosa contienda,° en el discurso° de la cual dio el vizcaíno una   fray, course
gran cuchillada a don Quijote encima de un hombro,° 'por encima de° la   shoulder, above
rodela, que, a dársela sin defensa, le abriera hasta la cintura.° Don Quijote,   waist
que sintió la pesadumbre° de aquel desaforado golpe, dio una gran voz,   gravity
diciendo:
10   "¡Oh, señora de mi alma, Dulcinea, flor de la fermosura, socorred a
este vuestro caballero, que, por satisfacer a la vuestra mucha bondad, en
este riguroso trance se halla!"[44]
El decir esto, y el apretar la espada, y el cubrirse bien de su rodela, y
el arremeter al vizcaíno, todo fue en un tiempo, llevando determinación de
15   aventurarlo todo a la de un golpe solo.[45] El vizcaíno, que así le vio venir
contra él, bien entendió por su denuedo su coraje,° y determinó de hacer lo   anger
mesmo que don Quijote. Y así, le aguardó bien cubierto de su almohada,
sin poder rodear la mula a una ni a otra parte,[46] que ya, de puro cansada y
no hecha a semejantes niñerías,° no podía 'dar un paso.°   childish acts, take a
20   Venía, pues, como se ha dicho, don Quijote contra el cauto° vizcaíno,   step; wary
con la espada en alto, con determinación de abrirle por medio, y el vizcaíno
le aguardaba ansimesmo, levantada la espada y aforrado° con su almohada,   protected
y todos los circunstantes° estaban temerosos y colgados° de lo que había de   persons present, in
suceder de aquellos tamaños golpes con que 'se amenazaban°; y la señora   suspense; menaced
25   del coche y las demás criadas suyas estaban haciendo mil votos° y   supplications
ofrecimientos° a todas las imágenes y 'casas de devoción° de España,   offerings, shrines
porque Dios librase a su escudero, y a ellas, de aquel tan grande peligro en
que se hallaban.
Pero está el daño de todo esto que en este punto y término deja
30   pendiente el autor desta historia esta batalla,[47] disculpándose° que no halló   apologizing
más escrito destas hazañas de don Quijote, de las que deja referidas.[48] Bien
es verdad que el segundo autor desta obra no quiso creer que tan curiosa°   strange
historia estuviese entregada a las leyes del olvido,° ni que hubiesen sido tan   oblivion
poco curiosos los ingenios de la Mancha,[49] que no tuviesen en sus archivos°   archives
35   o en sus escritorios°algunos papeles que deste famoso caballero tratasen,[50]   drawers
y así, con esta imaginación,° no se desesperó de hallar el fin desta   thought
apacible° historia, el cual, siéndole el cielo favorable,[51] le halló   pleasant
del modo que se contará en la segunda parte.

[43] **Él mismo...** *he himself would kill his mistress and anyone who prevented him from
doing it*
[44] **Socorred...** *help your knight who is in this rigorous peril in order to repay your
great goodness*
[45] **Aventurarlo...** *to venture everything on a single blow*
[46] **Sin poder...** *without being able to move his mule one way or the other*
[47] **En este...** *at this point, the author leaves this battle pending*
[48] **De las...** *than what he has related*
[49] **Ni que...** *nor that the bright people of la Mancha would be so little inquisitive*
[50] **Algunos...** *some papers that dealt with this famous knight*
[51] **Siéndole...** *since heaven was kind to him*

SEGUNDA PARTE DEL INGENIOSO
hidalgo don Quijote de la Mancha.

5 *Capítulo IX. Donde se concluye y 'da fin° a la estupenda*   ends
batalla que el gallardo vizcaíno y el valiente manchego
tuvieron.

10 DEJAMOS EN la primera parte desta historia al valeroso vizcaíno y al
famoso don Quijote con las espadas altas y desnudas, 'en guisa de
descargar° dos furibundos° fendientes,° tales que, si 'en lleno° se   as if to strike, ragin;
acertaban,° por lo menos se dividirían y fenderían de arriba abajo¹ y   slashes, squarely; h
abrirían como una granada°; y que en aquel punto tan dudoso° paró y quedó   pomegranate, hazar
destroncada° tan sabrosa historia, sin que nos diese noticia su autor donde   ous; cut off
15 se podría hallar lo que della faltaba.² Causóme esto mucha pesadumbre°   grief
porque el gusto de haber leído tan poco se volvía en disgusto° de pensar el   vexation
mal camino que se ofrecía para hallar lo mucho que, a mi parecer, faltaba
de tan sabroso cuento. Parecióme cosa imposible y fuera de toda buena
costumbre, que a tan buen caballero le hubiese faltado algún sabio que
20 tomara a cargo el escrebir sus nunca vistas hazañas,³ cosa° que no faltó a   something
ninguno de los caballeros andantes,

de los que dicen las gentes
que van a sus aventuras,

porque cada uno dellos tenía uno o dos sabios, como de molde, que no
25 solamente escribían sus hechos, sino que pintaban sus más mínimos
pensamientos° y niñerías, por más escondidas° que fuesen. Y no había de   thoughts, hidden
ser tan desdichado° tan buen caballero, que le faltase a él lo que sobró° a   unfortunate, had in
Platir y a otros semejantes.⁴ Y así, no podía inclinarme a creer⁵ que tan   excess
gallarda° historia hubiese quedado manca° y estropeada,° y 'echaba la   lively, lacking,
30 culpa° a la malignidad° del tiempo, devorador y consumidor de todas las   mutilated; blamed,
cosas, el cual, o la tenía oculta o consumida.⁶   perversity
Por otra parte,⁷ me parecía que, pues entre sus libros se habían hallado

---

¹ **Fenderían...** *cleave from top to bottom*
² **Sin que...** *without its author telling us where we could find what was missing*
³ **A tan...** *such a good knight would lack a wizard who would undertake the writing*
of his never-before-seen deeds
⁴ Platir's author was a wizard named Galtenor.
⁵ **No podía...** *I couldn't lead myself to believe*
⁶ **O la...** *either had it hidden or destroyed*
⁷ **Por...** *on the other hand*

tan modernos como *Desengaño de celos y Ninfas y pastores de Henares*,[8]
que también su historia debía de ser moderna, y que, ya que no estuviese
escrita, estaría en la memoria de la gente de su aldea y de las a ella
circunvecinas.[9] Esta imaginación me traía confuso y deseoso° de saber real   desirous
5   y verdaderamente toda la vida y milagros[10] de nuestro famoso español don
Quijote de la Mancha, luz y espejo de la caballería manchega, y el primero
que en nuestra edad y en estos tan calamitosos° tiempos se puso al trabajo   calamitous
y ejercicio de las andantes armas, y al de desfacer agravios, socorrer viudas,
amparar doncellas, de aquellas que andaban con sus azotes° y palafrenes,°   whips, palfries
10   y con toda su virginidad 'a cuestas,° de monte en monte y de valle en   intact
valle;[11] que si no era que algún follón, o algún villano° de hacha y   wicked person
capellina, o algún descomunal gigante las forzaba,[12] doncella hubo en los
pasados tiempos que, al cabo de ochenta años, que en todos ellos no durmió
un día debajo de tejado, se fue tan entera a la sepultura° como la madre que   grave
15   la había parido.°   bore

Digo, pues, que por estos y otros muchos respetos, es digno nuestro
gallardo Quijote de continuas y memorables alabanzas, y aun a mí no se me
deben negar por el trabajo y diligencia que puse en buscar el fin desta
agradable historia.[13] Aunque bien sé que si el cielo, el caso° y la fortuna no   chance
20   me ayudan, el mundo quedará falto y sin el pasatiempo y gusto[14] que bien
casi dos horas podrá tener el que con atención la leyere. Pasó, pues, el
hallarla en esta manera.[15]

Estando yo un día en el Alcaná de Toledo,[16] llegó un muchacho a
vender unos cartapacios° y papeles viejos a un sedero,° y como yo soy   notebooks, silk-
25   aficionado° a leer, aunque sean los 'papeles rotos° de las calles, llevado   merchant; devotee,
desta mi natural inclinación,[17] tomé un cartapacio de los que el muchacho   scraps of paper
vendía, y vile con caracteres que conocí ser arábigos.° Y puesto que,   Arabic
aunque los conocía, no los sabía leer, aunduve mirando si parecía por allí
algún morisco aljamiado[18] que los leyese; y no fue muy dificultoso° hallar   hard
30   intérprete semejante, pues aunque le buscara de otra mejor y más antigua
lengua le hallara.[19] En fin, la suerte me deparó° uno, que, diciéndole mi   presented
deseo y poniéndole el libro en las manos, le abrió por medio, y leyendo un

---

[8] Published in 1586 and 1587 respectively.

[9] **La gente...** *people from his village and from neighboring ones*

[10] **Vida...** *formula used with lives of saints.*

[11] **Monte...** *from mountain to mountain and from valley to valley*

[12] **Si no era que...** *if some rogue, or some wicked man with hatchet and helmet, or some huge giant didn't rape them*

[13] **Y aun...** *And even [praise] should not be denied me for my work and diligence to look for the end of this pleasant story*

[14] **El mundo...** *the world would be lacking and without the pastime and pleasure*

[15] **Pasó...** *The finding of it, then, happened in this way*

[16] This was a market street in Toledo near the cathedral.

[17] **Llevado...** *taken by my natural curiosity*

[18] **Aunduve...** *I walked around looking to see if there was some Spanish-speaking Moor.* **Aljamiado** refers in another context to the Spanish language written in Arabic characters.

[19] **Aunque...** *even if I looked for one of a better and older language [= Hebrew], I would find one.* Hebrew was considered the oldest language.

poco en él, se comenzó a reír.

Preguntéle yo que de qué se reía, y respondióme que de una cosa que tenía aquel libro escrita en el margen por anotación. Díjele que me la dijese, y él, sin dejar la risa, dijo:

"Está, como he dicho, aquí, en el margen, escrito esto: 'Esta Dulcinea del Toboso, tantas veces en esta historia referida, dicen que tuvo la mejor mano para salar° puercos que otra mujer de toda la Mancha.'" — to salt

Cuando yo oí decir «Dulcinea del Toboso», quedé atónito° y — astonished, amazed suspenso,° porque luego se me representó° que aquellos cartapacios — occurred contenían la historia de don Quijote. Con esta imaginación le di priesa que leyese el principio, y haciéndolo ansí, volviendo de improviso el arábigo en castellano,[20] dijo que decía: HISTORIA DE DON QUIJOTE DE LA MANCHA, ESCRITA POR CIDE HAMETE BENENGELI, HISTORIADOR° ARÁBIGO. — historian

Mucha discreción fue menester para disimular° el contento que recebí — hide cuando llegó a mis oídos el título del libro, y salteándosele° al sedero, — snatching... compré al muchacho todos los papeles y cartapacios por medio real;[21] que si él tuviera discreción y supiera 'lo que° yo los deseaba, bien se pudiera — how much promter y llevar más de seis reales[22] de la compra.° — purchase

Apartéme luego con el morisco por el claustro de la 'Iglesia Mayor,° — cathedral y roguéle me volviese aquellos cartapacios, todos los que trataban de don Quijote, en lengua castellana, sin quitarles ni añadirles nada, ofreciéndole la paga que él quisiese. Contentóse con dos arrobas° de pasas° y 'dos — 23 kilos, raisins fanegas° de trigo, y prometió de traducirlos bien y fielmente y con mucha — 3.2 bushels brevedad. Pero yo, por facilitar más el negocio° y por no dejar de la mano[23] — matter tan buen hallazgo,° le truje a mi casa, donde en poco más de mes y medio — treasure la tradujo toda, del mesmo modo que aquí se refiere.

Estaba en el primero cartapacio pintada, muy al natural, la batalla de don Quijote con el vizcaíno, puestos en la mesma postura° que la historia — position cuenta: levantadas las espadas, el uno cubierto de su rodela, el otro de la almohada, y la mula del vizcaíno tan al vivo, que estaba mostrando ser de alquiler a tiro de ballesta.[24] Tenía a los pies escrito el vizcaíno un título° — caption que decía: DON SANCHO DE AZPETIA,[25] que sin duda debía de ser su nombre, y a los pies de Rocinante estaba otro que decia: DON QUIJOTE. Estaba Rocinante maravillosamente pintado, tan largo° y tendido, tan — long atenuado° y flaco, con tanto espinazo,° tan ético confirmado,[26] que mostraba — lean, backbone bien al descubierto con cuanta advertencia y propriedad se la había puesto el nombre de Rocinante.[27] Junto a él estaba Sancho Panza, que tenía del cabestro a su asno, a los pies del cual estaba otro rétulo° que decía: — **rótulo** = caption

---

[20] **Volviendo...** *translating quickly from Arabic to Spanish*

[21] A **medio real** represents very little money.

[22] **Se pudiera...** *one could have bid fairly and taken six* reales

[23] **No dejar...** *not let out of my possession*

[24] **Estaba...** *you could see it was a rental animal a crossbow shot away*

[25] Schevill restores the name to Azpeitia, but given the inaccuracy with *Sancho Panza* later, I prefer to leave it as is was in the first edition. Azpeitia is a village in the Basque country between San Sebastian and Bilbao.

[26] **Ético...** *far gone in consumption*

[27] **Mostraba...** *he showed clearly with what judgment.and appropriateness he had been called Rocinante*

SANCHO ZANCAS, y debía de ser que tenía, a lo que mostraba la pintura, la barriga° grande, el talle° corto y las zancas° largas, y por esto se le debió de poner nombre de *Panza*, y de *Zancas*, que con estos dos sobrenombres le llama algunas veces la historia.

    Otras algunas menudencias° había que advertir. Pero todas son de poca importancia, y que no hacen al caso[28] a la verdadera relación° de la historia, que ninguna es mala como sea verdadera.[29] Si a ésta se le puede poner alguna objeción cerca° de su verdad, no podrá ser otra sino haber sido su autor arábigo,[30] siendo muy propio de los de aquella nación° ser mentirosos,° aunque, por ser tan nuestros enemigos,° antes se puede entender haber quedado falto en ella que demasiado.[31] Y ansí me parece a mí, pues cuando pudiera y debiera 'estender la pluma° en las alabanzas de tan buen caballero, parece que 'de industria° las pasa en silencio, cosa mal hecha y peor pensada, habiendo y debiendo ser los historiadores puntuales,° verdaderos y 'no nada apasionados,° y que ni el interés ni el miedo, el rancor° ni la afición,° no les hagan torcer° del camino de la verdad, cuya madre es la historia, émula° del tiempo, depósito° de las acciones, testigo de lo pasado, ejemplo y aviso° de lo presente, advertencia de lo por venir. En ésta sé que se hallará todo lo que se acertare a desear en la más apacible. Y si algo bueno en ella faltare, para mí tengo que fue por culpa del galgo de su autor, antes que por falta del sujeto.[32]

    En fin, su segunda parte, siguiendo la tradución, comenzaba desta manera:

    Puestas y levantadas en alto las cortadoras° espadas de los dos valerosos y enojados° combatientes,° no parecía sino que estaban amenazando al cielo, a la tierra y al abismo°: tal era el denuedo y continente que tenían. Y el primero que fue a descargar° el golpe fue el colérico° vizcaíno, el cual fue dado con tanta fuerza y tanta furia, que, a no volvérsele la espada en el camino,[33] aquel solo golpe fuera bastante para dar fin a su rigurosa contienda y a todas las aventuras de nuestro caballero; mas la buena suerte, que para mayores cosas le tenía guardado, torció° la espada de su contrario, de modo que, aunque le acertó° en el hombro izquierdo, no le hizo otro daño que desarmarle todo aquel lado, llevándole de camino gran parte de la celada, con la mitad de la oreja,[34] que todo ello con espantosa ruina° vino al suelo, dejándole muy maltrecho.

    ¡Válame Dios, y quién será aquel que buenamente pueda contar ahora la rabia° que entró en el corazón de nuestro manchego, viéndose parar° de aquella manera! No se diga más sino que fue de manera que se alzó de

Glosses (right margin):

belly, shape, shanks

trifles
telling

acerca
race
liars, enemies

i.e., to write
on purpose
accurate
free from passion
animosity, fondness,
  swerve; emulator,
storehouse; counsel

trenchant
angry, combatants
hell
strike
wrathful

deflected
hit

fall

rage, wind up

---

[28] **No hacen...** *they are not important*

[29] **Ninguna...** *no story is bad as long as it's true*

[30] **Si a ésta...** *If one can make an objection to its truth, the only one could be that its author was Arabic*

[31] **Antes...** *it can be understood that he would have fallen short of the truth rather than exaggerated it*

[32] **Si algo...** *if something is lacking in it, I hold that the dog of the author was to blame rather than something lacking in the subject*

[33] **A no...** *had the sword not turned in its course*

[34] **No le...** *it did no other damage than to remove his armor from that side, taking with it a large part of his helmet and half his ear*

nuevo en los estribos, y apretando más la espada en las dos manos, con tal
furia descargó sobre el vizcaíno, acertándole 'de lleno° sobre la almohada   squarely
y sobre la cabeza, que, sin ser parte tan buena defensa,[35] como si cayera
sobre él una montaña, comenzó a echar sangre por las narices° y por la   nostrils
5   boca y por los oídos,° y a dar muestras de caer de la mula abajo, de donde   ears
cayera, sin duda, si no se abrazara con el cuello.[36] Pero con todo eso, sacó
los pies de los estribos, y luego soltó los brazos, y la mula, espantada del
terrible golpe, dio a correr por el campo, y a pocos corcovos dio con su
dueño en tierra.[37]
10   Estábaselo con mucho sosiego mirando don Quijote, y como lo vio
caer, saltó de su caballo, y con mucha ligereza se llegó a él, y poniéndole
la punta de la espada en los ojos, le dijo que 'se rindiese°—si no, que le   surrender
cortaría la cabeza. Estaba el vizcaíno tan turbado° que no podía responder   confused
palabra, y él lo pasara mal, según estaba ciego don Quijote,[38] si las señoras
15 del coche, que hasta entonces con gran desmayo° habían mirado la   dismay
pendencia, no fueran a donde estaba y le pidieran 'con mucho
encarecimiento,° les hiciese tan gran merced y favor de perdonar la vida a   very ardently
aquel su escudero.
A lo cual don Quijote respondió con mucho entono° y gravedad°:   haughtiness, com-
20   "Por cierto, fermosas señoras, yo soy muy contento de hacer lo que me   posure
pedís. Mas ha de ser con una condición y concierto,° y es que este caballero   agreement
me ha de prometer de ir al lugar del Toboso y presentarse de mi parte ante
la sin par° doña Dulcinea, para que ella haga dél lo que más fuere de su   peerless
voluntad."
25   La temerosa° y desconsolada° señora,[39] sin entrar en cuenta de lo que   terrified, grief-
don Quijote pedía,[40] y sin preguntar quién Dulcinea fuese, le prometieron   stricken
que el escudero haría todo aquello que de su parte le fuese mandado.
"Pues en fe de esa palabra,[41] yo no le haré más daño, puesto que me
lo tenía bien merecido."[42]

[35] **Sin...** *even so good a defense being useless*
[36] **A dar...** *giving signs that he might fall down from the mule, and he would have
had he not clutched to its neck*
[37] **Espantada...** *frightened by the terrible blow, began running through the
countryside, and with a few bucks threw its owner to the ground*
[38] **Él lo...** *he would have fared badly, such was the blind rage of Don Quijote*
[39] Schevill emends this to **las temerosas y desconsoladas señoras.**
[40] **Sin entrar...** *without any idea what Don Quijote was asking.*
[41] **En fe...** *on the faith of that promise*
[42] **Puesto...** *although in my opinion he well deserved it*

Capítulo X. De lo que más le avino a don Quijote con el vizcaíno y del peligro en que se vio con una turba° de yangüeses.[1]

mob

Y A EN este tiempo se había levantado Sancho Panza, algo maltratado° de los mozos de los frailes, y había estado atento° a la batalla de su señor don Quijote, y rogaba° a Dios en su corazón fuese servido de darle vitoria, y que en ella ganase alguna ínsula de donde le hiciese gobernador,[2] como se lo había prometido. Viendo, pues, ya acabada° la pendencia, y que su amo volvía a subir sobre Rocinante, llegó a tenerle el estribo,[3] y antes que subiese se hincó de rodillas delante dél, y asiéndole de la mano, se la besó° y le dijo:

abused
attentive
prayed

finished

kissed

"Sea vuestra merced servido, señor don Quijote mío, de darme el gobierno de la ínsula que en esta rigurosa pendencia se ha ganado, que, por grande que sea, yo me siento con fuerzas de 'saberla gobernar,° tal y tan bien como otro que haya gobernado ínsulas en el mundo."

will be able to govern it

A lo cual respondió don Quijote:

"Advertid,° hermano Sancho, que esta aventura, y las a ésta semejantes, no son aventuras de ínsulas, sino de encrucijadas, en las cuales no se gana otra cosa que sacar rota la cabeza o una oreja menos.[4] Tened paciencia, que aventuras se ofrecerán donde no solamente os pueda hacer gobernador, 'sino más adelante.°"

be advised

but even more

Agradecióselo mucho Sancho, y besándole otra vez la mano y la falda° de la loriga,° le ayudó a subir sobre Rocinante, y él subió sobre su asno, y comenzó a seguir a su señor, que, a 'paso tirado,° sin despedirse ni hablar más con las del coche, se entró por un bosque que allí junto estaba. Seguíale Sancho a todo el trote de su jumento,[5] pero caminaba tanto° Rocinante, que, viéndose quedar atrás, le fue forzoso° dar voces a su amo que se aguardase. Hízolo así don Quijote, teniendo las riendas a Rocinante hasta que llegase su cansado escudero, el cual, en llegando, le dijo:

skirt
mail armor
brisk pace

so fast
necessary

"Paréceme, señor, que sería acertado irnos a retraer° a alguna iglesia, que, según quedó maltrecho aquel con quien os combatistes,[6] 'no será mucho° que den noticia del caso a la Santa Hermandad[7] y nos prendan. Y a fe que si lo hacen, que primero que salgamos de la cárcel, que nos ha de 'sudar el hopo.°"

take refuge

it would be likely

sweat it out

"Calla," dijo don Quijote. "¿Y dónde has visto tú, o leído jamás, que caballero andante haya sido puesto ante la justicia por más homicidios que hubiese cometido?"[8]

---

[1] **Yangüeses** are people from Yanguas in the province of Soria, north of Madrid. Yanguas is at the north end of the province, on the road that goes to Pamplona.

[2] **Ganase...** *win an island where he would make him governor*

[3] **Llegó...** *he went to hold his stirrup*

[4] **No se...** *you win nothing but a broken head or an ear less*

[5] **A todo...** *at his donkey's fastest trot*

[6] **Os combatistes:** here Sancho does not call Don Quijote **vuestra merced**, but rather **vos,** which is much less formal.

[7] **La Santa Hermandad** *the Holy Brotherhood* was Spain's rural police.

[8] **Por más homicidios...** *no matter how many murders he may have committed*

"Yo no sé nada de omecillos,°" respondió Sancho, "ni en mi vida le   disputes
caté a ninguno;⁹ sólo sé que la Santa Hermandad tiene que ver con los que
pelean en el campo, y en esotro no me entremeto."¹⁰

"Pues 'no tengas pena,° amigo," respondió don Quijote, "que yo te   don't worry
5 sacaré de las manos de los caldeos,¹¹ 'cuanto más° de las de la Hermandad.   not to mention
Pero dime, por tu vida, ¿has visto más valeroso caballero que yo en todo
'lo descubierto de la tierra°? ¿Has leído en historias otro que tenga ni haya   known world
tenido más brío en acometer, mas aliento en el perseverar, más destreza° en   skill
el herir,° ni más maña° en el derribar?"   striking, dexterity

10 "La verdad sea," respondió Sancho, "que yo no he leído ninguna
historia jamás, porque ni sé leer ni escrebir; mas lo que 'osaré apostar° es   I'll dare to bet
que más atrevido amo que vuestra merced yo no le he servido en todos los
días de mi vida, y quiera Dios que estos atrevimientos no se paguen donde
tengo dicho.¹² Lo que le ruego a vuestra merced es que se cure, que le va°   flows
15 mucha sangre de esa oreja. Que aquí traigo hilas y un poco de ungüento
blanco¹³ en las alforjas."

"Todo eso fuera bien escusado,"¹⁴ respondió don Quijote, "si a mí se
me acordara de hacer una redoma° del bálsamo° de Fierabrás,¹⁵ que con   flask, balm
sola una gota se ahorrarán° tiempo y medicinas."   will save

20 "¿Qué redoma y qué bálsamo es ése?" dijo Sancho Panza.

"Es un bálsamo," respondió don Quijote, "de quien tengo la receta° en   recipe
la memoria, con el cual no hay que tener temor a la muerte, ni hay pensar
morir de ferida alguna. Y ansí, cuando yo le haga y te le dé,¹⁶ no tienes
más que hacer sino que, cuando vieres que en alguna batalla me han partido
25 por medio del cuerpo,¹⁷ como muchas veces suele acontecer, bonitamente
la parte del cuerpo que hubiere caído en el suelo, y 'con mucha sotiliza,°   very deftly
antes que la sangre 'se hiele,° la pondrás sobre la otra mitad que quedare   coagulates
en la silla,° advirtiendo de encajallo igualmente y al justo.¹⁸ Luego me darás   saddle
a beber solos dos tragos del bálsamo que he dicho, y verásme quedar más
30 sano que una manzana."

"Si eso hay," dijo Panza, "yo renuncio° desde aquí el gobierno de la   give up
prometida ínsula, y no quiero otra cosa en pago de mis muchos y buenos
servicios, sino que vuestra merced me dé la receta de ese 'estremado licor,°   very good liquid

⁹ **En mi...** *never in my life have I held animosity towards anyone*
¹⁰ **En esotro...** *I don't meddle in that other business*
¹¹ The Chaldeans were an ancient people living in Mesopotamia mentioned several
times in the Old Testament (Ezekiel, Daniel, and Jeremiah). The expression means "I'll
save you from affliction."
¹² **Quiera...** *may God will that these daring acts not be paid for in the way I have
said*
¹³ This is an ointment made of wax, white lead, and oil, useful precisely for healing
wounds.
¹⁴ **Todo...** *this all would be unnecessary*
¹⁵ Fierabrás was a giant Saracen written about in a French epic poem. When he sacked
Rome, he stole two containers with the remainder of the embalming fluid used in Christ's
body. This is what is known as the **bálsamo de Fierabrás**.
¹⁶ **Cuando...** *when I make it and give it to you*
¹⁷ **Me han...** *they have cut my body in half*
¹⁸ **Advirtiendo...** *being careful to fit it equally and straightly*

que para mí tengo que valdrá la onza,° 'adonde quiera,° más de a dos   ounce, anywhere
reales, y no he menester yo más para pasar esta vida honrada y
descansadamente.[19] Pero es de saber agora si tiene mucha costa el
hacelle."[20]

"Con menos de tres reales se pueden hacer 'tres azumbres,°" respondió   1½ gallons
don Quijote.

"¡Pecador de mi!" replicó Sancho, "¿pues a qué aguarda vuestra
merced a hacelle y a enseñármele?"[21]

"Calla, amigo," respondió don Quijote, "que mayores secretos pienso
enseñarte y mayores mercedes hacerte. Y por agora curémonos, que la oreja
me duele más de lo que yo quisiera."

Sacó Sancho de las alforjas hilas y ungüento. Mas cuando don Quijote
llegó a ver rota su celada, pensó perder el juicio,[22] y puesta la mano en la
espada y alzando los ojos al cielo, dijo:

"Yo hago juramento al criador° de todas las cosas, y a los santos   creator
cuatro evangelios° donde más largamente están escritos,[23] de hacer la vida   gospels
que hizo el grande Marqués de Mantua cuando juró de vengar la muerte de
su sobrino Valdovinos, que fue de «no comer pan a manteles, ni con su
mujer folgar,»[24] y otras cosas que, aunque dellas no me acuerdo, las doy
aquí por expresadas,[25] hasta tomar entera venganza° del que tal desaguisado   vengeance
me fizo."

Oyendo esto Sancho, le dijo:

"Advierta vuestra merced, señor don Quijote, que si el caballero
cumplió° lo que se le dejó ordenado[26] de irse a presentar ante mi señora   fulfilled
Dulcinea del Toboso, ya habrá cumplido con lo que debía, y no merece otra
pena si no comete nuevo delito.°"   crime

"Has hablado y apuntado° muy bien," respondió don Quijote, "y, así,   pointed out
anulo° el juramento en cuanto lo que toca a tomar dél nueva venganza.[27]   I rescind
Pero hágole y confírmole° de nuevo de hacer la vida que he dicho hasta   le = the oath
tanto que quite por fuerza otra celada, tal y tan buena como ésta, a algún
caballero. Y no pienses, Sancho, que así a humo de pajas hago esto,[28] que
bien tengo a quien imitar en ello, que esto mesmo pasó al pie de la letra
sobre el yelmo° de Mambrino, que tan caro le costó a Sacripante."[29]   helmet

"Que dé al diablo vuestra merced tales juramentos, señor mío," replicó
Sancho, "que son muy en daño de la salud y muy en perjuicio de la

[19] **Honrada...** *honorably and at my ease*
[20] **Es...** *I'd like to know if it costs much to make it*
[21] **A qué...** *what are you waiting for to make it and to show me how?*
[22] **Llegó...** *saw his broken helmet he thought he would lose his mind*
[23] **Donde...** *in all their fullest meaning. When one wanted to "swear on the Bible" and*
none was present, this expression was used instead.
[24] **No comer...** *not to eat bread from a tablecloth nor sport with his wife.* These two
romance verses are from one about the Cid, and not the Marqués de Mantua, as several
editors point out.
[25] **Las doy...** *I consider them as having been stated*
[26] **Lo que...** *what he was ordered to do*
[27] **En cuanto...** *insofar as taking fresh vengeance on him goes*
[28] **Así...** *I'm not making idle threats*
[29] In *Orlando furioso*, it was Dardinel and not Sacripante that it cost so dearly.

conciencia. Si no, dígame ahora: si acaso en muchos días no topamos
hombre armado con celada,[30] ¿qué hemos de hacer? ¿Hase de cumplir el
juramento 'a despecho de° tantos inconvenientes° e incomodidades° como   in spite of, obstacle
será el dormir vestido, y el no dormir en poblado,° y otras mil penitencias°   annoyances; town,
5   que contenía el juramento de aquel loco viejo del Marqués de Mantua, que   penances
vuestra merced quiere revalidar° ahora? Mire vuestra merced bien que por   to revive
todos estos caminos no andan hombres armados, sino harrieros y
carreteros,° que no sólo no traen celadas, pero quizá no las han oído   cart drivers
nombrar[31] en todos los días de su vida."
10   "Engáñaste en eso," dijo don Quijote, "porque no habremos estado dos
horas por estas encrucijadas, cuando veamos más armados° que los que   armed men
vinieron sobre Albraca a la conquista de Angélica la Bella."[32]
"Alto,° pues, sea ansí," dijo Sancho, "y a Dios prazga° que nos suceda   stop, may it please
bien, y que se llegue ya el tiempo de ganar esta ínsula que tan cara me
15   cuesta, y muérame yo luego."[33]
"Ya te he dicho, Sancho, que no te dé eso cuidado alguno; que, cuando
faltare ínsula, ahí está el reino de Dinamarca° o el de Soliadisa,[34] que te   Denmark
vendrán como anillo° al dedo,° y más que, por ser en tierra firme, te debes   ring, finger
más alegrar.[35] Pero dejemos esto para su tiempo, y mira si traes algo en
20   esas alforjas que comamos, porque vamos luego en busca de algún castillo
donde alojemos° esta noche y hagamos el bálsamo que te he dicho, porque   we may lodge
yo te 'voto a Dios,° que me va doliendo mucho la oreja."   I swear to God
"Aquí trayo° una cebolla° y un poco de queso° y no sé cuantos   traigo, onion, chee
mendrugos° de pan," dijo Sancho, "pero no son manjares° que pertenecen°   scraps, food, pertai
25   a tan valiente caballero como vuestra merced."
"Qué mal lo entiendes," respondió don Quijote, "hágote saber, Sancho,
que es honra de los caballeros andantes no comer en un mes, y ya que
coman, sea de aquello que hallaren más a mano. Y esto se te hiciera cierto[36]
si hubieras leído tantas historias como yo, que, aunque han sido muchas, en
30   'todas ellas° no he hallado hecha relación de que los caballeros andantes   none of them
comiesen, si no era acaso° y en algunos suntuosos banquetes que les hacían,   on occasions
y los demás días se los pasaban en flores.[37] Y aunque se deja entender que
no podían pasar sin comer[38] y sin hacer todos los otros menesteres°   functions

---

[30] **Si acaso...** *if perhaps in many days we don't run across an armed man with a helmet*

[31] **Pero...** *but perhaps they've never heard them mentioned*

[32] In *Orlando innamorato*, the Albraca castle was stormed by 2,200,000 armed soldiers, stretching over four leagues.

[33] **Que se...** *may the time for winning me that island which is costing me so dear come soon, and may I die right then*

[34] Schevill changes this to **Soldadisa**, following the second edition and later ones. Soldadisa is a kingdom, Soliadisa is a princess. Doubtless another of Don Quijote's mistakes (like Sacripante for Dardinel).

[35] **Por ser...** *because it's not an island you should be happier*

[36] **Ya que...** *even when they do eat, it should be whatever they find most at hand. This would be clear to you...*

[37] **Los demás...** *the remaining days they spent virtually fasting*

[38] **Se deja...** *it is understood that they couldn't go without eating*

naturales, porque, en efeto, eran hombres como nosotros, hase de entender[39]
también que, andando lo más del tiempo de su vida por las florestas y
despoblados, y sin cocinero,° que su más ordinaria comida sería de viandas°   cook, food
rústicas, tales como las que tú ahora me ofreces. Así que, Sancho amigo,
5   no 'te congoje° lo que a mí me da gusto, ni querrás tú hacer mundo nuevo,   let distress you
ni sacar la caballería andante de sus quicios."[40]

   "Perdóneme vuestra merced," dijo Sancho, "que como yo no sé leer ni
escrebir, como otra vez he dicho, no sé ni 'he caído en° las reglas de la   understand
profesión caballeresca, y de aquí adelante yo proveeré° las alforjas de todo   provide
10   género de fruta seca para vuestra merced, que es caballero, y para mí las
proveeré, pues no lo soy, de otras 'cosas volátiles° y de más sustancia."   poultry

   "No digo yo, Sancho," replicó don Quijote, "que sea forzoso a los
caballeros andantes no comer otra cosa sino esas frutas que dices, sino que
su más ordinario sustento° debía de ser dellas, y de algunas yerbas° que   food, herbs
15   hallaban por los campos, que ellos conocían y yo también conozco."

   "Virtud es,"[41] respondió Sancho, "conocer esas yerbas, que, según yo
me voy imaginando,[42] algún día será menester usar de ese conocimiento."

   Y sacando, en esto, lo que dijo que traía, comieron los dos en buena
paz y compaña.° Pero deseosos de buscar donde alojar aquella noche,   company
20   acabaron con mucha brevedad° su pobre y seca comida. Subieron luego a   haste
caballo, y diéronse priesa por llegar a poblado antes que anocheciese; pero
faltóles el sol, y la esperanza de alcanzar° lo que deseaban, junto a unas   attain
chozas de unos cabreros,° y así, determinaron de pasarla allí,u que, cuanto   goatherds
fue de pesadumbre para Sancho no llegar a poblado, fue de contento para
25   su amo dormirla al 'cielo descubierto,° por parecerle que cada vez que esto   in open air
le sucedía era hacer un acto posesivo[43] que facilitaba° la prueba° de su   supplied, proof
caballería.

---

[39] **Hase...** *one must understand*
[40] **Hacer...** *make a new world or alter the customs of knight errantry.* **Quicio** = *hinge.*
[41] **Virtud...** *it's a good thing*
[42] **Según...** *the way I'm thinking*
[43] **Acto posesivo**: an act which proves the nobility and purity of the person doing it.

Capítulo XI. De lo que lo sucedió a don Quijote con unos cabreros.

FUE RECOGIDO° de los cabreros con buen ánimo, y habiendo Sancho, lo — received
mejor que pudo, acomodado a Rocinante y a su jumento, se fue tras el
5 olor que despedían de sí ciertos tasajos de cabra,¹ que hirviendo° al fuego — boiling
en un caldero° estaban; y aunque él quisiera en aquel mesmo punto ver si — cauldron
estaban 'en sazón de° trasladarlos° del caldero al estómago, lo dejó de — ready, to transfer
hacer,² porque los cabreros los quitaron del fuego, y tendiendo° por el suelo — spreading out
unas pieles° de ovejas, aderezaron° con mucha priesa su rústica mesa, y — skins, prepared
10 convidaron° a los dos, con muestras de muy 'buena voluntad,° con lo que — invited, good will
tenían. Sentáronse a la redonda de las pieles seis dellos,³ que eran los que
en la majada° había, habiendo primero, con groseras° ceremonias, rogado — sheep-fold, coarse
a don Quijote que se sentase sobre un dornajo° que 'vuelto del revés° le — trough, turned over
pusieron. Sentóse don Quijote, y quedábase Sancho en pie para servirle la
15 copa,° que era hecha de cuerno.° Viéndole en pie su amo, le dijo: — cup, horn
"Porque veas, Sancho, el bien° que en sí encierra° la andante — goodness, embraces
caballería, y cuán a pique están los que en cualquiera ministerio della se
ejercitan de venir brevemente a ser honrados y estimados del mundo,⁴
quiero que aquí, a mi lado y en compañía desta buena gente, te sientes, y
20 que seas una mesma cosa conmigo, que soy tu amo y natural señor, que
comas en mi plato y bebas por donde yo bebiere, porque de la caballería
andante se puede decir lo mesmo que del amor se dice: que todas las cosas
iguala."⁵
"Gran merced," dijo Sancho, "pero sé decir a vuestra merced que como
25 yo tuviese bien de comer, tan bien y mejor me lo comería en pie y a mis
solas como sentado a par de un emperador.⁶ Y aun 'si va a decir verdad,° — if the truth be told
mucho mejor me sabe° lo que como en mi rincón, sin melindres° ni — tastes, finickiness
respetos,° aunque sea pan y cebolla, que los gallipavos° de otras mesas — observances, turkey
donde me sea forzoso mascar° despacio, beber poco, limpiarme a menudo, — chew
30 no estornudar,° ni toser° si me viene gana, ni hacer otras cosas que la — sneeze, cough
soledad° y la libertad traen consigo. Ansí que, señor mío, estas honras que — privacy
vuestra merced quiere darme por ser ministro° y aderente° de la caballería — officer, follower
andante, como lo soy siendo escudero de vuestra merced, conviértalas en
otras cosas que me sean de más cómodo y provecho;⁷ que éstas, aunque las
35 'doy por bien recebidas,° las renuncio para 'desde aquí° al fin del mundo." — I acknowledge, from this moment
"Con todo eso, te has de sentar, porque «a quien se humilla Dios le

---

¹ **Se fue...** *he followed the aroma that certain pieces of goat meat emitted*
² **Lo dejó...** *he refrained from doing it* (i.e., checking to see if meat was ready).
³ **Sentáronse...** *six of them sat around the skins*
⁴ **Cuán a pique...** *those who practice it in any capacity are honored and esteemed by the world*
⁵ **Porque...** *so that one can say of knight errantry what is said about love: that it makes all things equal*
⁶ **Como yo...** *as long as I eat well, I'll eat it as well and better standing up and alone than seated next to an emperor*
⁷ **Conviértalas...** *convert them [the honors] into other things that are of more use and benefit to me*

ensalza»."[8]

Y asiéndole por el brazo, le forzó a que junto dél se sentase.

No entendían los cabreros aquella jerigonza° de escuderos y de   gibberish
caballeros andantes, y no hacían otra cosa que comer y callar, y mirar a sus
5 huéspedes, que, con mucho donaire y gana, embaulaban tasajo como el
puño.[9] Acabado el servicio de carne, tendieron sobre las zaleas° gran   sheepskins
cantidad de bellotas° avellanadas,° y juntamente pusieron un medio queso,   acorns, dry
más duro que si fuera hecho de argamasa.° No estaba en esto ocioso el   cement
cuerno, porque andaba a la redonda tan a menudo, ya lleno, ya vacío, como
10 arcaduz de noria,[10] que con facilidad vació° un zaque° de dos que estaban   emptied, wineskin
'de manifiesto.°   exposed

Después que don Quijote hubo bien satisfecho su estómago, tomó un
puño° de bellotas en la mano, y mirándolas atentamente, soltó la voz a   handful
semejantes razones:

15 "¡Dichosa edad y siglos dichosos aquellos a quien los antiguos°   ancients
pusieron nombre de DORADOS°; y no porque en ellos el oro, que en esta   golden
nuestra edad de hierro tanto se estima, se alcanzase en aquella venturosa sin
fatiga alguna,[11] sino porque entonces los que en ella vivían ignoraban estas
dos palabras de TUYO y MÍO! Eran en aquella santa edad todas las cosas
20 comunes;° a nadie le era necesario, para alcanzar su ordinario sustento,   public
tomar otro trabajo que alzar la mano y alcanzarle de las robustas encinas,
que liberalmente les estaban convidando con su dulce y sazonado° fruto.   ripe
Las claras fuentes y corrientes ríos, en magnífica abundancia, sabrosas y
transparentes aguas les ofrecían.[12] En las quiebras° de las peñas° y en lo   fissures, boulders
25 hueco de los árboles formaban su república las solícitas° y discretas°   diligent, prudent
abejas,° ofreciendo a cualquiera mano, sin interés° alguno, la fértil cosecha°   bees, concern,
de su dulcísimo trabajo. Los valientes° alcornoques° despedían de sí, sin   harvest; big, cork-
otro artificio que el de su cortesía, sus anchas y 'livianas cortezas,° con que   trees; light barks
se comenzaron a cubrir las casas, sobre rústicas estacas° sustentadas, no   stakes
30 más que para defensa° de las inclemencias° del cielo. Todo era paz   protection, rigors
entonces, todo amistad,° todo concordia.° Aún no se había atrevido la   friendship, harmony
pesada reja del corvo arado a abrir ni visitar las entrañas piadosas de
nuestra primera madre, que ella, sin ser forzada, ofrecía por todas las partes
de su fértil y espacioso seno lo que pudiese hartar, sustentar y deleitar a los
35 hijos que entonces la poseían.[13]

"Entonces sí que andaban las simples y hermosas zagalejas° de valle   young shepherdesses

---

[8] **A quien...** *he who humbles himself is exalted by God.* Luke 18:14.

[9] **Embaulaban...** *they were stowing away pieces as big as your fist*

[10] **Andaba...** *it went around so frequently, now full, now empty, like the bucket of a waterwheel.* The **noria** was a horse driven waterwheel on whose circumference was attached a series of buckets.

[11] **No porque...** *not because in them gold, which is so esteemed in this, our age of iron, was acquired in that fortunate one without effort*

[12] **Las claras...** *clear fountains and running rivers, in magnificent abundance, gave them their delicious and transparent water*

[13] **Aún no...** *the heavy plow had not yet dared to open nor visit the pious bowels of our first mother [the earth], for she, without being forced, gave everywhere from her fertile and spacious bosom that which could fill, sustain, and delight the children that possessed her then*

en valle y de otero en otero, en trenza y en cabello,[14] sin más vestidos de
aquellos que eran menester para cubrir honestamente° lo que la honestidad°   modestly, decency
quiere y ha querido siempre que se cubra, y no eran sus adornos° de los   ornaments
que ahora se usan, a quien la púrpura de Tiro y la por tantos modos
5   martirizada seda encarecen,[15] sino de algunas hojas verdes de lampazos y
yedra entretejidas, con lo que quizá iban tan pomposas y compuestas como
van agora nuestras cortesanas con las raras y peregrinas invenciones que la
curiosidad ociosa les ha mostrado.[16] Entonces 'se decoraban° los concetos°   recite from memory,
amorosos del alma simple y sencillamente, del mesmo modo y manera que   literary conceits
10   ella los concebía, sin buscar artificioso° rodeo° de palabras para encarecer-   ingenious, circumlo-
los. No había la fraude, el engaño ni la malicia,° mezclándose con la verdad   cution; wickedness
y llaneza.° La justicia se estaba en sus proprios términos, sin que la osasen   sincerity
turbar ni ofender los del favor y los del interese, que tanto ahora la
menoscaban, turban y persiguen.[17] 'La ley del encaje° aún no se había   arbitrary law
15   sentado en el entendimiento° del juez, porque entonces no había que juzgar,   judgment
ni quien fuese juzgado.[18] Las doncellas y la honestidad andaban, como
tengo dicho, por dondequiera, 'sola y señera,° sin temor que la ajena   alone
desenvoltura y lascivo intento[19] le menoscabasen, y su perdición nacía de
su gusto y propria voluntad.[20] Y agora, en estos nuestros detestables siglos,°   age
20   no está segura ninguna, aunque la oculte y cierre otro nuevo laberinto como
el de Creta,[21] porque allí, por los resquicios,° o por el aire, con el celo° de   gaps, zeal
la maldita solicitud,° se les entra la amorosa pestilencia° y les hace dar con   importunity, plague
todo su recogimiento° al traste.° Para cuya seguridad, andando más los   concentration, ruina-
tiempos y creciendo más la malicia,[22] 'se instituyó° la orden de los   tion; was established
25   caballeros andantes para defender las doncellas, amparar° las viudas, y   to protect
socorrer a los huérfanos° y a los menesterosos.   orphans

"Desta orden soy yo, hermanos cabreros, a quien agradezco el gasaje°   graceful reception
y buen acogimiento° que hacéis a mí y a mi escudero. Que, aunque por ley   reception
natural están todos los que viven obligados a favorecer° a los caballeros   befriend
30   andantes, todavía, por saber que sin saber vosotros esta obligación me
acogistes y regalastes,° es razón que con la voluntad a mí posible os   entertained
agradezca la vuestra."

Toda esta larga arenga, que se pudiera muy bien escusar,[23] dijo nuestro

---

[14] **De valle...** *from valley to valley and from hill to hill, in braids and with hair flowing*

[15] **A quien...** *which Tyrian purple and silk—which is tortured in so many ways— enhance.* **A quien** refers to **adornos.**

[16] **Sino de...** *but rather of green leaves of intertwined green-dock and ivy, with which they went so magnificent and fresh, as our courtesans go now with the extravagant and rare contrivances which idle inquisitiveness has shown them*

[17] **La justicia...** *justice was in its own domain, which favor and self-interest did not dare to upset or offend, as they now diminish, upset, and pursue*

[18] **No había...** *there was nothing to judge, nor anyone to be judged*

[19] **La ajena...** *another's boldness and lustful intention*

[20] **Y su...** *and any ruination was born of their pleasure and free will*

[21] **No está...** *no woman is safe, even if she is hidden and locked in a new labyrinth such as the one on Crete*

[22] **Andando...** *as time went by and as wickedness increased*

[23] **Que se pudiera...** *which could have been well omitted*

caballero, porque las bellotas que le dieron le trujeron a la memoria la edad dorada. Y antojósele hacer aquel inútil razonamiento° a los cabreros, que, sin respondelle palabra, embobados° y suspensos, le estuvieron escuchando. Sancho, asimesmo, callaba y comía bellotas, y visitaba muy a menudo el segundo zaque, que, porque 'se enfriase° el vino, le tenían colgado de un alcornoque.

    speech
    gaping

    get cold

    Más tardó en hablar don Quijote que en acabarse la cena;[24] al fin de la cual uno de los cabreros dijo:

    "Para que con más veras pueda vuestra merced decir, señor caballero andante, que le agasajamos° con prompta° y buena voluntad, queremos darle solaz° y contento con hacer que cante un compañero nuestro, que no tardará mucho en estar aquí. El cual es un zagal° muy entendido° y muy enamorado, y que, sobre todo, sabe leer y escrebir, y es músico de un rabel[25] que no hay más que desear."

    treat kindly, **pronta,**
    enjoyment
    shepherd, intelligent

    Apenas había el cabrero acabado de decir esto, cuando llegó a sus oídos el son del rabel, y de allí a poco llegó el que le tañía, que era un mozo de hasta veinte y dos años, 'de muy buena gracia.° Preguntáronle sus compañeros si había cenado, y respondiendo que sí, el que había hecho los ofrecimientos° le dijo:

    good-looking

    offers

    "De esa manera, Antonio, bien podrás hacernos placer de cantar un poco, porque vea este señor huésped que tenemos también por los montes y selvas[26] quien sepa de música. Hémosle dicho tus buenas habilidades,° y deseamos que las muestres y nos saques verdaderos;[27] y así te ruego por tu vida que te sientes y cantes el romance[28] de tus amores, que te compuso el beneficiado° tu tío, que en el pueblo ha parecido muy bien."[29]

    cleverness

    priest

    "Que me place," respondió el mozo.

    Y sin hacerse más de rogar,[30] se sentó en el tronco de una desmochada° encina, y templando° su rabel, de allí a poco,[31] con muy buena gracia, comenzó a cantar, diciendo desta manera:

    cut off, tuning

ANTONIO

Yo sé, Olalla, que me adoras,
    puesto que no me lo has dicho
    ni aún con los ojos siquiera,
    mudas lenguas de amoríos.

[24] **Más...** *Don Quijote spent more time talking than finishing his dinner*
[25] The **rabel** is an old Arabic bowed musical instrument with three strings tuned in fifths. It had a flat top and a rounded bottom.
[26] Here appears to be a real mistake in the typesetting of the text. In the original it says **"tenemos, que también por los montes y selvas hay,** which makes no sense. I hesitated to change it, but is seems to make good sense this new way.
[27] **Nos...** *prove us true*
[28] **Romance** is a poetic form of eight-syllable lines whose vowels rhyme only in even-numbered verses, in this case the rhyme is **i - o.**
[29] **Que en...** *which was well-received in town*
[30] **Sin...** *without any further urging*
[31] **De...** *in a little while*

Porque sé que eres sabida,°   knowing
en que me quieres 'me afirmo°;   I maintain
que nunca fue desdichado
amor que fue conocido.
5   Bien es verdad, que 'tal vez,°   **alguna vez**
Olalla, me has dado indicio°   indication
que tienes de bronce el alma
y el blanco pecho de risco.°   stone
Más allá, entre tus reproches°   rebukes
10   y honestísimos desvíos,°   indifference
tal vez la esperanza muestra
la orilla° de su vestido.   border
Abalánzase° al señuelo°   dashes, lure
mi fe, que nunca ha podido,
15   ni menguar° por no llamado,   diminish
ni crecer° por escogido.   increase
Si el amor es cortesía,
de la que tienes colijo,
que el fin de mis esperanzas
20   ha de ser cual° imagino.   **como**
Y si son servicios parte
de hacer un pecho benigno,
algunos de los que he hecho
fortalecen° mi partido.°   strengthen, advanta
25   Porque si has 'mirado en° ello,   noticed
más de una vez habrás visto
que me he vestido en los lunes
lo que me honraba el domingo.
Como el amor y la gala°   full dress
30   andan un mesmo camino,
en todo tiempo a tus ojos
quise mostrarme polido.°   nice looking
Dejo el bailar por tu causa,
ni las músicas te pinto
35   que has escuchado 'a deshoras°   unexpectedly
y al canto del gallo° primo.°   rooster, first
No cuento las alabanzas
que de tu belleza he dicho;
que, aunque verdaderas, hacen
40   ser yo de algunas malquisto.°   detested
Teresa del Berrocal,
yo alabándote,° me dijo: praising
"Tal piensa que adora a un ángel,
y viene a adorar a un gimio,°   monkey
45   Merced a los muchos dijes,°   trinkets
y a los 'cabellos postizos,°   wigs
y a hipócritas° hermosuras   hypocritical
que engañan al amor mismo."

Desmentíla,° y enojóse;   *I contradicted*
volvió por ella su primo,
desafióme,° y ya sabes   *he challenged me*
lo que yo hice y él hizo.
5   No te quiero yo a montón,[32]
ni te pretendo° y te sirvo   *press suit*
por lo de barraganía,°   *concubinage*
que más bueno es mi designio.°   *intention*
Coyundas° tiene la Iglesia   *married*
10   que son lazadas de sirgo;°   *silk*
pon tú el cuello en la gamella,[33]
verás como pongo el mío.
'Donde no,° desde aquí juro   *if not*
por el santo más bendito°   *blessed*
15   de no salir de estas sierras
sino para capuchino.°   *Capuchin monk*

Con esto dio el cabrero fin a su canto, y aunque don Quijote le rogó que algo más cantase, no lo consintió Sancho Panza, porque 'estaba más para° dormir que para oír canciones. Y ansí, dijo a su amo: *he favored*

"Bien puede vuestra merced acomodarse° 'desde luego° a donde ha de   *arrange, now* posar° esta noche—que el trabajo que estos buenos hombres tienen todo el   *to lodge* día no permite que pasen las noches cantando."

"Ya te entiendo, Sancho," le respondió don Quijote, "que bien 'se me trasluce° que las visitas del zaque piden más recompensa° de sueño que de   *I infer, compensation* música."

"A todos nos sabe bien, bendito sea Dios," respondió Sancho.

"No lo niego," replicó don Quijote, "pero acomódate tú donde quisieres, que los de mi profesión mejor parecen velando que durmiendo. Pero, con todo esto, sería bien, Sancho, que me vuelvas a curar esta oreja, que me va doliendo más de lo que es menester."

Hizo Sancho lo que se le mandaba. Y viendo uno de los cabreros la herida, le dijo que no tuviese pena, que el pondría remedio con que fácilmente 'se sanase.° Y tomando algunas hojas de romero,° de mucho que   *get better, rosemary* por allí había, las mascó y las mezcló con un poco de sal, y aplicándoselas a la oreja, se la vendó° muy bien, asegurándole° que no había menester otra   *bandaged, assuring* medicina, y así fue la verdad.

---

[32] **No...** *I don't love you like I'd love just anyone*
[33] The **gamella** is the rounded extremity at each end of the yoke that binds a pair of oxen.

Capítulo XII. De lo que contó un cabrero a los que estaban con don Quijote.

ESTANDO EN esto, llegó otro mozo de los que les traían del aldea el
bastimento,° y dijo:

"¿Sabéis lo que pasa en el lugar, compañeros?"

"¿Cómo lo podemos saber?" respondió uno dellos.

"Pues sabed," prosiguió el mozo, "que murió esta mañana aquel
famoso pastor estudiante llamado Grisóstomo, y 'se murmura° que ha
muerto de amores de aquella endiablada moza de Marcela,¹ la hija de
Guillermo el rico, aquella que se anda en hábito° de pastora por esos
andurriales.°"

"Por Marcela dirás,°" dijo uno.

"Por ésa digo," respondió el cabrero. "Y es lo bueno° que mandó en
su testamento que le enterrasen° en el campo, como si fuera moro, y que
sea al pie de la peña donde está la fuente del alcornoque;² porque, según es
fama,³ y él dicen que lo dijo,⁴ aquel lugar es adonde él la vio la vez
primera. Y también mandó otras cosas, tales, que los abades° del pueblo
dicen que no se han de cumplir, ni es bien que se cumplan, porque parecen
'de gentiles.° A todo lo cual responde aquel gran su amigo Ambrosio,⁵ el
estudiante, que también se vistió de pastor con él, que se ha de cumplir
todo, sin faltar nada,⁶ como lo dejó mandado Grisóstomo, y sobre esto anda
el pueblo alborotado.° Mas, a lo que se dice, en fin se hará lo que
Ambrosio y todos los pastores, sus amigos, quieren, y mañana le vienen a
enterrar con gran pompa adonde tengo dicho. Y tengo para mí que ha de
ser cosa muy de ver, a lo menos, yo no dejaré de ir a verla, si supiese no
volver mañana al lugar."⁷

"Todos haremos lo mesmo," respondieron los cabreros, "y 'echaremos
suertes° a° quien ha de quedar a guardar las cabras de todos."

"Bien dices, Pedro," dijo uno, "aunque no será menester⁸ usar de esa
diligencia, que yo me quedaré por todos. Y no lo atribuyas a virtud° y a
poca curiosidad mía, sino a que no me deja andar el garrancho° que el otro
día me pasó° este pie."

"Con todo eso, te lo agradecemos," respondió Pedro.

Y don Quijote rogó a Pedro le dijese qué muerto era aquél y qué
pastora aquélla. A lo cual Pedro respondió que lo que sabía era que el
muerto era un hijodalgo° rico, vecino de un lugar que estaba en aquellas

---

supplies

they gossip

dress
deserted places
you mean
extraño
bury

parish priests

pagan

agitated

draw straws, **a ver**

righteousness
thorn
pierced

hidalgo

---

¹ **Aquella moza...** *that devilish girl Marcela.* **De** is not translated. Of course, it may
also mean *the servant of Marcela* as well, provoking the next remark.

² **Fuente del...** *spring near the cork tree*

³ **Según...** *as the story goes*

⁴ **Él dicen que...** *he, they say that he said it*

⁵ **Aquel gran su...** *that great friend of his Ambrosio*

⁶ **Sin faltar...** *to the letter*

⁷ **Si supiese...** *if I don't have to go back to my village tomorrow*

⁸ Schevilll has: **"Bien dices, Pedro," dijo uno; "que...**. The original edition has:
"Bien dices, Pedro," dijo; "aunque... The Royal Academy added **uno** in 1780. This
reading is accepted by Flores, and here as well, but I restore **aunque**.

sierras,° el cual había sido estudiante muchos años en Salamanca,[9] al cabo   mountains
de los cuales había vuelto a su lugar, con opinión de muy sabio y muy
leído.[10] "Principalmente, decían que sabía la ciencia de las estrellas, y de lo
que pasan allá en el cielo el sol y la luna, porque puntualmente° nos decía   exactly
5 el cris[11] del sol y de la luna."
    "Eclipse se llama, amigo, que no *cris* el escurecerse° esos dos   growing dark
luminares mayores," dijo don Quijote.
    Mas Pedro, no reparando en niñerías, prosiguió su cuento, diciendo:
"Asimesmo adevinaba° cuándo había de ser el año abundante o estil."   **adivinaba**
10   *"Estéril* queréis decir, amigo," dijo don Quijote.
    "Estéril o *estil*" respondió Pedro, "todo se sale allá.[12] Y digo que con
esto que decía se hicieron su padre y sus amigos, que le daban crédito, muy
ricos,[13] porque hacían lo que él les aconsejaba, diciéndoles: 'Sembrad° este   sow
año cebada, no trigo; en éste podéis sembrar garbanzos,° y no cebada; el   chickpeas
15 que viene será de guilla° de aceite°; los tres siguientes no se cogerá gota.°'   good harvest, oil,
                                                                                  anything
    "Esa ciencia se llama astrología," dijo don Quijote.
    "No sé yo cómo se llama," replicó Pedro, "mas sé que todo esto sabía,
y aun más. Finalmente, no pasaron muchos meses después° que vino de   **desde**
Salamanca, cuando un día remaneció° vestido de pastor, con su cayado° y   appeared, shepherd's
20 pellico,° habiéndose quitado los hábitos largos que como escolar° traía, y   hook; jacket, scholar
juntamente se vistió con él de pastor otro su grande amigo,[14] llamado
Ambrosio, que había sido su compañero en los estudios. Olvidábaseme de
decir como Grisóstomo, el difunto,° fue grande hombre de componer   dead person
coplas°; tanto, que él hacía los villancicos° para la noche del Nacimiento   verses, carols
25 del Señor y los autos[15] para el día de Dios, que los representaban los mozos
de nuestro pueblo, y todos decían que eran por el cabo.[16] Cuando los del
lugar vieron 'tan de improviso° vestidos de pastores a los dos escolares,   so suddenly
quedaron admirados, y no podían adivinar la causa que les había movido
a hacer aquella tan estraña mudanza. Ya en este tiempo era muerto el padre
30 de nuestro Grisóstomo, y él quedó heredado° en mucha cantidad de   inherited
hacienda,° ansí en muebles° como en raíces,° y en no pequeña cantidad de   wealth, goods,
ganado mayor y menor,[17] y en gran cantidad de dineros; de todo lo cual   property
quedó el mozo señor desoluto,° y en verdad que todo lo merecía; que era   **absoluto**
muy buen compañero, y caritativo,° y amigo de los buenos, y tenía una cara   charitable
35 como una bendición.° Después se vino a entender que el haberse mudado   blessing
de traje no había sido por otra cosa que por andarse por estos despoblados
'empós de° aquella pastora Marcela, que nuestro zagal nombró denantes,°   pursuing, **antes**

[9] Salamanca was Spain's premier university with about 7,000 students. It ranked with
Paris, Oxford, and Bologna.
[10] **Con...** *and people thought he was very wise and learned*
[11] **Cris** for **eclipse** was attested as a traditional form in Old Spanish according to
Gaos.
[12] **Todo...** *it's all the same*
[13] **Se hicieron...** *his father and his friends, who believed him, became very rich*
[14] **Juntamente...** *another great friend of his dressed as a shepherd together with him*
[15] That is, **autos** *sacramentales*, allegorical one-act plays presented on Corpus Christi
day, or the **día de Dios**, the first Thursday after Trinity Sunday.
[16] **Eran...** *they were the best*
[17] **Mayor...** *big and little cattle = cows and sheep*

de la cual se había enamorado el pobre difunto de Grisóstomo.[18] Y quiero
os decir agora, porque es bien que lo sepáis, quien es esta rapaza.° Quizá, *young girl*
y aun sin quizá, no habréis oído semejante cosa en todos los días de vuestra
vida, aunque viváis más años que sarna.°" *itch*

5   "Decid *Sarra*"[19] replicó don Quijote, no pudiendo sufrir el trocar° de *exchange*
los vocablos° del cabrero. *words*

  "Harto° vive la sarna," respondió Pedro: "y si es, señor, que me habéis *enough*
de andar zaheriendo° a cada paso los vocablos, no acabaremos en un año." *censuring*

  "Perdonad, amigo," dijo don Quijote, "que por haber tanta diferencia
10 de sarna a Sarra os lo dije. Pero vos respondistes muy bien, porque vive
más sarna que Sarra; y proseguid vuestra historia, que no os replicaré° más *dispute*
en nada."

  "Digo, pues, señor mío de mi alma," dijo el cabrero, "que en nuestra
aldea hubo un labrador, aún más rico que el padre de Grisóstomo, el cual
15 se llamaba Guillermo, y al cual dio Dios, 'amén de° las muchas y grandes *besides*
riquezas,° una hija de cuyo parto° murió su madre, que fue la más honrada *wealth, birth*
mujer que hubo en todos estos contornos. No parece sino que ahora la
veo,[20] con aquella cara que del un cabo tenía el sol y del otro la luna, y
sobre todo hacendosa° y amiga de los pobres, por lo que creo que debe de *industrious*
20 estar su ánima 'a la hora de ahora° 'gozando de° Dios en el otro mundo. De *ahora, enjoying*
pesar de la muerte de tan buena mujer[21] murió su marido Guillermo,
dejando a su hija Marcela, muchacha y rica, 'en poder de° un tío suyo, *in the care of*
'sacerdote y beneficiado° en nuestro lugar. Creció la niña con tanta belleza, *priest*
que nos hacía acordar de la de su madre, que la tuvo muy grande, y con
25 todo esto, se juzgaba que le había de pasar la de la hija.[22]

  Y así fue, que, cuando llegó a edad de catorce a quince años, nadie la
miraba que no bendecía° a Dios, que tan hermosa la había criado,° y los *praised, created*
más quedaban enamorados y perdidos por ella. Guardábala° su tío con *kept her*
mucho recato° y con mucho encerramiento°; pero, con todo esto, la fama *modesty, seclusion*
30 de su mucha hermosura se estendió° de manera que, así por ella como por *extendió*
sus muchas riquezas, no solamente de los de nuestro pueblo, sino de los de
muchas leguas a la redonda,[23] y de los mejores dellos, era rogado, solicitado
e importunado su tío se la diese por mujer.[24] Mas él, que a las derechas[25]
es buen cristiano, aunque quisiera casarla luego, así como la vía de edad,
35 no quiso hacerlo sin su consentimiento, sin 'tener ojo° a la ganancia° y *without regard, profi*
granjería° que le ofrecía el tener la hacienda de la moza, dilatando° su *gain, putting off*
casamiento. Y a fe que se dijo esto en más de un corrillo° en el pueblo, en *circle*
alabanza del buen sacerdote. Que quiero que sepa, señor andante, que en

  [18] **De la cual...** *whom the poor, dead Grisóstomo had fallen in love with*
  [19] Abraham's wife, Sarah, lived to 110 years old. Modern Spanish spells the name
with one *r*: **Sara.**
  [20] **No pasrece...** *I can just see her now*
  [21] **De pesar...** *out of grief for the death of such a good wife*
  [22] **Nos hacía...** *[her beauty] made us remember that of her mother, and* she was very
beautiful, and, with all this, we thought that her beauty would surpass that of her mother
  [23] **Los de muchas...** *those [villages] for leagues around*
  [24] **Era rogado...** *they begged, entreated and importuned her uncle so that he should
give her to them as a bride*
  [25] **A las...** *as it ought to be*

estos lugares cortos de todo se trata y de todo se murmura.[26] Y tened para
vos, como yo tengo para mí,[27] que debía de ser demasiadamente bueno el
clérigo° que obliga a sus feligreses° a que digan bien dél, especialmente en   *cleric, parishioners*
las aldeas."

"Así es la verdad," dijo don Quijote, "y proseguid adelante, que el
cuento es muy bueno, y vos, buen Pedro, le contáis con muy buena gracia."

"La del Señor no me falte, que es la que hace al caso. Y en lo demás,
sabréis que, aunque el tío proponía° a la sobrina y le decía las calidades de   *presented*
cada uno en particular, de los muchos que por mujer la pedían, rogándole
que se casase y escogiese a su gusto, jamás ella respondió otra cosa sino
que por entonces no quería casarse, y que, por ser tan muchacha, no se
sentía hábil° para poder llevar la carga° del matrimonio. Con estas que   *capable, burden*
daba, al parecer, justas escusas,[28] dejaba el tío de importunarla, y esperaba
a que entrase algo mas en edad, y ella supiese° escoger compañía a su   **pudiese**
gusto. Porque decía él, y decía muy bien, que no habían de dar los padres
a sus hijos estado contra su voluntad.[29] Pero hételo aquí, cuando no me
cato, que remanece un día la melindrosa Marcela hecha pastora;[30] y sin ser
parte[31] su tío ni todos los del pueblo, que se lo desaconsejaban,° dio en irse   *advising against*
al campo con las demás zagalas del lugar,[32] y dio en guardar su mesmo
ganado. Y así como ella salió en público y su hermosura se vio 'al
descubierto,° no os sabré° buenamente decir cuántos ricos mancebos,°   *uncovered, **podré,***
hidalgos y labradores, han tomado el traje de Grisóstomo y la andan   *young men*
requebrando° por esos campos. Uno de los cuales, como ya está dicho, fue   *courting*
nuestro difunto, del cual decían que la dejaba de querer, y la adoraba.[33]

"Y no se piense que porque Marcela se puso en aquella libertad y vida
tan suelta,° y de tan poco o de ningún recogimiento,° que por eso ha dado   *free, privacy*
indicio, ni por semejas,[34] que venga en menoscabo° de su honestidad y   *discredit*
recato. Antes es tanta y tal la vigilancia con que mira por su honra,° que de *chastity*
cuantos la sirven y solicitan ninguno se ha alabado, ni con verdad se podrá
alabar, que le haya dado alguna pequeña esperanza de alcanzar su deseo.
Que, puesto que no huye° ni 'se esquiva° de la compañía y conversación de   *flees, disdains*
los pastores, y los trata cortés y amigablemente, en llegando a descubrirle
su intención cualquiera dellos, aunque sea tan justa y santa como la del
matrimonio, los arroja de sí como con un trabuco.° Y con esta manera de   *catapult*
condición hace más daño en esta tierra que si por ella entrara la
pestilencia,° porque su afabilidad° y hermosura atrae° los corazones de los   *plague, graciousness,*
                                                                              attracts

[26] **En estos...** *in these little villages everything is discussed and everything is gossiped
about*
[27] **Y tened...** *rest assured, as I do*
[28] **Con estas...** *with these, seemingly proper excuses*
[29] **No habían...** *parents were not to force their children's marriage against their will*
[30] **Pero hételo...** *but here she is, when least I suspect it, the finical Marcela, turned
into a shepherdess*
[31] **Sin ser...** *without being able to stop it*
[32] **Dio en...** *she took to going into the countryside with the rest of the girls of the
village*
[33] **La dejaba...** *he didn't just love her, he adored her*
[34] **Ha dado...** *has she given anything that even resembles*

que la tratan a servirla y a amarla,[35] pero su desdén° y desengaño° los   scorn, reproofs
conduce° a términos de desesperarse, y así, no saben qué decirle, sino   leads
llamarla a voces cruel y desagradecida,° con otros títulos a éste semejantes,   ungrateful
que bien la calidad de su condición manifiestan.[36] Y si aquí estuviésedes,
5 señor, algún dia, veríades resonar° estas sierras y estos valles con los   resound
lamentos de los desengañados° que la siguen.   those who learned / from experience

"No está muy lejos de aquí un sitio donde hay casi dos docenas de
altas hayas,° y no hay ninguna que en su lisa° corteza no tenga grabado° y   beech trees, smooth / carved; crown
escrito el nombre de Marcela, y encima de alguno, una corona° grabada en
10 el mesmo árbol, como si más claramente dijera su amante° que Marcela la   lover
lleva y la merece de toda la hermosura humana. Aquí sospira° un pastor,   sighs
allí se queja otro, acullá° se oyen amorosas canciones, acá desesperadas   over there
endechas.° Cuál° hay que pasa todas las horas de la noche sentado al pie   dirges, someone
de alguna encina o peñasco,° y allí, sin plegar° los llorosos ojos,   rock, closing
15 embebecido° y transportado° en sus pensamientos, le halló el sol a la   bemused, carried / away; relief, respit
mañana. Y cuál hay que, sin dar vado° ni tregua° a sus suspiros, en mitad
del ardor° de la mas enfadosa° siesta del verano, tendido sobre la ardiente   heat, vexatious
arena, envía sus quejas al piadoso° cielo. Y déste y de aquél, y de aquéllos   merciful
y de éstos, libre y desenfadadamente° triunfa° la hermosa Marcela, y todos   without embarass- / ment, conquers
20 los que la cónocemos estamos esperando en qué ha de parar su altivez,[37] y
quién ha de ser el dichoso que ha de venir a domeñar° condición tan   tame
terrible y gozar de hermosura tan estremada. Por ser todo lo que he contado
tan averiguada verdad, me doy a entender que también lo es la que nuestro
zagal dijo que se decía de la causa de la muerte de Grisóstomo.[38] Y así, os
25 aconsejo, señor, que no dejéis de hallaros mañana a su entierro,° que será   burial
muy de ver, porque Grisóstomo tiene muchos amigos, y no está de este
lugar a aquel donde manda enterrarse media legua."[39]

"En cuidado me lo tengo,"[40] dijo don Quijote, "y agradezcoos el gusto
que me habéis dado con la narración de tan sabroso cuento."
30 "¡Oh!" replicó el cabrero, "aún no sé yo la mitad de los casos
sucedidos a los amantes de Marcela, mas podría ser que mañana topásemos
en el camino algún pastor que nos los dijese, y por ahora, bien será que os
vais a dormir debajo de techado,° porque el sereno° os podría dañar° la   roof, night air, harr
herida, puesto que es tal la medicina que se os ha puesto, que no hay que
35 temer de contrario acidente."

Sancho Panza, que ya daba al diablo el tanto hablar del cabrero,
solicitó, por su parte, que su amo se entrase a dormir en la choza de Pedro.
Hízolo así, y todo lo más de la noche se le pasó en memorias de su señora
Dulcinea, a imitación de los amantes de Marcela. Sancho Panza se acomodó
40 entre Rocinante y su jumento, y durmió, no como enamorado desafa-
vorecido,° sino como hombre molido a coces.   injured

[35] **Los corazones...** *the hearts of those who come into contact with her to serve and love her*
[36] **Que bien...** *which well describe her character*
[37] **En qué...** *how far her haughtiness will go*
[38] **Me doy...** *I can believe that what our young man said that they said was the cause of Grisóstomo's death is also true*
[39] **No está...** *it's not half a league from this place to where he is to be buried*
[40] **En cuidado...** *I'll make a point of it*

Capítulo XIII. *Donde se da fin al cuento de la pastora Marcela, con otros sucesos.*

5 MAS APENAS comenzó a descubrirse el día por los balcones del Oriente, cuando los cinco de los seis cabreros se levantaron y fueron a despertar a don Quijote, y a decille si estaba todavía con próposito de ir a ver el famoso° entierro de Grisóstomo, y que ellos le 'harían compañía.° Don Quijote, que otra cosa no deseaba, se levantó y mandó a Sancho que ensillase y enalbardase° al momento, lo cual él hizo con mucha diligencia,°
10 y con la mesma se pusieron luego todos en camino.[1] Y no hubieron andado un cuarto de legua, cuando, al cruzar de una senda,[2] vieron venir hacia ellos hasta seis pastores, vestidos con pellicos negros y coronadas las cabezas con guirnaldas° de ciprés y de amarga adelfa.° Traía cada uno un grueso bastón° de acebo° en la mano. Venían con ellos, asimesmo, dos gentiles hombres
15 de a caballo, muy bien aderezados de camino, con otros tres mozos de a pie que los acompañaban. En llegándose a juntar[3] se saludaron cortésmente, y preguntándose los unos a los otros dónde iban, supieron que todos se encaminaban al lugar del entierro, y así comenzaron a caminar todos juntos.
Uno de los de a caballo, hablando con su compañero, le dijo:
20 "Paréceme, señor Vivaldo, que habemos de dar por bien empleada[4] la tardanza que hiciéremos° en° ver este famoso entierro, que no podrá dejar de ser famoso, según estos pastores nos han contado estrañezas,° ansí del muerto pastor como de la pastora homicida.°"
"Así me lo parece a mí," respondió Vivaldo, "y no digo yo hacer
25 tardanza de un día, pero de cuatro la hiciera, a trueco de verle."[5]
Preguntóles don Quijote qué era lo que habían oído de Marcela y de Grisóstomo. El caminante dijo que aquella madrugada° habían encontrado con aquellos pastores, y que, por haberles visto en aquel tan triste traje, les habían preguntado la ocasión porque iban de aquella manera; que uno dellos
30 se lo contó, contando la estrañeza y hermosura de una pastora llamada Marcela, y los amores de muchos que la recuestaban,° con la muerte de aquel Grisóstomo a cuyo entierro iban. Finalmente, él conto todó lo que Pedro a don Quijote había contado.
Cesó esta plática, y comenzóse otra, preguntando el que se llamaba
35 Vivaldo a don Quijote qué era la ocasión que le movía a andar armado de aquella manera por tierra tan pacífica.
A lo cual respondió don Quijote:
"La profesión de mi ejercicio no consiente ni permite que yo ande de otra manera. El 'buen paso,° el regalo° y el reposo allá se inventó para los
40 blandos cortesanos Mas el trabajo,° la inquietud° y las armas sólo se inventaron e hicieron para aquellos que el mundo llama caballeros andantes, de los cuales yo, aunque indigno,° soy el menor de todos."
Apenas le oyeron esto, cuando todos le tuvieron por loco. Y por

---

[1] **Con la mesma...** *with the same [speed] they then got on the road*
[2] **Al cruzar...** *where two paths crossed*
[3] **En llegándose...** *When they joined each other*
[4] **Dar por...** *consider well spent*
[5] **No...** *I would delay not just a day, but four days, to see it*

averiguarlo más y ver qué genero de locura era el suyo, le tornó a preguntar
Vivaldo, que qué quería decir «caballeros andantes».

"¿No han vuestras mercedes leído," respondió don Quijote, "los anales
e historias de Ingalaterra, donde se tratan las famosas fazañas del rey
Arturo, que continuamente° en nuestro 'romance castellano° llamamos el   constantly, Spanish
rey Artús, de quien es° tradición antigua y común en todo aquel reino de   there is
la Gran Bretaña, que este rey no murió, sino que, por arte de encantamento,
se convirtió en cuervo, y que, andando los tiempos,⁶ ha de volver a reinar
y a cobrar su reino y cetro,° a cuya causa no se probará que desde aquel   scepter
tiempo a éste haya ningún inglés muerto cuervo alguno?⁷ Pues en tiempo
deste buen rey fue instituida aquella famosa orden de caballería de los
caballeros de la Tabla Redonda,⁸ y pasaron, sin faltar un punto, los amores
que allí se cuentan de don Lanzarote del Lago⁹ con la reina Ginebra, siendo
medianera° dellos y sabidora° aquella tan honrada dueña° Quintañona, de   go-between, confi-
donde nació aquel tan sabido romance, y tan decantado° en nuestra España,   dante, lady; exalted
de:

Nunca fuera caballero
    de damas tan bien servido,
    como fuera Lanzarote
    cuando de Bretaña vino,

con aquel progreso° tan dulce y tan suave de sus amorosos y fuertes fechos.   progression
Pues desde entonces, 'de mano en mano,° fue aquella orden de caballería   handed down
estendiéndose y dilatándose° por muchas y diversas partes del mundo. Y en   spreading
ella fueron famosos y conocidos por sus fechos el valiente Amadís de
Gaula, con todos sus hijos y nietos, hasta la quinta generación, y el valeroso
Felixmarte de Hircania,¹⁰ y el nunca-como-se-debe alabado Tirante el
Blanco, y 'casi que° en nuestros días vimos y comunicamos° y oímos al   almost, talk
invencible y valeroso caballero don Belianís de Grecia. Esto, pues, señores,
es ser caballero andante, y la que he dicho es la orden de su caballería. En
la cual, como otra vez he dicho, yo, aunque pecador, he hecho profesión,
y lo mesmo que profesaron los caballeros referidos profeso yo. Y así me
voy por estas soledades y despoblados buscando las aventuras, con ánimo°   mind
deliberado° de ofrecer mi brazo y mi persona a la más peligrosa¹¹ que la   considered
suerte me deparare,° en ayuda de los flacos° y menesterosos."   presents, feeble

    Por estas razones que dijo, acabaron de enterarse los caminantes que
era don Quijote 'falto de juicio,° y del género de locura que lo señoreaba,°   crazy, governed
de lo cual recibieron la mesma admiración° que recibían todos aquellos que   wonder

---

⁶ **Andando...** *with the passage of time*

⁷ **A cuya causa** *That is the reason it cannot be proven that any Englishman from that
day until this has ever killed any raven*

⁸ The wizard Merlin built the table round so that everyone sitting at it would be equal.

⁹ Lanzarote del Lago is Lancelot of the Lake; Ginebra is Guinevere, King Arthur's
wife; Quintañona does not appear in the English Arthurian legend, but rather is native to
the Spanish versions.

¹⁰ This was the knight referred to in Chapter 6 as Florimorte de Hircania. See note 14
of that chapter.

¹¹ **A la [aventura] más peligrosa...**

de nuevo venían en conocimiento della.[12] Y Vivaldo, que era persona muy *merry* discreta y de alegre° condición, por pasar sin pesadumbre el poco camino que decían que les faltaba, al llegar a la sierra del entierro, quiso darle ocasión a que pasase más adelante con sus disparates.[13] Y así le dijo:

"Paréceme, señor caballero andante, que vuestra merced ha profesado una de las más estrechas° profesiones que hay en la tierra, y tengo para mí *austere* que aun la de los frailes cartujos[14] no es tan estrecha."

"Tan estrecha bien podía ser," respondió nuestro don Quijote, "pero tan necesaria en el mundo, no estoy en dos dedos de ponello en duda;[15] porque, si va a decir verdad, no hace menos el soldado que 'pone en ejecución° lo *carries out* que su capitán le manda, que el mesmo capitán que se lo ordena. Quiero decir que los religiosos, con toda paz y sosiego,° piden al cielo el bien de *tranquility* la tierra. Pero los soldados y caballeros ponemos en ejecución lo que ellos piden, defendiéndola con el valor de nuestros brazos y filos° de nuestras *edges* espadas, no debajo de cubierta,° sino al cielo abierto, 'puestos por blanco° *shelter, targeted by* de los insufribles° rayos del sol en el verano y de los erizados° yelos° del *unbearable, rigorous,* invierno. Así, que somos ministros de Dios en la tierra, y brazos por quien **hielos** se ejecuta en ella su justicia. Y como las cosas de la guerra y las a ellas tocantes° y concernientes no se pueden poner en ejecución sino sudando, *concerning* afanando° y trabajando, síguese que aquellos que la profesan tienen, sin *toiling* duda, mayor trabajo que aquellos que en sosegada paz y reposo están rogando a Dios favorezca[16] a los que poco pueden. No quiero yo decir, ni me pasa por pensamiento, que es tan buen estado el de caballero andante como el del encerrado religioso. Sólo quiero inferir, por lo que yo padezco, que sin duda es mas trabajoso y mas aporreado,° y más hambriento° y *cudgeled, hungry* sediento,° miserable,° roto° y piojoso°; porque no hay duda sino que los *thirsty, wretched,* caballeros andantes pasados pasaron mucha malaventura° en el discurso de *ragged, lousy; mis-* su vida. Y si algunos subieron a ser emperadores[17] por el valor de su brazo, *fortune* a fe que les costó 'buen porqué° de su sangre y de su sudor; y que si a los *a good deal* que a tal grado subieron les faltaran encantadores y sabios que los ayudaran, que ellos quedaran bien defraudados° de sus deseos, y bien *deprived* engañados de sus esperanzas."

"De ese parecer estoy yo," replicó el caminante, "pero una cosa, entre otras muchas, me parece muy mal de los caballeros andantes, y es que, cuando se ven en ocasión de acometer una grande y peligrosa aventura en que se vee° manifiesto° peligro de perder la vida, nunca en aquel instante *ve,* clear de acometella se acuerdan de encomendarse a Dios, como cada cristiano

---

[12] **Todos aquellos...** *all those who first came to know it [his craziness]*

[13] **A que pasase...** *to let him go further with his nonsense*

[14] The Carthusian order was founded in France in 1084. Monks live in cells, and devote their time to prayer, study, and argiculture. They never speak to one another. Paintings in the Cartuja of Granada show the monks with cleavers, among other things, embedded in their heads as they toil, doubtless an exaggeration.

[15] **Pero tan necesaria...** *but as to its [the Carthusian order] being as necessary in the world, I am very close to doubting*

[16] Sometimes the expected **que** is eliminated before subjunctive verbs.

[17] Tirante became emperor of Greece, Rogel of Persia, Palmerín de Oliva of Constantinople—but don't look them up in history books.

está obligado a hacer en peligros semejantes. Antes se encomiendan a sus
damas, con tanta gana y devoción, como si ellas fueran su Dios: cosa que
me parece que huele° algo a gentilidad.°"   *it smells, paganism*

"Señor," respondió don Quijote, "eso no puede ser menos en ninguna
5   manera, y caería en mal caso el caballero andante que otra cosa hiciese;[18]
que ya está en uso y costumbre en la caballería andantesca que el caballero
andante que al acometer algún gran 'fecho de armas° tuviese su señora   *feat at arms*
delante, vuelva a ella los ojos blanda y amorosamente, como que le pide
con ellos le favorezca y ampare[19] en el dudoso trance que acomete. Y aun
10   si nadie le oye, está obligado a decir algunas palabras entre dientes, en que
de todo corazón se le encomiende. Y desto tenemos innumerables ejemplos
en las historias. Y no se ha de entender por esto que han de dejar de
encomendarse a Dios, que tiempo y lugar les queda para hacerlo en el
discurso de la obra.°"   *task*

15   "Con todo eso," replicó el caminante, "'me queda un escrúpulo,° y es   *I have a qualm*
que muchas veces he leído que 'se traban palabras° entre dos andantes   *there's a dispute*
caballeros, y de una en otra, se les viene a encender la cólera,[20] y a volver°   *wheel*
los caballos y tomar una buena pieza del campo, y luego, sin más ni más,[21]
a todo el correr dellos,[22] se vuelven a encontrar, y en mitad de la corrida°   *run*
20   se encomiendan a sus damas. Y lo que suele suceder del encuentro es que
el uno cae por las ancas del caballo pasado con la lanza del contrario de
parte a parte,[23] y al otro le viene° también, que, a no tenerse a las crines del   **acontece**
suyo, no pudiera dejar de venir al suelo.[24] Y no sé yo cómo el muerto tuvo   *hurried*
lugar para encomendarse a Dios en el discurso de esta tan acelerada° obra.
25   Mejor fuera que las palabras que en la carrera gastó encomendándose a su
dama, las gastara en lo que debía y estaba obligado como cristiano. Cuanto
más, que yo tengo para mí que no todos los caballeros andantes tienen
damas a quien encomendarse, porque no todos son enamorados."

"Eso no puede ser," respondió don Quijote, "digo que no puede ser que
30   haya caballero andante sin dama, porque tan proprio° y tan natural les es   *proper*
a los tales ser enamorados como al cielo tener estrellas. Y 'a buen seguro°   *it's clear*
que no se haya visto historia donde se halle caballero andante sin amores,
y por el mesmo caso que estuviese sin ellos, no sería tenido por legítimo
caballero, sino por bastardo, y que entró en la fortaleza de la caballería
35   dicha, no por la puerta, sino por las bardas, como salteador y ladrón."[25]

---

[18] **Eso no puede...** *that cannot be otherwise and the knight errant who did anything
else would fare ill*

[19] **Como que le pide...** *as if he were pleading with them [his eyes] for her to favor
and protect*

[20] **De una...** *from one word to the next their anger rises*

[21] **Sin...** *without further ado*

[22] **A todo...** *at full speed*

[23] **Pasado con...** *having been run through and through by the lance of the opponent*

[24] **Al otro...** *and the other too, if he didn't hold on to the horse's mane, he couldn't
avoid falling to the ground*

[25] **Por el mesmo caso...** *for the simple reason that if he were without them [loves],
he would not be considered legitimate, but a bastard, and that he entered the fortress of
chivalry not through the door, but over the walls, like a robber and a thief*

"Con todo eso," dijo el caminante, "me parece, si mal no me acuerdo, haber leído que don Galaor, hermano del valeroso Amadís de Gaula, nunca tuvo dama señalada° a quien pudiese encomendarse, y con todo esto no fue   *definite* tenido en menos, y fue un muy valiente y famoso caballero."

A lo cual respondió nuestro don Quijote:

"Señor, una golondrina° sola no hace verano; cuanto más que yo sé   *swallow* que 'de secreto° estaba ese caballero muy bien enamorado; fuera que   *secretly* aquello de querer a todas bien cuantas bien le parecían era condición natural a quien no podía ir a la mano.[26] Pero, 'en resolución,° averiguado está muy   *in short* bien que él tenía una sola a quien él había hecho señora de su voluntad, a la cual se encomendaba muy a menudo y muy secretamente, porque se preció de secreto° caballero."   *private*

"Luego, si es de esencia que todo caballero andante haya de ser enamorado," dijo el caminante, "bien se puede creer que vuestra merced lo es,[27] pues es de la profesión. Y si es que vuestra merced no se precia° de   *take pride in* ser tan secreto como don Galaor, con las veras que puedo[28] le suplico, en nombre de toda esta compañía y en el mío, nos diga el nombre, patria, calidad y hermosura de su dama, que ella se tendría por dichosa de que todo el mundo sepa que es querida y servida de un tal caballero como vuestra merced parece."

Aquí dio un gran suspiro don Quijote, y dijo:

"Yo no podré afirmar si la dulce mi enemiga[29] gusta o no de que el mundo sepa que yo la sirvo. Sólo sé decir, respondiendo a lo que con tanto comedimiento° se me pide, que su nombre es Dulcinea; su patria, el   *politeness* Toboso, un lugar de la Mancha; su calidad, por lo menos, 'ha de ser° de   *must be* princesa, pues es reina y señora mía; su hermosura, sobrehumana,° pues en   *superhuman* ella se vienen a hacer verdaderos[30] todos los imposibles y quiméricos°   *fanciful* atributos de belleza que los poetas dan a sus damas: que sus cabellos son oro, su frente campos Elíseos, sus cejas arcos del cielo, sus ojos soles, sus mejillas rosas, sus labios corales, perlas sus dientes, alabastro su cuello, mármol su pecho, marfil sus manos, su blancura nieve, y las partes que a la vista humana encubrió la honestidad son tales, según yo pienso y entiendo, que sólo la discreta consideración puede encarecerlas y no compararlas."[31]

"El linaje, prosapia y alcurnia[32] querríamos saber," replicó Vivaldo.

A lo cual respondió don Quijote:

---

[26] **Fuera que...** *besides, his propensity for falling in love with all who seemed good to him was a natural condition which he could not control*

[27] **Lo es** *you are (in love)*

[28] **con las veras...** *as earnestly as I can*

[29] **Si la...** *if my sweet enemy*

[30] **Se...** *are verified*

[31] **Su frente...** *her forehead are Elysian fields, her eyebrows rainbows, her eyes suns, her cheeks roses, her lips coral, pearls her teeth, alabaster her neck, marble her bosom, ivory her hands, her whiteness snow, and the parts which decency has hidden from human view are such, the way I think and imagine, that only circumspect contemplation can extol and not compare.* The passage starting with **y las partes** (l. 31) was expurgated by the Portuguese Inquisition in 1624.

[32] **El linaje...** *Her lineage, ancestry, and family*

"No es de los antiguos Curcios, Gayos y Cipiones romanos; ni de los modernos Colonas y Ursinos; ni de los Moncadas y Requesenes de Cataluña; ni menos de los Rebellas y Villanovas de Valencia; Palafoxes, Nuzas, Rocabertis, Corellas, Lunas, Alagones, Urreas, Foces y Gurreas de
5   Aragón; Cerdas, Manriques, Mendozas y Guzmanes de Castilla; Alencastros, Pallas y Meneses de Portogal; pero es de los del Toboso de la Mancha, linaje, aunque moderno, tal que puede dar generoso° principio a   noble
las más ilustres familias de los venideros° siglos. Y no se me replique en   future
esto,[33] si no fuere con las condiciones que puso Cerbino al pie del trofeo de
10 las armas de Orlando, que decía:

"Nadie las mueva,
que estar no pueda con Roldán a prueba."[34]

"Aunque el mío es de los Cachopines de Laredo,"[35] respondió el
caminante, no le osaré yo poner° con él del Toboso de la Mancha, puesto   compare
15 que, para decir verdad, semejante apellido hasta ahora no ha llegado a mis oídos."
"¡Cómo eso no habrá llegado!"[36] replicó don Quijote.
Con gran atención iban escuchando todos los demás la plática de los dos, y aun hasta los mesmos cabreros y pastores conocieron la demasiada
20 falta de juicio de nuestro don Quijote. Sólo Sancho Panza pensaba que cuanto su amo decía era verdad, sabiendo él quién era y habiéndole conocido desde su[37] nacimiento. Y en lo que dudaba algo era en creer aquello de la linda Dulcinea del Toboso, porque nunca tal nombre ni tal princesa había llegado jamás a su noticia, aunque vivía tan cerca del
25 Toboso.
En estas pláticas iban, cuando vieron que, por la quiebra° que dos altas   gap
montañas hacían, bajaban hasta veinte pastores, todos con pellicos de negra lana vestidos, y coronados con guirnaldas, que, a lo que después pareció, eran cual de tejo y cual de ciprés.[38] Entre seis dellos traían unas andas,°   litter
30 cubiertas de mucha diversidad de flores y de ramos, lo cual visto por uno de los cabreros, dijo:
"Aquellos que allí vienen son los que traen el cuerpo de Grisóstomo, y el pie de aquella montaña es el lugar donde él mandó que le enterrasen."
Por esto se dieron priesa a llegar, y fue a tiempo que ya los que venían
35 habían puesto las andas en el suelo, y cuatro dellos con agudos° picos°   sharp, pick-axes
estaban cavando° la sepultura a un lado de una dura peña. Recibiéronse°   digging, greeted

---

[33] **No se...** *let me not be contradicted in this*

[34] From Canto 24 of *Orlando Furioso*. Cervino found Orlando's armor and hung it from a tree with the inscription "Let no one move them [pieces of armor] who doesn't want to battle with Roldán [Roland]." Orlando is Italian for Roland.

[35] This was an *hidalgo* family from the Santander region, on the northern seacoast of Spain.

[36] **¡Cómo eso...** *how couuld it not have reached you?*

[37] **Su** refers to Sancho, not Don Quijote, i.e., Sancho is younger than Don Quijote, who says in Part II, Chapter 20 that he will doubtless die before Sancho.

[38] **Cual de tejo...** *some of yew, some of cypress*

los unos y los otros cortésmente. Y luego don Quijote y los que con él venían se pusieron a mirar las andas, y en ellas vieron cubierto de flores un cuerpo muerto, vestido como pastor, de edad, al parecer, de treinta años. Y aunque muerto, mostraba que vivo había sido de rostro hermoso y de disposición gallarda. Alrededor dél tenía en las mesmas andas algunos libros y muchos papeles abiertos y cerrados.° Y así los que esto miraban como° los que abrían la sepultura y todos los demás que allí había, guardaban un maravilloso silencio, hasta que uno de los que al muerto trujeron, dijo a otro:

"Mira bien, Ambrosio, si es éste el lugar que Grisóstomo dijo, ya que queréis que tan puntualmente se cumpla lo que dejó mandado en su testamento."

"Éste es," respondió Ambrosio, "que muchas veces en él me contó mi desdichado amigo la historia de su desventura. Allí me dijo él que vio la vez primera a aquella enemiga mortal del linaje humano, y allí fue también donde la primera vez le declaró su pensamiento,° tan honesto como enamorado. Y allí fue la última vez donde Marcela le acabó de desengañar y desdeñar, 'de suerte que° 'puso fin° a la tragedia de su miserable vida. Y aquí, en memoria de tantas desdichas, quiso él que le depositasen en las entrañas del eterno olvido."

Y volviéndose a don Quijote y a los caminantes, prosiguió diciendo:

"Ese cuerpo, señores, que con piadosos ojos estáis mirando, fue depositario de un alma en quien el cielo puso infinita parte° de sus riquezas. Ése es el cuerpo de Grisóstomo, que fue único en el ingenio,° solo en la cortesía, estremo en la gentileza,° fénix° en la amistad, magnífico° sin tasa,° grave sin presunción,° alegre sin bajeza, y finalmente, primero en todo lo que es ser bueno, y sin segundo en todo lo que fue ser desdichado. Quiso bien, fue aborrecido°; adoró, fue desdeñado; rogó° a una fiera,° importunó a un mármol, corrió tras el viento, dio voces a la soledad, sirvió a la ingratitud,° de quien alcanzó por premio ser despojos de la muerte en la mitad de la carrera° de su vida, a la cual dio fin una pastora, a quien él procuraba eternizar[39] para que viviera en la memoria de las gentes, cual lo pudieran mostrar bien esos papeles que estáis mirando, si él no me hubiera mandado que los entregara al fuego en habiendo entregado su cuerpo a la tierra."

"De mayor rigor y crueldad usaréis vos con ellos," dijo Vivaldo, "que su mesmo dueño,[40] pues no es justo ni acertado que se cumpla la voluntad de quien lo que ordena va fuera de todo razonable discurso;[41] y no le tuviera bueno Augusto César[42] si consintiera que se pusiera en ejecución lo que el divino Mantuano[43] dejó en su testamento mandado. Ansí que, señor

margin glosses:
sealed
as well as

resolution

so that, ended

share
wit
refinement, exquisite,
generous, measure;
vanity
hated, courted, beast

unthankfulness
course

---

[39] **Él procuraba...** *he tried to immortalize*

[40] **"De mayor...** *"More harshly and cruelly would you deal with them [the papers],"* said Vivaldo, *"than their owner himself"*

[41] **La voluntad...** *the will of someone who in what he orders goes contrary to all that is reasonable.* **En** is understood before **lo que.**

[42] **No le...** *Cæsar Augustus would not have been reasonable*

[43] When Virgil, born near Mantua, died, he willed that his *Æneid* be burned because it was not yet fully revised, but this was countermanded in the way Vivaldo has stated.

Ambrosio, ya que deis el cuerpo de vuestro amigo a la tierra, 'no queráis° do not be willing to
dar sus escritos al olvido; que si él ordenó como agraviado,° no es bien que aggrieved
vos cumpláis como indiscreto.° Antes haced, dando la vida a estos papeles, foolish
que la tenga siempre la crueldad de Marcela, para que sirva de ejemplo en
5 los tiempos 'que están por venir,° a los vivientes, para que se aparten y future
huyan de caer en semejantes despeñaderos°; que ya sé yo, y los que aquí dangerous undertak-
venimos, la historia deste vuestro enamorado y desesperado amigo, y ings
sabemos la amistad vuestra, y la ocasión° de su muerte, y lo que dejó cause
mandado al acabar de la vida; de la cual lamentable historia se puede sacar
10 cuánta haya sido la crueldad de Marcela, el amor de Grisóstomo, la fe de
la amistad vuestra, con el paradero° que tienen los que 'a rienda suelta° stopping place, rashly
corren por la senda° que el desvariado° amor delante de los ojos les pone. path, extravagant
Anoche supimos la muerte de Grisóstomo, y que en este lugar había de ser
enterrado, y así de curiosidad y de lástima,° dejamos nuestro derecho viaje, pity
15 y acordamos de venir a ver con los ojos lo que tanto nos había lastimado° **causado lástima**
en oíllo. Y en pago desta lástima y del deseo que en nosotros nació de
remedialla si pudiéramos, te rogamos, ¡oh discreto Ambrosio! a lo menos,
yo te lo suplico de mi parte, que, dejando de abrasar[44] estos papeles, me
dejes llevar algunos dellos."
20 Y sin aguardar que el pastor respondiese, alargó° la mano y tomó reached
algunos de los que más cerca estaban. Viendo lo cual Ambrosio, dijo:
"Por cortesía consentiré que os quedéis, señor, con los que ya habéis
tomado; pero pensar que dejaré de abrasar los que quedan, es pensamiento
vano.°" futile
25 Vivaldo, que deseaba ver lo que los papeles decían, abrió luego el uno
dellos y vio que tenía por título *Canción desesperada.*° Oyólo Ambrosio, hopeless
y dijo:
"Ése es el último papel que escribió el desdichado, y porque veáis,
señor, en el término° que le tenían sus desventuras, leelde[45] de modo que condition
30 seáis oído; que bien os dará lugar a ello el que se tardare en abrir la
sepultura."[46]
"Eso haré yo de muy buena gana," dijo Vivaldo.
Y como todos los circunstantes° tenían el mesmo deseo, se le pusieron persons present
a la redonda,[47] y él, leyendo en voz clara, vio que así decía:

---

[44] **Dejando...** *by not burning*

[45] **Leelde = leedle.** The consonant cluster **-dl-** was uncommon enough (used only in this **vos** command) to cause people to substitute the more common **-ld-** cluster. If you read the Prologue, you saw this feature already, p. 10, l. 7.

[46] **Os dará...** *the delay in opening the grave will give you the opportunity to read it*

[47] **Se pusieron...** *they gathered around him*

Capítulo XIIII. Donde se ponen los versos desesperados del difunto pastor, con otros no esperados sucesos.

CANCIÓN DE GRISÓSTOMO[1]

YA QUE QUIERES, CRUEL, que se publique°   proclaim
    de lengua en lengua y de una en otra gente[2]
del áspero° rigor tuyo la fuerza,   harsh
haré que el mesmo infierno° comunique   hell
al triste pecho mío un son doliente,°   sorrowful
con que el uso común de mi voz tuerza.°   distort
Y 'al par de° mi deseo, que 'se esfuerza°   equal to, make effort
a decir mi dolor y tus hazañas,
de la espantable voz irá el acento,
y en él mezcladas, por mayor tormento
pedazos de las míseras° entrañas.   wretched
Escucha, pues, y presta atento oído,
no al concertado° son, sino al ruido   harmonized
que de lo hondo de mi amargo pecho,
llevado de un forzoso desvarío,°   delirium
por gusto mío[3] sale y tu despecho.
El rugir° del león, del lobo° fiero,   roar, wolf
el temeroso aullido,° el silbo° horrendo   howl, hiss
de escamosa° serpiente, el espantable   scaly
baladro° de algún monstruo, el agorero°   shout, ill-boding
graznar° de la corneja,° y el estruendo   cawing, crow
del viento contrastado° en mar instable;   opposed
del ya vencido° toro el implacable   subdued
bramido,° y de la viuda tortolilla[4]   bellow
el sentible° arrullar°; el triste canto   lamentable, lulling
del envidiado° buho,[5] con el llanto°   envied, crying
de toda la infernal negra cuadrilla,°   gang
salgan con la doliente ánima fuera,
mezclados en un son, de tal manera,

---

[1] This poem is written in eleven-syllable lines (= **arte mayor**) in stanzas of 16 lines. At the end there is a final section of only five lines. The rhyme scheme is ABCABCCDEED-FFGFG for the stanzas of 16 lines. Typical of poetic language, there is word order that is far from normal, and there are ideas that continue from one line to the next. The themes of the poem—the severity of the woman and the pain of the lover—are quite clear in the first stanza.

[2] **De una...** *from person to person.*

[3] **Mío** rhymes with **desvarío** in the preceding line. In all eight stanzas as well as the five-verse final stanza there are similar internal rhymes in the last line. The second stanza, with **halla** and **contalle**, is the least successful.

[4] Covarrubias says that **tórtola** *turtle-dove* is the symbol of a widow who never remarries and keeps chaste.

[5] Ormsby has a note here: "The owl was the only bird that witnessed the Crucifixion and it became for that reason an object of envy to the other birds, so much so that it cannot appear in the daytime without being persecuted." There are other interpretations as well.

que se confundan los sentidos° todos,   senses
pues la pena cruel que en mí se halla,
para contalle pide nuevos modos.°   ways
De tanta confusión, no las arenas
5   del padre Tajo oirán los tristes ecos,
ni del famoso Betis° las olivas°;   Guadalquivir, olives
que allí se esparcirán° mis duras penas   tree; scatter
en altos riscos° y en profundos huecos,°   cliffs, caves
con muerta lengua y con palabras vivas,
10   o ya en escuros° valles, o en esquivas°   dark, elusive
playas, desnudas° de contrato humano,   lacking
o adonde el sol jamás mostró su lumbre,°   light
o entre la venenosa° muchedumbre   poisonous
de fieras que alimenta el libio° llano°;   Libyan, plain
15   que, puesto que en los páramos° desiertos   deserts
los ecos roncos° de mi mal inciertos°   hoarse, uncertain
suenen con tu rigor tan sin segundo,
por privilegio de mis cortos hados,°   fate
serán llevados por el ancho mundo.
20   Mata un desdén, atierra° la paciencia,   destroys
o verdadera o falsa, una sospecha°;   suspicion
matan los celos° con rigor mas fuerte;   jealousy
desconcierta la vida larga ausencia:[6]
contra un temor de olvido no aprovecha°   becomes useful
25   firme esperanza de dichosa suerte.
En todo hay cierta, inevitable muerte,
mas yo, ¡milagro nunca visto! vivo
celoso, ausente, desdeñado y cierto
de las sospechas que me tienen muerto,
30   y en el olvido en quien mi fuego avivo,°   enflames
y entre tantos tormentos, nunca alcanza
mi vista a 'ver en° sombra a la esperanza,   **ver *aun* en**
ni yo, desesperado, la procuro;
antes, por estremarme° en mi querella,°   exert myself, com-
35   estar sin ella eternamente juro.   plaint
¿Puédese, por ventura, en un instante
esperar y temer, o es bien hacello,
siendo las causas del temor más ciertas?
¿Tengo, si el duro celo° está delante,   **celos**
40   de cerrar estos ojos, si he de vello
por mil heridas en el alma abiertas?
¿Quién no abrirá 'de par en par° las puertas   open wide
a la desconfianza,° cuando mira   mistrust
descubierto el desdén, y las sospechas,
45   ¡oh amarga conversión! verdades hechas,
y la limpia verdad vuelta en mentira?
¡Oh en el reino de amor fieros tiranos

---

[6] **Desconcierta...** *a long absence disconcerts life.*

celos! ponedme un hierro en estas manos;
dame, desdén, una torcida soga°;   rope
mas ¡ay de mí! que, con cruel vitoria,
vuestra memoria el sufrimiento ahoga.
Yo muero, en fin; y por que nunca espere
buen suceso en la muerte, ni en la vida,
pertinaz° estaré en mi fantasía;   obstinate
diré que va acertado el que bien quiere,
y que es más libre el alma más rendida
a la de amor antigua tiranía.
Diré que la enemiga siempre mía
hermosa el alma como el cuerpo tiene,
y que su olvido de mi culpa nace,
y que en fe de los males que nos hace,
amor su imperio en justa paz mantiene.
Y con esta opinión, y un duro lazo,°   knot
acelerando el miserable plazo°   term
a que me han conducido° sus desdenes,   led
ofreceré a los vientos cuerpo y alma,
sin lauro° o palma de futuros bienes.   laurel
Tú, que con tantas sinrazones muestras
la razón que me fuerza a que la haga
a la cansada vida que aborrezco,
pues ya ves que te da notorias muestras
esta del corazón profunda llaga,[7]
de como alegre a tu rigor me ofrezco,
si 'por dicha° conoces que merezco   perhaps
que el cielo claro de tus bellos ojos
en mi muerte 'se turbe,° no lo hagas;   troubles
que no quiero que en nada satisfagas°   atones
al darte de mi alma los despojos.
Antes con risa en la ocasión funesta°   mournful
descubre que el fin mío fue tu fiesta;
más gran simpleza es avisarte desto,
pues sé que está tu gloria conocida
en que mi vida llegue al fin tan presto.
Venga, que es tiempo ya, del hondo abismo°   abyss
Tántalo con su sed, Sísifo venga
con el peso terrible de su canto;
Ticio traya° su buitre,° y ansimismo   **traiga**, vulture

[7] **Esta del corazón profunda llaga = esta profunda llaga del corazón.**

con su rueda Egión[8] no se detenga,
ni las hermanas que trabajan tanto.[9]
Y todos juntos su mortal° quebranto°   able to kill, grief
trasladen en mi pecho, y en voz baja,
5   si ya a un desesperado son debidas,
canten obsequias° tristes, doloridas,°   dirges, doleful
al cuerpo, a quien se niegue aun la mortaja.°   shroud
Y el portero° infernal de los tres rostros,[10]   doorman
con otras mil quimeras° y mil monstros,°   chimeras, **monstruo**
10   lleven el doloroso contrapunto°;   harmony of words
que otra pompa mejor no me parece
que la merece un amador° difunto.   lover
    Canción desesperada, no te quejes
    cuando mi triste compañía dejes;
15   antes, 'pues que° la causa do° naciste   **puesto que, donde**
    con mi desdicha augmenta su ventura,
    aun en la sepultura, no estés triste.

    Bien les pareció a los que escuchado habían la canción de Grisóstomo,
20   puesto que el que la leyó dijo que no le parecía que conformaba con la
relación que él había oído del recato y bondad de Marcela, porque en ella
se quejaba Grisóstomo de celos, sospechas y de ausencia, todo en perjuicio
del buen crédito° y buena fama de Marcela. A lo cual respondió Ambrosio,   reputation
como aquel que sabía bien los más escondidos pensamientos de su amigo:
25   "Para que, señor, 'os satisfagáis° desa duda, es bien que sepáis que   satisfy yourself
cuando este desdichado escribió esta canción estaba ausente de Marcela, de
quien él se había ausentado por su voluntad, por ver si usaba con él la
ausencia de sus ordinarios fueros.[11] Y como al enamorado ausente no hay
cosa que no le fatigue ni temor que no le 'dé alcance,° así le fatigaban a   affect
30   Grisóstomo los celos imaginados y las sospechas temidas como si fueran
verdaderas. Y con esto queda en su punto la verdad que la fama pregona
de la bondad de Marcela,[12] la cual, fuera de ser cruel y un poco arrogante,

---

[8] Tantalus was the mythological king of Sipylus, consigned to eternal torture. He stands in a lake with water to his chin, but can't drink because when he tries, the water recedes. There is also fruit just out of reach. Sisyphus was the mythological king of Corinth whose punishment was to forever roll a large stone up a hill. It rolls down again before reaching the top. Tityus (Ticio in the poem) was killed by Zeus or Apollo and was sent to Tartarus where his regenerating liver was eaten daily by vultures. Ixion (Egión in the poem), mythological king of Thessaly, was the first murderer. Zeus struck him with thunder and tied him to a perpetually rotating wheel in Hades, surrounded by snakes.

[9] Refers to the fifty Danaids, all sisters, who married sons of the same father (Ægyptus). The new husbands murdered their wives on their wedding night and their punishment was to eternally fill leaking vessels with water.

[10] Cerebrus, the watchdog of Hades. In addition to his three heads, he had a dragon's tail and snakes springing from his neck. He ate people who tried to escape.

[11] **Por ver...** *to see if absence would make use of its usual powers with him,* i.e. to see what effect it would have on him.

[12] **Queda en...** *the truth that fame proclaims about the goodness of Marcela is not diminished.*

y un mucho desdeñosa,° la mesma envidia ni debe ni puede ponerle falta   disdainful
alguna."
    "Así es la verdad," respondió Vivaldo.
    Y queriendo leer otro papel de los que había reservado° del fuego, lo   retained
estorbó una maravillosa visión, que tal parecía ella, que improvisamente°   suddenly
se les ofreció a los ojos, y fue que por cima de la peña donde se cavaba la
sepultura, pareció la pastora Marcela, tan hermosa, que pasaba a su fama
su hermosura.[13] Los que hasta entonces no la habían visto la miraban con
admiración y silencio, y los que ya estaban acostumbrados a verla no
quedaron menos suspensos que los que nunca la habían visto. Mas apenas
la hubo visto Ambrosio, cuando con muestras de ánimo indignado° le dijo: angry
    "¿Vienes a ver por ventura, ¡oh fiero basilisco[14] destas montañas! si
con tu presencia vierten° sangre las heridas deste miserable a quien tu   flows
crueldad quitó la vida?[15] ¿O vienes a ufanarte° en las crueles hazañas de tu   boast
condición, o a ver desde esa altura,° como otro despiadado° Nero,[16] el   height, cruel
incendio de su abrasada Roma, o a pisar° arrogante este desdichado   trample
cadáver, como la ingrata° hija al de su padre Tarquino[17]? Dinos presto a lo   ungrateful
que vienes,[18] o qué es aquello de que más gustas. Que por saber yo que los
pensamientos de Grisóstomo jamás dejaron de obedecerte en vida, haré que,
aun él muerto, te obedezcan los de todos aquellos que se llamaron sus
amigos."[19]
    "No vengo, ¡oh Ambrosio! a ninguna cosa de las que has dicho,"
respondió Marcela, "sino a volver por mí misma y a dar a entender cuán
fuera de razón[20] van todos aquellos que de sus penas y de la muerte de
Grisóstomo me culpan. Y así ruego a todos los que aquí estáis me estéis
atentos, que no será menester mucho tiempo, ni gastar muchas palabras,
para presuadir una verdad a los discretos.
    "Hízome el cielo, según vosotros decís, hermosa, y de tal manera, que,
sin ser poderosos a otra cosa,[21] a que me améis os mueve mi hermosura.[22]
Y por el amor que me mostráis, decís, y aun queréis, que esté yo obligada

    [13] **Pasaba a su fama...** *her beauty exceeded its fame.*
    [14] The basilisk is a mythological creature, sort of a poisonous dragon, that could kill
with its looks alone.
    [15] This was a belief that the body of the murder victim would bleed from its wounds
in the presence of the murderer.
    [16] **Nerón** is the usual form for Nero (37 to 68A.D.) in Spanish. Rumors of his having
fiddled while Rome burned are exaggerated.
    [17] **Como la ingrata...** *as the ungrateful daughter did to [the body of] her father,*
Tarquino. Lucius Tarquinius Superbus was the last king of Rome, a horrible despot, from
534 to 510 B.C. Tullia, the woman alluded to here, was the wife, not the daughter, of
Tarquinius Superbus.
    [18] **Dinos...** *tell us quickly what you have come for.*
    [19] **Por saber...** *since I know that in his thoughts Grisóstomo never failed to obey you*
while he was living, even with him dead, I will make everyone who called themselves his
friends obey you.
    [20] **Volver...** *to defend myself and make you understand how unreasonable.*
    [21] **Sin...** *in spite of yourselves.*
    [22] **A que me améis os mueve mi hermosura = mi hermosura os mueve a que me**
améis.

a amaros. Yo conozco, con el natural entendimiento que Dios me ha dado, que todo lo hermoso es amable.° Mas no alcanzo° que, por razón de ser amado, esté obligado lo que es amado por hermoso, a amar a quien le ama.[23] Y más, que podría acontecer que el amador de lo hermoso fuese feo, y siendo lo feo digno° de ser aborrecido, cae muy mal[24] el decir: 'Quiérote por hermosa; hasme de amar aunque sea feo.' Pero, 'puesto caso que° corran igualmente las hermosuras, no por eso han de correr iguales los deseos, que no todas hermosuras enamoran°; que algunas alegran° la vista y no rinden° la voluntad. Que si todas las bellezas enamorasen y rindiesen, sería un andar las voluntades confusas y descaminadas,[25] sin saber en cuál habían de parar; porque, siendo infinitos los sujetos hermosos, infinitos habían de ser los deseos, y según yo he oído decir, el verdadero amor no se divide, y ha de ser voluntario y no forzoso.° Siendo esto así, como yo creo que lo es, ¿por qué queréis que rinda mi voluntad por fuerza, obligada no más de que decís que me queréis bien? Si no, decidme: si como el cielo me hizo hermosa 'me hiciera° fea, ¿fuera justo que me quejara de vosotros porque no me amábades? Cuanto más que habéis de considerar que yo no escogí la hermosura que tengo, que, 'tal cual es,° el cielo me la dio de gracia, sin yo pedilla ni escogella. Y así como la víbora° no merece ser culpada° por la ponzoña° que tiene, puesto que con ella mata, por habérsela dado naturaleza,° tampoco[26] yo merezco ser reprehendida° por ser hermosa, que la hermosura en la mujer honesta es como el fuego apartado,° o como la espada aguda: que ni él quema, ni ella corta a quien a ellos no 'se acerca.° La honra y las virtudes° son adornos del alma, sin las cuales el cuerpo, aunque lo sea, no debe de parecer hermoso. Pues si la honestidad es una de las virtudes que al cuerpo y alma mas adornan y hermosean,° ¿por qué la ha de perder la que es amada por hermosa, por corresponder a la intención de aquel que por sólo su gusto, con todas sus fuerzas e industrias, procura que la pierda?[27]

"Yo nací libre, y para poder vivir libre escogí la soledad de los campos. Los árboles destas montañas son mi compañía, las claras aguas destos arroyos° mis espejos; con los árboles y con las aguas comunico mis pensamientos y hermosura. Fuego soy apartado y espada puesta lejos.[28] A los que he enamorado con la vista, he desengañado con las palabras. Y si los deseos se sustentan con esperanzas, no habiendo yo dado alguna a Grisóstomo ni a otro alguno, en fin, de ninguno dellos, bien se puede decir que antes le mató su porfía° que mi crueldad. Y si se me hace cargo[29] que eran honestos sus pensamientos, y que por esto estaba obligada a corresponder a ellos, digo que, cuando en ese mismo lugar donde ahora se

---

[23] **Por razón...** *because of being loved, what is loved through being beautiful is obliged to love what loves it.*

[24] **Cae...** *it would be silly.*

[25] **Sería un andar...** *it would be a coming and going of wills that were perplexed and gone astray.*

[26] The 1605 edition and Schevill have **tan poco** here.

[27] **Procura que...** *he seeks for her to lose it.*

[28] **Fuego soy...** *I am the distant fire and the sword placed far away.*

[29] **Si se me...** *if the reproach is made against me.*

Marginal glosses:
- love-able, understan[d]
- worthy
- supposing
- cause love, gladden
- overcome
- obligatory
- had made me
- such as it is
- viper
- blamed, poison
- nature, blamed
- distant
- draws near, virtues
- make beautiful
- streams
- obstinacy

cava su supultura me descubrió la bondad de su intención, le dije yo que la mía era vivir en perpetua soledad, y de que sola la tierra gozase el fruto de mi recogimiento y los despojos de mi hermosura. Y si él, con todo este desengaño, quiso porfiar contra la esperanza y navegar° contra el viento, ¿qué mucho que se anegase en la mitad del golfo de su desatino?[30] Si yo le entretuviera, fuera falsa; si le contentara, hiciera contra mi mejor intención y prosupuesto.[31] Porfió desengañado, desesperó sin ser aborrecido; ¡mirad ahora si será razón que de su pena se me dé a mí la culpa! Quéjese el engañado, desespérese aquel a quien le faltaron° las prometidas esperanzas, confíese el que yo llamare,[32] ufánese el que yo admitiere°; pero no me llame cruel ni homicida aquel a quien yo no prometo, engaño, llamo ni admito.

navigate
not fulfilled
receive

"El cielo aún hasta ahora no ha querido que yo ame por destino,° y el pensar que tengo de amar por elección° es escusado.° Este general desengaño sirva a cada uno de los que me solicitan de su particular° provecho, y entiéndase de aquí adelante,[33] que, si alguno por mí muriere, no muere de celoso ni desdichado, porque quien a nadie quiere, a ninguno debe dar celos; que los desengaños no se han de tomar en cuenta de desdenes.[34] El que me llama fiera y basilisco, déjeme como cosa perjudicial° y mala; el que me llama ingrata, no me sirva; el que desconocida,° no me conozca; quien cruel, no me siga; que esta fiera, este basilisco, esta ingrata, esta cruel y esta desconocida, ni los buscará, servirá, conocerá, ni seguirá en ninguna manera; que si a Grisóstomo mató su impaciencia y arrojado° deseo, ¿por qué se ha de culpar mi honesto proceder° y recato? Si yo conservo mi limpieza con la compañía de los árboles, ¿por qué ha de querer que la pierda el que quiere que la tenga con los hombres? Yo, como sabéis, tengo riquezas propias° y no codicio° las ajenas. Tengo libre condición y no gusto de sujetarme.° Ni quiero ni aborrezco a nadie. No engaño a éste, ni solicito aquél; ni burlo° con uno, ni me entretengo con el otro. La conversación honesta de las zagalas destas aldeas y el cuidado de mis cabras me entretiene.° Tienen mis deseos por término° estas montañas. Y si de aquí salen, es a contemplar la hermosura del cielo, pasos con que camina el alma a su morada° primera." Y en diciendo esto, sin querer oír respuesta alguna, 'volvió las espaldas° y se entró por lo más cerrado de un monte° que allí cerca estaba, dejando admirados, tanto de su discreción como de su hermosura,[35] a todos los que allí estaban. Y algunos dieron muestras,° de aquellos que de la poderosa° flecha° de los rayos de sus bellos ojos estaban heridos, de quererla seguir, sin aprovecharse del manifiesto desengaño que habían oído.

fate
choice, useless
personal
harmful
ungrateful
bold
behavior
my own, covet
submit
dally
entertain
boundary
dwelling place
turned around
forest
indications, mighty
arrow

Lo cual visto por don Quijote, pareciéndole que allí venía bien usar de su caballería socorriendo a las doncellas menesterosas, puesta la mano en

[30] **Qué...** *it's no surprise that he drowned in the middle of the gulf of his foolishness.*

[31] **Si yo...** *If I had kept him in hope, I would have been false; if I had gratified him, I would have done it against my better intention and purpose.*

[32] **Confíese...** *let him be filled with hope whom I beckon.*

[33] **De...** *from now on.*

[34] **Los desengaños...** *discouragement must not be taken for disdain.*

[35] **Tanto...** *as much for her acuteness of mind as for her beauty.*

el puño° de su espada, en altas e inteligibles voces dijo: hilt

   "Ninguna persona, de cualquier estado y condición° que sea, 'se atreva   rank
a° seguir a la hermosa Marcela, so pena de caer en la furiosa indignación°   dare, anger
mía. Ella ha mostrado, con claras y suficientes razones, la poca o ninguna

5   culpa que ha tenido en la muerte de Grisóstomo, y cuán ajena vive de
condescender con los deseos de ninguno de sus amantes;[36] a cuya causa es
justo que, en lugar de ser seguida y perseguida, sea honrada y estimada de
todos los buenos del mundo, pues muestra que en él, ella es sola la que con
tan honesta intención vive."[37]

10   O ya que fuese por las amenazas° de don Quijote, o porque Ambrosio   threats
les dijo que concluyesen con lo que a su buen amigo debían, ninguno de los
pastores se movió ni apartó de allí hasta que, acabada la sepultura y
abrasados los papeles de Grisóstomo, pusieron su cuerpo en ella, no sin
muchas lágrimas de los circunstantes. Cerraron la sepultura con una gruesa°   large

15   peña, en tanto que se acababa una losa° que, según Ambrosio dijo, pensaba   gravestone
mandar hacer,[38] con un epitafio que había de decir desta manera:

YACE AQUÍ DE UN AMADOR

EL MÍSERO CUERPO HELADO,°   frigid

QUE FUE PASTOR DE GANADO,

20   PERDIDO POR DESAMOR.°   indifference

MURIÓ A MANOS DEL RIGOR

DE UNA ESQUIVA HERMOSA INGRATA,

CON QUIEN SU IMPERIO DILATA

LA TIRANÍA DE AMOR.

25

   Luego esparcieron° por cima de la sepultura muchas flores y ramos,°   scattered, bouquets
y dando todos el pésame° a su amigo Ambrosio, se despidieron dél. Lo   condolences
mesmo hicieron Vivaldo y su compañero, y don Quijote se despidió de sus
huéspedes y de los caminantes, los cuales le rogaron se viniese con ellos a

30   Sevilla, por ser lugar tan acomodado a hallar aventuras, que en cada calle
y tras cada esquina se ofrecen más que en otro alguno.

   Don Quijote les agradeció el aviso° y el ánimo que mostraban de   information
hacerle merced, y dijo que por entonces no quería ni debía ir a Sevilla,
hasta que hubiese despojado° todas aquellas sierras de ladrones malandrines,   rid

35   de quien era fama que todas estaban llenas. Viendo su buena determinación,
no quisieron los caminantes importunarle° más, sino, tornándose a despedir   pester him
de nuevo, le dejaron y prosiguieron su camino, en el cual no les faltó de
qué tratar,° así de la historia de Marcela y Grisóstomo, como de las locuras   discuss
de don Quijote. El cual determinó de ir a buscar a la pastora Marcela

40   y ofrecerle todo lo que él podía en su servicio. Mas no le
avino como él pensaba, según se cuenta en el
discurso desta verdadera historia, dando
aquí fin la segunda parte.

---

[36] **Cuán ajena...** *how distant she is from yielding to the desires of any of her lovers.*
[37] **Muestra que en él...** *she shows that in it [the world], she is the only one who lives
such a virtuous design.*
[38] **Pensaba...** *planned to have made.*

TERCERA PARTE DEL INGENIOSO
hidalgo don Quijote de la Mancha.

Capítulo XV. Donde se cuenta la desgraciada aventura que se topó don Quijote en topar con unos desalmados yangüeses.

CUENTA EL sabio Cide Hamete Benengeli que, así como don Quijote se despidió de sus huéspedes y de todos los que se hallaron al entierro del pastor Grisóstomo, él y su escudero se entraron por el mesmo bosque donde vieron que se había entrado la pastora Marcela. Y habiendo andado más de dos horas por él, buscándola por todas partes sin poder hallarla, vinieron a parar a un prado lleno de fresca yerba,° junto del cual corría un arroyo apacible y fresco, tanto, que convidó,[1] 'y forzó,° a pasar allí las horas de la siesta, que rigurosamente comenzaba ya a entrar.

grass
y *aun* forzó

Apeáronse don Quijote y Sancho, y dejando al jumento y a Rocinante a sus anchuras[2] pacer° de la mucha yerba que allí había, 'dieron saco° a las alforjas, y sin cerimonia alguna, en buena paz y compañía, amo y mozo° comieron lo que en ellas hallaron. No se había curado Sancho de echar sueltas° a Rocinante, seguro de que le conocía por tan manso° y tan poco rijoso,° que todas las yeguas de la dehesa° de Córdoba no le hicieran tomar mal siniestro.[3] Ordenó, pues, la suerte, y el diablo, que no 'todas veces° duerme, que andaban por aquel valle paciendo una manada de hacas° galicianas de unos harrieros gallegos,[4] de los cuales es costumbre sestear° con su recua en lugares y sitios de yerba y agua. Y aquél, donde acertó° a hallarse don Quijote, era muy a propósito de los gallegos. Sucedió, pues, que a Rocinante le vino en deseo de refocilarse° con las señoras facas,° y saliendo, así como las olió,° de su natural paso y costumbre,[5] sin pedir licencia a su dueño, tomó un trotico algo picadillo[6] y se fue a comunicar su necesidad con ellas. Mas ellas, que, a lo que pareció, debían de tener más gana de pacer que de él, recibiéronle con las herraduras° y con los dientes, de tal manera, que 'a poco espacio° se le rompieron las cinchas° y quedó sin silla, 'en pelota.° Pero lo que él debió más de sentir fue que, viendo los harrieros la fuerza° que a sus yeguas se les hacía, acudieron con estacas,°

to graze, they raided
servant

fetters, meek
lustful, pasture
all the time
mares
to nap
happened

have recreation,
 mares; smelled

horse-shoes
in a short time, girths
naked
violence, stakes

[1] It was the **arroyo** that invited.

[2] **A sus...** *without rein.*

[3] **Hicieran romar...** *would not make him do anything bad.*

[4] **Gallegos** are people from Galicia, in northwestern Spain. A main city in Galicia is Santiago de Compostela, which is 500 kilometers from Yanguas.

[5] **De su...** *not using his normal gait and demeanor.*

[6] **Un trotico...** *a brisk little trot.*

y tantos palos le dieron, que le derribaron 'mal parado° en el suelo.   badly battered
　　Ya, en esto, don Quijote y Sancho, que la paliza° de Rocinante habían   beating
visto, llegaban hijadeando.° Y dijo don Quijote a Sancho: panting
　　"A lo que yo veo, amigo Sancho, éstos no son caballeros, sino gente
5　soez y de baja ralea.° Dígolo porque bien me puedes ayudar a tomar la   breed
debida venganza del agravio que delante de nuestros ojos se le ha hecho a
Rocinante."
　　"¿Qué diablos de⁷ venganza hemos de tomar," respondió Sancho, "si
éstos son más de veinte, y nosotros no más de dos, y aun quizá nosotros
10　sino uno y medio?"
　　"Yo valgo por ciento," replicó don Quijote.
　　Y sin hacer más discursos, 'echó mano° a su espada y arremetió a los   took
gallegos, y lo mesmo hizo Sancho Panza, incitado° y movido del ejemplo   spurred on
de su amo. Y a las primeras⁸ dio don Quijote una cuchillada a uno que le
15　abrió un sayo de cuero de que venía vestido, con gran parte de la espalda.°   shoulder
Los gallegos, que se vieron maltratar° de aquellos dos hombres solos,   abused
siendo ellos tantos, acudieron a sus estacas, y cogiendo a los dos en medio,⁹
comenzaron a menudear° sobre ellos con grande ahinco° y vehemencia.   rain blows, zeal
Verdad es que al segundo toque° dieron con Sancho en el suelo, y lo   blow
20　mesmo le avino a don Quijote, sin que le valiese su destreza y buen ánimo.
Y quiso su ventura que viniese a caer a los pies de Rocinante, que aún no
se había levantado, donde se echa de ver la furia con que machacan estacas
puestas en manos rústicas y enojadas.
　　Viendo, pues, los gallegos el 'mal recado° que habían hecho, con la   injury
25　mayor presteza que pudieron cargaron° su recua y siguieron su camino,   gathered
dejando a los dos aventureros de mala traza° y de peor talante. El primero   appearance
que 'se resintió° fue Sancho Panza, y hallándose junto a su señor, con voz   recovered senses
enferma y lastimada,° dijo: doleful
　　"¡Señor don Quijote! ¡Ah, señor don Quijote!"
30　　"¿Qué quieres, Sancho hermano?" respondió don Quijote, con el
mesmo tono afeminado° y doliente que Sancho.   effeminate
　　"Querría, si fuese posible," respondió Sancho Panza, "que vuestra
merced me diese dos tragos de aquella bebida del feo Blas, si es que la
tiene vuestra merced ahí 'a mano.° Quizá será de provecho para los   on hand
35　quebrantamientos° de huesos como lo es para las feridas."   fractures
　　"Pues a tenerla yo aquí,¹⁰ ¡desgraciado° yo! ¿qué nos faltaba¹¹?"   unlucky
respondió don Quijote. "Mas yo te juro, Sancho Panza, a fe de caballero
andante, que antes que pasen dos días, si la fortuna no ordena otra cosa, la
tengo de tener en mi poder, o mal me han de andar las manos."¹²
40　　"Pues ¿en cuántos° le parece a vuestra merced que podremos mover los   **cuántos** *días*
pies?" replicó Sancho Panza.
　　"De mí sé decir," dijo el molido caballero don Quijote, "que no sabré

---

⁷ **¿Qué...** *What the devil kind of.*
⁸ **A...** *at the first exchanges.*
⁹ **Cogiendo...** *hemming the two of them in.*
¹⁰ **A tenerla...** *if I had any here.*
¹¹ **¿Qué...** *what more could we want?*
¹² **Mal...** *I will have shown little skill.*

'poner término a° esos días. Mas yo me tengo la culpa de todo, que 'no había de° poner mano a la espada contra hombres que no fuesen armados caballeros como yo. Y así creo que en pena de haber pasado° las leyes de la caballería, ha permitido el dios de las batallas que se me diese este castigo.[13] Por lo cual, Sancho Panza, conviene° que estés advertido en esto que ahora te diré, porque importa mucho a la salud° de entrambos,° y es que cuando veas que semejante canalla nos hace algún agravio, no aguardes a que yo ponga mano al espada para ellos, porque no lo haré en ninguna manera, sino pon tu mano a tu espada y castígalos muy a tu sabor°; que, si en su ayuda y defensa acudieren caballeros, yo te sabré defender y ofendellos con todo mi poder, que ya habrás visto por mil señales° y experiencias° hasta adonde se estiende el valor de este mi fuerte brazo."

Tal quedó de arrogante el pobre señor con el vencimiento del valiente vizcaíno.

Mas no le pareció tan bién a Sancho Panza el aviso de su amo, que dejase de responder,[14] diciendo:

"Señor, yo soy hombre pacífico, manso, sosegado, y sé disimular cualquiera injuria,° porque tengo mujer y hijos que sustentar° y criar.° Así, que séale a vuestra merced también aviso, pues no puede ser mandato,° que en ninguna manera pondré mano a la espada ni contra villano ni contra caballero. Y que, desde aquí para delante de Dios,[15] perdono cuantos agravios me han hecho y han de hacer, ora° me los haya hecho o haga o haya de hacer persona alta o baja, rico o pobre, hidalgo o pechero,° sin eceptar° estado° ni condición alguna."

Lo cual oído por su amo, le respondió:

"Quisiera tener aliento para poder hablar un poco descansado,° y que el dolor que tengo en esta costilla 'se aplacara° 'tanto cuanto,° para darte a entender, Panza, en el error en que estás. Ven acá, pecador; si el viento de la fortuna, hasta ahora tan contrario, en nuestro favor se vuelve, llenándonos las velas° del deseo, para que seguramente y sin contraste° alguno 'tomemos puerto° en alguna de las ínsulas que te tengo prometida, ¿qué sería de ti, si, ganándola yo, te hiciese señor della, pues lo vendrás a imposibilitar° por no ser caballero, ni quererlo ser, ni tener valor ni intención de vengar tus injurias y defender tu señorío?° Porque has de saber que en los reinos y provincias nuevamente conquistados nunca están tan quietos° los ánimos de sus naturales, ni 'tan de parte° del nuevo señor, que no se tengan temor de que han de hacer alguna novedad para alterar de nuevo las cosas, y volver, como dicen, a probar ventura.[16] Y así es menester que el nuevo posesor tenga entendimiento para saberse gobernar, y valor para ofender y defenderse en cualquiera acontecimiento.°"

"En este que ahora nos ha acontecido," respondió Sancho, "quisiera yo tener ese entendimiento y ese valor que vuestra merced dice. Mas yo le

Margin glosses:
put an end to
shouldn't
transgressed

it's good
health, both of us

pleasure

signs
proofs

offense, feed, raise
command

whether
commoner
exceptuar, rank

relieved
would abate, a little

sails, opposition
we land

make impossible
dominion

peaceable, well-disposed

event

[13] **Ha permitido...** *the god of battles has allowed that I be given this punishment.*
[14] **Mas no le pareció...** *but the announcement of his master didn't seem so good to Sancho that he should fail to respond to it.*
[15] **Desde aquí...** *from now until I die.*
[16] **Que no se tengan...** *that they might not be afraid to start an uprising to change things once again, and, as they say, try their luck.*

juro, a fe de pobre hombre, que más estoy para bizmas° que para pláticas.   poultices
Mire vuestra merced si se puede levantar, y ayudaremos a Rocinante,
aunque no lo merece porque él fue la causa principal de todo este
molimiento. Jamás tal creí de Rocinante, que le tenía por[17] persona casta°   chaste
5   y tan pacífica como yo. En fin, bien dicen que es menester mucho tiempo
para venir a conocer las personas, y que no hay cosa segura en esta vida.
¿Quién dijera que tras de aquellas tan grandes cuchilladas como vuestra
merced dio a aquel desdichado caballero andante,[18] había de venir 'por la
posta° y en seguimiento suyo esta tan grande tempestad de palos que ha   right away
10 descargado sobre nuestras espaldas?"
"Aun las tuyas, Sancho," replicó don Quijote, "deben de estar hechas
a semejantes nublados.[19] Pero las mías, criadas entre sinabafas° y holandas,°   fine fabric, fine line
claro está que sentirán más el dolor desta desgracia. Y si no fuese porque
imagino, ¿qué digo imagino? sé muy cierto, que todas estas incomodidades
15 son muy anejas° al ejercicio de las armas, aquí me dejaría morir de puro   associated with
enojo.°"   fretfulness
A esto replicó el escudero:
"Señor, ya que estas desgracias son 'de la cosecha° de la caballería,   ordinary fare
dígame vuestra merced si suceden muy a menudo, o si tienen sus tiempos
20 limitados en que acaecen,° porque me parece a mí que a dos cosechas   happen
quedaremos inútiles para la tercera, si Dios, por su infinita misericordia, no
nos socorre."
"Sábete, amigo Sancho," respondió don Quijote, "que la vida de los
caballeros andantes está sujeta a mil peligros y desventuras, y ni más ni
25 menos está en potencia° propincua° de ser los caballeros andantes reyes y   possibility, near
emperadores, como lo ha mostrado la experiencia en muchos y diversos
caballeros, de cuyas historias yo tengo entera noticia.° Y pudiérate contar   knowledge
agora, si el dolor me diera lugar, de algunos que sólo por el valor de su
brazo han subido a los altos grados° que he contado. Y estos mesmos se   stations
30 vieron antes y después en diversas calamidades° y miserias, porque el   misfortunes
valeroso Amadís de Gaula se vio en poder de su mortal enemigo Arcalaus
el encantador, de quien se tiene por averiguado que le dio, teniéndole
preso,° más de docientos azotes con las riendas de su caballo, atado a una   prisoner
coluna° de un patio.[20] Y aun hay un autor secreto,° y de no poco crédito,   columna, anonymo
35 que dice que, habiendo cogido al Caballero del Febo con una cierta trampa°   trap
que 'se le hundió° debajo de los pies, en un cierto castillo, y al caer, se   collapsed
halló en una honda sima° debajo de tierra, atado de pies y manos, y allí le   pit
echaron una destas que llaman melecinas[21] de agua de nieve y arena, de lo
que llegó muy al cabo,[22] y si no fuera socorrido en aquella gran cuita de un
40 sabio grande amigo suyo, lo pasara muy mal el pobre caballero.[23] Ansí,

[17] **Le tenía...** *I thought he was.*
[18] Refers to the Basque in Chapters 8 and 9.
[19] **Deben...** *should be accustomed to such squalls.*
[20] Clemencín says that it was the squire Gandalín, and not Amadís who was tied to the column.
[21] **Le echaron...** *they gave him one of these things that they call enemas.*
[22] **De lo...** *which almost finished him.*
[23] **Lo pasara...** *the poor knight would have had a bad time of it.*

que bien puedo yo pasar entre tanta buena gente, que mayores afrentas son las que éstos pasaron que no las que ahora nosotros pasamos.[24] Porque quiero hacerte sabidor,° Sancho, que no afrentan las heridas que se dan con los instrumentos° que acaso se hallan en las manos. Y esto está, en la ley del duelo,° escrito por palabras expresas: que si el zapatero° da a otro con la horma° que tiene en la mano, puesto que verdaderamente es de palo,° no por eso se dirá que queda apaleado aquel a quien dio con ella. Digo esto porque no pienses que, puesto que quedamos desta pendencia molidos, quedamos afrentados,° porque las armas que aquellos hombres traían, con que nos machacaron, no eran otras que sus estacas, y ninguno dellos, a lo que se me acuerda, tenía estoque,° espada ni puñal.°"

"No me dieron a mí lugar," respondió Sancho, "a que mirase en tanto, porque apenas puse mano a mi tizona,[25] cuando me santiguaron° los hombros con sus pinos,° de manera que me quitaron la vista de los ojos y la fuerza de los pies, dando conmigo adonde ahora yago,° y adonde no me da pena alguna el pensar si fue afrenta o no, lo de los estacazos, como me la da el dolor de los golpes, que me han de quedar tan impresos en la memoria como en las espaldas."[26]

"Con todo eso te hago saber, hermano Panza," replicó don Quijote, "que no hay memoria a quien el tiempo no acabe, ni dolor que muerte no le consuma."

"Pues ¿qué mayor desdicha puede ser,°" replicó Panza, "de aquella que aguarda al tiempo que la consuma y a la muerte que la acabe? Si esta nuestra desgracia fuera de aquellas que con un par de bizmas se curan, aun no tan malo. Pero voy viendo que no han de bastar todos lo emplastos° de un hospital para ponerlas en buen término siquiera."

"Déjate deso y saca fuerzas de flaqueza,[27] Sancho," respondió don Quijote, "que así haré yo, y veamos cómo está Rocinante, que, a lo que me parece, no le ha cabido al pobre la menor parte desta desgracia."[28]

"No hay de qué maravillarse deso," respondió Sancho, "siendo él tan buen caballero andante, de lo que yo me maravillo es de que mi jumento haya quedado libre y sin costas,° donde nosotros salimos sin costillas."

"Siempre deja la ventura una puerta abierta en las desdichas para dar remedio a ellas," dijo don Quijote. "Dígolo porque esa bestezuela° podrá suplir ahora la falta de Rocinante, llevándome a mí desde aquí a algún castillo donde sea curado de mis feridas. Y más, que no tendré a deshonra° la tal caballería, porque me acuerdo haber leído que aquel buen viejo Sileno, ayo° y pedagogo° del alegre Dios de la risa,[29] cuando entró en la

Margin glosses: knower (*arch.*); implements; duel, shoemaker; last, wood; offended; rapier, dagger; crossed; pine wood; I lie; haber; plasters; cost; little animal; disgrace; governor, tutor

---

[24] **Bien puedo...** *I can well suffer among such good people, for they have undergone greater affronts than we have just now undergone.*

[25] **Tizón** was the name of one of the Cid's swords, and **tizón/tizona** came to be a somewhat common substitute for *sword*.

[26] **No me da...** *it doesn't grieve me at all to consider if it was an affront or not, that business with the blows with the stakes, as does the pain from the blows themselves, which will remain as imprinted on my memory as on my back.*

[27] **Déjate...** *no more of that and take strength from weakness.*

[28] **No le...** *the poor thing hasn't gotten the least of this misfortune.*

[29] Bacchus.

ciudad de las cien puertas,[30] iba muy a su placer caballero sobre un muy hermoso asno.

"Verdad será que él debía de ir caballero como vuestra merced dice," respondió Sancho, "pero hay grande diferencia del ir caballero al ir atravesado° como costal° de basura.°"   *stretched out, sack; garbage*

A lo cual respondió don Quijote:

"Las feridas que se reciben en las batallas antes dan honra que la quitan. Así que, Panza amigo, no me repliques más, sino, como ya te he dicho, levántate lo mejor que pudieres y ponme de la manera que más te agradare° encima de tu jumento, y vamos de aquí antes que la noche venga y nos saltee° en este despoblado."   *pleases; take by surprise*

"Pues yo he oído decir a vuestra merced," dijo Panza, "que es muy de caballeros andantes el dormir en los páramos y desiertos lo más del año, y que lo tienen a mucha ventura.°"   *happiness*

"Eso es," dijo don Quijote, "cuando no pueden más,[31] o cuando están enamorados; y es tan verdad esto, que ha habido caballero que se ha estado sobre una peña, al sol y a la sombra y a las inclemencias del cielo, dos años, sin que lo supiese su señora. Y uno destos fue Amadís cuando, llamándose Beltenebros, se alojó en la Peña Pobre,[32] ni sé si ocho años o ocho meses, que no estoy muy bien en la cuenta. Basta que él estuvo allí haciendo penitencia por no sé qué sinsabor° que le hizo la señora Oriana.   *displeasure*

Pero dejemos ya esto, Sancho, y ...caba, antes que suceda otra desgracia al jumento como a Rocinante."

"Aún ahí sería el di...blo," dijo Sancho.

... y sesenta sospiros y ciento y veinte ... le había traído, se levantó, quedándose   *curses execrations* ... como arco turquesco,[33] sin poder acabar   *bent over* ...abajo aparejó su asno, que también había ...masiada libertad de aquel día. Levantó   *absent-minded* ...viera lengua con que quejarse, a buen ...le fueran en zaga.[34]

En resolución, Sancho acomodó a don Quijote sobre el asno y puso de reata a Rocinante,[35] y llevando al asno de cabestro se encaminó poco más a menos hacia donde le pareció que podía estar el 'camino real.° Y la   *highway* suerte, que sus cosas de bien en mejor iba guiando,[36] aún no hubo andado una pequeña legua, cuando le deparó° el camino, en el cual descubrió una   *came into sight* venta que, a pesar suyo y gusto de don Quijote, había de ser castillo. Porfiaba Sancho que era venta, y su amo que no, sino castillo; y tanto duró la porfía, que tuvieron lugar, sin acabarla, de llegar a ella, en la cual Sancho se entró, sin más averiguación,° con toda su recua.   *verification*

---

[30] Don Quijote makes a mistake. Bacchus is from Thebes of Greece. The Thebes with **cien puertas** is in Egypt.

[31] **Cuando...** *when they can't help it.*

[32] This was a small, barren island where Amadís, scorned by Oriana, went to do penance with a hermit. Amadís never said exactly now long his stay there was.

[33] A very long bow which was shot with one end stuck into the ground.

[34] **A buen seguro...** *it is certain that neither Sancho nor his master would outdo him.*

[35] **Puso de reata...** *tied Rocinante behind.*

[36] **Que sus cosas...** *which was guiding their affairs better and better.*

Capítulo XVI. De lo que le sucedió al ingenioso hidalgo en la venta que él imaginaba ser castillo.

EL VENTERO, que vio a don Quijote atravesado en el asno, preguntó a Sancho qué mal traía. Sancho le respondió que no era nada, sino que había dado una caída de una peña abajo,[1] y que venía algo brumadas las costillas.

Tenía el ventero por mujer a una, no de la condición que suelen tener las de semejante trato,° porque naturalmente era caritativa y se dolía de las calamidades de sus prójimos,° y así acudió luego a curar a don Quijote, y hizo que una hija suya doncella, muchacha y de muy buen parecer, la ayudase a curar a su huésped. Servía en la venta, asimesmo, una moza asturiana,[2] ancha de cara, llana de cogote, de nariz roma, del un ojo tuerta y del otro no muy sana.[3] Verdad es que la gallardía° del cuerpo suplía° las demás faltas: no tenía siete palmos° de los pies a la cabeza, y las espaldas, que algún tanto le cargaban, la hacían mirar al suelo más de lo que ella quisiera.[4]

Esta gentil moza, pues, ayudó a la doncella, y las dos hicieron una muy mala cama a don Quijote en un camaranchón° que, en otros tiempos, daba manifiestos indicios que había servido de pajar° muchos años. En la cual también alojaba un harriero que tenía su cama hecha un poco más allá de la de nuestro don Quijote, y aunque era de las enjalmas y mantas de sus machos,[5] hacía mucha ventaja a[6] la de don Quijote, que sólo contenía cuatro mal lisas tablas sobre dos no muy iguales bancos, y un colchón que, en lo sutil, parecía colcha, lleno de bodoques, que, a no mostrar que eran de lana por algunas roturas, al tiento, en la dureza, semejaban de guijarro,[7] y dos sábanas hechas de cuero de adarga, y una frazada,° cuyos hilos,° si se quisieran contar, no se perdiera uno solo de la cuenta.°

En esta maldita cama se acostó don Quijote. Y luego la ventera y su hija le emplastaron° 'de arriba abajo,° alumbrándoles Maritornes, que así se llamaba la asturiana. Y como al bizmalle° viese la ventera tan acardenalado° a partes a don Quijote, dijo que aquello más parecían golpes que caída.

"No fueron golpes," dijo Sancho, "sino que la peña tenía muchos picos° y tropezones,° y que cada uno había hecho su cardenal.°" Y también le dijo: "Haga vuestra merced, señora, de manera que queden algunas estopas,° que no faltará quien las haya menester,[8] que también me duelen

trade

fellow creatures

gracefulness, made up for; 8" spans

garret
strawloft

cover, threads
count

applied plasters, from head to foot; poulticed, bruised

sharp points, projections, black & blue mark; bandages

[1] **Había dado...** *he had fallen down from a boulder*

[2] Asturias is a seaside region of northern Spain corresponding to the modern province of Oviedo.

[3] **Ancha de cara...** *wide in the face, flat at the back of head, with a flat nose, blind in one eye, and not very sound in the other*

[4] **Algún tanto...** *weighed her down a bit, made her look at the ground more that she would like*

[5] **Enjalmas...** *light packsaddles and blankets of his mules*

[6] **Hacía...** *it was much better than*

[7] **Sólo contenía...** *it was made of only four not very smooth planks on two not very even trestles, and a mattress which in thinness seemed to be a quilt, filled with pellets, which, if you couldn't see through some holes that they were made of wool, they seemed to be pebbles, in hardness, to the touch*

[8] **No faltará...** *there will be someone who needs them*

a mí un poco los lomos.°"   ribs

"Desa manera," respondió la ventera, "¿también debistes vos de caer?"

"No caí," dijo Sancho Panza, "sino que del sobresalto que tomé de ver caer a mi amo, de tal manera me duele a mí el cuerpo, que me parece que
5 me han dado mil palos."

"Bien podrá ser eso," dijo la doncella, "que a mí me ha acontecido muchas veces soñar que caía de una torre abajo, y que nunca acababa de llegar al suelo, y cuando despertaba del sueño, hallarme tan molida y quebrantada[9] como si verdaderamente hubiera caído."

10 "Ahí está el toque, señora," respondió Sancho Panza: "que yo sin soñar nada, sino estando más despierto que ahora estoy, me hallo con pocos menos cardenales que mi señor don Quijote."

"¿Cómo se llama este caballero?" preguntó la asturiana Maritornes.

"Don Quijote de la Mancha," respondió Sancho Panza, "y es caballero
15 aventurero, y de los mejores y más fuertes que de luengos tiempos acá se han visto en el mundo."

"¿Qué es caballero aventurero?" replicó la moza.

"¿Tan nueva sois en el mundo, que no lo sabéis vos?" respondió Sancho Panza. "Pues sabed, hermana mía, que caballero aventurero es una
20 cosa que en dos palabras se ve apaleado y emperador. Hoy está la más desdichada criatura del mundo y la más menesterosa, y mañana tendría dos o tres coronas de reinos que dar a su escudero."

"Pues ¿cómo vos, siéndolo deste tan buen señor," dijo la ventera, "no tenéis, a lo que parece, siquiera° algún condado°?" at least, county
25 "Aún es temprano," respondió Sancho, "porque no ha sino un mes que andamos buscando las aventuras, y hasta ahora no hemos topado con ninguna que lo sea.[10] Y tal vez hay que se busca una cosa y se halla otra. Verdad es que si mi señor don Quijote sana desta herida, o caída, y yo no quedo contrecho° della, no trocaría mis esperanzas con el mejor título de crippled
30 España."

Todas estas pláticas estaba escuchando muy atento don Quijote, y sentándose en el lecho como pudo, tomando de la mano a la ventera, le dijo:

"Creedme, fermosa señora, que os podéis llamar venturosa° por haber fortunate
35 alojado en este vuestro castillo a mi persona, que es tal, que si yo no la alabo,[11] es por lo que suele decirse que la alabanza propria envilece,° debases pero mi escudero os dirá quién soy. Sólo os digo que tendré eternamente escrito en mi memoria el servicio que me habedes fecho, para agradecéroslo mientras la vida me durare. Y pluguiera° a los altos cielos que el amor no may it please
40 me tuviera tan rendido y tan sujeto a sus leyes, y los ojos de aquella hermosa ingrata que digo entre mis dientes,[12] que los desta fermosa doncella fueran señores de mi libertad."

---

[9] **Me ha…** *it has happened to me that I dreamed that I was falling down from a tower and never hit the ground, and when I woke, I was as beaten up and pounded*

[10] **Hasta ahora…** *until now we haven't come across any that can be called one.* **Lo** refers to **aventura.**

[11] **Si yo…** *if I don't praise it* [= **mi persona**].

[12] **Entre…** *under my breath*

Confusas estaban la ventera y su hija y la buena de Maritornes oyendo
las razones del andante caballero, que así las entendían como si hablara en
griego,° aunque bien alcanzaron que todas se encaminaban a ofrecimiento
y requiebros.[13] Y como no 'usadas a° semejante lenguaje, mirábanle y
admirábanse, y parecíales otro hombre de los que se usaban,[14] y
agradeciéndole con venteriles razones sus ofrecimientos, le dejaron, y la
asturiana Maritornes curó a Sancho, que no menos lo había menester que
su amo.

Había el harriero concertado con ella que aquella noche se refocilarían
juntos, y ella le había dado su palabra de que, en estando sosegados los
huéspedes y durmiendo sus amos, le iría a buscar y satisfacerle el gusto en
cuanto le mandase. Y cuéntase desta buena moza que jamás dio semejantes
palabras que no las cumpliese, aunque las diese en un monte y sin testigo
alguno, porque presumía° muy de hidalga, y no tenía por afrenta° estar en
aquel ejercicio de servir en la venta, porque decía ella que desgracias y
malos sucesos la habían traído a aquel estado.

El duro, estrecho,° apocado° y fementido° lecho de don Quijote estaba
primero en mitad de aquel estrellado[15] establo,° y luego, junto a él, hizo el
suyo Sancho, que solo contenía una 'estera de enea° y una manta, que antes
mostraba ser de anjeo° tundido° que de lana. Sucedía° a estos dos lechos
el del harriero, fabricado, como se ha dicho, de las enjalmas y de todo el
adorno de los dos mejores mulos que traía, aunque eran doce, lucios,°
gordos y famosos, porque era uno de los ricos harrieros de Arévalo,[16] según
lo dice el autor desta historia, que deste harriero hace particular mención,
porque le conocía muy bien, y aun quieren decir que era algo pariente
suyo.[17] 'Fuera de que° Cide Mahamate Benengeli fue historiador muy
curioso y muy puntual° en todas las cosas, y échase bien de ver, pues las
que quedan referidas, con ser tan mínimas° y tan rateras,° no las quiso
pasar en silencio. De donde podrán tomar ejemplo los historiadores graves,
que nos cuentan las acciones tan corta y sucintamente,° que apenas nos
llegan a los labios,[18] dejándose en el tintero,° ya por descuido, por malicia
o ignorancia, lo más sustancial de la obra.° ¡Bien haya mil veces[19] el autor
de *Tablante de Ricamonte*,[20] y aquel del otro libro donde se cuenta los
hechos del conde Tomillas,[21] y con qué puntualidad lo describen todo!

Digo, pues, que después de haber visitado el harriero a su recua y
dádole el segundo pienso, 'se tendió° en sus enjalmas y se dio a esperar a

Greek
used to

prided herself, dis-
grace

narrow, reduced,
false; stable
rush mat
linen, threadbare,
came next
sleek

besides
accurate
smallest, trivial

briefly
inkwell
work

stretched out

[13] **Todas...** all [the words] were leading to offerings and flattery
[14] **Parecíales...** he seemed to them to be another type of man from what they were
accustomed to
[15] Supposedly you could see stars **estrellas** through the roof.
[16] Arévalo is a city in the province of Ávila (population today of 6400), about 50
kilometers north of Ávila proper.
[17] **Algo...** something of a relative of his
[18] **Apenas...** we hardly get a taste of them
[19] **Bien...** a thousand blessings on
[20] *La corónica de los nobles caballeros Tablante de Ricamonte y de Jofre hijo del
conde Donason*, anonymous when published in Toledo in 1513.
[21] Conde Tomillas is a character in the *Historia de Enrique fi[jo] de Oliva, rey de
Iherusalem, emperador de Constantinopla* (Seville, 1498).

su puntualísima° Maritornes. Ya estaba Sancho bizmado y acostado, y   very punctual
aunque procuraba° dormir, no lo consentía el dolor de sus costillas. Y don   tried to
Quijote, con el dolor de las suyas, tenía los ojos abiertos como liebre.°   hare
Toda la venta estaba en silencio, y en toda ella no había otra luz que la que
5   daba una lámpara que colgada° en medio del portal ardía.° Esta maravillosa   hanging, burned
quietud,° y los pensamientos que siempre nuestro caballero traía de los   stillness
sucesos que a cada paso se cuentan en los libros autores de su desgracia,
le trujo a la imaginación una de las estrañas locuras que buenamente
imaginarse pueden. Y fue que él se imaginó haber llegado a un famoso
10 castillo, que, como se ha dicho, castillos eran a su parecer todas las ventas
donde alojaba, y que la hija del ventero lo era del señor del castillo,[22] la
cual, vencida° de su gentileza,° se había enamorado dél y prometido que   conquered, elegance
aquella noche, 'a furto° de sus padres, vendría a yacer con él una buena   on the sly
pieza. Y teniendo toda esta quimera, que él se había fabricado, por firme
15 y valedera,° se comenzó a acuitar y a pensar en el peligroso trance en que   binding
su honestidad se había de ver, y propuso en su corazón de no cometer
alevosía a su señora Dulcinea del Toboso, aunque la mesma reina Ginebra
con su dama Quintañona se le pusiesen delante.

Pensando, pues, en estos disparates, se llegó el tiempo y la hora, que
20 para él fue menguada,[23] de la venida de la asturiana, la cual, en camisa° y   nightshirt
descalza,° cogidos los cabellos en una 'albanega de fustán,° con tácitos° y   barefoot, hairnet,
atentados° pasos, entró en el aposento donde los tres alojaban, en busca del   quiet; careful
harriero. Pero apenas llegó a la puerta, cuando don Quijote la sintió,° y   heard
sentándose en la cama, a pesar de sus bizmas y con dolor de sus costillas,
25 tendió° los brazos para recebir a su fermosa doncella. La asturiana, que,   extended
toda recogida° y callando, iba con las manos delante° buscando a su   crouching, in front
querido,° topó con los brazos de don Quijote, el cual la asió fuertemente de   lover
una muñeca,° y tirándola° hacia sí, sin que ella osase hablar palabra, la hizo   wrist, pulling her
sentar sobre la cama. Tentóle° luego la camisa, y aunque ella era de   felt
30 harpillera,° a él le pareció ser de finísimo y delgado cendal.° Traía en las   burlap, silk
muñecas unas cuentas° de vidro,° pero a él le dieron vislumbres° de   beads, glass, sem-
preciosas perlas orientales. Los cabellos, que en alguna manera tiraban a   blance
crines, él los marcó por hebras de lucidísimo oro de Arabia,[24] cuyo
resplandor° al del mesmo sol escurecía. Y el aliento, que, sin duda alguna,   brightness
35 olía a ensalada fiambre° y trasnochada,° a él le pareció que arrojaba de su   coldcuts, stale
boca un olor suave° y aromático, y finalmente él la pintó en su imaginación   gentle
de la misma traza y modo que lo había leído en sus libros, de la otra
princesa que vino a ver el° mal ferido caballero, vencida de sus amores, con   *al*
todos los adornos que aquí van puestos. Y era tanta la ceguedad° del pobre   blindness
40 hidalgo, que el tacto,° ni el aliento, ni otras cosas que traía en sí la buena   touch
doncella, no le desengañaban, las cuales pudieran hacer vomitar a otro que
no fuera harriero. Antes le parecía que tenía entre sus brazos a la diosa° de   goddess
la hermosura. Y teniéndola bien asida, con voz amorosa y baja, le comenzó
a decir:

[22] **La hija...** *the daughter of the innkeeper was the daughter of the lord of the castle*
[23] The **hora menguada** is the fatal moment.
[24] **En alguna...** *in some way resembled the mane of a horse, he considered them to be threads of shiniest Arabian gold*

"Quisiera hallarme en términos, fermosa y alta señora, de poder pagar
tamaña merced como la que con la vista de vuestra gran fermosura me
habedes° fecho, pero ha querido la fortuna, que no se cansa de perseguir°   habéis, pursue
a los buenos, ponerme en este lecho, donde yago tan molido y quebrantado,
que, aunque de mi voluntad quisiera satisfacer a la vuestra, fuera°   sería
imposible. Y más,° que se añade a esta imposibilidad otra mayor, que es la   furthermore
prometida fe que tengo dada a la sin par Dulcinea del Toboso, única señora
de mis más escondidos pensamientos. Que si esto no hubiera de por
medio,[25] no fuera yo tan sandio° caballero, que 'dejara pasar en blanco° la   foolish, would miss
venturosa ocasión en que vuestra gran bondad me ha puesto."
    Maritornes estaba congojadísima° y trasudando° de verse tan asida de   very distressed,
don Quijote, y sin entender ni estar atenta a las razones que le decía,   sweating
procuraba, sin hablar palabra, desasirse.° El bueno del harriero, a quien   get loose
tenían despierto sus malos deseos,[26] desde el punto que entró su coima° por   concubine
la puerta, la sintió. Estuvo atentamente escuchando todo lo que don Quijote
decía, y celoso° de que la asturiana le hubiese faltado a la palabra por   suspicious
otro,[27] se fue llegando más al lecho de don Quijote, y estúvose quedo hasta
ver en qué paraban aquellas razones que él no podía entender. Pero como
vio que la moza forcejaba° por desasirse, y don Quijote trabajaba por   struggled
tenella, pareciéndole mal la burla, enarboló° el brazo en alto y descargó tan   raised high
terrible puñada° sobre las estrechas quijadas° del enamorado caballero, que   punch, jaws
le bañó° toda la boca en sangre. Y no contento con esto, se le subió encima   bathed
de las costillas, y con los pies, más que de trote, se las paseó todas de cabo
a cabo.[28] El lecho, que era un poco endeble° y de no firmes fundamentos,°   weak, foundation
no pudiendo sufrir° la añadidura del harriero, 'dio consigo en el suelo,° a   support, it fell
cuyo gran ruido despertó el ventero, y luego imaginó que debían de ser
pendencias de Maritornes, porque, habiéndola llamado a voces, no
respondía. Con esta sospecha se levantó y encendiendo° un candil,° se fue   lighting, lamp
hacia donde había sentido la pelaza.° La moza, viendo que su amo venía y   scuffle
que era de condición terrible, toda medrosica° y alborotada, 'se acogió° a   afraid, took refuge
la cama de Sancho Panza, que aun dormía, y allí 'se acorrucó° y se hizo un   curled up
ovillo.°   ball
    El ventero entró diciendo:
    "¿Adónde estás, puta?° A buen seguro que son tus cosas éstas."   whore
    En esto despertó Sancho, y sintiendo aquel bulto° casi encima de sí,   mass
pensó que tenía la pesadilla° y comenzó a dar puñadas a una y otra parte,   nightmare
y entre otras, alcanzó con no sé cuántas a Maritornes, la cual, sentida del
dolor, echando a rodar la honestidad,[29] dio el retorno a Sancho con tantas,
que, a su despecho, le quitó el sueño,[30] el cual, viéndose tratar de aquella
manera y sin saber de quién, alzándose como pudo, se abrazó con
Maritornes, y comenzaron entre los dos la más reñida° y graciosa escara-   hard-fought

---

[25] **Si esto...** *if this weren't in the way*
[26] **A quien...** *whose evil desires had him awake*
[27] **Le hubiese...** *had broken her word to him for another*
[28] **Con los...** *with his feet, faster than at a trot, he strolled from one end of them [the
ribs] to the other*
[29] **Sentida del dolor...** *feeling the pain, casting aside her modesty*
[30] **A su...** *to his dismay, woke him up*

muza° del mundo.   skirmish

     Viendo, pues, el harriero, a la lumbre del candil del ventero, cuál°   **cómo**
andaba su dama, dejando a don Quijote, acudió a dalle el socorro necesario.
Lo mismo hizo el ventero, pero con intención diferente, porque fue a
5 castigar° a la moza, creyendo, sin duda, que ella sola era la ocasión de toda   to punish
aquella harmonía. Y así, como suele decirse: el gato al rato, el rato a la
cuerda,° la cuerda al palo,°³¹ daba el harriero a Sancho, Sancho a la moza,   rope, stick
la moza a él, el ventero a la moza, y todos menudeaban con tanta priesa
que no se daban 'punto de reposo.° Y fue lo bueno que al ventero se le   a moment's rest
10 apagó el candil,³² y como quedaron ascuras,° dábanse tan sin compasión   **a oscuras**
todos a bulto, que 'a doquiera° que ponían la mano no dejaban cosa sana.°   wherever, sound

     Alojaba acaso aquella noche en la venta un cuadrillero° de los que   officer
llaman de la Santa Hermandad Vieja de Toledo, el cual, oyendo ansimesmo
el estraño estruendo de la pelea,° asió de su media vara y de la caja de lata   fight
15 de sus títulos,³³ y entró ascuras en el aposento, diciendo:

     "¡Ténganse a la justicia!³⁴ ¡Ténganse a la Santa Hermandad!"

     Y el primero con quien topó fue con el apuñeado° de don Quijote, que   pummeled
estaba en su derribado° lecho, tendido boca arriba,³⁵ sin sentido alguno, y   flattened
echándole a tiento mano a las barbas,³⁶ no cesaba de decir: "¡Favor a la
20 justicia!" Pero viendo que el que tenía asido no 'se bullía° ni meneaba, se   stirred
dio a entender que estaba muerto, y que los que allí dentro estaban eran sus
matadores, y con esta sospecha, reforzó° la voz, diciendo: made loud

     "¡Ciérrese la puerta de la venta! ¡Miren no se vaya nadie, que han
muerto aquí a un hombre!"

25   Esta voz sobresaltó° a todos, y 'cada cual° dejó la pendencia en el   terrified, each one
grado° que le tomó la voz. Retiróse el ventero a su aposento, el harriero a   stage
sus enjalmas, la moza a su rancho.° Solos los desventurados don Quijote y   room
Sancho no se pudieron mover de donde estaban. Soltó en esto el cuadrillero
la barba de don Quijote, y salió a buscar luz, para buscar y prender los
30 delincuentes. Mas no la halló, porque el ventero, de industria, había muerto
la lámpara cuando se retiró a su estancia, y fuele forzoso acudir a la
chimenea,° donde, con mucho trabajo y tiempo, encendió el cuadrillero otro   fireplace
candil.

---

³¹ Rodríguez Marín explains that this is from a children's tale (I, 436-37).
³² **Fue...** *the good thing was the innkeeper's lamp went out*
³³ **Media vara...** *staff of office and tin box of warrants*
³⁴ **Ténganse...** *Stop in the name of justice*
³⁵ **Tendido...** *stretched out on his back*
³⁶ **Echándole...** *touching the beard*

Capítulo XVII. Donde se prosiguen los innumerables trabajos que el bravo° don Quijote y su buen escudero Sancho Panza pasaron en la venta que, por su mal, pensó que era castillo.

valiant

HABÍA YA vuelto en este tiempo de su parasismo° don Quijote, y con el mesmo tono de voz con que el día antes había llamado a su escudero, cuando estaba tendido en «el val de las estacas»,[1] le comenzó a llamar, diciendo:

convulsion

"Sancho amigo, ¿duermes? ¿Duermes, amigo Sancho?"

"¡Qué tengo de dormir, pesia a mí!"[2] respondió Sancho, lleno de pesadumbre y de despecho, "que no parece sino que todos los diablos han andado comigo° esta noche."

conmigo

"Puédeslo creer ansí, sin duda," respondió don Quijote, "porque, o yo sé poco, o este castillo es encantado. Porque 'has de saber…°' mas esto que ahora quiero decirte, hasme de jurar que lo tendrás secreto hasta después de mi muerte."

I want you to know

"Sí, juro," respondió Sancho.

"Dígolo," replicó don Quijote, "porque soy enemigo de que se quite la honra a nadie."[3]

"Digo que sí juro," tornó a decir Sancho, "que lo callaré hasta después de los días de vuestra merced, y plega° a Dios que lo pueda descubrir mañana."

may it please

"¿Tan malas obras te hago,[4] Sancho," respondió don Quijote, "que me querrías ver muerto con tanta brevedad?"

"No es por eso," respondió Sancho, "sino porque soy enemigo de guardar mucho las cosas, y no querría que se me pudriesen de guardadas."[5]

"Sea por lo que fuere,"[6] dijo don Quijote, "que más fío° de tu amor y de tu cortesía. Y así has de saber que esta noche me ha sucedido una de las más estrañas aventuras que yo sabré encarecer.° Y por contártela 'en breve,° sabrás que poco ha que a mí vino la hija del señor deste castillo, que es la más apuesta° y fermosa doncella que en gran parte de la tierra se puede hallar. ¿Qué te podría decir del adorno de su persona? ¿Qué de su gallardo entendimiento? ¿Qué de otras cosas ocultas,° que, por guardar la fe que debo a mi señora Dulcinea del Toboso, dejaré pasar intactas y en silencio? Sólo te quiero decir que, envidioso° el cielo de tanto bien como la ventura me había puesto en las manos, o quizá—y esto es lo más cierto—que, como tengo dicho, es encantado este castillo, al tiempo que yo estaba con ella en dulcísimos y amorosísimos coloquios, sin que yo la viese ni supiese por donde venía, vino una mano pegada° a algún brazo de algún descomunal gigante y asentóme° una puñada en las quijadas, tal que

trust

describe
briefly
elegant

concealed

envious

attached to
struck

---

[1] **El val de las estacas** "the valley of the stakes," comes from an old **romance** which everyone would have recognized: "Por el val de las estacas / El buen Cid pasado había: / A la mano izquierda deja / La villa de Constantina."

[2] **¡Qué tengo…** *How can I sleep, for God's sake*

[3] **Soy enemigo…** *I hate away anybody's good name being taken away*

[4] **¿Tan malas…** *Do I treat you so badly?*

[5] **No querría…** *I don't want them to rot for having kept them too long*

[6] **Sea…** *be that as it may*

las tengo todas bañadas en sangre, y después me molió 'de tal suerte° que in such a way
estoy peor que ayer cuando los gallegos, que, por demasías° de Rocinante, audacity
nos hicieron el agravio que sabes. Por donde conjeturo que el tesoro de la
fermosura desta doncella le debe de guardar algún encantado moro, y no
5 debe de ser para mí."[7]

"Ni para mí tampoco," respondió Sancho, "porque más de cuatrocientos
moros me han aporreado a mí de manera que el molimiento de las estacas
'fue tortas y pan pintado.° Pero dígame, señor, ¿cómo llama a esta buena was nothing
y rara aventura, habiendo quedado della cuál quedamos?[8] Aun vuestra
10 merced, menos mal, pues tuvo en sus manos aquella incomparable
fermosura que ha dicho. Pero yo ¿qué tuve, sino los mayores porrazos° que blows
pienso recebir en toda mi vida? ¡Desdichado de mí y de la madre que me
parió, que ni soy caballero andante, ni lo pienso ser jamás, y de todas las
malandanzas° me cabe la mayor parte!" misfortunes

15 "Luego ¿también estás tu aporreado?" respondió don Quijote.

"¿No le he dicho que sí, pesia a mi linaje?" dijo Sancho.

"No tengas pena, amigo," dijo don Quijote, "que yo haré agora el
bálsamo precioso con que sanaremos en un abrir y cerrar de ojos."[9]

Acabó en esto de encender el candil el cuadrillero, y entró a ver el que
20 pensaba que era muerto, y así como le vio entrar Sancho, viéndole venir en
camisa y con su 'paño de cabeza° y candil en la mano, y con una muy mala night cap
cara, preguntó a su amo:

"Señor, ¿si será éste a dicha el moro encantado que nos vuelve a
castigar, si se dejó algo en el tintero?"

25 "No puede ser el moro," respondió don Quijote, "porque los encantados
no se dejan ver de nadie."[10]

"Si no se dejan ver, déjanse sentir," dijo Sancho, "si no, díganlo mis
espaldas."[11]

"También lo podrían decir las mías," respondió don Quijote, "pero no
30 es bastante indicio ése para creer que este que se vee sea el encantado
moro."

Llegó el cuadrillero, y como los halló hablando en tan sosegada
conversación, quedó suspenso. Bien es verdad que aún don Quijote se
estaba boca arriba, sin poderse menear de puro molido y emplastado.° covered with plaster
35 Llegóse a él el cuadrillero y díjole:

"Pues ¿cómo va, buen hombre?"[12]

"Hablara yo 'más bien criado,°" respondió don Quijote, "si fuera que more courteously

---

[7] **La fermosura...** *some Moor must guard the beauty of this maiden, and it [the beauty] must not be for me*

[8] **Habiendo quedado...** *having come out of it the way we have*

[9] **En un...** *in the twinkling of an eye*

[10] **No se...** *they don't let anyone see them*

[11] **Déjanse sentir...** *"They let themselves be felt," said Sancho, "if not, let my back speak for me."*

[12] Although this was said seemingly in innocence, Don Quijote takes offense because he thinks it is used in its despective meaning, **pobre hombre**. Clemencín says that is a form of address that implies great superiority.

vos.[13] ¿Úsase en esta tierra hablar desa suerte° a los caballeros andantes, majadero°?"
El cuadrillero, que se vio tratar° tan mal de un hombre de tan 'mal parecer,° no lo pudo sufrir, y alzando el candil con todo su aceite, dio a don Quijote con él en la cabeza, de suerte que le dejó muy bien descalabrado,° y como todo quedó ascuras, salióse luego, y Sancho Panza dijo:

"Sin duda, señor, que éste es el moro encantado, y debe de guardar el tesoro para otros, y para nosotros sólo guarda las puñadas y los candilazos.°"

"Así es," respondió don Quijote, "y no hay que hacer caso destas cosas de encantamentos, ni hay para qué tomar cólera ni enojo con ellas, que, como son invisibles y fantásticas,° no hallaremos de quien vengarnos, aunque más lo procuremos.[14] Levántate, Sancho, si puedes, y llama al alcaide desta fortaleza, y procura que se me dé un poco de aceite, vino, sal y romero para hacer el salutífero° bálsamo, que en verdad que creo que lo he° bien menester ahora, porque se me va mucha sangre de la herida que esta fantasma° me ha dado."

Levantóse Sancho con harto° dolor de sus huesos, y fue ascuras donde estaba el ventero, y encontrándose con el cuadrillero, que estaba escuchando en qué paraba su enemigo, le dijo:

"Señor, quienquiera que seáis, hacednos merced y beneficio° de darnos un poco de romero, aceite, sal y vino, que es menester para curar uno de los mejores caballeros andantes que hay en la tierra, el cual yace° en aquella cama mal ferido por las manos del encantado moro que está en esta venta."

Cuando el cuadrillero tal oyó, túvole por hombre falto de seso.[15] Y porque ya comenzaba a amanecer,° abrió la puerta de la venta, y llamando al ventero, le dijo lo que aquel buen hombre quería. El ventero le proveyó de cuanto quiso,[16] y Sancho se lo llevó a don Quijote, que estaba con las manos en la cabeza, quejándose del dolor del candilazo, que no le había hecho más mal que levantarle dos chichones° algo crecidos,° y lo que él pensaba que era sangre no era sino sudor que sudaba con la congoja° de la pasada tormenta.

En resolución, él tomó sus simples,° de los cuales hizo un compuesto,° mezclándolos todos y cociéndolos° un buen espacio, hasta que le pareció que estaban 'en su punto.° Pidió luego alguna redoma° para echallo, y como no la hubo en la venta, se resolvió de ponello en una alcuza o aceitera de hoja de lata,[17] de quien el ventero le hizo grata° donación.° Y luego dijo sobre la alcuza más de ochenta paternostres° y otras tantas avemarías,° salves° y credos,° y a cada palabra acompañaba una cruz° a modo de bendición. A todo lo cual se hallaron presentes Sancho, el ventero

Right margin glosses:
way
blockhead
addressed
bad appearance
wounded on head

blows with lamp

unreal

healthy
tengo
phantom
plenty of

kindness

lies

dawn

bumps on head, swollen; anguish

ingredients, compound; cooking ready, flask

free, gift
Our Fathers, Hail Marys; *Salve Reginas*, creeds, cross

---

[13] **Si fuera...** *if I were you*
[14] **No hallaremos...** *we won't find anyone to take vengeance on, no matter how hard we look*
[15] **Túvole...** *he took him for a crazy person*
[16] **Le proveyó...** *provided him with everything he wanted*
[17] **En un...** *in a cruet or an oil container of tin*

y cuadrillero, que ya el harriero sosegadamente andaba entendiendo en el beneficio de sus machos.[18]

Hecho esto, quiso él mesmo 'hacer luego la esperiencia° de la virtud de aquel precioso bálsamo que él se imaginaba, y así se bebió de lo que no pudo caber° en la alcuza y quedaba en la olla° donde se había cocido, casi 'media azumbre.° Y apenas lo acabó de beber, cuando comenzó a vomitar de manera que no le quedó cosa en el estómago, y con las ansias° y agitación del vómito le dio un sudor copiosísimo, por lo cual mandó que le arropasen° y le dejasen solo. Hiciéronlo ansí, y quedóse dormido más de tres horas, al cabo de las cuales despertó y se sintió aliviadísimo° del cuerpo, y en tal manera mejor de su quebrantamiento,° que se tuvo por sano. Y verdaderamente creyó que había acertado con el bálsamo de Fierabrás, y que con aquel remedio podía acometer desde allí adelante, sin temor alguno, cualesquiera ruinas,° batallas y pendencias, por peligrosas que fuesen.

Sancho Panza, que también tuvo a milagro la mejoría de su amo,[19] le rogó que le diese a él lo que quedaba en la olla, que no era poca cantidad. Concedióselo don Quijote, y él tomándola a dos manos, con buena fe y mejor talante, se la echó a pechos y envasó bien poco menos que su amo.[20] Es, pues, el caso que el estómago del pobre Sancho no debía de ser tan delicado como el de su amo, y así 'primero que° vomitase le dieron tantas ansias y bascas,° con tantos trasudores y desmayos,° que él pensó bien y verdaderamente que era llegada su última hora. Y viéndose tan afligido° y congojado,° maldecía° el bálsamo y al ladrón que se lo había dado.

Viéndole así don Quijote, le dijo:

"Yo creo, Sancho, que todo este mal te viene de no ser armado caballero. Porque tengo para mí que este licor no debe de aprovechar a los que no lo son."

"Si eso sabía vuestra merced," replicó Sancho, "¡mal haya yo y toda mi parentela![21] ¿para qué consintió que lo gustase?"

En esto hizo su operación el brebaje,° y comenzó el pobre escudero a desaguarse por entrambas canales,[22] con tanta priesa, que la estera de enea sobre quien se había vuelto a echar, ni la manta de anjeo con que se cubría, fueron más de provecho.° Sudaba y trasudaba con tales parasismos y accidentes, que no solamente él, sino todos pensaron que se le acababa la vida. Duróle esta borrasca° y 'mala andanza° casi dos horas, al cabo de las cuales no quedó como su amo, sino tan molido y quebrantado, que no se podía tener.

Pero don Quijote, que, como se ha dicho, se sintió aliviado y sano, quiso partirse luego a buscar aventuras, pareciéndole que todo el tiempo que allí se tardaba era quitársele al mundo y a los en él menesterosos de su

Right margin glosses:
try out
fit, pot
quart
nausea
cover
very relieved
exhaustion
ravages
before
swoonings, faintings
afflicted
distressed, cursed
brew
use
tempest, **malandanz**

[18] **El harriero...** *the muleteer was calmly attending to the good of his mules*
[19] **Tuvo...** *held the improvement of his master to be a miracle*
[20] **Se la...** *he took it and drank not much less than his master*
[21] **Mal haya...** *woe is me and all my kindred*
[22] The dictionary definition of **desaguarse** is *to discharge by vomiting or stooling* so the added **por entrambas canales** *through both canals* underlines that both things happened.

favor y amparo,[23] y más° con la seguridad° y confianza que llevaba en su   moreso, security
bálsamo. Y así, forzado° deste deseo, él mismo ensilló a Rocinante y   compelled
enalbardó al jumento de su escudero, a quien también ayudó a vestir y a
subir en el asno. Púsose luego a caballo, y llegándose a un rincón de la
venta, asió de un lanzón° que allí estaba, para que le sirviese de lanza.   short lance
     Estábanle mirando 'todos cuantos° había en la venta, que pasaban° de   everyone, surpassed
más de veinte personas. Mirábale también la hija del ventero, y él también
no quitaba los ojos della, y de cuando en cuando arrojaba un sospiro que
parecía que le arrancaba° de lo profundo de sus entrañas, y todos pensaban   drew out
que debía de ser del dolor que sentía en las costillas, a lo menos pensábanlo
aquellos que la noche antes le habían visto bizmar.
     'Ya que° estuvieron los dos a caballo, puesto a la puerta de la venta,   as soon as
llamó al ventero, y con voz muy reposada y grave le dijo:
     "Muchas y muy grandes son las mercedes, señor alcaide, que en este
vuestro castillo he recebido, y quedo obligadísimo° a agradecéroslas todos   very obliged
los días de mi vida. Si os las puedo pagar° en haceros vengado° de algún   repay, avenged
soberbio° que os haya fecho algún agravio, sabed que mi oficio no es otro   arrogant person
sino valer a los que poco pueden, y vengar a los que reciben tuertos, y
castigar alevosías. Recorred° vuestra memoria, y si halláis alguna cosa deste   examine
jaez° que encomendarme, no hay sino decilla, que yo os prometo, por la   kind
orden de caballero que recebí, de faceros satisfecho y pagado a toda vuestra
voluntad."
     El ventero le respondió con el mesmo sosiego:
     "Señor caballero, yo no tengo necesidad de que vuestra merced me
vengue ningún agravio, porque yo sé tomar la venganza que me parece,[24]
cuando se me hacen. Sólo he menester que vuestra merced me pague el
gasto° que esta noche ha hecho en la venta, así de la paja y cebada de sus   expense
dos bestias,° como de la cena y camas."   animals
     "Luego ¿venta es ésta?" replicó don Quijote.
     "Y muy honrada,°" respondió el ventero.   reputable
     "Engañado° he vivido hasta aquí," respondió don Quijote, "que en   deceived
verdad que pensé que era castillo, y no malo. Pero, pues es ansí que no es
castillo, sino venta, lo que se podrá hacer por agora es que perdonéis por
la paga,[25] que yo no puedo contravenir° a la orden de los caballeros andan-   violate
tes, de los cuales sé cierto,° sin que hasta ahora haya leído cosa en   for certain
contrario, que jamás pagaron posada° ni otra cosa en venta donde   lodging
estuviesen, porque se les debe de fuero° y de derecho° cualquier buen   law, right
acogimiento° que se les hiciere, en pago del insufrible trabajo que padecen   shelter
buscando las aventuras de noche y de día, en invierno y en verano, a pie y
a caballo, con sed y con hambre, con calor y con frío, sujetos a todas las
inclemencias del cielo y a todos los incómodos° de la tierra."   discomforts
     "Poco tengo yo que ver en eso," respondió el ventero, "págueseme lo
que se me debe, y dejémonos de cuentos ni de caballerías, que yo no tengo
cuenta con otra cosa que con cobrar° mi hacienda."   collect
     "Vos sois un sandio y mal hostalero,°" respondió don Quijote.   innkeeper

---

[23] **Quitársele...** to deprive his protection from the world and the needy in it
[24] **La venganza...** the vengeance that I see fit
[25] **Perdonéis...** forgive the payment

Y poniendo piernas a Rocinante[26] y terciando° su lanzón, se salió de   balancing
la venta sin que nadie le detuviese, y él, sin mirar si le seguía su escudero,
'se alongó° un buen trecho. El ventero que le vio ir y que no le pagaba,   went away
acudió a cobrar de Sancho Panza, el cual dijo que pues° su señor no había   since
5 querido pagar, que tampoco él pagaría. Porque siendo el escudero de
caballero andante, como era, la mesma regla y razón corría por él como por
su amo en no pagar cosa alguna en los mesones° y ventas. Amohinóse°   inns, became irritate
mucho desto el ventero, y amenazóle que si no le pagaba, que lo cobraría
de modo que le pesase.° A lo cual Sancho respondió que, por la ley de   would displease
10 caballería que su amo había recebido, no pagaría un solo cornado,° aunque   1/6 of a *maravedí*
le costase la vida, porque no había de perder por él la buena y antigua
usanza de los caballeros andantes, ni se habían de quejar dél los escuderos
de los tales que estaban por venir al mundo, reprochándole el
quebrantamiento de tan justo fuero.[27]
15   Quiso la mala suerte del desdichado Sancho que, entre la gente que
estaba en la venta, se hallasen cuatro peraires° de Segovia, tres agujeros°   woolcarders, needle
del Potro de Córdoba y dos vecinos de la Heria[28] de Sevilla, gente alegre,   makers
bien intencionada, maleante y juguetona,° los cuales, casi como instigados°   playful, incited
y movidos de un mesmo espíritu, se llegaron a Sancho, y apeándole del
20 asno, uno dellos entró por° la manta° de la cama del huésped, y echándole°   to fetch, blanket,
en ella, alzaron los ojos y vieron que el techo° era algo más bajo de lo que   le = Sancho; ceilin
habían menester para su obra, y determinaron salirse al corral, que tenía por
límite el cielo. Y allí, puesto Sancho en mitad de la manta, comenzaron a
levantarle en alto y a holgarse con él, como con perro por carnestolendas.°   carnival
25   Las voces que el mísero manteado daba fueron tantas, que llegaron a
los oídos de su amo, el cual, deteniéndose a escuchar atentamente, creyó
que alguna nueva aventura le venía, hasta que claramente conoció que el
que gritaba era su escudero, y volviendo las riendas, con un penado° galope   laborious
llegó a la venta, y hallándola cerrada, la rodeó° por ver si hallaba por donde   went around
30 entrar. Pero no hubo llegado a las paredes del corral, que no eran muy altas,
cuando vio el mal juego que se le hacía a su escudero. Viole bajar y subir
por el aire, con tanta gracia y presteza,° que, si la cólera le dejara, tengo   nimbleness
para mí que 'se riera.° Probó a subir desde el caballo a las bardas,[29] pero   he would have
estaba tan molido y quebrantado, que aun apearse no pudo, y así, desde   laughed
35 encima del caballo, comenzó a decir tantos denuestos° y baldones° a los   insults, affronts
que a Sancho manteaban,° que no es posible acertar a escribillos, mas no   were blanketing
por esto cesaban ellos de su risa° y de su obra, ni el volador Sancho dejaba   laughter
sus quejas,° mezcladas ya con amenazas, ya con ruegos,° Mas todo   grumblings, suppli-
aprovechaba poco, ni aprovechó, hasta que de puro cansados le dejaron.°   cations; let go
40 Trujéronle allí su asno, y subiéndole encima, le arroparon con su gabán.°   sleeved cloak
Y la compasiva de Maritornes, viéndole tan fatigado,° le pareció ser bien   weary

[26] **Y poniendo…** *and spurring Rocinante.* The first edition had **al Rocinante.** The
second had **a Rocinante.** I have changed Schevill's **al** to **a.**

[27] **Ni se habían…** *nor would the squires of others who had yet to come into the world
be able to complain about him, reproaching him for having broken such a proper law*

[28] Pronounced **Jeria = Feria,** a section of Seville where a market was held weekly
(Rodríguez Marín). Another place where rogues gathered together.

[29] **Probó…** *he tried to climb up from the horse to the fence*

con un jarro de agua, y así se le trujo del pozo, por ser más frío. Tomóle Sancho, y llevándole a la boca, se paró a las voces que su amo le daba, diciendo:

"¡Hijo Sancho, no bebas agua! ¡Hijo, no la bebas, que te matará! Ves aquí tengo el santísimo° bálsamo"—y enseñábale la alcuza del brebaje— "que con dos gotas que dél bebas sanarás sin duda."   very holy

A estas voces volvió Sancho los ojos como de través,[30] y dijo con otras mayores:

"Por dicha ¿hásele olvidado a vuestra merced como yo no soy caballero, o quiere que acabe de vomitar las entrañas que me quedaron de anoche? ¡Guárdese su licor con todos los diablos, y déjeme a mí!"

Y el acabar de decir esto y el comenzar a beber, todo fue uno. Mas como al primer trago vio que era agua, no quiso pasar adelante, y rogó a Maritornes que se le trujese de vino, y así lo hizo ella de muy buena voluntad, y lo pagó de su mesmo dinero, porque, en efecto, se dice della que, aunque estaba en aquel trato, tenía unas 'sombras y lejos° de cristiana.   appearance

Así como bebió Sancho dio de los carcaños° a su asno, y abriéndole   heels
la puerta de la venta de par en par, se salió della, muy contento de no haber pagado nada y de haber salido con su intención, aunque había sido a costa de sus acostumbrados fiadores,° que eran sus espaldas. Verdad es que el   guarantors
ventero se quedó con sus alforjas en pago de lo que se le debía. Mas Sancho no las 'echó menos,° según salió turbado.° Quiso el ventero   missed, upset
atrancar° bien la puerta así como le vio fuera. Mas no lo consintieron los   bar
manteadores,° que era gente que, aunque don Quijote fuera verdaderamente   blanketers
de los caballeros andantes de la Tabla Redonda, no le estimaran° en dos   value
ardites.°   "old coins"

Capítulo XVIII. Donde se cuentan las razones que pasó Sancho Panza con su señor don Quijote, con otras aventuras dignas de ser contadas.

5   LLEGÓ SANCHO a su amo marchito° y desmayado,° tanto, que no podía   withered, faint
     harrear° a su jumento. Cuando así le vio don Quijote, le dijo: drive
     "Ahora acabo de creer, Sancho bueno, que aquel castillo o venta, de
     que es encantado sin duda, porque aquellos que tan atrozmente° tomaron   cruelly
     pasatiempo° contigo, ¿qué podían ser sino fantasmas y gente del otro   amusement
10   mundo? Y confirmo esto por haber visto que cuando estaba° por las bardas   yo estaba
     del corral mirando los actos de tu triste tragedia, no me fue posible subir
     por ellas, ni menos pude apearme de Rocinante, porque me debían de tener
     encantado; que te juro por la fe de quien soy que, si pudiera subir o
     apearme, que yo te hiciera° vengado de manera que aquellos follones y   habría
15   malandrines se acordaran de la burla para siempre, aunque en ello supiera° tuviera que
     contravenir a las leyes de la caballería, que, como ya muchas veces te he
     dicho, no consienten que caballero ponga mano contra quien no lo sea, si
     no fuere en defensa de su propria vida y persona, en caso 'de urgente° y   pressing
     gran necesidad."
20   "También me vengara yo si pudiera, fuera o no fuera armado caballero,
     pero no pude; aunque tengo para mí[1] que aquellos que se holgaron conmigo
     no eran fantasmas ni hombres encantados, como vuestra merced dice, sino
     hombres de 'carne y de hueso° como nosotros. Y todos, según los oí   flesh and blood
     nombrar° cuando me volteaban,° tenían sus nombres: que el uno se llamaba   called by name,
25   Pedro Martínez, y el otro Tenorio Hernández, y el ventero oí que se   whirled
     llamaba Juan Palomeque el Zurdo.° Así que, señor, el no poder saltar las   left-handed
     bardas del corral ni apearse del caballo, en él estuvo que en encantamentos.[2]
     Y lo que yo 'saco en limpio° de todo esto es, que estas aventuras que   conclude
     andamos buscando, 'al cabo al cabo,° nos han de traer a tantas desventuras, in the end
30   que no sepamos cuál es nuestro pie derecho. Y lo que sería mejor y más
     acertado, según mi poco entendimiento, fuera el volvernos a nuestro lugar,
     ahora que es tiempo de la siega° y de entender en la hacienda,° dejándonos harvest, farm
     de andar de Ceca en Meca y de zoca en colodrà,[3] como dicen."
     "¡Qué poco sabes, Sancho," respondió don Quijote, "de achaque de
35   caballería! Calla y ten paciencia, que día vendrá donde veas, por vista de
     ojos, cuán honrosa cosa es andar en este ejercicio. Si no, dime, ¿qué mayor
     contento puede haber en el mundo, o qué gusto puede igualarse al de
     vencer° una batalla y al de triunfar de su enemigo? Ninguno, sin duda   win
     alguna."
40   "Así debe de ser," respondió Sancho, "puesto que yo no lo sé. Sólo sé
     que después que somos caballeros andantes, o vuestra merced lo es—que
     yo no hay para qué me cuente° en tan honroso número—, jamás hemos   count
     vencido batalla alguna, si no fue la del vizcaíno, y aun de aquélla salió
     vuestra merced con media oreja y media celada menos, que después acá

---

[1] **Tengo...** *I firmly believe*
[2] **En él...** *had to do with something other than enchantments*
[3] **De Ceca...** *from one place to another.* **Ceca** *is the name of the mosque at Cordova and* **Meca** *is Mecca, the holy Muslim city.* **Zoca en colodra** *seems to mean from the plaza to the tavern.*

todo ha sido palos y más palos, puñadas y más puñadas, llevando yo de ventaja el manteamiento,[4] y haberme sucedido por personas encantadas, de quien no puedo vengarme, para saber hasta dónde llega el gusto del vencimiento del enemigo, como vuestra merced dice."

"Ésa es la pena que yo tengo y la que tú debes tener, Sancho," respondió don Quijote, "pero de aquí adelante yo procuraré haber a las manos[5] alguna espada hecha por tal maestría,° que al que la trujere consigo   skill
no le puedan hacer ningún género de encantamentos. Y aun podría ser que 'me deparase° la ventura aquella de Amadís, cuando se llamaba el   present myself
CABALLERO DE LA ARDIENTE ESPADA,[6] que fue una de las mejores espadas que tuvo caballero en el mundo, porque, fuera que tenía la virtud dicha,[7] cortaba como una navaja,° y no había armadura,° por fuerte y encantada   razor, armor
que fuese, que se le parase delante."[8]

"Yo soy tan venturoso," dijo Sancho, "que cuando eso fuese[9] y vuestra merced viniese a hallar espada semejante, sólo vendría a servir y aprovechar a los armados caballeros, como el bálsamo, y a los escuderos… que se los papen duelos."[10]

"No temas eso, Sancho," dijo don Quijote, "que mejor lo hará el cielo contigo."

En estos coloquios iban don Quijote y su escudero, cuando vio don Quijote que por el camino que iban venía hacia ellos una grande y espesa polvareda,° y en viéndola, se volvió a Sancho y le dijo: cloud of dust

"Éste es el día, ¡oh Sancho! en el cual se ha de ver el bien que me tiene guardado mi suerte. Éste es el día, digo, en que se ha de mostrar, tanto como en otro alguno, el valor de mi brazo, y en el que tengo de hacer obras que queden escritas en el libro de la fama por todos los venideros siglos. ¿Ves aquella polvareda que allí se levanta, Sancho? Pues toda es cuajada° de un 'copiosísimo ejército° que de diversas e innumerables gentes   churned up, very large army
por allí viene marchando."

"'A esa cuenta,° dos deben de ser," dijo Sancho, "porque desta parte   in that case
contraria[11] se levanta asimesmo otra semejante polvareda."

Volvió a mirarlo don Quijote, y vio que así era la verdad, y alegrándose sobremanera,° pensó sin duda alguna que eran dos ejércitos que   beyond measure
venían a embestirse° y a encontrarse° en mitad de aquella espaciosa   attack, clash
llanura°; porque tenía a todas horas y momentos llena la fantasía[12] de   plain
aquellas batallas, encantamentos, sucesos, desatinos, amores, desafíos, que en los libros de caballerías se cuentan, y 'todo cuanto° hablaba, pensaba o   everything
hacía, era encaminado a cosas semejantes. Y la polvareda que había visto la levantaban dos grandes manadas de ovejas y carneros° que, por aquel   sheep

---

[4] **Llevando yo de…** *over and above that, I have been blanketed*
[5] **Haber a…** *to have on hand*
[6] This was Amadís de Grecia.
[7] **Fuera que…** *aside from having the mentioned power*
[8] **Que se le…** *that could withstand it*
[9] **"Yo soy…**"Such is my luck," said Sancho, "that when this came to pass…""
[10] **Que se los…** *they'll be eaten by grief*
[11] **Desta…** *from the other side*
[12] **Tenía a todas horas…** *he had his imagination filled at all times*

mesmo camino, de dos diferentes partes venían, las cuales, con el polvo, no
se echaron de ver[13] hasta que llegaron cerca. Y con tanto ahinco afirmaba
don Quijote que eran ejércitos, que Sancho lo vino a creer y a decirle:
"Señor, pues ¿qué hemos de hacer nosotros?"
5   "¿Qué?" dijo don Quijote, "favorecer y ayudar a los menesterosos y
desvalidos. Y has de saber, Sancho, que éste que viene por nuestra frente
le conduce° y guía el grande emperador Alifanfarón, señor de la grande isla   leads
Trapobana;[14] este otro que a mis espaldas marcha es el de su enemigo el rey
de los garamantas,[15] Pentapolén del Arremangado° Brazo, porque siempre   rolled-up sleeve
10   entra en las batallas con el brazo derecho desnudo."
"Pues ¿por qué se quieren tan mal[16] estos dos señores?" preguntó
Sancho.
"Quiérense mal," respondió don Quijote, porque este Alefanfarón es un
foribundo° pagano, y está enamorado de la hija de Pentapolín, que es una   raging
15   muy fermosa y 'además agraciada° señora, y es cristiana, y su padre no se   excessively graceful
la quiere entregar al rey pagano, si no deja primero la ley de su falso
profeta Mahoma y se vuelve a la suya."[17]
"¡Para mis barbas," dijo Sancho, "si no hace muy bien Pentapolín,[18] y
que le tengo de ayudar en cuanto pudiere!"
20   "En eso harás lo que debes, Sancho," dijo don Quijote, "porque para
entrar en batallas semejantes 'no se requiere° ser armado caballero."   it's not required
"Bien se me alcanza eso,"[19] respondió Sancho. "Pero, ¿dónde
pondremos a este asno, que estemos ciertos de hallarle después de pasada
la refriega°? porque el entrar en ella en semejante caballería no creo que   fray
25   está en uso° hasta agora."   custom
"Así es verdad," dijo don Quijote, "lo que puedes hacer dél es dejarle
a sus aventuras,[20] ora se pierda o no, porque serán tantos los caballos que
tendremos después que salgamos vencedores,° que aun corre peligro   conquerors
Rocinante no le trueque por otro.[21] Pero estáme atento y mira, que te quiero
30   dar cuenta[22] de los caballeros más principales que en estos dos ejércitos
vienen. Y para que mejor los veas y notes, retirémonos a aquel altillo° que   little hill
allí se hace,° de donde se deben de descubrir lòs dos ejércitos."[23]   ve   hill
Hiciéronlo ansí, y pusiéronse sobre una loma,° desde la cual se vieran   hill
bien las dos manadas que a don Quijote se le hicieron° ejércitos, si las   **parecieron**
35   nubes del polvo que levantaban no les turbara° y cegara° la vista. Pero, con   confused, blinded
todo esto, viendo en su imaginación lo que no veía ni había, con voz
levantada comenzó a decir:

[13] **No se echaron ...** *they could not be seen*
[14] **Trapobana** is a switched-around **Taprobana**, the old name for Ceylon, now Sri
Lanka.
[15] Peoples from central Africa.
[16] **¿Por qué...** *why do they hate each other so much?*
[17] **Se vuelve...** *adopts his own*, that is, Pentapolín's Christianity.
[18] **¡Para mis barbas...** *"By my beard," said Sancho, "Pentapolín does quite right."*
[19] **Bien...** *I can understand that*
[20] **Dejarle...** *let him go free*
[21] **Aun corre...** *even Rocinante runs the risk that I'll exchange him for another*
[22] **Te quiero...** *I want to tell you about*
[23] **De donde...** *from where one can see the two armies*

"Aquel caballero que allí ves de las armas jaldes,° que trae en el   yellow
escudo un león coronado, rendido° a los pies de una doncella, es el valeroso   subdued
Laurcalco, señor de la Puente de Plata;[24] el otro de las armas de las flores
de oro, que trae en el escudo tres coronas de plata en campo azul, es el
temido Micocolembo,[25] gran duque de Quirocia; el otro de los miembros°   limbs
giganteos, que está a su derecha mano, es el nunca medroso Brandabarbarán
de Boliche,° señor de las tres Arabias,[26] que viene armado de aquel cuero   "an old game"
de serpiente, y tiene por escudo una puerta, que, según es fama, es una de
las del templo que derribó Sansón,[27] cuando con su muerte se vengó de sus
enemigos.[28]

"Pero vuelve los ojos a estotra° parte, y verás delante y en la frente   **esta otra**
destotro ejército al siempre vencedor y jamás vencido Timonel de
Carcajona,[29] príncipe de la Nueva Vizcaya,° que viene armado con las   Basque country
armas partidas° a cuarteles,° azules, verdes, blancas y amarillas, y trae en   divided, quarters
el escudo un gato de oro en campo leonado,° con una letra que dice: Miau,   lion-colored
que es el principio del nombre de su dama, que, según se dice, es la simpar
Miulina, hija del duque Alfeñiquén del Algarbe;[30] el otro, que carga y
oprime los lomos de aquella poderosa alfana,[31] que trae las armas como
nieve blancas,[32] y el escudo blanco y sin empresa alguna, es un caballero
novel, de nación° francés, llamado Pierres Papín,[33] señor de las baronías de   birth
Utrique; el otro, que bate° las hijadas° con los herrados° carcaños a aquella   strikes, flanks,
pintada y ligera cebra,° y trae las armas de los veros azules,[34] es el   stocked; zebra
poderoso duque de Nerbia, Espartafilardo del Bosque, que trae por empresa
en el escudo una esparraguera,° con una letra en castellano° que dice así: asparagus plant,
Rastrea° mi suerte."   Spanish; drags

Y desta manera fue nombrando muchos caballeros del uno y del otro
escuadrón, que él se imaginaba, y a todos les dio sus armas, colores,
empresas y motes° 'de improviso,° llevado de la imaginación de su nunca   mottos, improvising
vista locura, y sin parar, prosiguió diciendo:

"A este escuadrón frontero° forman y hacen gentes de diversas   in front
naciones:[35] aquí están los que bebían las dulces aguas del famoso Jan-

---

[24] There is a proverb **A enemigo que huye, puente de plata** *if your enemy flees, [give him] a bridge of silver.*

[25] **Mico** was a slang term for *lecherous man* and **cola** for *penis.*

[26] Arabia was divied into three sections, in Spanish: **Pétrea, Feliz** and **Desierta.**

[27] In Judges 16:3, Samson removed the doors of the gates of the city of Gaza, *not* the temple.

[28] Judges 16:29-30 tells how Samson pushed out the pillars of a house, causing the house to crumble, killing himself and a large number of Philistines, his enemies.

[29] **Carcajona** suggests **carcajada** *hearty laugh*

[30] The southern seacoast of Portugal is the Algarve. It had been Moorish territory.

[31] **Carga...** *weighs upon and presses down on the loins of that powerful horse*

[32] **Armas...** *arms white as snow*

[33] There was a hunchback Frenchman in Seville, proprietor of a playing-card store, whose name was Pierre Papin, in real-life, and mentioned in Cervantes' *El rufián dichoso* (Rodríguez Marín's note).

[34] **Veros azules** is a heraldic term referring to alternating bars of blue and white on one's shield.

[35] **A este...** *People of different nations form and make up this squadron in front*

to;[36] los montuosos que pisan los masílicos campos;[37] los que criban[38] el finísimo y menudo° oro en la felice Arabia;[39] los que gozan las famosas y frescas riberas° del claro Termodonte;[40] los que sangran[41] por muchas y diversas vías° al dorado Pactolo;[42] los númidas,[43] dudosos° en sus promesas;
5 los persas en arcos y flechas famosos;[44] los partos, los medos, que pelean huyendo;[45] los árabes, de mudables° casas; los citas, tan crueles como blancos;[46] los etiopes,° de horadados° labios, y otras infinitas naciones, cuyos rostros conozco y veo, aunque de los nombres no me acuerdo. En estotro escuadrón vienen los que beben las corrientes cristalinas del
10 olivífero Betis;[47] los que tersan° y pulen° sus rostros con el licor del siempre rico y dorado Tajo;[48] los que gozan las provechosas aguas del divino Genil;[49] los que pisan los tartesios[50] campos, de pastos° abundantes; los que se alegran en los eliseos jerezanos[51] prados; los manchegos, ricos y coronados de 'rubias espigas°; los de hierro vestidos, reliquias° antiguas
15 de la sangre goda°; los que en Pisuerga[52] se bañan, famoso por la mansedumbre° de su corriente; los que su ganado apacientan° en las estendidas dehesas del tortuoso Guadiana,[53] celebrado° por su escondido curso°; los que tiemblan con el frío del silvoso° Pirineo[54] y con los blancos copos° del levantado Apenino.[55] Finalmente, cuantos toda la Europa en sí

Margin glosses:
- fine
- shores
- ways, hesitating
- moveable
- Ethiopians, bored
- smooth, polish
- pasture
- golden wheat, relic
- Gothic
- gentleness, graze
- famous
- current, wild
- snowflkakes

[36] The Xanthus is the river of ancient Troy (located in modern southwest Turkey), sung about by both Homer and Virgil. It flows into the Mediterranean Sea.

[37] **Montuosos...** *woodsmen who tread on the Massilian plains.* The Massilian plains were in ancient Numidia, modern Algeria, in northern Africa.

[38] Here, the first edition has **cubren**, which Schevill changed into [des]cubren. Starting with the second edition, **criban** *they sift* is used.

[39] Felix Arabia is one of the three Arabias mentioned in note 26.

[40] The Thermodon is a minor river in the Roman province of Pontus, on the south shore of the Black Sea, now in Turkey.

[41] **Los que...** *those who drain,* that is, *drink from*

[42] The Pactolus River, a tributary of the ancient Hermus River (modern Gediz in western Turkey), was called golden because King Midas, who turned everything he touched into gold, reputedly bathed there.

[43] The Numidians lived in what is now Algeria (see note 37, above).

[44] **Los persas...** *Persians, famous for bows and arrows*

[45] **Los partos...** *the Parthians and Medes who fight as they flee.* Parthia and Media were ancient kingdoms in what is now Iran.

[46] The Scythians were cruel because they were cannibals (note by Rodríguez Marín, Gaos, *et al.*).They flourished before the Christian era in what is now southern Russia.

[47] **Las cristalinas...** *the transparent running [waters] of the olive-bearing Guadalquivir.* Bætis is the Roman name for the Guadalquivir, the river that flows through Seville south to the Atlantic Ocean. The remainder of rivers mentioned are all in Spain.

[48] The Tagus flows through Toledo and goes into the Atlantic Ocean out of Lisbon.

[49] The Genil flows through Granada in the south of Spain.

[50] Tartessos is an ancient, unlocated city along the Guadalquivir River.

[51] Refers to Jérez de la Frontera, a southern Spanish city near Cádiz.

[52] The Pisuerga River flows north through Valladolid, and exits near Santander.

[53] The Guadiana River starts in la Mancha and goes west to Badajoz, then south to form the border with Portugal until it exits into the Atlantic Ocean.

[54] The Pyrenees mountains separate France fom Spain.

[55] The Apennine Mountains extend the length of Italy.

contiene y encierra."

¡Válame Dios, y cuántas provincias dijo, cuántas naciones nombró, dándole a cada una con maravillosa presteza los atributos que le pertenecían, todo absorto° y empapado° en lo que había leído en sus libros mentirosos!   *absorbed, saturated*

Estaba Sancho Panza 'colgado de° sus palabras, sin hablar ninguna, y de cuando en cuando volvía la cabeza a ver si veía los caballeros y gigantes que su amo nombraba. Y como no descubría a ninguno, le dijo: *hanging on*

"Señor, encomiendo al diablo[56] hombre, ni gigante, ni caballero de cuantos vuestra merced dice parece por todo esto, a lo menos, yo no los veo. Quizá todo debe ser encantamento, como las fantasmas de anoche."

"¿Cómo dices eso?" respondió don Quijote. "¿No oyes el relinchar° de los caballos, el tocar de los clarines,° el ruido de los atambores°?"   *neighing / bugles, drums*

"No oigo otra cosa," respondió Sancho, sino muchos balidos° de ovejas y carneros."   *bleating*

Y así era la verdad, porque ya llegaban cerca los dos rebaños.°   *flocks*

"El miedo que tienes," dijo don Quijote, "te hace, Sancho, que ni veas ni oyas a derechas.[57] Porque uno de los efectos del miedo es turbar los sentidos y hacer que las cosas no parezcan lo que son. Y si es que tanto temes, retírate 'a una parte° y déjame solo, que solo basto a dar la victoria a la parte a quien yo diere mi ayuda."   *somewhere*

Y diciendo esto, puso las espuelas a Rocinante, y puesta la lanza en el ristre,° bajó de la costezuela° como un rayo.°   *lance rest, slope, bolt of lightning*

Diole voces Sancho, diciéndole:

"¡Vuélvase vuestra merced, señor don Quijote, que voto° a Dios que son carneros y ovejas las que va a embestir! ¡Vuélvase, desdichado° del padre que me engendró! ¿Qué locura es ésta? ¡Mire que no hay gigante ni caballero alguno, ni gatos, ni armas, ni escudos partidos ni enteros, ni veros azules ni endiablados°! ¿Qué es lo que hace? ¡Pecador soy yo a Dios!"   *I swear / wretched / devilish people*

Ni por ésas volvió don Quijote; antes, en altas voces, iba diciendo:

"¡Ea, caballeros, los que seguís y militáis° debajo de las banderas° del valeroso Emperador Pentapolín del Arremangado Brazo, seguidme todos. Veréis cuán fácilmente le doy venganza de su enemigo Alefanfarón de la Trapobana!"   *go to war, standards*

Esto diciendo, se entró por medio del escuadrón de las ovejas, y comenzó de alanceallas° con tanto coraje y denuedo, como si de veras alanceara a sus mortales enemigos. Los pastores y ganaderos que con la manada venían dábanle voces que no hiciese aquello; pero, viendo que 'no aprovechaban,° desciñéronse° las hondas[58] y comenzaron a saludalle los oídos con piedras como el puño. Don Quijote no se curaba de las piedras; antes, discurriendo° a todas partes, decía: *spear / it did no good, took out / rambling*

"¿Adónde estás, soberbio Alifanfarón? Vente a mí, ¡que un caballero

---

[56] Gaos says that **encomiendo al diablo** is an expression which means **ninguno**.

[57] **El miedo…** *Your fear… makes you not see or hear correctly*

[58] **Hondas** are slingshots of the kind with two cords attached to a leather patch. The stone is placed in the patch and the slingshot is whirled about. When one of the cords is released, the stone shoots out on the tangent.

solo soy que desea de 'solo a solo° probar tus fuerzas y quitarte la vida, en   one on one
pena de la que das al valeroso Pentapolín Garamanta!"
    Llegó en esto una peladilla° de arroyo, y dándole en un lado, le   pebble
sepultó° dos costillas en el cuerpo. Viéndose tan maltrecho, creyó, sin duda,   caved in
5   que estaba muerto o mal ferido, y acordándose de su licor, sacó su alcuza
y púsosela a la boca, y comenzó a echar licor en el estómago. Mas antes
que acabase de envasar lo que a él le parecía que era bastante, llegó otra
almendra° y diole en la mano y en el alcuza, tan de lleno, que se la° hizo   stone, = the flask
pedazos, llevándole de camino[59] tres o cuatro dientes y muelas° de la boca,   molars
10 y machucándole° malamente dos dedos de la mano.   bruising
    Tal fue el golpe primero, y tal el segundo, que le fue forzoso al pobre
caballero dar consigo del caballo abajo.[60] Llegáronse a él los pastores y
creyeron que le habían muerto. Y así con mucha priesa, recogieron su
ganado, y cargaron de las reses° muertas, que pasaban de siete, y sin   sheep
15 averiguar otra cosa, se fueron.
    Estábase todo este tiempo Sancho sobre la cuesta,° mirando las locuras   hill
que su amo hacía, y arrancábase° las barbas, maldiciendo° la hora y el punto en que   pulled out, cursing
la fortuna se le había dado a conocer.[61] Viéndole, pues, caído en el suelo,
y que ya los pastores se habían ido, bajó de la cuesta y llegóse a él, y
20 hallóle de muy mal arte,° aunque no había perdido el sentido, y díjole: condition
    "¿No le decía yo, señor don Quijote, que se volviese, que los que iba
a acometer no eran ejércitos, sino manadas de carneros?"
    "Como eso puede desparecer y contrahacer aquel ladrón del sabio mi
enemigo.[62] Sábete, Sancho, que es muy fácil cosa a los tales hacernos
25 parecer° lo que quieren, y este maligno° que me persigue, envidioso de la   **creer**, wicked pers
gloria que vio que yo había de alcanzar desta batalla, ha vuelto° los   turned
escuadrones de enemigos en manadas de ovejas. Si no, haz una cosa,
Sancho, por mi vida, porque te desengañes y veas ser verdad lo que te digo:
sube en tu asno y síguelos bonitamente,° y verás como, en alejándose de   neatly
30 aquí algún poco, se vuelven en su 'ser primero,° y dejando de ser carneros,   original form
son hombres 'hechos y derechos° como yo te los pinté primero... Pero no   full-fledged
vayas agora, que he° menester tu favor y ayuda. Llégate a mí y mira   **tengo**
cuántas muelas y dientes me faltan, que me parece que no me ha quedado
ninguno en la boca."
35   Llegóse Sancho tan cerca, que casi le metía los ojos en la boca, y fue
a tiempo que ya había obrado° el bálsamo en el estómago de don Quijote,   acted
y al tiempo que Sancho llegó a mirarle la boca, arrojó de sí, más recio que
una escopeta,° cuanto dentro tenía, y dio con todo ello en las barbas del   musket
compasivo escudero.
40   "¡Santa María!" dijo Sancho, "y ¿qué es esto que me ha sucedido? Sin
duda este pecador está herido de muerte, pues vomita sangre por la boca."
    Pero reparando un poco más en ello, 'echó de ver° en la color, sabor   he discovered
y olor, que no era sangre, sino el bálsamo de la alcuza, que él le había visto

---

[59] **Llevándole...** *taking along the way*
[60] **Le fue...** *it was necessary for him to drop from his horse to the ground*
[61] **Se le...** *had brought them together*
[62] **Como puede...** *That thieving wizard, my enemy, can falsify and make things like these disappear*

beber; y fue tanto el asco° que tomó, que, revolviéndosele° el estómago,   nausea, turning
vomitó las tripas sobre su mismo señor, y quedaron entrambos como de
perlas.° Acudió° Sancho a su asno para sacar de las alforjas con qué   pearls, went
limpiarse y con qué curar a su amo, y como no las halló, estuvo 'a punto
de° perder el juicio. Maldíjose de nuevo y propuso en su corazón de dejar   about to
a su amo y volverse a su tierra,° aunque perdiese el salario de lo servido y   home
las esperanzas del gobierno de la prometida ínsula.

Levantóse en esto don Quijote, y puesta la mano izquierda en la boca,
porque no se le acabasen de salir los dientes,[63] asió con la otra las riendas
de Rocinante, que nunca se había movido de junto a su amo, tal era de leal°   loyal
y bien acondicionado,° y fuese a donde su escudero estaba, de pechos sobre   trained
su asno,[64] con la mano en la mejilla, en guisa de hombre pensativo
además.[65] Y viéndole don Quijote de aquella manera, con muestras de tanta
tristeza, le dijo:

"Sábete, Sancho, que no es un hombre más que otro,[66] si no hace más
que otro. Todas estas borrascas que nos suceden son señales de que presto
ha de serenar° el tiempo y han de sucedernos bien las cosas, porque no es   clear up
posible que el mal ni el bien sean durables,° y de aquí se sigue que,   lasting
habiendo durado mucho el mal, el bien está ya cerca. Así que no debes
congojarte por las desgracias que a mí me suceden, pues a ti no te cabe
parte dellas."[67]

"¿Cómo no?" respondió Sancho. "Por ventura el que ayer mantearon,
¿era otro que el hijo de mi padre? Y las alforjas que hoy me faltan, con
todas mis alhajas,° ¿son de otro que del mismo?"   belongings

"¿Que te faltan las alforjas, Sancho?" dijo don Quijote.

"Sí que me faltan," respondió Sancho.

"Dese modo, no tenemos qué comer hoy," replicó don Quijote.

"Eso fuera," respondió Sancho, "cuando faltaran° por estos prados las   lack
yerbas que vuestra merced dice que conoce, con que suelen suplir
semejantes faltas° los tan mal aventurados andantes caballeros como vuestra   lacks
merced es."

"Con todo eso," respondió don Quijote, "tomara yo ahora 'más aína°   rather
un cuartal° de pan, o una hogaza,° y dos cabezas de 'sardinas arenques,°   ¼ loaf, loaf, herrings
que cuantas yerbas describe Dioscórides, aunque fuera el ilustrado por el
doctor Laguna.[68] Mas, con todo esto, sube en tu jumento, Sancho el bueno,
y vente tras mí. Que Dios, que es proveedor° de todas las cosas, no nos ha   provider
de faltar, y más, andando tan en su servicio como andamos,[69] pues no falta
a los mosquitos del aire,[70] ni a los gusanillos° de la tierra, ni a los   worms

[63] **Porque no se le...** *so that the rest of his teeth wouldn't fall out*
[64] **De pechos...** *with his chest against his donkey*
[65] **En guisa de...** *like a very pensive man*
[66] **No es un...** *one man is no more than another*
[67] **Pues a ti...** *since you have no part in them*
[68] Pedanius Dioscorides (40-90A.D.) was a Greek physician who wrote *De materia medica*, a pharmacological text that was the standard for 1600 years. Dr. Andrés de Laguna's Spanish edition was published in Antwerp in 1555.
[69] **No nos ha...** *He won't fail us, and moreso since we are so much in His service*
[70] **No falta...** *doesn't fail the gnats of the air*

renacuajos° del agua. Y es tan piadoso,° que hace salir su sol sobre los — tadpoles, merciful
buenos y los malos, y llueve sobre los injustos° y justos." — unjust
"Más bueno era vuestra merced," dijo Sancho, "para predicador[71] que
para caballero andante."

"De todo sabían y han de saber los caballeros andantes, Sancho," dijo
don Quijote, "porque caballero andante hubo[72] en los pasados siglos, que así
se paraba a hacer un sermón o plática° en mitad de un 'campo real,° como — discourse, camp
si fuera graduado por la universidad de París, de donde se infiere que nunca
la lanza embotó° la pluma, ni la pluma la lanza." — blunted
"Ahora bien, sea así como vuestra merced dice," respondió Sancho.
"Vamos ahora de aquí, y procuremos dónde alojar esta noche, y quiera Dios
que sea en parte donde no haya mantas, ni manteadores, ni fantasmas, ni
moros encantados; que, si los hay daré al diablo el hato y el garabato."[73]
"Pídeselo tú a Dios, hijo," dijo don Quijote, "y guía tú por donde
quisieres, que esta vez quiero dejar a tu elección el alojarnos. Pero dame acá
la mano, y atiéntame° con el dedo, y mira bien cuántos dientes y muelas me — feel
faltan deste lado derecho, de la quijada alta, que allí siento el dolor."
Metió Sancho los dedos, y estándole tentando, le dijo:
"¿Cuántas muelas solía° vuestra merced tener en esta parte?" — used to
"Cuatro," respondió don Quijote, fuera de la cordal,° todas enteras y — wisdom tooth
muy sanas."
"Mire vuestra merced bien lo que dice, señor," respondió Sancho.
"Digo cuatro, si no eran cinco," respondió don Quijote, "porque en
toda mi vida 'me han° sacado diente ni muela de la boca, ni se me ha — **no me han**
caído, ni comido de neguijón ni de reuma alguna."[74]
"Pues en esta parte de abajo," dijo Sancho, "no tiene vuestra merced
más de dos muelas y media, y en la de arriba, ni media ni ninguna, que
toda está rasa° como la palma de la mano." — smooth
"¡Sin ventura yo!" dijo don Quijote, oyendo las tristes nuevas° que su — news
escudero le daba, "que más quisiera que me hubieran derribado° un brazo, — torn off
como° no fuera el de la espada, porque te hago saber, Sancho, que la boca — as long as
sin muelas es como molino sin piedra, y en mucho más se ha de estimar un
diente que un diamante.° Mas a todo esto estamos sujetos los que — diamond
profesamos la estrecha orden de la caballería. Sube, amigo, y guía, que yo
te seguiré al paso° que quisieres." — pace
Hízolo así Sancho y encaminóse hacia donde le pareció que podía
hallar acogimiento, sin salir de camino real que por allí iba muy seguido.° — straight
Yéndose, pues, poco a poco, porque el dolor de las quijadas de don Quijote
no le dejaba sosegar° ni atender a darse priesa,[75] quiso Sancho entretenelle — rest
y divertille° diciéndole alguna cosa, y entre otras que le dijo, fue lo que se — amuse
dirá en el siguiente capítulo.

---

[71] **Más bueno...** *you would make... a better preacher*
[72] **Caballero andante** should be treated as a plural, not a singular.
[73] **Daré...** *may the devil carry everything off.* **Hato** is a flock and **garabato** is a
shepherd's hook.
[74] **Ni comido...** *nor destroyed by cavities or any abscess*
[75] **Ni atender...** *nor think about going faster*

Capítulo XIX. De las discretas razones que Sancho pasaba con su amo, y de la aventura que le sucedió con un cuerpo muerto, con otros acontecimientos famosos.

"PARÉCEME, SEÑOR mío, que todas estas desventuras que estos días nos han sucedido, sin duda alguna, han sido pena del pecado cometido por vuestra merced contra la orden de su caballería, no habiendo cumplido el juramento° que hizo de no comer pan a manteles ni con la reina folgar, con todo aquello que a esto se sigue y vuestra merced juró de cumplir, hasta quitar aquel almete° de Malandrino, o como se llama el moro, que no me acuerdo bien." — oath / helmet

"Tienes mucha razón, Sancho," dijo don Quijote. "Mas, para decirte verdad, ello se me había pasado de la memoria, y también puedes tener por cierto que por la culpa de no habérmelo tú acordado° en tiempo, te sucedió aquello de la manta. Pero yo 'haré la enmienda,° que modos hay de composición en la orden de la caballería para todo."[1] — reminded / will make amends

"Pues ¿juré yo algo, 'por dicha°?" respondió Sancho. — by chance

"No importa que no hayas jurado," dijo don Quijote, "basta que yo entienda que de participantes no estás muy seguro,[2] y 'por sí o por no,° no será malo proveernos de remedio." — just in case

"Pues si ello es así," dijo Sancho, "mire vuestra merced no se le torne a olvidar esto, como lo del juramento. Quizá les volverá la gana a las fantasmas de solazarse° otra vez conmigo, y aun con vuestra merced, si le ven tan pertinaz." — have pleasure

En éstas y otras pláticas les tomó la noche en mitad del camino, sin tener ni descubrir donde aquella noche se recogiesen. Y lo que no había de bueno en ello era que perecían° de hambre, que con la falta de las alforjas les faltó toda la despensa° y matalotaje.° Y para acabar de confirmar esta desgracia les sucedió una aventura, que, sin artificio alguno, verdaderamente lo parecía. Y fue que la noche cerró con alguna escuridad,° pero con todo esto caminaban, creyendo Sancho que, pues aquel camino era real, a una o dos leguas, 'de buena razón° hallaría en él alguna venta. — were dying / pantry, provisions / oscuridad / razonablemente

Yendo, pues, desta manera, la noche escura, el escudero hambriento° y el amo con gana de comer, vieron que por el mesmo camino que iban, venían hacia ellos gran multitud de lumbres, que no parecían sino estrellas° que se movían. Pasmóse° Sancho en viéndolas, y don Quijote no las tuvo todas consigo.[3] Tiró el uno del cabestro a su asno, y el otro de las riendas a su rocino,° y estuvieron quedos mirando atentamente lo que podía ser aquello, y vieron que las lumbres se iban acercando a ellos, y mientras más se llegaban mayores parecían. A cuya vista Sancho comenzó a temblar — hungry / stars / was stunned / rocín

---

[1] **Que modos...** *for there are ways to fix everything in the order of chivalry.* The **modos de composición** here refers to "bulls of composition," legal documents which were sold by the Church to those who had property of others, so that the person in question could reconcile himself with God.

[2] **Basta que...** *it's enough for me to understand that you are not entirely free from involvement.* The **excomunión de participantes** was the penalty given to those who had dealings with people who had been excommunicated.

[3] **No las...** *felt uneasy*

como un azogado,[4] y los cabellos de la cabeza se le erizaron° a don Quijote,   stood on end
el cual, animándose° un poco, dijo: encouraging himsel[
    "Ésta, sin duda, Sancho, debe de ser grandísima y peligrosísima°   very dangerous
aventura, donde será necesario que yo muestre todo mi valor y esfuerzo."
5   "¡Desdichado de mí!" respondió Sancho. "Si acaso esta aventura fuese
de fantasmas, como me lo va pareciendo, ¿adónde habrá costillas que la
sufran?"
    "Por más fantasmas que sean," dijo don Quijote, "no consentiré yo 'que   que *ninguna* te,
te° toque en el pelo de la ropa, que si la otra vez se burlaron° contigo, fue   played tricks
10   porque no pude yo saltar las paredes del corral. Pero ahora estamos 'en   in the open air,
campo raso,° donde podré yo como quisiere esgremir° mi espada."   brandish; make
    "Y si le encantan y entomecen,° como la otra vez lo hicieron," dijo   numb
Sancho, "¿qué aprovechará estar en campo abierto o no?"
    "Con todo eso," replicó don Quijote, "te ruego, Sancho, que tengas
15   buen ánimo, que la experiencia te dará a entender el que yo tengo."
    "Sí tendré, si a Dios place," respondió Sancho.
    Y apartándose los dos a un lado del camino, tornaron a mirar
atentamente lo que aquello de aquellas lumbres que caminaban podía ser.
Y de allí a muy poco descubrieron muchos encamisados,° cuya temerosa   surplice wearers
20   visión 'de todo punto° remató° el ánimo de Sancho Panza, el cual comenzó   completely, finishe[
a 'dar diente con diente,° como quien tiene frío de cuartana.[5] Y creció más   chatter teeth
el batir° y dentellear° cuando distintamente vieron lo que era, porque   beating, gnashing
descubrieron hasta veinte encamisados, todos a caballo, con sus hachas°   torches
encendidas en las manos, detrás de los cuales venía una litera° cubierta de   litter
25   luto,° a la cual seguían otros seis de a caballo, enlutados° hasta los pies de   mourning, dressed [
las mulas, que bien vieron que no eran caballos en el sosiego° con que   mourning; calmnes[
caminaban. Iban los encamisados murmurando entre sí, con una voz baja
y compasiva.° Esta estraña visión a tales horas y en tal despoblado, bien   doleful
bastaba para poner miedo en el corazón de Sancho, y aun en el de su amo.
30   Y así fuera en cuanto a don Quijote,[6] que ya Sancho había dado al través
con todo su esfuerzo.[7] Lo contrario le avino a su amo, al cual en aquel
punto se le representó en su imaginación, al vivo, que aquélla era una de
las aventuras de sus libros. Figurósele que la litera eran andas donde debía
de ir algún mal ferido o muerto caballero, cuya venganza a él solo estaba
35   reservada, y sin hacer otro discurso, enristró su lanzón, púsose bien en la
silla, y con gentil brío° y continente se puso en la mitad del camino por   resolution
donde los encamisados forzosamente° habían de pasar, y cuando los vio   necessarily
cerca, alzó la voz y dijo:
    "Deteneos, caballeros, o quienquiera que seáis, y dadme cuenta de
40   quién sois, de dónde venís, adónde vais, qué es lo que en aquellas andas
lleváis, que, según las muestras, o vosotros habéis fecho, o vos han fecho,
algún desaguisado, y conviene y es menester que yo lo sepa, o bien para

---

    [4] **Temblar...** *to shake like a leaf.* **Azogue** is mercury. Mercury vapors in the mines
made workers tremble.
    [5] **Cuartana** is an illness which alternates chills and fever and recurs every four days.
    [6] **Y así...** Gaos notes that this means "and it should be hoped that it had been this
way with Don Quijote," so that he wouldn't have taken on this adventure.
    [7] **Sancho...** *Sancho had given up with all his strength*

castigaros del mal que fecistes,° o bien para vengaros del tuerto que vos ficieron."

    hicisteis

"Vamos de priesa," respondió uno de los encamisados, "y está la venta lejos, y no nos podemos detener a dar tanta cuenta como pedís."

    Y picando la mula, pasó adelante. Sintióse° desta respuesta grandemente don Quijote, y trabando° del freno° dijo:

    resented
    trabando la mula, bit

    "Deteneos y sed mas bien criado, y dadme cuenta de lo que os he preguntado, si no, conmigo sois todos en batalla."

    Era la mula asombradiza,° y al tomarla del freno se espantó° de manera que, alzándose en los pies, dio con su dueño por las ancas en el suelo. Un mozo que iba a pie, viendo caer al encamisado, comenzó a denostar° a don Quijote, el cual, ya encolerizado,° sin esperar más, enristrando° su lanzón, arremetió a uno de los enlutados y mal ferido dio con él en tierra. Y revolviéndose° por los demás, era cosa de ver con la presteza que los acometía y desbarataba,° que no parecía sino que en aquel instante le habían nacido alas° a Rocinante, según andaba de ligero y orgulloso.° Todos los encamisados era gente medrosa y sin armas, y así con facilidad° en un momento dejaron la refriega° y comenzaron a correr por aquel campo con las hachas encendidas, que no parecían sino a los de las máscaras° que en noche de regocijo° y fiesta° corren. Los enlutados, asimesmo revueltos° y envueltos° en sus faldamentos y lobas,[8] no se podían mover, así que, muy a su salvo,[9] don Quijote los apaleó° a todos, y les hizo dejar el sitio mal de su grado, porque todos pensaron que aquél no era hombre, sino diablo del infierno que les salía a quitar el cuerpo muerto que en la litera llevaban.

    shy, got scared

    revile
    angry, couching

    turning around
    routed
    wings, proud
    ease
    fray
    masks
    merriment, festival,
    turned over; wrapped up; mauled

    Todo lo miraba Sancho, admirado del ardimiento° de su señor, y decía entre sí:

    undaunted courage

    "Sin duda este mi amo es tan valiente y esforzado° como él dice."

    valiant

    Estaba una hacha ardiendo en el suelo junto al primero que derribó la mula, a cuya luz le pudo ver don Quijote, y llegándose a él, le puso la punta del lanzón en el rostro, diciéndole que se rindiese, si no, que le mataría. A lo cual respondió el caído:

    "Harto rendido estoy, pues no me puedo mover, que tengo una pierna quebrada. Suplico a vuestra merced, si es caballero cristiano, que no me mate, que cometerá un gran sacrilegio, que soy licenciado y tengo las primeras órdenes."[10]

    "Pues ¿quién diablos° os ha traído aquí," dijo don Quijote, "siendo hombre de iglesia?"

    the devil

    "¿Quién, señor?" replicó el caído: "mi desventura."

    "Pues otra mayor os amenaza," dijo don Quijote, "si no me satisfacéis° a todo cuanto primero os pregunté."

    satisfy

    "Con facilidad será vuestra merced satisfecho," respondió el licenciado, "y así, sabrá vuestra merced que, aunque denantes dije que yo era licenciado, no soy sino bachiller, y llámome Alonso López. Soy natural de Alcobendas, vengo de la ciudad de Baeza con otros once sacerdotes, que

---

[8] **Faldamentos...** *skirts and sleeveless cassocks*
[9] **Muy...** *in no danger at all*
[10] These are the first four orders on the way to becoming a priest.

son los que huyeron con las hachas. Vamos a la ciudad de Segovia[11]
acompañando un cuerpo muerto, que va en aquella litera, que es de un
caballero que murió en Baeza, donde fue depositado,° y ahora, como digo,   entombed
llevábamos sus huesos a su sepultura, que está en Segovia, de donde es
5   natural."
     "Y ¿quién le mató?" preguntó don Quijote.
     "Dios, por medio de unas calenturas° pestilentes° que le dieron,"   fever, foul
respondió el bachiller.
     "'Desa suerte,°'" dijo don Quijote, "quitado me ha nuestro Señor del   in that case
10   trabajo que había de tomar en vengar su muerte, si otro alguno le hubiera
muerto. Pero habiéndole muerto quien le mató, no hay sino callar y
encoger° los hombros, porque lo mesmo hiciera si a mí mismo me matara,[12]   shrug
y quiero que sepa vuestra reverencia que yo soy un caballero de la Mancha,
llamado don Quijote, y es mi oficio y ejercicio andar por el mundo
15   enderezando tuertos y desfaciendo° agravios."   **deshaciendo**
     "No sé cómo pueda ser eso de enderezar tuertos," dijo el bachiller,"
pues a mí de derecho me habéis vuelto tuerto,[13] dejándome una pierna
quebrada, la cual no se verá derecha en todos los días de su vida. Y el
agravio que en mí habéis deshecho ha sido dejarme agraviado de manera
20   que me quedaré agraviado para siempre, y harta desventura ha sido topar
con vos, que vais buscando aventuras."
     "No todas las cosas," respondió don Quijote, "suceden de un mismo
modo. El daño estuvo, señor bachiller Alonso López, en venir, como
veníades, de noche, vestidos con aquellas sobrepellices,° con las hachas   surplices
25   encendidas, rezando, cubiertos de luto, que propiamente semejábades cosa
mala y del otro mundo, y así, yo no pude dejar de cumplir con mi
obligación acometiéndoos, y os acometiera aunque verdaderamente supiera
que érades los mesmos satanases del infierno, que por tales os juzgué y
tuve siempre."
30   "Ya que así lo ha querido mi suerte," dijo el bachiller, "suplico a
vuestra merced, señor caballero andante—que tan 'mala andanza° me ha   bad fortune
dado—, me ayude a salir de debajo desta mula, que me tiene tomada una
pierna entre el estribo y la silla."
     "¡Hablara yo para mañana!"[14] dijo don Quijote, "y ¿hasta cuándo
35   aguardábades a decirme vuestro afán°?"   distress
     Dio luego voces a Sancho Panza que° viniese. Pero él no se curó de   **para que**
venir, porque andaba ocupado desvalijando° una 'acémila de repuesto° que   robbing, pack mul
traían aquellos buenos señores, bien bastecida° de cosas de comer. Hizo   stocked
Sancho costal° de su gabán, y recogiendo todo lo que pudo y cupo° en el   sack, fit
40   talego,° cargó° su jumento, y luego acudió a las voces de su amo, y ayudó   sack, loaded
a sacar al señor bachiller de la opresión° de la mula, y poniéndole encima   pressure

---

[11] Alcobendas is a small city just north of Madrid; Baeza is in the south of Spain, in
the Province of Jaén, about 130 kms. north of Granada; Segovia is 100 kms. northwest
of Madrid.
     [12] **Lo mesmo hiciera...** *I would do the same if He were to kill me*
     [13] **De derecho...** *from right you have left me wrong*
     [14] **¡Hablara...** *I might have talked until tomorrow*

della, le dio la hacha, y don Quijote le dijo que siguiese la derrota de sus compañeros, a quien de su parte pidiese perdón del agravio, que no había sido en su mano° dejar de haberle hecho.   *power*

Díjole también Sancho:

"Si acaso quisieren saber esos señores quién ha sido el valeroso que tales los puso,[15] diráles vuestra merced que es el famoso don Quijote de la Mancha, que por otro nombre se llama el CABALLERO DE LA TRISTE° FIGURA."   *odd*

Con esto se fue el bachiller, y don Quijote preguntó a Sancho que qué le había movido a llamarle el Caballero de la Triste Figura, más entonces que nunca.[16]

"Yo se lo diré," respondió Sancho: "porque le he estado mirando un rato a la luz de aquella hacha que lleva aquel malandante,° y *unfortunate person* verdaderamente tiene vuestra merced la más mala figura, 'de poco acá,° que *recently* jamás he visto. Y débelo de haber causado, o ya el cansancio° deste *fatigue* combate, o ya la falta de las muelas y dientes."

"No es eso," respondió don Quijote, "sino que el sabio a cuyo cargo debe de estar el escribir la historia de mis hazañas, le habrá parecido que será bien que yo tome algún nombre apelativo,° como lo tomaban todos los *distinctive* caballeros pasados: cuál se llamaba EL DE LA ARDIENTE ESPADA; cuál, EL DEL UNICORNIO; aquél, EL DE LAS DONCELLAS; aquéste, EL DEL AVE FÉNIX; el otro, EL CABALLERO DEL GRIFO; estotro, EL DE LA MUERTE:[17] y por estos nombres e insignias° eran conocidos por toda la redondez° de la tierra. Y *designations, face* así, digo que el sabio ya dicho te habrá puesto en la lengua y en el pensamiento ahora que me llamases «el Caballero de la Triste Figura», como pienso llamarme desde hoy en adelante. Y para que mejor me cuadre° *fits* tal nombre, determino de hacer pintar, cuando haya lugar, en mi escudo una muy triste figura."

"No hay para qué gastar tiempo y dineros en hacer esa figura," dijo Sancho, "sino lo que se ha de hacer es que vuestra merced descubra la suya y 'dé rostro° a los que le miraren, que, 'sin más ni más,° y sin otra imagen *face, simply* ni escudo, le llamarán «el de la Triste Figura». Y créame que le digo verdad, porque le prometo a vuestra merced, señor, y esto sea dicho 'en burlas,° que le hace tan mala cara la hambre y la falta de las muelas, que, *as a joke* como ya tengo dicho, se podrá muy bien escusar la triste pintura."

Riose don Quijote del donaire de Sancho. Pero, con todo, propuso de llamarse de aquel nombre en pudiendo pintar su escudo, o rodela, como había imaginado.[18]

---

[15] **Tales...** *put you [all] in such a state*

[16] **Más...** *at that precise moment*

[17] **Ardiente Espada** was Amadís de Grecia, **Unicornio** was Belianís de Grecia, **Doncellas** was Floriandino de Macedonia in *El Caballero de la Cruz*, **Ave Fénix** was Florarlán in *Florisel de Niquea*, **Grifo** was Filesbián de Candaria in a book of the same name (Seville? 1542) which had been forgotten but has been recently discovered, and **Muerte** was another name for Amadís de Grecia.

[18] Schevill adds: "En esto volvió el bachiller, y le dijo a don Quijote:" Clearly nobody can account for the abrupt return of the **bachiller**. But since things happen in this book in unexpected ways, I believe it best to leave this passage as the early editions had it.

"Olvidábaseme de decir que advierta vuestra merced que queda descomulgado,° por haber puesto las manos violentamente en cosa sagrada:° *Juxta illud, si quis suadente diabolo, &.*"[19]

sacred, excom-
municated

"No entiendo ese latín," respondió don Quijote, "mas yo sé bien que
5 no puse las manos, sino este lanzón, cuanto más que yo no pensé que ofendía a sacerdotes, ni a cosas de la Iglesia, a quien respeto y adoro como católico y fiel° cristiano que soy, sino a fantasmas y a vestiglos° del otro mundo. Y 'cuando eso así fuese,° en la memoria tengo lo que le pasó al Cid Ruy Díaz, cuando quebró la silla del embajador de aquel rey delante de su
10 Santidad del Papa,[20] por lo cual lo descomulgó, y anduvo aquel día el buen Rodrigo de Vivar como muy honrado y valiente caballero."

faithful, monsters
even so

En oyendo esto el bachiller, se fue, como queda dicho, sin replicarle palabra.

Quisiera don Quijote mirar si el cuerpo que venía en la litera eran
15 huesos o no, pero no lo consintió Sancho, diciéndole:

"Señor, vuestra merced ha acabado esta peligrosa aventura lo más 'a su salvo° de todas las que yo he visto. Esta gente, aunque vencida y desbaratada, podría ser que 'cayese en la cuenta° de que los venció sola una persona, y corridos° y avergonzados° desto, volviesen a rehacerse° y a
20 buscarnos, y nos diesen en qué entender.[21] El jumento está como conviene,° la montaña cerca, la hambre carga, no hay que hacer sino retirarnos con gentil compás° de pies, y como dicen, váyase el muerto a la sepultura y el vivo a la hogaza."

without injury
they realize
abashed, ashamed,
rally; i.e., loaded

rhythm

Y antecogiendo° su asno, rogó a su señor que le siguiese, el cual,
25 pareciéndole que Sancho tenía razón, sin volverle a replicar le siguió. Y a poco trecho que caminaban por entre dos montañuelas,° se hallaron en un espacioso y escondido valle, donde se apearon, y Sancho alivió° el jumento, y tendidos sobre la verde yerba, con la salsa° de su hambre, almorzaron, comieron, merendaron° y cenaron 'a un mesmo punto,° satisfaciendo sus
30 estómagos con más de una fiambrera° que los señores clérigos del difunto, que pocas veces se dejan mal pasar,[22] en la acémila de su repuesto traían.

gathering

small mountains
lightened
gravy
snacked, all at once
lunch basket

Mas sucedióles otra desgracia, que Sancho la tuvo por la peor de todas, y fue que no tenían vino que beber, ni aun agua que llegar a la boca. Y acosados° de la sed, dijo Sancho, viendo que el prado donde estaban estaba
35 colmado° de verde y menuda yerba, lo que se dirá en el siguiente capítulo.

pursued
liberally bestowed

---

[19] "After that, if anyone, at the devil's instigation, &"

[20] This is from a late **romance** about the Cid, not from the original *Poema*. Cited by Clemencín.

[21] **Diesen en...** *give us trouble*

[22] **Pocas veces...** *rarely have a bad time of it*

Capitulo XX. De la jamás vista ni oída aventura que con más poco peligro fue acabada de famoso caballero en el mundo, como la que acabó el valeroso don Quijote de la Mancha.

"NO ES posible, señor mío, sino que estas yerbas 'dan testimonio° de que por aquí cerca debe de estar alguna fuente o arroyo que estas yerbas humedece,° y así será bien que vamos un poco más adelante, que ya toparemos donde podamos mitigar° esta terrible sed que nos fatiga, que, sin duda, causa mayor pena° que la hambre."

Parecióle bien el consejo a don Quijote, y tomando de la rienda a Rocinante, y Sancho del cabestro a su asno, después de haber puesto sobre él los relieves° que de la cena quedaron, comenzaron a caminar por el prado arriba a tiento,[1] porque la escuridad de la noche no les dejaba ver cosa alguna. Mas no hubieron andado docientos pasos, cuando llegó a sus oídos un grande ruido de agua, como que de algunos grandes y levantados riscos se despeñaba.° Alegróles el ruido 'en gran manera,° y parándose a escuchar hacia qué parte sonaba,[2] oyeron a deshora otro estruendo que les aguó° el contento del agua, especialmente a Sancho, que naturalmente era medroso y de 'poco ánimo.° Digo que oyeron que daban unos golpes 'a compás,° con un cierto crujir° de hierros y cadenas, que, acompañados del furioso estruendo del agua, que pusieran° pavor a cualquier otro corazón que no fuera el de don Quijote.

Era la noche, como se ha dicho, escura, y ellos acertaron a entrar entre unos árboles altos, cuyas hojas, movidas del blando viento, hacían un temeroso y manso° ruido, de manera que la soledad,° el sitio,° la escuridad, el ruido del agua con el susurro° de las hojas, todo causaba horror° y espanto,° y más cuando vieron que ni los golpes cesaban, ni el viento dormía,° ni la mañana llegaba, añadiéndose a todo esto el ignorar el lugar donde se hallaban. Pero don Quijote, acompañado de su intrépido° corazón, saltó sobre Rocinante, y embrazando su rodela, terció° su lanzón, y dijo:

"Sancho amigo, has de saber que yo nací por querer° del cielo en esta nuestra edad de hierro, para resucitar en ella la de oro, o la dorada, como suele llamarse. Yo soy aquel para quien están guardados° los peligros, las grandes hazañas, los valerosos hechos. Yo soy, digo otra vez, quien ha de resucitar los de la Tabla Redonda, los Doce de Francia y los Nueve de la Fama, y el que ha de poner en olvido los Platires, los Tablantes, Olivantes y Tirantes, los Febos y Belianises, con toda la caterva de los famosos caballeros andantes del pasado tiempo, haciendo en este en que me hallo tales grandezas,° estrañezas y fechos de armas, que escurezcan° las 'más claras° que ellos ficieron. Bien notas, escudero fiel y legal,° las tinieblas° desta noche, su estraño silencio, el sordo° y confuso estruendo destos árboles, el temeroso ruido de aquella agua en cuya busca° venimos, que parece que se despeña° y derrumba° desde los altos montes de la Luna,[3] y aquel incesable° golpear° que nos hiere y lastima° los oídos, las cuales

---

Margin glosses:

- prove
- moistens
- alleviate
- grief
- leftovers
- dashed, greatly
- marred
- faint-hearted, rhythmic; clanking, **pondrían**
- gentle, solitude, site
- rustling, dread
- fright
- calmed
- dauntless
- balanced
- will
- reserved
- great deeds, dim brightest, faithful, darkness; quiet search fall, precipitate incessant, hammering, injures

---

[1] **El prado...** *up the meadow, feeling their way*
[2] **Hacia qué...** *where the sound was coming from*
[3] This alludes to the headwaters of the White Nile River in the Ruwenzori Mountains in modern Zaire. Ptolemy (150A.D.) called them the "Mountains of the Moon."

cosas todas juntas, y cada una por sí, son bastantes a infundir miedo, temor
y espanto° en el pecho del mesmo Marte,[4] cuanto más en aquel que no está   fright
acostumbrado° a semejantes acontecimientos y aventuras. Pues todo esto   accustomed
que yo te pinto, son incentivos° y despertadores° de mi ánimo, que ya hace   incitements, awak-
5   que el corazón me reviente en el pecho, con el deseo que tiene de acometer   eners
esta aventura, por más dificultosa que 'se muestra.° Así que aprieta° un   appears, tighten
poco las cinchas a Rocinante, y quédate a Dios,[5] y espérame aquí hasta tres
días no más, en los cuales si no volviere, puedes tú volverte a nuestra aldea,
y desde allí, por hacerme merced y 'buena obra,° irás al Toboso, donde   good deed
10 dirás a la incomparable señora mía Dulcinea que su cautivo caballero murió
por acometer cosas que le hiciesen digno de poder llamarse suyo."
   Cuando Sancho oyó las palabras de su amo, comenzó a llorar con la
mayor ternura° del mundo y a decille: tenderness
   "Señor, yo no sé por qué quiere vuestra merced acometer esta tan
15 temerosa aventura. Ahora es de noche, aquí no nos vee nadie, bien podemos
torcer el camino y desviarnos° del peligro, aunque no bebamos en tres días,   turn away
y pues no hay quien nos vea, menos habrá quien nos note° de cobardes,   reprehend
cuanto más que yo he oído predicar° al cura de nuestro lugar, que vuestra   preach
merced bien conoce, que quien busca el peligro, perece° en él.[6] Así que no   perishes
20 es bien tentar a Dios[7] acometiendo tan desaforado hecho, donde no se puede
escapar sino por milagro, y basta los que ha hecho el cielo con vuestra
merced en librarle° de ser manteado,° como yo lo fui, y en sacarle   deliver, blanketed
vencedor, libre y salvo[8] de entre tantos enemigos como acompañaban al
difunto. Y cuando° todo esto no mueva ni ablande° ese duro corazón,   if, soften
25 muévale el pensar y creer que apenas se habrá vuestra merced apartado de
aquí, cuando yo, de miedo, dé mi ánima a quien quisiere llevarla.[9] Yo salí
de mi tierra y dejé hijos y mujer por venir a servir a vuestra merced,
creyendo valer más y no menos.[10] Pero como la cudicia° rompe el saco, a   **codicia**
mí me ha rasgado° mis esperanzas, pues cuando más vivas las tenía de   torn
30 alcanzar[11] aquella negra y malhadada° ínsula que tantas veces vuestra   ill-fated
merced me ha prometido, veo que, en pago y trueco° della, me quiere ahora   exchange
dejar en un lugar tan apartado del trato° humano. ¡Por un solo Dios, señor   dealings
mío, que non[12] se me faga tal desaguisado! Y ya que 'del todo° no quiera   at all
vuestra merced desistir° de acometer este fecho, dilátelo,° a lo menos, hasta   give up, put it off
35 la mañana, que, a lo que a mí me muestra la ciencia que aprendí cuando era
pastor, no debe de haber desde aquí al alba tres horas, porque la boca de la

---

[4] Mars is the Roman god of war.
[5] **Quédate...** *God be with you*
[6] Most editions state that this is a quote from Ecclesiastes 3:27. There is no
Ecclesiastes 3:27 (chapter 3 ends at verse 22).
[7] Matthew 4:7 "Thou shalt not tempt the Lord thy God."
[8] **Sacarle...** *bringing you out victorious, safe and sound*
[9] **Muévale el...** *let yourself be moved by the thought and belief that as soon as you
have gone from here, I, out of pure fear, will give up my soul to whoever would take it*
[10] **Creyendo valer...** *thinking I would be worth more and not less*
[11] **Cuando...** *when I had most intense [hopes] of getting*
[12] Schevill has **no** here, but the original edition has **non**, which keeps in line with
Sancho's archaic **faga** which follows.

bocina° está encima de la cabeza, y hace la media noche en la línea del   Little Dipper
brazo izquierdo."[13]

"¿Cómo puedes tú, Sancho," dijo don Quijote, "ver dónde hace esa
línea, ni dónde está esa boca o ese colodrillo° que dices, si hace la noche   back of head
tan escura, que no parece en todo el cielo estrella alguna?"

"Así es," dijo Sancho, "pero tiene el miedo muchos ojos, y vee las
cosas debajo de tierra, cuanto más encima en el cielo, puesto que, por buen
discurso, bien se puede entender que hay poco de aquí al día."[14]

"Falte lo que faltare," respondió don Quijote, "que no se ha de decir
por mí ahora, ni en ningún tiempo, que lágrimas y ruegos me apartaron° de   dissuaded
hacer lo que debía a estilo de caballero. Y así te ruego, Sancho, que calles,
que Dios, que me ha puesto en corazón de acometer ahora esta tan no vista
y tan temerosa aventura, tendrá cuidado de mirar por mi salud y de consolar
tu tristeza. Lo que has de hacer es apretar bien las cinchas a Rocinante y
quedarte aquí, que yo 'daré la vuelta° presto, o vivo o muerto."   I'll be back

Viendo, pues, Sancho la última° resolución° de su amo, y cuán poco   final, resolve
valían con él sus lágrimas, consejos y ruegos, determinó de aprovecharse
de su industria, y hacerle esperar hasta el día, si pudiese. Y así, cuando
apretaba las cinchas al caballo, bonitamente y sin ser sentido,° ató con el   heard
cabestro de su asno ambos° pies a Rocinante, de manera que, cuando don   both
Quijote se quiso partir, no pudo, porque el caballo no se podía mover sino
'a saltos.°   by hops

Viendo Sancho Panza el buen suceso de su embuste, dijo:

"Ea, señor, que el cielo, conmovido° de mis lágrimas y plegarias,° ha   moved, supplications
ordenado que no se pueda mover Rocinante, y si vos queréis porfiar y
espolear° y dalle, será enojar a la fortuna, y dar coces, como dicen, contra   spur
el aguijón.°"   pricks

Desesperábase con esto don Quijote, y por más que ponía las piernas
al caballo, menos le podía mover. Y sin caer en la cuenta de la ligadura,°   hobbling
tuvo por bien de sosegarse y esperar, o a que amaneciese, o a que
Rocinante se menease, creyendo, sin duda, que aquello venía de otra parte
que de la industria de Sancho, y así le dijo:

"Pues así es, Sancho, que Rocinante no puede moverse, yo soy
contento de esperar a que ría el alba, aunque yo llore lo que ella tardare en
venir."

"No hay que llorar," respondió Sancho, "que yo entretendré a vuestra
merced contando cuentos desde aquí al día, si ya no es que se quiere apear
y echarse a dormir un poco sobre la verde yerba, a uso de caballeros
andantes, para hallarse más descansado° cuando llegue el día y 'punto de°   rested, ready to
acometer esta tan desemejable° aventura que le espera."   incomparable

"¿A qué llamas apear, o a qué dormir?"[15] dijo don Quijote. "¿Soy yo
por ventura de aquellos caballeros que toman reposo en los peligros?
Duerme tú, que naciste para dormir, o haz lo que quisieres, que yo haré lo

---

[13] In Spain in August, the handle of the Little Dipper does indeed stretch to the left
of the North Star at midnight. The **cabeza** is the observer's head. Clemencín offers a more
complex explanation.

[14] **Por buen discurso...** *if you think about it, it is reasonable that dawn is not far off*

[15] **¿A qué llamas...** *what do you mean dismount or sleep?*

que viere que más viene con mi pretensión.°"   character
"No se enoje vuestra merced, señor mío," respondió Sancho, "que no
lo dije por tanto."[16]
Y llegándose a él, puso la una mano en el arzón° delantero° y la otra   pommel, in front
5   en el otro, de modo que quedó abrazado con el muslo° izquierdo de su amo,   thigh
sin osarse apartar dél un dedo: tal era el miedo que tenía a los golpes que
todavía alternativamente sonaban.
Díjole don Quijote que contase algún cuento para entretenerle, como
se lo había prometido, a lo que Sancho dijo que sí hiciera, si le dejara el
10 temor de lo que oía.[17]
"Pero con todo eso, yo me esforzaré a decir una historia, que, si la
acierto a contar y no me van a la mano,[18] es la mejor de las historias, y
estéme vuestra merced atento, que ya comienzo: 'Érase que se era,[19] el bien
que viniere para todos sea, y el mal para quien lo fuere a buscar...' Y
15 advierta vuestra merced, señor mío, que el principio que los antiguos dieron
a sus consejas° no fue así como quiera,[20] que fue una sentencia de Catón   fables
Zonzorino,[21] romano, que dice: 'Y el mal para quien le fuere a buscar,' que
viene aquí como anillo al dedo, para que vuestra merced se esté quedo, y
no vaya a buscar el mal a ninguna parte, sino que nos volvamos por otro
20 camino, pues nadie nos fuerza a que sigamos éste, donde tantos miedos nos
sobresaltan.°"   assail
"Sigue tu cuento, Sancho," dijo don Quijote, "y del camino que hemos
de seguir déjame a mí el cuidado."
"Digo, pues," prosiguió Sancho, "que en un lugar de Estremadura[22]
25 había un 'pastor cabrerizo,° quiero decir, que guardaba cabras,° el cual   goatherd, goats
pastor o cabrerizo, como digo de mi cuento, se llamaba Lope Ruiz, y este
Lope Ruiz andaba enamorado de una pastora que se llamaba Torralba, la
cual pastora llamada Torralba era hija de un ganadero° rico, y este ganadero   catle owner
rico..."
30 "Si desa manera cuentas tu cuento, Sancho," dijo don Quijote,
"repitiendo dos veces lo que vas diciendo, no acabarás en dos días. Dilo
seguidamente,° y cuéntalo como hombre de entendimiento, y si no, no digas   straight
nada."
"De la misma manera que yo lo cuento," respondió Sancho, "se
35 cuentan en mi tierra todas las consejas, y yo no sé contarlo de otra, ni es
bien que vuestra merced me pida que haga usos nuevos."
"Di como quisieres," respondió don Quijote, "que pues la suerte°   fortune
quiere que no pueda dejar de escucharte, prosigue."

---

[16] **Que no lo dije por tanto [como se figura,** implied] *I didn't mean it as you think.*
[17] **Dijo que sí...** *he said he would if his fear of what he was hearing would let him*
[18] **No me...** *nobody interferes*
[19] **Érase que se era** *once upon a time*
[20] **Así como quiera** *just any old thing*
[21] Catón Censorino, Cato the Censor (234-149B.C.) was the first important Roman
writer. Among other things he produced *Præcepta* ("maxims") for his son. Since this does
not survive, the sayings attributed to him are doubtless apochryphal. **Zonzorino** means
"stupid rogue."°
[22] Extremadura is a poor region made up of the modern provinces of Mérida and
Badajoz in the west of Spain, bordering on Portugal.

"Así que, señor mío de mi ánima," prosiguió Sancho, "que, como ya tengo dicho, este pastor andaba enamorado de Torralba, la pastora, que era una moza rolliza, zahareña, y tiraba algo a hombruna,[23] porque tenía unos pocos de bigotes,° que parece que ahora la veo." | mustache

"¿Luego conocístela tú?" dijo don Quijote.

"No la conocí yo," respondió Sancho, "pero quien° me contó este cuento me dijo que era tan cierto y verdadero, que podía bien, cuando lo contase a otro, afirmar y jurar que lo había visto todo. Así que, yendo días y viniendo días, el diablo, que no duerme y que todo lo añasca,° hizo de manera que el amor que el pastor tenía a la pastora se volviese en omecillo° y mala voluntad, y la causa fue, según malas lenguas, una cierta cantidad de celillos° que ella le dio, tales, que pasaban de la raya y llegaban a lo vedado,[24] y fue tanto lo que el pastor la aborreció° de allí adelante, que, por no verla, se quiso ausentar de aquella tierra e irse donde sus ojos no la viesen jamás. La Torralba, que se vio desdeñada° de Lope, luego le quiso bien,[25] 'mas que° nunca le había querido."

| the person who
| confounds
| hatred
| small jealousy
| hated
| scorned
| although

"Ésa es natural condición de mujeres," dijo don Quijote: "desdeñar a quien las quiere y amar a quien las aborrece. Pasa adelante, Sancho."

"Sucedió," dijo Sancho, "que el pastor puso por obra su determinación,[26] y antecogiendo sus cabras, se encaminó por los campos de Estremadura para pasarse° a los reinos de Portugal. La Torralba, que lo supo, se fue tras él, y seguíale a pie y descalza desde lejos, con un bordón° en la mano y con unas alforjas al cuello,[27] donde llevaba, según es fama, un pedazo de espejo y otro de un peine, y no se qué botecillo de mudas para la cara,[28] mas llevase lo que llevase, que yo no me quiero meter ahora en averigualllo, sólo diré que dicen que el pastor llegó con su ganado a pasar el río Guadiana, y en aquella sazón° iba crecido y casi fuera de madre,° y por la parte que llegó no había barca° ni barco, ni quien le pasase° a él ni a su ganado de la otra parte, de lo que se congojó mucho, porque veía que la Torralba venía ya muy cerca, y le había de dar mucha pesadumbre con sus ruegos y lágrimas. Mas tanto anduvo mirando, que vio un pescador que tenía junto a sí un barco tan pequeño, que solamente podían caber en él una persona y una cabra, y con todo esto, le habló y concertó con él que le pasase a él y a trecientas cabras que llevaba.[29] Entró el pescador en el barco, y pasó una cabra; volvió, y pasó otra; tornó a volver, y tornó a pasar otra. Tenga vuestra merced cuenta en las cabras[30] que el pescador va pasando, porque si se pierde una de la memoria, se

| go over
| staff
| time
| river bank, boat
| would take

---

[23] **Era una moza...** *she was a plump, wild girl who looked a bit like a man*

[24] **Pasaban de la raya...** *they [these jealousies] went over the line and went as far as what is forbidden*

[25] **Luego le...** *she immediately came to love him*

[26] **Puso por obra...** *he put his decision into effect*

[27] **Alforjas al cuello** refers to a kind double traveling bag, like a poncho. Half of one's supplies were in front, the other in back.

[28] **Un pedazo...** *a piece of broken mirror and part of a comb, and some kind of canister of face makeup*

[29] The Guadiana is no small river, and it would doubtless take days to move 300 goats to the other side.

[30] **Tenga vuestra merced...** *keep a tally of the goats*

acabará el cuento y no será posible contar más palabra dél. Sigo, pues, y
digo que el desembarcadero° de la otra parte estaba lleno de cieno° y   landing place, mud
resbaloso,° y tardaba el pescador mucho tiempo en ir y volver. Con todo   slippery
esto, volvió por otra cabra, y otra, y otra…"

5   "Haz cuenta que las pasó todas," dijo don Quijote, "no andes yendo y
viniendo desa manera, que no acabarás de pasarlas en un año."
     "¿Cuántas han pasado hasta agora?" dijo Sancho.
     "Yo ¡qué diablos sé!" respondió don Quijote.
     "He ahí lo que yo dije, que tuviese buena cuenta. Pues, por Dios, que
10   se ha acabado el cuento, que no hay pasar adelante."³¹
     "¿Cómo puede ser eso?" respondió don Quijote. "¿Tan 'de esencia° de   necessary
la historia es saber las cabras que han pasado 'por estenso,° que si se yerra° in detail, make a
una del número no puedes seguir adelante con la historia?"   mistake
     "No, señor, en ninguna manera," respondió Sancho, "porque así como
15   yo pregunté a vuestra merced que me dijese cuántas cabras habían pasado,
y me respondió que no sabía, en aquel mesmo instante se me fue a mí de
la memoria cuanto me quedaba por decir, y a fe que era de mucha virtud
y contento."
     "¿De modo," dijo don Quijote, "que ya la historia es acabada?"
20   "Tan acabada es como mi madre," dijo Sancho.
     "Dígote de verdad," respondió don Quijote, "que tú has contado una
de las más nuevas consejas, cuento o historia, que nadie° pudo pensar en   anyone
el mundo, y que tal modo de contarla, ni dejarla, jamás se podrá ver ni
habrá visto en toda la vida, aunque no esperaba yo otra cosa de tu buen
25   discurso. Mas no me maravillo, pues quizá estos golpes, que no cesan, te
deben de tener turbado el entendimiento."
     "Todo puede ser," respondió Sancho, "mas yo sé que en lo de mi
cuento no hay más que decir, que allí se acaba do° comienza el yerro° de   **donde**, error
la cuenta del pasaje de las cabras."
30   "Acabe norabuena donde quisiere,"³² dijo don Quijote, "y veamos si se
puede mover Rocinante."
     Tornóle a poner las piernas, y él tornó a dar saltos y a estarse quedo:
tanto estaba de bien atado.³³
     En esto parece ser, o que el frío de la mañana, que ya venía, o que
35   Sancho hubiese cenado algunas cosas lenitivas,° o que fuese cosa natural,   laxative
que es lo que más se debe creer, a él le vino en voluntad y deseo de hacer
lo que otro no pudiera hacer por él. Mas era tanto el miedo que había
entrado en su corazón, que no osaba apartarse un negro de uña³⁴ de su amo.
Pues pensar de no hacer lo que tenía gana, tampoco era posible, y así lo
40   que hizo, por bien de paz,³⁵ fue soltar la mano derecha, que tenía asida al
arzón trasero, con la cual, bonitamente y sin rumor° alguno, se soltó la   noise
lazada corrediza con que los calzones se sostenían,³⁶ sin ayuda de otra°   **otra *mano***

---

³¹ **No hay…** *there's no way to go on*
³² **Acabe…** *let it end where it will*
³³ **Tanto…** *he was tied so well*
³⁴ **Negro…** *the dirty part of a fingernail*
³⁵ **Por…** *for a little peace*
³⁶ **Lazada se soltó la…** *untied the bowknot which held up his pants*

alguna, y en quitándosela, dieron luego abajo, y se le quedaron como grillos.[37] Tras esto, alzó la camisa lo mejor que pudo, y echó al aire entrambas posaderas,° que no eran muy pequeñas. Hecho esto, que él pensó que era lo más que tenía que hacer para salir de aquel terrible aprieto° y angustia,° le sobrevino° otra mayor, que fue que le pareció que no podía mudarse° sin hacer estrépito° y ruido, y comenzó a apretar los dientes y a encoger° los hombros, recogiendo en sí el aliento todo cuanto podía.[38] Pero, con todas estas diligencias,° fue tan desdichado, que, al cabo al cabo, vino a hacer un poco de ruido, bien diferente de aquel que a él le ponía tanto miedo. Oyólo don Quijote, y dijo:

    "¿Qué rumor es ese, Sancho?"

    "No sé, señor," respondió el, "alguna cosa nueva debe de ser, que las aventuras y desventuras nunca comienzan por poco."

    Tornó otra vez a probar ventura, y sucedióle tan bien,[39] que, sin más ruido ni alboroto que el pasado, se halló libre de la carga que tanta pesadumbre le había dado. Mas como don Quijote tenía el sentido del olfato° tan vivo como el de los oídos, y Sancho estaba tan junto y cosido° con él, que casi por línea recta° subían los vapores hacia arriba, no se pudo escusar de que algunos no llegasen a sus narices, y apenas hubieron llegado, cuando él fue al socorro aprentándolas entre los dos dedos, y con tono algo gangoso,° dijo:

    "Paréceme, Sancho, que tienes mucho miedo."

    "Sí tengo," respondió Sancho, "mas ¿en qué lo echa de ver vuestra merced ahora más que nunca?"

    "En que ahora más que nunca hueles, y no a ámbar," respondió don Quijote.

    "Bien podrá ser," dijo Sancho, "mas yo no tengo la culpa, sino vuestra merced, que me trae 'a deshoras° y por estos no acostumbrados pasos."

    "Retírate tres o cuatro° allá, amigo," dijo don Quijote—todo esto sin quitarse los dedos de las narices—"y desde aquí adelante ten más cuenta[40] con tu persona, y con lo que debes a la mía, que la mucha conversación que tengo contigo ha engendrado este menosprecio.°"

    "Apostaré," replicó Sancho, "que piensa vuestra merced que yo he hecho de mi persona alguna cosa que no deba."

    "Peor es meneallo,[41] amigo Sancho," respondió don Quijote.

    En estos coloquios y otros semejantes pasaron la noche amo y mozo. Mas viendo Sancho que 'a más andar° se venía la mañana, 'con mucho tiento° desligó° a Rocinante y se ató los calzones. Como° Rocinante se vio libre, aunque él 'de suyo° no era nada brioso,° parece que se resintió, y comenzó a 'dar manotadas,° porque corbetas,° con perdon suyo, no las sabía hacer. Viendo, pues, don Quijote que ya Rocinante se movía, lo tuvo

buttocks
difficulty
anguish, followed
relieve himself, noise
contract
precautions

smell, stitched
straight

speaking with twang

inopportunely
cuatro *pasos*

contempt

quickly
with much groping,
untied, as soon as;
by nature, spirited;
paw, bucking

---

[37] **Dieron luego...** *they fell down right away, and became like fetters*
[38] **Recogiendo...** *holding his breath as much as he could*
[39] **Sucedióle...** *he had such success*
[40] **Ten...** *be more careful*
[41] **Peor...** *it's worse to stir it up.* Ormsby translates: "The less said the better," which is what Gaos suggests as the proper meaning as well.

a buena señal, y creyó que lo era[42] de que acometiese aquella temerosa
aventura. Acabó en esto de descubrirse el alba y de parecer distintamente
las cosas, y vio don Quijote que estaba entre unos árboles altos, que ellos
eran castaños,° que hacen la sombra muy escura. Sintió también que el   chestnuts
5 golpear no cesaba, pero no vio quién lo podía causar. Y así, sin más
detenerse, hizo sentir las espuelas a Rocinante, y tornando a despedirse de
Sancho, le mandó que allí le aguardase tres días a lo más largo,[43] como ya
otra vez se lo había dicho, y que si al cabo dellos no hubiese vuelto, tuviese
por cierto que Dios había sido servido de que en aquella peligrosa aventura
10 se le acabasen sus días. Tornóle a referir el recado° y embajada° que había   message, errand
de llevar de su parte a su señora Dulcinea, y que en lo que tocaba a la paga
de sus° servicios no tuviese pena, porque él había dejado hecho su   i.e., Sancho's
testamento° antes que saliera de su lugar, donde se hallaría gratificado° de   will, rewarded
todo lo tocante a su salario, rata° por cantidad, del tiempo que hubiese   prorated
15 servido. Pero que si Dios le sacaba de aquel peligro sano y salvo y 'sin
cautela,° se podía tener por muy más que cierta la prometida ínsula.   unscathed
     De nuevo tornó a llorar Sancho, oyendo de nuevo las lastimeras
razones de su buen señor, y determinó de no dejarle hasta el último
tránsito° y fin de aquel negocio.   stopping place
20   Destas lágrimas y determinación tan honrada de Sancho Panza, saca el
autor desta historia que debía de ser bien nacido, y por lo menos, cristiano
viejo, cuyo sentimiento enterneció° algo a su amo, pero no tanto que   moved
mostrase flaqueza° alguna. Antes, disimulando° lo mejor que pudo,   frailty, dissembling
comenzó a caminar hacia la parte por donde le pareció que el ruido del
25 agua y del golpear venía. Seguíale Sancho a pie, llevando, como tenía de
costumbre, del cabestro a su jumento, perpetuo compañero de sus prósperas
y adversas fortunas. Y habiendo andado una buena pieza por entre aquellos
castaños y árboles sombríos,° dieron en un pradecillo° que al pie de unas   sombre, meadow
altas peñas se hacía, de las cuales 'se precipitaba° un grandísimo golpe° de   rushed, concussion
30 agua. Al pie de las peñas estaban unas casas mal hechas, que más parecían
ruinas de edificios que casas, de entre las cuales advirtieron que salía el
ruido y estruendo de aquel golpear, que aún no cesaba.
     Alborotóse° Rocinante con el estruendo del agua y de los golpes, y   got excited
sosegándole° don Quijote, se fue llegando poco a poco a las casas,   calming him down
35 encomendándose de todo corazón a su señora, suplicándole que en aquella
temerosa jornada° y empresa le favoreciese, y 'de camino,° se encomendaba   expedition, along th
también a Dios, que no le olvidase. No se le quitaba Sancho del lado, el   way
cual alargaba° cuanto podía el cuello y la vista por entre las piernas de   extended
Rocinante, por ver si vería ya lo que tan suspenso y medroso le tenía.
40   Otros cien pasos serían los que anduvieron, cuando, al doblar° de una   rounding
punta,° pareció descubierta y patente° la misma causa, sin que pudiese ser   promontory, eviden
otra, de aquel horrísono° y para ellos espantable ruido, que tan suspensos   terrifying noise
y medrosos toda la noche los había tenido. Y eran—si no lo has, oh lector,

---

[42] **Creyó...** *he thought it was [a sign]*
[43] **A lo...** *at the longest*

por pesadumbre y enojo—, seis mazos de batán,[44] que con sus alternativos golpes aquel estruendo formaban.

Cuando don Quijote vio lo que era, enmudeció° y pasmóse de arriba abajo. Miróle Sancho, y vio que tenía la cabeza inclinada° sobre el pecho, con muestras de estar corrido. Miró también don Quijote a Sancho, y viole que tenía los carrillos hinchados y la boca llena de risa, con evidentes señales de querer reventar con ella,[45] y no pudo su melanconía tanto con él, que a la vista de Sancho pudiese dejar de reírse.[46] Y como vio Sancho que su amo había comenzado, soltó la presa° de manera, que tuvo necesidad de apretarse las hijadas con los puños por no reventar riendo. Cuatro veces sosegó, y otras tantas volvió a su risa con el mismo ímpetu° que primero, de lo cual ya se daba al diablo don Quijote, y más cuando le oyó decir, como 'por modo de fisga°: "Has de saber, ¡oh, Sancho amigo! que yo nací, por querer del cielo, en esta nuestra edad de hierro para resucitar en ella la dorada, o de oro. Yo soy aquel para quien están guardados los peligros, las hazañas grandes, los valerosos fechos," y por aquí fue repitiendo todas o 'las más° razones, que don Quijote dijo la vez primera que oyeron los temerosos golpes.

Viendo, pues, don Quijote que Sancho hacía burla dél, se corrió y enojó en tal manera, que alzó el lanzón y le asentó dos palos tales, que si, como los recibió en las espaldas, los recibiera en la cabeza, quedara libre de pagarle el salario,[47] si no fuera a sus herederos.° Viendo Sancho que sacaba tan malas veras de sus burlas,[48] con temor de que su amo no pasase adelante[49] en ellas, con mucha humildad le dijo:

"Sosiéguese vuestra merced, que por Dios que 'me burlo.°"

"Pues porque os burláis, no me burlo yo,"[50] respondió don Quijote. "Venid acá, señor alegre: ¿paréceos a vos que si como estos fueron mazos de batán, fueran otra peligrosa aventura, no había yo mostrado el ánimo que convenía para emprendella° y acaballa? ¿Estoy yo obligado, a dicha, siendo, como soy, caballero, a conocer y destinguir° los sones, y saber cuáles son de batán o no? Y más, que podría ser, como es verdad, que no los he visto

became silent
leaning

dam

fit

in jest

most of

heirs

I'm joking

undertake it
distinguir

---

[44] **Mazos de batán** are fulling mills. In order to make homespun cloth usable, the freshly-woven material had to go through the fulling process, which was to beat the cloth in water (and Fuller's Earth) until it shrank, thickened, and got soft. From antiquity until the Middle Ages, this was done by hand with two wooden hammers. In the thirteenth century, waterwheels provided the hard labor, and the person in the mill just kept the cloth moving. Nowadays, fulling is a combination of mechanical and chemical processes. **Mazos** are wooden hammers.

[45] **Carrillos...** *cheeks puffed out and his mouth filled with laughter, with clear signs of wanting to burst with it [laughter]*

[46] **No pudo...** *his melancholy was not so powerful over him that he couldn't help but laugh*

[47] **Si, como...** *if, as he received them on his back, he had received them on his head, he [Don Quijote] would be free from paying his [Sancho's] salary*

[48] There is a proverb, "Ni en burlas ni en veras, con tu amo partas peras" which will explain why *truth* and *jokes* are seen together.

[49] **Con temor...** *and, fearing that his master might take it further.* This shows a use of the so-called, and not translatable, "**no** redundante."

[50] **Porque...** *if you are joking, I am not*

en mi vida, como vos los habréis visto, como villano ruin que sois, criado
y nacido entre ellos. Si no, haced vos que estos seis mazos se vuelvan en
seis jayanes, y echádmelos a las barbas uno a uno, o todos juntos, y cuando
yo no diere con todos 'patas arriba,° haced de mí la burla que quisiéredes."   dead
5   "No haya más, señor mío," replicó Sancho, "que yo confieso que he
andado algo risueño° 'en demasía.° Pero dígame vuestra merced, ahora que   smiling, in excess
estamos en paz—así Dios le saque de todas las aventuras que le sucedieren
tan sano y salvo como le ha sacado désta—, ¿no ha sido cosa de reír, y lo
es de contar, el gran miedo que hemos tenido? a lo menos el que yo tuve,
10 que de vuestra merced ya yo sé que no le conoce, ni sabe qué es temor ni
espanto."
    "No niego yo," respondió don Quijote, "que lo que nos ha sucedido no
sea[51] cosa digna de risa. Pero no es digna de contarse, que no son todas las
personas tan discretas que sepan poner en su punto[52] las cosas."
15   "A lo menos," respondió Sancho, "supo vuestra merced poner en su
punto el lanzón, apuntándome° a la cabeza y dándome° en las espaldas,   aiming, hitting
gracias a Dios y a la diligencia que puse en ladearme.° Pero vaya, que todo   swerving
saldrá en la colada,[53] que yo he oído decir: «ése te quiere bien, que te hace
llorar», y más, que suelen los principales señores, tras una mala palabra que
20 dicen a un criado, darle luego unas calzas, aunque no sé lo que le suelen
dar tras haberle dado de palos, si ya no es que los caballeros andantes dan,
tras palos, ínsulas o reinos en tierra firme."
    "Tal podría correr el dado,"[54] dijo don Quijote, "que todo lo que dices
viniese a ser verdad,[55] y perdona lo pasado, pues eres discreto y sabes que
25 los primeros movimientos no son en mano del hombre.[56] Y está advertido   abstain, refrain
de aquí adelante en una cosa, para que 'te abstengas° y reportes° en el
hablar demasiado conmigo, que en cuantos libros de caballerías he leído,
que son infinitos, jamás he hallado que ningún escudero hablase tanto con
su señor como tú con el tuyo. Y en verdad que lo tengo a gran falta,° tuya   defect
30 y mía: tuya, en que me estimas en poco; mía, en que no me dejo estimar
en más. Sí, que Gandalín, escudero de Amadís de Gaula, conde fue de la
Ínsula Firme. Y se lee dél que siempre hablaba a su señor con la gorra° en   cap
la mano, inclinada la cabeza y doblado° el cuerpo, *more turquesco*.[57] Pues   bent double
¿qué diremos de Gasabal, escudero de don Galaor, que fue tan callado,° que   reserved
35 para declararnos° la excelencia de su maravilloso silencio, sola una vez se   exemplify
nombra su nombre en toda aquella tan grande como verdadera historia?[58]

---

[51] **No sea…** here is yet another case of a "**no** redundante." This is the last time this
no will be annotated.
[52] **Poner…** *put in perspective*
[53] **Todo saldrá…** *everything will come to light, lit. in the wash*
[54] **Tal podría…** *that's the way the die may fall*
[55] **Viniese…** *might come true*
[56] **Los primeros…** *the first impulses are not controllable*
[57] **More…** *in the Turkish way.* There is nothing of what Don Quijote says here in
Amadís, says Clemencín.
[58] Galaor was Amadís' brother, and was mentioned in Chapter 1 of this book. Gasabal,
his squire, is mentioned in Book II, Chapter 59 of the *Amadís* (p. 503, lines 264-65 of the
Edwin Place edition).

De todo lo que he dicho has de inferir, Sancho, que es menester hacer diferencia de amo a mozo, de señor a criado y de caballero a escudero. Así que desde hoy en adelante nos hemos de tratar con mas respeto, sin 'darnos cordelejo,° porque de cualquiera manera que yo me enoje con vos, ha de ser mal para el cántaro.[59] Las mercedes y beneficios que yo os he prometido llegarán a su tiempo. Y si no llegaren, el salario a lo menos no se ha de perder, como ya os he dicho."   *joking*

"Está bien cuanto vuestra merced dice," dijo Sancho, "pero querría yo saber, por si acaso no llegase el tiempo de las mercedes y fuese necesario acudir al de los salarios, cuánto ganaba un escudero de un caballero andante en aquellos tiempos, y si se concertaban° por meses, o por días, como peones de albañir."[60]   *agree on price*

"No creo yo," respondió don Quijote, "que jamás los tales escuderos estuvieron a salario, sino a merced. Y si yo ahora te le he señalado° a ti en el testamento cerrado que dejé en mi casa, fue por lo que podía suceder, que aún no sé cómo prueba en estos tan calamitosos tiempos nuestros la caballería, y no querría que por pocas cosas penase mi ánima en el otro mundo.[61] Porque quiero que sepas, Sancho, que en él° no hay estado más peligroso que el de los aventureros."   *named*   **el *mundo***

"Así es verdad," dijo Sancho, "pues sólo el ruido de los mazos de un batán pudo alborotar y desasosegar° el corazón de un tan valeroso andante aventurero como es vuestra merced. Mas bien puede estar seguro que, de aquí adelante, no despliegue° mis labios para hacer donaire de las cosas de vuestra merced, si no fuere para honrarle como a mi amo y señor natural."   *disturb*   *spread*

"Desa manera," replicó don Quijote, "vivirás sobre la haz° de la tierra, porque, después de a los padres, a los amos se ha de respetar como si lo fuesen."   *face*

[59] **Ha de ser...** *it's going to be bad for the pitcher.* This makes no sense unless you know the saying: **Si da el cántaro en la piedra o la piedra en el cántaro, mal para el cántaro.**

[60] **Peones...** *bricklayer's hodcarriers.* **Albañir** is the only form listed in Covarrubias (*mod.* **albañil**).

[61] **Aún no...** *I don't know yet how chivalry will fare in these such woeful times of ours, and I don't want my soul to agonize in the other world because of trifles*

Capítulo XXI. Que trata de la alta aventura y rica ganancia° del yelmo de Mambrino, con otras cosas sucedidas a nuestro invencible caballero. ° acquisition

5 EN ESTO comenzó a llover un poco, y quisiera Sancho que se entraran en el molino de los batanes. Mas habíales cobrado tal aborrecimiento° don ° dislike
Quijote por la 'pesada burla,° que en ninguna manera quiso entrar dentro. ° biting jest
Y así torciendo el camino a la derecha mano, dieron en otro como el que habían llevado el día de antes.
De allí a poco descubrió don Quijote un hombre a caballo, que traía en

10 la cabeza una cosa que relumbraba° como si fuera de oro, y aun él apenas ° shone
le hubo visto, cuando se volvió a Sancho y le dijo:
"Paréceme, Sancho, que no hay refrán que no sea verdadero, porque todos son sentencias sacadas de la mesma experiencia, madre de las ciencias todas, especialmente aquel que dice: «donde una puerta se cierra, otra se

15 abre.» Dígolo porque si anoche nos cerró la ventura la puerta de la que buscábamos,[1] engañándonos con los batanes, ahora nos abre de par en par otra para otra mejor y más cierta aventura, que, si yo no acertare a entrar por ella, mía será la culpa, sin que la pueda dar a la poca noticia de batanes, ni a la escuridad de la noche.[2] Digo esto porque, si no me engaño,

20 hacia nosotros viene uno que trae en su cabeza puesto el yelmo de Mambrino, sobre que yo hice el juramento que sabes."[3]
"Mire vuestra merced bien lo que dice, y mejor lo que hace," dijo Sancho, "que no querría que fuesen otros batanes que nos acabasen de abatanar y aporrear el sentido."[4]

25 "¡Válate el diablo por hombre!"[5] replicó don Quijote. "¿Qué va de yelmo a batanes?"[6]
"No sé nada," respondió Sancho, "mas a fe que si yo pudiera hablar tanto como solía, que quizá diera tales razones, que vuestra merced viera que se engañaba en lo que dice."

30 "¿Cómo me puedo engañar en lo que digo, traidor escrupuloso°?" dijo ° frightened
don Quijote. "Dime, ¿no ves aquel caballero que hacia nosotros viene, sobre un caballo rucio° rodado,° que trae puesto en la cabeza un yelmo de oro?" ° silver grey, dappled
"Lo que yo veo y columbro,°" respondió Sancho, "no es sino un ° see from afar
hombre sobre un asno, pardo° como el mío, que trae sobre la cabeza una ° dark grey

35 cosa que relumbra."
"Pues ése es el yelmo de Mambrino," dijo don Quijote. "Apártate a una parte y déjame con él a solas. Verás cuán sin hablar palabra, por ahorrar del tiempo, concluyo esta aventura y queda por mío el yelmo que tanto he deseado."

[1] **Si anoche...** *if last night fortune [ventura] closed the door to the one [aventura] we were looking for*
[2] **Sin que...** *without being able to blame it on lack of experience with fulling mills nor the darkness of the night*
[3] This was the oath from chapter X, and mentioned by Sancho again in Chapter 19.
[4] **No querría...** *I don't want it to be other fulling mills which will overcome [abatanar] us and will knock us senseless*
[5] **¡Válate...** *the devil take you!*
[6] **¿Qué...** *what does the helmet have to do with fulling mills?*

"Yo me tengo en cuidado el apartarme,"[7] replicó Sancho, "mas quiera
Dios, torno a decir, que orégano sea,[8] y no batanes."

"Ya os he dicho, hermano, que no me mentéis,° ni por pienso, más eso   mention
de los batanes," dijo don Quijote, "que voto...,[9] y no digo más, que os
batanee el alma."

Calló Sancho, con temor que su amo no cumpliese el voto° que le   vow
había echado, redondo como una bola.[10]

Es, pues, el caso que el yelmo y el caballo y caballero que don Quijote
veía, era esto: que en aquel contorno había dos lugares, el uno tan pequeño
que ni tenía botica° ni barbero, y el otro, que estaba junto a él, sí. Y así el   apothecary's shop
barbero del mayor servía al menor, en el cual tuvo necesidad un enfermo
de sangrarse° y otro de 'hacerse la barba,° para lo cual venía el barbero y   to be bled, be
traía una bacía° de azófar,° y quiso la suerte que, al tiempo que venía,   shaved; basin,
comenzó a llover, y porque no se le manchase° el sombrero, que debía de   brass; spot
ser nuevo, se puso la bacía sobre la cabeza, y como estaba limpia, desde
media legua relumbraba. Venía sobre un asno pardo, como Sancho dijo, y
ésta fue la ocasión que a don Quijote le pareció caballo rucio rodado, y
caballero y yelmo de oro, que todas las cosas que veía con mucha facilidad
las acomodaba a sus desvariadas caballerías y malandantes pensamientos.

Y cuando él vio que el pobre caballero llegaba cerca, sin ponerse con él en
razones, a todo correr de Rocinante le enristró con el lanzón bajo, llevando
intención de pasarle de parte a parte. Mas cuando a él llegaba, sin detener
la furia de su carrera, le dijo:

"¡Defiéndete, cautiva criatura, o entriégame° de tu voluntad lo que con   **entrégame**
tanta razón se me debe!"

El barbero, que, tan sin pensarlo ni temerlo, vio venir aquella fantasma
sobre sí, no tuvo otro remedio, para poder guardarse del golpe de la lanza,
sino fue el dejarse caer del asno abajo,[11] y no hubo tocado al suelo, cuando
se levantó más ligero que un gamo,° y comenzó a correr por aquel llano,   deer
que no le alcanzara el viento. Dejóse la bacía en el suelo, con la cual se
contentó don Quijote, y dijo que el pagano había andado discreto, y que
había imitado al castor,° el cual, viéndose acosado de los cazadores, se   beaver
taraza y harpa con los dientes aquello por lo que él, por distinto natural,
sabe que es perseguido.[12] Mandó a Sancho que alzase° el yelmo, el cual,   pick up
tomándola en las manos, dijo:

"¡Por Dios que la bacía es buena, y que vale un real de a ocho como
un maravedí!"

[7] **Yo me...** *I'll take care to get out of the way*
[8] There is a saying **Quiera Dios que orégano sea y no se nos vuelva alcaravea**.
Alcaravea is caraway seed, a spice held in less esteem than oregano.
[9] **Que voto [a Dios]... que os batanee el alma.**
[10] **Redondo...** *round as a ball* means "in no uncertain terms."
[11] **El dejarse...** *to let himself fall from the donkey*
[12] **Viéndose...** *seeing himself pursued by hunters, bites and tears with his teeth that
for which he knows by instinct he is being sought.* There was an ancient old wives' tale
that the male beaver, knowing he was being hunted for the castoreum found in his genitals
would castrate himself, and leave his genitals behind to save his life. In truth, this
substance is found in the perineal glands near the anus of *both* sexes, and is impossible
to remove with the creature's own teeth.

Y dándosela a su amo, se la puso luego en la cabeza, rodeándola a una
parte y a otra, buscándole el encaje, y como no se le hallaba, dijo:

"Sin duda que el pagano a cuya medida° se forjó° primero esta famosa   size, was forged
celada, debía de tener grandísima cabeza, y lo peor dello es que le falta la
5   mitad."

Cuando Sancho oyó llamar a la bacía celada,[13] no pudo tener la risa.
Mas vínosele a las mientes la cólera de su amo, y calló en la mitad della.

"¿De qué te ríes, Sancho?" dijo don Quijote.

"Ríome," respondió él, "de considerar la gran cabeza que tenía el
10   pagano dueño deste almete, que no semeja sino una bacía de barbero
pintiparada.°"   perfectly like

"¿Sabes qué imagino, Sancho? Que esta famosa pieza° deste encantado   fragment
yelmo, por algún estraño acidente debió de venir a manos de quien no supo
conocer ni estimar su valor, y sin saber lo que hacía, viéndola de oro
15   purísimo, debió de fundir° la otra mitad para aprovecharse del precio,° y de   melt, value
la otra mitad hizo esta que parece bacía de barbero, como tú dices. Pero sea
lo que fuere, que para mí que la conozco no hace al caso su trasmutación,[14]
que yo la aderezaré en el primer lugar donde haya herrero,° de suerte que   blacksmith
no le 'haga ventaja,° ni aun le llegue, la que hizo y forjó el dios de las   surpass
20   herrerías para el Dios de las batallas,[15] y en este entretanto la traeré como
pudiere, que más vale algo que no nada, cuanto más que bien será bastante
para defenderme de alguna pedrada."

"Eso será," dijo Sancho, "si no se tira con honda, como se tiraron en
la pelea de los dos ejércitos, cuando le santiguaron a vuestra merced las
25   muelas, y le rompieron el alcuza donde venía aquel benditísimo brebaje que
me hizo vomitar las asaduras.°"   entrails

"No me da mucha pena el haberle perdido, que ya sabes tú, Sancho,"
dijo don Quijote, "que yo tengo la receta en la memoria."

"También la tengo yo," respondió Sancho. "Pero si yo le hiciere ni le
30   probare más en mi vida, aquí sea mi hora.[16] Cuanto más, que no pienso
ponerme en ocasión de haberle menester, porque pienso guardarme con
todos mis cinco sentidos de ser ferido ni de ferir a nadie. De lo del ser otra
vez manteado no digo nada, que semejantes desgracias mal se pueden
prevenir,° y si vienen, no hay que hacer otra cosa sino encoger los   prevent
35   hombros, detener el aliento,[17] cerrar los ojos y dejarse ir por donde la suerte
y la manta nos llevare."

"Mal cristiano eres, Sancho," dijo, oyendo esto, don Quijote, "porque
nunca olvidas la injuria que una vez te han hecho. Pues sábete que es de
pechos nobles y generosos no hacer caso de niñerías. ¿Qué pie sacaste
40   cojo,° qué costilla quebrada, qué cabeza rota, para que no se te olvide   lame

---

[13] **Cuando...** *when Sancho heard the basin being called a helmet*
[14] **No hace...** *its transformation makes no difference*
[15] **De suerte...** *in such a way that the one [helmet] that the god of smithies made and forged for the god of battles won't surpass it or even come up to it.* This refers to Vulcan, the god of blacksmiths, who forged the armor of Mars.
[16] **Aquí...** *may I die right now*
[17] **Encoger...** *shrug your shoulders, hold your breath*

aquella burla? Que, bien apurada la cosa,[18] burla fue y pasatiempo, que a
no entenderlo yo ansí, ya yo hubiera vuelto allá y hubiera hecho en tu
venganza más daño que el que hicieron los griegos por la robada° Elena.[19]   kidnapped
La cual si fuera en este tiempo, o mi Dulcinea fuera en aquel, pudiera estar
segura que no tuviera tanta fama de hermosa como tiene." Y aquí dio un
sospiro, y le puso en las nubes. Y dijo Sancho:

"Pase por burlas, pues la venganza no puede pasar en veras,[20] pero yo
sé de qué calidad fueron las veras y las burlas, y sé también que no se me
caerán de la memoria, como nunca se quitarán de las espaldas. Pero dejando
esto aparte, dígame vuestra merced qué haremos deste caballo rucio rodado,
que parece asno pardo, que dejó aquí desamparado aquel Martino que
vuestra merced derribó, que, según él puso los pies en polvorosa y cogió
las de Villadiego,[21] no lleva pergenio° de volver por él jamás, y ¡para mis   intention
barbas, si no es bueno el rucio!"

"Nunca yo acostumbro," dijo don Quijote, "despojar° a los que venzo   despoil
ni es uso de caballería quitarles los caballos y dejarlos a pie. Si ya no fuese
que el vencedor hubiese perdido en la pendencia° el suyo, que, en tal caso,   fray
lícito es tomar el del vencido, como ganado en guerra lícita. Así que,
Sancho, deja ese caballo o asno, o lo que tu quisieres que sea, que, como°   as soon as
su dueño nos vea alongados° de aquí, volverá por él."   departed

"Dios sabe si quisiera llevarle," replicó Sancho, "o, por lo menos,
trocalle con este mío, que no me parece tan bueno. Verdaderamente que son
estrechas las leyes de caballería, pues no se estienden a dejar trocar un asno
por otro, y querría saber si podría trocar los aparejos° siquiera."   trappings

"En eso no estoy muy cierto," respondió don Quijote, "y en caso de
duda, hasta estar mejor informado, digo que los trueques, si es que tienes
dellos necesidad estrema."

"Tan estrema es," respondió Sancho, "que si fueran para mi misma
persona, no los hubiera menester más."[22]

Y luego, habilitado con aquella licencia, hizo *mutacio caparum*,[23] y
puso su jumento a las mil lindezas, dejándole mejorado en tercio y quinto.[24]

Hecho esto, almorzaron de las sobras del real° que del acémila   spoils
despojaron, bebieron del agua del arroyo de los batanes, sin volver la cara
a mirallos: tal era el aborrecimiento que les tenían, por el miedo en que les
habían puesto.

---

[18] **Bien...** *when you examine it closely*
[19] Elena is Helen of Troy.
[20] **"Pase por...** *let it pass for a jest since vengeance cannot be done in truth*
[21] **Él puso...** *he took to his heels.* Both expressions mean the same thing. **Polvorosa**
was the underworld slang term for road. Although everyone understands what the
expression with Villadiego means, its origin is unclear. See Rodríguez Marín 1, 62, 3 and
2, 133, 7.
[22] **Si fueran...** *if they were for myself, I wouldn't need them more*
[23] *Mutatio capparum* is the proper Latin term for this, when cardinals of the Church
exchange leather hoods for ones of red silk annually on Easter.
[24] **Puso su...** *he made his donkey look uncommonly pretty, bettering its looks
severalfold.* The expression **mejorado en tercio y quinto** is from notorial jargon, relating
to making a will in favor of an heir.

Cortada, pues, la cólera,[25] y aun la malenconía,° subieron a caballo, y   **melancolía**
sin tomar determinado camino, por ser muy de caballeros andantes el no
tomar ninguno cierto, se pusieron a caminar por donde la voluntad de
Rocinante quiso, que se llevaba tras sí la de su amo, y aun la del asno, que
5   siempre le seguía por dondequiera que guiaba, en buen amor y compañía.
Con todo esto, volvieron al camino real, y siguieron por él a la ventura, sin
otro disignio° alguno.   thought
    Yendo, pues, así caminando, dijo Sancho a su amo:
    "Señor, ¿quiere vuestra merced darme licencia que departa un poco con
10 él?[26] Que después que me puso aquel áspero mandamiento del silencio se   rotted
me han podrido° más de cuatro cosas en el estómago, y una sola que ahora
tengo en el pico° de la lengua no querría que se 'mal lograse.°"   tip, come to naught
    "Dila," dijo don Quijote, "y sé breve en tus razonamientos, que
ninguno hay gustoso° si es largo."   pleasing
15 "Digo, pues, señor," respondió Sancho, "que de algunos días a esta
parte[27] he considerado cuán poco se gana y granjea° de andar buscando   earn
estas aventuras que vuestra merced busca por estos desiertos y encrucijadas
de caminos, donde ya que se venzan y acaben las más peligrosas, no hay
quien las -vea ni sepa, y así, se han de quedar en perpetuo silencio y en
20 perjuicio de la intención de vuestra merced y de lo que ellas merecen. Y
así, me parece que sería mejor, salvo el mejor parecer de vuestra merced,
que nos fuésemos a servir a algún emperador, o a otro príncipe grande que
tenga alguna guerra, en cuyo servicio vuestra merced muestre el valor de
su persona, sus grandes fuerzas y mayor entendimiento. Que visto esto del
25 señor a quien sirviéremos, por fuerza nos ha de remunerar a cada cual
según sus méritos, y allí no faltará quien ponga en escrito las hazañas de
vuestra merced, para perpetua memoria. De las mías no digo nada, pues no
han de salir de los límites escuderiles, aunque sé decir que si 'se usa° en la   is customary
caballería escribir hazañas de escuderos, que no pienso que se han de
30 quedar las mías 'entre renglones.°"   as afterthoughts
    "No dices mal, Sancho," respondió don Quijote, "mas antes que se
llegue a ese término° es menester andar por el mundo, como en   point
aprobación,° buscando las aventuras, para que, acabando algunas, se cobre   probation
nombre y fama tal, que cuando se fuere a la corte° de algún gran monarca   court
35 ya sea el caballero conocido por sus obras, y que apenas le hayan visto
entrar los muchachos por la puerta de la ciudad, cuando todos le sigan y
rodeen, dando voces, diciendo: 'Éste es el caballero del Sol,' o 'de la
Sierpe,°'[28] o de otra insignia° alguna, debajo de la cual hubiere acabado   serpent, device
grandes hazañas. 'Éste es,' dirán, 'el que venció en singular batalla al
40 gigantazo° Brocabruno de la Gran Fuerza. El que desencantó° al gran   great giant, disen-
Mameluco[29] de Persia del largo encantamento en que había estado casi   chanted

---

[25] **Cortar la cólera** in the Academy dictionary means "to have a snack."

[26] **Con él** means *with you*. Since **vuestra merced** is a third person mode of address,
con él is called for: *would your grace give me permission to speak with him?*

[27] **De algunos...** *for some days now*

[28] **El caballero del Sol** was the Caballero del Febo, **el caballero de la Sierpe** was
Palmerín de Oliva.

[29] **Mameluco** is an Egyptian soldier.

novecientos años.' Así que de mano en mano, irán pregonando sus hechos, y luego, al alboroto° de los muchachos y de la demás gente, se parará a las fenestras° de su real palacio el rey de aquel reino. Y así como vea al caballero, conociéndole por las armas o por la empresa del escudo, forzosamente ha de decir: '¡Ea, sus, salgan mis caballeros, cuantos en mi corte están, a recibir a la flor de la caballería, que allí viene!' A cuyo mandamiento saldrán todos, y él llegará hasta la mitad de la escalera,° y le abrazará estrechísimamente,° y le dará paz,[30] besándole en el rostro, y luego le llevará por la mano al aposento de la señora reina, adonde el caballero la hallará con la infanta° su hija, que ha de ser una de las más fermosas y acabadas° doncellas que en gran parte de lo descubierto de la tierra a duras penas se pueda hallar.[31] Sucederá tras esto, 'luego en continente,° que ella ponga los ojos en el caballero, y él en los della, y cada uno parezca al otro cosa más divina que humana, y sin saber cómo ni cómo no,[32] han de quedar presos y enlazados en la intricable red amorosa,[33] y con gran cuita en sus corazones, por no saber cómo se han de fablar para descubrir sus ansias° y sentimientos.° Desde allí le llevarán, sin duda, a algún cuarto° del palacio, ricamente aderezado,° donde, habiéndole quitado las armas, le traerán un rico manto° de escarlata con que se cubra, y si bien pareció armado, tan bien y mejor ha de parecer en farseto.[34]

"Venida la noche, cenará con el rey, reina e infanta, donde nunca quitará los ojos della, mirándola a furto de los circunstantes, y ella hará lo mesmo con la mesma sagacidad,° porque, como tengo dicho, es muy discreta doncella. Levantarse han[35] las tablas,° y entrará a deshora por la puerta de la sala un feo y pequeño enano con una fermosa dueña, que entre dos gigantes, detrás del enano viene, con cierta aventura hecha° por un antiquísimo° sabio, que el que la acabare será tenido por el mejor caballero del mundo. Mandará luego el rey que todos los que están presentes la prueben,[36] y ninguno le dará fin y cima° sino el caballero huésped, en mucho pro de su fama, de lo cual quedará contentísima la infanta, y se tendrá por contenta y pagada además por haber puesto y colocado sus pensamientos en tan alta parte. Y lo bueno es que este rey o príncipe, o lo que es, tiene una muy reñida° guerra con otro tan poderoso como él, y el caballero huésped le pide—al cabo de algunos días que ha estado en su corte—, licencia para ir a servirle en aquella guerra dicha. Darásela el rey de muy buen talante, y el caballero le besará cortésmente las manos por la merced que le face.

"Y aquella noche se despedirá de su señora la infanta por las rejas° de un jardín, que cae en el aposento donde ella duerme,[37] por las cuales ya

Margin glosses:
- tumult
- windows
- staircase
- very tightly
- princess
- perfect
- immediately
- longings
- feelings, apartment,
- adorned
- cloak
- discernment
- tables
- proposed
- very old
- completion
- bitter
- grates

---

[30] **Dar paz** is to greet by kissing on the face, as the next phrase confirms.
[31] **En gran...** *in a large part of the known world with great difficulty can be found*
[32] **Sin saber...** *without knowing how*
[33] **Enlazados...** *bound in the inextricable net of love*
[34] A **farseto** (*Ital.* **farsetto**) is a quilted jacket worn under armor.
[35] **Levantarse han** is an archaic future form, where the infinitive was recognized as such and pronouns could be attached to it.
[36] That is, **hagan la prueba** *they attempt it*
[37] **Un jardín...** *the room where she sleeps which faces a garden*

otras muchas veces la había fablado, siendo medianera y sabidora de todo una doncella de quien la infanta mucho se fiaba.[38] Sospirará él, desmayaráse° ella, traerá agua la doncella, acuitaráse mucho porque viene la mañana y no querría que fuesen descubiertos,° por la honra de su señora.

5   Finalmente, la infanta 'volverá en sí,° y dará sus blancas manos por la reja al caballero, el cual se las besará mil y mil veces, y se las bañará en lágrimas. Quedará concertado° entre los dos del modo que se han de hacer saber sus buenos o malos sucesos, y rogaréle la princesa que se detenga lo menos que pudiere.[39] Prometérselo ha él con muchos juramentos. Tórnale

10   a besar las manos, y despídese con tanto sentimiento, que estará a poco por acabar la vida.[40] Vase desde allí a su aposento, échase sobre su lecho, no puede dormir del dolor de la partida,° madruga° muy de mañana. Vase a despedir del rey y de la reina, y de la infanta. Dícenle, habiéndose despedido de los dos, que la señora infanta está 'mal dispuesta° y que no

15   puede recebir visita. Piensa el caballero que es de pena de su partida, traspásasele° el corazón, y falta poco de no dar indicio manifiesto de su pena. Está la doncella medianera delante. Halo de notar todo, váselo a decir a su señora, la cual la recibe con lágrimas, y le dice que una de las mayores penas que tiene es no saber quién sea su caballero, y si es de linaje de

20   reyes, o no. Asegúrala la doncella que no puede caber tanta cortesía, gentileza y valentía como la de su caballero sino en subjeto real y grave°. Consuélase° con esto la cuitada°: procura consolarse por no dar mal indicio de sí a sus padres, y a cabo de dos días sale en público. Ya se es ido el caballero, pelea en la guerra, vence al enemigo del rey, gana muchas

25   ciudades, triunfa de muchas batallas. Vuelve a la corte, ve a su señora por donde suele, conciértase que la pida a su padre por mujer en pago de sus servicios. No se la quiere dar el rey, porque no sabe quién es. Pero, con todo esto, o robada o de otra cualquier suerte que sea, la infanta viene a ser su esposa, y su padre lo viene a tener a gran ventura,[41] porque se vino a

30   averiguar que el tal caballero es hijo de un valeroso rey de no sé qué reino, porque creo que no debe de estar en el mapa. Muérese el padre, hereda la infanta, queda rey el caballero, en dos palabras. Aquí entra luego el hacer mercedes a su escudero y a todos aquellos que le ayudaron a subir a tan alto estado. Casa a su escudero con una doncella de la infanta, que será, sin

35   duda, la que fue tercera° en sus amores, que es hija de un duque muy principal."[42]

    "¡Eso pido, y barras derechas!"[43] dijo Sancho, "a eso 'me atengo,° porque todo al pie de la letra ha de suceder por vuestra merced, llamándose el Caballero de la Triste Figura."

40   "No lo dudes, Sancho," replicó don Quijote, "porque del mesmo modo, y por los mesmos pasos que esto he contado, suben y han subido los

---

[38] **Siendo...** *a maiden whom she trusted being the go-between and confidante in everything*

[39] **Se detenga...** *he stay away as short a time as he can*

[40] **Estará...** *he will almost die*

[41] **Su padre...** *her father comes to consider it as good fortune*

[42] Martín de Riquer says that this is the basic story of *Tirant lo Blanch.*

[43] **¡Barras...** *no doubt about it.* This expression comes from a game.

Margin glosses: will faint; found out; will come to; agreed; departure, gets up; indisposed; pierces; important; is consoled, unfortunate girl; go-between; I'm waiting for

caballeros andantes a ser reyes y emperadores. Sólo falta agora mirar[44] qué rey de los cristianos o de los paganos tenga guerra y tenga hija hermosa. Pero tiempo habrá para pensar esto, pues, como te tengo dicho, primero se ha de cobrar fama por otras partes que[45] se acuda a la corte. También me falta otra cosa: que, puesto caso que se halle rey con guerra y con hija hermosa, y que yo haya cobrado fama increíble por todo el universo, no sé yo como se podía hallar que yo sea de linaje de reyes, o, por lo menos, primo segundo de emperador. Porque no me querrá el rey dar a su hija por mujer, si no está primero muy enterado° en esto, aunque más lo merezcan mis famosos hechos. Así que, por esta falta, temo perder lo que mi brazo tiene bien merecido. Bien es verdad que yo soy hijodalgo de solar conocido, de posesión y propriedad, y de devengar quinientos sueldos,[46] y podría ser que el sabio que escribiese mi historia deslindase° de tal manera mi parentela° y decendencia,° que me hallase quinto o sesto° nieto de rey. Porque te hago saber, Sancho, que hay dos maneras de linajes en el mundo: unos que traen y derivan° su decendencia de príncipes y monarcas, a quien 'poco a poco° el tiempo ha deshecho, y han acabado en punta,° como pirámide puesta al revés.[47] Otros tuvieron principio de gente baja, y van subiendo de grado en grado,[48] hasta llegar a ser grandes señores. De manera que está la diferencia en que unos fueron, que ya no son, y otros son, que ya no fueron, y podría ser yo déstos, que después de averiguado,[49] hubiese sido mi principio grande y famoso, con lo cual se debía de contentar el rey mi suegro que hubiere de ser,[50] y cuando no, la infanta me ha de querer de manera que a pesar de su padre, aunque claramente sepa que soy hijo de un azacán,° me ha de admitir por señor y por esposo. Y si no, aquí entra el roballa y llevalla donde más gusto me diere, que el tiempo o la muerte ha de acabar el enojo de sus padres."

"Ahí entra bien también," dijo Sancho, "lo que algunos desalmados dicen: «no pidas de grado lo que puedes tomar por fuerza»,[51] aunque mejor cuadra decir: «más vale salto de mata, que ruego de hombres buenos».[52] Dígolo porque, si el señor rey, suegro de vuestra merced, no se quisiere domeñar° a entregalle a mi señora la infanta, no hay sino, como vuestra merced dice, roballa y trasponella.° Pero está el daño que, en tanto que se hagan las paces y se goce pacíficamente del reino,[53] el pobre escudero se podrá estar 'a diente° en esto de las mercedes. Si ya no es que la doncella tercera que ha de ser su mujer, se sale con la infanta,[54] y él pasa con ella

informed

clears up
ancestry, origin,
sixth
trace
a little at a time,
point

water carrier

condescend
transport her

fasting

---

[44] **Sólo...** *all we need now is to find out*

[45] The **primero** that begins the clause goes with this **que** = *before going to court.*

[46] **Yo soy...** *I am an **hidalgo** with a well known ancestral mansion, with land and property, and an income of 500 **sueldos**.* What the income was for (Injury? family's military service?), and the value of a **sueldo** are still debated.

[47] **Puesta...** *turned up-side down*

[48] **De grado...** *step by step*

[49] **Después...** *after investigation*

[50] **El rey...** *the king who is to be my father-in-law*

[51] **No pidas...** *never ask as a favor wht you can take by force*

[52] **Más vale...** *a leap over the hedge [to escape] is better than good men's prayers*

[53] **En tanto...** *until you make peace and you come to possess your kingdom in peace*

[54] **Si ya no...** *unless the confidante who is to be his wife comes with the princess*

su mala ventura, hasta que el cielo ordene otra cosa, porque bien podrá, creo yo, desde luego dársela su señor por ligítima esposa."[55]

"Eso no hay quien la quite,"[56] dijo don Quijote."

"Pues como eso sea," respondió Sancho, "no hay sino encomendarnos 5 a Dios, y dejar correr la suerte por donde mejor lo encaminare."

"Hágalo Dios," respondió don Quijote, "como yo deseo y tú, Sancho, has menester, y ruin sea quien por ruin se tiene."[57]

"Sea par° Dios," dijo Sancho, "que yo cristiano viejo[58] soy, y para ser **por** conde esto me basta."

10 "Y aun te sobra,°" dijo don Quijote, "y cuando no lo fueras, no hacía **is more than enoug** nada al caso,[59] porque siendo yo el rey, bien te puedo dar nobleza,° sin que **nobility** la compres ni me sirvas con nada.[60] Porque en haciéndote conde, cátate ahí caballero,[61] y digan lo que dijeren, que a buena fe que te han de llamar SEÑORÍA, mal que les pese." [62]

15 "Y ¡montas que no sabría yo autorizar el litado!"[63] dijo Sancho.

"*Dictado*[64] has de decir, que no *litado*," dijo su amo.

"Sea ansí," respondió Sancho Panza. "Digo que le sabría bien acomodar,[65] porque por vida mía que un tiempo fui muñidor de una cofradía,[66] y que me asentaba tan bien la ropa de muñidor, que decían todos 20 que tenía presencia para poder ser prioste° de la mesma cofradía. Pues ¿qué **steward** será cuando me ponga un ropón ducal a cuestas,[67] o me vista de oro y de perlas, a uso de conde estranjero°? Para mí tengo que me han de venir a ver **extranjero** de cien leguas."[68]

"Bien parecerás,"[69] dijo don Quijote, "pero será menester que 'te rapes° **shave** 25 las barbas a menudo, que, según las tienes de espesas, aborrascadas y mal puestas,[70] si no te las rapas a navaja cada dos días, por lo menos, a tiro de escopeta se echará de ver lo que eres."[71]

"¿Qué hay más," dijo Sancho, "sino tomar un barbero y tenelle

---

[55] **Porque bien...** *for it may well be, I think, his master will give her to him as legitimate wife right away*

[56] **Eso no...** *Don't worry, no one will take her away from you.* This is Gaos' solution (I, 426, 308).

[57] **Ruin...** *may the person who considers himself despicable be despicable*

[58] A **cristiano viejo** is from a family that has always been Catholic, that is, none was or is a converted Jew.

[59] **No hacía...** *it would make no difference*

[60] **Ni me...** *nor by your doing any service*

[61] **Cátate...** *imagine yourself there made a knight*

[62] **A buena...** *honestly and sincerely, they'll have to call you* YOUR LORDSHIP *whether they like it or not*

[63] **Montas...** *Upon my faith if I couldn't write up a title of nobility*

[64] **Dictado** *title of nobility*

[65] **Digo...** *I say that I'd be able to do it well*

[66] **Fui muñidor...** *I was a summoner in a brotherhood*

[67] **Cuando...** *when I put the gown of a duke on my back*

[68] **Me...** *they'll come from a hundred leagues to see me*

[69] **Bien...** *you'll look good*

[70] **Según...** *the way you keep it so thick, tangled, and unkempt*

[71] **A tiro...** *at the distance of a musket shot they'll see what you are*

asalariado° en casa. Y aun, si fuere menester, le haré que ande tras mí,   on salary
como caballerizo° de grande.°"   groom, grandee

"Pues ¿cómo sabes tú," preguntó don Quijote, "que los grandes llevan
detrás de sí a sus caballerizos?"

"Yo se lo diré," respondió Sancho. "Los años pasados estuve un mes
en la corte, y allí vi que, paseándose un señor muy pequeño, que decían que
era muy grande,[72] un hombre le seguía a caballo a todas las vueltas que
daba,[73] que no parecía sino que era su rabo.° Pregunté que cómo aquel   tail
hombre no 'se juntaba° con el otro, sino que siempre andaba tras dél.   joined
Respondiéronme que era su caballerizo, y que era uso de grandes llevar tras
sí a los tales. Desde entonces lo sé tan bien, que nunca se me ha olvidado."

"Digo que tienes razón," dijo don Quijote, "y que así puedes tú llevar
a tu barbero, que los usos no vinieron todos juntos ni se inventaron a una,°   una *vez*
y puedes ser tú el primero conde que lleve tras sí su barbero, y aun es de
más confianza el hacer la barba que ensillar un caballo."[74]

"Quédese eso del barbero a mi cargo,"[75] dijo Sancho, "y al de vuestra
merced se quede el procurar venir a ser rey y el hacerme conde."

"Así será," respondió don Quijote.

Y alzando los ojos, vio lo que se dirá en el siguiente capítulo.

[72] More than likely they said that **era grande** *he was a grandee*, rather than **era muy
grande** *he was very big.*

[73] **A todas...** *every turn he took*

[74] **Es de...** *it requires more trust to have one's beard shaved than to have one's horse
saddled*

[75] **Quédese...** *let me deal with the business of the barber*

Capítulo XXII. De la libertad que dio don Quijote a muchos desdichados que, mal de su grado, los llevaban donde no quisieran ir.

Cuenta Cide Hamete Benengeli, autor arábigo y manchego en esta gravísima, altisonante,° mínima, dulce e imaginada historia, que después que entre el famoso don Quijote de la Mancha y Sancho Panza su escudero pasaron aquellas razones,[1] que en el fin del capítulo veinte y uno quedan referidas, que don Quijote alzó los ojos y vio que por el camino que llevaba venían hasta doce hombres a pie, ensartados° como cuentas en una gran cadena de hierro por los cuellos,° y todos con esposas° a las manos. Venían ansimismo con ellos dos hombres de a caballo y dos de a pie. Los de a caballo con 'escopetas de rueda,° y los de a pie con dardos° y espadas, y que así como Sancho Panza los vido,° dijo:

"Ésta es cadena de galeotes:[2] gente forzada° del rey, que va a las galeras.°"

"¿Cómo gente forzada?" preguntó don Quijote. ¿Es posible que el rey haga fuerza a ninguna gente?"[3]

"No digo eso," respondió Sancho, "sino que es gente que por sus delitos° va condenada a servir al rey en las galeras, de por fuerza."

"En resolución," replicó don Quijote, "como quiera que ello sea, esta gente, aunque los llevan, van de por fuerza y no de su voluntad."

"Así es," dijo Sancho.

"Pues desa manera," dijo su amo, "aquí encaja° la ejecución de mi oficio: desfacer fuerzas y socorrer y acudir a los miserables."

"Advierta vuestra merced," dijo Sancho, "que la justicia, que es el mesmo rey, no hace fuerza ni agravio° a semejante gente, sino que los castiga° en pena de sus delitos."

Llegó en esto la cadena de los galeotes, y don Quijote, con muy corteses razones, pidió a los que iban 'en su guarda° 'fuesen servidos de° informalle y decille la causa, o causas, porque llevaban aquella gente de aquella manera.

Una de las guardas° de a caballo respondió que eran galeotes, gente de su majestad que iba a galeras, y que no había más que decir, ni él tenía más que saber.

"Con todo eso," replicó don Quijote, "querría saber de cada uno dellos, en particular, la causa de su desgracia."

Añadió a estas otras tales y tan comedidas° razones para moverlos a que le dijesen lo que deseaba, que la otra guarda de a caballo le dijo:

"Aunque llevamos aquí el registro° y la fe° de las sentencias de cada uno destos malaventurados,° no es tiempo éste de detenerles a sacarlas ni a leellas. Vuestra merced llegue° y se lo pregunte a ellos mesmos, que ellos lo dirán si quisieren, que sí querrán, porque es gente que recibe gusto de hacer y decir bellaquerías."

---

[1] **Después... = Después que pasaron aquellas razones entre...**

[2] **Galeotes** were galley slaves, rowers who provided the power for the king's fleet. Since no one wanted the job, criminals, some with very small crimes, were sentenced to row in the gallies.

[3] **¿Es...** *Is it possible that the king forces anyone?*

(marginal glosses)
high-sounding
strung together
necks, handcuffs
muskets, lances
vio
sentenced
gallies
crimes
fits
offense
punishes
as their guards, please
guards
polite
register book, certificate; unfortunates; approach

Con esta licencia, que don Quijote se tomara aunque no se la dieran, se llegó a la cadena y al primero le preguntó que por qué pecados iba de tan mala guisa.° Él le respondió que por enamorado° iba de aquella manera.   manner, lover
"¿Por eso no más?" replicó don Quijote. "¡Pues si por enamorados echan a galeras, días ha que pudiera yo estar bogando° en ellas!"   rowing
"No son los amores como los que vuestra merced piensa," dijo el galeote, "que los míos fueron que quise tanto a una canasta de colar atestada de ropa blanca, que la abracé conmigo tan fuertemente, que, a no quitármela la justicia por fuerza,[4] aún hasta agora no la hubiera dejado de mi voluntad. Fue en fragante,[5] no hubo lugar de tormento. Concluyóse la causa,° acomodáronme° las espaldas con ciento, y por añadidura tres   legal case, placed
preciosos de gurapas,[6] y acabóse la obra."
"¿Qué son «gurapas»?" preguntó don Quijote.
"«Gurapas» son galeras," respondió el galeote.
El cual era un mozo de hasta edad de veinte y cuatro años, y dijo que era natural de Piedrahita.[7]
Lo mesmo preguntó don Quijote al segundo, el cual no respondió palabra, según iba de triste y malencónico. Mas respondió por él el primero, y dijo:
"Éste, señor, va por canario, digo, por músico y cantor."
"Pues ¿cómo?" repitió don Quijote, "¿por músicos y cantores van también a galeras?"
"Sí, señor," respondió el galeote, "que no hay peor cosa que cantar en el ansia."[8]
"Antes he yo oído decir," dijo don Quijote, "que «quien canta, sus males espanta».°"   scares away
"Acá es 'al revés,°'" dijo el galeote, "que quien canta una vez, llora   the opposite
toda la vida."
"No lo entiendo," dijo don Quijote.
Mas una de las guardas le dijo:
"Señor caballero: «cantar en el ansia» se dice, entre esta gente 'non santa,° confesar en el tormento.° A este pecador° le dieron tormento y   unholy, torture,
confesó su delito, que era ser cuatrero,° que es ser 'ladrón de bestias,°' y por   sinner; rustler,
haber confesado le condenaron por seis años a galeras, 'amén de° docientos   rustler; besides
azotes que ya lleva en las espaldas. Y va siempre pensativo y triste, porque los demás ladrones que allá quedan y aquí van, le maltratan y aniquilan, y escarnecen y tienen en poco,[9] porque confesó y no tuvo ánimo° de decir   courage
nones,° porque dicen ellos que tantas letras tiene un NO como un SÍ, y   no's

---

[4] **Quise tanto...** *I loved a basket filled with washed clothing so much that I hugged it to myself so hard that if the authorities hadn't taken it from me by force*
[5] **En...** *"In fraganti,"* caught in the act
[6] **Acomodáronme...** *They gave my shoulders a hundred lashes, and added three precious [years] in the galleys*
[7] Piedrahita is a cattle-raising town in the province of Ávila, 130 kms west of Madrid.
[8] **Cantar en el ansia** *to confess under torture*
[9] **Le maltratan...** *They abuse and humble him, they ridicule [him] and hold [him] in little esteem*

que harta ventura tiene un delincuente que está en su lengua su vida o su muerte, y no en la de los testigos y probanzas,[10] y para mí tengo que no van muy fuera de camino."

"Y yo lo entiendo así," respondió don Quijote.

5   El cual, pasando al tercero, preguntó lo que a los otros, el cual, de presto y con mucho desenfado,° respondió y dijo: ease

"Yo voy por cinco años a las señoras gurapas por faltarme diez ducados."[11]

"Yo daré veinte de muy buena gana," dijo don Quijote, "por libraros 10   desa pesadumbre."

"Eso me parece," respondió el galeote, "como quien tiene dineros en 'mitad del golfo° y se está muriendo de hambre, sin tener adonde comprar   high seas lo que ha menester. Dígolo porque, si a su tiempo tuviera yo esos veinte ducados que vuestra merced ahora me ofrece, hubiera untado con ellos la 15   péndola del escribano y avivado el ingenio del procurador,[12] de manera que hoy me viera en mitad de la plaza de Zocodover,[13] de Toledo, y no en este camino, atraillado° como galgo. Pero Dios es grande: paciencia, y basta."   on a leash

Pasó don Quijote al cuarto, que era un hombre de venerable rostro, con una barba blanca que le pasaba del pecho, el cual, oyéndose preguntar la 20   causa porque allí venía, comenzó a llorar, y no respondió palabra. Mas el quinto condenado le sirvió de lengua, y dijo:

"Este hombre honrado va por cuatro años a galeras, habiendo paseado las acostumbradas vestido en pompa y a caballo."[14]

"Eso es," dijo Sancho Panza, "a lo que a mí me parece, haber salido 25   a la vergüenza.°"   public punishment

"Así es," replicó el galeote, "y la culpa porque le dieron esta pena es por haber sido corredor de oreja, y aun de todo el cuerpo.[15] En efecto, quiero decir que este caballero va por alcahuete,° y por tener así mesmo sus   pimp 'puntas y collar° de hechicero.°"   smatterings, sorcere

30   "A no haberle añadido esas puntas y collar," dijo don Quijote, "por solamente el alcahuete limpio° no merecía él ir a bogar en las galeras, sino   in itself a mandallas y a ser general dellas, porque no es así comoquiera el oficio de alcahuete,[16] que es oficio de discretos y necesarísimo en la república bien ordenada, y que no le debía ejercer sino gente muy bien nacida, y aun

---

[10] **Harta ventura...** *a criminal is very lucky when his life or death depends on his tongue and and not on witnesses or other proof*

[11] The **ducado** was a gold coin worth 10 to 30 **reales** in the time of Cervantes.

[12] **Hubiera untado...** *I would have greased the pen of the notary and encouraged the cleverness of the lawyer*

[13] This is another site frequented by the **pícaros** which you can add to the places alluded to in Chapter 3, footnote 3 (p. 33).

[14] **Habiendo paseado...** *having gone down the accustomed [streets] dressed in splendor and on horseback.* The culprit was on donkey-back, stripped to his waist, wearing a dunce cap, and accompanied by a horn player—to gather a crowd—a constable, and a town crier who told of the culprit's crimes. What Sancho calls it is exactly right.

[15] A **corredor de oreja** is a *stock broker*, and a **corredor de todo el cuerpo**, a term made up by the galley slave, would be *a broker in the whole body*, that is, a pimp.

[16] **No es...** *being a pimp is not an ordinary profession*

había de haber veedor° y examinador de los tales, como le hay de los | inspector
demás oficios, con número deputado y conocido, como corredores de
lonja,[17] y desta manera se escusarían muchos males que se causan por andar
este oficio y ejercicio entre gente idiota y de poco entendimiento, como son
mujercillas° de poco más a menos, pajecillos° y truhanes° de pocos años y | silly women, little pages, scoundrels
de poca experiencia, que a la más necesaria ocasión, y cuando es menester
dar una traza° que importe, se les yelan las migas° entre la boca y la mano, | plan, rustic stew
y no saben cuál es su mano derecha. Quisiera pasar adelante y dar las
razones porque convenía hacer elección° de los que en la república habían | choice
de tener tan necesario oficio. Pero no es el 'lugar acomodado° para ello: | right place
algún día lo diré a quien lo pueda proveer° y remediar. Sólo digo ahora que | decide
la pena que me ha causado ver estas blancas canas° y este rostro venerable | white hair
en tanta fatiga° por alcahuete, me la ha quitado el adjunto° de ser hechicero, | hardship, addition
aunque bien sé que no hay hechizos° en el mundo que puedan mover y | spells
forzar la voluntad, como algunos simples piensan, que es libre nuestro
albedrío,° y no hay yerba ni encanto° que le fuerce. Lo que suelen hacer | will, enchantment
algunas mujercillas simples y algunos 'embusteros bellacos,° es algunas | roguish imposters
misturas° y venenos° con que vuelven locos a los hombres, dando a | compounds, poisons
entender que tienen fuerza para hacer querer bien, siendo, como digo, cosa
imposible forzar la voluntad."

"Así es," dijo el buen viejo, "y en verdad, señor, que en lo de
hechicero que no tuve culpa. En lo de alcahuete no lo pude negar. Pero
nunca pensé que hacía mal en ello, que toda mi intención era que todo el
mundo se holgase y viviese en paz y quietud, sin pendencias ni penas. Pero
no me aprovechó nada este buen deseo para dejar de ir a donde no espero
volver, según me cargan° los años y un mal de orina° que llevo, que no me | burden, urine
deja reposar° un rato." | to rest

Y aquí tornó a su llanto como de primero, y túvole Sancho tanta
compasión, que sacó un real de a cuatro[18] del seno y se le dio de limosna.° | alms
Pasó adelante don Quijote y preguntó a otro su delito, el cual respondió con
no menos, sino con mucha más gallardía que el pasado:

"Yo voy aquí porque me burlé demasiadamente con dos 'primas
hermanas° mías, y con otras dos hermanas que no lo eran mías, finalmente, | first cousins
tanto me burlé con todas, que resultó de la burla crecer la parentela° tan | kinfolk
intricadamente,° que no hay diablo que la declare.° Probóseme todo, faltó | knottily, explain
favor, no tuve dineros, víame° 'a pique° de perder los tragaderos.[19] | me veía, in danger
Sentenciáronme a galeras por seis años, consentí: castigo es de mi culpa.
Mozo soy, dure la vida, que con ella todo se alcanza. Si vuestra merced,
señor caballero, lleva alguna cosa con que socorrer a estos pobretes, Dios
se lo pagará en el cielo,[20] y nosotros tendremos en la tierra cuidado de rogar
a Dios en nuestras oraciones por la vida y salud de vuestra merced, que sea
tan larga y tan buena como su buena presencia merece."

Éste iba en hábito de estudiante, y dijo una de las guardas que era muy

---

[17] **Número...** *specific number of them, as with the exchange brokers*
[18] A **real de a cuatro** is obviously half a **real de a ocho.**
[19] **Perder...** *losing my swallowers,* i.e., being hanged
[20] **Dios...** this is what beggars typically say when asking for alms.

grande hablador y muy gentil latino.[21]

    Tras todos estos venía un hombre de muy buen parecer, de edad de treinta años, sino que al mirar metía el un ojo en el otro un poco.[22] Venía diferentemente atado° que los demás, porque traía una cadena al pie, tan grande, que se la liaba° por todo el cuerpo, y dos argollas° a la garganta,° la una en la cadena, y la otra de las que llaman guarda-amigo o pie-de-amigo,[23] de la cual decendían dos hierros° que llegaban a la cintura, en los cuales se asían° dos esposas, donde llevaba las manos, cerradas con un grueso candado,° de manera que ni con las manos podía llegar a la boca, ni podía bajar la cabeza a llegar a las manos. Preguntó don Quijote que cómo iba aquel hombre con tantas prisiones° más que los otros. Respondióle la guarda: porque tenía aquel solo más delitos que todos los otros juntos, y que era tan atrevido y tan grande bellaco, que aunque le llevaban de aquella manera, no iban seguros dél, sino que temían que se les había de huir.[24]

    "¿Qué delitos puede tener," dijo don Quijote, "si no han merecido más pena que echalle a las galeras?"[25]

    "Va por diez años," replicó la guarda, "que es como muerte cevil.[26] No se quiera saber más sino que este buen hombre es el famoso Ginés de Pasamonte, que por otro nombre llaman Ginesillo de Parapilla."

    "Señor comisario,°" dijo entonces el galeote, "váyase poco a poco, y no andemos ahora a deslindar° nombres y sobrenombres.° Ginés me llamo, y no Ginesillo, y Pasamonte es mi alcurnia,° y no Parapilla, como voacé° dice. Y cada uno 'se dé una vuelta a la redonda,° y no hará poco."

    "Hable con menos tono,°" replicó el comisario, "señor ladrón 'de más de la marca,° si no quiere que le haga callar, mal que le pese."

    "Bien parece," respondió el galeote, "que va el hombre como Dios es servido. Pero algún día sabrá alguno si me llamo Ginesillo de Parapilla o no."

    "Pues ¿no te llaman ansí, embustero°?" dijo la guarda.

    "Sí, llaman," respondió Ginés, "mas yo haré que no me lo llamen, o me las pelaría° donde yo digo entre mis dientes.[27] Señor caballero, si tiene algo que darnos, dénoslo ya, y vaya con Dios, que ya enfada° con tanto querer saber vidas ajenas. Y si la mía quiere saber, sepa que yo soy Ginés de Pasamonte, cuya vida esta escrita por estos pulgares.°"

    "Dice verdad," dijo el comisario, "que él mesmo ha escrito su historia, que no hay más, y deja empeñado° el libro en la cárcel en docientos reales."

___

[21] **Gentil...** *an excellent Latin scholar*

[22] That is, he was a bit cross-eyed. The first edition has strange punctuation: **metía el un ojo, en el otro, un poco venía...**

[23] Clemencín explains that these were iron collars that prevented the criminal either from hiding his face when being paraded about on donkey back, or turning away from whip lashes.

[24] **Temían...** *they were afraid he could get away*

[25] **¿Qué delitos...** *what crimes can he have committed... if they have only caused him to be put in the gallies?*

[26] **Muerte civil** is a death sentence which included loss of property.

[27] **Entre...** *under my breath*

"¿Tan bueno es?" dijo don Quijote.

"Es tan bueno," respondió Ginés, "que 'mal año° para *Lazarillo de*   it means trouble
Tormes[28] y para todos cuantos de aquel género se han escrito o escribieren.
Lo que le sé decir a voacé es que trata verdades, y que son verdades tan
lindas y tan donosas, que no puede haber mentiras que se le igualen."

"Y ¿cómo se intitula el libro?" preguntó don Quijote.

"*La vida de Ginés de Pasamonte*," respondió el mismo.

"Y ¿está acabado?" preguntó don Quijote.

"¿Cómo puede estar acabado," respondió él, "si aún no está acabada
mi vida? Lo que está escrito es desde mi nacimiento hasta el punto que esta
última vez me han echado en galeras."

"Luego ¿otra vez habéis estado en ellas?" dijo don Quijote.

"Para servir a Dios y al rey, otra vez he estado cuatro años, y ya sé a
que sabe el bizcocho y el corbacho,"[29] respondió Ginés, "y no me pesa
mucho de ir a ellas, porque allí tendré lugar de acabar mi libro, que me
quedan muchas cosas que decir, y en las galeras de España hay más sosiego
de aquel que sería menester, aunque no es menester mucho más para lo que
yo tengo de escribir, porque me lo sé de coro."[30]

"Hábil pareces," dijo don Quijote.

"Y desdichado," respondió Ginés, "porque siempre las desdichas
persiguen al buen ingenio."

"Persiguen a los bellacos," dijo el comisario.

"Ya le he dicho, señor comisario," respondió Pasamonte, "que se vaya
poco a poco, que aquellos señores no le dieron esa vara para que maltratase
a los pobretes° que aquí vamos, sino para que nos guiase° y llevase adonde   unfortunates, conduct
su Majestad manda. Si no, ¡por vida de..., basta! que podría ser que
saliesen algún día en la colada las manchas que se hicieron en la venta,[31]
y todo el mundo calle, y viva bien, y hable mejor, y caminemos, que ya es
mucho regodeo° éste."   jest

Alzó la vara en alto el comisario para dar a Pasamonte, en respuesta
de sus amenazas, mas don Quijote se puso en medio y le rogó que no le
maltratase, pues no era mucho que quien llevaba tan atadas las manos
tuviese algún tanto suelta° la lengua. Y volviéndose a todos los de la   loose
cadena, dijo:

"De todo cuanto me habéis dicho, hermanos carísimos, he sacado en
limpio que, aunque os han castigado por vuestras culpas, las penas que vais
a padecer no os dan mucho gusto, y que vais a ellas muy 'de mala gana°   reluctantly
y muy contra vuestra voluntad, y que podría ser que el poco ánimo que

---

[28] The first novel of the picaresque genre which appeared anonymously in Burgos,
1554. It's hero, Lázaro, is a street urchin who ekes out an existence with several masters
and learns about life.

[29] **A qué...** *how the the biscuit and the whip taste.* **Bizcocho** is literally bread *cooked
twice*, as melba toast is, to preserve it for long periods. **Corbacho** = *whip.* The phrase
means that he knows what gallies are like.

[30] **Me lo...** *I know it by heart*

[31] "What happened at the inn" is an incident not mentioned anywhere. in this book.
Gaos suggests that it reflects something that happened in *Guzmán de Alfarache* (II,III,8,
published in 1602) where the **comisario** leading some galley slaves was party to a cattle
theft and in the inn wanted to share in the booty.

aquél tuvo en el tormento, la falta de dineros déste, el poco favor del otro, y finalmente, el 'torcido juicio° del juez,° hubiese sido causa de vuestra perdición° y de no haber salido con la justicia que de vuestra parte teníades.[32] Todo lo cual se me representa a mí ahora en la memoria, de
5 manera que me está diciendo, persuadiendo y aun forzando, que muestre con vosotros el efeto para que el cielo me arrojó al mundo y me hizo profesar en él la orden de caballería que profeso, y el voto° que en ella hice de favorecer a los menesterosos y opresos° de los mayores. Pero, porque sé que una de las partes de la prudencia es que lo que se puede hacer por bien
10 no se haga por mal,[33] quiero rogar° a estos señores guardianes y comisario sean servidos de desataros° y dejaros ir en paz, que no faltarán otros que sirvan al rey en mejores ocasiones, porque me parece duro caso hacer esclavos a los que Dios y naturaleza hizo libres. Cuanto más, señores guardas," añadió don Quijote, "que estos pobres no han cometido nada
15 contra vosotros, allá se lo haya cada uno con su pecado.[34] Dios hay en el cielo, que no 'se descuida de° castigar al malo ni de premiar° al bueno, y no es bien que los hombres honrados sean verdugos° de los otros hombres, no yéndoles nada en ello.[35] Pido esto con esta mansedumbre y sosiego, porque tenga, si lo cumplís, algo que agradeceros.[36] Y cuando 'de grado°
20 no lo hagáis, esta lanza y esta espada, con el valor de mi brazo, harán que lo hagáis por fuerza."

"¡'Donosa majadería°!" respondió el comisario. "¡Bueno está el donaire con que ha salido 'a cabo de rato°! Los forzados del rey quiere que le dejemos,[37] como si tuviéramos autoridad para soltarlos, o él la tuviera para
25 mandárnoslo. ¡'Váyase vuestra merced, señor, norabuena su camino° adelante, y enderécese° ese bacín[38] que trae en la cabeza, y no ande buscando tres pies al gato!"[39]

"¡Vos sois el gato y el rato y el bellaco!" respondió don Quijote. Y diciendo y haciendo, arremetió con él tan presto, que, sin que tuviese lugar
30 de ponerse en defensa, dio con él en el suelo, mal herido de una lanzada, y avínole bien, que éste era el de la escopeta. Las demás guardas quedaron atónitas y suspensas del 'no esperado° acontecimiento. Pero, 'volviendo sobre sí,° pusieron mano a sus espadas los de a caballo, y los de a pie a sus dardos, y arremetieron a don Quijote, que con mucho sosiego los
35 aguardaba. Y sin duda lo pasara mal si los galeotes, viendo la ocasión que se les ofrecía de alcanzar libertad, no la procuraran, procurando romper la

	twisted judgment, judge; ruination
	vow
	oppressed
	beg
	untie you
	forget, reward executioner
	willingly
	foolish speech unexpectedly
	go... your way straighten
	unexpected recovering themselves

---

[32] **De no haber...** *justice was not done you*
[33] **Lo que se puede...** *what can be done by fair means should not be done by foul*
[34] **Allá...** *let each one answer for his own sins*
[35] **No yéndoles...** *in something that does not concern them*
[36] **Porque tenga...** *so that I'll have something to thank you for if you comply*
[37] **Quiere...** *he wants us to release to him*
[38] **Bacín** is used very despectively. It meant, among other things, *urinal* in Cervantes' time (see Covarrubias).
[39] **Buscando...** *looking for trouble.* More common was the more unlikely *buscar cinco pies al gato.*

cadena donde venían ensartados. Fue la revuelta° de manera que las | confusion
guardas, ya por acudir a los galeotes que se desataban, ya por acometer a
don Quijote que los acometía, no hicieron cosa que fuese de provecho.
Ayudó Sancho, por su parte, a la soltura° de Ginés de Pasamonte, que fue | release
el primero que saltó en la campaña,° libre y desembarazado,° y | campaign (mil.), un-
arremetiendo al comisario caído, le quitó la espada y la escopeta, con la | encumbered
cual, apuntando° al uno y señalando al otro, sin disparalla° jamás, no quedó | aiming, firing it
guarda en todo el campo, porque se fueron huyendo, así de la escopeta de
Pasamonte como de las muchas pedradas° que los ya sueltos galeotes les | blows with stones
tiraban.

Entristecióse° mucho Sancho deste suceso, porque se le representó que | became sad
los que iban huyendo habían de 'dar noticia° del caso a la Santa | tell
Hermandad, la cual, a campana herida,[40] saldría a buscar los delincuentes,
y así se lo dijo a su amo, y le rogó que luego de allí se partiesen, y se
emboscasen° en la sierra, que estaba cerca. | retreat to forest

"Bien está eso," dijo don Quijote, "pero yo sé lo que ahora conviene
que se haga."

Y llamando a todos los galeotes, que andaban alborotados° y habían | excited
despojado al comisario hasta dejarle 'en cueros,° se le pusieron todos 'a la | naked
redonda° para ver lo que les mandaba, y así les dijo: | around

"De gente bien nacida es agradecer los beneficios que reciben, y uno
de los pecados que más a Dios ofende es la ingratitud. Dígolo porque ya
habéis visto, señores, con manifiesta° experiencia, el que de mí habéis | obvious
recebido, en pago del cual querría, y es mi voluntad, que, 'cargados de° esa | laden with
cadena que quité de vuestros cuellos, luego os pongáis en camino y vais° | vayáis
a la ciudad del Toboso, y allí os presentéis ante la señora Dulcinea del
Toboso, y le digáis que su caballero, el de la Triste Figura, se le envía a
encomendar,[41] y le contéis punto por punto todos los que ha tenido esta
famoso aventura, hasta poneros en la deseada libertad, y hecho esto, os
podréis ir donde quisiéredes, a la buena ventura."

Respondió por todos Ginés de Pasamonte, y dijo:

"Lo que vuestra merced nos manda, señor y libertador° nuestro, es | liberator
imposible de toda imposibilidad cumplirlo, porque no podemos ir juntos por
los caminos, sino solos y divididos, y cada uno, por su parte, procurando
meterse en las entrañas de la tierra por no ser hallado de la Santa
Hermandad, que, sin duda alguna, ha de salir en nuestra busca. Lo que
vuestra merced puede hacer, y es justo que haga, es mudar ese servicio y
montazgo° de la señora Dulcinea del Toboso en alguna cantidad de | toll
avemarías y credos, que nosotros diremos 'por la intención de vuestra
merced,° y ésta es cosa que se podrá cumplir de noche y de día, huyendo | for you
o reposando, en paz o en guerra. Pero pensar que hemos de volver ahora a
las ollas de Egipto,[42] digo, a tomar nuestra cadena, y a ponernos en camino
del Toboso, es pensar que es ahora de noche, que aún no son las diez del

---

[40] **A campana...** *sounding the alarm*
[41] **Envía...** *sends with his compliments*
[42] **Ollas...** [lit. the fleshpots of Egypt, Exodus 16:3] *high living*. Used ironically with
the opposite meaning. Covarrubias (under AJO) speaks of **cebollas de Egipto** meaning **la
mala vida pasada.**

día, y es pedir a nosotros eso como pedir peras al olmo."⁴³

"Pues, ¡voto a tal," dijo don Quijote, ya puesto en cólera, "don hijo de la puta, don Ginesillo de Paropillo, o como os llamáis, que habéis de ir vos solo, rabo° entre piernas, con toda la cadena 'a cuestas°!" — tail, on your back

5   Pasamonte, que no era nada bien sufrido,° estando ya enterado que don — patient
Quijote no era muy cuerdo,° pues tal disparate° había acometido como el — sane, extravagance
de querer darles libertad, viéndose tratar de aquella manera, 'hizo del ojo° — winked
a los compañeros, y apartándose aparte, comenzaron a llover tantas piedras
sobre don Quijote, que no se daba manos a cubrirse con la rodela,⁴⁴ y el
10   pobre de Rocinante no hacía más caso de la espuela que si fuera hecho de
bronce.° Sancho se puso tras su asno, y con él se defendía de la nube y — bronze
pedrisco° que sobre entrambos llovía. No se pudo escudar° tan bien don — shower of stones, shield; stones
Quijote que no le acertasen no sé cuantos guijarros° en el cuerpo, con tanta
fuerza, que dieron con él en el suelo, y apenas hubo caído, cuando fue
15   sobre él el estudiante, y le quitó la bacía de la cabeza, y diole con ella tres
o cuatro golpes en las espaldas y otros tantos en la tierra, con que la hizo
pedazos. Quitáronle una ropilla° que traía sobre las armas, y las medias — doublet
calzas° le querían quitar, si las grevas° no lo estorbaran. A Sancho le — stockings, shin arm; coat, naked
quitaron el gabán,° y dejándole 'en pelota,° repartiendo entre sí los demás
20   despojos de la batalla, se fueron cada uno por su parte, con más cuidado de
escaparse de la Hermandad que temían que de cargarse de la cadena e ir a
presentarse ante la señora Dulcinea del Toboso.

Solos quedaron jumento y Rocinante, Sancho y don Quijote. El
jumento, cabizbajo° y pensativo, sacudiendo° de cuando en cuando las — crestfallen, flapping
25   orejas, pensando que aún no había cesado la borrasca° de las piedras que — storm
le perseguían los oídos; Rocinante, tendido 'junto a° su amo, que también — next to
vino al suelo de otra pedrada; Sancho en pelota y temeroso de la Santa
Hermandad; don Quijote, mohinísimo° de verse 'tan mal parado° por los — very mournful, in such bad shape; good
mismos a quien tanto bien° había hecho.

⁴³ **Pedir...** *asking blood from a turnip*
⁴⁴ **No se...** *who could hardly cover himself with his buckler*

Capítulo XXIII. De lo que le aconteció al famoso don Quijote en Sierra Morena,[1] que fue una de las 'más raras° aventuras que en esta verdadera historia se cuentan. ⟶ strangest

V IÉNDOSE TAN mal parado don Quijote, dijo a su escudero:
  "Siempre, Sancho, lo he oído decir: que el hacer bien a villanos es echar agua en la mar. Si yo hubiera creído lo que me dijiste, yo hubiera escusado esta pesadumbre. Pero ya está hecho—paciencia, y escarmentar° ⟶ take warning para desde aquí adelante."[2]

  "Así escarmentará vuestra merced," respondió Sancho, "como yo soy turco.[3] Pero, pues dice que si me hubiera creído se hubiera escusado este daño, créame ahora y escusará otro mayor, porque le hago saber que con la Santa Hermandad no hay usar de caballerías, que no se le da a ella por cuantos caballeros andantes hay dos maravedís, y sepa que ya me parece que sus saetas° me zumban° por los oídos." ⟶ arrows, buzz

  "Naturalmente eres cobarde, Sancho," dijo don Quijote, "pero porque no digas que soy contumaz° y que jamás hago lo que me aconsejas, por ⟶ obstinate esta vez quiero tomar tu consejo y apartarme de la furia que tanto temes. Mas ha de ser con una condición: que jamás, en vida ni en muerte, has de decir a nadie que yo me retiré y aparté deste peligro de miedo, sino por complacer a tus ruegos, que si otra cosa dijeres, mentirás en ello, y desde ahora para entonces, y desde entonces para ahora,[4] te desmiento, y digo que mientes y mentirás todas las veces que lo pensares o lo dijeres. Y no me repliques más, que en sólo pensar que me aparto y retiro de algún peligro, especialmente deste que parece que lleva algún es, no es,[5] de sombra° de ⟶ shadow miedo, estoy ya para quedarme, y para aguardar aquí solo, no solamente a la Santa Hermandad que dices y temes, sino a los hermanos de los doce Tribus de Israel,[6] y a los siete Macabeos,[7] y a Castor y a Polux,[8] y aun a todos los hermanos y hermandades° que hay en el mundo." ⟶ brotherhoods

  "Señor," respondió Sancho, "que el retirar no es huir, ni el esperar es cordura,° cuando el peligro sobrepuja° a la esperanza. Y de sabios° es ⟶ prudence, exceeds, wise persons; risk guardarse hoy para mañana, y no aventurarse° todo en un día. Y sepa que, aunque zafio° y villano, todavía se me alcanza algo desto que llaman 'buen ⟶ ignorant gobierno.° Así que no 'se arrepienta° de haber tomado mi consejo, sino ⟶ common sense, repent; head suba en Rocinante si puede, o si no, yo le ayudaré, y sígame, que el caletre° ⟶ head

---

  [1] A mountain range in the southwest of Spain, in an area enclosed by Badajoz and Ciudad Real on the north and Seville and Linares on the south.
  [2] **Para...** *from now on*
  [3] The Turks were Spain's enemies of that period.
  [4] These are legal formulas.
  [5] **Algún...** *something*
  [6] These were the people who took possession of the Promised Land after the death of Moses, named after the sons and grandsons of Jacob.
  [7] These were the seven martyred brothers who were skinned, scalped, mutilated, and roasted alive in front of their mother. It can be read in 2 Maccabbes 7—the last book of the Apochrypha.
  [8] Castor and Pollux were mythological athletic twin half-brothers [!] who, after their deaths, became the constellation Gemini.

me dice que hemos menester ahora más los pies que las manos."

Subió don Quijote sin replicarle más palabra, y guiando Sancho sobre su asno, se entraron por una parte de Sierra Morena, que allí junto estaba, llevando Sancho intención de atravesarla° toda, e ir a salir al Viso, o a Almodóvar del Campo,[9] y esconderse algunos días por aquellas asperezas, por no ser hallados si la Hermandad los buscase. Animóle a esto haber visto que de la refriega de los galeotes se había escapado libre la despensa° que sobre su asno venía, cosa que la juzgó 'a milagro,° según fue lo que llevaron y buscaron los galeotes.[10]

Así como don Quijote entró por aquellas montañas, se le alegró el corazón, pareciendo aquellos lugares acomodados para las aventuras que buscaba. Reducíansele° a la memoria los maravillosos acaecimientos° que

go across

provisions
miraculous

came to, incidents

---

[9] El Viso del Marqués and Almodóvar del Campo are two towns separated by 62 kms. in the province of Ciudad Real, to the southwest and southeast of Ciudad Real respectively. Since Don Quijote would also be entering the Sierra Morena from the north, and both of these towns are to the north of the Sierra, it is of little use to apply real geography to this work.

[10] At this point in the SECOND edition of *Don Quijote* (1605) Sancho's donkey is stolen. This section is added here in a footnote only, since the first edition is being followed. Until the donkey is officially returned in the second edition, occasional changes were made in the text, in order to keep the donkey stolen.

Aquella noche llegaron a la mitad de las entrañas de Sierra Morena adonde le pareció a Sancho pasar aquella noche y aun otros algunos días, a lo menos, todos aquellos que durase el matalotaje que llevaba, y así hicieron noche entre dos peñas y entre muchos alcornoques. Pero la suerte fatal, que, según opinión de los que no tienen lumbre de la verdadera fe, todo lo guía, guisa y compone a su modo, ordenó que Ginés de Pasamonte, el famoso embustero y ladrón que de la cadena, por virtud y locura de don Quijote, se había escapado, llevado del miedo de la Santa Hermandad, de quien con justa razón temía, acordó de esconderse en aquellas montañas y llevóle su suerte y su miedo a la misma parte donde había llevado a don Quijote y a Sancho Panza, a hora y tiempo que los pudo conocer, y a punto que los dejó dormir; y como siempre los malos son desagradecidos, y la necesidad sea ocasión de acudir a lo que se debe, el remedio presente venza a lo por venir, Ginés, que no era ni agradecido ni bien intencionado, acordó de hurtar el asno a Sancho Panza, no curándose de Rocinante, por ser prenda tan mala para empeñada como para vendida. Dormía Sancho Panza; hurtóle su jumento, y antes que amaneciese se halló bien lejos de poder ser hallado.

Salió el aurora alegrando la tierra y entristeciendo a Sancho Panza, porque halló menos su rucio; el cual viéndose sin él, comenzó a hacer el más triste y doloroso llanto del mundo, y fue de manera que don Quijote despertó a las voces, y oyó que en ellas decía: "¡Oh, hijo de mis entrañas, nacido en mi mesma casa, brinco de mis hijos, regalo de mi mujer, envidia de mis vecinos, alivio de mis cargas, y, finalmente, sustentador de la mitad de mi persona, porque con veinte y seis maravedís que ganaba cada día mediaba yo mi despensa!" Don Quijote, que vio el llanto y supo la causa, consoló a Sancho con las mejores razones que pudo, y le rogó que tuviese paciencia, prometiéndole de darle una cédula de cambio para que le diesen tres en su casa, de cinco que había dejado en ella. Consolóse Sancho con esto, y limpió sus lágrimas, templó sus sollozos, y agradeció a don Quijote la merced que le hacía; el cual, como entró por aquellas montañas...

en semejantes soledades y asperezas habían sucedido a caballeros andantes. Iba pensando en estas cosas, tan embebecido y trasportado en ellas, que de ninguna otra se acordaba. Ni Sancho llevaba otro cuidado, después que le pareció que caminaba por parte segura,° sino de satisfacer su estómago con los relieves que del despojo clerical° habían quedado, y así, iba tras su amo sentado 'a la mujeriega° sobre su jumento,[11] sacando de un costal y embaulando en su panza,° y no se le diera por hallar otra ventura, entretanto que iba de aquella manera, un ardite.

    En esto alzó los ojos y vio que su amo estaba parado, procurando con la punta del lanzón alzar no sé qué bulto que estaba caído en el suelo, por lo cual se dio priesa a llegar a ayudarle, si fuese menester. Y cuando llegó fue a tiempo que alzaba con la punta del lanzón un cojín y una maleta asida a él, medio podridos, o podridos del todo, y deshechos.[12] Mas pesaba tanto, que fue necesario que Sancho se apease a tomarlos, y mandóle su amo que viese lo que en la maleta venía.

    Hízolo con mucha presteza Sancho, y aunque la maleta venía cerrada con una cadena y su candado, por lo roto° y podrido della vio lo que en ella había, que eran cuatro camisas de delgada holanda,° y otras cosas de lienzo no menos curiosas que limpias, y en un pañizuelo° halló un buen montoncillo° de escudos[13] de oro, y así como los vio dijo:

    "¡Bendito sea todo el cielo, que nos ha deparado una aventura que sea de provecho!"

    Y buscando más, halló un librillo de memoria ricamente guarnecido.° Éste le pidió don Quijote, y mandóle que guardase el dinero y lo tomase para él. Besóle las manos Sancho por la merced, y desvalijando a la valija de su lencería, la puso en el costal de la despensa. Todo lo cual visto por don Quijote, dijo:

    "Paréceme, Sancho, y no es posible que sea otra cosa, que algún caminante descaminado debió de pasar por esta sierra, y salteándole malandrines, le debieron de matar y le trujeron a enterrar en esta tan escondida parte."

    "No puede ser eso," respondió Sancho, porque si fueran ladrones, no se dejaran aquí este dinero."

    "Verdad dices," dijo don Quijote, "y así, no adivino ni doy en lo que esto pueda ser. Mas espérate, veremos si en este librillo de memoria hay alguna cosa escrita por donde podamos rastrear° y 'venir en conocimiento° de lo que deseamos."

    Abrióle, y lo primero que halló en él, escrito como en borrador,° aunque de muy buena letra,° fue un soneto,° que, leyéndole alto, porque Sancho también lo oyese, vio que decía desta manera:

O le falta al Amor conocimiento,
o le sobra crueldad, o no es mi pena

---

[11] In the third edition, at this point Sancho is *carrying* the saddlebags. Of course, they would have been with the donkey when he was stolen.

[12] **La punta...** *the point of his lance a saddle cushion with a valise attached to it, half rotted, or completely rotted, and falling apart*

[13] **Escudos** were gold coins valued the same as **ducados.**

igual a la ocasión que me condena
al género más duro de tormento.
Pero si Amor es dios, es argumento
que nada ignora, y es razón muy buena
5   que un dios no sea cruel; pues ¿quién ordena
el terrible dolor que adoro y siento?
Si digo que sois vos, Fili, no acierto,
que tanto mal en tanto bien no cabe,
ni me viene del cielo esta ruina.
10   Presto habré de morir, que es lo más cierto;
que al mal de quien la causa no se sabe
milagro es acertar la medicina."[14]

"Por esa trova,°" dijo Sancho, "no se puede saber nada, si ya no es que   poem
por ese hilo que está ahí se saque el ovillo[15] de todo."
15   "¿Qué hilo está aquí?" dijo don Quijote.
"Paréceme," dijo Sancho, "que vuestra merced nombró ahí *hilo*."
"No dije sino *Fili*," respondió don Quijote, "y éste, sin duda, es el
nombre de la dama de quien se queja el autor de este soneto, y a fe que
debe de ser razonable poeta, o yo sé poco del arte."
20   "Luego ¿también," dijo Sancho, "se le entiende a vuestra merced de
trovas?"[16]
"Y más de lo que tú piensas," respondió don Quijote, "y veráslo
cuando lleves una carta, escrita en verso de arriba abajo,[17] a mi señora
Dulcinea del Toboso, porque quiero que sepas, Sancho, que todos o los más
25   caballeros andantes de la edad pasada eran grandes trovadores° y grandes   troubadours
músicos, que estas dos habilidades, o gracias,° por mejor decir, son ¹anexas   graces
a° los enamorados andantes. Verdad es que las coplas de los pasados   usual to
caballeros tienen más de espíritu que de primor.°"   beauty
"Lea más vuestra merced," dijo Sancho, "que ya hallará algo que nos
30   satisfaga."
Volvió la hoja don Quijote, y dijo:
"Esto es prosa, y parece carta."
"¿Carta misiva,[18] señor?" preguntó Sancho.
"En el principio no parece sino de amores," respondió don Quijote.
35   "Pues lea vuestra merced alto," dijo Sancho, "que gusto mucho destas
cosas de amores."
"Que me place," dijo don Quijote.
Y leyéndola alto, como Sancho se lo había rogado, vio que decía desta

---

[14] This sonnet appears in Cervantes' play *La casa de los celos*, Jornada III (see
Schevill's edition of the *Comedias*, for example, vol. I, p. 206). In that version, line 9
reads: "Si digo que es Angélica, no acierto."
[15] Remember this proverb from Chapter 4, p.43, n. 33.
[16] **Se le entiende...** *you understand about poetry, too?*
[17] **De...** *from top to bottom*
[18] **Carta misiva** *personal letter.* There were other types of letters (credit, payment,
diplomatic) so it made sense for Sancho to ask which kind.

manera:

Tu falsa promesa y mi cierta desventura me llevan a parte donde
antes volverán a tus oídos las nuevas de mi muerte que las razones de
mis quejas. Desecháasteme,° ¡oh, ingrata! por quien tiene más, no por   you rejected me
quien vale más que yo. Mas si la virtud fuera riqueza que se estimara,
no envidiara yo dichas° ajenas, ni llorara desdichas propias. Lo que   happinesses
levantó tu hermosura han derribado tus obras: por ella entendí que eras
ángel, y por ellas conozco que eres mujer. Quédate en paz, causadora°   causer
de mi guerra, y haga el cielo que los engaños de tu esposo° estén   husband
siempre encubiertos,° porque tú no quedes arrepentida de lo que heciste   hidden
y yo no tome venganza de lo que no deseo.

Acabando de leer la carta, dijo don Quijote:
"Menos por ésta que por los versos se puede sacar más de que quien
la escribió es algún desdeñado amante."
Y hojeando° casi todo el librillo, halló otros versos y cartas, que   glancing through
algunos pudo leer y otros no. Pero lo que todos contenían eran quejas,
lamentos, desconfianzas, sabores y sinsabores, favores y desdenes,[19]
solenizados° los unos y llorados los otros.   extolled
En tanto que don Quijote pasaba el libro, pasaba Sancho la maleta, sin
dejar rincón en toda ella, ni en el cojín, que no buscase, escudriñase e
inquiriese, ni costura que no deshiciese,[20] ni vedija° de lana que no   tuft
escarmenase,° porque no se quedase nada por diligencia ni mal recado:[21] tal   comb
golosina° habían despertado en él los hallados escudos, que pasaban de   covetousness
ciento. Y aunque no halló más de lo hallado, dio por bien empleados los
vuelos de la manta, el vomitar del brebaje, las bendiciones de las estacas,
las puñadas del harriero, la falta de las alforjas, el robo del gabán, y toda
la hambre, sed y cansancio que había pasado en servicio de su buen señor,
pareciéndole que estaba más que rebién° pagado con la merced recebida de   very well
la entrega° del hallazgo.   delivery
Con gran deseo quedó el Caballero de la Triste Figura de saber quién
fuese el dueño de la maleta, conjeturando° por el soneto y carta, por el   speculating
dinero en oro y por las tan buenas camisas, que debía de ser de algún
principal° enamorado, a quien desdenes y malos tratamientos de su dama   upper class person
debían de haber conducido a algún desesperado término. Pero como por
aquel lugar inhabitable° y escabroso° no parecía persona alguna de quien   uninhabitable, craggy
poder informarse, no se curó de más que de pasar adelante,[22] sin llevar otro
camino que aquél que Rocinante quería, que era por donde él podía
caminar, siempre con imaginación que no podía faltar por aquellas malezas°   underbrush
alguna estraña aventura.
Yendo, pues, con este pensamiento, vio que por cima de una
montañuela° que delante de los ojos se le ofrecía,° iba saltando un hombre   hill, presented
de risco en risco y de mata° en mata con estraña ligereza. Figuróosele° que   grove, seemed to him

[19] **Quejas...** *complaints, laments, jealousies, likes, dislikes, support, and scorn*
[20] **Escudriñase...** *scrutinized and investigated, nor any seam that he didn't undo*
[21] **Porque...** *so that nothing would remain through [lack of] diligence or carelessness.*
[22] **No...** *he thought only of going on*

iba desnudo, la barba negra y espesa,° los cabellos muchos y rabultados,° thick, matted
los pies descalzos° y las piernas sin cosa alguna. Los muslos° cubrían unos shoeless, thighs
calzones, al parecer, de terciopelo° leonado, mas tan hechos pedazos, que velvet
por muchas partes se le descubrían las carnes. Traía la cabeza descubierta,° hatless
5 y aunque pasó con la ligereza que se ha dicho, todas estas menudencias
miró y notó° el Caballero de la Triste Figura. Y aunque lo procuró,²³ no noticed
pudo seguille, porque no era dado a la debilidad de Rocinante andar por
aquellas asperezas, y más siendo él de suyo pisacorto y flemático.²⁴ Luego
imaginó don Quijote que aquél era el dueño del cojín y de la maleta, y
10 propuso en sí de buscalle, aunque supiese° andar un año por aquellas **pudiese**
montañas hasta hallarle. Y así, mandó a Sancho que se apease del asno²⁵ y
atajase° por la una parte de la montaña, que él iría por la otra, y podría ser cut across
que topasen, con esta diligencia, con aquel hombre que con tanta priesa se
les había quitado de delante.²⁶
15   "No podré hacer eso," respondió Sancho, "porque en apartándome de
vuestra merced, luego es conmigo el miedo, que me asalta con mil géneros° kinds
de sobresaltos y visiones. Y sírvale esto que digo de aviso, para que de aquí
adelante no me aparte un dedo de su presencia."
    "Así será," dijo el de la Triste Figura, "y yo estoy muy contento de que
20 te quieras valer de mi ánimo,° el cual no te ha de faltar, aunque te falte el courage
ánima del cuerpo. Y vente ahora tras mí poco a poco, o como pudieres, y
haz de los ojos lanternas, rodearemos esta serrezuela,° quizá toparemos con small mountain range
aquel hombre que vimos, el cual, sin duda alguna, no es otro que el dueño
de nuestro hallazgo."
25   A lo que Sancho respondió:
    "Harto° mejor sería no buscalle, porque si le hallamos y acaso fuese much
el dueño del dinero, claro está que lo tengo de restituir,° y así, fuera mejor, give back
sin hacer esta inútil diligencia, poseerlo yo con buena fe, hasta que por otra
vía menos curiosa y diligente pareciera su verdadero señor, y quizá fuera
30 a tiempo que lo hubiera gastado, y entonces el rey 'me hacía franco.°'" would exempt me
    "Engáñaste° en eso, Sancho," respondió don Quijote, "que ya que **te engañas**
hemos caído en sospecha de quien es el dueño, cuasi° delante, estamos **casi**
obligados a buscarle y volvérselos. Y cuando no le buscásemos, la
vehemente° sospecha que tenemos de que él lo sea nos pone ya en tanta keen
35 culpa como si lo fuese. Así que, Sancho amigo, no te dé pena el buscalle,
por la que a mí se me quitará si le hallo."²⁷
    Y así, picó a Rocinante, y siguióle Sancho con su acostumbrado
jumento.²⁸ Y habiendo rodeado parte de la montaña, hallaron en un arroyo
caída, muerta y medio comida de perros, y picada° de grajos,° una mula pecked, crows
40 ensillada y enfrenada.° Todo lo cual confirmó en ellos más la sospecha de bridled

²³ **Aunque...** *although he tried to*
²⁴ **No era...** *it wasn't possible for Rocinante to travel through those rugged places, especially since he was by nature slow-footed and sluggish*
²⁵ Virtually every old edition leaves in this reference to the donkey.
²⁶ **Que...** *who so quickly disappeared*
²⁷ **Por...** *in exchange for the grief that will be taken from me if I find him*
²⁸ With the third edition, this comment is changed with varied comments to allow for the loss of the donkey.

que aquel que huía era el dueño de la mula y del cojín. Estándola mirando, oyeron un silbo° como de pastor que guardaba ganado. Y a deshora, a su siniestra° mano, parecieron una buena cantidad de cabras, y tras ellas, por cima de la montaña, pareció el cabrero que las guardaba, que era un hombre anciano.° Diole voces don Quijote, y rogóle que bajase° donde estaban. Él respondió 'a gritos° que quién les había traído por aquel lugar, pocas o ningunas veces pisado° sino de pies de cabras, o de lobos y otras fieras que por allí andaban. Respondióle Sancho que bajase, que de todo le darían buena cuenta.[29] Bajó el cabrero, y en llegando adonde don Quijote estaba, dijo:

"Apostaré que está mirando la mula de alquiler que está muerta en esa hondonada.° Pues a buena fe que ha ya seis meses que está en ese lugar. Díganme, ¿han topado por ahí a su dueño?"

"No hemos topado a nadie," respondió don Quijote, "sino a un cojín y a una maletilla que no lejos deste lugar hallamos."

"También la hallé yo," respondió el cabrero, "mas nunca la quise alzar ni llegar a ella, temeroso de algún desmán,° y de que no me la pidiesen por de hurto,[30] que es el diablo sotil, y debajo de los pies se levanta allombre cosa donde tropiece y caya, sin saber cómo ni cómo no."[31]

"Eso mesmo es lo que yo digo," respondió Sancho, "que también la hallé yo, y no quise llegar a ella con un tiro de piedra.[32] Allí la dejé, y allí se queda como se estaba, que no quiero perro con cencerro."[33]

"Decidme, buen hombre," dijo don Quijote, "¿sabéis vos quién sea el dueño destas prendas°?"

"Lo que sabré yo decir," dijo el cabrero, "es que habrá 'al pie de° seis meses, poco más a menos, que llegó[34] a una majada de pastores, que estará como tres leguas deste lugar, un mancebo de gentil talle y apostura,° caballero sobre esa mesma mula que ahí está muerta, y con el mesmo cojín y maleta que decís que hallastes y no tocastes. Preguntónos que cuál parte desta sierra era la más áspera y escondida. Dijímosle que era esta donde ahora estamos, y es ansí la verdad, porque si entráis media legua más adentro, quizá no acertaréis a salir, y estoy maravillado° de cómo habéis podido llegar aquí, porque no hay camino ni senda que a este lugar encamine.

"Digo, pues, que en oyendo nuestra respuesta el mancebo, volvió las riendas y encaminó hacia el lugar donde le señalamos, dejándonos a todos contentos de su buen talle, y admirados de su demanda° y de la priesa con que le víamos caminar y volverse hacia la sierra. Y desde entonces nunca más le vimos, hasta que desde allí a algunos días salió al camino a uno de nuestros pastores, y sin decille nada, se llegó a él y le dio muchas puñadas y coces, y luego se fue a la borrica del hato y le quitó cuanto pan y queso

whistle
left

old, come down
by shouts
stepped on

ravine

misfortune

articles
about

neatness

in awe

enterprise

---

[29] **De todo le...** *they would explain everything to him well*
[30] **Que no me...** *that they would claim that I stole it*
[31] **Debajo de lo pies...** *something pops up that you stumble and fall on, without knowing how.* **Allombre** is a rustic contraction of **al hombre.**
[32] **Con un tiro...** *within a stone's throw*
[33] **No quiero...** *I don't want any trouble* (lit. *I don't want a dog with a cowbell*)
[34] **Un mancebo,** two phrases later, is the subject of **llegó.**

en ella traía, y con estraña ligereza, hecho esto,[35] se volvió a emboscar en
la sierra. Como esto supimos algunos cabreros, le anduvimos a buscar casi
dos días por lo más cerrado° desta sierra, al cabo de los cuales le hallamos   dense
metido en el hueco° de un grueso y valiente alcornoque. Salió a nosotros   hollow area

5 con mucha mansedumbre, ya roto el vestido, y el rostro disfigurado y
tostado del sol, de tal suerte, que apenas le conocíamos, sino que los
vestidos, aunque rotos, con la noticia que dellos teníamos, nos dieron a
entender que era el que buscábamos.

"Saludónos cortésmente, y en pocas y muy buenas razones nos dijo que

10 no nos maravillásemos de verle andar de aquella suerte, porque así le
convenía para cumplir cierta penitencia que por sus muchos pecados le
había sido impuesta.° Rogámosle que nos dijese quién era, mas nunca lo   imposed
pudimos acabar con él.[36] Pedímosle también que cuando hubiese menester
el sustento, sin el cual 'no podía pasar,° nos dijese donde le hallaríamos,   not do without

15 porque con mucho amor y cuidado se lo llevaríamos. Y que si esto tampoco
fuese de su gusto, que, a lo menos, saliese a pedirlo, y no a quitarlo, a los
pastores. Agradeció nuestro ofrecimiento, pidió perdón de los asaltos°   attacks
pasados, y ofreció de pedillo de allí adelante por amor de Dios, sin dar
molestia alguna a nadie. En cuanto lo que tocaba a la estancia de su

20 habitación,[37] dijo que no tenía otra que aquella que le ofrecía la ocasión
donde le tomaba la noche, y acabó su plática con un tan tierno° llanto, que   tender
bien fuéramos de piedra los que escuchado le habíamos si en él no le
acompañáramos,[38] considerándole como le habíamos visto la vez primera,
y cual° le veíamos entonces. Porque, como tengo dicho, era un muy gentil   **como**

25 y agraciado° mancebo, y en sus corteses° y concertadas razones mostraba   genteel, courteous
ser bien nacido y muy cortesana persona, que, puesto que éramos rústicos
los que le escuchábamos su gentileza era tanta, que bastaba a darse a
conocer a la mesma rusticidad.

"Y estando en lo mejor de su plática, paró y enmudecióse, clavó° los   stared

30 ojos en el suelo por un buen espacio, en el cual todos estuvimos quedos y
suspensos, esperando en qué había de parar aquel embelesamiento,° con no   spell
poca lástima de verlo, porque por lo que hacía de abrir los ojos, 'estar fijo°   standing still
mirando al suelo sin mover pestaña° gran rato, y otras veces cerrarlos   eyelash
apretando los labios y enarcando° las cejas,° fácilmente conocimos que   arching, eyebrows

35 algún accidente° de locura le había sobrevenido.° Mas él nos dio a entender   sudden fit, occurred
presto ser verdad lo que pensábamos, porque se levantó con gran furia del
suelo donde se había echado, y arremetió con el primero que halló junto a
sí, con tal denuedo y rabia, que, si no se le quitáramos, le matara a puñadas
y a bocados,° y todo esto hacía diciendo: '¡Ah, fementido Fernando! ¡Aquí,   bites

40 aquí me pagarás la sinrazón que me heciste! Estas manos te sacarán el
corazón donde albergan y tienen manida[39] todas las maldades juntas,
principalmente la fraude° y el engaño.' Y a estas añadía otras razones, que   deceit

---

[35] **Hecho...** *once this was done*
[36] **Mas...** *but we never could find out what it was*
[37] **La estancia...** *where he was staying*
[38] **Bien fuéramos...** *those of us who had heard him would surely have been of stone if we didn't accompany him in it* [i.e., the crying]
[39] **Albergan...** *reside and have abode*

todas se encaminaban a decir mal de aquel Fernando, y a tacharle° de   charge him
traidor y fementido.

"Quitámosele, pues, con no poca pesadumbre, y él, sin decir más
palabra, se apartó de nosotros y se emboscó corriendo por entre estos
jarales° y malezas, de modo, que nos imposibilitó el seguille. Por esto   brambles
conjeturamos que la locura le venía a tiempos, y que alguno que se llamaba
Fernando le debía de haber hecho alguna mala obra, tan pesada° cuanto lo   offensive
mostraba el término a que le había conducido. Todo lo cual se ha
confirmado después acá con las veces, que han sido muchas, que el ha
salido al camino, unas a pedir a los pastores le den de lo que llevan para
comer, y otras a quitárselo por fuerza, porque cuando está con el accidente
de la locura, aunque los pastores se lo ofrezcan de buen grado, no lo
admite,° sino que lo toma a puñadas. Y cuando está en su seso, lo pide por   accept
amor de Dios, cortés y comedidamente, y rinde° por ello muchas gracias,   gives back
y no con falta de lágrimas. Y en verdad os digo, señores," prosiguió el
cabrero, "que ayer determinamos yo y cuatro zagales, los dos criados y los
dos amigos míos, de buscarle hasta tanto que le hallemos. Y después de
hallado, ya por fuerza, ya por grado, le hemos de llevar a la villa de
Almodóvar, que está de aquí ocho leguas, y allí le curaremos, si es que su
mal tiene cura, o sabremos quién es cuando esté en su seso, y si tiene
parientes a quien dar noticia de su desgracia. Esto es, señores, lo que sabré
deciros de lo que me habéis preguntado, y entended que el dueño de las
prendas que hallastes es el mesmo que vistes pasar con tanta ligereza como
desnudez°"—que ya le había dicho don Quijote como había visto pasar   nakedness
aquel hombre saltando por la sierra.

El cual quedó admirado de lo que al cabrero había oído, y quedó con
más deseo de saber quién era el desdichado loco, y propuso en sí lo mesmo
que ya tenía pensado: de buscalle por toda la montaña, sin dejar rincón ni
cueva° en ella que no mirase, hasta hallarle. Pero hízolo mejor la suerte de   cave
lo que él pensaba ni esperaba, porque en aquel mesmo instante pareció por
entre una quebrada° de una sierra, que salía donde ellos estaban, el   ravine
mancebo que buscaba, el cual venía hablando entre sí cosas que no podían
ser entendidas de cerca, cuanto más de lejos. Su traje era cual se ha
pintado, sólo que, llegando cerca, vio don Quijote que un coleto hecho
pedazos que sobre sí traía, era de° ámbar, por donde acabó de entender que   smelled of
persona que tales hábitos traía no debía de ser de ínfima° calidad.   lowest / humble

En llegando el mancebo a ellos, les saludó con una voz desentonada°   hoarse
y bronca,° pero con mucha cortesía. Don Quijote le volvió las saludes con
no menos comedimiento, y apeándose de Rocinante, con gentil continente
y donaire le fue a abrazar, y le tuvo un buen espacio estrechamente entre
sus brazos, como si de luengos tiempos le hubiera conocido. El otro, a
quien podemos llamar EL ROTO DE LA MALA FIGURA, como a don Quijote
EL DE LA TRISTE, después de haberse dejado abrazar, le apartó un poco de
sí, y puestas sus manos en los hombros de don Quijote, le estuvo mirando
como que quería ver si le conocía. No menos admirado quizá de ver la
figura, talle y armas de don Quijote, que don Quijote lo estaba de verle a
él. En resolución, el primero que habló después del abrazamiento fue el
Roto, y dijo lo que se dirá adelante.

Capítulo XXIIII. Donde se prosigue la aventura de la Sierra Morena.

DICE LA historia que era grandísima la atención con que don Quijote escuchaba al astroso° caballero de la Sierra, el cual, prosiguiendo su plática, dijo:

"Por cierto, señor, quienquiera que seáis, que yo no os conozco, yo os agradezco las muestras y la cortesía[1] que conmigo habéis usado, y quisiera yo hallarme en términos que, con más que la voluntad, pudiera servir° la que habéis mostrado tenerme en el buen acogimiento que me habéis hecho. Mas no quiere mi suerte darme otra cosa con que corresponda a las buenas obras que me hacen, que buenos deseos de satisfacerlas."[2]

"Los que yo tengo," respondió don Quijote, "son de serviros, tanto, que tenía determinado de no salir destas sierras hasta hallaros y saber de vos si el dolor que en la estrañeza° de vuestra vida mostráis tener, se podía hallar algún género de remedio, y si fuera menester buscarle, buscarle con la diligencia posible. Y cuando vuestra desventura fuera de aquellas que tienen cerradas las puertas a todo género de consuelo,° pensaba ayudaros a llorarla y plañirla° como mejor pudiera, que todavía° es consuelo en las desgracias hallar quien se duela dellas. Y si es que mi buen intento merece ser agradecido° con algún género de cortesía, yo os suplico, señor, por la mucha que veo que en vos se encierra, y juntamente os conjuro° por la cosa que en esta vida más habéis amado o amáis, que me digáis quién sois y la causa que os ha traído a vivir y a morir entre estas soledades como bruto° animal, pues moráis entre ellos tan ajeno de vos mismo,[3] cual lo muestra vuestro traje° y persona. Y juro," añadió don Quijote, "por la orden de caballería que recebí, aunque indigno y pecador, y por la profesión de caballero andante, que si en esto, señor, me complacéis, de serviros con las veras a que me obliga el ser quien soy,[4] ora remediando vuestra desgracia, si tiene remedio, ora ayudándoos a llorarla, como os lo he prometido."

El Caballero del Bosque, que de tal manera oyó hablar al de la Triste Figura, no hacía sino mirarle y remirarle,° y tornarle a mirar de arriba abajo, y después que le hubo bien mirado, le dijo:

"Si tienen algo que darme a comer, por amor de Dios que me lo den. Que después de haber comido, yo haré todo lo que se me manda, en agradecimiento° de tan buenos deseos como aquí se me han mostrado."

Luego sacaron, Sancho de su costal y el cabrero de su zurrón,° con que satisfizo el Roto su hambre, comiendo lo que le dieron como persona atontada,° tan apriesa, que no daba espacio de un bocado° al otro, pues antes los engullía° que tragaba,° y en tanto que comía, ni él ni los que le miraban hablaban palabra. Como acabó de comer, les hizo 'de señas° que le siguiesen, como lo hicieron, y él los llevó a un verde pradecillo que 'a la vuelta de° una peña poco desviada de allí estaba. En llegando a él, se

ragged

repay

strangeness

solace
lament, always

appreciated
implore

irrational

attire

inspect

thankfulness

pouch

stupified, mouthful
gorged, swallowed
by signs

around

---

[1] **Las...** = las muestras [de cortesía] y la cortesía

[2] **Mas no quiere...** *but my fortune doesn't give me anything to repay your favors except my desire to do so.*

[3] **Pues moráis...** *since you live in a place among animals far from your social status*

[4] **Si en esto...** *if you, sir, accommodate my request, I will serve you earnestly as being who I am obliges me*

tendió en el suelo encima de la yerba, y los demás hicieron lo mismo. Y todo esto sin que ninguno hablase, hasta que el Roto, después de haberse acomodado° en su asiento, dijo:

"Si gustáis, señores, que os diga en breves razones la inmensidad de mis desventuras, habéisme de prometer de que con ninguna pregunta ni otra cosa no interromperéis° el hilo de mi triste historia, porque en el punto que lo hagáis, en ése se quedará lo que fuere contando."[5]

Estas razones del Roto trujeron a la memoria a don Quijote el cuento que le había contado su escudero, cuando no acertó° el número de las cabras que habían pasado el río, y se quedó la historia pendiente. Pero volviendo al Roto, prosiguió diciendo:

"Esta prevención que hago es porque querría pasar brevemente por el cuento de mis desgracias. Que el traerlas a la memoria no me sirve de otra cosa que añadir otras de nuevo, y mientras menos me preguntáredes, más presto acabaré yo de decillas, puesto que no dejaré por contar cosa alguna que sea de importancia para no satisfacer del todo a vuestro deseo."

Don Quijote se lo prometió en nombre de los demás, y él, con este seguro, comenzó desta manera:

"Mi nombre es Cardenio, mi patria una ciudad de las mejores desta Andalucía, mi linaje noble, mis padres ricos, mi desventura tanta, que le deben de haber llorado mis padres y sentido mi linaje, sin poderla aliviar con su riqueza,[6] que, para remediar desdichas del cielo, poco suelen valer los bienes de fortuna. Vivía en esta mesma tierra un cielo, donde puso el amor toda la gloria que yo acertara a desearme. Tal es la hermosura de Luscinda, doncella tan noble y tan rica como yo, pero de más ventura, y de menos firmeza de la que a mis honrados pensamientos se debía.[7] A esta Luscinda amé, quise y adoré desde mis tiernos y primeros años, y ella me quiso a mí con aquella sencillez y buen ánimo que su poca edad permitía. Sabían nuestros padres nuestros intentos, y no les pesaba dello, porque bien veían que, cuando pasaran adelante, no podían tener otro fin que el de casarnos, cosa que casi la concertaba° la igualdad de nuestro linaje y riquezas. Creció la edad y con ella el amor de entrambos, que al padre de Luscinda le pareció que por buenos respetos[8] estaba obligado a negarme la entrada de su casa. Casi imitando en esto a los padres de aquella Tisbe[9] tan decantada de los poetas. Y fue esta negación añadir llama° a llama y deseo a deseo, porque, aunque pusieron silencio a las lenguas, no le pudieron poner a las plumas, las cuales, con más libertad que las lenguas, suelen dar a entender a quien quieren lo que en el alma está encerrado°: que muchas veces la presencia de la cosa amada turba y enmudece la intención más determinada y la lengua más atrevida. ¡Ay, cielos, y cuántos billetes° le escribí! ¡Cuán regaladas y honestas respuestas tuve! ¡Cuántas canciones

settled

interrupt

guessed

accorded

flame

locked up

love letters

---

[5] **En ése...** *at that point what is being said will stop*
[6] **Mi desventura...** *my misfortune so great that my parents must have lamented it and my relatives grieved over it, without their riches being able to remedy it*
[7] **De menos...** *of less constancy than my honorable thoughts deserved*
[8] **Por...** *for propriety's sake*
[9] Pyramus and Thisbe were two Babylonian lovers, as Ovid relates, who were neighbors separated by a wall. They came to a tragic end.

compuse y cuántos enamorados versos, donde el alma declaraba y
trasladaba sus sentimientos, pintaba sus encendidos deseos, entretenía sus
memorias y recreaba su voluntad! En efeto, viéndome apurado,° y que mi   drained
alma se consumía con el deseo de verla, determiné poner por obra y acabar
5 en un punto¹⁰ lo que me pareció que más convenía para salir con mi
deseado y 'merecido premio,° y fue el pedírsela a su padre por legítima   deserved prize
esposa, como lo hice. A lo que él me respondió que me agradecía la
voluntad que mostraba de honralle y de querer honrarme con prendas¹¹
suyas, pero que siendo mi padre vivo, a él tocaba de justo derecho hacer
10 aquella demanda,¹² porque, si no, fuese con mucha voluntad y gusto suyo,
no era Luscinda mujer para tomarse ni darse 'a hurto.°   by stealth
   "Yo le agradecí su 'buen intento,° pareciéndome que llevaba razón en   kindness
lo que decía, y que mi padre vendría en ello como yo se lo dijese.¹³ Y con
este intento, 'luego, en aquel mismo instante,° fui a decirle a mi padre lo right then
15 que deseaba, y al tiempo que entré en un aposento donde estaba, le hallé
con una carta abierta en la mano, la cual, antes que yo le dijese palabra, me
la dio, y me dijo: 'Por esa carta verás, Cardenio, la voluntad que el duque
Ricardo tiene de hacerte merced.' Este duque Ricardo, como ya vosotros,
señores, debéis de saber, es un grande de España que tiene su estado° en   estate
20 lo mejor desta Andalucía. Tomé y leí la carta, la cual venía tan encarecida,° flattering
que a mí mesmo me pareció mal si mi padre 'dejaba de cumplir° lo que en   didn't honor
ella se le pedía, que era que me enviase luego donde él estaba, que quería
que fuese compañero, no criado, de su hijo el mayor, y que él tomaba a
cargo el ponerme en estado que correspondiese a la estimación en que me
25 tenía.¹⁴ Leí la carta, y enmudecí leyéndola, y más cuando oí que mi padre
me decía: "De aquí a dos días° te partirás, Cardenio, a hacer la voluntad   two days from now
del duque, y da gracias a Dios que te va abriendo camino por donde
alcances lo que yo sé que mereces.' Añadió a éstas otras razones de padre
consejero.
30   "Llegóse el término de mi partida, hablé una noche a Luscinda, díjele
todo lo que pasaba, y lo mesmo hice a su padre, suplicándole se
entretuviese algunos días y dilatase el darle estado hasta que yo viese lo que
Ricardo me quería.¹⁵ Él me lo prometió, y ella me lo confirmó con mil
juramentos y mil desmayos.° Vine, 'en fin,° donde el duque Ricardo estaba, swoonings, finally
35 fui dél tan bien recebido y tratado, que desde luego comenzó la envidia a
hacer su oficio, teniéndomela los criados antiguos, pareciéndoles que las
muestras que el duque daba de hacerme merced habían de ser en perjuicio
suyo.¹⁶ Pero el que más se holgó con mi ida fue un hijo segundo del duque,

---

¹⁰ **Determiné...** *I resolved to carry out*
¹¹ These **prendas** *jewels* are his daughter.
¹² **A él...** *it was his right to make this request*
¹³ **Mi padre...** *my father would request Luscinda's hand as soon as I told him*
¹⁴ **Él tomaba...** *he took it upon himself to put me in a position worthy of the esteem
in which he held me*
¹⁵ **Suplicándole...** *begging him to wait a few days and hold off on giving her away
until I found out what Ricardo wanted of me*
¹⁶ **Desde luego...** *right away envy begin to do its work, the old servants feeling that
their master's inclination to favor me was an injury to themselves*

llamado Fernando, mozo gallardo, gentil hombre, liberal y enamorado, el cual en poco tiempo quiso que fuese tan su amigo, que daba que decir a todos,[17] y aunque el mayor me quería bien y me hacía merced, no llegó al estremo con que don Fernando me quería y trataba.

"Es, pues, el caso, que, como entre los amigos no hay cosa secreta que no se comunique, y la privanza que yo tenía con don Fernando dejaba de serlo por ser amistad,[18] todos sus pensamientos me declaraba, especialmente uno enamorado, que le traía con un poco de desasosiego.[19] Quería bien a una labradora, vasalla de su padre, y ella los[20] tenía muy ricos, y era tan hermosa, recatada,° discreta y honesta, que nadie que la conocía se determinaba en cuál destas cosas tuviese más excelencia, ni más se aventajase. Estas tan buenas partes° de la hermosa labradora redujeron a tal término los deseos de don Fernando que se determinó, para poder alcanzarlo y conquistar° la entereza° de la labradora, 'darle palabra° de ser su esposo, porque de otra manera era procurar lo imposible. Yo, obligado° de su amistad, con las mejores razones que supe y con los más vivos ejemplos que pude, procuré estorbarle y apartarle de tal propósito.° Pero viendo que no aprovechaba, determiné de decirle el caso al duque Ricardo, su padre. Mas don Fernando, como astuto° y discreto, se receló° y temió desto, por parecerle que estaba yo obligado, en vez de buen criado,[21] a no tener encubierta cosa que tan en perjuicio de la honra de mi señor el duque venía. Y así, por divertirme° y engañarme, me dijo que no hallaba otro mejor remedio para poder apartar de la memoria la hermosura que tan sujeto le tenía, que el ausentarse por algunos meses, y que quería que el ausencia fuese que los dos nos viniésemos en casa de mi padre, con ocasión que darían al duque, que venía a ver y a feriar° unos muy buenos caballos que en mi ciudad había, que es madre de los mejores del mundo.

"Apenas le oí yo decir esto, cuando, movido de mi afición, aunque su determinación no fuera tan buena, la aprobara yo por una de las más acertadas que se podían imaginar, por ver cuán buena ocasión y coyuntura° se me ofrecía de volver a ver a mi Luscinda. Con este pensamiento y deseo aprobé su parecer y esforcé su propósito, diciéndole que lo pusiese por obra[22] con la brevedad posible, porque, en efeto, la ausencia hacía su oficio a pesar de los más firmes pensamientos.[23] Ya, cuando él me vino a decir esto, según después se supo, había gozado a la labradora, con título de esposo, y esperaba ocasión de descubrirse° a su salvo,° temeroso de lo que el duque, su padre, haría cuando supiese su disparate.°

"Sucedió, pues, que, como el amor en los mozos por la mayor parte no lo es, sino apetito, el cual, como tiene por último fin el deleite, en llegando

Margin glosses: modest · endowments · overcome, virginity, promise; compelled · intention · crafty, suspected · to divert me · to buy · opportunity · reveal the truth, safely; rashness

---

[17] **Daba que decir...** *it made everybody talk about it*
[18] **La privanza...** *the favor I had with don Fernando stopped being favor and turned into friendship*
[19] **Uno enamorado...** *a love affair which brought him a bit of anxiety*
[20] **Los** refers to her own parents.
[21] **En vez de...** *in my capacity as a good servant*
[22] **Lo pusiese...** *put it into operation*
[23] **La ausencia...** *absence would do its job, in spite of the staunchest thoughts*

a alcanzarle se acaba,[24] y ha de volver atrás aquello que parecía amor,[25] porque no puede pasar adelante del término que le puso naturaleza, el cual término no le puso a lo que es verdadero amor...,[26] quiero decir, que así como don Fernando gozó a la labradora, se le aplacaron sus deseos y se resfriaron° sus ahincos, y si primero fingía quererse ausentar por   cooled remediarlos, ahora de veras procuraba irse por no ponerlos en ejecución. Diole el duque licencia, y mandóme que le acompañase. Venimos a mi ciudad, recibióle mi padre como quien era. Vi yo luego a Luscinda, tornaron a vivir, aunque no habían estado muertos ni amortiguados,° mis   deadened deseos, de los cuales di cuenta, por mi mal, a don Fernando, por parecerme que, en la ley de la mucha amistad que mostraba, no le debía encubrir nada. Alabéle la hermosura, donaire y discreción de Luscinda de tal manera, que mis alabanzas movieron en él los deseos de querer ver doncella de tantas buenas partes adornada.[27] Cumplíselos yo, por mi corta suerte, enseñándosela una noche, a la luz de una vela, por una ventana por donde los dos solíamos hablarnos. Viola en sayo,° tal, que todas las bellezas° hasta   dress, beautiful entonces por él vistas las puso en olvido. Enmudeció, perdió el sentido,   women quedó absorto, y finalmente, tan enamorado, cual lo veréis en el discurso del cuento de mi desventura. Y para encenderle más el deseo, que a mí me celaba,° y al cielo a solas descubría, quiso la fortuna que hallase un día un   concealed billete suyo pidiéndome que la pidiese a su padre por esposa, tan discreto, tan honesto y tan enamorado,[28] que, en leyéndolo, me dijo que en sola Luscinda se encerraban todas las gracias de hermosura y de entendimiento que en las demás mujeres del mundo estaban repartidas.°   distributed

"Bien es verdad que quiero confesar ahora que, puesto que yo veía con cuán justas causas don Fernando a Luscinda alababa, me pesaba de oír aquellas alabanzas de su boca, y comencé a temer y a recelarme° dél,   became suspicious porque no se pasaba momento donde no quisiese que tratásemos de Luscinda, y él movía la plática aunque la trujese por los cabellos, cosa que despertaba en mi un 'no sé qué' de celos, no porque yo temiese revés°   a bit, change alguno de la bondad y de la fe de Luscinda, pero, con todo eso, me hacía temer mi suerte lo mesmo que ella me aseguraba.[29] Procuraba siempre don Fernando leer los papeles que yo a Luscinda enviaba y los que ella me respondía, a título que de la discreción de los dos gustaba mucho.[30] Acaeció, pues, que habiéndome pedido Luscinda un libro de caballerías en que leer, de quien era ella muy aficionada, que era el de *Amadís de Gaula...*"

No hubo bien oído don Quijote nombrar libro de caballerías, cuando dijo:

[24] **En llegando...** *[the appetite] in achieving that end, is curbed*
[25] **Ha de volver...** *what seemd to be love tends to back away*
[26] **Pasar adelante...** *go beyond the limit imposed by nature, this limit not having been imposed by what is true love*
[27] **De tantas...** *adorned with so many good qualities*
[28] **Tan...** *all these adjectives refer to the letter.*
[29] **Me hacía...** *my fortune made me fear, even though she reassured me*
[30] **A título...** *on the excuse that our wit gave pleasure*

"Con que me dijera[31] vuestra merced al principio de su historia que su merced de la señora Luscinda[32] era aficionada a libros de caballerías, no fuera menester otra exageración para darme a entender la alteza° de su *high level* entendimiento, porque no le tuviera tan bueno como vos, señor, le habéis pintado, si careciera del gusto de tan sabrosa leyenda.[33] Así que para conmigo no es menester gastar más palabras en declararme su hermosura, valor y entendimiento, que, con sólo haber entendido su afición,° la *interest* confirmo por la más hermosa y más discreta mujer del mundo. Y quisiera yo, señor, que vuestra merced le hubiera enviado, junto con *Amadís de Gaula*, al bueno de *Don Rugel de Grecia*,[34] que yo sé que gustara la señora Luscinda mucho de Daraida y Geraya, y de las discreciones del pastor Darinel, y de aquellos admirables versos de sus bucólicas,° cantadas y *pastoral poems* representadas° por él con todo donaire, discreción y desenvoltura. Pero *set forth* tiempo podrá venir en que se enmiende esa falta, y no dura más en hacerse la enmienda de cuanto quiera vuestra merced ser servido de venirse conmigo a mi aldea, que allí le podré dar más de trecientos libros, que son el regalo° de mi alma y el entretenimiento de mi vida, aunque 'tengo para *joy* mí° que ya no tengo ninguno, 'merced a° la malicia de malos y envidiosos *I remember, thanks* encantadores. Y perdóneme vuestra merced el haber contravenido a lo que *to* prometimos de no interrumpir su plática, pues en oyendo cosas de caballerías y de caballeros andantes, así es en mi mano dejar de hablar en ellos,[35] como lo es en la de los rayos del sol dejar de calentar,° ni *give warmth* humedecer° en los de la luna, así que, perdón, y proseguir, que es lo que *give moisture* ahora hace más al caso."

En tanto que don Quijote estaba diciendo lo que queda dicho, se le había caído a Cardenio la cabeza sobre el pecho, dando muestras de estar profundamente pensativo. Y puesto que dos veces le dijo don Quijote que prosiguiese su historia, ni alzaba la cabeza, ni respondía palabra. Pero al cabo de un buen espacio la levantó, y dijo:

"No se me puede quitar del pensamiento, ni habrá quien me lo quite en el mundo, ni quien me dé a entender otra cosa, y sería un majadero el que lo contrario entendiese o creyese, sino que aquel bellaconazo° del *villain* maestro Elisabat estaba amancebado° con la reina Madésima."[36] *cohabitating*

"Eso no, ¡voto a tal!" respondió con mucha cólera don Quijote (y arrojóle como tenía de costumbre),[37] "y ésa es una muy gran malicia, o bellaquería, por mejor decir. La reina Madásima fue muy principal señora,

[31] **Con...** *if you had told me*
[32] **Su merced de...** = la señora Luscinda
[33] **Porque...** *because I wouldn't have found it [her understanding] as good as you have described if she lacked the taste for such delightful reading*
[34] *Don Rugel de Grecia* (1535) is the eleventh book in the Amadís cycle, written by Feliciano de Silva. Daraida and Garaya, mentioned in a moment, are indeed characters from that book. This book was not specifically mentioned as being in Don Quijote's collection, although many were tossed into the corral without stating which they were.
[35] **Así es en...** *I can't help talking about them*
[36] In *Amadís de Gaula* there were three Madásimas, none of whom had relations with the surgeon/priest Elisabat. The first edition shows Madésima, which seems "correct" here, in the mouth of this crazy young man.
[37] That is, Don Quijote threw the deprecation at him.

y no se ha de presumir que tan alta princesa se había de amancebar con un
sacapotras,° y quien lo contrario entendiere, miente como muy gran bellaco.   quack
Y yo se lo daré a entender a pie o a caballo, armado o desarmado, de noche
o de día, o como más gusto le diere."

5   Estábale mirando Cardenio muy atentamente, al cual ya había venido
el accidente de su locura, y no estaba para proseguir su historia, ni tampoco
don Quijote se la oyera, según le había disgustado lo que de Madásima le
había oído. ¡Estraño caso! que así 'volvió por ella° como si verdaderamente   took her side
fuera su verdadera y natural señora: tal le tenían sus descomulgados libros.

10   Digo, pues, que como ya Cardenio estaba loco, y se oyó tratar de mentís°   liar
y de bellaco, con otros denuestos semejantes, parecióle mal la burla, y alzó
un guijarro que halló junto a sí, y dio con él en los pechos tal golpe a don
Quijote, que le hizo 'caer de espaldas.° Sancho Panza, que de tal modo vio   fall backwards
parar a su señor, arremetió al loco con el puño cerrado, y el Roto le recibió

15   de tal suerte, que con una puñada dio con él a sus pies, y luego se subió
sobre él y le brumó° las costillas muy 'a su sabor.° El cabrero, que le quiso   crushed, to his
defender, corrió el mesmo peligro. Y después que los tuvo[38] a todos   heart's content
rendidos y molidos, los dejó y se fue con gentil sosiego a emboscarse en
la montaña.

20   Levantóse Sancho, y con la rabia que tenía de verse aporreado tan sin
merecerlo, acudió a tomar la venganza del cabrero, diciéndole que él tenía
la culpa de no haberles avisado que a aquel hombre le tomaba a tiempos la
locura, que si esto supieran, hubieran estado 'sobre aviso° para poderse   on guard
guardar. Respondió el cabrero que ya lo había dicho, y que si él no lo había

25   oído, que no era suya la culpa. Replicó Sancho Panza, y tornó a replicar el
cabrero, y fue el fin de las réplicas asirse de las barbas y darse tales
puñadas, que si don Quijote no los pusiera en paz, se hicieran pedazos.
Decía Sancho, asido con el cabrero:

    "Déjeme vuestra merced, señor Caballero de la Triste Figura, que en

30   éste[39] que es villano como yo y no está armado caballero, bien puedo a mi
salvo satisfacerme del agravio que me ha hecho, peleando con él mano a
mano, como hombre honrado."

    "Así es," dijo don Quijote, "pero yo sé que él no tiene ninguna culpa
de lo sucedido."

35   Con esto los apaciguó,° y don Quijote volvió a preguntar al cabrero si   calmed down
sería posible hallar a Cardenio, porque quedaba con grandísimo deseo de
saber el fin de su historia. Díjole el cabrero lo que primero le había dicho,
que era no saber de cierto su manida,° pero que si anduviese mucho por   lair
aquellos contornos no dejaría de hallarle, o cuerdo o loco.

---

[38] Cardenio is the subject of **tuvo**.
[39] **En éste** is the complement to **satisfacer** which comes later.

Capítulo XXV. Que trata de las estrañas cosas que en Sierra Morena sucedieron al valiente caballero de la Mancha, y de la imitación que hizo a la penitencia de Beltenebros.

DESPIDIÓSE DEL cabrero don Quijote, y subiendo otra vez sobre Rocinante, mandó a Sancho que le siguiese, el cual lo hizo con su jumento de muy mala gana. Íbanse poco a poco entrando en lo más áspero de la montaña, y Sancho iba muerto por razonar° con su amo, y deseaba que él comenzase la plática por no contravenir a lo que le tenía mandado, mas no pudiendo sufrir tanto silencio, le dijo:

"Señor don Quijote, vuestra merced me eche su bendición y me dé licencia, que desde aquí me quiero volver a mi casa, y a mi mujer y a mis hijos, con los cuales, por lo menos, hablaré y departiré todo lo que quisiere, porque querer vuestra merced que vaya con él[1] por estas soledades° de día y de noche, y que no le hablo cuando me diere gusto, es enterrarme en vida. Si ya quisiera la suerte que los animales hablaran, como hablaban en tiempo de Guisopete,[2] fuera menos mal, porque departiera yo con mi jumento lo que me viniera en gana, y con esto pasará mi mala ventura, que es recia° cosa, y que no se puede llevar en paciencia, andar buscando aventuras toda la vida, y no hallar sino coces y manteamientos, ladrillazos° y puñadas, y con todo esto, nos hemos de coser la boca, sin osar decir lo que el hombre tiene en su corazón, como si fuera mudo.°"

"Ya te entiendo, Sancho," respondió don Quijote, "tú mueres porque te alce° el entredicho° que te tengo puesto en la lengua. Dale por alzado[3] y di lo que quisieres, con condición que no ha de durar este alzamiento° más de en cuanto anduviéremos por estas sierras."

"Sea ansí," dijo Sancho, "hable yo ahora, que después Dios sabe lo que será. Y comenzando a gozar de ese salvoconduto,° digo que ¿qué le iba a vuestra merced en volver tanto por aquella reina Magimasa,[4] o cómo se llama? O ¿qué hacía al caso que aquel abad fuese su amigo o no?[5] Que si vuestra merced 'pasara con ello,° pues no era su juez, bien creo yo que el loco pasara adelante con su historia, y se hubieran ahorrado el golpe del guijarro y las coces, y aun más de seis torniscones.°"

"A fe, Sancho," respondió don Quijote, "que si tú supieras, como yo lo sé, cuán honrada y cuán principal señora era la reina Madásima, yo sé que dijeras que tuve mucha paciencia, pues no quebré la boca por donde tales blasfemias salieron. Porque es muy gran blasfemia decir ni pensar que una reina esté amancebada con un cirujano.° La verdad del cuento es que aquel maestro Elisabat, que el loco dijo, fue un hombre muy prudente y de muy sanos consejos, y sirvió de ayo y de médico a la reina. Pero, pensar

to talk

lonely places

hard to bear
blows with bricks

dumb

lift, interdiction
revocation

permission

let it pass

punches

surgeon

---

[1] **Querer...** *your wanting me to go with you*
[2] Guisopete, or Isopete, is Æsop, whose fables were published in Spanish in 1489.
[3] **Dale...** *consider it lifted*
[4] **¿Qué le iba...** *what led you to stand up so for that Queen Magimasa?*
[5] **¿Qué hacía al...** *what difference did it make that that "abbot" was her friend or not?* Sancho confuses **Elisabat** with "**abad**" *abbot.*

que ella era su amiga es disparate, digno de muy gran castigo. Y porque
veas que Cardenio no supo lo que dijo, has de advertir que cuando lo dijo
ya estaba sin juicio."

"Eso digo yo," dijo Sancho, "que no había para qué hacer cuenta de⁶
5 las palabras de un loco, porque si la buena suerte no ayudara a vuestra
merced, y encaminara el guijarro a la cabeza como le encaminó al pecho,
buenos quedáramos por haber vuelto por aquella mi señora,⁷ que Dios
cohonda.° Pues ¡montas que 'no se librará° Cardenio por loco!"	confound, will go
"Contra cuerdos y contra locos, está obligado cualquier caballero	free
10 andante a volver por la honra de las mujeres, cualesquiera que sean. Cuanto
más por las reinas de tan alta guisa° y pro° como fue la reina Madásima,	degree, dignity
a quien yo tengo particular afición por sus buenas partes, porque fuera de
haber sido fermosa, además fue muy prudente y muy sufrida en sus
calamidades, que las tuvo muchas. Y los consejos y compañía del maestro
15 Elisabat le fue y le fueron⁸ de mucho provecho y alivio para poder llevar
sus trabajos con prudencia y paciencia. Y de aquí tomó ocasión el vulgo,°	public
ignorante y mal intencionado, de decir y pensar que ella era su manceba.°	mistress
¡Y mienten, digo otra vez, y mentirán otras docientas, todos los que tal
pensaren y dijeren!"
20 "Ni yo lo digo ni lo pienso," respondió Sancho. "Allá se lo hayan,⁹ con
su pan se lo coman. Si fueron amancebados o no, a Dios habrán dado la
cuenta. De mis viñas° vengo, no sé nada. No soy amigo de saber vidas	vineyards
ajenas, que el que compra y miente, en su bolsa lo siente. Cuanto más, que
desnudo nací, desnudo me hallo: ni pierdo ni gano. Mas que lo fuesen, ¿qué
25 me va a mí?¹⁰ Y muchos piensan que hay tocinos, y no hay estacas.¹¹ Mas,
¿quién puede poner puertas al campo? Cuanto más, que de Dios dijeron."¹²
"¡Válame Dios," dijo don Quijote, "y qué de necedades vas, Sancho,
ensartando!¹³ ¿Qué va de lo que tratamos a los refranes que enhilas?¹⁴ Por
tu vida, Sancho, que calles, y de aquí adelante entremétete° en espolear a	occupy yourself
30 tu asno, y deja de hacello en lo que no te importa.¹⁵ Y entiende con todos
tus cinco sentidos que todo cuanto yo he hecho, hago e hiciere, va muy
puesto en razón¹⁶ y muy conforme a las reglas de caballería, que las sé
mejor que cuantos caballeros las profesaron en el mundo."
"Señor," respondió Sancho, "y ¿es buena regla de caballería que
35 andemos perdidos por estas montañas, sin senda ni camino, buscando a un

---

⁶ **Hacer...** *to pay attention to*
⁷ **Buenos...** *we would have been in fine shape on account of standing up for my lady*
⁸ **Le fue y le fueron** refer back to **compañía** and **consejos**.
⁹ **Allá se...** *it's their affair*
¹⁰ **Mas que lo fuesen...** *but even if they were, what's it to me?*
¹¹ These are the stakes from which sides of bacon are suspended.
¹² **Que de Dios dijeron** is an eroded from of **que aun de Dios dijeron mal** *they even
spoke ill of God.*
¹³ **Qué de...** *what absurdities you are, Sancho, stringing together*
¹⁴ **¿Qué ve de lo...** *What does what we're talking about have to do with the proverbs
you are threading together?*
¹⁵ **Deja de...** *don't meddle in what doesn't concern you*
¹⁶ **Va muy puesto...** *is well founded on reason*

loco,[17] el cual, después de hallado, quizá le vendrá en voluntad de acabar lo que dejó comenzado, no de su cuento, sino de la cabeza de vuestra merced y de mis costillas, acabándonoslas de romper de todo punto?"

"¡Calla, te digo otra vez, Sancho!" dijo don Quijote, "porque te hago saber que no sólo me trae por estas partes el deseo de hallar al loco, cuanto el que tengo de hacer en ellas una hazaña[18] con que he de ganar perpetuo nombre y fama en todo lo descubierto de la tierra, y será tal, que he de echar con ella el sello a todo aquello que puede hacer perfecto y famoso a un andante caballero."[19]

"Y ¿es de muy gran peligro esa hazaña?" preguntó Sancho Panza.

"No," respondió el de la Triste Figura, "puesto que de tal manera podía correr el dado,° que echásemos azar en lugar de encuentro.[20] Pero todo ha de estar en tu diligencia."   die

"¿En mi diligencia?" dijo Sancho.

"Sí," dijo don Quijote, "porque si vuelves presto de adonde pienso enviarte, presto se acabará mi pena,° y presto comenzará mi gloria, y   penance porque no es bien que te tenga más suspenso esperando en lo que han de parar mis razones,[21] quiero, Sancho, que sepas que el famoso Amadís de Gaula fue uno de los más perfectos caballeros andantes. No he dicho bien, «fue uno»: fue el solo, el primero, el único, el señor de todos cuantos hubo en su tiempo en el mundo. ¡Mal año y mal mes para don Belianís y para todos aquellos que dijeren que se le igualó en algo, porque se engañan, juro cierto! Digo, asimismo, que cuando algún pintor quiere salir famoso en su arte, procura imitar los originales de los más únicos pintores que sabe.° Y   conoce esta mesma regla corre° por todos los más oficios o ejercicios 'de cuenta°   goes, of importance que sirven para adorno de las repúblicas. Y así lo ha de hacer y hace el que quiere alcanzar nombre de prudente° y sufrido, imitando a Ulises,[22] en cuya   judicious persona y trabajos nos pinta Homero un retrato vivo de prudencia y de sufrimiento; como también nos mostró Virgilio, en persona de Eneas,[23] el valor de un hijo piadoso° y la sagacidad° de un valiente y entendido   pious, shrewdness capitán, no pintándolo ni descubriéndolo[24] como ellos fueron, sino como

---

[17] The first edition has **aun lo que,** emended by the Valencia 1605 and later editions to **a un loco.**

[18] **Cuanto el que...** *as the [desire] I have to do a deed in them [these parts]*

[19] **He de echar...** *with it [the deed] I will put the seal on all that can make a knight errant famous and perfect*

[20] **Echásemos...** *we might get a lucky throw instead of an unlucky one.* **Azar** is a lucky toss, **encuentro** is an unlucky one.

[21] **Lo que...** *where my words are leading*

[22] Ulysses (Odysseus in Latin) was portrayed by Homer in the *Iliad* (9th or 8th century B.C.) as a man of outstanding wisdom, eloquence, resourcefulness, courage and endurance.

[23] The mythic Æneas is sung about by Virgil in the epic poem, *Æneid* (29–19 B.C.). Virgil portrayed Æneas' qualities of self-denial, persistence, and obedience to the gods, which, in the view of the poet, are what built Rome.

[24] **Descubriéndolo** *revealing him* in the first editions. Later and modern editions change this to **describiéndolo.** Riquer argues that in Cervantes' handwriting, -cu- and -cri- look about the same. But what about the -r- in -cub*r*-? Wouldn't Riquer's solution demand *describriendo*?

había de ser, para quedar ejemplo a los venideros hombres de sus virtudes.
Desta mesma suerte, Amadís fue el norte,° el lucero,° el sol de los valientes   north star, evening
y enamorados caballeros, a quien debemos de imitar todos aquellos que   star
debajo de la bandera de amor y de la caballería militamos. Siendo, pues,
5   esto ansí, como lo es, hallo yo, Sancho amigo, que el caballero andante que
más le imitare, estará más cerca de alcanzar la perfeción de la caballería.
Y una de las cosas en que más este caballero mostró su prudencia, valor,
valentía, sufrimiento, firmeza y amor, fue cuando se retiró, desdeñado de
la señora Oriana, a hacer penitencia en la Peña Pobre,²⁵ mudado su nombre
10   en el de Beltenebros, nombre por cierto significativo y proprio° para la vida   **propio**
que el de su voluntad había escogido. Ansí que me es a mí mas fácil
imitarle en esto que no en hender° gigantes, descabezar° serpientes, matar   splitting, decapitatir
endriagos,° desbaratar ejércitos, fracasar° armadas° y deshacer encan-   dragons, destroying
tamentos. Y pues estos lugares son tan acomodados para semejantes   fleets
15   efectos,° no hay para qué se deje pasar la ocasión, que ahora con tanta   purposes
comodidad me ofrece sus guedejas."²⁶
    "En efecto," dijo Sancho, "¿qué es lo que vuestra merced quiere hacer
en este tan remoto lugar?"
    "¿Ya no te he dicho," respondió don Quijote, "que quiero imitar a
20   Amadís haciendo aquí del desesperado, del sandio y del furioso,° por imitar   raving
juntamente° al valiente don Roldán,²⁷ cuando halló en una fuente las   at the same time
señales° de que Angélica la Bella había cometido vileza° con Medoro,²⁸ de   indications, vile
cuya pesadumbre se volvió loco, y arrancó los árboles, enturbió° las aguas   deed; muddied
de las claras fuentes, mató pastores, destruyó ganados, abrasó chozas,
25   derribó casas, arrastró° yeguas, y hizo otras cien mil insolencias° dignas de   dragged, outrages
eterno nombre y escritura?° Y puesto que yo no pienso imitar a Roldán, o   record
Orlando, o Rotolando—que todos estos tres nombres tenía—, parte por
parte²⁹ en todas las locuras que hizo, dijo y pensó, haré el bosquejo° como   rough sketch
mejor pudiere en las que me pareciere ser más esenciales. Y podrá ser que
30   viniese a contentarme³⁰ con sola la imitación de Amadís, que sin hacer
locuras de daño, sino de lloros° y sentimientos, alcanzó tanta fama como   weeping
el que más."³¹
    "Paréceme a mí," dijo Sancho, "que los caballeros que lo tal ficieron
fueron provocados y tuvieron causa para hacer esas necedades y penitencias.

²⁵ Peña Pobre was the small island where Amadís went to do his penance. A hermit
gave him the name Beltenebros because he was a handsome (**bel**) but sad (**tenebros[o]**)
fellow.
²⁶ This refers to the Roman god of opportunity, bald except for a lock (**guedeja**) in
front. You had to seize the lock when you saw it coming since when it passed by there
was nothing left to take hold of.
²⁷ This Roland is not from the French *Chanson de Roland*, but rather the Italian epic
Orlando Furioso (1532) by Ludovico Ariosto (mentioned in chapter 6, note 22). After his
lady Angelica leaves him for the Moor Medoro, he does all of the insane acts mentioned
in the text.
²⁸ In *Orlando Furioso* 13, 105ff. We learn that Angelica slept "more than two *siestas*"
with Medoro.
²⁹ **Parte por...** *item by item*
³⁰ **Podrá ser...** *perhaps I will content myself*
³¹ **Alcanzó...** *became as famous as the best of them*

Pero vuestra merced, ¿qué causa tiene para volverse loco, qué dama le ha
desdeñado, o qué señales ha hallado que le den a entender que la señora
Dulcinea del Toboso ha hecho alguna niñería con moro o cristiano?"

"Ahí está el punto," respondió don Quijote, "y ésa es la fineza° de mi   beauty
negocio.° Que volverse loco un caballero andante con causa, ni grado° ni   plan, pleasure
gracias—el toque está desatinar sin ocasión,[32] y dar a entender a mi dama
que si en seco hago esto, ¿qué hiciera en mojado?° Cuanto más, que harta°   wet, enough
ocasión tengo en la larga ausencia que he hecho de la siempre señora mía
Dulcinea del Toboso, que, como ya oíste decir a aquel pastor 'de marras,°   of yesteryear
Ambrosio:[33] 'quien está ausente, todos los males tiene y teme.' Así que,
Sancho amigo, no gastes° tiempo en aconsejarme que deje tan rara, tan   waste
felice y tan 'no vista° imitación. Loco soy, loco he de ser hasta tanto que   unheard of
tú vuelvas con la respuesta de una carta que contigo pienso enviar a mi
señora Dulcinea. Y si fuere tal cual a mi fe se le debe[34], acabarse ha mi
sandez y mi penitencia. Y si fuere al contrario, seré loco de veras, y
siéndolo, no sentiré nada. Así que, de cualquiera manera que responda,
saldré del conflito° y trabajo en que me dejares: gozando el bien que me   struggle
trujeres,° por cuerdo, o no sintiendo el mal que me aportares,° por loco.   traigas, bring
Pero dime, Sancho, ¿traes bien guardado° el yelmo de Mambrino? Que ya   protected
vi que le alzaste del suelo cuando aquel desagradecido le quiso hacer
pedazos. Pero no pudo, donde se puede echar de ver la fineza de su
temple."[35]

A lo cual respondió Sancho:

"¡Vive Dios, señor Caballero de la Triste Figura, que no puedo sufrir
ni 'llevar en paciencia° algunas cosas que vuestra merced dice! Y que por   tolerate
ellas vengo a imaginar que todo cuanto me dice de caballerías y de alcanzar
reinos e imperios, de dar ínsulas y de hacer otras mercedes y grandezas,°   great things
como es uso de caballeros andantes, que todo debe de ser cosa de viento y
mentira, y todo pastraña, o patraña,[36] o como lo llamáremos. Porque quien
oyere decir a vuestra merced que una bacía de barbero es el yelmo de
Mambrino, y que no salga de este error en más de cuatro días, ¿qué ha de
pensar sino que quien tal dice y afirma debe de tener güero° el juicio? La   vacant
bacía yo la llevo en el costal toda abollada,° y llévola para aderezarla en mi   dented
casa y hacerme la barba en ella, si Dios me diere tanta gracia que algún día
me vea con mi mujer y hijos."

"Mira, Sancho, por el mismo que denantes juraste,[37] te juro," dijo don
Quijote, "que tienes el más corto entendimiento que tiene ni tuvo escudero
en el mundo. ¿Que es posible que en cuanto ha que andas conmigo no has
echado de ver que todas las cosas de los caballeros andantes parecen
quimeras, necedades y desatinos, y que son todas hechas al revés? Y no
porque sea ello ansí, sino porque andan entre nosotros siempre una caterva°   multitude

---

[32] **El toque...** *the thing is to go crazy without a reason*

[33] **Oíste...** *you heard that well-known shepherd Ambrosio say.* What Amboisio said
was only *similar*, found in Chapter 14, p. 100, ll. 28-29.

[34] **Si...** *if it [the response] is as my devotion deserves*

[35] **La...** *how finely tempered it is*

[36] **Pastraña, o patraña. Pastraña** is a nonsense word. **Patraña** is a *fabulous story.*

[37] **Por el mismo** *Dios* **que denantes juraste...**

de encantadores que todas nuestras cosas mudan y truecan,° y les vuelven³⁸   change
según su gusto y según tienen la gana de favorecernos o destruirnos, y así,
eso que a ti te parece bacía de barbero me parece a mí el yelmo de
Mambrino, y a otro le parecerá otra cosa. Y fue rara providencia del sabio
5   que es de mi parte³⁹ hacer que parezca bacía a todos lo que real y
verdaderamente es yelmo de Mambrino, a causa que, siendo él de tanta
estima,° todo el mundo me perseguirá por quitármele, pero como ven que   esteem
no es más de un bacín de barbero, no se curan de procuralle, como se
mostró bien en el que quiso rompelle y le dejó en el suelo sin llevarle, que
10   a fe que si le conociera, que nunca él le dejara. Guárdale, amigo, que por
ahora no le he menester, que antes me tengo de quitar todas estas armas y
quedar desnudo como cuando nací, si es que me da en voluntad de seguir
en mi penitencia más a Roldán que a Amadís."

Llegaron en estas pláticas al pie de una alta montaña, que casi como
15   peñón° tajado° estaba sola entre otras muchas que la rodeaban. Corría por   cliff, chiseled
su falda° un manso arroyuelo,° y hacíase por toda su redondez un prado tan   side, stream
verde y vicioso,° que daba contento a los ojos que le miraban. Había por   luxuriant
allí muchos árboles silvestres,° y algunas plantas y flores que hacían el   wild
lugar apacible. Este sitio escogió el caballero de la Triste Figura para hacer
20   su penitencia, y así, en viéndole, comenzó a decir en voz alta, como si
estuviera sin juicio:

"Éste es el lugar, ¡oh cielos! que diputo y escojo para llorar la
desventura en que vosotros mesmos me habéis puesto. Éste es el sitio donde
el humor° de mis ojos acrecentará las aguas deste pequeño arroyo, y mis   fluid
25   continos° y profundos suspiros moverá a la contina⁴⁰ las hojas destos   **continuos**
montaraces° árboles, en testimonio y señal de la pena que mi asendereado°   wild, beaten
corazón padece. ¡Oh vosotros, quienquiera que seáis, rústicos dioses, que
en este inhabitable lugar tenéis vuestra morada. Oíd las quejas deste
desdichado amante, a quien una luenga ausencia y unos imaginados celos
30   han traído a lamentarse entre estas asperezas, y a quejarse de la dura
condición de aquella ingrata y bella, término y fin de toda humana
hermosura! ¡Oh vosotras, napeas y driadas,⁴¹ que tenéis por costumbre de
habitar° en las espesuras de los montes, así los ligeros y lascivos° sátiros,°   dwell, lustful, satyr
de quien sois, aunque 'en vano,° amadas, no perturben° jamás vuestro dulce   in vain, disturb
35   sosiego, que me ayudéis⁴² a lamentar mi desventura, o, a lo menos, no os
canséis de oílla! ¡Oh Dulcinea del Toboso, día de mi noche, gloria de mi
pena, norte de mis caminos, estrella de mi ventura, así el cielo te la dé
buena en cuanto acertares a pedirle,⁴³ que consideres el lugar y el estado a
que tu ausencia me ha conducido, y que con buen término correspondas al
40   que a mi fe se le debe!⁴⁴ ¡Oh solitarios árboles, que desde hoy en adelante
habéis de hacer compañía a mi soledad: dad indicio, con el blando

---

³⁸ **Les vuelven = las vuelven** *they change them*
³⁹ **Que es de...** *who favors me*
⁴⁰ **A la...** *continuously*
⁴¹ **Napeas y driadas**, *wood nymphs and dryads.* "Dryads" are wood nymphs too.
⁴² The subject of **ayudéis** is **napeas y driadas.**
⁴³ **Así el cielo...** *may heaven grant all that you seek from it*
⁴⁴ **Que a mi...** *be moved to repay what is owed to my fidelity*

movimiento de vuestras ramas,° que no os desagrade° mi presencia! ¡Oh tú,   branches, displease
escudero mío, agradable compañero en más prósperos[45] y adversos sucesos,
toma bien en la memoria lo que aquí me verás hacer, para que lo cuentes
y recites a la causa total de todo ello!"[46]

Y diciendo esto, se apeó de Rocinante, y en un momento le quitó el
freno y la silla, y dándole una palmada° en las ancas, le dijo: slap

"Libertad te da el que sin ella queda, ¡oh caballo tan estremado por tus
obras cuan° desdichado por tu suerte! Vete por do quisieres, que en la   as
frente llevas escrito que no te igualó en ligereza el Hipogrifo de Astolfo, ni
el nombrado Frontino, que tan caro le costó a Bradamante."[47]

Viendo esto Sancho, dijo:

"'Bien haya° quien nos quitó ahora del trabajo de desenalbardar° al   good luck, remove
rucio,[48] que a fe que no faltaran palmadicas° que dalle ni cosas que decille   saddle; slaps
en su alabanza. Pero si él aquí estuviera, no consintiera yo que nadie le
desalbardara, pues no había para qué, que a él no le tocaban las generales
de[49] enamorado ni de desesperado,° pues no lo estaba su amo, que era yo,   desperate
cuando Dios quería. Y en verdad, señor Caballero de la Triste Figura, que
si es que mi partida y su locura de vuestra merced va de veras,[50] que será
bien tornar a ensillar a Rocinante para que supla la falta del rucio, porque
será ahorrar tiempo a mi ida y vuelta, que si la hago a pie, no sé cuándo
llegaré ni cuando volveré, porque, 'en resolución,° soy mal caminante."   in short

"Digo, Sancho," respondió don Quijote, "que sea como tú quisieres,
que no me parece mal tu designio. Y digo que de aquí a tres días te
partirás, porque quiero que en este tiempo veas lo que por ella hago y digo,
para que se lo digas."

"Pues ¿qué más tengo de ver," dijo Sancho, "que lo que he visto?"

"Bien estás en el cuento," respondió don Quijote, "ahora me falta
rasgar° las vestiduras,° esparcir las armas, y darme de calabazadas° por   tear, garments, blows
estas peñas, con otras cosas deste jaez, que te han de admirar.°"   with head; amaze

"¡Por amor de Dios!" dijo Sancho, "que mire° vuestra merced como se   be careful
da esas calabazadas, que a tal peña podrá llegar, y en tal punto, que con la
primera se acabase la máquina° desta penitencia, y sería yo de parecer que,   scheme
ya que a vuestra merced le parece que son aquí necesarias calabazadas y
que no se puede hacer esta obra sin ellas, se contentase, pues todo esto es
fingido y cosa contrahecha° y de burla, se contentase, digo, con dárselas en   counterfeit
el agua, o en alguna cosa blanda, como algodón,° y déjeme a mí el cargo,°   cotton, job
que yo diré a mi señora que vuestra merced se las daba en una punta de

---

[45] Most modern editors change this to **mis prósperos,** following the third edition.

[46] **A la causa total de todo ello,** that is, to Dulcinea.

[47] "The hippogriff was a winged horse with the head of an eagle on which Astolfo
went in quest of information about Orlando. Frontino was the name of the mount of
Ruggiero, Bradamante's lover. All appear in Ariosto's *Orlando Furioso* [Canto IV]."
[Ormsby's note.]

[48] This is the first allusion to the theft of Sancho's donkey in the first edition.

[49] **A él...** *he had none of the traits of.* Gaos points out that **generales** is a juridic term
referring to questions asked of witnesses to find out if there is any reason they should not
testify due to kinship with, hatred towards, etc., the accused.

[50] **Si es que...** *if my departure and your insanity are really going to happen.* Note the
singlular **va** referring to both the departure and the insanity.

peña más dura que la de un diamante."

"Yo agradezco tu buena intención, amigo Sancho," respondió don
Quijote, "mas quiérote hacer sabidor de que todas estas cosas que hago no
son de burlas, sino muy de veras, porque de otra manera, sería contravenir
a las órdenes de caballería, que nos mandan que no digamos mentira
alguna, pena de relasos,[51] y el hacer una cosa por otra, lo mesmo es que
mentir. Ansí que mis calabazadas han de ser verdaderas, firmes y
valederas,° sin que lleven nada del sofístico° ni del fantástico. Y será   worthy, fallacious
necesario que me dejes algunas hilas para curarme, pues que la ventura
quiso que nos faltase el bálsamo que perdimos."

"Más fue perder el asno," respondió Sancho, "pues se perdieron en él
las hilas y todo, y ruégole a vuestra merced que no se acuerde más de aquel
maldito brebaje, que en sólo oírle mentar se me revuelve el alma, no que
el estómago.[52] Y más le ruego, que 'haga cuenta° que son ya pasados los   consider
tres días que me ha dado de término para ver las locuras que hace, que ya
las doy por[53] vistas y por pasadas en cosa juzgada,[54] y diré maravillas° a mi   wondrous things
señora. Escriba la carta y despácheme luego, porque tengo gran deseo de
volver a sacar a vuestra merced deste purgatorio donde le dejo."

"¿Purgatorio le llamas, Sancho?" dijo don Quijote, "mejor hicieras de
llamarle infierno, y aun peor, si hay otra cosa que lo sea."

"«Quien ha infierno»," respondió Sancho, "«nula es retencio»,[55] según
he oído decir."

"No entiendo qué quiere decir *retencio*," dijo don Quijote.

"*Retencio* es," respondió Sancho, "que quien está en el infierno nunca
sale dél, ni puede. Lo cual será al revés en vuestra merced, o a mí me
andarán mal los pies,[56] si es que llevo espuelas para avivar° a Rocinante,   encourage
y póngame yo una por una en el Toboso[57] y delante de mi señora Dulcinea,
que yo le diré tales cosas de las necedades y locuras, que todo es uno,[58] que
vuestra merced ha hecho y queda haciendo, que la venga a poner más
blanda que un guante,° aunque la halle más dura que un alcornoque, con   glove
cuya respuesta, dulce y melificada,° volveré por los aires como brujo,° y   honeyed, sorceror
sacaré a vuestra merced deste purgatorio, que parece infierno y no lo es,
pues hay esperanza de salir dél, la cual,[59] como tengo dicho, no la tienen
de salir los que están en el infierno, ni creo que vuestra merced dirá otra
cosa."

"Así es la verdad," dijo el de la Triste Figura, "pero ¿qué haremos para
escribir la carta?"

---

[51] **Pena de relasos [relapsos]** *suffer the penalties of apostasy* [= the renunciation of
religious faith], referring to certain crimes prosecuted by the Inquisition.

[52] **No que...** *not to mention my stomach*

[53] **Las doy...** *I consider them*

[54] **Pasadas en cosa juzgada. Pasar en cosa juzgada** is another juridical term
meaning that the judge's decision is irrevocable with no possibility of appeal.

[55] What Sancho heard was doubtless "Quia in inferno nulla est redemptio," from the
funeral mass: "Because in hell there is no redemption."

[56] **A mí...** *my feet will fail me.*

[57] **Póngame...** *let me get to el Toboso at once.*

[58] **Que todo...** *it's all the same*

[59] This **la cual** and the **la** in the next clause both refer to **esperanza**.

"Y la libranza pollinesca[60] también," añadio Sancho.

"Todo irá inserto," dijo don Quijote, "y sería bueno, ya que no hay papel, que la escribiésemos, como hacían los antiguos, en hojas de árboles o en unas 'tablitas de cera,° aunque tan dificultoso será hallarse eso ahora como el papel. Mas ya me ha venido a la memoria donde será bien, y aun más que bien, escribilla, que es en el librillo de memoria que fue de Cardenio, y tu tendrás cuidado de hacerla trasladar° en papel, de buena letra, en el primer lugar que hallares donde haya maestro° de escuela de muchachos, o si no, cualquiera sacristán° te la trasladará, y no se la des a trasladar a ningún escribano, que hacen letra procesada,[61] que no la entenderá Satanás."

wax tablets

copy
teacher
sexton

"Pues ¿qué se ha de hacer de la firma?°" dijo Sancho.

signature

"Nunca las cartas de Amadís se firman," respondió don Quijote.

"Está bien," respondió Sancho, "pero la libranza forzosamente se ha de firmar, y ésa si se traslada, dirán que la firma es falsa, y quedaréme sin pollinos."

"La libranza irá en el mesmo librillo firmada, que en viéndola mi sobrina, no pondrá dificultad en cumplilla. Y en lo que toca a la carta de amores, pondrás por firma: VUESTRO HASTA LA MUERTE, EL CABALLERO DE LA TRISTE FIGURA. Y hará poco al caso[62] que vaya de mano ajena, porque, a lo que yo me sé acordar, Dulcinea no sabe escribir ni leer, y en toda su vida ha visto letra mía, ni carta mía, porque mis amores y los suyos han sido siempre platónicos,° sin estenderse a más que a un honesto mirar.° Y aun esto tan de cuando en cuando,[63] que osaré jurar con verdad que en doce años que ha que la quiero más que a la lumbre destos ojos que han de comer la tierra[64], no la he visto cuatro veces, y aun podrá ser que destas cuatro veces no hubiese ella echado de ver la una que la miraba:[65] tal es el recato y encerramiento° con que sus padres[66] Lorenzo Corchuelo y su madre Aldonza Nogales la han criado.°"

Platonic, glance

seclusion
raised

"¡Ta, ta!" dijo Sancho. "¿Que la hija de Lorenzo Corchuelo es la señora Dulcinea del Toboso, llamada por otro nombre Aldonza Lorenzo?"

"Ésa es," dijo don Quijote, "y es la que merece ser señora de todo el universo."

"Bien la conozco," dijo Sancho, "y sé decir que tira tan bien una barra como el más forzudo zagal[67] de todo el pueblo. ¡Vive el Dador,° que es moza de chapa,° hecha y derecha, y de pelo en pecho,[68] y que puede sacar

God
good sense

[60] **La libranza...** *bill of exchange for the donkeys.*

[61] **Letra procesada** was a difficult handwriting to read because there were no word divisions—the pen stayed on the paper for each whole line.

[62] **Hará...** *it won't make much difference*

[63] **Tan de...** *so seldom*

[64] **Han de comer la tierra...** Probably **ha** is what is called for. Translators assume **ha**: "That the earth will one day devour."

[65] **No hubiese...** *she didn't notice once that I was looking at her*

[66] Schevill has **su padre** here. The original is **sus padres**.

[67] **Tira la barra...** *she's as good a man as the strongest lad.* **Tirar la barra** is an expression explained in Covarrubias in the first article on "tiro."

[68] **De pelo en pecho** *with hair on her chest.* The first edition has **de pelo en pelo**, which seems a mistake.

la barba del lodo[69] a cualquier caballero andante, o por andar, que la tuviere
por señora! ¡Oh hideputa,[70] qué rejo° que tiene y qué voz! Sé decir que se   strength
puso un día encima del campanario° del aldea a llamar unos zagales suyos   bell-tower
que andaban en un barbecho° de su padre, y aunque estaban de allí más de   plowed field
5 media legua, así la oyeron como si estuvieran al pie de la torre. Y lo mejor
que tiene es que no es nada melindrosa, porque tiene mucho de cortesana°:   sharp
con todos se burla y de todo hace mueca° y donaire.° Ahora digo, señor   grins, witticism
Caballero de la Triste Figura, que no solamente puede y debe vuestra
merced hacer locuras por ella, sino que con justo título puede desesperarse,
10 y ahorcarse,° que nadie habrá que lo sepa que no diga que hizo demasiado   hang yourself
de bien,[71] puesto que le lleve el diablo. Y querría ya verme en camino sólo
por vella, que ha muchos días que no la veo, y debe de estar ya trocada,°   changed
porque gasta° mucho la faz de las mujeres andar siempre al campo, al sol   spoils
y al aire. Y confieso a vuestra merced una verdad, señor don Quijote: que
15 hasta aquí he estado en una grande ignorancia, que pensaba bien y fielmente
que la señora Dulcinea debía de ser alguna princesa de quien vuestra
merced estaba enamorado, o alguna persona tal, que mereciese los ricos
presentes que vuestra merced le ha enviado, así el del vizcaíno como el de
los galeotes, y otros muchos que deben ser, según deben de ser muchas las
20 vitorias que vuestra merced ha ganado y ganó en el tiempo que yo aún no
era su escudero. Pero bien considerado, ¿qué se le ha de dar[72] a la señora
Aldonza Lorenzo, digo, a la señora Dulcinea del Toboso, de que se le vayan
a hincar de rodillas delante della los vencidos que vuestra merced le envía
y ha de enviar?[73] Porque podría ser que al tiempo que ellos llegasen
25 estuviese ella rastrillando lino, o trillando en las eras,[74] y ellos se corriesen°   are ashamed
de verla, y ella se riese y enfadase° del presente."   get mad
    "Ya te tengo dicho antes de agora muchas veces, Sancho," dijo don
Quijote, "que eres muy grande hablador, y que, aunque de ingenio boto,
muchas veces despuntas de agudo.[75] Mas para que veas cuán necio° eres tú   foolish
30 y cuán discreto soy yo, quiero que me oyas un breve cuento: Has de saber
que una viuda hermosa, moza, libre y rica, y sobre todo, desenfadada,° se   carefree
enamoró de un mozo motilón,° rollizo y 'de buen tomo.° Alcanzólo a saber   lay brother, corpule
su mayor,[76] y un día dijo a la buena viuda, por vía de fraternal
reprehensión: 'Maravillado estoy señora, y no sin mucha causa, de que una
35 mujer tan principal, tan hermosa y tan rica como vuestra merced, se haya
enamorado de un hombre tan soez,° tan bajo y tan idiota como Fulano,   coarse
habiendo en esta casa tantos maestros, tantos presentados° y tantos   divinity students
teólogos° en quien vuestra merced pudiera escoger, como entre peras, y   theologians

---

[69] **Sacar la barba del lodo** is a proverbial expression meaning *to help out.*
[70] **Hideputa** *son of bitch* was not insulting here but rather expressed admiration.
[71] **Nadie...** *anyone who learns of it will say you did the correct thing*
[72] **¿Qué se le...** *what good can it do* (continues in the next note)
[73] **De que...** *that those conquered people whom you send and will send to her kneel before her*
[74] **Rastrillando...** *combing flax or threshing on the threshing floor*
[75] **Aunque de ingenio...** *although you have a dull wit, may times you show glimmerings of sharpness*
[76] **Alcanzólo...** *his superior found out about it*

decir: 'Éste quiero, aquéste° no quiero.' Mas ella le respondió con mucho   that one
donaire y desenvoltura: 'Vuestra merced, señor mío, está muy engañado, y
piensa muy a lo antiguo, si piensa que yo he escogido mal en Fulano por
idiota que le parece, pues para lo que yo le quiero,[77] tanta filosofía sabe y
más que Aristóteles.' Así que, Sancho, por lo que yo quiero a Dulcinea del
Toboso, tanto vale como la más alta princesa de la tierra. Sí, que no todos
los poetas que alaban damas debajo de un nombre que ellos a su albedrío°   will
les ponen, es verdad que las tienen.[78] ¿Piensas tu que las Amariles, las Filis,
las Silvias, las Dianas, las Galateas, las Alidas[79] y otras tales de que los
libros, los romances, las tiendas° de los barberos, los teatros de las   shops
comedias,° están llenos, fueron verdaderamente damas de carne y hueso, y   plays
de aquellos que las celebran y celebraron?[80] No, por cierto, sino que las más
se las fingen por dar subjeto a sus versos,[81] y porque los tengan por
enamorados y por hombres que tienen valor para serlo. Y así, bástame a mí
pensar y creer que la buena de Aldonza Lorenzo es hermosa y honesta, y
en lo del linaje, importa poco, que no han de ir a hacer la información dél
para darle algún hábito,[82] y yo me hago cuenta que es la más alta princesa
del mundo. Porque has de saber, Sancho, si no lo sabes, que dos cosas solas
incitan° a amar más que otras, que son la mucha hermosura° y la buena   stimulate, beauty
fama, y estas dos cosas se hallan consumadamente° en Dulcinea, porque en   perfectly
ser hermosa ninguna le iguala, y en la buena fama pocas le llegan. Y para
concluir con todo, yo imagino que todo lo que digo es así, sin que sobre ni
falte nada, y píntola en mi imaginación como la deseo, así en la belleza
como en la principalidad,° y ni la llega Elena,[83] ni la alcanza Lucrecia,[84] ni   high estate
otra alguna de las famosas mujeres de las edades pretéritas,° griega,   past
bárbara° o latina. Y diga cada uno lo que quisiere, que si por esto fuere   barbarian
reprehendido de los ignorantes, no seré castigado de los rigurosos.°"   critical

"Digo que en todo tiene vuestra merced razón," respondió Sancho, "y
que yo soy un asno. Mas no sé yo para qué nombro «asno» en mi boca,
pues no se ha de mentar la soga en casa del ahorcado.° Pero venga la carta,   hanged person
y a Dios, que me mudo."[85]

Sacó el libro de memoria don Quijote, y apartándose a una parte, con
mucho sosiego comenzó a escribir la carta, y en acabándola, llamó a
Sancho y le dijo que se la quería leer porque la tomase de memoria, si
acaso se le perdiese por el camino, porque de su desdicha todo se podía

---

[77] **Para...** *what I want him for*

[78] **Sí, que no...** *not all poets who praise ladies using a name that they choose for them, actually have them [the ladies].*

[79] "Alidas" is in the first edition and is usually changed to Fílidas since there is no known Alida. All the other women are characters in fiction.

[80] **De aquellos...** *belonged to those who praise and praised them?*

[81] **Las fingen...** *most of them are fictional to give a subject for their poems*

[82] **No han...** *they're not going to investigate it to confer some order on her*

[83] Helen of Troy, kidnapped by Paris, caused the Trojan War.

[84] Lucretia was a virtuous and beautiful Roman woman who was raped by Sextus Tarquinius, the son of the Etruscan king of Rome. Because of this she killed herself, and the ensuing outrage drove the Etruscans from Rome (590B.C.), and the Roman Republic began.

[85] **Que me mudo = que me voy**

temer. A lo cual respondió Sancho:

"Escríbala vuestra merced dos o tres veces ahí en el libro, y démele, que yo le llevaré bien guardado, porque pensar que yo la he de tomar en la memoria es disparate, que la tengo tan mala, que muchas veces se me
5 olvida cómo me llamo. Pero, con todo eso, dígamela vuestra merced, que me holgaré mucho de oílla, que debe de ir como de molde."

"Escucha, que así dice," dijo don Quijote:

CARTA DE DON QUIJOTE A DULCINEA DEL TOBOSO

Soberana° y alta° señora: sovereign, high-bo
10   El ferido de punta de ausencia[86] y el llagado de las telas del corazón,[87] dulcísima Dulcinea del Toboso, te envía la salud que él no tiene. Si tu fermosura me desprecia, si tu valor° no es en mi pro, si tus   worth
desdenes son en mi afincamiento, maguer° que yo sea asaz° de sufrido,   although, abundan
mal podré sostenerme° en esta cuita, que, además de ser fuerte, es muy   sustain myself
15 duradera.° Mi buen escudero Sancho te dará entera relación,° ¡oh bella   lasting, report
ingrata, amada° enemiga mía! del modo que por tu causa quedo. Si   beloved
gustares de acorrerme, tuyo soy, y si no, haz lo que te viniere en gusto, que con acabar mi vida habré satisfecho a tu crueldad y a mi deseo.

Tuyo hasta la muerte, EL CABALLERO DE LA TRISTE FIGURA."

20   "¡Por vida de mi padre," dijo Sancho en oyendo la carta, "que es la más alta cosa que jamás he oído! ¡Pesia a mí, y cómo que le dice vuestra merced ahí todo cuanto quiere, y qué bien que encaja en la firma EL CABALLERO DE LA TRISTE FIGURA! Digo de verdad que es vuestra merced el mesmo diablo, y que no hay cosa que no sepa."

25   "Todo es menester," respondió don Quijote, "para el oficio que trayo."

"Ea, pues," dijo Sancho, "ponga vuestra merced en esotra vuelta[88] la cédula° de los tres pollinos, y fírmela con mucha claridad,° porque la   order, clarity
conozcan en viéndola."

"Que me place," dijo don Quijote.

30   Y habiéndola escrito, se la leyó, que decía ansí:

Mandará vuestra merced, por esta primera° de pollinos, señora   order
sobrina, dar a Sancho Panza, mi escudero, tres de los cinco que dejé en casa y están a cargo de vuestra merced. Los cuales tres pollinos se los mando librar y pagar por otros tantos aquí recebidos 'de contado,°   on account
35 que con ésta, y con su 'carta de pago° serán 'bien dados.° Fecha en las   receipt, delivered
entrañas de Sierra Morena, a veinte y dos de agosto deste presente año."

"Buena está," dijo Sancho, "fírmela vuestra merced."

"No es menester firmarla," dijo don Quijote, "sino solamente poner mi

---

[86] **El ferido...** *he who is wounded by the sharp point of absence*
[87] **El llagado...** *he who is cut to the quick*
[88] **En esotra...** *on this other side*

rúbrica,[89] que es lo mesmo que firma, y para tres asnos, y aun para trecientos, fuera bastante."

"Yo me confío de vuestra merced," respondió Sancho, "déjeme, iré a ensillar a Rocinante, y aparéjese vuestra merced a echarme su bendición, que luego pienso partirme, sin ver las sandeces que vuestra merced ha de hacer, que yo diré que le vi hacer tantas, que no quiera más."[90]

"Por lo menos quiero, Sancho, y porque es menester ansí, quiero, digo, que me veas 'en cueros° y hacer una o dos docenas de locuras, que las haré en menos de media hora, porque habiéndolas tú visto por tus ojos, puedas jurar 'a tu salvo° en las demás que quisieres añadir. Y asegúrote que no dirás tú tantas cuantas yo pienso hacer."

    naked

    safely

"¡Por amor de Dios, señor mío, que no vea yo en cueros a vuestra merced, que me dará mucha lástima y no podré dejar de llorar! y tengo tal la cabeza del llanto que anoche hice por el rucio, que no estoy para meterme en nuevos lloros. Y si es que vuestra merced gusta de que yo vea algunas locuras, hágalas vestido, breves° y las que le vinieren más 'a cuento.° Cuanto más que para mí no era menester nada deso, y como ya tengo dicho, fuera ahorrar el camino de mi vuelta, que ha de ser con las nuevas que vuestra merced desea y merece. Y si no, aparéjese la señora Dulcinea,[91] que si no responde como es razón, voto hago solene[92] a quien puedo que le tengo de sacar la buena respuesta del estómago a coces y a bofetones.° Porque, ¿dónde se ha de sufrir que un caballero andante, tan famoso como vuestra merced, se vuelva loco, sin qué ni para qué,[93] por una...? No me lo haga decir la señora, porque por Dios que despotrique° y lo eche todo a doce, aunque nunca se venda.[94] ¡Bonico° soy yo para eso! ¡Mal me conoce, pues a fe que si me conociese, que me ayunase!"[95]

    brief
    opportune

    punches

    rant
    dim. of **bueno**

"A fe, Sancho," dijo don Quijote, "que, a lo que parece, que no estás tú más cuerdo que yo."

"No estoy tan loco," respondió Sancho, "mas estoy más colérico.° Pero dejando esto aparte, ¿qué es lo que ha de comer vuestra merced 'en tanto° que yo vuelvo? ¿Ha de salir al camino, como Cardenio, a quitárselo a los pastores?"

    angry
    while

"No te dé pena ese cuidado," respondió don Quijote, "porque, aunque tuviera, no comiera otra cosa que las yerbas y frutos que este prado y estos árboles me dieren. Que la fineza° de mi negocio está en no comer y en hacer otras asperezas° equivalentes."

    nice thing
    hardships

"A Dios, pues,[96] pero ¿sabe vuestra merced que temo que no tengo de acertar a volver a este lugar donde agora le dejo, según está de

[89] The **rúbrica** is a "flourish," a very Spanish way of signing letters.
[90] **Que no...** *she won't want [to hear] any more*
[91] **Aparéjese...** *Señora Dulcinea better watch out*
[92] **Voto...** *I make a solemn vow*
[93] **¿Dónde se ha...** *why would a knight errant as famous as you have to go crazy without a reason*
[94] **Lo eche...** *will ruin everything, without regard for the consequences*
[95] **Que me...** *she'd have respect for me*
[96] The text is not clear here—**a Dios** follows **equivalentes** without any punctuation. Schevill adds **dijo Sancho**, eliminated here.

escondido?"[97]

"Toma bien las señas,[98] que yo procuraré no apartarme destos contornos," dijo don Quijote, "y aun tendré cuidado de subirme por estos más altos riscos, por ver si te descubro cuando vuelvas. Cuanto más que lo
5 más acertado será, para que no me yerres y te pierdas,[99] que cortes algunas retamas° de las muchas que por aquí hay y las vayas poniendo 'de trecho a trecho° hasta salir a lo raso, las cuales te servirán de mojones° y señales para que me halles cuando vuelvas, a imitación del hilo del laberinto° de Perseo."[100]

   broom branches periodically, landmarks; labyrinth

10 "Así lo haré," respondió Sancho Panza, y cortando algunos pidió la bendición a su señor, y no sin muchas lágrimas de entrambos, se despidió dél. Y subiendo sobre Rocinante, a quien don Quijote encomendó mucho,[101] y que mirase por él como por su propria persona, se puso en camino del llano, esparciendo de trecho a trecho los ramos de la retama, como su amo
15 se lo había aconsejado. Y así se fue, aunque todavía le importunaba don Quijote que le viese siquiera hacer dos locuras. Mas no hubo andado cien pasos, cuando volvió y dijo:

  "Digo, señor, que vuestra merced ha dicho muy bien: que para que pueda jurar sin cargo° de conciencia que le he visto hacer locuras, será bien
20 que vea siquiera una, aunque bien grande la he visto en la quedada de vuestra merced."[102]

   weight

  "¿No te lo decía yo?" dijo don Quijote: "¡Espérate, Sancho, que en un credo[103] las haré!"

  Y desnudándose con toda priesa los calzones, quedó en carnes y en
25 pañales,[104] y luego, sin más ni más, dio dos zapatetas° en el aire y dos tumbas la cabeza abajo y los pies en alto,[105] descubriendo cosas, que, por no verlas otra vez, volvió Sancho la rienda a Rocinante, y se dio por contento y satisfecho de que podía jurar que su amo quedaba loco. Y así, le dejaremos ir su camino hasta la vuelta, que fue breve.

   capers

[97] **Según está...** *since it is so hidden*

[98] **Toma...** *take your bearings well*

[99] **Para...** *so that you don't make a mistake on me and get lost*

[100] It wasn't *Pers*eus (who was the slayer of Medusa), but rather *The*seus who found his way out of the Cretan labyrinth. Don Quijote's mistake.

[101] **Quien...** *whom don Quijote put in Sancho's protection*

[102] **Aunque bien...** *although I've seen a very big one [crazy act] in your staying*

[103] **En un...** *in a hurry,* i.e, in the time it takes to say a "credo."

[104] **En pañales...** *naked, and in shirttails*

[105] **Dos tumbas...** *two somersaults*

Capítulo XXVI. *Donde se prosiguen las finezas que de enamorado° hizo don Quijote en Sierra Morena.*

lover

YVOLVIENDO a contar lo que hizo el de la Triste Figura después que se vio solo, dice la historia que así como don Quijote acabó de dar las tumbas o vueltas de medio abajo desnudo, y de medio arriba vestido,[1] y que vio que Sancho se había ido sin querer aguardar a ver más sandeces, se subió sobre una punta de una alta peña, y allí tornó a pensar lo que otras muchas veces había pensado, sin haberse jamás resuelto° en ello, y era que cuál sería mejor y le estaría más a cuento: imitar a Roldán en las locuras desaforadas° que hizo, o Amadís en las malencónicas. Y hablando entre sí mesmo,[2] decía: "Si Roldán fue tan buen caballero y tan valiente como todos dicen, ¿qué maravilla?[3] pues al fin era encantado, y no le podía matar nadie si no era metiéndole un alfiler de a blanca[4] por la punta[5] del pie, y él traía siempre los zapatos con siete suelas° de hierro,[6] aunque no le valieron tretas° contra Bernardo del Carpio,[7] que se las entendió y le ahogó entre los brazos en Roncesvalles.[8] Pero dejando en él lo de la valentía a una parte, vengamos a lo de perder el juicio, que es cierto que le perdió por las señales que halló en la fortuna,[9] y por las nuevas que le dio el pastor de que Angélica había dormido más de dos siestas con Medoro, un morillo° de cabellos enrizados° y paje de Agramante.[10] Y si él entendió que esto era verdad y que su dama le había cometido desaguisado,° no hizo mucho en volverse loco. Pero yo, ¿cómo puedo imitalle en las locuras, si no le imito en la ocasión dellas? porque mi Dulcinea del Toboso osaré yo jurar que no ha visto en todos los días de su vida moro alguno, ansí como él es, en su mismo traje, y que se está hoy como la madre que la parió. Y haríale agravio manifiesto si, imaginando otra cosa della, me volviese loco de aquel género de locura de Roldán el furioso.

"Por otra parte, veo que Amadís de Gaula, sin perder el juicio y sin hacer locuras, alcanzó tanta fama de enamorado como el que más,[11] porque

resolved
outrageous
sole of shoe
wiles
little Moor
curly
outrage

---

[1] **Medio arriba...** *naked from the waist down and clothed from the waist up*

[2] **Hablando entre...** *talking to himself*

[3] **¿Qué...** *what's so wonderful about that?*

[4] **Alfiler...** *a straight pin that cost a* **blanca**. A very large pin.

[5] A number of editors have changed this to **planta** *sole of foot*, claiming it's a printer's error, but it seems likely that it can be one of Don Quijote's own frequent mistakes, such as the one mentioned in the next footnote.

[6] It wasn't Roldán (Orlando) who had the seven iron soles, but Ferragús.

[7] See Chapter 1, note 38. The incident that follows is recounted in the Spanish version of *Orlando Furioso*, called *La segunda parte de Orlando con el verdadero suceso de la famosa batalla de Roncesvalles...* (1555), canto 35.

[8] Roncesvalles is the place near a Pyrenees pass north of Pamplona where Roland was killed in the year 778.

[9] Schevill, following many editors, changes this to **fontana**, but since Medoro's inscription speaks of people finding the inscription through **fortuna**, Riquer argues that **fortuna** should be kept.

[10] See note 28 of the last chapter. He wasn't Agramante's page, bur rather Dardinel's, as Clemencín points out (*Orlando Furioso*, 18).

[11] **Como...** *as the best of them*

lo que hizo, según su historia, no fue más de que, por verse desdeñado de
su señora Oriana, que le había mandado que no pareciese ante su presencia
hasta que fuese su voluntad, de que se retiró a la Peña Pobre en compañía
de un ermitaño, y allí se hartó de llorar y de encomendarse a Dios, hasta
5   que el cielo le acorrió en medio de su mayor cuita y necesidad.[12] Y si eso
es verdad, como lo es, ¿para qué quiero yo tomar trabajo agora de
desnudarme del todo, ni dar pesadumbre a estos árboles, que no me han
hecho mal alguno, ni tengo para qué enturbiar el agua clara destos arroyos,
los cuales me han de dar de beber cuando tenga gana? Viva la memoria de
10 Amadís, y sea imitado de don Quijote de la Mancha en todo lo que pudiere,
del cual se dirá lo que del otro se dijo, que si no acabó grandes cosas,
murió por acometellas,[13] y si yo no soy desechado ni desdeñado de
Dulcinea del Toboso, bástame, como ya he dicho, estar ausente della. ¡Ea,
pues, manos a la obra! Venid a mi memoria cosas de Amadís, y
15 enseñadme° por dónde tengo de comenzar a imitaros. Mas ya sé que lo más   show me
que él hizo fue rezar y encomendarse a Dios. Pero, ¿qué haré de rosario,°   rosary
que no le tengo?"
     En esto le vino al pensamiento cómo le haría, y fue que rasgó una gran
tira° de las faldas° de la camisa, que andaban colgando,[14] y diole once   strip, shirt-tails
20 ñudos, el uno más gordo que los demás, y esto le sirvió de rosario el
tiempo que allí estuvo, donde rezó un millón de avemarías. Lo que le
fatigaba mucho era no hallar por allí otro ermitaño que le confesase y con
quien consolarse.[15] Y así se entretenía paseándose por el pradecillo,
escribiendo y grabando° por las cortezas de los árboles y por la menuda   carving
25 arena muchos versos, todos acomodados a su tristeza, y algunos en alabanza
de Dulcinea. Mas los que se pudieron hallar enteros, y que se pudiesen leer
después que a él allí le hallaron,[16] no fueron más que estos que aquí se
siguen:

        Árboles, yerbas y plantas
30   que en aqueste sitio estáis,
        tan altos, verdes y tantas:
        si de mi mal no os holgáis,
        escuchad mis quejas santas.
        Mi dolor no os alborote.
35   aunque más terrible sea,
        pues, por pagaros escote,°   share
        aquí lloró don Quijote
        ausencias de Dulcinea
        DEL TOBOSO.

---

[12] This sentence reflects Don Quijote's confused thoughts. By cuttting it down a bit
and rearranging it slightly, is it understandable: "Amadís de Gaula, desdeñado de su
señora Oriana, alcanzó fama de enamorado porque se retiró a la Peña Pobre y allí se hartó
de llorar y de encomendarse a Dios, hasta que el cielo le acorrió."
     [13] **Murió...** *he died trying*
     [14] **Que andaban...** *which were hanging there*
     [15] Andalod was the hermit who confessed Amadís on Peña Pobre (Chapter 51).
     [16] **Después que...** *after they found him there*

Es aquí el lugar adonde
el amador más leal
de su señora se esconde,
y ha venido a tanto mal
sin saber cómo o por dónde.
Tráele amor 'al estricote,°   from pillar to post
que es de muy mala ralea,
y así, hasta henchir un pipote,°   little barrel
aquí lloró don Quijote
ausencias de Dulcinea
DEL TOBOSO.

Buscando las aventuras
por entre las duras peñas,
maldiciendo entrañas duras,
que entre riscos y entre breñas°   brambled ground
halla el triste desventuras,
hirióle amor con su azote,
no con su blanda correa,
y en tocándole el cogote,°   back of neck
aquí lloró don Quijote
ausencias de Dulcinea
DEL TOBOSO.

No causó poca risa en los que hallaron los versos referidos el añadidura
DEL TOBOSO al nombre de Dulcinea, porque imaginaron que debió de
imaginar don Quijote que si en nombrando a Dulcinea no decía también
DEL TOBOSO, no se podría entender la copla, y así fue la verdad como él
después confesó. Otros muchos escribió, pero, como se ha dicho, no se
pudieron sacar en limpio,[17] ni enteros, más destas tres coplas. En esto, y en
suspirar, y en llamar a los faunos y silvanos[18] de aquellos bosques, a las
ninfas° de los ríos, a la dolorosa° y húmida° Eco,[19] que le respondiese,   nymphs, sorrowful,
consolasen y escuchasen,[20] se entretenía, y en buscar algunas yerbas con   **húmeda**
que sustentarse en tanto que Sancho volvía, que si como tardó tres días,
tardará tres semanas,[21] el Caballero de la Triste Figura quedara[22] tan
desfigurado, que no le conociera la madre que lo parió.

Y será bien dejalle envuelto entre sus suspiros y versos, por contar lo
que le avino a Sancho Panza en su mandadería.° Y fue que, en saliendo al   errand *arch.*
camino real, se puso en busca del Toboso, y otro día llegó a la venta donde

[17] **No...** *they couldn't be made out*
[18] **Faunos y silvanos** are gods of the fields and forests.
[19] Echo, in Greek mythology, was a nymph who was scorned by Narcissus and faded
away only to a voice.
[20] **Respondiese** refers back to Echo, **consolasen** to the nymphs, and **escuchasen** to the
rustic gods.
[21] **Que si...** *had he delayed three weeks instead of three days*
[22] The text actually says **quedarà** *will become* (the grave accent is typical). Editions
usually make it **quedara** *would become*.

le había sucedido la desgracia de la manta. Y no la hubo bien visto, cuando le pareció que otra vez andaba en los aires, y no quiso entrar dentro, aunque llegó a hora que lo pudiera y debiera hacer, por ser la del comer y llevar en deseo de gustar algo caliente, que había grandes días que todo era
5 fiambre. Esta necesidad le forzó a que llegase junto a la venta, todavía dudoso si entraría o no. Y estando en esto, salieron de la venta dos personas que luego le conocieron, y dijo el uno al otro:

"Dígame, señor licenciado, aquel del caballo, ¿no es Sancho Panza, el que dijo el ama de nuestro aventurero que había salido con su señor por
10 escudero?"

"Sí es," dijo el licenciado, "y aquél es el caballo de nuestro don Quijote."

Y conociéronle tan bien como° aquellos que eran el cura y el barbero   since
de su mismo lugar, y los que hicieron el escrutinio y 'acto general° de los   public punishment
15 libros. Los cuales, así como acabaron de conocer a Sancho Panza y a Rocinante, deseosos de saber de don Quijote, se fueron a él, y el cura le llamó por su nombre, diciéndole:

"Amigo Sancho Panza ¿adónde queda vuestro amo?"

Conociólos luego Sancho Panza, y determinó de encubrir° el lugar y   to conceal
20 la suerte donde y como su amo quedaba. Y así, les respondió que su amo quedaba ocupado en cierta parte y en cierta cosa que le era de mucha importancia, la cual él no podía descubrir, por los ojos que en la cara tenía.

"No, no," dijo el barbero, "Sancho Panza, si vos no nos decís donde queda, imaginaremos, como ya imaginamos, que vos le habéis muerto y
25 robado, pues venís encima de su caballo. En verdad que nos habéis de dar el dueño del rocín, o sobre eso, morena."[23]

"No hay para qué conmigo amenazas, que yo no soy hombre que robo ni mato a nadie: a cada uno mate su ventura, o Dios, que le hizo.[24] Mi amo queda haciendo penitencia en la mitad desta montaña, muy a su sabor."

30 Y luego, 'de corrida° y sin parar, les contó de la suerte que quedaba,   all at once
las aventuras que le habían sucedido, y como llevaba la carta a la señora Dulcinea del Toboso, que era la hija de Lorenzo Corchuelo, de quien estaba enamorado hasta los hígados. Quedaron admirados los dos de lo que Sancho Panza les contaba, y aunque ya sabían la locura de don Quijote y el género
35 della, siempre que la oían se admiraban de nuevo. Pidiéronle[25] a Sancho Panza que les enseñase la carta que llevaba a la señora Dulcinea del Toboso. Él dijo que iba escrita en un libro de memoria, y que era orden de su señor que la hiciese trasladar en papel en el primer lugar que llegase, a lo cual dijo el cura que se la mostrase, que él la trasladaría de muy buena
40 letra. Metió la mano en el seno Sancho Panza buscando el librillo, pero no le halló, ni le podía hallar si le buscara hasta agora, porque se había quedado don Quijote con él, y no se le había dado, ni a él se le acordó de pedírsele.

Cuando Sancho vio que no hallaba el libro, fuésele parando mortal el

---

[23] **Sobre...** *if not, you're in trouble.* Taken from a saying.
[24] **A cada...** *let his fortune, or God, who made him, kill each person*
[25] **Pidierondole** is in the form in the first edition, which Schevill transcribes.

rostro,[26] y tornándose a tentar todo el cuerpo muy apriesa, tornó a echar de ver que no le hallaba, y sin más ni más, se echó entrambos puños a las barbas y se arrancó la mitad de ellas, y luego, apriesa y sin cesar, se dio media docena de puñadas en el rostro y en las narices,° que se las bañó todas en sangre. Visto lo cual por el cura y el barbero, le dijeron que qué le había sucedido, que tan mal se paraba.   nose

"¿Qué me ha de suceder?" respondió Sancho, "sino el haber perdido de una mano a otra, en un estante,° tres pollinos, que cada uno era como un castillo."   instante

"¿Cómo es eso?" replicó el barbero.

"He perdido el libro de memoria," respondió Sancho, "donde venía carta para Dulcinea y una cédula firmada de su señor, por la cual mandaba que su sobrina me diese tres pollinos, de cuatro o cinco que estaban en casa."

Y con esto les contó la pérdida del rucio. Consolóle el cura, y díjole que en hallando a su señor él le haría revalidar la manda,° y que tornase a hacer la libranza en papel, como era uso y costumbre, porque las que se hacían en libros de memoria jamás se acetaban ni cumplían.[27] Con esto se consoló Sancho, y dijo que como aquello fuese ansí, que no le daba mucha pena la pérdida de la carta de Dulcinea, porque él la sabía casi de memoria, de la cual se podría trasladar donde y cuando quisiesen.   order

"Decildo,[28] Sancho, pues," dijo el barbero, "que después la trasladaremos."

Paróse Sancho Panza a rascar la cabeza para traer a la memoria la carta, y ya se ponía sobre un pie y ya sobre otro. Unas veces miraba al suelo, otras al cielo, y al cabo de haberse roído° la mitad de la 'yema de un dedo,° teniendo suspensos a los que esperaban que ya la dijese, dijo al cabo de grandísimo rato: gnawed / fingertip

"¡Por Dios, señor licenciado, que los diablos lleven la cosa que de la carta se me acuerda![29] aunque en el principio decía: 'Alta y sobajada° señora.' "   crushed

"No diría," dijo el barbero, "«sobajada», sino «sobrehumana»° o «soberana» señora."   superhuman

"Así es," dijo Sancho, "luego, si mal no me acuerdo, proseguía... si mal no me acuerdo: 'El llego[30], y falto de sueño, y el ferido besa a vuestra merced las manos, ingrata y muy desconocida hermosa,' y no sé qué decía de salud y de enfermedad, que le enviaba, y por aquí iba escurriendo° hasta que acababa en 'Vuestro hasta la muerte, el Caballero de la Triste Figura.' "   going on

No poco gustaron los dos de ver la buena memoria de Sancho Panza, y alabáronsela mucho, y le pidieron que dijese la carta otras dos veces, para que ellos ansí mesmo la tomasen de memoria para trasladalla a su tiempo. Tornóla a decir Sancho otras tres veces, y otras tantas volvió a decir otros tres mil disparates. Tras esto, contó asimesmo las cosas de su amo, pero no

[26] **Fuésele parando...** *his face became deadly [pale]*
[27] **Las que se...** *the ones done in notebooks were never accepted or honored*
[28] **Decildo = decidlo.** Many editors make it **decidla** to agree with **la carta.**
[29] **Que los diablos...** *may the devils carry off what I can remember of the letter!*
[30] **El llego = el lego** *layman* in Sancho's rustic pronunciation.

habló palabra acerca del manteamiento que le había sucedido en aquella
venta, en la cual rehusaba° entrar. Dijo también como su señor, en trayendo   refused
que le trujese buen despacho[31] de la señora Dulcinea del Toboso, se había
de poner en camino a procurar cómo ser emperador, o por lo menos
5 monarca, que así lo tenían concertado entre los dos. Y era cosa muy fácil
venir a serlo, según era el valor de su persona y la fuerza de su brazo; y
que, en siéndolo, le había de casar a él,[32] porque ya sería viudo,° que no   widower
podía ser menos. Y le había de dar por mujer a una doncella de la
emperatriz, heredera de un rico y grande estado, de tierra firme, sin
10 ínsulos[33] ni ínsulas, que ya no las quería.
　　Decía esto Sancho con tanto reposo, limpiándose de cuando en cuando
las narices, y con tan poco juicio, que los dos se admiraron de nuevo,
considerando cuán vehemente° había sido la locura de don Quijote, pues   keen
había llevado tras sí el juicio de aquel pobre hombre. No quisieron cansarse
15 en sacarle del error en que estaba, pareciéndoles que, pues no le dañaba
nada la conciencia, mejor era dejarle° en él, y a ellos les sería de más gusto   to leave him
oír sus necedades. Y así, le dijeron que rogase a Dios por la salud de su
señor. Que cosa contingente y muy agible era venir con el discurso del
tiempo a ser emperador,[34] como él decía, o por lo menos arzobispo, o otra
20 dignidad° equivalente. A lo cual respondió Sancho: office
　　"Señores: si la fortuna rodease° las cosas de manera que a mi amo le   arranged
viniese en voluntad de no ser emperador, sino de ser arzobispo, querría yo
saber agora qué suelen dar los arzobispos andantes a sus escuderos."
　　"Suélenles dar," respondió el cura, "algún beneficio simple[35] o curado,°   parish
25 o alguna sacristanía,° que les vale mucho de 'renta rentada,° amén del 'pie   sexton's office, fix[e]
de altar,° que se suele estimar en otro tanto."   income; altar fees
　　"Para eso será menester," replicó Sancho, "que el escudero no sea
casado, y que sepa ayudar a misa,° por lo menos, y si esto es así,   mass
¡desdichado de yo, que soy casado y no sé la primera letra del ABC! ¿Qué
30 será de mí si a mi amo le da antojo° de ser arzobispo, y no emperador,   fancy
como es uso y costumbre de los caballeros andantes?"
　　"No tengáis pena, Sancho amigo," dijo el barbero, "que aquí rogaremos
a vuestro amo, y se lo aconsejaremos, y aun se lo pondremos en caso de
conciencia,[36] que sea emperador y no arzobispo, porque le será más fácil,
35 a causa de que él es más valiente que estudiante."
　　"Así me ha parecido a mí," respondió Sancho, "aunque sé decir que
para todo tiene habilidad. Lo que yo pienso hacer de mi parte es rogarle a
nuestro Señor que le eche a aquellas partes donde él más se sirva,[37] y
adonde a mí más mercedes me haga."
40 　　"Vos lo decís como discreto," dijo el cura, "y lo haréis como buen

---

[31] **En trayendo...** *if he received a favorable reply*
[32] **Le había...** *[Don Quijote] was to marry him [Sancho] off*
[33] This is not a real word.
[34] **Que cosa...** *it was a fortuitous and feasible thing with the passage of time for him to become an emperor*
[35] A **beneficio simple** is a sinecure, an ecclesiastic job that requires little work.
[36] **En conciencia...** *as a case of conscience*
[37] **Le eche...** *to place him where it will be best for him*

cristiano. Mas lo que ahora se ha de hacer es dar orden como sacar a vuestro amo de aquella inútil penitencia que decís que queda haciendo. Y para pensar el modo que hemos de tener,[38] y para comer, que ya es hora, será bien nos entremos en esta venta."

Sancho dijo que entrasen ellos, que él esperaría allí fuera, y que después les diría la causa porque no entraba, ni le convenía entrar en ella. Mas que les rogaba que le sacasen allí algo de comer que fuese cosa caliente, y ansimismo, cebada para Rocinante. Ellos se entraron y le dejaron, y de allí a poco el barbero le sacó de comer. Después, habiendo bien pensado entre los dos el modo que tendrían para conseguir lo que deseaban, vino el cura en un pensamiento muy acomodado al gusto de don Quijote y para lo que ellos querían. Y fue que dijo al barbero que lo que había pensado era: que él se vestiría en hábito de doncella andante, y que él[39] procurase ponerse lo mejor que pudiese como escudero, y que así irían adonde don Quijote estaba, fingiendo ser ella una doncella afligida y menesterosa, y le pediría un don, el cual él no podría dejársele de otorgar como valeroso caballero andante, y que el don que le pensaba pedir era que se viniese con ella, donde ella le llevase, a desfacelle un agravio que un mal caballero le tenía fecho, y que le suplicaba ansimesmo que no la mandase quitar su antifaz,° ni la demandase cosa de su facienda,° fasta que la   veil, affairs hubiese fecho derecho de aquel mal caballero, y que creyese, sin duda, que don Quijote vendría en todo cuanto le pidiese por este término, y que desta manera le sacarían de allí y le llevarían a su lugar, donde procurarían ver si tenía algún remedio su estraña locura.

[38] **Pensar el modo...** *to think about what we have [to do]*
[39] The first **él** refers to the priest; this one refers to the barber.

Capítulo XXVII. De cómo salieron con su intención el cura y el barbero, con otras cosas dignas de que se cuenten en esta grande historia.

NO LE pareció mal al barbero la invención del cura, sino tan bien, que
5 luego la pusieron por obra. Pidiéronle a la ventera una saya° y unas   skirt
   tocas,° dejándole en prendas° una sotana nueva del cura. El barbero hizo   veils, security
   una gran barba de una cola° rucia o roja de buey,° donde el ventero tenía   tail, ox
   colgado el peine. Preguntóles la ventera que para qué le pedían aquellas
   cosas. El cura le contó en breves razones la locura de don Quijote, y cómo
10 convenía aquel disfraz° para sacarle de la montaña donde a la sazón estaba.   disguise
   Cayeron luego el ventero y la ventera en que el loco era su huésped, el del
   bálsamo, y el amo del manteado escudero, y contaron al cura todo lo que
   con él les había pasado, sin callar lo que tanto callaba Sancho.
       En resolución, la ventera vistió al cura de modo que no había más que
15 ver: púsole una saya 'de paño,° llena de fajas° de terciopelo negro de un   woven, border
   palmo en ancho, todas acuchilladas,[1] y unos corpiños° de terciopelo verde bodice
   guarnecidos con unos ribetes° de raso° blanco, que se debieron de hacer   trimmings, satin
   ellos y la saya en tiempo del rey Bamba.[2] No consintió el cura que le
   tocasen,° sino púsose en la cabeza un birretillo° de lienzo colchado° que   adorn hair, cap, quil-
20 llevaba para dormir de noche, y ciñóse° por la frente una liga° de tafetán°   ed; bound, strip,
   negro, y con otra liga hizo un antifaz con que se cubrió muy bien las barbas taffeta
   y el rostro. Encasquetóse° su sombrero, que era tan grande que le podía   put on
   servir de quitasol, y cubriéndose su herreruelo,° subió en su mula 'a   cloak
   mujeriegas,° y el barbero en la suya, con su barba que le llegaba a la   side-saddle
25 cintura, entre roja y blanca, como aquella que, como se ha dicho, era hecha
   de la cola de un buey barroso.° Despidiéronse de todos y de la buena de   reddish
   Maritornes, que prometió de rezar un rosario, aunque pecadora, porque Dios
   les diese buen suceso en tan arduo° y tan cristiano negocio como era el que   difficult
   habían emprendido.
30   Mas apenas hubo salido de la venta, cuando le vino al cura un
   pensamiento: que hacía mal en haberse puesto de aquella manera, por ser
   cosa indecente° que un sacerdote se pusiese así, aunque le fuese mucho en   improper
   ello,[3] y diciéndoselo al barbero, le rogó que trocasen trajes, pues era más
   justo que él fuese la doncella menesterosa, y que él haría el escudero, y que
35 así se profanaba° menos su dignidad, y que, si no lo quería hacer,   dishonored
   determinaba de no pasar adelante, aunque a don Quijote se le llevase el
   diablo.
       En esto llegó Sancho, y de ver a los dos en aquel traje, no pudo tener
   la risa. En efeto, el barbero vino en todo aquello que el cura quiso, y
40 trocando la invención,[4] el cura le fue informando el modo que había de

---

[1] **Acuchillado** *knived* means that openings, as if made by a knife, were cut out, revealing other colors beneath.

[2] **Se debieron...** *those and the skirt must have been made in the time of King Wamba* (he reigned in the Iberian Peninsula from 672-680).

[3] **Aunque le...** *although much might depend on it*

[4] **Trocando...** *changing their plan*

tener,[5] y las palabras que había de decir a don Quijote para moverle y forzarle a que con él se viniese, y dejase la querencia° del lugar que había escogido para su vana penitencia. El barbero respondió que, sin que se le diese lición,° él lo pondría bien en su punto.[6] No quiso vestirse por entonces, hasta que estuviesen junto de donde don Quijote estaba, y así, dobló° sus vestidos,° y el cura acomodó° su barba, y siguieron su camino guiándolos Sancho Panza, el cual les fue contando lo que les aconteció con el loco que hallaron en la sierra, encubriendo, empero,° el hallazgo de la maleta y de cuanto en ella venía, que, maguer que tonto, era un poco codicioso el mancebo.

Otro día llegaron al lugar donde Sancho había dejado puestas las señales de las ramas para acertar° el lugar donde había dejado a su señor, y en reconociéndole,° les dijo como aquélla era la entrada,° y que bien se podían vestir, si era que aquello hacía al caso para la libertad de su señor. Porque ellos le habían dicho antes que el ir de aquella suerte y vestirse de aquel modo era toda la importancia[7] para sacar a su amo de aquella mala vida que había escogido, y que le encargaban° mucho que no dijese a su amo quién ellos eran, ni que los conocía, y que si le preguntase, como se lo había de preguntar, si dio la carta a Dulcinea, dijese que sí, y que, por no saber leer, le había respondido de palabra, diciéndole que le mandaba, so pena de[8] la su desgracia,° que luego al momento se viniese a ver con ella, que era cosa que le importaba mucho, porque con esto y con lo que ellos pensaban decirle, tenían por cosa cierta reducirle° a mejor vida, y hacer con él que luego se pusiese en camino[9] para ir a ser emperador o monarca, que en lo de ser arzobispo no había de qué temer.

Todo lo escuchó Sancho, y lo tomó muy bien en la memoria, y les agradeció mucho la intención que tenían de aconsejar a su señor fuese emperador, y no arzobispo, porque él tenía para sí que para hacer mercedes a sus escuderos más podían los emperadores que los arzobispos andantes. También les dijo que sería bien que él fuese delante a buscarle y darle la respuesta de su señora, que ya sería ella bastante a sacarle de aquel lugar, sin que ellos se pusiesen en tanto trabajo. Parecióles bien lo que Sancho Panza decía, y así, determinaron de aguardarle hasta que volviese con las nuevas del hallazgo de su amo.

Entróse Sancho por aquellas quebradas de la sierra, dejando a los dos en una por donde corría un pequeño y manso arroyo, a quien hacían sombra agradable y fresca otras peñas y algunos árboles que por allí estaban. El calor y el día que allí llegaron, era de los del mes de agosto, que por aquellas partes suele ser el ardor muy grande; la hora, las tres de la tarde: todo lo cual hacía al sitio más agradable, y que convidase a que en él esperasen la vuelta° de Sancho, como lo hicieron.

Estando, pues, los dos allí sosegados y a la sombra, llegó a sus oídos una voz, que, sin acompañarla son de algún otro instrumento, dulce y

favorite place

lección

folded, garments,
  adjusted
however

to find
recognizing it,
  entrance

charged

enmity

to restore him

return

---

[5] **El cura...** *the priest went along telling him [the barber] how to act*
[6] **Él lo pondría...** *he would do just fine*
[7] **Toda la importancia = todo lo importante**
[8] **So pena...** *under penalty of*
[9] **Hacer con él...** *and make it so that he could start right away*

regaladamente° sonaba, de que no poco 'se admiraron,° por parecerles que   pleasantly, marvele◄
aquél no era lugar donde pudiese haber quien tan bien cantase, porque,
aunque suele decirse que por las selvas y campos se hallan pastores de
voces estremadas, más son encarecimientos° de poetas que verdades, y más   exaggerations
5 cuando advirtieron que lo que oían cantar eran versos, no de rústicos°   coarse
ganaderos, sino de discretos cortesanos. Y confirmó esta verdad haber sido
los versos que oyeron, éstos:[10]

> ¿Quién menoscaba° mis bienes°?   lessenes, riches
> Desdenes.
10 > Y ¿quién aumenta° mis duelos?   increases
> Los celos.
> Y ¿quién prueba mi paciencia?
> Ausencia.
> De ese modo, en mi dolencia°   pain
15 > ningún remedio se alcanza,
> pues me matan° la esperanza   kill
> desdenes, celos y ausencia.
>
> ¿Quién me causa este dolor?
> Amor.
20 > Y ¿quién mi gloria repugna?°   opposes
> Fortuna.
> Y ¿quién consiente en mi duelo?
> El cielo.
> De ese modo, yo recelo
25 > morir deste mal estraño,
> pues se aumentan en mi daño
> amor, fortuna y el cielo.
>
> ¿Quién mejorará mi suerte?
> La muerte.
30 > Y el bien de amor ¿quién le alcanza?
> Mudanza.
> Y sus males ¿quién los cura?
> Locura.
> De ese modo, no es cordura
35 > querer curar la pasión.
> cuando los remedios son:
> muerte, mudanza y locura.

    La hora, el tiempo, la soledad, la voz y la destreza del que cantaba,
causó admiración y contento en los dos oyentes,° los cuales se estuvieron   listeners
40 quedos, esperando si otra alguna cosa oían. Pero viendo que duraba 'algún
tanto° el silencio, determinaron de salir a buscar el músico que con tan   quite some time
buena voz cantaba, y queriéndolo poner en efeto, hizo la mesma voz que

---

[10] **Y confirmó...** *and these having been the verses they heard confirmed this truth*

no se moviesen,[11] la cual llegó de nuevo a sus oídos, cantando este soneto:

SONETO

Santa amistad, que con ligeras° alas,   light
    tu apariencia quedándose en el suelo,
    entre benditas almas en el cielo,
    subiste alegre a las impíreas° salas,°   divine, rooms
desde allí, cuando quieres, nos señalas
    la justa paz cubierta con un velo,°   veil
    por quien a veces se trasluce° el celo   shines through
    de buenas obras, que a la fin son malas.
Deja el cielo, ¡oh, Amistad! o no permitas
    que el engaño se vista tu librea°   uniform
    con que destruye a la intención sincera;
que si tus apariencias no le quitas,
    presto ha de verse el mundo en la pelea
    de la discorde° confusión primera.   dissonant

El canto se acabó con un profundo° suspiro, y los dos con atención   deep
volvieron a esperar si más se cantaba. Pero viendo que la música se había
vuelto en sollozos° y en lastimeros° AYES, acordaron de saber quién era el   sobs, doleful
triste, tan estremado en la voz como doloroso en los gemidos,° y no   sighs
anduvieron mucho, cuando, al volver de una punta de una peña, vieron a
un hombre del mismo talle y figura que Sancho Panza les había pintado
cuando les contó el cuento de Cardenio, el cual hombre, cuando los vio, sin
sobresaltarse,° estuvo quedo, con la cabeza inclinada sobre el pecho, a guisa   being startled
de hombre pensativo, sin alzar los ojos a mirarlos más de la vez primera,
cuando de improviso llegaron.
    El cura, que era hombre 'bien hablado,° como el que ya tenía noticia   eloquent
de su desgracia,[12] pues por las señas° le había conocido, se llegó a él, y con   description
breves aunque muy discretas razones, le rogó y persuadió que aquella tan
miserable vida dejase, porque allí no la perdiese,[13] que era la desdicha
mayor de las desdichas. Estaba Cardenio entonces en su entero juicio, libre
de aquel furioso accidente que tan a menudo le sacaba de sí mismo, y así,
viendo a los dos en traje tan no usado° de los que por aquellas soledades   customary
andaban, no dejó de admirarse algún tanto, y más cuando oyó que le habían
hablado en su negocio como en cosa sabida, porque las razones que el cura
le dijo así lo dieron a entender, y así, respondió desta manera:
    "Bien veo yo, señores, quienquiera que seáis, que el cielo, que tiene
cuidado de socorrer a los buenos, y aun a los malos muchas veces, sin yo
merecerlo me envía, en estos tan remotos y apartados° lugares del trato   out of the way
común de las gentes, algunas personas que, poniéndome delante de los ojos,

---

[11] **Queriéndolo poner...** *and, wanting to do just that [see who was singing], the same*
voice caused them not to move
[12] **Como el que...** *as one who had already heard of his misfortune*
[13] **Porque allí...** *so that he wouldn't lose it* [his life].

con vivas y varias razones, cuán sin ella[14] ando en hacer la vida que hago,
han procurado sacarme désta[15] a mejor parte. Pero como no saben que sé
yo que en saliendo deste daño he de caer en otro mayor, quizá me deben
de tener por hombre de flacos discursos, y aun, lo que peor sería, por de
5   ningún juicio, y no sería maravilla que así fuese, porque a mí se me trasluce
que la fuerza de la imaginación de mis desgracias es tan intensa y puede
tanto en mi perdición, que, sin que yo pueda ser parte a estorbarlo, vengo
a quedar como piedra, falto de todo buen sentido y conocimiento, y vengo
a caer en la cuenta desta verdad cuando algunos me dicen y muestran
10   señales de las cosas que he hecho en tanto que aquel terrible accidente me
señorea, y no sé más que dolerme en vano y maldecir sin provecho mi
ventura, y dar por disculpa° de mis locuras el decir la causa dellas a   excuse
cuantos oírla quieren, porque viendo los cuerdos cuál es la causa, no se
maravillarán° de los efetos, y si no me dieren remedio, a lo menos no me   marvel
15   darán culpa, convirtiéndoseles el enojo de mi desenvoltura en lástima de
mis desgracias. Y si es que vosotros, señores, venís con la mesma intención
que otros han venido, antes que 'paséis adelante° en vuestras discretas   proceed
persuasiones, os ruego que escuchéis el cuento, que no le tiene,[16] de mis
desventuras, porque quizá, después de entendido, ahorraréis del trabajo que
20   tomaréis en consolar un mal que de todo consuelo es incapaz."
      Los dos, que no deseaban otra cosa que saber de su mesma boca la
causa de su daño, le rogaron se la contase, ofreciéndole de no hacer otra
cosa de la que él quisiese en su remedio o consuelo, y con esto, el triste
caballero comenzó su lastimera historia casi por las mesmas palabras y
25   pasos que la había contado a don Quijote y al cabrero pocos días atrás,
cuando por ocasión del maestro Elisabat y puntualidad de don Quijote en
guardar el decoro° a la caballería, se quedó el cuento imperfeto,° como la   decorum, incomplete
historia lo deja contado. Pero ahora quiso la buena suerte que se detuvo el
accidente de la locura, y le dio lugar de contarlo hasta el fin. Y así,
30   llegando al paso° del billete que había hallado don Fernando entre el libro   incident
de *Amadís de Gaula*, dijo Cardenio que le tenía bien en la memoria y que
decía desta manera:

Luscinda a Cardenio

      Cada día descubro en vos valores que me obligan y fuerzan a que
35   en más os estime. Y así, si quisiéredes sacarme desta deuda° sin   indebtedness
ejecutarme en la honra,[17] lo podréis muy bien hacer. Padre tengo, que
os conoce y que me quiere bien, el cual, sin forzar mi voluntad,
cumplirá la que[18] será justo que vos tengáis, si es que me estimáis
como decís, y como yo creo.

40   "Por este billete me moví a pedir a Luscinda por esposa, como ya os

---

[14] **Ella** refers to **vida**, five words later in the sentence.
[15] **Desta** also refers to **vida**, *from this [life] to a better one.*
[16] **Que no le tiene: le** refers to **cuento** which means both *story* and *end.*
[17] **Sin ejecutarme en la honra**, another juridic term: *without cost to my honor.*
[18] **La que:** starting with the second edition this was changed to **lo que.**

he contado, y éste fue por quien quedó Luscinda en la opinión de don Fernando[19] por una de las más discretas y avisadas° mujeres de su tiempo. Y este billete fue el que le puso en deseo de destruirme° antes que el mío[20] se efetuase.° Díjele yo a don Fernando en lo que reparaba° el padre de Luscinda, que era en que mi padre se la pidiese, lo cual yo no le osaba decir,[21] temeroso que no vendría° en ello, no porque no tuviese bien conocida la calidad, bondad, virtud y hermosura de Luscinda, y que tenía partes° bastantes para enoblecer° cualquier otro linaje de España, sino porque yo entendía dél, que deseaba que no me casase tan presto, hasta ver lo que el duque Ricardo hacía conmigo. En resolución, le dije que no me aventuraba a decírselo a mi padre, así por aquel inconveniente como por otros muchos que me acobardaban,° sin saber cuáles eran, sino que me parecía que lo que yo desease jamás había de tener efeto.

"A todo esto me respondió don Fernando, que él se encargaba de hablar a mi padre, y hacer con él que hablase al de Luscinda.[22] ¡Oh, Mario ambicioso!° ¡Oh, Catilina cruel! ¡Oh, Sila facinoroso!° ¡Oh, Galalón embustero! ¡Oh, Vellido traidor! ¡Oh Julían vengativo! ¡Oh Judas codicioso![23] Traidor, cruel, vengativo° y embustero, ¿qué deservicios° te había hecho este triste, que con tanta llaneza° te descubrió los secretos y contentos de su corazón? ¿Qué ofensa te hice? ¿Qué palabras te dije, o qué consejos te di, que no fuesen todos encaminados a acrecentar tu honra y tu provecho? Mas ¿de qué me quejo, desventurado de mí? Pues es cosa cierta que cuando traen las desgracias la corriente de las estrellas,[24] como vienen de alto a bajo, despeñándose° con furor y con violencia, no hay fuerza en la tierra que las detenga, ni industria humana que prevenirlas pueda. ¿Quién pudiera imaginar que don Fernando, caballero ilustre,° discreto, obligado de mis servicios, poderoso° para alcanzar lo que el deseo amoroso le pidiese dondequiera que le ocupase,[25] se había de enconar,° como suele decirse, en tomarme a mí una sola oveja que aún no poseía? Pero, quédense estas consideraciones aparte, como inútiles y sin provecho, y añudemos° el roto hilo de mi desdichada historia.

"Digo, pues, que pareciéndole a don Fernando que mi presencia le era inconveniente para poner en ejecución su falso y mal pensamiento, determinó de enviarme a su hermano mayor con ocasión de pedirle unos dineros para pagar seis caballos, que de industria y sólo para este efeto de que me ausentase—para poder mejor salir con su dañado° intento—el mesmo día que se ofreció hablar a mi padre los compró, y quiso que yo viniese por el dinero. ¿Pude yo prevenir esta traición? ¿Pude, por ventura,

---

Glosses (right margin):
clear-sighted
to ruin me
be realized, waited
for
consent

qualities, honor

terrified

greedy, wicked

vindictive, disservice
sincerity

flinging down

noble
able
obtain treacherously

tie

wicked

---

[19] **Éste fue por...** *it was because of this [letter] that Luscinda was, in the opinion of Fernando...*

[20] That is, **mi** *deseo.*

[21] That is, to ask his own father.

[22] **Hacer...** *arrange for him to talk to Luscinda's [father]*

[23] These are all famous traitors: Marius, Catiline, and Sulla are Romans, Ganelon sold out Roland, Vellido Dolfos murdered King Sancho II of Castile, Julián handed the Iberian Peninsula over to the Moors in 710, and Judas was the treacherous apostle.

[24] **Cuando traen...** *when bad luck falls from the stars*

[25] **Para...** *to get what his amorous desire asked of him wherever he might want*

caer en imaginarla? No, por cierto, antes, con grandísimo gusto me ofrecía
partir luego, contento de la buena compra hecha. Aquella noche hablé con
Luscinda, y le dije lo que con don Fernando quedaba concertado, y que
tuviese[26] firme esperanza de que tendrían efeto nuestros buenos y justos
5   deseos, ella me dijo, tan segura° como yo de la traición de don Fernando,   unsuspicious
que procurase volver presto, porque creía que no tardaría más la conclusión
de nuestras voluntades que tardase mi padre de hablar al suyo. No sé qué
se fue[27] que, en acabando de decirme esto, se le llenaron los ojos de
lágrimas, y un nudo° se le atravesó en la garganta, que no le dejaba hablar   knot
10 palabra de otras muchas que me pareció que procuraba decirme.

"Quedé admirado deste nuevo accidente, hasta allí jamás en ella visto,
porque siempre nos hablábamos, las veces que la buena fortuna y mi
diligencia° lo concedía, con todo regocijo y contento, sin mezclar en   industry
nuestras pláticas lágrimas, suspiros, celos, sospechas o temores. Todo era
15 engrandecer° yo mi ventura por habérmela dado el cielo por señora.   extolling
Exageraba° su belleza, admirábame de su valor y entendimiento. Volvíame   extolled
ella el recambio,° alabando en mí lo que como enamorada le parecía digno   reciprocation
de alabanza. Con esto nos contábamos cien mil niñerías° y acaecimientos   trifles
de nuestros vecinos y conocidos,° y a lo que más se estendía mi desenvoltu-   acquaintances
20 ra era a tomarle, casi por fuerza, una de sus bellas y blancas manos y
llegarla a mi boca, según daba lugar la estrecheza° de una baja reja que nos   narrowness
dividía.° Pero la noche que precedió al triste día de mi partida, ella lloró,   separated
gimió° y suspiró, y se fue y me dejó lleno de confusión y sobresalto,   moaned
espantado° de haber visto tan nuevas y tan tristes muestras de dolor y   frightened
25 sentimiento en Luscinda. Pero, por no destruir mis esperanzas, todo lo
atribuí a la fuerza del amor que me tenía y al dolor que suele causar la
ausencia en los que bien se quieren.

"En fin, yo me partí, triste y pensativo, llena el alma de imaginaciones
y sospechas, sin saber lo que sospechaba ni imaginaba: claros indicios que
30 me mostraban el triste suceso y desventura que me estaba guardada. Llegué
al lugar donde era enviado; di las cartas al hermano de don Fernando; fui
bien recebido, pero no bien despachado,° porque me mandó aguardar, bien   dismissed
a mi disgusto, ocho días, y en parte donde el duque, su padre, no me viese,
porque su hermano le escribía que le enviase cierto dinero sin su sabiduría.°   knowledge
35 Y todo fue invención del falso don Fernando, pues no le faltaban a su
hermano dineros para despacharme luego. Orden y mandato fue éste que me
puso en condición de no obedecerle,[28] por parecerme imposible sustentar
tantos días la vida en el ausencia de Luscinda, y más habiéndola dejado con
la tristeza que os he contado; pero, con todo esto, obedecí, como buen
40 criado, aunque veía que había de ser a costa° de mi salud.   at the expense of

"Pero a los cuatro días que allí llegué, llegó un hombre en mi busca
con una carta que me dio, que en el sobrescrito° conocí ser de Luscinda,   envelope
porque la letra dél era suya. Abríla temeroso y con sobresalto, creyendo que
cosa grande debía de ser la que la había movido a escribirme estando

---

[26] Luscinda is the subject of **tuviese**.
[27] **No sé...** *I don't know why it was*
[28] **Orden y mandato...** *I risked not obeying this order*

ausente, pues presente pocas veces lo hacía.[29] Preguntéle al hombre, antes
de leerla, quién se la había dado y el tiempo que había tardado en el
camino. Díjome, que acaso pasando por una calle de la ciudad, a la hora de
medio día, una señora muy hermosa le llamó desde una ventana, los ojos
llenos de lágrimas, y que, con mucha priesa, le dijo: 'Hermano, si sois
cristiano, como parecéis, por amor de Dios os ruego que encaminéis° luego   take
luego esta carta al lugar y a la persona que dice el sobrescrito, que todo es
bien conocido, y en ello haréis un gran servicio a nuestro Señor. Y para que
no os falte comodidad° de poderlo hacer, tomad lo que va en este pañuelo.'   profit
Y diciendo esto, me arrojó por la ventana un pañuelo, donde venían atados
cien reales y esta sortija° de oro que aquí traigo, con esa carta que os he   ring
dado, y luego, sin aguardar respuesta mía, se quitó de la ventana, aunque
primero vio como yo tomé la carta y el pañuelo, y por señas le dije que
haría lo que me mandaba. Y así, viéndome tan bien pagado del trabajo que
podía tomar en traérosla, y conociendo por el sobrescrito que érades vos a
quien se enviaba porque yo, señor, os conozco muy bien, y obligado
asimesmo de las lágrimas de aquella hermosa señora, determiné de no
fiarme de otra persona, sino venir yo mesmo a dárosla. Y en diez y seis
horas que ha que se me dio, he hecho el camino, que sabéis que es de diez
y ocho leguas.

"En tanto que el agradecido° y nuevo correo° esto me decía, estaba yo   grateful, courier
colgado de sus palabras, temblándome° las piernas, de manera que apenas   trembling
podía sostenerme. En efeto, abrí la carta y vi que contenía estas razones:

La palabra que don Fernando os dio de hablar a vuestro padre
para que hablase al mío, la ha cumplido más en su gusto que en
vuestro provecho. Sabed, señor, que él me ha pedido por esposa, y mi
padre, llevado de la ventaja° que él piensa que don Fernando os hace,   superiority
ha venido en lo que quiere, con tantas veras, que de aquí a dos días se
ha de hacer el desposorio,° tan secreto y tan a solas, que sólo han de   marriage
ser testigos los cielos y alguna gente de casa. Cuál yo quedo, imaginaldo.[30] Si os cumple venir, veldo;[31] y si os quiero bien o no, el suceso°   outcome
deste negocio os lo dará a entender. ¡A Dios plega que ésta llegue a
vuestras manos antes que la mía se vea en condición de juntarse con
la de quien tan mal sabe guardar la fe que promete!

"Éstas, en suma, fueron las razones que la carta contenía, y las que me
hicieron poner luego en camino, sin esperar otra respuesta ni otros dineros,
que bien claro conocí entonces que no la compra de los caballos, sino la de
su gusto, había movido a don Fernando a enviarme a su hermano. El enojo
que contra don Fernando concebí,° junto con el temor de perder la prenda   I felt
que con tantos años de servicios y deseos tenía granjeada, me pusieron alas,
pues, casi como en vuelo, otro día me puse en mi lugar, al punto y hora

---

[29] **Pues presente...** *since when I was present she rarely did it [wrote]*
[30] **Cuál yo quedo...** *you can imagine what state I am in.* **Imaginaldo = imaginadlo**
(and a bit later **veldo = vedlo**) show the common switching of **-dl-** to **-ld-**.
[31] **Si os cumple...** *if it is important for you to return, see to it*

que convenía para ir a hablar a Luscinda. Entré secreto, y dejé una mula en
que venía en casa del buen hombre que me había llevado la carta. Y quiso
la suerte que entonces la tuviese tan buena, que hallé a Luscinda puesta a
la reja, testigo de nuestros amores. Conocióme Luscinda luego, y conocíla
yo, mas no como debía ella conocerme, y yo conocerla. Pero, ¿quién hay
en el mundo que se pueda alabar que ha penetrado y sabido el confuso
pensamiento y condición mudable de una mujer? Ninguno, por cierto. Digo,
pues, que así como Luscinda me vio, me dijo: 'Cardenio, de boda° estoy   wedding
vestida. Ya me están aguardando en la sala don Fernando el traidor, y mi
padre el codicioso,° con otros testigos, que antes lo serán de mi muerte que   greedy
de mi desposorio. No te turbes, amigo, sino procura hallarte presente a este
sacrificio, el cual si no pudiere ser estorbado de mis razones, una daga°   dagger
llevo escondida que podrá estorbar más determinadas fuerzas, dando fin a
mi vida y principio a que conozcas la voluntad que te he tenido y tengo.'[32]
        "Yo le respondí, turbado y apriesa, temeroso no me faltase lugar para
responderla: 'Hagan, señora, tus obras verdaderas tus palabras,[33] que si tú
llevas daga para acreditarte,° aquí llevo yo espada para defenderte con ella,   affirm your honor
o para matarme, si la suerte nos fuere contraria.' No creo que pudo oír todas
estas razones, porque sentí que la llamaban apriesa, porque el desposado°   groom
aguardaba. Cerróse con esto la noche de mi tristeza, púsoseme el sol de mi
alegría, quedé sin luz en los ojos y sin discurso en el entendimiento. No
acertaba a entrar en su casa, ni podía moverme a parte alguna. Pero
considerando cuánto importaba mi presencia para lo que suceder pudiese en
aquel caso, me animé lo más que pude y entré en su casa. Y como ya sabía
muy bien todas sus entradas° y salidas,° y más con el alboroto que de secreto   entrances, exits
en ella andaba, nadie me echó de ver. Así que, sin ser visto, tuve lugar de
ponerme en el hueco que hacía una ventana de la mesma sala,° que con las   room
'puntas y remates° de dos tapices° se cubría, por entre las cuales podía yo   border, tapestries
ver, sin ser visto, todo cuanto en la sala se hacía.
        "¿Quién pudiera decir ahora los sobresaltos que me dio el corazón
mientras allí estuve, los pensamientos que me ocurrieron, las consideraciones
que hice, que fueron tantas y tales, que ni se pueden decir ni aun es
bien que se digan? Basta que sepáis que el desposado entró en la sala, sin
otro adorno que los mesmos vestidos ordinarios que solía.° Traía por   was accustomed
padrino° a un primo hermano de Luscinda, y en toda la sala no había   best man
persona de fuera, sino los criados de casa.
        "De allí a un poco salió de una recámara° Luscinda, acompañada de   bedroom
su madre y de dos doncellas suyas, tan bien aderezada y compuesta° como   adorned
su calidad y hermosura merecían, y como quien era la perfección de la gala
y bizarría° cortesana. No me dio lugar mi suspensión y arrobamiento° para   splendor, amaze-
que mirase y notase en particular lo que traía vestido: solo pude advertir a   ment
las colores, que eran encarnado° y blanco, y en las vislumbres° que las   red, glittering
piedras y joyas del tocado° y de todo el vestido hacían, a todo lo cual se   head-dress
aventajaba la belleza singular de sus hermosos y rubios cabellos, tales, que

---

[32] **Principio a que...** *beginning of your knowledge of the love that I have had and
have for you*

[33] **Hagan, señora,...** *may your words make good your works*

en competencia de las preciosas piedras y de las luces de cuatro hachas que en la sala estaban, la suya con más resplandor a los ojos ofrecían. ¡Oh, memoria, enemiga mortal de mi descanso! ¿De qué sirve representarme° ahora la incomparable belleza de aquella adorada enemiga mía? ¿No será mejor, cruel memoria, que me acuerdes° y represente lo que entonces hizo, para que movido de tan manifiesto agravio, procure, ya que no la venganza, a lo menos perder la vida?

    "No os canséis, señores, de oír estas digresiones que hago, que no es mi pena de aquellas que puedan ni deban contarse sucintamente y 'de paso,° pues cada circunstancia° suya me parece a mí que es digna de un largo discurso."

    A esto le respondió el cura que, no sólo no se cansaban en oírle, sino que les daba mucho gusto las menudencias que contaba, por ser tales, que merecían no pasarse en silencio y la mesma atención que lo principal del cuento.

    "Digo, pues," prosiguió Cardenio, "que estando todos en la sala, entró el cura de la perroquia,° y tomando a los dos por la mano para hacer lo que en tal acto se requiere, al decir: '¿Queréis, señora Luscinda, al señor don Fernando, que está presente, por vuestro legítimo esposo, como lo manda la Santa Madre Iglesia?' Yo saqué toda la cabeza y cuello de entre los tapices, y con atentísimos oídos y alma turbada 'me puse a° escuchar lo que Luscinda respondía, esperando de su respuesta la sentencia de mi muerte o la confirmación de mi vida. ¡Oh, quién se atreviera[34] a salir entonces, diciendo a voces: '¡Ah, Luscinda, Luscinda, mira lo que haces, considera lo que me debes, mira que eres mía, y que no puedes ser de otro! ¡Advierte que el decir tú sí y el acabárseme la vida, ha de ser todo a un punto![35] ¡Ah, traidor don Fernando, robador de mi gloria, muerte de mi vida! ¿qué quieres? ¿qué pretendes? Considera que no puedes cristianamente llegar al fin de tus deseos, porque Luscinda es mi esposa y yo soy su marido.' ¡Ah, loco de mí! ahora que estoy ausente y lejos del peligro, digo que había de hacer lo que no hice. Ahora que dejé robar mi cara prenda, maldigo al robador, de quien pudiera vengarme si tuviera corazón para ello, como le tengo para quejarme. En fin, pues fui entonces cobarde y necio, no es mucho que muera ahora corrido, arrepentido° y loco.

    "Estaba esperando el cura la respuesta de Luscinda, que se detuvo un buen espacio en darla, y cuando yo pensé que sacaba la daga para acreditarse, o desataba la lengua para decir alguna verdad o desengaño que en mi provecho redundase, oigo que dijo con voz desmayada y flaca: 'Sí, quiero,' y lo mesmo dijo don Fernando, y dándole el anillo,° quedaron en disoluble[36] nudo ligados.° Llegó el desposado a abrazar a su esposa, y ella, poniéndose la mano sobre el corazón, cayó desmayada en los brazos de su madre. Resta ahora decir cuál quedé yo, viendo en el sí que había oído burladas° mis esperanzas, falsas las palabras y promesas de Luscinda,

picture

remind

briefly
detail

parroquia = parish

I set about to

repentant

ring
bound

mocked

---

[34] **Quién...** *if only I had dared*

[35] **Ha de ser...** *will be at the same time*

[36] Thus in the first edition. The prefix **in-** wasn't necesssary for the meaning *undissolvable* at that time. Some later editions, including Schevill, "correct" it to *in*disoluble.

imposibilitado° de cobrar en algún tiempo el bien que en aquel instante   *without means*
había perdido. Quedé falto de consejo,[37] desamparado, a mi parecer, de todo
el cielo, hecho enemigo de la tierra que me sustentaba, negándome el aire
aliento para mis suspiros, y el agua humor para mis ojos. Sólo el fuego se
5 acrecentó de manera que todo ardía de rabia y de celos.

     "Alborotáronse todos con el desmayo° de Luscinda, y desabro-   *fainting spell*
chándole° su madre el pecho para que le diese el aire, se descubrió en él un   *unfastening*
papel cerrado, que don Fernando tomó luego y se le puso a leer a la luz de
una de las hachas, y en acabando de leerle, se sentó en una silla y se puso
10 la mano en la mejilla con muestras de hombre muy pensativo, sin acudir a
los remedios que a su esposa se hacían para que del desmayo volviese. Yo,
viendo alborotada toda la gente de casa, me aventuré a salir, ora fuese visto
o no, con determinación que si me viesen, de hacer un desatino, tal, que
todo el mundo viniera a entender la justa indignación de mi pecho en el
15 castigo del falso don Fernando, y aun en el mudable de la desmayada
traidora. Pero mi suerte, que para mayores males, si es posible que los haya,
me debe tener guardado, ordenó que en aquel punto me sobrase el
entendimiento, que 'después acá° me ha faltado. Y así, sin querer tomar   *since then*
venganza de mis mayores enemigos—que, por estar tan sin pensamiento
20 mío[38] fuera fácil tomarla—quise tomarla de mi mano y ejecutar en mí la
pena que ellos merecían, y aun quizá con más rigor° del que con ellos se   *severity*
usara si entonces les diera muerte, pues la que se recibe repentina° presto   *sudden*
acaba la pena. Mas la que se dilata con tormentos, siempre mata, sin acabar
la vida.

25   "En fin, yo salí de aquella casa y vine a la de aquél donde había dejado
la mula. Hice que me la ensillase; sin despedirme dél subí en ella, y salí de
la ciudad sin osar, como otro Lot,[39] volver el rostro a miralla. Y cuando me
vi en el campo solo, y que la escuridad de la noche me encubría, y su
silencio convidaba a quejarme, sin respeto o miedo de ser escuchado ni
30 conocido, solté la voz y desaté la lengua en tantas maldiciones° de Luscinda   *curses*
y de don Fernando, como si con ellas satisficiera el agravio que me habían
hecho. Dile títulos de cruel, de ingrata, de falsa y desagradecida. Pero,
sobre todos, de codiciosa, pues la riqueza de mi enemigo la había cerrado
los ojos de la voluntad para quitármela a mí y entregarla a aquel con quien
35 más liberal y franca la fortuna se había mostrado. Y en mitad de la fuga°   *intensity*
destas maldiciones y vituperios,° la desculpaba,° diciendo que no era mucho   *reproaches,*
que una doncella recogida en casa de sus padres, hecha y acostumbrada   *exculpated*
siempre a obedecerlos, hubiese querido condecender° con su gusto, pues le   *submit*
daban por esposo a un caballero tan principal, tan rico y tan gentil hombre,
40 que a no querer recebirle, se podía pensar, o que no tenía juicio, o que en
otra parte tenía la voluntad,[40] cosa que redundaba tan en perjuicio de su
buena opinión y fama.

[37] **Quedé falto...** *I was stupified*
[38] **Por estar...** *since they were not thinking of me*
[39] In Genesis 19:17, the Lord advises Lot and others to flee and not look back at the
destruction of Sodom and Gomorrah.
[40] **A no querer...** *if she had refused him, one might think that either she was crazy
or her affections lay elsewhere*

"Luego volvía diciendo que, 'puesto que° ella dijera que yo era su   even if
esposo, vieran ellos que no había hecho en escogerme tan mala elección que
no la disculparan, pues antes de ofrecérseles don Fernando,[41] no pudieran
ellos mesmos acertar a desear, si 'con razón° midiesen° su deseo, otro   reasonably, weighed
mejor que yo para esposo de su hija, y que bien pudiera ella, antes de
ponerse en el trance° forzoso y último de dar la mano, decir que ya yo le   critical moment
había dado la mía, que yo viniera y concediera° con todo cuanto ella   admitted
acertara a fingir° en este caso.   to fancy

"En fin, me resolví en que poco amor, poco juicio, mucha ambición y
deseos de grandezas hicieron que se olvidase de las palabras con que me
había engañado, entretenido y sustentado en mis firmes esperanzas y
honestos deseos. Con estas voces y con esta inquietud caminé lo que
quedaba de aquella noche, y di al amanecer en una entrada destas sierras,
por las cuales caminé otros tres días, sin senda ni camino alguno, hasta que
vine a parar a unos prados que no sé a què mano° destas montañas caen,   side
y allí pregunté a unos ganaderos que hacia dónde era lo más áspero destas
sierras. Dijéronme que hacia esta parte. Luego me encaminé a ella, con
intención de acabar aquí la vida, y en entrando por estas asperezas, del
cansancio y de la hambre se cayó mi mula muerta, o, lo que yo más creo,
por desechar de sí tan inútil carga como en mí llevaba. Yo quedé a pie,
rendido de la naturaleza,[42] traspasado de hambre, sin tener ni pensar buscar
quien me socorriese.

"De aquella manera estuve no sé qué tiempo tendido en el suelo, al
cabo del cual me levanté sin hambre, y hallé junto a mí a unos cabreros,
que, sin duda, debieron ser los que mi necesidad remediaron, porque ellos
me dijeron de la manera que me habían hallado, y como estaba diciendo
tantos disparates y desatinos, que daba indicios claros de haber perdido el
juicio. Y yo he sentido en mí, después acá, que no todas veces le tengo
cabal,[43] sino tan desmedrado° y flaco, que hago mil locuras, rasgándome los   impaired
vestidos, dando voces por estas soledades, maldiciendo mi ventura y
repitiendo en vano el nombre amado de mi enemiga, sin tener otro discurso
ni intento entonces que procurar acabar la vida voceando,° y cuando en mí   crying
vuelvo, me hallo tan cansado y molido que apenas puedo moverme. Mi más
común habitación es en el hueco de un alcornoque, capaz de cubrir este
miserable cuerpo. Los vaqueros° y cabreros que andan por estas montañas,   cowherds
movidos de caridad,° me sustentan, poniéndome el manjar por los caminos   charity
y por las peñas por donde entienden que acaso podré pasar y hallarlo. Y así,
aunque entonces me falte el juicio, la necesidad natural me da a conocer el
mantenimiento,[44] y despierta en mí el deseo de apetecerlo° y la voluntad de   crave it
tomarlo. Otras veces me dicen ellos, cuando me encuentran con juicio, que
yo salgo a los caminos, y que se lo quito por fuerza, aunque me lo den de
grado, a los pastores que vienen con ello del lugar a las majadas.

"Desta manera paso mi miserable y estrema° vida, hasta que el cielo   final

---

[41] **Antes de…** *before Don Fernando offered himself to them*
[42] **Rendido…** *worn out*
[43] **No rodas veces…** *I don't always have my complete sanity*
[44] **La necesidad…** *needs of nature make me understand what I need*

sea servido de conducirle a su último fin, o de ponerle en mi memoria, para
que no me acuerde de la hermosura y de la traición de Luscinda[45] y del
agravio de don Fernando, que si esto él hace sin quitarme la vida, yo
volveré a mejor discurso mis pensamientos, 'donde no,° no hay sino rogarle if not
5 que absolutamente tenga misericordia de mi alma, que yo no siento en mí
valor ni fuerzas para sacar el cuerpo desta estrecheza en que por mi gusto
he querido ponerle.
  "Ésta es, ¡oh señores! la amarga historia de mi desgracia. Decidme si
es tal que pueda celebrarse° con menos sentimientos que los que en mí be sung
10 habéis visto. Y no os canséis en persuadirme, ni aconsejarme, lo que la
razón os dijere que puede ser bueno para mi remedio,[46] porque ha de
aprovechar conmigo lo que aprovecha la medicina recetada° de famoso prescribed
médico al enfermo que recebir no la quiere. Yo no quiero salud sin
Luscinda, y pues ella gustó de ser ajena, siendo o debiendo ser mía, gusté
15 yo de ser de la desventura, pudiendo haber sido de la buena dicha. Ella
quiso, con su mudanza, hacer estable° mi perdición. Yo querré, con stable
procurar perderme, hacer contenta su voluntad, y será ejemplo[47] a los por
venir de que a mí solo faltó lo que a todos los desdichados sobra, a los
cuales suele ser consuelo la imposibilidad de tenerle,[48] y en mí es causa de
20 mayores sentimientos y males, porque aun pienso que no se han de acabar
con la muerte."
  Aquí dio fin Cardenio a su larga plática, y tan desdichada como
amorosa historia. Y al tiempo que el cura se prevenía° para de- was prepared
cirle algunas razones de consuelo, le suspendió una voz
25 que llegó a sus oídos, que en lastimados acentos° inflections
oyeron que decía lo que se dirá en la cuarta
parte desta narración, que en este punto
dio fin a la tercera el sabio y atentado
historiador Cide Hamete
30 Benengeli.

---

[45] **O de ponerle...** *or to put it in my mind so that I won't remember the beauty and treachery of Luscinda*
[46] **Lo que la...** *whatever reason might tell you can be good for my remedy*
[47] **Y [mi caso] será ejemplo**
[48] **A mí solo...** *I just lacked what other unfortunates have in abundance, which is the impossibilty of being consoled*

CUARTA PARTE DEL INGENIOSO
hidalgo don Quijote de la Mancha.

Capítulo XXVIII. Que trata de la nueva y agradable aventura que al cura y barbero sucedió en la mesma sierra.

Felicísimos Y venturosos fueron los tiempos donde se echó al mundo el audacísimo° caballero don Quijote de la Mancha, pues por haber tenido tan honrosa determinación, como fue el querer resucitar y volver al mundo la ya perdida y casi muerta orden de la andante caballería, gozamos ahora, en esta nuestra edad, necesitada° de alegres entretenimientos, no sólo de la dulzura° de su verdadera historia, sino de los cuentos y episodios della, que, en parte, no son menos agradables y artificiosos y verdaderos que la misma historia. La cual, prosiguiendo su rastrillado, torcido y aspado hilo,[1] cuenta que, así como el cura comenzó a prevenirse para consolar a Cardenio, lo impidió una voz que llegó a sus oídos, que, con tristes acentos, decía desta manera:

"¡Ay Dios! ¿Si será posible que he ya hallado lugar que pueda servir de escondida sepultura a la carga pesada deste cuerpo, que tan contra mi voluntad sostengo? Sí será, si la soledad que prometen estas sierras no me miente. ¡Ay desdichada! y cuán más agradable compañía harán estos riscos y malezas a mi intención—pues me darán lugar para que con quejas comunique mi desgracia al cielo—que no la de ningún hombre humano, pues no hay ninguno en la tierra de quien se pueda esperar consejo en las dudas, alivio en las quejas, ni remedio en los males."

Todas estas razones oyeron y percibieron° el cura y los que con él estaban, y por parecerles, como ello era, que 'allí junto° las decían, se levantaron a buscar el dueño,[2] y no hubieron andado veinte pasos, cuando, detrás de un peñasco, vieron sentado al pie de un fresno° a un mozo vestido como labrador, al cual, por tener inclinado el rostro, a causa de que se lavaba los pies en el arroyo que por allí corría, no se le pudieron ver[3] por entonces. Y ellos llegaron con tanto silencio, que dél no fueron sentidos, ni él estaba a otra cosa atento que a lavarse los pies, que eran tales, que no parecían sino dos pedazos de blanco cristal que entre las otras piedras del arroyo se habían nacido. Suspendióles la blancura y belleza de los pies, pareciéndoles que no estaban hechos a pisar° terrones,° ni a andar tras el

very bold

needful
pleasure

comprehended
nearby

ash-tree

walk on, lumps of earth

---

[1] **Rastrillado...** *combed, twisted, and wound thread.* The narrator's bad pun detailing processes used in spinning thread.

[2] That is, the owner of the words.

[3] **No se le...** *they couldn't see it* [the face].

arado y los bueyes, como mostraba el hábito de su[4] dueño.

Y, así, viendo que no habían sido sentidos, el cura, que iba delante, hizo señas a los otros dos que se agazapasen° o escondiesen detrás de unos   crouch
pedazos de peña que allí había. Y así lo hicieron todos, mirando con
5   atención lo que el mozo hacía, el cual traía puesto un capotillo pardo de dos
haldas,[5] muy ceñido° al cuerpo con una toalla° blanca. Traía ansimesmo,   tightly bound,
unos calzones y polainas° de paño° pardo, y en la cabeza una montera°   towel ; leggings,
parda. Tenía las polainas levantadas hasta la mitad de la pierna, que, sin   cloth, cap
duda alguna, de blanco alabastro parecía. Acabóse de lavar los hermosos
10   pies, y luego, con un 'paño de tocar,° que sacó debajo de la montera, se los   kerchief
limpió. Y al querer quitársele,[6] alzó el rostro, y tuvieron lugar los que
mirándole estaban de ver una hermosura incomparable, tal, que Cardenio
dijo al cura con voz baja:

"Ésta, ya que no es Luscinda, no es persona humana, sino divina."
15   El mozo se quitó la montera, y sacudiendo° la cabeza a una y a otra   shaking
parte, se comenzaron a descoger° y desparcir° unos cabellos que pudieran   loosen, spread
los del sol tenerles envidia.[7] Con esto conocieron que el que parecía
labrador era mujer, y delicada,° y aun la más hermosa que hasta entonces   exquisite
los ojos de los dos habían visto, y aun los de Cardenio, si no hubieran
20   mirado y conocido a Luscinda, que después afirmó que sola la belleza de
Luscinda podía contender con aquélla. Los luengos y rubios cabellos, no
sólo le cubrieron las espaldas, mas toda en torno la escondieron debajo de
ellos,[8] que, si no eran los pies, ninguna otra cosa de su cuerpo se parecía:[9]
tales y tantos eran. En esto, les sirvió de peine unas manos, que si los pies
25   en el agua habían parecido pedazos de cristal, las manos en los cabellos
semejaban pedazos de apretada° nieve, todo lo cual en más admiración y   compressed
en más deseo de saber quién era ponía a los tres que la miraban.

Por esto determinaron de mostrarse, y al movimiento que hicieron de
'ponerse en pie,° la hermosa moza alzó la cabeza, y apartándose los   stand up
30   cabellos de delante de los ojos con entrambas manos, miró los que el ruido
hacían. Y apenas los hubo visto, cuando se levantó en pie, y sin aguardar
a calzarse° ni a recoger los cabellos, asió con mucha presteza un bulto   put on shoes
como de ropa que junto a sí tenía, y quiso ponerse en huida, llena de
turbación° y sobresalto. Mas no hubo dado seis pasos, cuando, no pudiendo   confusion
35   sufrir los delicados pies la aspereza de las piedras, dio consigo en el suelo,[10]
lo cual visto por los tres, salieron a ella, y el cura fue el primero que le
dijo:

"Deteneos, señora, quienquiera que seáis, que los que aquí veis sólo
tienen intención de serviros. No hay para qué os pongáis en tan
40   impertinente° huida, porque ni vuestros pies lo podrán sufrir, ni nosotros   fretful
consentir." A todo esto, ella no respondía palabra, atónita y confusa.

---

[4] **Su** *their* refers to *feet.*
[5] A **capotillo de dos faldas** is a short, loose jacket.
[6] **Al querer...** *when he removed it*
[7] **Unos cabellos...** *hair which the [rays] of the sun might envy*
[8] **Toda en torno...** *they hid everything under them*
[9] **Si no eran...** *except for her feet no other part of her body was visible*
[10] **Dio consigo...** *she fell to the ground*

Llegaron, pues, a ella, y asiéndola por la mano el cura, prosiguió diciendo:
"Lo que vuestro traje, señora, nos niega, vuestros cabellos nos
descubren: señales claras, que no deben de ser de poco momento° las   consequence
causas que han disfrazado° vuestra belleza en hábito tan indigno, y traídola disguised
a tanta soledad como es ésta, en la cual ha sido ventura el hallaros, si no
para dar remedio a vuestros males,° a lo menos, para darles consejo, pues   injuries
ningún mal puede fatigar tanto, ni llegar tan al estremo de serlo, mientras
no acaba la vida, que rehuya° de no escuchar siquiera el consejo que con   refuses
buena intención se le da al que lo padece. Así que, señora mía, o señor mío,
o lo que vos quisierdes[11] ser, perded el sobresalto que nuestra vista os ha
causado, y contadnos vuestra buena o mala suerte, que en nosotros juntos,
o en cada uno, hallaréis quien os ayude a sentir° vuestras desgracias."   sympathize with
    En tanto que el cura decía estas razones, estaba la disfrazada moza
como embelesada,° mirándolos a todos, sin mover labio ni decir palabra   spellbound
alguna, bien así como[12] rústico aldeano° que, 'de improviso,° se le muestran villager, suddenly
cosas raras y dél jamás vistas. Mas volviendo el cura a decirle otras
razones, al mesmo efeto encaminadas, dando ella un profundo suspiro,
rompió el silencio y dijo:
    "Pues que la soledad destas sierras no ha sido parte para encubrirme,
ni la soltura de mis descompuestos° cabellos no ha permitido que sea   disarranged
mentirosa mi lengua, 'en balde° sería fingir yo de nuevo ahora, lo, que, si   in vain
se me creyese, sería más por cortesía que por otra razón alguna.
Presupuesto° esto, digo, señores, que os agradezco el ofrecimiento que me   being so
habéis hecho, el cual me ha puesto en obligación de satisfaceros en todo lo
que me habéis pedido, puesto que temo que la relación que os hiciere de
mis desdichas os ha de causar, al par de la compasión, la pesadumbre,[13]
porque no habéis de hallar remedio para remediarlas, ni consuelo para
entretenerlas. Pero con todo esto, porque no ande vacilando mi honra en
vuestras intenciones,° habiéndome ya conocido por mujer, y viéndome   view
moza, sola y en este traje, cosas todas juntas, y cada una por sí, que pueden
'echar por tierra° cualquier honesto crédito, os habré de decir lo que   tear down
quisiera callar, si pudiera."
    Todo esto dijo sin parar la que tan hermosa mujer parecía, con tan
suelta lengua, con voz tan suave, que no menos les admiró su discreción
que su hermosura. Y tornándole a hacer nuevos ofrecimientos y nuevos
ruegos para que lo prometido cumpliese, ella, sin hacerse más de rogar,[14]
calzándose con toda honestidad y recogiendo sus cabellos, se acomodó en
el asiento de una piedra, y puestos los tres alrededor della, haciéndose
fuerza[15] por detener algunas lágrimas que a los ojos se le venían, con voz
reposada y clara comenzó la historia de su vida desta manera:
    "En esta Andalucía hay un lugar, de quien toma título un duque, que
le hace uno de los que llaman grandes en España. Éste tiene dos hijos: el
mayor, heredero de su estado, y al parecer, de sus buenas costumbres,° y   qualities

[11] Shortened form of **quisiéredes** *might want.*
[12] **Bien...** *just like*
[13] **Os ha de...** *may cause in you as much grief as compassion*
[14] **Sin...** *without further coaxing*
[15] **Haciéndose...** *forcing herself*

el menor, no sé yo de qué sea heredero, sino de las traiciones de Vellido y
de los embustes de Galalón. Deste señor son vasallos mis padres, humildes°   humble
en linaje, pero tan ricos, que si los bienes de su naturaleza igualaran a los
de su fortuna, ni ellos tuvieran más que desear, ni yo temiera verme en la
5 desdicha en que me veo, porque quizá nace mi poca ventura de la que no
tuvieron ellos en no haber nacido ilustres. Bien es verdad que no son tan
bajos que puedan afrentarse° de su estado, ni tan altos que a mí me quiten   be ashamed
la imaginación que tengo de que de su humildad° viene mi desgracia. Ellos,   lowness
en fin, son labradores, gente llana, sin mezcla° de alguna raza° mal   mixture, race
10 sonante,° y como suele decirse, cristianos viejos ranciosos,° pero tan ricos,   sounding, old
que su riqueza y magnífico trato les va poco a poco adquiriendo° nombre   acquiring
de hidalgos, y aun de caballeros, puesto que de la mayor riqueza y nobleza
que ellos se preciaban era de tenerme a mí por hija. Y así, por no tener otra
ni otro que los heredase, como por ser padres y aficionados, yo era una de
15 las mas regaladas° hijas que padres jamás regalaron. Era el espejo en que   pampered
se miraban, el báculo° de su vejez° y el sujeto a quien encaminaban,   cane, old age
midiéndolos con el cielo, todos sus deseos,[16] de los cuales, por ser ellos tan
buenos, los míos no salían un punto. Y del mismo modo que yo era señora
de sus ánimos, ansí lo era de su hacienda. Por mí se recebían y despedían[17]
20 los criados. La razón y cuenta[18] de lo que se sembraba y cogía pasaba por
mi mano: los molinos de aceite, los lagares° del vino, el número del ganado   wine-presses
mayor y menor,[19] el de las colmenas.° Finalmente, de todo aquello que un   beehives
tan rico labrador como mi padre puede tener, y tiene, tenía yo la cuenta, y
era la mayordoma° y señora, con tanta solicitud° mía y con tanto gusto   superintendent, diligence
25 suyo, que buenamente no acertaré a encarecerlo.
    "Los ratos que del día me quedaban, después de haber dado lo que
convenía a los mayorales, a capataces y a otros jornaleros,[20] los entretenía°   spent time
en ejercicios° que son a las doncellas tan lícitos° como necesarios, como   activities, proper
son los que ofrece la aguja y la almohadilla, y la rueca[21] muchas veces, y
30 si alguna,[22] por recrear el ánimo, estos ejercicios dejaba, me acogía al
entretenimiento de leer algún libro devoto o a tocar una harpa,° porque la   harp
experiencia me mostraba que la música compone° los ánimos descom-   restores
puestos° y alivia los trabajos que nacen del espíritu.   disturbed
    "Ésta, pues, era la vida que yo tenía en casa de mis padres, la cual si
35 tan particularmente he contado, no ha sido por ostentación,° ni por dar a   vanity
entender que soy rica, sino porque se advierta cuán sin culpa me he venido
de aquel buen estado que he dicho, al infelice en que ahora me hallo. Es,
pues, el caso que pasando mi vida en tantas ocupaciones y en un
encerramiento° tal, que al de un monesterio pudiera compararse, sin ser   cloistered life

16 **El sujeto...** *[I was] the object to whom they, in accordance with heaven's rules, directed all their wishes*
17 **Recebían...** *hired and fired*
18 **La razón...** *accounting*
19 **Ganado mayor** is oxen, cows, horses, and mules; **ganado menor** is sheep.
20 **Mayorales...** *overseers, field foremen and other day-laborers*
21 **Aguja...** *the needle* [for embroidery], *and the sewing-cushion* [for lacemaking], *and the distaff* [for holding spun thread].
22 That is, **si alguna** *vez...*

vista, a mi parecer, de otra persona alguna que de los criados de casa,
porque los días que iba a misa era tan de mañana,[23] y tan acompañada de
mi madre y de otras criadas, y yo tan cubierta y recatada, que apenas vían°   **veían**
mis ojos más tierra de aquella donde ponía los pies, y con todo esto, los del
amor,[24] o los de la ociosidad,° por mejor decir, a quien los de lince° no   idleness, lynx
pueden igualarse, me vieron, puestos en la solicitud° de don Fernando, que   persistence
éste es el nombre del hijo menor del duque que os he contado."
    No hubo bien nombrado a don Fernando la que el cuento contaba,
cuando a Cardenio se le mudó la color del rostro, y comenzó a trasudar,
con tan grande alteración,° que el cura y el barbero, que miraron en ello,[25]   strong emotion
temieron que le venía aquel accidente de locura que habían oído decir que
de cuando en cuando le venía. Mas Cardenio no hizo otra cosa que trasudar
y estarse quedo, mirando de hito en hito[26] a la labradora, imaginando quién
ella era. La cual, sin advertir en los movimientos de Cardenio, prosiguió su
historia, diciendo:
    "Y no me hubieron bien visto, cuando, según él dijo después, quedó
tan preso de mis amores, cuanto lo dieron bien a entender sus
demostraciones.° Mas por acabar presto con el cuento, que no le tiene,[27] de   behavior
mis desdichas, quiero pasar en silencio las diligencias° que don Fernando   clever things
hizo para declararme su voluntad. Sobornó° toda la gente de mi casa, dio   bribed
y ofreció dádivas° y mercedes a mis parientes. Los días eran todos de fiesta   gifts
y de regocijo en mi calle, las noches no dejaban dormir a nadie las músicas.
Los billetes que, sin saber cómo, a mis manos venían, eran infinitos, llenos
de enamoradas razones y ofrecimientos, con menos letras que promesas y
juramentos. Todo lo cual no sólo no me ablandaba, pero me endurecía° de   made hard
manera como si fuera mi mortal enemigo, y que todas las obras que para
reducirme° a su voluntad hacía, las hiciera para el efeto contrario, no   persuade me
porque a mí me pareciese mal la gentileza de don Fernando, ni que tuviese
a demasía sus solicitudes, porque me daba un no sé qué de contento verme
tan querida y estimada de un tan principal caballero. Y no me pesaba ver
en sus papeles mis alabanzas, que en esto, por feas que seamos las mujeres,
me parece a mí que siempre nos da gusto el oír que nos llaman hermosas.
    "Pero a todo esto 'se opone° mi honestidad y los consejos continuos   opposes
que mis padres me daban, que ya muy 'al descubierto° sabían la voluntad   openly
de don Fernando, porque ya a él no se le daba nada de que todo el mundo
la supiese.[28] Decíanme mis padres que en sola mi virtud y bondad dejaban
y depositaban su honra y fama, y que considerase la desigualdad° que había   difference
entre mí y don Fernando, y que por aquí echaría de ver que sus
pensamientos, aunque él dijese otra cosa, más se encaminaban a su gusto
que a mi provecho, y que si yo quisiese poner en alguna manera algún
inconveniente para que él se dejase de su injusta pretensión,° que ellos me   aim
casarían luego con quien yo más gustase, así de los más principales de

---

[23] **Tan de...** *so early in the morning*
[24] That is, **los *ojos* del** amor.
[25] **Miraron...** *were observing it*
[26] **Mirando...** *stared*
[27] That is, her **desdichas** have no end.
[28] **A él...** *he didn't care if the whole world knew about it*

nuestro lugar, como de todos los circunvecinos,° pues todo se podía esperar   neighboring
de su mucha hacienda y de mi buena fama. Con estos ciertos
prometimientos,° y con la verdad que ellos me decían, fortificaba yo mi   promises
entereza, y jamás quise responder a don Fernando palabra que le pudiese
5 mostrar, aunque de muy lejos, esperanza de alcanzar su deseo. Todos estos
recatos míos, que él debía de tener por desdenes, debieron de ser causa de
avivar más su lascivo apetito, que este nombre quiero dar a la voluntad que
me mostraba, la cual, si ella fuera como debía, no la supiérades vosotros
ahora, porque hubiera faltado la ocasión de decírosla.

10 "Finalmente, don Fernando supo que mis padres andaban por darme
estado,[29] por quitalle a él la esperanza de poseerme, o, a lo menos, porque
yo tuviese más guardas para guardarme. Y esta nueva o sospecha fue causa
para que hiciese lo que ahora oiréis. Y fue que una noche, estando yo en
mi aposento, con sola la compañía de una doncella que me servía, teniendo
15 bien cerradas las puertas, por temor° que, por descuido, mi honestidad no   fear
se viese en peligro, sin saber ni imaginar cómo, en medio destos recatos y
prevenciones, y en la soledad deste silencio y encierro, me le hallé
delante,[30] cuya vista me turbó de manera que me quitó la de mis ojos y me
enmudeció la lengua. Y así, no fui poderosa de dar voces, ni aun él creo
20 que me las dejara dar,[31] porque luego se llegó a mí, y tomándome entre sus
brazos, porque yo, como digo, no tuve fuerzas para defenderme, según
estaba turbada, comenzó a decirme tales razones, que no sé cómo es posible
que tenga tanta habilidad la mentira,° que las sepa componer de modo que   lying
parezcan tan verdaderas. Hacía el traidor que sus lágrimas acreditasen° sus   affirmed
25 palabras, y los suspiros su intención. Yo, pobrecilla, sola, entre los míos
mal ejercitada en casos semejantes,[32] comencé, no sé en qué modo, a tener
por verdaderas tantas falsedades. Pero no de suerte que me moviesen a
compasión, menos que buena, sus lágrimas y suspiros.[33]

"Y así, pasándoseme aquel sobresalto primero, torné algún tanto a
30 cobrar mis perdidos espíritus, y con más ánimo del que pensé que pudiera
tener, le dije: 'Si como estoy, señor, en tus brazos, estuviera entre los de un
león fiero, y el librarme dellos se me asegurara con que hiciera o dijera
cosa que fuera en perjuicio de mi honestidad,[34] así fuera posible hacella o
decilla como es posible dejar de haber sido lo que fue. Así que, si tú tienes
35 ceñido mi cuerpo con tus brazos, yo tengo atada mi alma con mis buenos
deseos, que son tan diferentes de los tuyos, como lo verás, si con hacerme
fuerza quisieres pasar adelante en ellos. Tu vasalla soy, pero no tu esclava,
ni tiene ni debe tener imperio° la nobleza de tu sangre para deshonrar y   right
tener en poco la humildad de la mía. Y en tanto me estimo yo, villana y
40 labradora, como tú, señor y caballero. Conmigo no han de ser de ningún
efecto tus fuerzas, ni han de tener valor tus riquezas, ni tus palabras han de

---

[29] **Andaban...** *were thinking about marrying me off*
[30] **Me le hallé...** *I found him in front of me*
[31] **No fui poderosa...** *I couldn't shout, nor would he, I think, have allowed me*
[32] **Entre los míos...** *in my family I was inexperienced in these matters*
[33] **Pero...** *but his tears and sighs didn't move me to anything other than compassion*
[34] **El librarme...** *to free myself from them depended on my doing or saying something to prejudice my chastity*

poder engañarme, ni tus suspiros y lágrimas enternecerme. Si alguna de
todas estas cosas que he dicho viera yo en el que mis padres me dieran por
esposo, a su voluntad se ajustara° la mía, y mi voluntad de la suya no   would adapt
saliera. De modo que, como quedara con honra, aunque quedara sin gusto,[35]
de grado le entregara lo que tú, señor, ahora con tanta fuerza procuras.°   want to obtain
Todo esto he dicho, porque no es pensar que de mí alcance cosa alguna[36]
el que no fuere mi ligítimo esposo.'
    " 'Si no reparas más que en eso,[37] bellísima Dorotea'—que éste es el
nombre desta desdichada—dijo el desleal caballero, 'ves, aquí te doy la
mano de serlo tuyo, y sean testigos desta verdad los cielos, a quien ninguna
cosa se asconde,° y esta imagen de nuestra señora que aquí tienes.' "[38]   esconde
    Cuando Cardenio le oyó decir que se llamaba Dorotea, tornó de nuevo
a sus sobresaltos, y acabó de confirmar por verdadera su primera opinión,
pero no quiso interromper° el cuento por ver en qué venía a parar lo que él   interrumpir
ya casi sabía, sólo dijo:
    "¿Que Dorotea es tu nombre, señora? Otra he oído yo decir del mesmo,
que quizá 'corre parejas° con tus desdichas. Pasa adelante, que tiempo   matches
vendrá en que te diga cosas que te espanten en el mesmo grado que te lasti-
men.'"   make you feel pity
    Reparó° Dorotea en las razones de Cardenio, y en su estraño y   took notice
desastrado° traje, y rogóle que si alguna cosa de su hacienda sabía, se la   tattered
dijese luego, porque si algo le había dejado bueno la fortuna, era el ánimo
que tenía para sufrir cualquier desastre que le sobreviniese, segura de que,
a su parecer, ninguno podía llegar que el que tenía acrecentase un punto.
    "No le perdiera yo,[39] señora," respondió Cardenio, "en decirte lo que
pienso, si fuera verdad lo que imagino, y hasta ahora no se pierde
coyuntura,[40] ni a ti te importa nada el saberlo."
    "Sea lo que fuere," respondió Dorotea, "lo que en mi cuento pasa fue
que, tomando don Fernando una imagen que en aquel aposento estaba, la
puso por testigo de nuestro desposorio. Con palabras eficacísimas° y   very powerful
juramentos estraordinarios° me dio la palabra de ser mi marido, puesto que,   extraordinarios
antes que acabase de decirlas, le dije que mirase bien lo que hacía, y que
considerase el enojo que su padre había de recebir de verle casado con una
villana, vasalla suya, que no le cegase° mi hermosura, tal cual era, pues no   blind
era bastante para hallar en ella disculpa de su yerro, y que si algún bien me
quería hacer, por el amor que me tenía, fuese dejar correr mi suerte a lo
igual de lo que mi calidad pedía, porque nunca los tan desiguales
casamientos se gozan, ni duran mucho en aquel gusto con que se
comienzan.
    "Todas estas razones que aquí he dicho, le dije, y otras muchas de que
no me acuerdo. Pero no fueron parte para que él dejase de seguir su intento,

---

[35] **Como quedara...** *if my honor were preserved, even though I had no pleasure*
[36] **No es pensar...** *it is unthinkable that [anyone] would get anything from me*
[37] **Si no reparas...** *if that is your only worry*
[38] In Spanish Golden Age literature, this was a legitimate way for people to marry
each other.
[39] **No le...** *I wouldn't miss the chance*
[40] **Hasta ahora...** *up to now there is no connection*

bien ansí como el que no piensa pagar, que, al concertar de la barata,° no   deal
repara° en inconvenientes. Yo, a esta sazón, hice un breve discurso   considers
conmigo, y me dije a mí mesma: 'Sí, que no seré yo la primera que por vía
de matrimonio haya subido de humilde a grande estado, ni será don
5   Fernando el primero a quien hermosura o ciega afición, que es lo más
cierto, haya hecho tomar compañía desigual a su grandeza.° Pues si no hago   greatness
ni mundo ni uso nuevo, bien es acudir a esta honra que la suerte me ofrece,
puesto que en éste no dure más la voluntad que me muestra de cuanto dure
el cumplimiento de su deseo,⁴¹ que, en fin, para con Dios seré su esposa.
10 Y si quiero con desdenes despedille, en término le veo que no usando el
que debe,⁴² usará el de la fuerza, y vendré a quedar deshonrada° y sin   disgraced
disculpa° de la culpa que me podía dar el que no supiere cuán sin ella he   excuse
venido a este punto. Porque, ¿qué razones serán bastantes para persuadir a
mis padres y a otros que este caballero entró en mi aposento sin
15 consentimiento° mío?'   consent
    "Todas estas demandas y respuestas revolví en un instante en la
imaginación. Y sobre todo, me comenzaron a hacer fuerza, y a inclinarme°   persuade me
a lo que fue, sin yo pensarlo, mi perdición, los juramentos de don Fernando,
los testigos que ponía,° las lágrimas que derramaba,° y finalmente, su   named, shed
20 disposición° y gentileza, que, acompañada con tantas muestras de verdadero **disposición**
amor, pudieran rendir a otro tan libre y recatado corazón como el mío.
Llamé a mi criada para que en la tierra acompañase a los testigos del cielo.
Tornó don Fernando a reiterar y confirmar sus juramentos. Añadió a los
primeros nuevos santos por testigos. Echóse mil futuras maldiciones si no
25 cumpliese lo que me prometía. Volvió a humedecer sus ojos y a acrecentar
sus suspiros. Apretóme más entre sus brazos, de los cuales jamás me había
dejado. Y con esto, y con volverse a salir del aposento mi doncella, yo dejé
de serlo⁴³ y él acabó° de ser traidor y fementido.   wound up
    "El día que sucedió a la noche de mi desgracia se venía aún no tan
30 apriesa⁴⁴ como yo pienso que don Fernando deseaba, porque, después de
cumplido aquello que el apetito pide, el mayor gusto que puede venir es
apartarse de donde le alcanzaron. Digo esto, porque don Fernando dio
priesa por partirse de mí. Y por industria de mi doncella, que era la misma
que allí le había traído, antes que amaneciese se vio en la calle. Y al
35 despedirse de mí, aunque no con tanto ahinco y vehemencia como cuando
vino, me dijo que estuviese segura de su fe y de ser firmes y verdaderos sus
juramentos. Y para más confirmación de su palabra, sacó un rico anillo del
dedo y lo puso en el mío. En efecto, él se fue y yo quedé, ni sé si triste o
alegre: esto sé bien decir, que quedé confusa y pensativa, y casi fuera de
40 mí, con el nuevo acaecimiento, y no tuve ánimo, o no se me acordó, de
reñir° a mi doncella por la traición cometida de encerrar a don Fernando en scold
mi mismo aposento, porque aún no me determinaba si era bien o mal el que

---

⁴¹ **Puesto que en éste...** *even though the love this person manifests may not last
longer than the fulfillment of his desire*

⁴² **En término...** *in conclusion, I see that if he doesn't use the conduct he should.*
Término means both *conclusion* and *conduct.*

⁴³ That is, she stopped being a **doncella** *maiden.*

⁴⁴ **Se venía...** *didn't come as quickly*

me había sucedido. Díjele, al partir, a don Fernando que por el mesmo camino de aquélla podía verme otras noches, pues ya era suya, hasta que, cuando él quisiese, aquel hecho se publicase.° Pero no vino otra alguna, si no fue la siguiente, ni yo pude verle en la calle ni en la iglesia en más de un mes, que en vano me cansé en solicitallo, puesto que supe que estaba en la villa y que los más días iba a caza, ejercicio de que él era muy aficionado. [be made known]

"Estos días y estas horas bien sé yo que para mí fueron aciagos° y menguadas. Y bien sé que comencé a dudar en ellos, y aun a descreer° de la fe de don Fernando. Y sé también que mi doncella oyó entonces las palabras que, en reprehensión de su atrevimiento, antes no había oído. Y sé que me fue forzoso 'tener cuenta° con mis lágrimas y con la compostura° de mi rostro, por no dar ocasión a que mis padres me preguntasen que de qué andaba descontenta° y me obligasen a buscar mentiras que decilles. Pero todo esto se acabó en un punto, llegándose uno donde se atropellaron° respectos y se acabaron los honrados discursos, y adonde se perdió la paciencia y salieron a plaza mis secretos pensamientos. Y esto fue porque, de allí a pocos días, se dijo en el lugar como en una ciudad allí cerca se había casado don Fernando con una doncella hermosísima en todo estremo y de muy principales padres, aunque no tan rica, que por la dote pudiera aspirar a tan noble casamiento.[45] Díjose que se llamaba Luscinda, con otras cosas que en sus desposorios sucedieron, dignas de admiración." [sad] [disbelieve] [restrain, composure] [unhappy] [trampled]

Oyó Cardenio el nombre de Luscinda, y no hizo otra cosa que encoger los hombros, morderse los labios, enarcar las cejas y dejar de allí a poco caer por sus ojos dos fuentes de lágrimas. Mas no por esto dejó Dorotea de seguir su cuento, diciendo:

"Llegó esta triste nueva a mis oídos, y en lugar de helárseme el corazón en oílla, fue tanta la cólera y rabia que se encendió en él, que faltó poco para no salirme por las calles dando voces, publicando la alevosía y traición que se me había hecho. Mas templóse° esta furia por entonces con pensar de poner aquella mesma noche por obra lo que puse, que fue ponerme en este hábito que me dio uno de los que llaman zagales en casa de los labradores, que era criado de mi padre, al cual descubrí toda mi desventura, y le rogué me acompañase hasta la ciudad donde entendí que mi enemigo estaba. Él, después que hubo reprehendido mi atrevimiento y afeado° mi determinación, viéndome resuelta en mi parecer, se ofreció a tenerme compañía, como él dijo, hasta el cabo del mundo. Luego, al momento encerré en una almohada de lienzo un vestido de mujer y algunas joyas y dineros, por lo que podía suceder. Y en el silencio de aquella noche, sin 'dar cuenta° a mi traidora doncella, salí de mi casa, acompañada de mi criado, y de muchas imaginaciones, y me puse en camino de la ciudad a pie, llevada en vuelo del deseo de llegar,[46] ya que no a estorbar lo que tenía por hecho, a lo menos, a decir a don Fernando me dijese con qué alma lo había hecho. [moderated] [condemned] [revealing]

"Llegué en dos días y medio donde quería, y en entrando por la

[45] **Por la dote...** *through her dowry could she aspire to such a noble marriage*
[46] **Llevada...** *carried [as if] in flight by the desire to arrive*

ciudad, pregunté por la casa de los padres de Luscinda, y al primero a quien
hice la pregunta, me respondió más de lo que yo quisiera oír. Díjome la
casa y todo lo que había sucedido en el desposorio de su hija, cosa tan
pública en la ciudad, que se hacen corrillos° para contarla por toda ella.   gossip groups
5   Díjome que la noche que don Fernando se desposó con Luscinda, después
de haber ella dado el sí de ser su esposa, le había tomado un recio desmayo, y que, llegando su esposo a desabrocharle el pecho para que le diese
el aire, le halló un papel escrito de la misma letra de Luscinda, en que decía
y declaraba que ella no podía ser esposa de don Fernando, porque lo era de
10   Cardenio, que, a lo que el hombre me dijo, era un caballero muy principal
de la mesma ciudad. Y que si había dado el sí a don Fernando, fue por no
salir de la obediencia de sus padres. En resolución, tales razones dijo que
contenía el papel, que daba a entender que ella había tenido intención de
matarse en acabándose de desposar, y daba allí las razones por qué se había
15   quitado la vida, todo lo cual dicen que confirmó una daga que le hallaron,
no sé en qué parte de sus vestidos. Todo lo cual visto por don Fernando,
pareciéndole que Luscinda le había burlado y escarnecido y tenido en poco,
arremetió a ella antes que de su desmayo volviese, y con la misma daga que
le hallaron la quiso dar de puñaladas, y lo hiciera, si sus padres y los que
20   se hallaron presentes no se lo estorbaran. Dijeron más: que luego se ausentó
don Fernando, y que Luscinda no había vuelto de su parasismo hasta otro
día, que contó a sus padres como ella era verdadera esposa de aquel
Cardenio que he dicho.

"Supe más: que 'el Cardenio,° según decían, se halló presente a los   el *tal* Cardenio
25   desposorios, y que, en viéndola desposada, lo cual él jamás pensó, se salió
de la ciudad desesperado, dejándole primero escrita una carta, donde daba
a entender el agravio que Luscinda le había hecho, y de cómo él se iba
adonde gentes no le viesen. Esto todo era público y notorio en toda la
ciudad, y todos hablaban dello. Y más hablaron cuando supieron que
30   Luscinda había faltado de casa de sus padres y de la ciudad, pues no la
hallaron en toda ella, de que perdían el juicio sus padres y no sabían qué
medio se tomar para hallarla. Esto que supe 'puso en bando° mis   encouraged
esperanzas, y tuve por mejor no haber hallado a don Fernando, que no
hallarle casado, pareciéndome que aún no estaba del todo cerrada la puerta
35   a mi remedio, dándome yo a entender que podría ser que el cielo hubiese
puesto aquel impedimento en el segundo matrimonio, por atraerle a conocer
lo que al primero debía, y a caer en la cuenta de que era cristiano, y que
estaba más obligado a su alma que a los respetos humanos.

"Todas estas cosas revolvía en mi fantasía, y me consolaba sin tener
40   consuelo, fingiendo unas esperanzas largas y desmayadas para entretener la
vida, que ya aborrezco. Estando, pues, en la ciudad, sin saber qué hacerme,
pues a don Fernando no hallaba, llegó a mis oídos un público pregón,°   proclamation
donde se prometía grande hallazgo° a quien me hallase, dando las señas de   reward
la edad y del mesmo traje que traía. Y oí decir que se decía que me había
45   sacado de casa de mis padres el mozo que conmigo vino, cosa que me llegó
al alma, por ver cuán de caída andaba mi crédito,[47] pues no bastaba perderle

---

[47] **Por ver cuán...** *showing how low my reputation had fallen*

con mi venida, sino añadir[48] el con quién, siendo subjeto° tan bajo y tan   **sujeto**
indigno de mis buenos pensamientos. Al punto que oí el pregón, me salí de
la ciudad con mi criado, que ya comenzaba a dar muestras de titubear en
la fe que de fidelidad[49] me tenía prometida, y aquella noche nos entramos
por lo espeso desta montaña, con el miedo de no ser hallados.

"Pero como suele decirse que un mal llama a otro, y que el fin de una
desgracia suele ser principio de otra mayor, así me sucedió a mí, porque mi
buen criado, hasta entonces fiel y seguro, así como me vio en esta soledad,
incitado de su mesma bellaquería antes que de mi hermosura, quiso
aprovecharse de la ocasión que, a su parecer, estos yermos° le ofrecían. Y   wilderness
con poca vergüenza y menos temor de Dios, ni respeto mío, me 'requirió
de amores,° y viendo que yo, con feas y justas palabras, respondía a las   courted
desvergüenzas° de sus propósitos, dejó aparte los ruegos, de quien primero   impudences
pensó aprovecharse,[50] y comenzó a usar de la fuerza. Pero el justo cielo,
que pocas o ningunas veces deja de mirar y favorecer a las justas
intenciones, favoreció las mías de manera que, con mis pocas fuerzas y con
poco trabajo, di con él por un derrumbadero,° donde le dejé, ni sé si muerto   precipice
o si vivo. Y luego, con más ligereza que mi sobresalto y cansancio pedían,
me entré por estas montañas, sin llevar otro pensamiento ni otro disignio
que esconderme en ellas y huir de mi padre y de aquellos que de su parte
me andaban buscando.

"Con este deseo ha no sé cuántos meses que entré en ellas, donde hallé
un ganadero que me llevó por su criado a un lugar que está en las entrañas
desta sierra, al cual he servido de zagal todo este tiempo, procurando estar
siempre en el campo por encubrir estos cabellos que ahora, tan sin pensarlo,
me han descubierto. Pero toda mi industria y toda mi solicitud fue, y ha
sido, de ningún provecho, pues mi amo vino en conocimiento de que yo no
era varón,° y nació en él el mesmo mal pensamiento que en mi criado, y   male
como no siempre la fortuna con los trabajos da los remedios, no hallé
derrumbadero ni barranco° de donde despeñar y despenar[51] al amo, como   ravine
le hallé para el criado. Y así, tuve por menor inconveniente dejalle y
asconderme° de nuevo entre estas asperezas que probar con él mis fuerzas   **esconderme**
o mis disculpas. Digo, pues, que me torné a emboscar y a buscar donde, sin
impedimento alguno, pudiese con suspiros y lágrimas rogar al cielo se duela
de mi desventura y me dé industria y favor para salir della, o para dejar la
vida entre estas soledades, sin que quede memoria desta triste, que tan sin
culpa suya habrá dado materia para que de ella se hable y murmure en la
suya y en las ajenas tierras."[52]

---

[48] **Sino [que era necesario] añadir**—Gaos' suggested reading.
[49] **La fe que de fidelidad...** = la fe de fidelidad que...
[50] **De quien...** *which he had tried to use first*
[51] **Despeñar...** *to fling down a precipice and kill*
[52] **En las...** *in her own country and others*

Capítulo XXIX. Que trata de la discreción[1] de la hermosa Dorotea, con otras cosas de mucho gusto y pasatiempo.[2]

"ÉSTA ES, señores, la verdadera historia de mi tragedia: mirad y juzgad ahora si los suspiros que escuchastes, las palabras que oístes y las lágrimas que de mis ojos salían, tenían ocasión bastante para mostrarse en mayor abundancia. Y considerada la calidad° de mi desgracia, veréis que   nature será en vano el consuelo, pues es imposible el remedio della. Sólo os ruego, lo que con facilidad podréis y debéis hacer, que me aconsejéis dónde podré pasar la vida, sin que me acabe el temor y sobresalto que tengo de ser hallada de los que me buscan,[3] que, aunque sé que el mucho amor que mis padres me tienen me asegura que seré dellos bien recebida, es tanta la vergüenza° que me ocupa° sólo al pensar que, no como ellos pensaban,   shame, disturbs tengo de parecer a su presencia, que tengo por mejor desterrarme° para   to banish myself siempre de ser vista, que no verles el rostro con pensamiento que ellos miran el mío ajeno de la honestidad que de mí se debían de tener prometida."[4]

Calló en diciendo esto, y el rostro se le cubrió de un color que mostró bien claro el sentimiento y vergüenza del alma. En las suyas sintieron los que escuchado la habían tanta lástima como admiración[5] de su desgracia. Y aunque luego quisiera el cura consolarla y aconsejarla, tomó primero la mano Cardenio, diciendo:

"En fin, señora, que tú eres la hermosa Dorotea, la hija única del rico Clenardo."

Admirada quedó Dorotea cuando oyó el nombre de su padre, y de ver 'cuán de poco° era el que le nombraba, porque ya se ha dicho de la mala   how unprepossess[ing] manera que Cardenio estaba vestido. Y así, le dijo:

"Y ¿quién sois vos, hermano, que así sabéis el nombre de mi padre? Porque yo, hasta ahora, si mal no me acuerdo, en todo el discurso del cuento de mi desdicha no le he nombrado."

"Soy," respondió Cardenio, "aquel 'sin ventura° que, según vos, señora,   unfortunate person habéis dicho, Luscinda dijo que era su esposo. Soy el desdichado Cardenio, a quien el mal término de aquel que a vos os ha puesto en el que estáis, me ha traído a que me veáis, cual me veis, roto, desnudo, falto de todo humano consuelo, y lo que es peor de todo, falto de juicio, pues no le tengo sino cuando al cielo se le antoja dármele por algún breve espacio. Yo soy el que me hallé presente a las sinrazones de don Fernando, y el que aguardó oír el sí que de ser su esposa pronunció Luscinda. Yo soy el que no tuvo

---

[1] The title in the chapter heading says **discordia**, but in the **Tabla de los capítulos** at the end of the book it says **discreción**, which makes more sense. Schevill uses **discreción**.

[2] This is another case of "erroneous" chapter titles. This one corresponds to the action of Chapter 30, and Chapter 30's title refers to what happens in this chapter.

[3] **Sin que...** *without being finished off by the fear that I have of being found by those who are looking for me*

[4] **Que no verles...** *than to see their faces thinking that they see in mine lacking the chastity that should have been promised them.* This sentence has 111 words.

[5] **En...** *In their own [hearts] those who had heard her felt as much pity as wonder*

ánimo para ver en qué paraba su desmayo, ni lo que resultaba del papel que
le fue hallado en el pecho, porque no tuvo el alma sufrimiento para ver
tantas desventuras juntas. Y así, dejé la casa y la paciencia, y una carta que
dejé a un huésped mío, a quien rogué que en manos de Luscinda la pusiese,
y víneme a estas soledades con intención de acabar en ellas la vida, que
desde aquel punto aborrecí como mortal enemiga mía. Mas no ha querido la
suerte quitármela,[6] contentándose con quitarme el juicio, quizá por
guardarme para la buena ventura que he tenido en hallaros, pues siendo
verdad, como creo que lo es, lo que aquí habéis contado, aun podría ser que
a entrambos nos tuviese el cielo guardado mejor suceso en nuestros desastres
que nosotros pensamos. Porque presupuesto° que Luscinda no puede casarse   since
con don Fernando, por ser mía, ni don Fernando con ella, por ser vuestro,
y haberlo ella tan manifiestamente° declarado, bien podemos esperar que el   clearly
cielo nos restituya° lo que es nuestro, pues está todavía en ser y no se ha   restore
enajenado ni deshecho.[7] Y pues este consuelo tenemos, nacido no de muy
remota esperanza, ni fundado en desvariadas imaginaciones, suplícoos,
señora, que toméis otra resolución en vuestros honrados pensamientos, pues
yo la pienso tomar en los míos, acomodándoos a esperar mejor fortuna, que
yo os juro por la fe de caballero y de cristiano de no desampararos hasta
veros en poder de don Fernando, y que, cuando con razones no le pudiere
atraer a que conozca lo que os debe,[8] de usar entonces la libertad que me
concede el ser caballero y poder, con justo título, desafialle en razón de la
sinrazón[9] que os hace, sin acordarme de mis agravios, cuya venganza dejaré
al cielo por acudir en la tierra a los vuestros."

Con lo que Cardenio dijo se acabó de admirar Dorotea,[10] y por no
saber qué gracias volver a tan grandes ofrecimientos, quiso tomarle los pies
para besárselos, mas no lo consintió Cardenio. Y el licenciado respondió
por entrambos y aprobó el buen discurso de Cardenio, y sobre todo, les
rogó, aconsejó y persuadió que se fuesen con él a su aldea, donde se
podrían 'reparar de° las cosas que les faltaban, y que allí se daría orden   to supply
cómo buscar a don Fernando, o cómo llevar a Dorotea a sus padres, o hacer
lo que más les pareciese conveniente.° Cardenio y Dorotea se lo   useful
agradecieron y acetaron la merced que se les ofrecía. El barbero, que a todo
había estado suspenso y callado, hizo también su buena plática y se ofreció,
con no menos voluntad que el cura, a todo aquello que fuese bueno para
servirles.

Contó, asimesmo, con brevedad la causa que allí los había traído, con
la estrañeza de la locura de don Quijote, y como aguardaban a su escudero,
que había ido a buscalle. Vínosele a la memoria a Cardenio, como por
sueños,° la pendencia que con don Quijote había tenido, y contóla a los   dreams
demás. Mas no supo decir por qué causa fue su quistión.°   quarrel

En esto, oyeron voces y conocieron que el que las daba era Sancho
Panza, que, por no haberlos hallado en el lugar donde los dejó, los llamaba

---

[6] That is, **quitarme la vida**.
[7] **Está todavía...** *it still exists and hasn't been transfered or destroyed*
[8] **Cuando con...** *if I can't persuade him with words to recognize what he owes you*
[9] **En razón...** *on account of the injustice*
[10] **Con lo que...** *what Cardenio said amazed Dorotea*

a voces. Saliéronle al encuentro, y preguntándole por don Quijote, les dijo como le había hallado desnudo en camisa, flaco, amarillo y muerto de hambre, y suspirando° por su señora Dulcinea, y que, puesto que le había dicho que ella le mandaba que saliese de aquel lugar y se fuese al del 5 Toboso, donde le quedaba esperando, había respondido que estaba determinado de no parecer ante su fermosura fasta que oviese° fecho fazañas que le ficiesen digno de su gracia. "Y que si aquello pasaba adelante,[11] corría peligro de no venir a ser emperador, como estaba obligado, ni aun arzobispo, que era lo menos que podía ser. Por eso, que 10 mirasen lo que se había de hacer para sacarle de allí."

    El licenciado le respondió que no tuviese pena, que ellos le sacarían de allí, mal que le pesase. Contó luego a Cardenio y a Dorotea lo que tenían pensado para remedio de don Quijote, a lo menos, para llevarle a su casa. A lo cual dijo Dorotea que ella haría° la doncella menesterosa mejor que 15 el barbero, y más, que tenía allí vestidos con que hacerlo 'al natural,° y que la dejasen el cargo de saber representar todo aquello que fuese menester para llevar adelante su intento, porque ella había leído muchos libros de caballerías y sabía bien el estilo que tenían las doncellas cuitadas cuando pedían sus dones a los andantes caballeros.

20   "Pues no es menester más," dijo el cura, "sino que luego se ponga por obra, que, sin duda, la buena suerte se muestra en favor mío, pues tan sin pensarlo, a vosotros, señores, se os ha comenzado a abrir puerta para vuestro remedio,[12] y a nosotros se nos ha facilitado la que habíamos menester."

25   Sacó luego Dorotea de su almohada una saya entera de cierta telilla° rica y una mantellina° de otra vistosa° tela verde, y de una cajita un collar° y otras joyas, con que en un instante se adornó, de manera que una rica y gran señora parecía. Todo aquello y más dijo que había sacado de su casa para lo que se ofreciese,[13] y que hasta entonces no se le había ofrecido 30 ocasión de habello menester. A todos contentó en estremo su mucha gracia, donaire y hermosura, y confirmaron° a don Fernando por de poco conocimiento, pues tanta belleza° desechaba.

    Pero el que más se admiró fue Sancho Panza, por parecerle, como era así verdad, que en todos los días de su vida había visto[14] tan hermosa 35 criatura. Y así, preguntó al cura con grande ahinco le dijese quién era aquella tan fermosa señora y qué era lo que buscaba por aquellos andurriales.°

    "Esta hermosa señora," respondió el cura, "Sancho hermano, es, como quien no dice nada,[15] es la heredera, por línea recta° de varón, del gran 40 reino de Micomicón,[16] la cual viene en busca de vuestro amo a pedirle un don, el cual es que le desfaga un tuerto o agravio que un mal gigante le

Right margin glosses:
- sighing
- hubiese (*arch.*)
- would play the pa[rt] of; naturally
- light wool cloth shawl, pretty, necklace
- declared beauty
- by-roads
- direct

---

[11] This indirect discourse now changes to what Sancho said: **"Y si aquello pasaba adelante,"** *dijo Sancho...*

[12] It is the **remedio** of Cardenio and Dorotea's plight that the priest speaks of.

[13] **Para...** *for any contingency*

[14] That is, *no había visto*.

[15] **Como quien...** *to say the least*

[16] Combination of **mico** *monkey* and **cómico**.

tiene fecho, y a la fama que de buen caballero vuestro amo tiene por todo lo descubierto, de Guinea[17] ha venido a buscarle esta princesa."

"¡Dichosa buscada° y dichoso hallazgo!" dijo a esta sazón Sancho Panza, "y más si mi amo es tan venturoso que desfaga ese agravio y enderece° ese tuerto, matando a ese hideputa dese gigante que vuestra merced dice, que sí matará, si él le encuentra, si ya no fuese fantasma—que contra las fantasmas no tiene mi señor poder alguno. Pero una cosa quiero suplicar a vuestra merced, entre otras, señor licenciado, y es que porque a mi amo no le tome gana de ser arzobispo, que es lo que yo temo, que vuestra merced le aconseje que se case luego con esta princesa, y así quedará imposibilitado de recebir órdenes arzobispales, y vendrá con facilidad a su imperio, y yo al fin° de mis deseos, que yo he mirado bien en ello y hallo por mi cuenta° que no me está bien que mi amo sea arzobispo, porque yo soy inútil para la Iglesia, pues soy casado, y andarme ahora a traer dispensaciones para poder tener renta por la Iglesia, teniendo, como tengo, mujer y hijos, sería nunca acabar.[18] Así que, señor, todo el toque está en que mi amo se case luego con esta señora, que hasta ahora no sé su gracia,[19] y así no la llamo por su nombre."

"Llámase," respondió el cura, "la princesa Micomicona, porque llamándose su reino Micomicón, claro está que ella se ha de llamar así."

"No hay duda en eso," respondió Sancho, "que yo he visto a muchos tomar el apellido y alcurnia del lugar donde nacieron, llamándose Pedro de Alcalá, Juan de Úbeda y Diego de Valladolid:[20] y esto mesmo se debe de usar allá en Guinea: tomar las reinas los nombres de sus reinos."

"Así debe de ser," dijo el cura, "y en lo del casarse vuestro amo, yo haré en ello todos mis poderíos."

Con lo que quedó tan contento Sancho, cuanto el cura admirado de su simplicidad y de ver cuán encajados° tenía en la fantasía los mesmos disparates que su amo, pues sin alguna duda se daba a entender[21] que había de venir a ser emperador. Ya en esto se había puesto Dorotea sobre la mula del cura, y el barbero se había acomodado al rostro la barba de la cola de buey, y dijeron a Sancho que los guiase adonde don Quijote estaba, al cual advirtieron que no dijese que conocía al licenciado ni al barbero, porque en no conocerlos consistía todo el toque de venir a ser emperador su amo. Puesto que ni el cura ni Cardenio quisieron ir con ellos, porque no se le acordase a don Quijote la pendencia que con Cardenio había tenido, y el cura porque no era menester por entonces su presencia. Y así, los dejaron ir delante y ellos los fueron siguiendo a pie, poco a poco. No dejó de avisar el cura lo que había de hacer Dorotea, a lo que ella dijo que descuidasen:° que todo se haría sin faltar punto, como lo pedían y pintaban los libros de

---

search

sets right

object
calculations

fit together

not to worry

---

[17] Guinea traditionally referred to the western African coast at the equator, near where modern Equatorial Guinea is.

[18] **Sería...** *would be an endless job*

[19] **Gracia** is used here as *name*, so **sé** makes sense.

[20] Alcalá (de Henares) is Cervantes' native town, 30 kms. east of Madrid, Úbeda is in the province of Jaén, 170 kms. south of Madrid, and Valladolid is a provincial capital, and former capital of Spain (1518-1561, 1600-1606), 130 kms. northwest of Madrid.

[21] **Se daba...** *[Sancho] was convinced*

caballerías.

    Tres cuartos de legua habrían andado, cuando descubrieron a don Quijote entre unas intricadas peñas, ya vestido, aunque no armado, y así como Dorotea le vio y fue informada de Sancho que aquél era don Quijote, dio del azote a su palafrén,° siguiéndole el bien barbado° barbero. Y en llegando junto a él, el escudero se arrojó de la mula y fue a tomar en los brazos a Dorotea, la cual, apeándose con grande desenvoltura, se fue a hincar de rodillas ante las de don Quijote, y aunque él pugnaba por levantarla, ella, sin levantarse, le fabló en esta guisa:

    "De aquí no me levantaré, ¡oh valeroso y esforzado caballero! fasta que la vuestra bondad y cortesía[22] me otorgue un don, el cual redundará en honra y prez° de vuestra persona, y en pro de la más desconsolada y agraviada doncella que el sol ha visto. Y si es que el valor de vuestro fuerte brazo corresponde a la voz° de vuestra inmortal fama, obligado estáis a favorecer a la sin ventura que de tan lueñes° tierras viene, al olor de vuestro famoso nombre, buscándoos para remedio de sus desdichas."

    "No os responderé palabra, fermosa señora," respondió don Quijote, "ni oiré más cosa de vuestra facienda, fasta que os levantéis de tierra."

    "No me levantaré, señor," respondió la afligida doncella, "si primero, por la vuestra cortesía, no me es otorgado el don que pido."

    "Yo vos le otorgo y concedo," respondió don Quijote, "como no se haya de cumplir° en daño o mengua de mi rey, de mi patria y de aquella que de mi corazón y libertad tiene la llave."

    "No será en daño ni en mengua de los que decís, mi buen señor," replicó la dolorosa doncella.

    Y estando en esto, se llegó Sancho Panza al oído de su señor, y muy pasito° le dijo:

    "Bien puede vuestra merced, señor, concederle el don que pide, que no es cosa de nada: sólo es matar a un gigantazo, y esta que lo pide es la alta princesa Micomicona, reina del gran reino Micomicón, de Etiopia."[23]

    "Sea quien fuere," respondió don Quijote, "que yo haré lo que soy obligado y lo que me dicta° mi conciencia, conforme a lo que profesado tengo."

    Y volviéndose a la doncella, dijo:

    "La vuestra gran fermosura se levante, que yo le otorgo el don que pedirme quisiere."

    "Pues el que pido es," dijo la doncella, "que la vuestra magnánima° persona se venga luego conmigo donde yo le llevare, y me prometa que no se ha de entremeter en otra aventura ni demanda alguna hasta darme venganza de un traidor que, contra todo derecho divino y humano, me tiene usurpado mi reino."

    "Digo que así lo otorgo," respondió don Quijote, "y así podéis, señora, desde hoy más, desechar° la malenconía que os fatiga y hacer que cobre

woman's horse,
bearded

glory

public opinion
far-off

to perform

quietly

dictates

heroic

put aside

---

[22] **La vuestra...** *you,* similar to the use of **vuestra merced.**
[23] Ethiopia is in eastern Africa, bordering nowadays on The Sudan, Kenya, and the Somali Republic.

nuevos bríos y fuerzas vuestra desmayada esperanza, que, con el[24] ayuda de
Dios y la de mi brazo, vos os veréis presto restituida° en vuestro reino y   restored
sentada en la silla de vuestro antiguo y grande estado, a pesar y a despecho
de los follones que contradecirlo quisieren, y manos a labor, que en la
tardanza dicen que suele estar el peligro."
    La menesterosa doncella pugnó con mucha porfía por besarle las
manos. Mas don Quijote, que en todo era comedido y cortés caballero,
jamás lo consintió. Antes la hizo levantar y la abrazó con mucha cortesía
y comedimiento, y mandó a Sancho que requiriese° las cinchas a Rocinante,   put on
y le armase luego al punto. Sancho descolgó° las armas, que, como trofeo,   took down
de un árbol estaban pendientes, y requiriendo las cinchas, en un punto armó
a su señor, el cual, viéndose armado, dijo:
    "Vamos de aquí, en el nombre de Dios, a favorecer esta gran señora."
    Estábase el barbero aún 'de rodillas,° teniendo gran cuenta[25] de   kneeling
disimular la risa y de que no se le cayese la barba, con cuya caída quizá
quedaran todos sin conseguir su buena intención. Y viendo que ya el don
estaba concedido, y con la diligencia que don Quijote 'se alistaba° para ir   prepared
a cumplirle, se levantó y tomó de la otra mano a su señora, y entre los dos
la subieron en la mula. Luego subió don Quijote sobre Rocinante y el
barbero se acomodó en su cabalgadura,° quedándose Sancho a pie, donde   mule
de nuevo se le renovó° la pérdida del rucio, con la falta que entonces le   reiterated
hacía. Mas todo lo llevaba con gusto, por parecerle que ya su señor estaba
puesto en camino y muy 'a pique de° ser emperador, porque, sin duda   on the point of
alguna, pensaba que se había de casar con aquella princesa y ser, por lo
menos, rey de Micomicón. Sólo le daba pesadumbre el pensar que aquel
reino era en tierra de negros, y que la gente que por sus vasallos le diesen
habían de ser todos negros, a lo cual hizo luego en su imaginación un buen
remedio, y díjose a sí mismo:
    "¿Qué se me da a mí[26] que mis vasallos sean negros? ¿Habrá más que
cargar con ellos y traerlos a España,[27] donde los podré vender, y adonde me
los pagarán 'de contado,° de cuyo dinero podré comprar algún título o algún   instantly
oficio con que vivir descansado[28] todos los días de mi vida? ¡No, sino
dormíos, y no tengáis ingenio ni habilidad para disponer de las cosas[29] y
para vender treinta o diez mil vasallos en dácame esas pajas![30] ¡Par Dios
que los he de volar, chico con grande,[31] o como pudiere. Y que por negros
que sean los he de volver blancos, o amarillos—llegaos, que me mamo el
dedo!"[32]
    Con esto andaba tan solícito y tan contento, que se le olvidaba la

---

[24] **Ayuda** hasn't changed genders. The feminine **el** (as in **el agua**) was used before *any*
intial a- in older Spanish. The pronoun **la** a few words later refers to this feminine **ayuda**.
    [25] **Teniendo...** *being very careful*
    [26] **¿Qué se me...** *what difference does it make to me?*
    [27] **¿Habrá más...** *won't I just have to bring them to Spain*
    [28] **Vivir...** *to live the easy life*
    [29] **Dormíos,...** *go to sleep and don't be clever or skillful enough to take care of things*
    [30] **En dácame...** *in an instant*
    [31] **Los he...** *I'll sell them quickly, in pairs*
    [32] **Los he de volver...** *I'll turn them into silver* [**blancos**] *or gold* [**amarillos**]; *come
on! do you thnk I'm stupid?*

pesadumbre de caminar a pie.

Todo esto miraban de entre unas breñas° Cardenio y el cura, y no   thicket
sabían qué hacerse para juntarse con ellos. Pero el cura, que era gran
tracista,° imaginó luego lo que harían para conseguir lo que deseaban, y fue   schemer
5   que, con unas tijeras° que traía en un estuche,° quitó con mucha presteza   scissors, sheath
la barba a Cardenio y vistióle un capotillo pardo que él traía, y diole un
herreruelo negro, y él se quedó en calzas y en jubón,° y quedó tan otro de   doublet
lo que antes parecía Cardenio, que él mesmo no se conociera, aunque a un
espejo se mirara. Hecho esto, puesto ya que los otros habían pasado
10   adelante en tanto que ellos se disfrazaron,° con facilidad salieron al camino   disguised
real antes que ellos, porque las malezas y malos pasos de aquellos lugares
no concedían° que anduviesen tanto los de a caballo como los de a pie. En   allowed
efeto, ellos se pusieron en el llano a la salida de la sierra, y así como salió
della don Quijote y sus camaradas, el cura se le puso a mirar muy de
15   espacio, dando señales de que le iba reconociendo. Y al cabo de haberle
una buena pieza estado mirando, se fue a él abiertos los brazos y diciendo
a voces:

"¡Para bien sea hallado el espejo de la caballería, el mi buen
compatriote don Quijote de la Mancha, la flor y la nata° de la gentileza, el   cream
20   amparo y remedio de los menesterosos, la 'quinta esencia° de los caballeros   quintessence
andantes!" Y diciendo esto, tenía abrazado por la rodilla de la pierna
izquierda a don Quijote, el cual, espantado de lo que veía y oía decir y
hacer aquel hombre, se le puso a mirar con atención, y al fin, le conoció,
y quedó como espantado de verle, y hizo grande fuerza por apearse. Mas
25   el cura no lo consintió, por lo cual don Quijote decía:

"Déjeme vuestra merced, señor licenciado, que no es razón que yo esté
a caballo, y una tan reverenda persona como vuestra merced esté a pie."

"Eso no consentiré yo en ningún modo," dijo el cura, "estése la vuestra
grandeza[33] a caballo, pues estando a caballo acaba las mayores fazañas y
30   aventuras que en nuestra edad se han visto, que a mí, aunque indigno
sacerdote, bastaráme subir en las ancas de una destas mulas destos señores
que con vuestra merced caminan, si no lo han por enojo.° Y aun haré   annoyance
cuenta[34] que voy caballero sobre el caballo Pegaso,[35] o sobre la cebra o
alfana en que cabalgaba° aquel famoso moro Muzaraque,[36] que aun hasta   rode
35   ahora yace encantado en la gran cuesta Zulema, que dista poco de la gran
Compluto."[37]

"Aun no caía yo en tanto,[38] mi señor licenciado," respondió don
Quijote, "y yo sé que mi señora la princesa será servida, por mi amor, de
mandar a su escudero dé a vuestra merced la silla[39] de su mula, que él

---

[33] **La vuestra...** *you*
[34] **Haré...** *I will consider*
[35] Pegasus was the winged horse from Greek mythology.
[36] About the "famous" Muzaraque nothing is known.
[37] Zulema is a large hill southeast of Alcalá de Henares, which was called Complutum
in Roman times.
[38] **Aun...** *I wouldn't consider that*
[39] **Mandar...** *to have her squire give you the saddle.* An expected **que** is lacking
before **dé**.

podrá acomodarse en las ancas, si es que ella las[40] sufre."

"Sí sufre, a lo que yo creo," respondió la princesa, "y también sé que no será menester mandárselo al señor mi escudero, que él es tan cortés y tan cortesano, que no consentirá que una persona eclesiástica° vaya a pie, pudiendo ir a caballo."   of the Church

"Así es," respondió el barbero.

Y apeándose en un punto, convidó al cura con la silla, y él la tomó sin hacerse mucho de rogar. Y fue el mal que, al subir a las ancas el barbero, la mula, que, en efeto, era 'de alquiler,° que para decir que era mala esto   rental
basta, alzó un poco los 'cuartos traseros° y dio dos coces en el aire, que a   back hooves
darlas en el pecho de maese Nicolás, o en la cabeza, él diera al diablo la venida por don Quijote.[41] Con todo eso le sobresaltaron[42] de manera que cayó en el suelo, con tan poco cuidado de las barbas, que se le cayeron en el suelo. Y como se vio sin ellas, no tuvo otro remedio sino acudir a cubrirse el rostro con ambas manos y a quejarse que le habían derribado las muelas.° Don Quijote, como vio todo aquel mazo° de barbas sin quijadas°   teeth, mass, jaw
y sin sangre, lejos del rostro del escudero caído, dijo:

"¡Vive Dios, que es gran milagro éste! ¡Las barbas le ha derribado y arrancado del rostro, como si las quitaran 'a posta!°"   on purpose

El cura, que vio el peligro que corría su invención de ser descubierta, acudió luego a las barbas y fuese con ellas adonde yacía maese Nicolás, dando aún voces todavía. Y 'de un golpe,° llegándole la cabeza a su pecho,   all at once
se las puso, murmurando sobre él unas palabras, que dijo que era cierto ensalmo° apropiado para pegar° barbas, como lo verían. Y cuando se las   incantation, stick on
tuvo puestas, se apartó, y quedó el escudero tan bien barbado y tan sano°   sound
como de antes, de que se admiró don Quijote sobremanera y rogó al cura que, cuando tuviese lugar, le enseñase aquel ensalmo, que él entendía que su virtud a más que pegar barbas se debía de estender,[43] pues estaba claro que de donde las barbas se quitasen había de quedar la carne llagada° y   injured
maltrecha, y que pues todo lo sanaba, a más que barbas aprovechaba.

"Así es," dijo el cura, y prometió de enseñársele en la primera ocasión.

Concertáronse que, por entonces, subiese el cura, y 'a trechos° se   at intervals
fuesen los tres mudando, hasta que llegasen a la venta, que estaría hasta dos leguas de allí. Puestos los tres a caballo, es a saber, don Quijote, la princesa y el cura, y los tres a pie, Cardenio, el barbero y Sancho Panza, don Quijote dijo a la doncella:

"Vuestra grandeza, señora mía, guíe por donde más gusto le diere."

Y antes que ella respondiese, dijo el licenciado:

"¿Hacia qué reino quiere guiar la vuestra señoría? ¿Es por ventura hacia el de Micomicón? Que sí debe de ser, o yo sé poco de reinos."

Ella, que estaba bien en todo,[44] entendió que había de responder que sí, y así dijo:

"Sí, señor, hacia ese reino es mi camino."

[40] **Las** refers to **vuestras mercedes** (i.e., the priest and the barber).
[41] **Él...** *he would have cursed the search for don Quijote*
[42] It was the hooves, plural, that terrified him.
[43] **Él...** *he understood that its power extended to more than sticking on beards*
[44] **Que estaba...** *who was up on everything*

"Si así es," dijo el cura, "por la mitad de mi pueblo hemos de pasar, y de allí tomará vuestra merced la derrota° de Cartagena,[45] donde se podrá embarcar con la buena ventura. Si hay viento próspero,° mar tranquilo y sin borrasca, en poco menos de nueve años se podrá estar a vista de la gran laguna° Meona, digo Meótides,[46] que está poco más de cien jornadas° 'más acá° del reino de vuestra grandeza."

road

fair

lake, days
on this side

"Vuestra merced está engañado, señor mío," dijo ella, "porque no ha dos años que yo partí dél, y en verdad, que nunca tuve buen tiempo. Y con todo eso, he llegado a ver lo que tanto deseaba, que es al señor don Quijote de la Mancha, cuyas nuevas llegaron a mis oídos así como puse los pies en España, y ellas me movieron a buscarle para encomendarme en su cortesía y fiar mi justicia del valor de su invencible brazo."

"¡No más—cesen mis alabanzas!" dijo a esta sazón don Quijote, "porque soy enemigo de todo género de adulación,° y aunque ésta no lo sea, todavía ofenden mis castas orejas semejantes pláticas. Lo que yo sé decir, señora mía, que ora tenga valor o no, el que tuviere o no tuviere, se ha de emplear en vuestro servicio hasta perder la vida. Y así, dejando esto para su tiempo, ruego al señor licenciado me diga qué es la causa que le ha traído por estas partes, tan solo, y tan sin criados, y tan a la ligera,[47] que me pone espanto."

flattery

"A eso yo responderé con brevedad," respondió el cura, "porque sabrá vuestra merced, señor don Quijote, que yo y maese Nicolás, nuestro amigo y nuestro barbero, íbamos a Sevilla a cobrar cierto dinero que un pariente mío, que ha muchos años que pasó a Indias,[48] me había enviado, y no tan pocos que no pasan de sesenta mil pesos ensayados,[49] que es otro que tal,[50] y pasando ayer por estos lugares, nos salieron al encuentro cuatro salteadores° y nos quitaron hasta las barbas. Y de modo nos las quitaron, que le convino al barbero ponérselas postizas. Y aun a este mancebo que aquí va," señalando a Cardenio, "le pusieron como de nuevo.[51] Y es lo bueno, que los que nos saltearon son de unos galeotes que dicen que libertó,° casi en este mesmo sitio, un hombre tan valiente, que, a pesar del comisario y de las guardas, los soltó a todos. Y sin duda alguna, él debía de estar fuera de juicio, o debe de ser tan grande bellaco como ellos, o algún hombre sin alma y sin conciencia, pues quiso soltar al lobo entre las ovejas, a la raposa entre las gallinas, a la mosca entre la miel;[52] quiso defraudar la justicia, ir contra su rey y señor natural, pues fue contra sus

highwaymen

freed

---

[45] Cartagena is a seaport in southeastern Spain in the province of Alicante.

[46] **Meótides** or **Meótide** (Latin **Palus Mæoticus**) is the old name for the Sea of Azov, which is the sea which drains into the Black Sea from the northeast. **Meona** refers to a person constantly needing to urinate.

[47] **A la...** *lightly dressed*

[48] **Indias** was used to refer to the lands discovered by Spain in the Western Hemisphere.

[49] Coins that were assayed **ensayado** were worth more than ordinary coins.

[50] **Que es...** *which is not insignificant*

[51] **Le...** *they made him a new man*, i.e., they took so much from him that he doesn't look the same anymore.

[52] **A la...** *the fox among the chickens, the fly into honey*

justos mandamientos.° Quiso, digo, quitar a las galeras sus pies,[53] poner en   commandments
alboroto a la Santa Hermandad, que había muchos años que reposaba.
Quiso, finalmente, hacer un hecho por donde se pierda su alma y no se
gane su cuerpo."

Habíales contado Sancho al cura y al barbero la aventura de los
galeotes, que acabó su amo con tanta gloria suya, y por esto 'cargaba la
mano° el cura refiriéndola, por ver lo que hacía o decía don Quijote, al cual   pursued eagerly
se le mudaba la color a cada palabra, y no osaba decir que él había sido el
libertador de aquella buena gente.

"Éstos, pues," dijo el cura, "fueron los que nos robaron, ¡que Dios por
su misericordia se lo perdone al que no los dejó llevar al debido suplicio!"

<hr />

[53] The *oars* are the feet of the galleys.

Capítulo XXX. Que trata del gracioso artificio y orden que se tuvo en sacar a nuestro enamorado caballero de la asperísima penitencia en que se había puesto.[1]

N O HUBO bien acabado el cura, cuando Sancho dijo: "Pues mía fe, señor
licenciado, el que hizo esa fazaña fue mi amo, y no porque yo no le
dije antes y le avisé que mirase lo que hacía, y que era pecado darles
libertad, porque todos iban allí por grandísimos bellacos."

"¡Majadero!" dijo a esta sazón don Quijote, "a los caballeros andantes
no les toca, ni atañe averiguar, si los afligidos, encadenados y opresos que
encuentran por los caminos van de aquella manera, o están en aquella
angustia por sus culpas° o por sus gracias.° Sólo le toca ayudarles como a   offenses, cleverne
menesterosos, poniendo los ojos en sus penas y no en sus bellaquerías. Yo
topé un rosario y sarta° de gente mohina y desdichada, y hice con ellos lo   string of beads
que mi religión me pide, y lo demás allá se avenga,[2] y a quien mal le ha
parecido, salvo la santa dignidad del señor licenciado y su honrada persona,
digo que sabe poco de achaque de caballería, y que miente como un
hideputa y mal nacido, y esto le haré conocer con mi espada donde más
largamente se contiene."[3]

Y esto dijo, afirmándose en los estribos y calándose° el morrión,   closing
porque la bacía de barbero, que a su cuenta era el yelmo de Mambrino,
llevaba colgado del arzón delantero, hasta adobarla° del mal tratamiento que   to repair it
la hicieron los galeotes. Dorotea, que era discreta y de gran donaire, como
quien ya sabía el menguado humor° de don Quijote y que todos hacían   disposition
burla dél, sino Sancho Panza, no quiso ser para menos,[4] y viéndole tan
enojado, le dijo:

"Señor caballero, miémbresele a la vuestra merced el don que me tiene
prometido, y que conforme a él, no puede entremeterse° en otra aventura,   to engage in
por urgente que sea. Sosiegue vuestra merced el pecho, que si el señor
licenciado supiera que por ese invicto brazo habían sido librados los
galeotes, él se diera tres puntos° en la boca, y aun se mordiera tres veces   stitches
la lengua, antes que haber dicho palabra que en despecho° de vuestra   disrespect
merced redundara."

"Eso juro yo bien," dijo el cura, "y aun me hubiera quitado un bigote."

"Yo callaré, señora mía," dijo don Quijote, "y reprimiré° la justa cólera   I'll control
que ya en mi pecho se había levantado, y iré quieto y pacífico hasta tanto
que os cumpla el don prometido. Pero en pago de buen deseo os suplico
me digáis, si no se os hace de mal, cuál es la vuestra cuita y cuántas,
quiénes y cuáles son las personas de quien os tengo de dar debida,°   due
satisfecha° y entera venganza."   complete

"Eso haré yo de gana," respondió Dorotea, "si es que no os enfada oír
lástimas y desgracias."

---

[1] This heading describes the action of chapter 29.
[2] **Allá...** *that's not my business*
[3] **Donde...** *to the full extent*
[4] **No quiso...** *not wanting to be left out*

"No enfadará, señora mía," respondió don Quijote.

A lo que respondió Dorotea:

"Pues así es, esténme vuestras mercedes atentos."

No hubo ella dicho esto, cuando Cardenio y el barbero se le pusieron al lado, deseosos de ver cómo fingía su historia la discreta Dorotea, y lo mismo hizo Sancho, que tan engañado iba con ella como su amo. Y ella, después de haberse puesto bien en la silla y prevenídose con toser y hacer otros ademanes,° con mucho donaire comenzó a decir desta manera: preparations

"Primeramente quiero que vuestras mercedes sepan, señores míos, que a mí me llaman…"

Y detúvose aquí un poco, porque se le olvidó el nombre que el cura le había puesto. Pero él acudió al remedio, porque entendió en lo que reparaba,[5] y dijo:

"No es maravilla, señora mía, que la vuestra grandeza se turbe y empache° contando sus desventuras, que ellas suelen ser tales, que muchas   are bashful veces quitan la memoria a los que maltratan, de tal manera, que aun de sus mesmos nombres no se les acuerda, como han hecho con vuestra gran señoría, que se ha olvidado que se llama la princesa Micomicona, legítima heredera del gran reino Micomicón. Y con este apuntamiento puede la vuestra grandeza reducir° ahora fácilmente a su lastimada memoria todo   to bring aquello que contar quisiere."

"Así es la verdad," respondió la doncella, "y desde aquí adelante creo que no será menester apuntarme° nada, que yo saldré a buen puerto con mi   prompt me verdadera historia. La cual es que el rey mi padre, que se llamaba Tinacrio el Sabidor,[6] fue muy docto en esto que llaman el arte mágica, y alcanzó por su ciencia que mi madre, que se llamaba la reina Jaramilla, había de morir 'primero que° él, y que de allí a poco tiempo él también había de pasar   before desta vida y yo había de quedar huérfana de padre y madre. Pero decía él que no le fatigaba tanto esto cuanto le ponía en confusión saber por cosa muy cierta que un descomunal gigante, señor de una grande ínsula, que casi alinda° con nuestro reino, llamado Pandafilando[7] de la Fosca° Vista—   borders, gloomy porque es cosa averiguada que aunque tiene los ojos en su lugar y derechos, siempre mira al revés, como si fuese bizco, y esto lo hace él de maligno y por poner miedo y espanto a los que mira—, digo que supo que este gigante, en sabiendo mi orfandad,° había de pasar con gran poderío sobre   orphanhood mi reino y me lo había de quitar todo, sin dejarme una pequeña aldea donde me recogiese. Pero que podía escusar toda esta ruina° y desgracia si yo me   perdition quisiese casar con él. Mas, a lo que él entendía, jamás pensaba que me vendría a mí en voluntad de hacer tan desigual casamiento, y dijo en esto la pura verdad, porque jamás me ha pasado por el pensamiento casarme con aquel gigante, pero ni con otro alguno, por grande y desaforado que fuese.

[5] **En lo que…** *why she was hesitating*

[6] Tinacrio is a character in the romance *El caballero del Febo* (Zaragoza, 1562). This book was not mentioned as being among Don Quijote's books.

[7] Pandafilando seems to refer to cheating and fleeing.

"Dijo también mi padre que después que él fuese[8] muerto y viese yo
que Pandafilando comenzaba a pasar sobre mi reino, que no aguardase a
ponerme en defensa, porque sería destruirme, sino que libremente le dejase
desembarazado° el reino, si quería escusar la muerte y total destruición° de   open, destruction
5 mis buenos y leales vasallos, porque no había de ser posible defenderme de
la endiablada fuerza del gigante, sino que luego, con algunos de los míos,
me pusiese en camino de las Españas,[9] donde hallaría el remedio de mis
males, hallando a un caballero andante, cuya fama en este tiempo se
estendería por todo este reino, el cual se había de llamar, si mal no me
10 acuerdo, don Azote o don Gigote."[10]
    "Don Quijote diría, señora," dijo a esta sazón Sancho Panza, "o, por
otro nombre, el Caballero de la Triste Figura."
    "Así es la verdad," dijo Dorotea. "Dijo más: que había de ser alto de
cuerpo, seco de rostro, y que en el lado derecho, debajo del hombro
15 izquierdo, o por allí junto, había de tener un lunar° pardo, con ciertos   mole
cabellos a manera de cerdas.°"   hog bristles
    En oyendo esto don Quijote, dijo a su escudero:
    "Ten aquí, Sancho, hijo, ayúdame a desnudar, que quiero ver si soy el
caballero que aquel sabio rey dejó profetizado."
20   "Pues ¿para qué quiere vuestra merced desnudarse?" dijo Dorotea.
    "Para ver si tengo ese lunar que vuestro padre dijo," respondió don
Quijote.
    "No hay para qué desnudarse," dijo Sancho, "que yo sé que tiene
vuestra merced un lunar desas señas en la mitad del espinazo, que es señal
25 de ser hombre fuerte."
    "Eso basta," dijo Dorotea, "porque con los amigos no se ha de mirar
en pocas cosas, y que esté en el hombro, o que esté en el espinazo, importa
poco. Basta que haya lunar, y esté donde estuviere, pues todo es una mesma
carne, y sin duda, acertó mi buen padre en todo, y yo he acertado en
30 encomendarme al señor don Quijote, que él es por quien mi padre dijo,
pues las señales del rostro vienen con las de la buena fama que este
caballero tiene, no sólo en España, pero en toda la Mancha, pues apenas me
hube desembarcado° en Osuna,[11] cuando oí decir tantas hazañas suyas que   landed
luego me dio el alma que era el mesmo que venía a buscar."
35   "¿Pues cómo se desembarcó vuestra merced en Osuna, señora mía,"
preguntó don Quijote, "si no es puerto de mar?"
    Mas antes que Dorotea respondiese, tomó el cura la mano[12] y dijo:
    "Debe de querer decir la señora princesa que, después que desembarcó
en Málaga, la primera parte donde oyó nuevas de vuestra merced fue en
40 Osuna."

---

[8] **Fuese** is used here as **estuviese** would be today.
[9] Because of the various kingdoms that Spain comprised, the area was known as **las
Españas** for a long time.
[10] **Gigote** was a dish made of ground meat.
[11] Osuna is a city between Seville and Málaga, about a hundred kms. from the sea.
[12] **Tomó...** *the priest lent a hand*

"Eso quise decir," dijo Dorotea.

"Y esto lleva camino,"[13] dijo el cura, "y prosiga vuestra majestad adelante."

"No hay que proseguir," respondió Dorotea, "sino que, finalmente, mi suerte ha sido tan buena en hallar al señor don Quijote, que ya 'me cuento° y tengo por reina y señora de todo mi reino, pues él, por su cortesía y magnificencia, me ha prometido el don de irse conmigo dondequiera que yo le llevare, que no será a otra parte que a ponerle delante de Pandafilando de la Fosca Vista para que le mate y me restituya lo que tan contra razón me tiene usurpado, que todo esto ha de suceder a pedir de boca,[14] pues así lo dejó profetizado Tinacrio el Sabidor, mi buen padre, el cual también dejó dicho y escrito, en letras caldeas[15] o griegas, que yo no las sé leer, que si este caballero de la profecía,° después de haber degollado° al gigante, quisiese casarse conmigo, que yo me otorgase luego, sin réplica alguna, por su legítima esposa, y le diese la posesión de mi reino, junto con la de mi persona."

I consider myself

prophecy, beheaded

"¿Qué te parece, Sancho amigo?" dijo a este punto don Quijote. "¿No oyes lo que pasa? ¿No te lo dije yo? Mira si tenemos ya reino que mandar y reina con quien casar."

"Eso juro yo," dijo Sancho, "¡Para el puto que no se casare en abriendo el gaznatico al señor Pandahilado! Pues ¡monta que es mala la reina! Así se me vuelvan las pulgas de la cama."[16]

Y diciendo esto, dio dos zapatetas en el aire, con muestras de grandísimo contento, y luego fue a tomar las riendas de la mula de Dorotea, y haciéndola detener, se hincó de rodillas ante ella, suplicándole le diese las manos para besárselas, en señal que la recibía por su reina y señora. ¿Quién no había de reír de los circunstantes, viendo la locura del amo y la simplicidad del criado? En efecto, Dorotea se las dio y le prometió de hacerle gran señor en su reino, cuando el cielo le hiciese tanto bien que se lo dejase cobrar y gozar. Agradecióselo Sancho con tales palabras, que renovó la risa en todos.

"Ésta, señores," prosiguió Dorotea, "es mi historia. Sólo resta por deciros que de cuanta gente de acompañamiento saqué de mi reino, no me ha quedado sino sólo este buen barbado escudero, porque todos se anegaron en una gran borrasca que tuvimos vista° del puerto. Y él y yo salimos en dos tablas° a tierra, como por milagro. Y así, es todo milagro y misterio el discurso de mi vida, como lo habréis notado. Y si en alguna cosa he andado demasiada, o no tan acertada como debiera, echad la culpa a lo que el señor licenciado dijo al principio de mi cuento: que los trabajos continuos y

in sight of
planks

[13] **Y esto...** *and this makes sense*

[14] **A pedir...** *for the asking*

[15] The Chaldean language was spoken in Urartu, near the Black Sea, from the 9th to the 6th centuries B.C.

[16] **Para...** *[To hell with] the Sodomite who doesn't marry when he opens señor Pandahilado's windpipe! Well, let's see if the queen is so bad—I wish the fleas in my bed were like that.*

extraordinarios quitan la memoria al que los padece."

"Ésa no me quitarán a mí, ¡oh alta y valerosa señora!" dijo don
Quijote, "cuantos yo pasare en serviros,[17] por grandes y no vistos que sean.
Y así, de nuevo confirmo el don que os he prometido, y juro de ir con vos
5 al cabo del mundo hasta verme con el fiero enemigo vuestro, a quien
pienso, con el ayuda de Dios y de mi brazo, tajar° la cabeza soberbia con   cut off
los filos desta, no quiero decir buena espada, merced a Gines de Pasamonte,
que me llevó la mía," esto dijo entre dientes, y prosiguió diciendo, "y
después de habérsela tajado y puéstoos en pacífica posesión de vuestro
10 estado, quedará a vuestra voluntad hacer de vuestra persona lo que más en
talante os viniere. Porque mientras que yo tuviere ocupada la memoria y
cautiva la voluntad, perdido el entendimiento, a aquélla... y no digo más,
no es posible que yo arrostre,° ni por pienso, el casarme, aunque fuese con   confront
el ave fénix."[18]
15   Parecióle tan mal a Sancho lo que últimamente su amo dijo acerca de
no querer casarse, que, con grande enojo, alzando la voz, dijo:
"¡Voto a mí y juro a mí, que no tiene vuestra merced, señor don
Quijote, cabal juicio! Pues ¿cómo es posible que pone vuestra merced en
duda el casarse con tan alta princesa como aquésta? ¿Piensa que le ha de
20 ofrecer la fortuna, tras cada cantillo,° semejante ventura como la que ahora   pebble
se le ofrece? ¿Es por dicha más hermosa mi señora Dulcinea? No, por
cierto: ni aun con la mitad, y aun estoy por decir que no llega a su zapato
de la que está delante. Así, noramala alcanzaré yo el condado que espero,
si vuestra merced se anda a pedir cotufas° en el golfo.° Cásese, cásese   food, sea
25 luego, encomiéndole yo a Satanás,[19] y tome ese reino que se le viene a las
manos de *vobis, vobis*,[20] y en siendo rey, hágame marqués o adelantado, y
luego, siquiera se lo lleve el diablo todo."[21]
       Don Quijote, que tales blasfemias oyó decir contra su señora Dulcinea,
no lo pudo sufrir, y alzando el lanzón, sin haballe palabra a Sancho, y sin
30 decirle «esta boca es mía»,[22] le dio tales dos palos, que dio con él en tierra,
y si no fuera porque Dorotea le dio voces que no le diera más, sin duda le
quitara allí la vida.
       "¿Pensáis," le dijo a cabo de rato, "villano ruin, que ha de haber lugar
siempre para ponerme la mano en la horcajadura,[23] y que todo ha de ser
35 errar vos y perdonaros yo? Pues ¡no lo penséis, bellaco descomulgado, que

---

[17] Unusual word order, more "logically": **Cuantos [trabajos] que yo pasare en
serviros no me quitarán ésa [mi memoria].**
[18] The phœnix was the mythical Egyptian bird that lived for 500 years. It built its own
funeral pyre, fanned the flames with its wings, and was reincarnated. It never married
anyone.
[19] **Encomiéndole...** *in the devil's name*
[20] Sancho means **de bóbilis, bóbilis** *for nothing.* **Vobis** is a Latin word meaning *to
you.*
[21] **Siquiera...** *and then may the devil take the rest*
[22] Common saying which meant "Without saying a word."
[23] **Ponerme la mano...** *show me such disrespect*

sin duda lo estás, pues has puesto lengua en[24] la sin par Dulcinea! Y ¿no sabéis vos, gañán, faquín, belitre,[25] que si no fuese por el valor que ella infunde en mi brazo, que no le[26] tendría yo para matar una pulga. Decid, socarrón de lengua viperina,° y ¿quién pensáis que ha ganado este reino; y cortado la cabeza a este gigante; y hechoos a vos marqués, que todo esto doy ya por hecho y por cosa pasada en cosa juzgada,° si no es el valor de Dulcinea, tomando a mi brazo por instrumento de sus hazañas? Ella pelea en mí y vence en mí, y yo vivo y respiro en ella, y tengo vida y ser. ¡Oh hideputa, bellaco, y cómo sois desagradecido, que os véis levantado del polvo de la tierra a ser señor de título, y correspondéis a tan buena obra con decir mal de quien os la hizo!" — snake, decided

No estaba tan maltrecho Sancho que no oyese todo cuanto su amo le decía, y levantándose con un poco de presteza, se fue a poner detrás del palafrén de Dorotea, y desde allí dijo a su amo:

"Dígame, señor, si vuestra merced tiene determinado de no casarse con esta gran princesa, claro está que no será el reino suyo, y no siéndolo, ¿qué mercedes me puede hacer? Esto es de lo que yo me quejo. Cásese vuestra merced una por una[27] con esta reina, ahora que la tenemos aquí como llovida° del cielo, y después puede volverse con mi señora Dulcinea, que reyes debe de haber habido en el mundo que hayan sido amancebados. En lo de la hermosura no me entremeto, que, en verdad, si va a decirla, que entrambas me parecen bien, puesto que yo nunca he visto a la señora Dulcinea." — rained

"¿Cómo que no la has visto, traidor blasfemo?" dijo don Quijote, "pues ¿no acabas de traerme ahora un recado de su parte?"

"Digo que no la he visto tan despacio," dijo Sancho, "que pueda haber notado particularmente su hermosura y sus buenas partes, punto por punto, pero así a bulto, me parece bien."

"Ahora te disculpo," dijo don Quijote, "y perdóname el enojo que te he dado, que los 'primeros movimientos° no son en manos de los hombres." — first impulses

"Ya yo lo veo," respondió Sancho, "y así en mí la gana de hablar siempre es primero movimiento, y no puedo dejar de decir por una vez siquiera lo que me viene a la lengua."

"Con todo eso," dijo don Quijote, "mira, Sancho, lo que hablas, porque tantas veces va el cantarillo° a la fuente...,[28] y no te digo más." — pitcher

"Ahora bien," respondió Sancho, "Dios está en el cielo, que ve las trampas, y será juez de quién hace más mal: yo en no hablar bien, o vuestra merced en no[29] oballo.°" — performing it

"¡No haya más! " dijo Dorotea, "corred, Sancho, y besad la mano a vuestro señor y pedilde° perdón, y de aquí adelante andad más atentado° en — pedidle, atento

---

[24] **Has...** *you have spoken ill of*

[25] **Gañán...** *you rustic, common laborer, vile person*

[26] This **le** refers to **valor.**

[27] **Una por...** *once and for all*

[28] The saying continues: **que deja el asa** *[handle]* **o la frente** *[spout].*

[29] This **no** has been in most editions since Brussels, 1607. It wasn't in the first edition.

vuestras alabanzas y vituperios, y no digáis mal de aquesa señora Tobosa,
a quien yo no conozco, si no es para servilla, y tened confianza en Dios,
que no os ha de faltar un estado donde viváis como un príncipe."

    Fue Sancho cabizbajo° y pidió la mano a su señor, y él se la dio con   with hanging head
5 reposado continente, y después que se la hubo besado, le echó la bendición,
y dijo a Sancho que se adelantasen un poco: que tenía que preguntalle y
que departir con él cosas de mucha importancia. Hízolo así Sancho, y
apartáronse los dos algo adelante, y díjole don Quijote:

    "Después que veniste° no he tenido lugar ni espacio para preguntarte   **viniste**
10 muchas 'cosas de particularidad° 'acerca de°   details, about
y la embajada que llevaste y de la respuesta que trujiste,° y ahora, pues la   **trajiste**
fortuna nos ha concedido tiempo y lugar, no me niegues tú la ventura que
puedes darme con tan buenas nuevas."

    "Pregunte vuestra merced lo que quisiere," respondió Sancho, "que a
15 todo daré tan buena salida como tuve la entrada.[30] Pero suplico a vuestra
merced, señor mío, que no sea de aquí adelante tan vengativo."

    "¿Por qué lo dices, Sancho?" dijo don Quijote.

    "Dígolo," respondió, "porque estos palos de agora más fueron por la
pendencia que entre los dos trabó el diablo la otra noche, que por lo que
20 dije contra mi señora Dulcinea, a quien amo y reverencio como a una
reliquia, aunque en ella no lo haya,[31] sólo por ser cosa de vuestra merced."

    "No tornes a esas pláticas, Sancho, por tu vida," dijo don Quijote, "que
me dan pesadumbre. Ya te perdoné entonces, y bien sabes tú que suele
decirse: a pecado nuevo, penitencia nueva."[32]

25   En tanto que los dos iban en estas pláticas, dijo el cura a Dorotea que

---

[30] **Daré tan buena…** *I'll find the way out as easily as I found the way in*

[31] That is, there's nothing of a relic about her.

[32] At this point in the second Cuesta edition, and in most later editions, Sancho's
donkey comes back to him:

> Mientras eso pasaba, vieron venir por el camino donde ellos iban a un hombre
> caballero sobre un jumento, y cuando llegó cerca les parecía que era gitano; pero
> Sancho Panza, que doquiera que veía asnos se le iban los ojos y el alma, apenas
> hubo visto al hombre, cuando conoció que era Ginés de Pasamonte, y por el hilo del
> gitano sacó el ovillo de su asno como era la verdad, pues era el rucio sobre que
> Pasamonte venía; el cual, por no ser conocido y por vender el asno, se había puesto
> en traje de gitano, cuya lengua, y otras muchas, sabía hablar como si fueran
> naturales suyas. Viole Sancho y conocióle; y apenas le hubo visto y conocido,
> cuando a grandes voces dijo:
>   "¡Ah, ladrón Ginesillo! ¡Deja mi prenda, suelta mi vida, no te empaches con
> mi descanso, deja mi asno, deja mi regalo! ¡Huye, puto; auséntate, ladrón, y
> desampara lo que no es tuyo!"
>   No fueron menester tantas palabras y baldones, porque a la primera saltó Ginés
> y, tomando un trote que parecía carrera, en un punto se ausentó y alejó de todos.
> Sancho llegó a su rucio y, abrazándole, le dijo:
>   "¿Cómo has estado, bien mío, rucio de mis ojos, compañero mío?"
>   Y con esto le besaba y acariciaba, como si fuera persona. El asno callaba y se
> dejaba besar y acariciar de Sancho, sin responderle palabra alguna. Llegaron todos
> y diéronle el parabién del hallazgo del rucio, especialmente don Quijote, el cual le
> dijo que no por eso anulaba la póliza de los tres pollinos. Sancho se lo agradeció.

había andado muy discreta, así en el cuento como en la brevedad dél y en
la similitud° que tuvo con los de los libros de caballerías. Ella dijo que   resemblance
muchos ratos se había entretenido en leellos, pero que no sabía ella donde
eran las provincias ni puertos° de mar, y que así había dicho 'a tiento° que   ports, at random
se había desembarcado en Osuna.

"Yo lo entendí así," dijo el cura, "y por eso acudí luego a decir lo que
dije, con que se acomodó todo. Pero ¿no es cosa estraña ver con cuánta
facilidad cree este desventurado hidalgo todas estas invenciones y mentiras,
sólo porque llevan el estilo y modo de las necedades de sus libros?"

"Sí es," dijo Cardenio, "y tan rara y nunca vista, que yo no sé si
queriendo inventarla y fabricarla mentirosamente, hubiera tan agudo ingenio
que pudiera dar en ella."

"Pues otra cosa hay en ello," dijo el cura: "que, fuera de las
simplicidades que este buen hidalgo dice tocantes a su locura, si le tratan
de otras cosas, discurre° con bonísimas razones y muestra tener un   discourses
entendimiento claro y apacible° en todo, de manera que, como no le toquen   affable
en sus caballerías, no habrá nadie que le juzgue sino por de muy buen
entendimiento."

En tanto que ellos iban en esta conversación, prosiguió don Quijote con
la suya, y dijo a Sancho:

"'Echemos, Panza amigo, pelillos a la mar° en esto de nuestras   Let's... make peace
pendencias, y dime ahora, sin tener cuenta con enojo ni rencor alguno,
¿dónde, cómo y cuándo hallaste a Dulcinea? ¿Qué hacía? ¿Qué le dijiste?
¿Qué te respondió? ¿Qué rostro hizo cuando leía mi carta? ¿Quién te la
trasladó? Y todo aquello que vieres que en este caso es digno de saberse,
de preguntarse y satisfacerse, sin que añadas o mientas por darme gusto, ni
menos te acortes° por no quitármele."   shorten

"Señor," respondió Sancho, "si va a decir la verdad, la carta no me la
trasladó nadie, porque yo no llevé carta alguna."

"Así es, como tú dices," dijo don Quijote, "porque el librillo de
memoria donde yo la escribí le hallé en mi poder 'a cabo° de dos días de   after
tu partida, lo cual me causó grandísima pena, por no saber lo que habías tú
de hacer cuando te vieses sin carta, y creí siempre que te volvieras desde
el lugar donde la echaras menos."

"Así fuera," respondió Sancho, "si no la hubiera yo tomado en la
memoria cuando vuestra merced me la leyó, de manera que se la dije a un
sacristán que me la trasladó del entendimiento, tan punto por punto, que
dijo que en todos los días de su vida, aunque había leído muchas cartas de
descomunión,° no había visto ni leído tan linda carta como aquélla."   excommunication

"Y ¿tiénesla todavía en la memoria, Sancho?" dijo don Quijote.

"No, señor," respondió Sancho, "porque después que la di, como vi que
no había de ser de más provecho, di en olvidalla. Y si algo se me acuerda,
es aquello del «sobajada», digo del «soberana señora», y lo último, «vuestro
hasta la muerte, el Caballero de la Triste Figura.» Y en medio destas dos
cosas le puse más de trecientas «almas», y «vidas», y «ojos míos»."

Capítulo XXXI. De los sabrosos razonamientos que pasaron entre don Quijote y Sancho Panza, su escudero, con otros sucesos.

"TODO ESO no me descontenta.° Prosigue adelante," dijo don Quijote.   displeases
"Llegaste, y ¿qué hacía aquella reina de la hermosura? A buen
seguro que la hallaste ensartando perlas, o bordando° alguna empresa con   embroidering
'oro de cañutillo° para este su cautivo caballero."   gold thread
"No la hallé," respondió Sancho, "sino ahechando° dos hanegas de   sifting
trigo en un corral de su casa."
"Pues 'haz cuenta,°" dijo don Quijote, "que los granos de aquel trigo   you must realize
eran granos de perlas, tocados° de sus manos, y si miraste, amigo, el trigo   having been touched
¿era candeal, o trechel°?"   spring wheat
"No era sino rubión,°" respondió Sancho.   reddish wheat
"Pues yo te aseguro," dijo don Quijote, "que, ahechado por sus manos,
hizo 'pan candeal,° sin duda alguna, pero pasa adelante. Cuando le diste mi   whitest bread
carta, ¿besóla? ¿Púsosela sobre la cabeza? ¿Hizo alguna ceremonia digna
de tal carta, o qué hizo?"
"Cuando yo se la iba a dar," respondió Sancho, "ella estaba en la fuga
del meneo de una buena parte de trigo que tenía en la criba.¹ Y díjome:
'Poned, amigo, esa carta sobre aquel costal, que no la puedo leer hasta que
acabe de acribar° todo lo que aquí está.' "   sifting
"Discreta señora," dijo don Quijote, "eso debió de ser por leerla
despacio y recrearse° con ella. Adelante, Sancho, y en tanto que estaba en   take delight
su menester,° ¿qué coloquios pasó contigo? ¿Qué te preguntó de mí? Y tú,   duties
¿qué le respondiste? Acaba, cuéntamelo todo, no se te quede en el tintero
una mínima."²
"Ella no me preguntó nada," dijo Sancho, "mas yo le dije de la manera
que vuestra merced, por su servicio, quedaba haciendo penitencia, desnudo
de la cintura arriba, metido entre estas sierras, como si fuera salvaje,°   wild man
durmiendo en el suelo, sin comer pan a manteles ni sin peinarse° la barba,   combing
llorando y maldiciendo su fortuna."
"En decir que maldecía mi fortuna dijiste mal," dijo don Quijote,
"porque antes la bendigo y bendeciré todos los días de mi vida por haberme
hecho digno de merecer amar tan alta señora como Dulcinea del Toboso."
"Tan alta es," respondió Sancho, "que a buena fe que me lleva a mí
más de un coto."³
"Pues ¿cómo, Sancho," dijo don Quijote, "haste medido° tú con ella?"   measured
"Medíme en esta manera," respondió Sancho: "que llegándole a ayudar
a poner un costal de trigo sobre un jumento, llegamos tan juntos, que eché
de ver que me llevaba más de un gran palmo."⁴

---

¹ **En la fuga...** *right in the middle of winnowing a good deal of wheat that she had in her screen*
² The **mínima** is the musical half-note, and came to mean *the slightest thing.*
³ **Me lleva...** *she's more than four inches taller than I am*
⁴ **Un palmo** is eight inches, so Sancho is referring to something more than that.

"Pues ¡es verdad," replicó don Quijote, "que no acompaña esa grandeza
y la adorna con mil millones de gracias del alma! Pero no me negarás,
Sancho, una cosa: cuando llegaste junto a ella, ¿no sentiste un olor sabeo,[5]
una fragancia° aromática y un no sé qué de bueno, que yo no acierto a dalle   fragrance
nombre? Digo ¿un tuho, o tufo,° como si estuvieras en la tienda de algún   aroma
'curioso guantero?°"[6]   quaint glovemaker
    "Lo que sé decir," dijo Sancho, "es que sentí un olorcillo° algo   little smell
hombruno,° y debía de ser que ella, con el mucho ejercicio, estaba sudada°   mannish, sweaty
y algo correosa.°"   grimy
    "No sería eso," respondió don Quijote, "sino que tú debías de estar
romadizado° o te debiste de oler a ti mismo, porque yo sé bien a lo que   with a cold
huele aquella rosa entre espinas,° aquel lirio° del campo, aquel ámbar   thorns, lily
desleído.°"   liquid
    "Todo puede ser," respondió Sancho, "que muchas veces sale de mí
aquel olor que entonces me pareció que salía de su merced de la señora
Dulcinea. Pero no hay de qué maravillarse, que un diablo parece a otro."
    "Y bien," prosiguió don Quijote, "'he aquí° que acabó de limpiar su   so
trigo y de envíallo al molino. ¿Qué hizo cuando leyó la carta?"
    "La carta," dijo Sancho, "no la leyó, porque dijo que no sabía leer ni
escribir. Antes la rasgó y la hizo menudas° piezas, diciendo que no la   small
quería dar a leer a nadie, porque no se supiesen en el lugar sus secretos, y
que bastaba lo que yo le había dicho 'de palabra° acerca del amor que   orally
vuestra merced le tenía y de la penitencia extraordinaria que por su causa
quedaba haciendo. Y finalmente, me dijo que dijese a vuestra merced que
le besaba las manos y que allí quedaba con más deseo de verle que de
escribirle, y que así le suplicaba, y mandaba, que, vista la presente,[7] saliese
de aquellos matorrales° y se dejase de hacer disparates y se pusiese luego   thickets
luego en camino del Toboso, si otra cosa de más importancia no le
sucediese, porque tenía gran deseo de ver a vuestra merced. Riose mucho
cuando le dije como se llamaba vuestra merced EL CABALLERO DE LA
TRISTE FIGURA. Pregúntéle si había ido allá el vizcaíno de marras. Díjome
que sí, y que era un hombre muy de bien. También le pregunté por los
galeotes, mas díjome que no había visto hasta entonces alguno."
    "Todo va bien hasta agora," dijo don Quijote. "Pero dime: ¿qué joya°   reward
fue la que te dio al despedirte, por las nuevas que de mí le llevaste? Porque
es usada y antigua costumbre entre los caballeros y damas andantes dar a
los escuderos, doncellas o enanos que les llevan nuevas, de sus damas a
ellos, a ellas de sus andantes, alguna rica joya, en albricias,° en   reward
agradecimiento de su recado."
    "Bien puede eso ser así, y yo la tengo por buena usanza. Pero eso
debió de ser en los tiempos pasados, que ahora sólo se debe de acostumbrar
a dar un pedazo de pan y queso, que esto fue lo que me dio mi señora

[5] Refers to Sheba, the area of Arabia famous for its perfumes.
[6] Gloves used to be perfumed with ambergris.
[7] **Vista...** *having seen the current letter*

Dulcinea, por las bardas de un corral, cuando della me despedí, y aun, 'por
más señas,° será el queso ovejuno.°"   seemingly, of sheep

   "Es liberal en estremo," dijo don Quijote, "y si no te dio joya de oro,
sin duda debió de ser porque no la tendría allí a la mano para dártela, pero
5   buenas son mangas después de Pascua;.[8] Yo la veré, y se satisfará todo.
¿Sabes de qué estoy maravillado, Sancho? De que me parece que fuiste y
veniste por los aires, pues poco más de tres días has tardado en ir y venir
desde aquí al Toboso, habiendo de aquí allá más de treinta leguas, por lo
cual me doy a entender que aquel sabio nigromante° que 'tiene cuenta con°   magician, takes car
10   mis cosas y es mi amigo, porque por fuerza le hay y le ha de haber, so   of
pena que yo no sería buen caballero andante, digo que este tal te debió de
ayudar a caminar sin que tú lo sintieses, que hay sabio destos que coge° a   takes
un caballero andante durmiendo en su cama y sin saber cómo o en qué
manera, amanece° otro día más de mil leguas de donde anocheció.° Y si no   wakes up, fell aslee
15   fuese por esto, no se podrían socorrer en sus peligros los caballeros
andantes unos a otros, como se socorren 'a cada paso.° Que acaece estar   all the time
uno peleando en las sierras de Armenia con algún endriago o con algún
fiero vestiglo, o con otro caballero, donde lleva lo peor de la batalla y está
ya a punto de muerte, y cuando no os me cato[9] asoma por acullá, encima
20   de una nube o sobre un carro° de fuego, otro caballero amigo suyo que   cart
poco antes se hallaba en Ingalaterra, que le favorece y libra de la muerte,
y a la noche se halla en su posada cenando muy a su sabor, y suele haber
de la una a la otra parte dos o tres mil leguas. Y todo esto se hace por
industria y sabiduría° destos sabios encantadores que tienen cuidado destos   ingenuity
25   valerosos caballeros. Así que, amigo Sancho, no se me hace dificultoso
creer que en tan breve tiempo hayas ido y venido desde este lugar al del
Toboso. Pues, como tengo dicho, algún sabio amigo te debió de llevar 'en
volandillas,° sin que tú lo sintieses."   in the air
   "Así sería," dijo Sancho, "porque a buena fe que andaba Rocinante
30   como si fuera asno de gitano con azogue° en los oídos."[10]   mercury
   "Y ¡cómo si llevaba azogue!' dijo don Quijote, "y aun una legión de
demonios, que es gente que camina y hace caminar sin cansarse, todo
aquello que se les antoja. Pero, dejando esto aparte, ¿qué te parece a ti que
debo yo de hacer ahora, cerca de lo que mi señora me manda que la vaya
35   a ver? que aunque yo veo que estoy obligado a cumplir su mandamiento,
véome también imposibilitado° del don que he prometido a la princesa que   helpless
con nosotros viene, y fuérzame la ley de caballería a cumplir mi palabra
antes que mi gusto. Por una parte, me acosa° y fatiga el deseo de ver a mi   harasses
señora. Por otra, me incita y llama la prometida fe y la gloria que he de
40   alcanzar en esta empresa. Pero lo que pienso hacer será caminar a priesa y
llegar presto donde está este gigante, y en llegando, le cortaré la cabeza y
pondré a la princesa pacíficamente° en su estado, y 'al punto° daré la vuelta   peacefully, immedi
a ver a la luz que mis sentidos alumbra. A la cual daré tales disculpas, que   ately

---

[8] **Buenas son…** *better late than never*
[9] **Cuando…** *when he least expects it*
[10] Gypsies would put mercury in the ears of donkeys to make them go faster.

ella venga a tener por buena mi tardanza, pues verá que todo redunda en aumento de su gloria y fama, pues cuanta yo he alcanzado, alcanzo y alcanzaré por las armas en esta vida, toda me viene del favor que ella me da y de ser yo suyo."

"¡Ay," dijo Sancho, "y cómo está vuestra merced lastimado° de esos cascos!° Pues dígame, señor, ¿piensa vuestra merced caminar este camino en balde y dejar pasar y perder un tan rico y tan principal casamiento como éste, donde le dan en dote un reino, que a buena verdad que he oído decir que tiene más de veinte mil leguas 'de contorno,° y que es abundantísimo de todas las cosas que son necesarias para el sustento° de la vida humana, y que es mayor que Portugal y que Castilla juntos? Calle, por amor de Dios, y tenga vergüenza de lo que ha dicho, y tome mi consejo, y perdóneme, y cásese luego en el primer lugar que haya cura, y si no, ahí está nuestro licenciado, que lo hará 'de perlas.° Y advierta que ya tengo edad para dar consejos, y que éste que le doy le viene de molde, y que más vale pájaro en mano que buitre volando,[11] porque quien bien tiene y mal escoge, por bien que se enoja, no se venga."[12]

"Mira, Sancho," respondió don Quijote, "si el consejo que me das de que me case es porque sea luego rey, en matando al gigante, y 'tenga cómodo° para hacerte mercedes y darte lo prometido, hágote saber que sin casarme podré cumplir tu deseo muy fácilmente, porque yo sacaré de adahala,° antes de entrar en la batalla, que, saliendo vencedor della, 'ya que° no me case, me han de dar una parte del reino para que la pueda dar a quien yo quisiere, y en dándomela, ¿a quién quieres tú que la dé sino a ti?"

"Eso está claro," respondió Sancho, "pero mire vuestra merced que la escoja hacia la marina,° porque, si no me contentare la vivienda,° pueda embarcar° mis negros vasallos y hacer dellos lo que ya he dicho. Y vuestra merced no se cure° de ir por agora a ver a mi señora Dulcinea, sino váyase a matar al gigante y concluyamos este negocio, que por Dios que se me asienta que ha de ser de mucha honra y de mucho provecho."

"Dígote, Sancho," dijo don Quijote, "que estás en lo cierto, y que habré de tomar tu consejo 'en cuanto° el ir antes con la princesa que a ver a Dulcinea. Y avísote que no digas nada a nadie, ni a los que con nosotros vienen, de lo que aquí hemos departido y tratado, que pues Dulcinea es tan recatada que no quiere que se sepan sus pensamientos, no será bien que yo, ni otro por mí, los descubra."

"Pues si eso es así," dijo Sancho, "¿cómo hace vuestra merced que todos los que vence[13] por su brazo se vayan a presentar ante mi señora Dulcinea, siendo esto firma de su nombre, que la quiere bien, y que es su

---

[11] **Más vale…** *a bird in the hand is worth two in the bush.* **Buitre** means *vulture.*

[12] **Por…** This is supposed to be **por mal que le venga no se enoje** *let him not complain of the bad that comes to him,* but Sancho mixes up the order. There is no English equivalent of the whole proverb.

[13] **¿Cómo hace…** *why do you make all those you conquer…?*

enamorado?[14] Y siendo forzoso que los que fueren se han de ir a hincar de
finojos° ante su presencia y decir que van de parte de vuestra merced a   **hinojos** = knees
dalle la obediencia,° ¿cómo se pueden encubrir los pensamientos de   submission
entrambos?"

5   "¡Oh, qué necio y qué simple que eres!" dijo don Quijote. "¿Tú no ves,
Sancho, que eso todo redunda en su mayor ensalzamiento°? Porque has de   exaltation
saber que en este nuestro estilo de caballería es gran honra tener una dama
muchos caballeros andantes que la sirvan, sin que se estiendan más sus
pensamientos que a servilla, por sólo ser ella quien es, sin esperar otro
10 premio de sus muchos y buenos deseos sino que ella se contente de
acetarlos° por sus caballeros."   **aceptarlos**

"Con esa manera de amor," dijo Sancho, "he oído yo predicar que se
ha de amar a Nuestro Señor, por sí solo, sin que nos mueva esperanza de
gloria o temor de pena. Aunque yo le querría amar y servir por lo que
15 pudiese."[15]

"¡Válate el diablo por villano,[16]" dijo don Quijote, "y qué de
discreciones dices a las veces! No parece sino que has estudiado."

"Pues a fe mía que no sé leer," respondió Sancho.

En esto, les dio voces maese Nicolás que esperasen un poco, que
20 querían detenerse a beber en° una fontecilla° que allí estaba. Detúvose don   at, small spring
Quijote, con no poco gusto de Sancho, que ya estaba cansado de mentir
tanto, y temía no le cogiese su amo a palabras,[17] porque, puesto que él sabía
que Dulcinea era una labradora del Toboso, no la había visto en toda su
vida.

25 Habíase en este tiempo vestido Cardenio los vestidos° que Dorotea   clothing
traía cuando la hallaron, que, aunque no eran muy buenos, hacían mucha
ventaja a los que dejaba. Apeáronse junto a la fuente, y con lo que el cura
se acomodó en la venta satisficieron, aunque poco, la mucha hambre que
todos traían.

30 Estando en esto, acertó a pasar por allí un muchacho que iba de
camino, el cual, poniéndose a mirar con mucha atención a los que en la
fuente estaban, de allí a poco arremetió° a don Quijote, y abrazándole por   ran
las piernas, comenzó a llorar muy 'de propósito,° diciendo: earnestly

"¡Ay, señor mío ¿no me conoce vuestra merced? Pues míreme bien,
35 que yo soy aquel mozo Andrés que quitó vuestra merced de la encina donde
estaba atado."

Reconocióle don Quijote y asiéndole por la mano, se volvió a los que
allí estaban, y dijo:

"Porque vean vuestras mercedes cuán de importancia es haber
40 caballeros andantes en el mundo, que desfagan los tuertos y agravios que
en él se hacen por los insolentes y malos hombres que en él viven, sepan
vuestras mercedes que los días pasados, pasando yo por un bosque, oí unos

---

[14] **Siendo...** *as if your loving her and that you are her lover were your signature?*
[15] **Por lo que...** *for what He can do for me*
[16] **¡Válate...** *may the devil take you for a peasant!*
[17] **Temía no le...** *he feared that he [Quijote] would confound him with questions*

gritos y unas voces muy lastimosas,° como de persona afligida y   doleful
menesterosa. Acudí luego, llevado de mi obligación, hacia la parte donde
me pareció que las lamentables voces sonaban, y hallé atado a una encina
a este muchacho que ahora está delante, de lo que me huelgo en el alma,
porque será testigo que no me dejará mentir en nada. Digo que estaba atado
a la encina, desnudo del medio cuerpo arriba, y estábale abriendo a azotes
con las riendas de una yegua un villano,[18] que después supe que era amo
suyo. Y así como yo le vi, le pregunté la causa de tan atroz vapulamiento,°   flogging
respondió el zafio que le azotaba porque era su criado, y que ciertos
descuidos que tenía nacían más de ladrón que de simple.[19] A lo cual este
niño dijo: 'Señor, no me azota sino porque le pido mi salario.' El amo
replicó no sé qué arengas y disculpas, las cuales, aunque de mí fueron
oídas, no fueron admitidas. En resolución, yo le hice desatar, y tomé
juramento al villano de que le llevaría consigo y le pagaría un real sobre
otro, y aun sahumados. ¿No es verdad todo esto, hijo Andrés? ¿No notaste
con cuánto imperio° se lo mandé y con cuánta humildad prometió de hacer   authority
todo cuanto le impuse,° y notifiqué° y quise? Responde, no 'te turbes°   required, announced,
ni dudes en nada. Di lo que pasó a estos señores, porque se vea y considere   be confused
ser del provecho que digo haber caballeros andantes por los caminos.''

"Todo lo que vuestra merced ha dicho es mucha verdad,'' respondió el
muchacho, "pero el fin del negocio sucedió muy al revés de lo que vuestra
merced se imagina.''

"¿Cómo al revés?'' replicó don Quijote, "¿luego no te pagó el villano?''

"No sólo no me pagó,'' respondió el muchacho, "pero así como vuestra
merced traspuso° del bosque y quedamos solos, me volvió a atar a la   left
mesma encina y me dio de nuevo tantos azotes, que quedé hecho un San
Bartolomé desollado. Y a cada azote que me daba me decía un donaire y
chufeta° acerca de hacer burla de vuestra merced, que, a no sentir yo tanto   jibe
dolor, me riera de lo que decía. En efecto, él me paró° tal,° que hasta ahora   left, in such a state
he estado curándome en un hospital del mal que el mal villano entonces me
hizo. De todo lo cual tiene vuestra merced la culpa, porque si se fuera su
camino adelante y no viniera donde no le llamaban, ni se entremetiera° en   meddled
negocios ajenos, mi amo se contentara con darme una o dos docenas de
azotes, y luego me soltara y pagara cuanto me debía. Mas como vuestra
merced le deshonró tan sin propósito y le dijo tantas villanías,[20]
encendiósele la cólera, y como no la pudo vengar en vuestra merced,
cuando se vio solo descargó sobre mí el nublado,[21] de modo que me parece
que no seré más hombre en toda mi vida.''

"El daño estuvo,'' dijo don Quijote, "en irme yo de allí, que no me
había de ir hasta dejarte pagado, porque bien debía yo de saber, por luengas
experiencias, que no hay villano que guarde palabra que tiene,[22] si él vee

---

[18] This is the subject of **estábale.**
[19] **Nacían...** *derived more from being a thief than a simpleton*
[20] **Como...** *since you insulted him so without purpose and called him so many names*
[21] **Descargó...** *he vented his anger on me*
[22] **Que tiene** *dada* which he has given. Schevill has changed **tiene** to **diere.**

que no le está bien guardalla.[23] Pero ya te acuerdas, Andrés, que yo juré que
si no te pagaba, que había de ir a buscarle y que le había de hallar, aunque
se escondiese en el vientre° de la ballena.°"[24]   stomach, whale
    "Así es la verdad," dijo Andrés, "pero no aprovechó nada."
5   "Ahora verás si aprovecha," dijo don Quijote.
    Y diciendo esto, se levantó muy apriesa y mandó a Sancho que
enfrenase° a Rocinante, que estaba paciendo en tanto que ellos comían.   bridle
Preguntóle Dorotea qué era lo que hacer quería. Él le respondió que quería
ir a buscar al villano y castigalle de tan mal término y hacer pagado a
10 Andrés hasta el último maravedí, a despecho y pesar de cuantos villanos
hubiese en el mundo. A lo que ella respondió que advirtiese que no podía,
conforme al don prometido, entremeterse en ninguna empresa hasta acabar
la suya, y que pues esto sabía él mejor que otro alguno, que sosegase el
pecho hasta la vuelta de su reino.
15   "Así es verdad," respondió don Quijote, "y es forzoso que Andrés
tenga paciencia hasta la vuelta, como vos, señora, decís, que yo le torno a
jurar y a prometer de nuevo de no parar hasta hacerle vengado y pagado."
    "No me creo desos juramentos," dijo Andrés, "más quisiera tener agora
con que llegar a Sevilla, que todas las venganzas del mundo.[25] Déme, si
20 tiene ahí, algo que coma y lleve, y quédese con Dios su merced y todos los
caballeros andantes, que también andantes sean ellos para consigo, como lo
han sido para conmigo."[26]
    Sacó de su repuesto Sancho un pedazo de pan y otro de queso, y
dándoselo al mozo, le dijo:
25   "Tomá,[27] hermano Andrés, que a todos nos alcanza parte de vuestra
desgracia."[28]
    "Pues ¿qué parte os alcanza a vos?" preguntó Andrés.
    "Esta parte de queso y pan que os doy," respondió Sancho, "que Dios
sabe si me ha de hacer falta o no, porque os hago saber, amigo, que los
30 escuderos de los caballeros andantes estamos sujetos a mucha hambre y a
mala ventura, y aun a otras cosas que se sienten mejor que se dicen."
    Andrés asió de su pan y queso, y viendo que nadie le daba otra cosa,
abajó° su cabeza y tomó el camino en las manos, como suele decirse. Bien   lowered
es verdad que, al partirse, dijo a don Quijote:
35   "¡Por amor de Dios, señor caballero andante, que si otra vez me
encontrare, aunque vea que me hacen pedazos, no me socorra ni ayude, sino
déjeme con mi desgracia, que no será tanta que no sea mayor la que me
vendrá de su ayuda de vuestra merced, a quien Dios maldiga, y a todos

---

[23] **No le…** *it's not in his interest to keep it*
[24] This refers to Jonah's whale. Of course, the "whale" is said to be only a "great
fish," in Jonah 1:17 [English Bible] or 2:1 [Spanish Bible].
[25] **Quisiera tener…** *I'd rather have the means to get to Seville than all the vengeance
in the world*
[26] **Que también…** *may they be as errant with themselves as they have been with me*
[27] This is the **vos** form of the command again.
[28] **A todos…** *we all have a share in your misfortune*

cuantos caballeros andantes han nacido en el mundo!"

Íbase a levantar don Quijote para castigalle, mas él se puso a correr de modo que ninguno se atrevió a seguille. Quedó corridísimo° don Quijote del cuento de Andrés, y fue menester que los demás tuviesen mucha cuenta con no reírse, por no acaballe de correr 'del todo.°   *very crestfallen*

entirely

Capítulo XXXII. Que trata de lo que sucedió en la venta a toda la cuadrilla de don Quijote.

A CABÓSE LA buena comida, ensillaron luego, y sin que les sucediese cosa digna de contar, llegaron otro día a la venta, espanto y asombro° de   *dread* Sancho Panza, y aunque él quisiera no entrar en ella, no lo pudo huir. La ventera, ventero, su hija y Maritornes, que vieron venir a don Quijote y a Sancho, les salieron a recebir con muestras de mucha alegría, y él las recibió con grave continente y aplauso,° y díjoles que le aderezasen otro   *solemnity* mejor lecho que la vez pasada, a lo cual le respondió la huéspeda° que   *innkeeper's wife* como la pagase mejor que la otra vez, que ella se la[1] daría de príncipes. Don Quijote dijo que sí haría, y así le aderezaron uno razonable en el mismo caramanchón de marras, y él se acostó luego, porque venía muy quebrantado y falto de juicio. No se hubo bien encerrado, cuando la huéspeda arremetió al barbero, y asiéndole de la barba, dijo:

"Para mi santiguada, que no se han aún de aprovechar más de mi rabo para su barba, y que me ha de volver mi cola, que anda lo de mi marido por esos suelos, que es vergüenza, digo, el peine que solía yo colgar de mi buena cola."

No se la quería dar el barbero, aunque ella más tiraba, hasta que el licenciado le dijo que se la diese, que ya no era menester más usar de aquella industria,° sino que se descubriese y mostrase en su misma forma,   *strategem* y dijese a don Quijote que cuando le despojaron los ladrones galeotes se había venido a aquella venta huyendo, y que si preguntase por el escudero de la princesa, le dirían que ella le había enviado adelante a dar aviso a los de su reino como ella iba y llevaba consigo al libertador de todos. Con esto dio de buena gana la cola a la ventera el barbero, y asimismo le volvieron todos los aderentes que había prestado para la libertad de don Quijote. Espantáronse° todos los de la venta de la hermosura de Dorotea, y aun del   *were astonished* buen talle del zagal Cardenio. Hizo el cura que les aderezasen de comer de lo que en la venta hubiese, y el huésped, con esperanza de mejor paga, con diligencia les aderezó una razonable comida, y a todo esto dormía don Quijote, y fueron de parecer° de no despertalle, porque más provecho le   *opinion* haría por entonces el dormir que el comer.

Trataron sobre comida, estando delante el ventero, su mujer, su hija,

---

[1] Schevill has **le** here, referring to **lecho**. The original has **la,** referring to **cama**.

Maritornes, todos los pasajeros, de la estraña locura de don Quijote[2] y del modo que le habían hallado. La huéspeda les contó lo que con él y con el harriero les había acontecido, y mirando si acaso estaba allí Sancho, como no le viese, contó todo lo de su manteamiento, de que no poco gusto
5   recibieron. Y como el cura dijese que los libros de caballerías que don Quijote había leído le habían vuelto el juicio, dijo el ventero:

"No sé yo cómo puede ser eso, que en verdad que, a lo que yo entiendo, no hay mejor letrado° en el mundo, y que tengo ahí dos o tres   reading
dellos, con otros papeles, que verdaderamente me han dado la vida, no sólo
10   a mí, sino a otros muchos. Porque cuando es tiempo de la siega, se recogen aquí, las fiestas,° muchos segadores,° y siempre hay algunos que saben leer,   holidays, harvesters
el cual coge uno destos libros en las manos, y rodeámonos dél más de treinta, y estámosle escuchando con tanto gusto que nos quita mil canas.°   white hairs
A lo menos, de mí sé decir que cuando oyo° decir aquellos furibundos y   oigo
15   terribles golpes que los caballeros pegan, que me toma gana de hacer otro tanto, y que querría estar oyéndolos noches y días."

"Y yo ni más ni menos," dijo la ventera, "porque nunca tengo buen rato en mi casa, sino aquel que vos estáis escuchando leer, que estáis tan embobado,° que no os acordáis de reñir° por entonces."   fascinated, argue
20   "Así es la verdad," dijo Maritornes, "y a buena fe que yo también gusto mucho de oír aquellas cosas, que son muy lindas, y más cuando cuentan que se está la otra señora debajo de unos naranjos° abrazada° con   orange trees, embracing
su caballero, y que les está una dueña haciéndoles la guarda, muerta de envidia° y con mucho sobresalto. Digo que todo esto es cosa 'de mieles.°'"   envy, sweet
25   "Y a vos ¿qué os parece, señora doncella?" dijo el cura, hablando con la hija del ventero.

"No sé, señor, en mi ánima," respondió ella, "también yo lo escucho, y en verdad que, aunque no lo entiendo, que recibo gusto en oíllo. Pero no gusto yo de los golpes de que mi padre gusta, sino de las lamentaciones que
30   los caballeros hacen cuando están ausentes° de sus señoras, que en verdad   absent
que algunas veces me hacen llorar de compasión° que les tengo."   pity

"Luego ¿bien las remediárades vos, señora doncella," dijo Dorotea, "si por vos lloraran?"[3]

"No sé lo que me hiciera," respondió la moza, "solo sé que hay
35   algunas señoras de aquellas tan crueles, que las llaman sus caballeros tigres, y leones, y otras mil inmundicias.° Y ¡Jesús! yo no sé qué gente es aquella   filth
tan desalmada y tan sin conciencia, que por no mirar a un hombre honrado, le dejan que se muera, o que se vuelva loco.[4] Yo no sé para qué es tanto melindre,° si lo hacen de honradas, cásense con ellos, que ellos no desean   prudery
40   otra cosa."

"¡Calla, niña!" dijo la ventera, "que parece que sabes mucho destas

---

[2] **Todos los pasajeros trataron sobre comida... de la estraña locura de don Quijote** would be a more understandable word order: *all the travelers talked over dinner... about the strange madness of Don Quijote.*

[3] **¿Bien las...** *would you console them... if it were for you that they cried?*

[4] **Por no...** *rather than look at an honest man, they let him die or go crazy*

cosas, y no está bien a las doncellas saber ni hablar tanto."

"Como me lo pregunta este señor," respondió ella, "no pude dejar de respondelle."

"Ahora bien," dijo el cura, "traedme, señor huésped, aquesos° libros, que los quiero ver."   *those*

"Que me place," respondió él.

Y entrando en su aposento, sacó dél una maletilla° vieja cerrada con una cadenilla,° y abriéndola, halló en ella tres libros grandes y unos papeles de muy buena letra, escritos de mano. El primer libro que abrió vio que era *Don Cirongilio de Tracia*,[5] y el otro de *Felixmarte de Hircania*, y el otro la *Historia del Gran Capitán Gonzalo Hernández de Córdoba, con la vida de Diego García de Paredes*.[6] Así como el cura leyó los dos títulos primeros, volvió el rostro al barbero, y dijo: *little valise*   *little chain*

"Falta nos hacen aquí ahora el ama de mi amigo y su sobrina."

"No hacen,"[7] respondió el barbero, "que también sé yo llevallos al corral o a la chimenea, que en verdad que hay muy buen fuego en ella."

"Luego ¿quiere vuestra merced quemar más[8] libros?" dijo el ventero.

"No más," dijo el cura, "que estos dos: el de *Don Cirongilio* y el de *Felixmarte*."

"Pues, ¿por ventura," dijo el ventero, "mis libros son herejes o flemáticos,° que los quiere quemar?"   *sluggish*

"«Cismáticos»[9] queréis decir, amigo," dijo el barbero, "que no «flemáticos»."

"Así es," replicó el ventero, "mas si alguno quiere quemar, sea ese del Gran Capitán y dese Diego García, que antes dejaré quemar un hijo que dejar quemar ninguno desotros."

"Hermano mío," dijo el cura, "estos dos libros son mentirosos y están llenos de disparates y devaneos. Y este del Gran Capitán es historia verdadera y tiene los hechos de Gonzalo Hernández de Córdoba,[10] el cual, por sus muchas y grandes hazañas mereció ser llamado de todo el mundo GRAN CAPITÁN, renombre° famoso y claro° y dél solo merecido.[11] Y este Diego García de Paredes[12] fue un principal caballero, natural de la ciudad de Trujillo, en Estremadura,[13] valentísimo soldado, y de tantas fuerzas°   *name, illustrious*   *strength*

---

[5] *Los quatro libros del valeroso caballero don Cirongilio de Tracia* by Bernardo de Vargas, was published in Seville, 1545. There are no known copies of possible later editions. James Ray Green prepared has a modern edition of this book (see DAI 36 [1975-76], 6735A).

[6] Published in Seville, 1580. There is a modern edition in *NBAE*, Vol. 8.

[7] i.e., **no hacen** *falta*.

[8] We must assume that the innkeeper had previously learned what the priest and barber had done to the library. A number of editions change this to **mis**.

[9] Refers to people wanting to separate themselves from the Church.

[10] Gonzalo Hernández de Córdoba was a Spanish soldier (1453-1515) who participated in the battles leading to the fall of Granada (1492), among many other accomplishments.

[11] That is, only Gonzalo Hernández de Córdoba merited the title of **Gran Capitán**.

[12] Diego García de Paredes (1466-1530), fought in Granada with and later accompanied the Gran Capitán in Sicily. He died at age 64 in Bologna, having fallen from his horse at the coronation of Carlos V.

[13] Trujillo is in the province of Cáceres in western Spain (pop. 10,000 today).

naturales, que detenía con un dedo una 'rueda de molino° en la mitad de su   millstone
furia. Y puesto con un montante° en la entrada de una puente,° detuvo a   broadsword, bridge
todo un innumerable ejército, que no pasase por ella. Y hizo otras tales
cosas, que si como él las cuenta y las escribe él, asimismo con la modestia
5   de caballero y de coronista propio, las escribiera otro, libre y desapasionado,
pusieran en su olvido las de los Hétores, Aquiles y Roldanes."[14]
    "¡Tomaos con mi padre!"[15] dijo el ventero, "mirad de qué se espanta,
de detener una rueda de molino.[16] Por Dios, ahora había vuestra merced de
leer lo que hizo[17] Felixmarte de Hircania, que de un revés solo partió cinco
10 gigantes por la cintura[18] como si fueran hechos de habas,° como los   beans
frailecicos que hacen los niños.[19] Y otra vez arremetió con un grandísimo
y poderosísimo ejército, donde llevó más de un millón y seiscientos mil
soldados, todos armados desde el pie hasta la cabeza, y los desbarató a
todos como si fueran manadas de ovejas. Pues ¿qué me dirán del bueno de
15 don Cirongilio de Tracia,[20] que fue tan valiente y animoso° como se verá   courageous
en el libro, donde cuenta que navegando por un río, le salió de la mitad del
agua una serpiente de fuego, y él, así como la vio, se arrojó sobre ella, y
se puso 'a horcajadas° encima de sus escamosas° espaldas y la apretó con   astride, scaly
ambas manos la garganta, con tanta fuerza que, viendo la serpiente que la
20 iba ahogando, no tuvo otro remedio sino dejarse ir a lo hondo del río,
llevándose tras sí al caballero, que nunca la quiso soltar? Y cuando llegaron
allá bajo,[21] se halló en unos palacios y en unos jardines tan lindos, que era
maravilla, y luego la sierpe se volvió en un viejo anciano, que le dijo tantas
de cosas que no hay más que oír. ¡Calle, señor, que si oyese esto, se
25 volvería loco de placer.[22] Dos higas[23] para el Gran Capitán y para ese Diego
García, que dice°!"   mention
    Oyendo esto Dorotea, dijo callando a Cardenio:
    "Poco le falta a nuestro huésped para hacer la 'segunda parte° de don   understudy
Quijote"
30   "Así me parece a mí," respondió Cardenio, "porque, según da indicio,
él tiene por cierto que todo lo que estos libros cuentan pasó ni más ni
menos que lo escriben, y no le harán creer otra cosa frailes descalzos."
    "Mirad, hermano," tornó a decir el cura, "que no hubo en el mundo
Felixmarte de Hircania, ni don Cirongilio de Tracia, ni otros caballeros
35 semejantes que los libros de caballerías cuentan. Porque todo es

---

[14] **Hétores, Aquiles y Roldanes.** Hector was an ideal warrior of the Trojan army in
Homer's *Iliad*. He was killed by his friend Achilles, the greatest soldier in Agamemnon's
army.

[15] **¡Tomaos...** *In your hat!* Clearly not a literal translation.

[16] **Mirad de qué...** *what is so astonishing about stopping a millstone?*

[17] The original edition has **leyó** here. Schevill adopts Hartzenbusch's "correction."
Other editions have different solutions: **leí yo de, oí yo de, leyó de, se lee en.**

[18] Felixmarte never did this feat.

[19] These **frailecicos** are toys that children cut out of beanpods, the top of which
resembled the hood of a priest (*Diccionario de autoridades*).

[20] The adventure described here did not happen in *Cirongilio de Tracia.*

[21] Starting with the second edition, most versions, including Schevill's, read **abajo.**

[22] **Si...** *if you heard this [story of Cirongilio] you would go crazy with delight*

[23] **Dos...** *I don't give a rap*

compostura° y ficción de ingenios ociosos que los compusieron para el   made-up
efeto que vos decís de entretener el tiempo, como lo entretienen leyéndolos
vuestros segadores, porque, realmente, os juro que nunca tales caballeros
fueron en el mundo, ni tales hazañas ni disparates acontecieron en él."
    "¡A otro perro con ese hueso!" respondió el ventero. "¡Como si yo no
supiese cuántas son cinco y adónde me aprieta el zapato! ¡No piense vuestra
merced darme papilla,° porque, por Dios que no soy nada blanco!°   ¡Bueno   deception, inexper-
es que quiera darme vuestra merced a entender que todo aquello que estos   ienced
buenos libros dicen sea disparates y mentiras, estando impreso con licencia
de los señores del 'Consejo Real,° como si ellos fueran gente que habían de   Royal Council
dejar imprimir tanta mentira junta, y tantas batallas y tantos encantamentos,
que quitan el juicio!"
    "Ya os he dicho, amigo," replicó el cura, "que esto se hace para
entretener nuestros ociosos pensamientos. Y así como se consiente en las
repúblicas bien concertadas que haya juegos de ajedrez, de pelota y de
trucos,[24] para entretener a algunos que ni tienen ni deben ni pueden trabajar,
así se consiente imprimir y que haya tales libros, creyendo, como es verdad,
que no ha de haber alguno tan ignorante que tenga por historia verdadera
ninguna destos libros. Y si me fuera lícito agora y el auditorio° lo   audience
requiriera, yo dijera cosas acerca de lo que han de tener los libros de
caballerías para ser buenos, que quizá fueran de provecho y aun de gusto
para algunos. Pero yo espero que vendrá tiempo en que lo pueda comunicar
con quien pueda remediallo,° y en este entretanto, creed, señor ventero, lo   remedy it
que os he dicho, y tomad vuestros libros, y allá 'os avenid° con sus   be reconciled
verdades o mentiras, y buen provecho os hagan, y quiera Dios que no
cojeéis° del pie que cojea vuestro huésped don Quijote."   limp
    "Eso no," respondió el ventero, "que no seré yo tan loco que me haga
caballero andante, que bien veo que ahora no se usa lo que se usaba en
aquel tiempo, cuando se dice que andaban por el mundo estos famosos
caballeros."
    A la mitad desta plática se halló Sancho presente, y quedó muy
confuso y pensativo de lo que había oído decir: que ahora no se usaban
caballeros andantes, y que todos los libros de caballerías eran necedades y
mentiras, y propuso en su corazón de esperar en lo que paraba aquel viaje
de su amo, y que si no salía con la felicidad que él pensaba, determinaba
de dejalle y volverse con su mujer y sus hijos a su acostumbrado trabajo.
    Llevábase la maleta y los libros el ventero, mas el cura le dijo:
    "Esperad, que quiero ver qué papeles son esos que de tan buena letra
están escritos."
    Sacólos el huésped, y dándoselos a leer, vio hasta obra de ocho
pliegos,[25] escritos de mano, y al principio tenían un título grande que decía:
Novela del curioso impertinente.[26] Leyó el cura para sí tres o cuatro

[24] **Ajedrez,...** *chess, ball, and pocket billiards*
[25] **Vio hasta obra...** *he [the priest] saw about eight folded sheets.* Many works were
written on sheets of paper folded once to make four pages. Given the length of this work,
as you will see, the sheets were not small.
[26] Putnam has translated this difficult-to-render title as "Story of the one who was too
curious for his own good." **Novela** comes from the italian *novella,* meaning "story."

renglones,° y dijo: lines

"Cierto que no me parece mal el título desta novela, y que me viene voluntad de leella toda."

A lo que respondió el ventero:

"Pues bien puede leella su reverencia, porque le hago saber que algunos[27] huéspedes que aquí la han leído les ha contentado mucho, y me la han pedido con muchas veras. Mas yo no se la he querido dar, pensando volvérsela a quien aquí dejó esta maleta olvidada con estos libros y esos papeles, que bien puede ser que vuelva su dueño por aquí algún tiempo, y aunque sé que me han de hacer falta los libros, a fe que se los he de volver, que aunque ventero todavía soy cristiano."

"Vos tenéis mucha razón, amigo," dijo el cura, "mas, con todo eso, si la novela me contenta, me la habéis de dejar trasladar.°"   copy

"De muy buena gana," respondió el ventero.

Mientras los dos esto decían, había tomado Cardenio la novela y comenzado° a leer en ella, y pareciéndole lo mismo que al cura, le rogó que   having begun
la leyese de modo que todos la oyesen.

"Sí leyera," dijo el cura, "si no fuera mejor gastar este tiempo en dormir que en leer."

"Harto reposo será para mí," dijo Dorotea, "entretener el tiempo oyendo algún cuento, pues aún no tengo el espíritu° tan sosegado, que me   mind
conceda dormir cuando fuera razón."[28]

"Pues desa manera," dijo el cura, "quiero leerla por curiosidad siquiera.[29] Quizá tendrá alguna[30] de gusto."

Acudió maese Nicolás a rogarle lo mesmo, y Sancho también, lo cual visto del cura, y entendiendo que a todos daría gusto y él le recibiría, dijo:

"Pues así es, esténme todos atentos, que la novela comienza desta manera:"

---

[27] Schevill, among others, has **a algunos**, which is grammatical—but let's let the innkeeper be not so grammatical, as he was in the first edition.

[28] **Cuando fuera...** *even though I should [sleep]*

[29] **Por curiosidad...** *if only out of curiosity*

[30] **Alguna [curiosidad]**

Capítulo XXXIII. Donde se cuenta la novela[1] del «Curioso impertinente°».

arrogant

« «EN FLORENCIA,[2] ciudad rica y famosa de Italia, en la provincia que llaman Toscana, vivían Anselmo y Lotario, dos caballeros ricos y principales, y tan amigos, que por excelencia y antonomasia° de todos los que los conocían LOS DOS AMIGOS eran llamados. Eran solteros,° mozos de una misma edad y de unas mismas costumbres, todo lo cual era bastante causa a que los dos con recíproca amistad se correspondiesen. Bien es verdad que el Anselmo[3] era algo más inclinado a los pasatiempos amorosos que el Lotario, al cual llevaban tras sí los de la caza. Pero cuando se ofrecía dejaba Anselmo de acudir a sus gustos por seguir los de Lotario, y Lotario dejaba los suyos por acudir a los de Anselmo. Y desta manera andaban tan a una sus voluntades, que no había concertado reloj que así lo anduviese.[4]

Andaba Anselmo perdido de amores de una doncella principal y hermosa de la misma ciudad, hija de tan buenos padres, y tan buena ella por sí, que se determinó, con el parecer de su amigo Lotario, sin el cual ninguna cosa hacía, de pedilla por esposa a sus padres. Y así, lo puso en ejecución, y el que llevó la embajada° fue Lotario, y el que concluyó el negocio tan a gusto de su amigo, que en breve tiempo se vio puesto en la posesión que deseaba, y Camila tan contenta de haber alcanzado a Anselmo por esposo, que no cesaba de dar gracias al cielo y a Lotario, por cuyo medio° tanto bien le había venido.

Los primeros días, como todos los de boda suelen ser alegres, continuó Lotario, como solía, la casa de su amigo Anselmo, procurando honralle, festejalle° y regocijalle° con todo aquello que a él le fue posible. Pero acabadas las bodas, y sosegada ya la frecuencia de las visitas y parabienes,° comenzó Lotario a descuidarse con cuidado de las idas° en casa de Anselmo, por parecerle a él, como es razón que parezca a todos los que fueren discretos, que no se han de visitar ni continuar° las casas de los amigos casados° de la misma manera que cuando eran solteros, porque aunque la buena y verdadera amistad no puede ni debe de ser sospechosa° en nada, con todo esto es tan delicada la honra del casado, que parece que se puede ofender aun de los mesmos hermanos, cuanto más de los amigos.

Notó Anselmo la remisión° de Lotario, y formó dél quejas grandes, diciéndole que si él supiera que el casarse había de ser parte para no comunicalle como solía, que jamás lo hubiera hecho, y que si por la buena correspondencia° que los dos tenían mientras él fue soltero habían alcanzado tan dulce nombre como el de ser llamados LOS DOS AMIGOS, que no permitiese por querer hacer del circunspecto,[5] sin otra ocasión alguna, que tan famoso y tan agradable nombre se perdiese, y que, así, le suplicaba,

nicknamed
bachelors

message

means

regale, gladden
felicitations
visits

keep visiting
married
suspect

seclusion

relations

---

[1] The essence of this story is found in Canto 43 of *Orlando Furioso*.

[2] Florence is the capital of Tuscany and is stunning because of its art and architecture, 235 kms. northwest of Rome.

[3] The use of the article with the names gives an Italian flavor to this story, which, besides taking place in Italy, imitates the style of the Italian *novelle*.

[4] **No había...** *no clock ran smoother [than their relationship]*

[5] **Querer hacer...** *just to act circumspect*

si era lícito que tal término de hablar se usase entre ellos, que volviese a ser
señor de su casa y a entrar y salir en ella como de antes, asegurándole que
su esposa Camila no tenía otro gusto ni otra voluntad que la que él quería
que tuviese, y que por haber sabido ella con cuantas veras los dos se
5   amaban, estaba confusa de ver en él tanta esquiveza.°   aloofness
    A todos estas y otras muchas razones que Anselmo dijo a Lotario para
persuadille volviese⁶, como solía, a su casa, respondió Lotario con tanta
prudencia, discreción y aviso, que Anselmo quedó satisfecho de la buena
intención de su amigo, y quedaron de concierto que dos días en la semana
10 y las fiestas fuese Lotario a comer con él. Y aunque esto quedó así
concertado entre los dos, propuso Lotario de no hacer más de aquello que
viese que más convenía a la honra de su amigo, cuyo crédito estimaba en
más que el suyo proprio.° Decía él, y decía bien, que el casado a quien el   **propio**
cielo había concedido mujer hermosa tanto cuidado había de tener qué
15 amigos llevaba a su casa, como en mirar con qué amigas su mujer
conversaba, porque lo que no se hace ni concierta° en las plazas, ni en los   contrive
templos,° ni en las fiestas públicas, ni estaciones,° cosas que no todas veces   churches, devotiona
las han de negar los maridos a sus mujeres, se concierta y facilita° en casa   visits; manage
de la amiga o la parienta de quien más satisfación° se tiene.   confidence
20   También decía Lotario que tenían necesidad los casados de tener cada
uno algún amigo que le advirtiese de los descuidos que en su proceder
hiciese, porque suele acontecer que con el mucho amor que el marido a la
mujer tiene, o no le advierte, o no le dice, por no enojalla, que haga o deje
de hacer algunas cosas, que el hacellas, o no, le sería de honra, o de
25 vituperio, de lo cual, siendo del amigo advertido, fácilmente pondría
remedio en todo. Pero ¿dónde se hallará amigo tan discreto y tan leal y
verdadero como aquí Lotario le pide? No lo sé yo, por cierto. Sólo Lotario
era éste, que con toda solicitud y advertimiento° miraba por la honra de su   advice
amigo, y procuraba dezmar, frisar y acortar los días del concierto⁷ del ir a
30 su casa, porque no pareciese mal al vulgo ocioso, y a los ojos vagabundos
y maliciosos, la entrada de un mozo rico, gentilhombre y bien nacido, y de
las buenas partes que él pensaba que tenía, en la casa de una mujer tan
hermosa como Camila,⁸ que, puesto que⁹ su bondad y valor podía poner
freno a toda maldiciente° lengua, todavía no quería poner en duda su crédito   slandering
35 ni el de su amigo, y por esto los más de los días del concierto los ocupaba
y entretenía en otras cosas, que él daba a entender ser inexcusables.° Así   indispensable
que en quejas del uno y disculpas° del otro se pasaban muchos ratos y   excuses
partes del día.
    "Sucedió, pues, que uno,¹⁰ que los dos se andaban paseando por un
40 prado fuera de la ciudad, Anselmo dijo a Lotario las semejantes razones:

---

⁶ **Persuadille *que* volviese**

⁷ **Dezmar,...** *reduce drastically, diminsh, and cut short the agreed upon days*

⁸ **Porque no pareciese...** *so that the visits of a rich and handsome young man at the house of a woman as beautiful as Camila not seem bad to the idle public and to roaming and malicious eyes.*

⁹ Remember that **puesto que** means *although*, as it does half a dozen times in this chapter alone.

¹⁰ That is, **un día.**

"Pensabas, amigo Lotario, que a las mercedes que Dios me ha hecho en hacerme hijo de tales padres como fueron los míos, y al darme no con mano escasa° los bienes, así los que llaman de naturaleza como los de fortuna, no puedo yo corresponder con agradecimiento que llegue al bien recebido y sobre al que me hizo en darme a ti por amigo y a Camila por mujer propia,[11] dos prendas° que las estimo, si no en el grado° que debo, en el que puedo. Pues con todas estas partes, que suelen ser el todo con que los hombres suelen y pueden vivir contentos, vivo yo el más despechado° y el más desabrido° hombre de todo el universo mundo. Porque no sé qué días a esta parte me fatiga y aprieta un deseo tan estraño y tan fuera del uso común de otros, que yo me maravillo de mí mismo, y me culpo,° y me riño a solas, y procuro callarlo y encubrirlo de mis proprios pensamientos, y así me ha sido posible salir con este secreto como si de industria procurara decillo a todo el mundo,[12] y pues que, en efeto, él ha de 'salir a plaza,° quiero que sea en la del archivo de tu secreto, confiado que con él y con la diligencia que pondrás, como mi amigo verdadero, en remediarme, yo me veré presto libre de la angustia que me causa, y llegará mi alegría por tu solicitud al grado que ha llegado mi descontento° por mi locura."

Suspenso tenían a Lotario las razones de Anselmo, y no sabía en qué había de parar tan larga prevención° o preámbulo, y aunque iba revolviendo en su imaginación qué deseo podría ser aquel que a su amigo tanto fatigaba, dio siempre muy lejos del blanco de la verdad, y por salir presto de la agonía° que le causaba aquella suspensión,° le dijo que hacía notorio agravio a su mucha amistad en andar buscando rodeos para decirle sus más encubiertos pensamientos, pues tenía cierto que se podía prometer dél,[13] o ya consejos para entretenellos,° o ya remedio para cumplillos.

"Así es la verdad," respondió Anselmo, "y con esa confianza te hago saber, amigo Lotario, que el deseo que me fatiga es pensar si Camila, mi esposa, es tan buena y tan perfeta° como yo pienso, y no puedo enterarme° en esta verdad si no es probándola de manera que la prueba manifieste° los quilates° de su bondad, como el fuego muestra los del oro. Porque yo tengo para mí, ¡oh amigo! que no es una mujer más buena de cuanto es o no es solicitada, y que aquella sola es fuerte que no se dobla° a las promesas, a las dádivas, a las lágrimas y a las continuas importunidades° de los solícitos° amantes. Porque, ¿qué hay que agradecer," decía él, "que una mujer sea buena, si nadie le dice que sea mala? ¿Qué mucho que esté recogida° y temerosa° la que no le dan ocasión para que se suelte, y la que sabe que tiene marido que, en cogiéndola en la primera desenvoltura,° la ha de quitar la vida? Ansí que la que es buena por temor, o por falta de lugar, yo no la quiero tener en aquella estima en que tendré a la solicitada y perseguida que salió con la corona del vencimiento.° De modo que, por estas razones y por otras muchas que te pudiera decir para acreditar y

Glosses (right margin):
- scanty
- treasures, extent
- despairing
- dissatisfied
- blame
- come out
- unhappiness
- preparatory statement
- anxiety, suspense
- to allay
- **perfecta,** find out
- proves
- degree of perfection
- submit
- demands
- insistent
- reserved, timid
- shameless act
- victory

[11] **No puedo yo...** *I cannot be grateful enough for the benefit I have received, especially in having been given you as a friend and Camila as my own wife.* **Sobre** is from the verb **sobrar** meaning *to exceed.*

[12] **Así me ha...** *it has not been possible to keep this secret than if I tried on purpose to tell it to the entire world*

[13] **Tenía cierto...** *he knew that he could count on his friend*

fortalecer la opinión que tengo, deseo que Camila mi esposa pase por estas
dificultades° y 'se acrisole y quilate° en el fuego de verse requerida° y
solicitada,° y de quien tenga valor para poner en ella sus deseos, y si ella
sale, como creo que saldrá, con la palma¹⁴ desta batalla, tendré yo por 'sin
5 igual° mi ventura. Podré yo decir que está colmo° el vació° de mis deseos.
Diré que me cupo en suerte¹⁵ la mujer fuerte de quien el Sabio dice que
¿quién la hallará?¹⁶ Y cuando° esto suceda al revés de lo que pienso, con
el gusto de ver que acerté en mi opinión, llevaré sin pena la que de razón
podrá causarme mi tan costosa experiencia.¹⁷ Y prosupuesto° que ninguna
10 cosa de cuantas me dijeres en contra de mi deseo ha de ser de algún
provecho para dejar de ponerle por la obra, quiero, ¡oh amigo Lotario! que
te dispongas° a ser el instrumento que labre° aquesta° obra de mi gusto, que
yo te daré lugar para que lo hagas, sin faltarte todo aquello que yo viere ser
necesario para solicitar a una mujer honesta, honrada, recogida y
15 desinteresada.°

"Y muéveme, entre otras cosas, a fiar° de ti esta tan ardua empresa, el
ver que si de ti es vencida Camila, no ha de llegar el vencimiento a todo
trance y rigor, sino a sólo a tener por hecho lo que se ha de hacer, por buen
respeto,¹⁸ y así, no quedaré yo ofendido más de con el deseo, y mi injuria
20 quedará escondida en la virtud de tu silencio, que bien sé que en lo que me
tocare ha de ser eterno como el¹⁹ de la muerte. Así que, si quieres que yo
tenga vida que pueda decir que lo es,²⁰ desde luego has de entrar en esta
amorosa batalla, no tibia° ni perezosamente,° sino con el ahinco y diligencia
que mi deseo pide y con la confianza que nuestra amistad me asegura."

25 Éstas fueron las razones que Anselmo dijo a Lotario, a todas las cuales
estuvo tan atento, que, si no fueron las que quedan escritas que le dijo, no
desplegó sus labios hasta que hubo acabado, y viendo que no decía más,
después que le estuvo mirando un buen espacio, como si mirara otra cosa
que jamás hubiera visto, que le causara admiración y espanto, le dijo:

30 "No me puedo persuadir, ¡oh amigo Anselmo! a que no sean burlas las
cosas que me has dicho, que a pensar que de veras las decías no consintiera
que tan adelante pasaras, porque con no escucharte previniera tu larga
arenga.²¹ Sin duda imagino, o que no me conoces, o que yo no te conozco.
Pero no: que bien sé que eres Anselmo y tu sabes que yo soy Lotario. El
35 daño está en que yo pienso que no eres el Anselmo que solías, y tu debes
de haber pensado que tampoco yo soy el Lotario que debía ser, porque las
cosas que me has dicho, ni son de aquel Anselmo mi amigo, ni las que me
pides se han de pedir a aquel Lotario que tu conoces. Porque los buenos

obstacles, be tested
courted; wooed

matchless, full,
emptitiness

if

since

prepare, bring about
this

impartial
confide

lukewarmly, lazily

---

¹⁴ That is, if she wins.
¹⁵ **Me...** *I have been lucky to come upon*
¹⁶ The **sabio** is Solomon: "Who can find a virtuous woman? Her worth is far beyond
rubies. Her husband's whole trust is in her..." (Proverbs 31:10-11).
¹⁷ **Llevaré...** *I shall bear without grief what such a costly experiment can cause me*
¹⁸ **No ha de llegar...** *the conquest will not be taken to the extreme limits, but rather,
that which is supposed to be done will be considered done, out of respect*
¹⁹ **El** *silencio*
²⁰ **Si quieres que yo...** *If you want me to have a life that I can say is [a life]*
²¹ **Con no...** *by not listening to you I would have prevented your long speech*

amigos han de probar a sus amigos, y valerse dellos, como dijo un poeta: *usque ad aras*,[22] que quiso decir que no se habían de valer de su amistad en cosas que fuesen contra Dios. Pues si esto sintió un gentil° de la amistad, ¿cuánto mejor es que lo sienta el cristiano que sabe que por ninguna humana[23] ha de perder la amistad divina? Y cuando el amigo tirase tanto la barra,[24] que pusiese aparte los respetos del cielo por acudir a los de su amigo, no ha de ser por cosas ligeras° y de poco momento, sino por aquellas en que vaya la honra y la vida de su amigo. Pues dime tú ahora, Anselmo, ¿cuál destas dos cosas tienes en peligro, para que yo me aventure a complacerte y a hacer una cosa tan detestable como me pides? Ninguna, por cierto. Antes me pides, según yo entiendo, que procure y solicite quitarte la honra y la vida, y quitármela a mí juntamente. Porque si yo he de procurar quitarte la honra, claro está que te quito la vida, pues el hombre sin honra peor es que un muerto, y siendo yo el instrumento, como tú quieres que lo sea, de tanto mal tuyo, ¿no vengo a quedar deshonrado y 'por el mesmo consiguiente,° sin vida? Escucha, amigo Anselmo, y ten paciencia de no responderme hasta que acabe de decirte lo que 'se me ofreciere° acerca de lo que te ha pedido tu deseo, que tiempo quedará para que tú me repliques y yo te escuche."

"Que me place," dijo Anselmo, "di lo que quisieres."

Y Lotario prosiguió, diciendo:

"Paréceme, ¡oh Anselmo! que tienes tú ahora el ingenio° como el que siempre tienen los moros, a los cuales no se les puede dar a entender el error de su secta° con las acotaciones° de la Santa Escritura, ni con razones que consistan en especulación del entendimiento, ni que vayan fundadas° en artículos de fe, sino que les han de traer ejemplos palpables, fáciles, intelegibles, demonstrativos, indubitables, con demonstraciones matemáticas,[25] que no se pueden negar, como cuando dicen: «Si de dos partes iguales quitamos partes iguales, las que quedan también son iguales.» Y cuando esto no entiendan de palabra, como en efeto no lo entienden, háseles de mostrar con las manos y ponérselo delante de los ojos, y aun con todo esto no basta° nadie con ellos a persuadirles las verdades de mi sacra religión. Y este mesmo término y modo me convendrá usar contigo, porque el deseo que en ti ha nacido va tan descaminado y tan fuera de todo aquello que tenga sombra° de razonable, que me parece que ha de ser tiempo gastado el que ocupare en darte a entender tu simplicidad,[26] que por ahora no le quiero dar otro nombre, y aun 'estoy por° dejarte en tu desatino, en pena de tu mal deseo. Más no me deja usar deste rigor la amistad que te tengo, la cual no consiente que te deje puesto en tan manifiesto peligro de perderte.

"Y porque claro lo veas, dime, Anselmo: ¿tú no me has dicho que tengo de solicitar a una retirada, persuadir a una honesta, ofrecer a una

pagan

trifling

consequently

occurs to me

state of mind

religion, quotations
based

suffice

shadow

feel like

---

[22] This quotation, "As far as the altar…," comes from *The Moralia* of Plutarch.

[23] **Ninguna *amistad* humana**

[24] **Tirase…** *goes to such extremes*

[25] **Demonstrativos,…** *able to be proven, not admitting of doubt, with mathematical proofs*

[26] **Ha de…** *it would waste my time to try to make you see your simple-mindedness*

desinteresada, servir a una prudente? Sí que me lo has dicho. Pues si tú
sabes que tienes mujer retirada, honesta, desinteresada y prudente, ¿qué
buscas? Y si piensas que de todos mis asaltos ha de salir vencedora, como
saldrá sin duda, ¿qué mejores títulos piensas darle después que los que
5   ahora tiene? ¿O qué será más después de lo que es ahora? O es que tú no
la tienes por la que dices, o tú no sabes lo que pides. Si no la tienes por lo
que dices, ¿para qué quieres probarla, sino, como a mala, hacer della lo que
más te viniere en gusto? Mas si es tan buena como crees, impertinente cosa
será hacer experiencia de la mesma verdad, pues después de hecha se ha de
10 quedar con la estimación° que primero tenía. Así que es razón concluyente°   appraisal, conclusi
que el intentar° las cosas de las cuales antes nos puede suceder daño que   attempting
provecho es de juicios sin discurso y temerarios,[27] y más cuando quieren
intentar aquellas a que no son forzados ni compelidos,° y que de muy lejos   obliged
traen descubierto que el intentarlas es manifiesta locura.[28]
15   "Las cosas dificultosas se intentan por Dios, o por el mundo, o por
'entrambos a dos:° las que se acometen° por Dios son las que acometieron   both, undertake
los santos, acometiendo a vivir vida de ángeles en cuerpos humanos, las que
se acometen por respeto del mundo son las de aquellos que pasan tanta
infinidad° de agua, tanta diversidad de climas,° tanta estrañeza de gentes,   boundlessness,
20 por adquirir estos que llaman bienes de fortuna. Y las que se intentan por   climate
Dios y por el mundo juntamente, son aquellas de los valerosos soldados,
que apenas veen en el contrario muro° abierto tanto espacio cuanto es el   wall
que pudo hacer una redonda° 'bala de artillería,° cuando, puesto aparte todo   round, artillery sh*
temor, sin hacer discurso ni advertir al manifiesto peligro que les amenaza,
25 llevados en vuelo de las alas del deseo de volver por su fe, por su nación
y por su rey, se arrojan intrépidamente por la mitad de mil contrapuestas°   diverse
muertes que los esperan. Estas cosas son las que suelen intentarse, y es
honra, gloria y provecho intentarlas, aunque tan llenas de inconvenientes y
peligros.
30   "Pero la que tú dices que quieres intentar y poner por obra, ni te ha de
alcanzar gloria de Dios, bienes de la fortuna, ni fama con los hombres,
porque, puesto que salgas con ella como deseas, no has de quedar ni más
ufano,° ni más rico, ni más honrado que estás ahora. Y si no sales, te has   content
de ver en la mayor miseria que imaginarse pueda, porque no te ha de
35 aprovechar pensar entonces que no sabe nadie la desgracia que te ha
sucedido, porque bastará para afligirte y deshacerte que la sepas tú mesmo.
Y para confirmación desta verdad, te quiero decir una estancia,° que hizo   stanza
el famoso poeta Luis Tansilo,[29] en el fin de su primera parte de las
Lágrimas de San Pedro, que dice así:

40   Crece el dolor y crece la vergüenza
                en Pedro, cuando el día se ha mostrado,
                y aunque allí no ve a nadie, 'se avergüenza°   feel ashamed

[27] **Es...** *is [an act] of judgment without reasoning and rash conclusions*
[28] **Más cuando...** *moreso if people want to try those [experiments] are not forced to,
and it can be seen a long way away that attempting them is demonstrably foolish*
[29] Luigi Tansillo (1510-1568) was an Italian poet who wrote *Le lacrime di San Pietro*,
translated into Spanish in 1587, two years after its publication in Italy.

de sí mesmo, por ver que había pecado:°　　　　　　　sinned
que a un magnánimo pecho a haber° vergüenza　　　　tener
no sólo ha de moverle el ser mirado;
que de sí se avergüenza cuando yerra,
si bien otro no vee que[30] cielo y tierra.

"Así que no escusarás con el secreto tu dolor.[31] Antes tendrás que
llorar contino,° si no lágrimas de los ojos, lágrimas de sangre del corazón,　　continuously
como las lloraba aquel simple doctor que nuestro poeta nos cuenta, que hizo
la prueba del vaso,[32] que con mejor discurso se escusó de hacerlo el
prudente Reinaldos, que puesto que aquello sea ficción poética, tiene en sí
encerrados° secretos morales dignos de ser advertidos° y entendidos e　　included, noted
imitados. Cuanto más, que con lo que ahora pienso decirte, acabarás de
venir en conocimiento° del grande error que quieres cometer.　　knowledge
　　"Dime, Anselmo: si el cielo, o la suerte buena, te hubiera hecho señor
y legítimo posesor de un finísimo diamante, de cuya bondad° y quilates°　　excellence, carats
estuviesen satisfechos cuantos lapidarios° le viesen, y que todos a una voz　　gem-cutters
y de común parecer dijesen que llegaba en quilates, bondad y fineza a
cuanto se podía estender la naturaleza de tal piedra,° y tú mesmo le　　jewel
creyeses así, sin saber otra cosa en contrario, ¿sería justo que te viniese en
deseo de tomar aquel diamante, y ponerle entre un ayunque° y un martillo,°　　anvil, hammer
y allí, 'a pura° fuerza de golpes y brazos, probar si es tan duro y tan fino　　by dint of
como dicen Y más, si lo pusieses por obra,[33] que 'puesto caso que° la　　although
piedra hiciese resistencia a tan necia prueba, no por eso se le añadiría más
valor ni más fama, y si se rompiese, cosa que podría ser, ¿no se perdía°　　perdería
todo? Sí, por cierto, dejando a su dueño en estimación de que todos le
tengan por simple.[34] Pues 'haz cuenta,° Anselmo amigo, que Camila es　　consider
finísimo diamante, así en tu estimación como en la ajena, y que no es razón
ponerla en contingencia° de que se quiebre,° pues aunque se quede con su　　risk, may break
entereza, no puede subir a más valor del que ahora tiene, y si faltase y no
resistiese, considera desde ahora cuál quedarías sin ella, y con cuánta razón
te podrías quejar de ti mesmo, por haber sido causa de su perdición y la
tuya.
　　"Mira que no hay joya en el mundo que tanto valga como la mujer
casta y honrada, y que todo el honor de las mujeres consiste en la opinión
buena que dellas se tiene, y pues la de tu esposa es tal, que llega al estremo
de bondad que sabes, ¿para qué quieres poner esta verdad en duda? Mira,
amigo, que la mujer es animal imperfecto y que no se le han de poner
embarazos donde tropiece° y caiga, sino quitárselos y despejalle° el camino　　may stumble, clear
de cualquier inconveniente, para que sin pesadumbre corra ligera a alcanzar

---

[30] **Vee *otra cosa* que**
[31] **Así...** *so you will not relieve your grief by secrecy*
[32] This "glass test" also comes from *Orlando Furioso* Canto 43. **Nuestro poeta** was,
of course, the *Italian* Ariosto. In this story, there is an enchanted goblet from which no
deceived husband has the power to drink. When it is presented to Reinaldos de
Montalbán, he does not take the test.
[33] **Si lo...** *if you did it*
[34] **Dejando a su...** *leaving its owner regarded by everyone as a fool*

la perfeción que le falta, que consiste en el ser virtuosa.

"Cuentan los naturales° que el arminio° es un animalejo° que tiene una   naturalists, ermine,
piel° blanquísima, y que, cuando quieren cazarle los cazadores, usan deste   small animal; fur
artificio: que, sabiendo las partes por donde suele pasar y acudir, las atajan°   cut off
5 con lodo, y después, ojeándole,° le encaminan° hacia aquel lugar, y así   shooing, they drive
como el arminio llega al lodo, se está quedo y se deja prender y cautivar,³⁵
'a trueco de° no pasar por el cieno y perder y ensuciar° su blancura, que la   rather than, make
estima en más que la libertad y la vida.³⁶ La honesta y casta mujer es   dirty
arminio, y es más que nieve blanca y limpia la virtud de la honestidad, y
10 el que quisiere que no la pierda, antes la guarde y conserve, ha de usar de
otro estilo diferente que con el arminio se tiene,³⁷ porque no le han de poner
delante el cieno de los regalos y servicios de los importunos amantes,
porque quizá, y aun sin quizá, no tiene tanta virtud y fuerza natural que
pueda por sí mesma atropellar° y pasar por aquellos embarazos, y es   overcome
15 necesario quitárselos y ponerle delante la limpieza de la virtud y la belleza   reputation
que encierra en sí la 'buena fama.°
"Es asimesmo° la buena mujer como espejo de cristal° luciente y claro,   likewise, glass
pero está sujeto a empañarse y escurecerse³⁸ con cualquiera aliento que le
toque. Hase de usar con la honesta mujer el estilo que con las reliquias:°   holy relics
20 adorarlas y no tocarlas. Hase de guardar y estimar la mujer buena como se
guarda y estima un hermoso jardín que está lleno de flores y rosas, cuyo
dueño no consiente que nadie le pasee ni manosee.° Basta que desde lejos   touch
y por entre las verjas° de hierro gocen de su fragrancia° y hermosura.   grating, **fragancia**
Finalmente, quiero decirte unos versos que se me han venido a la memoria,
25 que los oí en una comedia moderna,³⁹ que me parece que 'hacen al
propósito° de lo que vamos tratando. Aconsejaba un prudente viejo a otro,   apply to
padre de una doncella, que la recogiese,° guardase y encerrase, y entre otras   lock up
razones, le dijo éstas:

Es de vidrio° la mujer;   glass
30 pero no sé ha de probar
si se puede o no quebrar,
porque todo podría ser.
Y es más fácil el quebrarse,
y no es cordura ponerse
35 a peligro de romperse
lo que no puede soldarse.°   be mended

---

³⁵ **Se deja...** *he allows himself to be caught and captured*
³⁶ Ermines don't do this.
³⁷ **El que...** *he who doesn't want her to lose it, but rather to keep and conserve it,*
must not treat her like the ermine
³⁸ **Empañarse...** *being dimmed and dulled*
³⁹ No one knows which play this poem comes from. It could be from one of
Cervantes' own lost plays—you will see a sonnet from his *La casa de los celos* in the next
chapter.

Y en esta opinión estén
todos, y en razón la fundo,°   base my opinion
que si hay Danaes en el mundo,
hay pluvias° de oro también.[40]   rains

"Cuanto hasta aquí te he dicho, ¡oh Anselmo! ha sido por lo que a ti
te toca, y ahora es bien que se oiga algo de lo que a mí me conviene,° y si   concerns
fuere largo, perdóname, que todo lo requiere el laberinto donde te has
entrado, y de donde quieres que yo te saque. Tú me tienes por amigo, y
quieres quitarme la honra, cosa que es contra toda amistad, y aun no sólo
pretendes° esto, sino que procuras que yo te la quite a ti. Que me la quieres   try
quitar a mí está claro, pues cuando Camila vea que yo la solicito, como me
pides, cierto está que me ha de tener por hombre sin honra y mal mirado,°   thought of
pues intento° y hago una cosa tan fuera de aquello que el ser quien soy y   attempt
tu amistad me obliga. De que quieres que te la quite a ti, no hay duda,
porque viendo Camila que yo la solicito, ha de pensar que yo he visto en
ella alguna liviandad° que me dio atrevimiento a descubrirle mi mal deseo,   frivolity
y teniéndose por deshonrada, te toca a ti, como a cosa suya, su mesma
deshonra. Y de aquí nace lo que comúnmente 'se platica:° que el marido de   happens
la mujer adúltera, puesto que él no lo sepa ni haya dado ocasión para que
su mujer no sea la que debe, ni haya sido en su mano, ni en su descuido y
poco recato estorbar su desgracia, con todo le llaman y le nombran con
nombre de vituperio y bajo, y en cierta manera le miran los que la maldad
de su mujer saben con ojos de menosprecio, en cambio de mirarle con los
de lástima, viendo que, no por su culpa, sino por el gusto de su mala
compañera, está en aquella desventura.

"Pero quiérote decir la causa, porque con justa razón es deshonrado el
marido de la mujer mala, aunque él no sepa que lo es, ni tenga culpa, ni
haya sido parte, ni dado ocasión para que ella lo sea. Y no te canses de
oírme, que todo ha de redundar en tu provecho. Cuando Dios crió a nuestro
primer padre en el Paraíso Terrenal, dice la Divina Escritura que infundió
Dios sueño en Adán, y que, estando durmiendo, le sacó una costilla del
lado siniestro, de la cual formó a nuestra madre Eva. Y así como Adán
despertó y la miró, dijo: «Ésta es carne de mi carne y hueso de mis
huesos.» Y Dios dijo: «Por ésta dejará el hombre a su padre y madre, y
serán dos en una carne misma.» Y entonces fue instituido el divino
sacramento del matrimonio, con tales lazos, que sola la muerte puede
desatarlos.[41] Y tiene tanta fuerza y virtud este milagroso sacramento, que
hace que dos diferentes personas sean una mesma carne. Y aun hace más
en los buenos casados, que, aunque tienen dos almas, no tienen más de una
voluntad. Y de aquí viene que, como la carne de la esposa sea una mesma
con la del esposo, las manchas° que en ella caen, o los defectos que se   disgraces
procura, redundan en la carne del marido, aunque él no haya dado, como
queda dicho, ocasión para aquel daño. Porque así como el dolor del pie, o

---

[40] Danæ was imprisoned in a tower because an oracle said that her son would cause
her father's death. Zeus visited her in the form of a golden shower and she became the
mother of Persius (who, by the way, later did cause his grandfather's death).

[41] This is more or less from Genesis 2:23-24. The quotations are not exact.

de cualquier miembro del cuerpo humano, le siente todo el cuerpo, por ser
todo de una carne mesma, y la cabeza siente el daño del tobillo,° sin que · ankle
ella se le haya causado, así el marido es participante de la deshonra de la
mujer por ser una mesma cosa con ella. Y como las honras y deshonras del
5 mundo sean todas y nazcan de carne y sangre, y las de la mujer mala sean
deste género, es forzoso que al marido le quepa° parte dellas y sea tenido · fall to his share
por deshonrado sin que él lo sepa.
    "Mira, pues, ¡oh Anselmo! al peligro que te pones en querer turbar el
sosiego en que tu buena esposa vive. Mira por cuán vana e impertinente
10 curiosidad quieres revolver los humores que ahora están sosegados en el
pecho de tu casta esposa. Advierte que lo que aventuras a ganar es poco,
y que lo que perderás será tanto, que lo dejaré en su punto,⁴² porque me
faltan palabras para encarecerlo. Pero si todo cuanto he dicho no basta a
moverte de tu mal propósito, bien puedes buscar otro instrumento de tu
15 deshonra y desventura, que yo no pienso serlo, aunque por ello pierda tu
amistad, que es la mayor pérdida° que imaginar puedo." · loss
    Calló en diciendo esto el virtuoso y prudente Lotario, y Anselmo quedó
tan confuso y pensativo, que por un buen espacio no le pudo responder
palabra, pero, en fin, le dijo:
20   "Con la atención que has visto he escuchado, Lotario amigo, cuanto
has querido decirme, y en tus razones, ejemplos y comparaciones he visto
la mucha discreción que tienes y el estremo de la verdadera amistad que
alcanzas, y ansimesmo veo y confieso que si no sigo tu parecer y me voy
tras el mío, voy huyendo del bien y corriendo tras el mal. Presupuesto esto,
25 has de considerar que yo padezco ahora la enfermedad que suelen tener
algunas mujeres, que se les antoja comer tierra, yeso,° carbón° y otras cosas · plaster, coal
peores, aun asquerosas° para mirarse, cuanto más para comerse. Así que es · revolting
menester usar de algún artificio para que yo sane, y esto se podía hacer con
facilidad sólo con que comiences, aunque tibia y fingidamente,° a solicitar · pretending
30 a Camila, la cual no ha de ser tan tierna, que a los primeros encuentros° dé · encounters
con su honestidad por tierra, y con sólo este principio quedaré contento, y
tú habrás cumplido con lo que debes a nuestra amistad, no solamente
dándome la vida, sino persuadiéndome de no verme sin honra. Y estás
obligado a hacer esto por una razón sola, y es que estando yo, como estoy,
35 determinado de poner en plática° esta prueba, no has tú de consentir que yo · **práctica**
'dé cuenta° de mi desatino a otra persona, con que pondría en aventura° el · tell, risk
honor que tú procuras que no pierda, y cuando el tuyo no esté en el punto
que debe en la intención de Camila en tanto que la solicitares,⁴³ importa
poco o nada, pues con brevedad, viendo en ella la entereza que esperamos,
40 le podrás decir la pura verdad de nuestro artificio, 'con que° volverá tu · so
crédito al ser primero. Y pues tan poco aventuras y tanto contento me
puedes dar aventurándote, no lo dejes de hacer, aun que más inconvenientes
se te pongan delante, pues, como ya he dicho, con sólo que comiences daré
por concluida la causa."
45   Viendo Lotario la resoluta voluntad de Anselmo, y no sabiendo qué

---

⁴² **Lo...** *I will leave it unexpressed*
⁴³ **Cuando el tuyo...** *if your [honor] is not as high as it should be in the opinion of
Camila while you are courting her*

más ejemplos traerle, ni qué más razones mostrarle para que no la siguiese, y viendo que le amenazaba que daría a otro cuenta de su mal deseo, por evitar mayor mal, determinó de contentarle y hacer lo que le pedía, con propósito e intención de guiar aquel negocio de modo que, sin alterar° los pensamientos de Camila, quedase Anselmo satisfecho. Y así, le respondió que no comunicase su pensamiento con otro alguno, que él tomaba a su cargo° aquella empresa, la cual comenzaría cuando a él le diese más gusto. Abrazóle Anselmo tierna y amorosamente,° y agradecióle su ofrecimiento, como si alguna grande merced le hubiera hecho, y quedaron de acuerdo entre los dos que 'desde otro día siguiente° se comenzase la obra, que él le daría lugar y tiempo como 'a sus solas° pudiese hablar a Camila, y asimesmo le daría dineros y joyas que darla y que ofrecerla.[44] Aconsejóle que le diese músicas, que escribiese versos en su alabanza, y que, cuando él[45] no quisiese tomar trabajo de hacerlos, él mesmo[46] los haría. A todo se ofreció Lotario, bien con diferente intención que Anselmo pensaba.

    Y con este acuerdo se volvieron a casa de Anselmo, donde hallaron a Camila con ansia y cuidado, esperando a su esposo, porque aquel día tardaba en venir más de lo acostumbrado. Fuese Lotario a su casa, y Anselmo quedó en la suya, tan contento como Lotario fue pensativo, no sabiendo qué traza dar para salir bien de aquel impertinente negocio. Pero aquella noche pensó° el modo que tendría para engañar a Anselmo sin ofender a Camila. Y otro día vino a comer con su amigo, y fue bien recebido de Camila, la cual le recebía y regalaba con mucha voluntad, por entender la buena° que su esposo le tenía.

    Acabaron de comer, levantaron los manteles, y Anselmo dijo a Lotario que se quedase allí con Camila en tanto que él iba a un negocio forzoso, que dentro de hora y media volvería. Rogóle Camila que no se fuese, y Lotario se ofreció a hacerle compañía. Mas nada aprovechó con Anselmo, antes importunó a Lotario que se quedase y le aguardase, porque tenía que tratar con él una cosa de mucha importancia. Dijo también a Camila que no dejase solo a Lotario, en tanto que él volviese. En efeto, él supo tan bien fingir la necesidad o necedad de su ausencia, que nadie pudiera entender que era fingida. Fuese Anselmo, y quedaron solos a la mesa Camila y Lotario, porque la demás gente de casa toda se había ido a comer. Viose Lotario puesto en la estacada° que su amigo deseaba, y con el enemigo delante, que pudiera vencer, con sola su hermosura, a un escuadrón de caballeros armados, mirad si era razón que le temiera Lotario.

    Pero lo que hizo fue poner el codo° sobre el brazo de la silla y la mano abierta en la mejilla, y pidiendo perdón a Camila del mal comedimiento, dijo que quería reposar un poco en tanto que Anselmo volvía. Camila le respondió que mejor reposaría en el estrado° que en la silla, y así, le rogó se entrase a dormir en él. No quiso Lotario, y allí se quedó dormido hasta que volvió Anselmo, el cual, como halló a Camila en su aposento y a Lotario durmiendo, creyó que, como se había tardado tanto, ya habrían tenido los dos lugar para hablar y aun para dormir, y no vio la hora en

changing

care
lovingly

the next day
a solas

devised

buena *voluntad*

dueling place

elbow

drawing room

----

[44] The early editions show **la** instead of **le**.
[45] That is, Lotario.
[46] That is, Anselmo.

que[47] Lotario despertase, para volverse con él fuera y preguntarle de su
ventura.

     Todo le sucedió como él quiso. Lotario despertó, y luego salieron los
dos de casa, y así, le preguntó lo que deseaba, y le respondió Lotario que
no le había parecido ser bien que la primera vez se descubriese del todo, y
así, no había hecho otra cosa que alabar a Camila de hermosa,[48] diciéndole
que en toda la ciudad no se trataba de otra cosa que de su hermosura y
discreción, y que éste le había parecido buen principio para entrar ganando
la voluntad° y disponiéndola° a que otra vez le escuchase con gusto, usando   confidence, preparir
en esto del artificio que el demonio usa cuando quiere engañar a alguno que
está puesto 'en atalaya° de mirar por sí, que se transforma en ángel de luz,   on guard
siéndolo él de tinieblas, y poniéndole delante apariencias buenas,[49] al cabo
descubre quien es, y sale con su intención, si a los principios no es
descubierto su engaño. Todo esto le contentó mucho a Anselmo, y dijo que
cada día daría el mesmo lugar, aunque no saliese de casa, porque en ella se
ocuparía en cosas que Camila no pudiese venir en conocimiento de su
artificio.[50]

     Sucedió, pues, que se pasaron muchos días que, sin decir Lotario
palabra a Camila, respondía a Anselmo que la hablaba, y jamás podía sacar
della una pequeña muestra de venir en ninguna cosa que mala fuese, ni aun
dar una señal de sombra de esperanza. Antes decía que le amenazaba que
si de aquel mal pensamiento no se quitaba, que lo había de decir a su
esposo.

     "Bien está," dijo Anselmo, "hasta aquí ha resistido Camila a las
palabras, es menester ver cómo resiste a las obras: yo os daré mañana dos
mil escudos de oro para que se los ofrezcáis y aun se los deis, y otros
tantos para que compréis joyas con que cebarla,° que las mujeres suelen ser   excite her passion
aficionadas, y más si son hermosas, por más castas que sean, a esto de
traerse bien y andar galanas.[51] Y si ella resiste a esta tentación, yo quedaré
satisfecho y no os daré más pesadumbre."

     Lotario respondió que ya que había comenzado, que él llevaría hasta
el fin aquella empresa, puesto que entendía salir della cansado y vencido.
Otro día recibió los cuatro mil escudos, y con ellos cuatro mil confusiones,
porque no sabía qué decirse para mentir de nuevo, pero, en efeto, determinó
de decirle que Camila estaba tan entera a las dádivas y promesas como a
las palabras, y que no había para qué cansarse más, porque todo el tiempo
se gastaba en balde.

     Pero la suerte, que las cosas guiaba de otra manera, ordenó que,
habiendo dejado Anselmo solos a Lotario y a Camila, como otras veces
solía, él se encerró en un aposento, y por los agujeros° de la cerradura°   holes, lock
estuvo mirando y escuchando lo que los dos trataban, y vio que en más de

---

[47] **No vio...** *couldn't wait until*
[48] **Alabar...** *praise Camila for her beauty*
[49] **Poniéndole...** *putting forth a good appearance*
[50] **Aunque no saliese...** *although he would not leave the house, because in it he
would find things to do so that Camila would not come to know his deception*
[51] **Traerse...** *dressing well and being fashionable*

media hora Lotario no habló palabra a Camila, ni se la hablara si allí
estuviera un siglo. Y 'cayó en la cuenta° de que cuanto su amigo le había   saw
dicho de las respuestas de Camila todo era ficción y mentira. Y para ver si
esto era ansí, salió del aposento, y llamando a Lotario aparte, le preguntó
qué nuevas había y de qué temple estaba Camila. Lotario le respondió que
no pensaba más darle puntada[52] en aquel negocio, porque respondía tan
áspera y desabridamente,° que no tendría ánimo para volver a decirle cosa   sourly
alguna.

"¡Ha!" dijo Anselmo, "¡Lotario, Lotario, y cuán mal correspondes a lo
que me debes y a lo mucho que de ti confío!° Ahora te he estado mirando   trust
por 'el lugar que concede la entrada desta llave,° y he visto que no has   keyhole
dicho palabra a Camila, por donde me doy a entender que aun las primeras
le tienes por decir,[53] y si esto es así, como sin duda lo es, ¿para qué me
engañas? O ¿por qué quieres quitarme con tu industria los medios que yo
podría hallar para conseguir mi deseo?"

No dijo más Anselmo, pero bastó lo que había dicho para dejar corrido
y confuso a Lotario. El cual, casi como tomando por punto de honra el
haber sido hallado en mentira, juró a Anselmo que desde aquel momento
tomaba tan a su cargo el contentalle y no mentille, cual lo vería, si con
curiosidad lo espiaba, cuanto más que no sería menester usar de ninguna
diligencia, porque la que él pensaba poner en satisfacelle le quitaría de toda
sospecha. Creyóle Anselmo, y para dalle comodidad más segura y menos
sobresaltada,° determinó de hacer ausencia de su casa por ocho días,[54]   startling
yéndose a la de un amigo suyo que estaba en una aldea, no lejos de la
ciudad. Con el cual amigo concertó que le enviase a llamar con muchas
veras,[55] para tener ocasión° con Camila de su partida.   excuse

¡Desdichado y mal advertido de ti, Anselmo! ¿qué es lo que haces?
¿qué es lo que trazas?° ¿qué es lo que ordenas?° Mira que haces contra ti   are planning, are
mismo, trazando tu deshonra y ordenando tu perdición. Buena es tu esposa   arranging
Camila, quieta y sosegadamente la posees, nadie sobresalta tu gusto, sus
pensamientos no salen de las paredes de su casa, tú eres su cielo en la
tierra, el blanco de sus deseos, el cumplimiento de sus gustos y la medida
por donde mide° su voluntad, ajustándola en todo con la tuya y con la del   measures
cielo. Pues si la mina de su honor, hermosura, honestidad y recogimiento
te da sin ningún trabajo toda la riqueza que tiene y tú puedes desear, ¿para
qué quieres ahondar° la tierra y buscar nuevas vetas° de nuevo y nunca   dig into, veins
visto tesoro,° poniéndote a peligro que toda venga abajo, pues, en fin, 'se   treasure
sustenta° sobre los débiles arrimos° de su flaca naturaleza? Mira que el que   is supported, props
busca lo imposible es justo que lo posible se le niegue,[56] como lo dijo
mejor un poeta,[57] diciendo:

[52] **No pensaba...** *he didn't want to persist anymore*
[53] **Aun las...** *you haven't yet told her anything*
[54] **Ocho días** then, as now, means *one week*—today is the first day
[55] **Con el cual...** *he arranged for his friend to send for him urgently*
[56] **El que...** *he who seeks the impossible may be justly denied what is possible*
[57] Probably the poet is again Cervantes. Rodríguez Marín notices similarities between
this poem and one in *El gallardo español*: **"...en la prisión libertad / y a lo imposible
salida..."**

Busco en la muerte la vida,
salud en la enfermedad,
en la prisión libertad,
en lo cerrado salida
5   y en el traidor lealtad.
Pero mi suerte, de quien
jamás espero algún bien,
con el cielo ha estatuido°   ordained
que, pues lo imposible pido,
10   lo posible aun no me den.

    Fuese otro día Anselmo a la aldea, dejando dicho a Camila que el tiempo que él estuviese ausente vendría Lotario a mirar por su casa y a comer con ella, que tuviese cuidado de tratalle como a su mesma persona. Afligióse Camila, como mujer discreta y honrada, de la orden que su
15 marido le dejaba, y díjole que advirtiese que no estaba bien que nadie, él ausente, ocupase la silla de su mesa, y que si lo hacía por no tener confianza que ella sabría gobernar° su casa, que probase° por aquella vez,   manage, try y vería por experiencia como para mayores cuidados era bastante.[58] Anselmo le replicó que aquel era su gusto y que no tenía más que hacer
20 que bajar la cabeza y obedecelle. Camila dijo que ansí lo haría, aunque contra su voluntad.
    Partióse Anselmo, y otro día vino a su casa Lotario, donde fue rescebido° de Camila con amoroso y honesto acogimiento. La cual jamás   **recibido** se puso en parte donde Lotario la viese a solas, porque siempre andaba
25 rodeada° de sus criados y criadas, especialmente de una doncella suya,   surrounded llamada Leonela, a quien ella mucho quería por haberse criado desde niñas las dos juntas en casa de los padres de Camila, y cuando se casó con Anselmo la trujo consigo. En los tres días primeros nunca Lotario le dijo nada, aunque pudiera, cuando se levantaban los manteles y la gente se iba
30 a comer con mucha priesa, porque así se lo tenía mandado Camila. Y aun tenía orden Leonela que comiese primero que Camila, y que de su lado jamás se quitase. Mas ella, que en otras cosas de su gusto tenía puesto el pensamiento y había menester aquellas horas y aquel lugar para ocuparle en sus contentos,° no cumplía 'todas veces° el mandamiento de su señora.   amusements, alway
35 Antes los dejaba solos, como si aquello le hubieran mandado. Mas la honesta presencia de Camila, la gravedad° de su rostro, la compostura de   seriousness su persona era tanta, que ponía freno a la lengua de Lotario. Pero el provecho que las muchas virtudes de Camila hicieron, poniendo silencio en la lengua de Lotario, redundó más en daño de los dos, porque si la lengua
40 callaba, el pensamiento discurría,° y tenía lugar de contemplar parte por   roamed parte todos los estremos de bondad y de hermosura que Camila tenía, bastantes a enamorar una estatua de mármol, 'no que° un corazón de carne.   not to mention
    Mirábala Lotario en el lugar y espacio que había de hablarla, y consideraba cuán digna era de ser amada, y esta consideración comenzó
45 poco a poco a dar asaltos a los respectos° que a Anselmo tenía, y mil veces   regards quiso ausentarse de la ciudad y irse donde jamás Anselmo le viese a él, ni

---

[58] **Era**... *she was able*

él viese a Camila, mas ya le hacía impedimento y detenía° el gusto que   stopped
hallaba en mirarla. Hacíase fuerza y peleaba consigo mismo por desechar
y no sentir el contento que le llevaba a mirar a Camila. Culpábase a solas
de su desatino, llamábase mal amigo y aun mal cristiano. Hacía discursos
y comparaciones entre él y Anselmo, y todos paraban en decir que más
había sido la locura y confianza de Anselmo que su poca fidelidad.° Y que   loyalty
si así tuviera disculpa para con Dios como para con los hombres de lo que
pensaba hacer, que no temiera pena por su culpa.[59]

En efecto, la hermosura y la bondad de Camila, juntamente con la
ocasión que el ignorante° marido le había puesto en las manos, dieron con   stupid
la lealtad° de Lotario en tierra. Y sin mirar a otra cosa que aquella a que   loyalty
su gusto le inclinaba, al cabo de tres días de la ausencia de Anselmo, en los
cuales estuvo en continua batalla por resistir a sus deseos, comenzó a
requebrar a Camila con tanta turbación y con tan amorosas razones, que
Camila quedó suspensa, y no hizo otra cosa que levantarse de donde estaba
y entrarse en su aposento sin respondelle palabra alguna. Mas no por esta
sequedad° se desmayó° en Lotario la esperanza, que siempre nace   abruptness,
juntamente con el amor. Antes tuvo en más a Camila.[60] La cual, habiendo   diminished
visto en Lotario lo que jamás pensara, no sabía qué hacerse. Y pareciéndole
no ser cosa segura ni bien hecha darle ocasión ni lugar a que otra vez la
hablase, determinó de enviar aquella mesma noche, como lo hizo, a un
criado suyo con un billete a Anselmo, donde le escribió estas razones:

[59] **Si así tuviera...** *if he only had an excuse before God as well as men for what he
intended to do, he wouldn't fear the punishment for his crime*
[60] **Antes tuvo...** *he rather esteemed Camila more*

Capítulo XXXIIII. Donde se prosigue la novela del «Curioso impertinente».

"Así COMO suele decirse que parece mal el ejército sin su general y el castillo sin su castellano, digo yo que parece muy peor la mujer
5 casada y moza° sin su marido, cuando justísimas ocasiones no lo impiden.   young
Yo me hallo tan mal sin vos, y tan imposibilitada de no poder sufrir esta
ausencia, que si presto no venís me habré de ir a entretener en casa de mis
padres, aunque deje sin guarda la vuestra. Porque la que me dejastes,[1] si es
que quedó con tal título, creo que mira más por su gusto que por lo que a
10 vos os toca, y pues sois discreto, no tengo más que deciros, ni aun es bien
que más os diga."

Esta carta recibió Anselmo, y entendió por ella que Lotario había ya
comenzado la empresa, y que Camila debía de haber respondido como él
deseaba. Y alegre sobremanera de tales nuevas, respondió a Camila, 'de
15 palabra,° que no hiciese mudamiento° de su casa en modo alguno, porque   by messenger, mov
él volvería con mucha brevedad. Admirada quedó Camila de la respuesta
de Anselmo, que la puso en más confusión que primero, porque ni se
atrevía a estar en su casa, ni menos irse a la de sus padres, porque en la
quedada° corría peligro su honestidad, y en la ida iba contra el   stay
20 mandamiento de su esposo.

En fin, se resolvió en lo que le estuvo peor, que fue en el quedarse,
con determinación de no huir la presencia de Lotario, por no dar que decir
a sus criados, y ya le pesaba° de haber escrito lo que escribió a su esposo,   grieved
temerosa de que no pensase que Lotario había visto en ella alguna
25 desenvoltura que le hubiese movido a no guardalle el decoro que debía.
Pero, fiada° en su bondad, se fio° en Dios y en su buen pensamiento, con   trusting, trusted
que pensaba resistir callando a todo aquello que Lotario decirle quisiese, sin
dar más cuenta a su marido, por no ponerle en alguna pendencia° y trabajo.   quarrel

Y aun andaba buscando manera como disculpar a Lotario con Anselmo,
30 cuando° le preguntase la ocasión que le había movido a escribirle aquel   if
papel. Con estos pensamientos, más honrados que acertados ni
provechosos,° estuvo otro día escuchando a Lotario, el cual cargó la mano   beneficial
de manera que comenzó a titubear la firmeza de Camila,[2] y su honestidad
tuvo harto que hacer en acudir° a los ojos, para que no diesen muestra de   come to aid of
35 alguna amorosa compasión que las lágrimas y las razones de Lotario en su
pecho habían despertado. Todo esto notaba Lotario y todo le encendía.

Finalmente, a él le pareció que era menester, en el espacio y lugar que
daba la ausencia de Anselmo, 'apretar el cerco° a aquella fortaleza. Y así,   to lay siege
acometió a su presunción con las alabanzas de su hermosura, porque no hay
40 cosa que más presto rinda° y allane° las encastilladas° torres de la vanidad   overcome, subdue,
de las hermosas que la mesma vanidad, puesta en las lenguas de la   fortified
adulación. En efecto, él, con toda diligencia, minó° la roca° de su entereza°   mined, rock, integri
con tales pertrechos, que, aunque Camila fuera toda de bronze, viniera al
suelo. Lloró, rogó, ofreció, aduló, porfió y fingió Lotario con tantos
45 sentimientos, con muestras de tantas veras, que 'dio al través° con el recato   overthrew
de Camila y vino a triunfar de lo que menos se pensaba y más deseaba.

---

[1] That is, *the guard you left me (= Lotario)*
[2] **El cual...** *he pursued her so eagerly that her firmness began to waver*

Rindióse° Camila. Camila se rindió, pero ¿qué mucho si la amistad de   *surrendered*
Lotario no quedó en pie?³ Ejemplo claro que nos muestra que sólo se vence
la pasión amorosa con huilla, y que nadie se ha de poner a brazos con tan
poderoso enemigo,⁴ porque es menester fuerzas divinas para vencer las
suyas humanas.⁵ Sólo supo Leonela la flaqueza° de su señora, porque no se   *weakness*
la pudieron encubrir los dos malos amigos y nuevos amantes. No quiso
Lotario decir a Camila la pretensión de Anselmo, ni que él le había dado
lugar para llegar a aquel punto, porque no tuviese en menos su amor, y
pensase que así, acaso y sin pensar, y no de propósito, la había solicitado.⁶

Volvió de allí a pocos días Anselmo a su casa, y no echó de ver lo que
faltaba en ella, que era lo que en menos tenía y más estimaba. Fuese luego
a ver a Lotario, y hallóle en su casa, abrazáronse los dos, y el uno preguntó
por las nuevas de su vida o de su muerte.

"Las nuevas que te podré dar, ¡oh amigo Anselmo!" dijo Lotario, "son
de que tienes una mujer que dignamente puede ser ejemplo y corona de
todas las mujeres buenas. Las palabras que le he dicho se las ha llevado el
aire; los ofrecimientos se han tenido en poco; las dádivas no se han
admitido; de algunas lágrimas fingidas mías se ha hecho burla notable. En
resolución: 'así como° Camila es cifra° de toda belleza, es archivo° donde   *just as, emblem,*
asiste° la honestidad y vive el comedimiento y el recato y todas las virtudes   *archive; is present*
que pueden hacer loable° y bien afortunada a una honrada mujer. Vuelve   *praiseworthy*
a tomar tus dineros, amigo, que aquí los tengo sin haber tenido necesidad
de tocar a ellos, que la entereza de Camila no se rinde a cosas tan bajas
como son dádivas ni promesas. Conténtate, Anselmo, y no quieras hacer
más pruebas de las hechas.⁷ Y pues a pie enjuto° has pasado el mar de las   *dry*
dificultades y sospechas que de las mujeres suelen y pueden tenerse, no
quieras entrar de nuevo en el profundo piélago° de nuevos inconvenientes,   *high sea*
ni quieras hacer experiencia con otro piloto° de la bondad y fortaleza del   *navigator*
navío° que el cielo te dio en suerte para que en él⁸ pasases la mar deste   *ship*
mundo, sino haz cuenta que estás ya en seguro puerto, y aférrate° con las   *anchor yourself*
áncoras° de la buena consideración, y déjate estar hasta que te vengan a   *anchors*
pedir la deuda que no hay hidalguía humana que de pagarla se escuse."⁹

Contentísimo quedó Anselmo de las razones de Lotario, y así se las
creyó como si fueran dichas por algún oráculo.° Pero, con todo eso, le rogó   *oracle*
que no dejase la empresa, aunque no fuese más de por curiosidad y
entretenimiento, aunque no se aprovechase de allí adelante de tan
ahincadas° diligencias como hasta entonces. Y que sólo quería que le   *zealous*
escribiese algunos versos en su alabanza, debajo del nombre de Clori,
porque él le daría a entender a Camila que andaba enamorado de una dama,

---

³ **¿Qué mucho...** *but what wonder if Lotario's friendship could not stand firm?*
⁴ **Nadie se ha...** *no one should fight with such a powerful enemy*
⁵ **Las...** *human [powers of love]*
⁶ **Porque...** *so that she wouldn't have a lesser opinion of his love, and think that perhaps it was by chance and not on purpose that he had courted her.*
⁷ **De las...** *than those already done*
⁸ That is, with it, the ship = Camila.
⁹ **Déjate estar...** *Live in peace until they come to demand the debt which no human nobility can forgive you from paying,* that is, until your death.

a quien le había puesto aquel nombre, por poder celebrarla con el decoro
que a su honestidad se le debía. Y que, cuando Lotario no quisiera tomar
trabajo de escribir los versos, que él° los haría.   = Anselmo
    "No será menester eso" dijo Lotario, "pues no me son tan enemigas las
5 musas, que algunos ratos del año no me visiten. Dile tú a Camila lo que has
dicho del fingimiento de mis amores,[10] que los versos yo los haré, si no tan
buenos como el subjeto merece, serán, por lo menos, los mejores que yo
pudiere."
    Quedaron deste acuerdo el impertinente y el traidor amigo. Y vuelto
10 Anselmo[11] a su casa, preguntó a Camila lo que ella ya se maravillaba que
no se lo hubiese preguntado:[12] que fue que le dijese la ocasión por que le
había escrito el papel que le envió. Camila le respondió que le había
parecido que Lotario la miraba un poco más desenvueltamente° que cuando   free and easy
él estaba en casa, pero que ya estaba desengañada y creía que había sido
15 imaginación suya, porque ya Lotario huía de vella y de estar con ella a
solas. Díjole Anselmo que bien podía estar segura de aquella sospecha,
porque él sabía que Lotario andaba enamorado de una doncella principal de
la ciudad, a quien él celebraba debajo del nombre de Clori, y que, aunque
no lo estuviera,[13] no había que temer de la verdad de Lotario y de la mucha
20 amistad de entrambos. Y a no estar avisada Camila de Lotario de que eran
fingidos aquellos amores de Clori,[14] y que él se lo había dicho a Anselmo
por poder ocuparse algunos ratos en las mismas alabanzas de Camila, ella
sin duda cayera en la desesperada red de los celos. Mas por estar ya
advertida pasó aquel sobresalto sin pesadumbre.
25   Otro día, estando los tres sobre mesa, rogó Anselmo a Lotario dijese
alguna cosa de las que había compuesto a su amada Clori, que pues Camila
no la conocía, seguramente podía decir lo que quisiese.
    "Aunque la conociera," respondió Lotario, "no encubriera yo nada,
porque cuando algún amante loa a su dama de hermosa y la nota de cruel,
30 ningún oprobrio° hace a su buen crédito. Pero sea lo que fuere, lo que sé   infamy
decir, que ayer hice un soneto a la ingratitud desta Clori, que dice ansí:[15]

SONETO
En el silencio de la noche, cuando
ocupa el dulce sueño a los mortales,
35   la pobre cuenta de mis ricos males
estoy al cielo y a mi Clori dando.[16]

[10] That is, for Lotario's pretended love for this mysterious Clori.
[11] The first Cuesta editions have **Lotario** here.
[12] **Preguntó...** *he asked Camila what she was already wondering about, why he had
not asked*
[13] **Aunque...** *even if he were not [in love]*
[14] **A no estar...** *had Camila not been [previously] advised by Lotario that the love
for Clori was pretend*
[15] This sonnet also appears in Cervantes' *La casa de los celos* (pubsished in 1615).
Lauso begins the third act with the sonnet (in Schevill's edition of the *Comedias y
entremeses*, vol. I, p. 201).
[16] In ordinary syntax: **Estoy dando la pobre cuenta de mis ricos males al cielo y
a mi Clori.**

Y al tiempo cuando el sol se va mostrando
    por las rosadas puertas orientales,
    con suspiros y acentos desiguales
    voy la antigua querella renovando.
Y cuando el sol, de su estrellado asiento
    derechos rayos a la tierra envía,
    el llanto crece y doblo° los gemidos.   *I double*
Vuelve la noche, y vuelvo al triste cuento,
    y siempre hallo, en mi mortal porfía,°   *insistence*
    al cielo, sordo; a Clori, sin oídos.

Bien le pareció el soneto a Camila, pero mejor a Anselmo, pues le alabó y dijo que era demasiadamente cruel la dama que a tan claras verdades no correspondía. A lo que dijo Camila:

"Luego ¿todo aquello que los poetas enamorados dicen, es verdad?"

"En cuanto poetas, no la dicen," respondió Lotario, "mas en cuanto enamorados, siempre quedan tan cortos° como verdaderos."   *concise*

"No hay duda deso," replicó Anselmo, todo por apoyar° y acreditar los   *support* pensamientos de Lotario con Camila, tan descuidada° del artificio de   *unaware* Anselmo, como ya enamorada de Lotario. Y así, con el gusto que de sus cosas tenía, y más, teniendo por entendido que sus deseos y escritos a ella se encaminaban, y que ella era la verdadera Clori, le rogó que si otro soneto o otros versos sabía, los dijese.

"Si sé," respondió Lotario, "pero no creo que es tan bueno como el primero, o, por mejor decir, menos malo. Y podréislo bien juzgar, pues es éste:

SONETO

Yo sé que muero, y si no soy creído,
    es más cierto el morir, como es más cierto
    verme a tus pies, ¡oh bella ingrata!
    muerto antes que de adorarte arrepentido.
Podré yo verme en la región de olvido,
    de vida y gloria y de favor desierto,
    y allí verse podrá en mi pecho abierto
    como tu hermoso rostro está esculpido.
Que esta reliquia guardo para el duro
    trance que me amenaza mi porfía,
    que en tu mismo rigor se fortalece.
¡Ay de aquel que navega, el cielo escuro,
    por mar no usado y peligrosa vía,
    adonde norte o puerto no se ofrece!

También alabó este segundo soneto Anselmo, como había hecho el primero, y desta manera iba añadiendo eslabón° a eslabón a la cadena con   *link* que se enlazaba° y trababa° su deshonra, pues cuando más Lotario le   *bound, fettered* deshonraba, entonces le decía que estaba más honrado. Y con esto, todos los escalones° que Camila bajaba hacia el centro de su menosprecio, los   *stairs*

subía, en la opinión de su marido, hacia la cumbre° de la virtud y de su   summit
buena fama.

Sucedió en esto, que hallándose una vez, entre otras, sola Camila con
su doncella, le dijo:

5   "Corrida estoy, amiga Leonela, de ver en cuán poco he sabido
estimarme, pues siquiera no hice que, con el tiempo, comprara Lotario la
entera posesión que le di tan presto de mi voluntad.[17] Temo que ha de
estimar[18] mi presteza o ligereza,° sin que eche de ver la fuerza que él me   swiftness
hizo para no poder resistirle."

10   "No te dé pena eso, señora mía," respondió Leonela, "que no está la
monta,° ni es causa para menguar la estimación, darse lo que se da presto,   important thing
si, en efecto, lo que se da es bueno, y ello por si digno de estimarse. Y aun
suele decirse que el que luego° da, da dos veces."   quickly

"También se suele decir," dijo Camila, "que lo que cuesta poco se
15 estima en menos."

"No corre por ti esa razón,"[19] respondió Leonela, "porque el amor,
según he oído decir, unas veces vuela y otras anda, con éste corre y con
aquél va despacio, a unos entibia° y a otros abrasa, a unos hiere° y a otros   moderates passions
mata. En un mesmo punto comienza la carrera de sus deseos, y en aquel   wounds
20 mesmo punto la acaba y concluye.[20] Por la mañana suele poner el cerco a
una fortaleza, y a la noche la tiene rendida, porque no hay fuerza que le
resista. Y siendo así, ¿de qué te espantas, o de qué temes, si lo mismo debe
de haber acontecido a Lotario, habiendo tomado el amor por instrumento
de rendirnos la ausencia de mi señor?[21] Y era forzoso que en ella se
25 concluyese lo que el amor tenía determinado, sin dar tiempo al tiempo, para
que Anselmo le[22] tuviese de volver y con su presencia quedase imperfecta
la obra. Porque el amor no tiene otro mejor ministro para ejecutar° lo que   to perform
desea que es la ocasión, de la ocasión se sirve en todos sus hechos,°   deeds
principalmente en los principios. Todo esto sé yo muy bien, más de
30 experiencia que 'de oídas.° Y algún día te lo diré, señora, que yo también   by hearsay
soy de carne, y de sangre moza. Cuanto más, señora Camila, que no te
entregaste, ni diste tan luego, que primero no hubieses visto en los ojos, en
los suspiros, en las razones y en las promesas y dádivas de Lotario toda su
alma, viendo en ella y en sus virtudes cuán digno era Lotario de ser amado.
35 Pues si esto es ansí, no te asalten° la imaginación esos escrupulosos° y   assault, hypercritic
melindrosos° pensamientos, sino asegúrate que Lotario te estima como tú   priggish
le estimas a él, y vive con contento y satisfacción de que ya que caíste en

---

[17] **Siquiera no hice...** *I didn't even make Lotario buy, over time, the whole possession
[of my body] which I gave him so quickly*

[18] The first edition has **estimar** in its meaning *to consider*. Later Cuesta editions have
desestimar *to hold in low regard*. Clearly the preparers of the second edition thought
estimar to mean *to esteem*. The sentence means: *I fear that he will consider my swiftness
without heeding the force he used on me so I couldn't resist.*

[19] **"No corre...** *that saying doesn't apply to you*

[20] **En un mesmo...** *in one moment it begins the trajectory of its passion and in that
same moment it ends and finishes it*

[21] Easier to understand syntax: **el amor habiendo tomado la ausencia de mi señor
por instrumento de rendirnos.**

[22] **Le = tiempo.**

el lazo amoroso, es el que te aprieta de valor y de estima.[23] Y que no sólo tiene las cuatro SS[24] que dicen que han de tener los buenos enamorados, sino todo un ABC entero, si no, escúchame y verás como te le digo de coro: él es, según yo veo y a mí me parece: «Agradecido, Bueno, Caballero, Dadivoso, Enamorado, Firme, Gallardo, Honrado, Ilustre, Leal, Mozo, Noble, Onesto,° Principal, Cuantioso,[25] Rico» y las SS que dicen. Y luego: «Tácito, Verdadero». La X no le cuadra, porque es letra áspera. La Y ya está dicha.[26] La Z, «Celador[27] de tu honra»."[28]

      honesto

    Riose Camila del ABC de su doncella, y túvola por más plática en las cosas de amor que ella decía. Y así, lo confesó ella, descubriendo a Camila como 'trataba amores° con un mancebo bien nacido, de la mesma ciudad. De lo cual se turbó° Camila, temiendo que era aquel camino por donde su honra podía correr riesgo. Apuróla si pasaban sus pláticas a más que serlo.[29] Ella, con poca vergüenza y mucha desenvoltura, le respondió que sí pasaban. Porque es cosa ya cierta que los descuidos de las señoras quitan la vergüenza a las criadas, las cuales, cuando ven a las amas° 'echar traspiés,° no se les da nada a ellas de cojear,[30] ni de que lo sepan.

      was having an affair
      became alarmed

      mistresses
      take false steps

    No pudo hacer otra cosa Camila sino rogar a Leonela no dijese nada de su hecho al que decía ser su amante,[31] y que tratase sus cosas con secreto, porque no viniesen a noticia de Anselmo ni de Lotario. Leonela respondió que así lo haría. Mas cumpliólo de manera que hizo cierto el temor de Camila de que por ella había de perder su crédito. Porque la deshonesta° y atrevida Leonela, después que vio que el proceder de su ama no era el que solía, atrevióse a entrar° y poner dentro de casa a su amante, confiada que, aunque su señora le viese, no había de osar descubrille.

      lustful
      take in

    Que este daño acarrean,° entre otros, los pecados de las señoras, que se hacen esclavas de sus mesmas criadas, y se obligan a encubrirles sus deshonestidades y vilezas,[32] como aconteció con Camila, que, aunque vio una y muchas veces que su Leonela estaba con su galán en un aposento de su casa, no sólo no la osaba reñir, mas dábale lugar a que lo encerrase,° y quitábale todos los estorbos° para que no fuese visto de su marido. Pero no los pudo quitar, que Lotario no le viese una vez salir,[33] al 'romper del alba,° el cual, sin conocer quién era, pensó primero que debía de ser alguna fantasma. Mas cuando le vio caminar, embozarse° y encubrirse con cuidado

      carry

      conceal
      impediments
      at daybreak

      cover his face

---

[23] More understandable this way: **el que te aprieta es de valor y de estima.**

[24] In the "lovers' alphabets" of the time, the four "s-words" were **sabio, solo, solícito,** and **secreto.**

[25] Spelled with a Q in the first edition.

[26] **Ilustre** (in line 5 above) was spelled with an **i,** but the sound is the same.

[27] Spelled with a Z in the first edition.

[28] **caballero** *knightly,* **dadivoso** *liberal,* **firme** *unswerving,* **cuantioso** *rich,* **tácito** *silent,* **celador** de tu honra *caretaker of your honor*

[29] **Si pasaban...** *if their practices went beyond conversations,* remembering that **plática** meant **práctica.**

[30] **No se les...** *they think nothing of limping [themselves]*

[31] That is, **a Lotario.**

[32] **Encubrirles...** *to cover up their [the maids'] lewdness and depravity*

[33] **No le viese...** *but she couldn't prevent Lotario fom seeing him leave once*

y recato, cayó de su simple pensamiento y dio en otro,[34] que fuera° la   sería
perdición de todos, si Camila no lo remediara. Pensó Lotario que aquel
hombre que había visto salir tan a deshora de casa de Anselmo no había
entrado en ella por Leonela, ni aun se acordó si Leonela era en el mundo.
5 Sólo creyó que Camila, de la misma manera que había sido fácil y ligera
con él, lo era para otro, que estas añadiduras trae consigo la maldad de la
mujer mala,[35] que pierde el crédito de su honra con el mesmo a quien se
entregó rogada y persuadida, y cree que con mayor facilidad se entrega a
otros, y da infalible crédito a cualquiera sospecha que desto le venga.[36] Y
10 no parece sino que le faltó a Lotario en este punto todo su buen
entendimiento,[37] y se le fueron de la memoria todos sus advertidos
discursos, pues sin hacer alguno[38] que bueno fuese, ni aun razonable, 'sin
más ni más,° antes que Anselmo se levantase, impaciente y ciego° de la   without further ado
celosa rabia, que las entrañas le roía,° muriendo por vengarse de Camila,   blind; gnawed
15 que en ninguna cosa le había ofendido, se fue a Anselmo y le dijo:
"Sábete, Anselmo, que ha muchos días que he andado peleando
conmigo mesmo, 'haciéndome fuerza° a no decirte lo que ya no es posible   struggling with
ni justo que más° te encubra. Sábete que la fortaleza de Camila está ya   myself; any longer
rendida y sujeta a todo aquello que yo quisiere hacer della,[39] y si he tardado
20 en descubrirte esta verdad, ha sido por ver si era algún liviano antojo suyo,
o si lo hacía por probarme y ver si eran con propósito firme tratados los
amores que, con tu licencia, con ella he comenzado. Creí ansimismo que
ella, si fuera la que debía y la que entrambos pensábamos, ya te hubiera
dado cuenta de mi solicitud, pero habiendo visto que se tarda, conozco que
25 son verdaderas las promesas que me ha dado de que, cuando otra vez hagas
ausencia de tu casa, me hablará en la recámara donde está el repuesto° de   dresser
tus alhajas," y era la verdad que allí le solía hablar Camila, "y no quiero
que precipitosamente° corras a hacer alguna venganza, pues no está aun   hurriedly
cometido el pecado sino con pensamiento, y podría ser que desde éste hasta
30 el tiempo de ponerle por obra se mudase el de Camila, y naciese en su
lugar el arrepentimiento.° Y así, ya que en todo o en parte has seguido   repentance
siempre mis consejos, sigue y guarda uno que ahora te diré, para que sin
engaño y con medroso advertimiento te satisfagas de aquello que más vieres
que te convenga. Finge que te ausentas por dos o tres días, como otras
35 veces sueles, y haz de manera que te quedes escondido en tu recámara, pues
los tapices que allí hay, y otras cosas con que te puedas encubrir, te ofrecen
mucha comodidad,° y entonces verás por tus mismos ojos, y yo por los   accommodation
míos, lo que Camila quiere. Y si fuere la maldad, que se puede temer antes
que esperar, con silencio, sagacidad y discreción podrás ser el verdugo de

---

[34] **Cayó de su...** *he dropped his simple idea [that it was a phantom] and formulated another one*
[35] More understandable: **Que la maldad de la mujer mala trae estas añadiduras consigo**
[36] **Que desto...** *that occurs to him [the lover]*
[37] **Le faltó...** *Lotario forgot at that instant his good judgment*
[38] **Discurso** means both *speech* (as in the last clause) and *reasoning* (its meaning here).
[39] **Sujeta a todo...** *will do whatever I want of her*

tu agravio."

Absorto, suspenso y admirado quedó Anselmo con las razones de Lotario, porque le cogieron en tiempo donde menos las esperaba oír, porque ya tenía a Camila por vencedora de los fingidos asaltos de Lotario, y comenzaba a gozar la gloria del vencimiento. Callando estuvo por un buen espacio, mirando al suelo sin mover pestaña, y al cabo dijo:

"Tu lo has hecho, Lotario, como yo esperaba de tu amistad, en todo he de seguir tu consejo. Haz lo que quisieres, y guarda aquel secreto que ves que conviene en caso tan no pensado."[40]

Prometióselo Lotario, y en apartándose dél, se arrepintió totalmente de cuanto le había dicho, viendo cuán neciamente había andado,° pues pudiera   acted él vengarse de Camila, y no por camino tan cruel y tan deshonrado. Maldecía su entendimiento, afeaba su ligera determinación, y no sabía qué medio tomarse para deshacer lo hecho, o para dalle alguna razonable salida. Al fin acordó de dar cuenta de todo a Camila, y como no faltaba lugar para poderlo hacer, aquel mismo día la halló sola, y ella, así como vio que le podía hablar, le dijo:

"Sabed, amigo Lotario, que tengo una pena en el corazón, que me le aprieta de suerte que parece que quiere reventar en el pecho, y ha de ser maravilla si no lo hace. Pues ha llegado la desvergüenza de Leonela a tanto, que cada noche encierra a un galán suyo en esta casa, y se está con él hasta el día, tan a costa de mi crédito, cuanto le quedará campo abierto de juzgarlo al que le viere salir[41] a horas tan inusitadas° de mi casa, y lo que   unaccustomed me fatiga es que no la puedo castigar ni reñir, que el ser ella secretario° de   guardian of secret nuestros tratos me ha puesto un freno en la boca para callar los suyos, y temo que de aquí ha de nacer algún mal suceso."

Al principio que Camila esto decía creyó Lotario que era artificio para desementille que el hombre que había visto salir era de Leonela, y no suyo. Pero viéndola llorar y afligirse y pedirle remedio, vino a creer la verdad, y en creyéndola, acabó de estar confuso y arrepentido del todo. Pero, con todo esto, respondió a Camila que no tuviese pena, que él ordenaría remedio para atajar la insolencia de Leonela. Díjole asimismo lo que, instigado de la furiosa rabia de los celos, había dicho a Anselmo, y como estaba concertado de esconderse en la recámara para ver desde allí 'a la clara° la poca lealtad   plainly que ella le guardaba. Pidióle perdón desta locura, y consejo para poder remedialla y salir bien de tan revuelto laberinto como su mal discurso le había puesto.

Espantada quedó Camila de oír lo que Lotario le decía, y con mucho enojo y muchas y discretas razones le riñó y afeó su mal pensamiento y la simple y mala determinación que había tenido. Pero como naturalmente tiene la mujer ingenio presto° para el bien y para el mal, más que el varón,   quick puesto que le va faltando cuando de propósito se pone a hacer discursos,[42] luego al instante halló Camila el modo de remediar tan al parecer inremediable° negocio, y dijo a Lotario que procurase que otro día se   unsolvable

---

[40] **En caso...** *in such an unexpected case*
[41] **Cuanto le...** *while whoever sees him leave will be free to make his own judgment about the situation*
[42] **Puesto...** *although it fails them when they set about to reason deliberately*

escondiese Anselmo donde decía, porque ella pensaba sacar de su
escondimiento comodidad⁴³ para que desde allí en adelante los dos se
gozasen sin sobresalto° alguno. Y sin declararle del todo su pensamiento,   fear
le advirtió que tuviese cuidado que, en estando Anselmo escondido, él
5 viniese cuando Leonela le llamase, y que a cuanto ella le dijese le
respondiese como respondiera aunque° no supiera que Anselmo le   as though
escuchaba. Porfió Lotario que le acabase de declarar su intención, por que
con más seguridad y aviso guardase todo lo que viese ser necesario.
   "Digo," dijo Camila, "que no hay más que guardar, si no fuere
10 responderme como yo os preguntare"—no queriendo Camila darle antes
cuenta de lo que pensaba hacer, temerosa que no quisiese seguir el parecer
que a ella tan bueno le parecía, y siguiese o buscase otros que no podrían
ser tan buenos.
   Con esto se fue Lotario, y Anselmo, otro día, con la escusa de ir a
15 aquella aldea de su amigo, se partió y volvió a esconderse, que lo pudo
hacer con comodidad, porque de industria se la dieron Camila y Leonela.
Escondido, pues, Anselmo, con aquel sobresalto que se puede imaginar que
tendría el que esperaba ver por sus ojos hacer notomía° de las entrañas de   dissection
su honra, íbase⁴⁴ a pique de perder el sumo bien que él pensaba que tenía
20 en su querida Camila. Seguras ya y ciertas Camila y Leonela que Anselmo
estaba escondido, entraron en la recámara, y apenas hubo puesto los pies en
ella Camila, cuando, dando un grande suspiro, dijo:
   "¡Ay, Leonela amiga! ¿no sería mejor que antes que llegase a poner en
ejecución lo que no quiero que sepas, porque no procures estorbarlo, que
25 tomases la daga de Anselmo que te he pedido y pasases° con ella este   stabbed
infame pecho mío? Pero no hagas tal, que no será razón que yo lleve la
pena de la ajena culpa. Primero quiero saber qué es lo que vieron en mí los
atrevidos y deshonestos ojos de Lotario que fuese causa de darle
atrevimiento a descubrirme un tan mal deseo como es el que me ha
30 descubierto en desprecio° de su amigo y en deshonra mía. Ponte, Leonela,   contempt
a esa ventana y llámale, que sin duda alguna él debe de estar en la calle
esperando poner en efeto su mala intención. Pero primero se pondrá la cruel
cuanto honrada mía."⁴⁵
   "¡Ay, señora mía! " respodió la sagaz° y advertida Leonela, "y ¿qué   keen-witted
35 es lo que quieres hacer con esta daga? ¿Quieres, por ventura, quitarte la
vida o quitársela a Lotario? Que cualquiera destas cosas que quieras ha de
redundar en pérdida de tu crédito y fama. Mejor es que disimules tu
agravio, y no des lugar a que este mal hombre entre ahora en esta casa y
nos halle solas. Mira, señora, que somos flacas mujeres, y él es hombre, y
40 determinado, y como viene con aquel mal propósito, ciego y apasionado,
quizá antes que tu pongas en ejecución el tuyo, hará él lo que te estaría más
mal que quitarte la vida. ¡'Mal haya° mi señor Anselmo, que tanto mal ha   curses on
querido dar a este desuellacaras° en su casa! Y 'ya, señora, que° le mates,   shameless fellow,
como yo pienso que quieres hacer, ¿qué hemos de hacer dél después de   supposing

---

⁴³ **Pensaba sacar...** *she planned to take from his hiding, the opportunity...*
⁴⁴ **Íbase** may be an error for **víase = veíase.** Compare **víame a pique de perder los
tragaderos** (Chap. 22, p. 163, l. 36), mentioned by Gaos.
⁴⁵ **Pero...** *but first, mine [my purpose], cruel but honorable, will be carried out*

muerto?"

"¿Qué, amiga?" respondió Camila, "dejarémosle para que Anselmo le
entierre, pues será justo que tenga por descanso el trabajo que tomare en
poner debajo de la tierra su misma infamia.[46] Llámale, acaba, que todo el
tiempo que tardo en tomar la debida venganza de mi agravio parece que
ofendo a la lealtad que a mi esposo debo."

Todo esto escuchaba Anselmo, y a cada palabra que Camila decía se
le mudaban los pensamientos. Mas cuando entendió que estaba resuelta en
matar a Lotario, quiso salir y descubrirse, por que tal cosa no se hiciese.
Pero detúvole el deseo de ver en qué paraba tanta gallardía° y honesta   gallantry
resolución, con propósito de salir a tiempo que la estorbase. Tomóle en esto
a Camila un fuerte desmayo, y arrojándose encima de una cama que allí
estaba, comenzó Leonela a llorar muy amargamente° y a decir: bitterly

"¡Ay, desdichada de mí, si fuese tan sin ventura, que se me muriese
aquí entre mis brazos la flor de la honestidad del mundo, la corona de las
buenas mujeres, el ejemplo de la castidad!" con otras cosas a éstas
semejantes, que ninguno la escuchará que no la tuviera por la más lastimada
y leal doncella del mundo, y a su señora por otra nueva y perseguida
Penélope.[47] Poco tardó en volver de su desmayo Camila, y al 'volver en sí,°   coming to
dijo:

"¿Por qué no vas, Leonela, a llamar al más leal[48] amigo de amigo que
vio el sol o cubrió la noche? ¡Acaba, corre, aguija,° camina, no se esfogue°   make haste,
con la tardanza el fuego de la cólera que tengo, y se pase en amenazas y   vent fire
maldiciones la justa venganza que espero!"

"Ya voy a llamarle, señora mía," dijo Leonela, "mas hasme de dar
primero esa daga, porque no hagas cosa, en tanto que falto,° que dejes con   I am away
ella que llorar toda la vida a todos los que bien te quieren."

"Ve segura, Leonela amiga, que no haré," respondió Camila, "porque
ya que sea atrevida y simple a tu parecer en volver por mi honra,[49] no lo
he de ser tanto como aquella Lucrecia,[50] de quien dicen que se mató sin
haber cometido error alguno, y sin haber muerto primero a quien tuvo la
causa de su desgracia. Yo moriré, si muero, pero ha de ser vengada y
satisfecha del que me ha dado ocasión de venir a este lugar a llorar sus
atrevimientos, nacidos tan sin culpa mía."

Mucho se hizo de rogar Leonela antes que saliese a llamar a Lotario,
pero en fin salió, y entretanto que volvia, quedó Camila diciendo, como que
hablaba consigo misma:

"'¡Válame Dios!° ¿No fuera más acertado haber despedido a Lotario,   may God help me

---

[46] **Será justo...** *it will be appropriate for him [Anselmo] to consider the work that he
will do to put his own dishonor under the ground to be a rest*

[47] Penelope was Ulysses' wife, the model of the perfect spouse. During her husband's
twenty-year absence she had 108 (or was it 112?) suitors, all of whom she rejected.

[48] Used ironically, of course, really meaning the opposite, **desleal**.

[49] **Ya que sea...** *although I may be daring and simple in your opinion in trying to
recover my honor*

[50] Lucrecia was already mentioned in footnote 84 of Chapter 25 (p. 195), but what
wasn't said then was that she killed herself with a knife.

como otras muchas veces lo he hecho, que no ponerle en condición, como
ya le he puesto, que me tenga por deshonesta y mala, siquiera° este tiempo   *even for*
que he de tardar en desengañarle? Mejor fuera, sin duda, pero no quedara
yo vengada, ni la honra de mi marido satisfecha, si tan a manos lavadas y
5   tan a paso llano se volviera a salir de donde sus malos pensamientos le
entraron.[51] Pague el traidor con la vida lo que intentó con tan lascivo deseo.
Sepa el mundo, si acaso llegare a saberlo de que Camila no sólo guardó la
lealtad a su esposo, sino que le dio venganza del que se atrevió a ofendelle.
Mas, con todo, creo que fuera mejor dar cuenta desto a Anselmo. Pero ya
10 se la 'apunté a dar° en la carta que le escribí al aldea, y creo que el no   *hinted at*
acudir él al remedio del daño que allí le señalé, debió de ser que, de puro
bueno y confiado, no quiso ni pudo creer que en el pecho de su tan firme
amigo pudiese caber género de pensamiento que contra su honra fuese, ni
aun yo lo creí después por muchos días, ni lo creyera jamás, si su
15 insolencia no llegara a tanto, que las manifiestas dádivas y las largas
promesas y las continuas lágrimas no me lo manifestaran. Mas ¿para qué
hago yo ahora estos discursos? ¿Tiene, por ventura, una resolución gallarda
necesidad de consejo alguno? No, por cierto. ¡Afuera,° pues, traidores!   *out*
¡Aquí, venganzas! ¡Entre el falso, venga, llegue, muera y acabe, y suceda
20 lo que sucediere! Limpia entré en poder del que el cielo me dio por mío;
limpia he de salir dél, y cuando mucho, saldré bañada en mi casta sangre
y en la impura del más falso amigo que vio la amistad en el mundo."
Y diciendo esto, se paseaba por la sala con la daga desenvainada,°   *unsheathed*
dando tan desconcertados° y desaforados pasos y haciendo tales ademanes,   *wild*
25 que no parecía sino que le faltaba el juicio y que no era mujer delicada,
sino un rufián desesperado.
Todo lo miraba Anselmo, cubierto detrás de unos tapices donde se
había escondido, y de todo se admiraba y ya le parecía que lo que había
visto y oído era bastante satisfacción para mayores sospechas,[52] y ya quisiera
30 que la prueba de venir Lotario faltara,[53] temeroso de algún mal repentino°   *sudden*
suceso, y estando ya para manifestarse° y salir, para abrazar y desengañar   *show himself*
a su esposa, se detuvo porque vio que Leonela volvía con Lotario de la
mano. Y así como Camila le vio, haciendo con la daga en el suelo una gran
raya° delante della, le dijo: *line*
35 "Lotario, advierte lo que te digo: si a dicha te atrevieres a pasar desta
raya que ves, ni aun llegar a ella, en el punto que viere que lo intentas, en
ese mismo me pasaré el pecho con esta daga que en las manos tengo, y
antes que a esto me respondas palabra, quiero que otras algunas me
escuches, que después responderás lo que más te agradare. Lo primero,
40 quiero, Lotario, que me digas si conoces a Anselmo, mi marido, y en qué
opinión le tienes. Y lo segundo, quiero saber también si me conoces a mí
Respóndeme a esto, y no te turbes, ni pienses mucho lo que has de
responder, pues no son dificultades las que te pregunto."
No era tan ignorante Lotario, que desde el primer punto que Camila le

---

[51] **Si tan a manos...** *if he had washed his hands of it and smoothly gotten out of
where his evil thoughts took him*

[52] **Era bastante...** *was enough to answer even greater suspicions*

[53] **La prueba...** *the proof of Lotario's arrival could be dispensed with*

dijo que hiciese esconder a Anselmo no hubiese dado en la cuenta de lo que ella pensaba hacer, y así, correspondió con su intención° tan discretamente y tan 'a tiempo,° que hicieran los dos pasar aquella mentira por más que cierta verdad, y así, respondió a Camila desta manera:

    "No pensé yo, hermosa Camila, que me llamabas para preguntarme cosas tan fuera de la intención con que yo aquí vengo, si lo haces por dilatarme la prometida merced, desde más lejos pudieras entretenerla,[54] porque tanto más fatiga el bien deseado cuanto la esperanza está más cerca de poseello.[55] Pero porque no digas que no respondo a tus preguntas, digo que conozco a tu esposo Anselmo, y nos conocemos los dos desde nuestros más tiernos años, y no quiero decir lo que tú también sabes de nuestra amistad, por[56] me hacer testigo del agravio que el amor hace que le haga:[57] poderosa disculpa de mayores yerros. A ti te conozco y tengo en la misma posesión[58] que él te tiene, que, a no ser así, por menos prendas°que las tuyas no había yo de ir contra lo que debo a ser quien soy,[59] y contra las santas leyes de la verdadera amistad, ahora por tan poderoso enemigo como el amor por mí rompidas y violadas."

    "Si eso confiesas," respondió Camila, "enemigo mortal de todo aquello que justamente merece ser amado, ¿con qué rostro osas parecer ante quien sabes que es el espejo donde se mira aquel en quien tú te debieras mirar, para que vieras con cuán poca ocasión le agravias? Pero ya cayo,° ¡ay, desdichada de mí! en la cuenta de quién te ha hecho tener tan poca con lo que a ti mismo debes,[60] que debe de haber sido alguna desenvoltura mía, que no quiero llamarla deshonestidad,° pues no habrá procedido de deliberada determinación, sino de algún descuido de los que las mujeres, que piensan que no tienen de quién recatarse,° suelen hacer inadvertidamente. Si no, dime: ¿cuándo, ¡oh traidor! respondí a tus ruegos con alguna palabra o señal que pudiese despertar en ti alguna sombra de esperanza de cumplir tus infames deseos? ¿Cuándo tus amorosas palabras no fueron deshechas y reprehendidas de las mías con rigor y con aspereza? ¿Cuándo tus muchas promesas y mayores dádivas fueron de mí creídas ni admitidas? Pero por parecerme que alguno no puede perseverar en el intento amoroso luengo tiempo si no es sustentado de alguna esperanza, quiero atribuirme a mí la culpa de tu impertinencia, pues sin duda algún descuido mío ha sustentado tanto tiempo tu cuidado, y así, quiero castigarme y darme la pena que tu culpa merece. Y porque vieses que siendo conmigo tan inhumana no era posible dejar de serlo contigo, quise traerte a ser testigo del sacrificio que pienso hacer a la ofendida honra de mi tan honrado marido, agraviado de ti con el mayor cuidado que te ha sido

scheme

promptly

reward

caigo

indecency

is cautious

---

[54] **Desde más...** *you could have postponed it from a longer distance*

[55] **Tanto más...** *the longed for happiness distresses the most when the hope of attaining it is closest*

[56] Here most editions add **no**, not found in the first three Cuesta editions.

[57] **Me hacer...** *to make me a witness to the wrong that love makes me do to him*

[58] **Posesión** here means both *opinion* and *possession*, the *double entendre* being daringly intended.

[59] **A ser...** *to myself*

[60] **Pero...** *but now I understand who has made you have so little respect for yourself*

posible, y de mí también con el poco recato que he tenido del huir la
ocasión, si alguna te di, para favorecer y canonizar° tus malas intenciones.   approve
Torno a decir que la sospecha que tengo que algún descuido mío engendró
en ti tan desvariados pensamientos es la que más me fatiga, y la que yo
5   más deseo castigar con mis propias manos, porque, castigándome otro
verdugo, quizá sería más pública mi culpa. Pero antes que esto haga, quiero
matar muriendo, y llevar conmigo quien me acabe de satisfacer el deseo de
la venganza que espero y tengo, viendo allá, dondequiera que fuere, la pena
que da la justicia desinteresada y que no se dobla° al que en términos tan   yield
10 desesperados me ha puesto."
     Y diciendo estas razones, con una increíble fuerza y ligereza arremetió
a Lotario con la daga desenvainada, con tales muestras de querer
enclavársela° en el pecho, que casi él estuvo en duda si aquellas   to pierce
demostraciones eran falsas o verdaderas, porque le fue forzoso valerse de
15 su industria y de su fuerza para estorbar que Camila no le diese, la cual tan
vivamente fingía aquel estraño embuste y fealdad,° que por dalle color de   foul act
verdad, la quiso matizar° con su misma sangre, porque viendo que no podía   to stain
haber a Lotario, o fingiendo que no podía, dijo:
     "Pues la suerte no quiere satisfacer del todo mi tan justo deseo a lo
20 menos no será tan poderosa, que, en parte, me quite que no le satisfaga."[61]
     Y haciendo fuerza para soltar la mano de la daga que Lotario la tenía
asida, la sacó, y guiando su punta 'por parte° que pudiese herir° no   where, to wound
profundamente, se la entró° y escondió por más arriba de la islilla° del lado   plunged, collarbon
izquierdo, junto al hombro, y luego se dejó caer en el suelo, como
25 desmayada.
     Estaban Leonela y Lotario suspensos y atónitos de tal suceso, y todavía
dudaban de la verdad de aquel hecho, viendo a Camila tendida en tierra y
bañada en su sangre, acudió Lotarió con mucha presteza, despavorido° y sin   aghast
aliento, a sacar la daga, y en ver la pequeña herida, salió del temor que
30 hasta entonces tenía, y de nuevo se admiró de la sagacidad, prudencia y
mucha discreción de la hermosa Camila. Y por acudir con lo que a él le
tocaba, comenzó a hacer una larga y triste lamentación sobre el cuerpo de
Camila, como si estuviera difunta,° echándose muchas maldiciones, no sólo   dead
a él, sino al que que había sido causa de habelle puesto en aquel término.
35 Y como sabía que le escuchaba su amigo Anselmo, decía cosas que el que
le oyera le tuviera mucha más lástima que a Camila, aunque por muerta la
juzgara.
     Leonela la tomó en brazos y la puso en el lecho, suplicando a Lotario
fuese a buscar quien secretamente a Camila curase. Pedíale asimismo
40 consejo y parecer de lo que dirían a Anselmo de aquella herida de su
señora, si acaso viniese antes que estuviese sana. Él respondió que dijesen
lo que quisiesen, que él no estaba para dar consejo que de provecho fuese.
Sólo le dijo que procurase tomarle° la sangre, porque él se iba adonde   to stop
gentes no le viesen. Y con muestras de mucho dolor y sentimiento se salió
45 de casa, y cuando se vio solo y en parte donde nadie le veía, no cesaba de

---

[61] **No será…** _it will not be powerful enough so that in part I cannot satisfy it [my
desire]_

hacerse cruces, maravillándose de la industria de Camila y de los ademanes tan proprios de Leonela. Consideraba cuán enterado había de quedar Anselmo de que tenía por mujer a una segunda Porcia,[62] y deseaba verse con él para celebrar los dos la mentira y la verdad más disimulada que jamás pudiera imaginarse. Leonela tomó, como se ha dicho, la sangre a su señora, que no era más de aquello que bastó para acreditar su embuste, y lavando con un poco de vino la herida, se la ató° lo mejor que supo,   bound diciendo tales razones en tanto que la curaba, que aunque° no hubieran   even though precedido otras, bastaran a hacer creer a Anselmo que tenía en Camila un simulacro° de la honestidad.   image

Juntáronse a las palabras de Leonela otras de Camila, llamándose cobarde y de poco ánimo, pues le[63] había faltado al tiempo que fuera más necesario tenerle, para quitarse la vida, que tan aborrecida tenía. Pedía consejo a su doncella si daría,° o no, todo aquel suceso a su querido esposo,   diría la cual le dijo que no se lo dijese, porque le pondría en obligación de vengarse de Lotario, lo cual no podría ser sin mucho riesgo suyo, y que la buena mujer estaba obligada a no dar ocasión a su marido a que riñese, sino a quitalle todas aquellas que le fuese posible.

Respondió Camila que le parecía muy bien su parecer, y que ella le seguiría, pero que en todo caso convenía buscar qué decir a Anselmo de la causa de aquella herida, que él no podría dejar de ver, a lo que Leonela respondía que ella, ni aun burlando, no sabía mentir.

"Pues yo, hermana." replicó Camila, "¿qué tengo de saber, que no me atreveré a forjar ni sustentar una mentira si me fuese en ello la vida? Y si es que no hemos de saber dar salida a esto, mejor será decirle la verdad desnuda, que no que nos alcance en mentirosa cuenta."

"No tengas pena, señora, de aquí a mañana," respondió Leonela, "yo pensaré qué le diagmos, y quizá que por ser la herida donde es, se podrá encubrir sin que él la vea, y el cielo será servido de favorecer a nuestros tan justos y tan honrados pensamientos. Sosiégate, señora mía, y procura sosegar tu alteración, por que mi señor no te halle sobresaltada,° y lo demás   terrified déjalo a mi cargo y al de Dios, que siempre acude a los buenos deseos."

Atentísimo había estado Anselmo a escuchar y a ver representar° la   dramatized tragedia de la muerte de su honra, la cual con tan estraños y eficaces°   powerful afectos° la representaron los personajes° della, que pareció que se habían   ways, characters transformado en la misma verdad de lo que fingían. Deseaba mucho la noche y el tener lugar para salir de su casa, y ir a verse con su buen amigo Lotario, congratulándose con él de la margarita° preciosa que había hallado   pearl en el desengaño de la bondad de su esposa. Tuvieron cuidado las dos de darle lugar y comodidad a que saliese, y él, sin perdella, salió, y luego fue a buscar a Lotario, el cual hallado, no se puede buenamente contar los abrazos que le dio, las cosas que de su contento le dijo, las alabanzas que dio a Camila. Todo lo cual escuchó Lotario sin poder dar muestras de alguna alegría, porque se le representaba a la memoria cuán engañado estaba su amigo, y cuán injustamente él le agraviaba. Y aunque Anselmo

---

[62] Portia († 43 B.C.) was was the wife of Brutus—Cæsar's assassin in 44 B.C. After his death, she killed herself by swallowing hot coals.

[63] Refers back to **ánimo** *courage*.

veía que Lotario no se alegraba, creía ser la causa por haber dejado a
Camila herida y haber él sido la causa.

    Y así, entre otras razones, le dijo que no tuviese pena del suceso de
Camila, porque, sin duda, la herida era ligera, pues quedaban de concierto
5 de encubrírsela a él. Y que, según esto, no había de qué temer, sino que de
allí adelante se gozase y alegrase con él, pues por su industria y medio él
se veía levantado a la más alta felicidad que acertara desearse, y quería que
no fuesen otros sus entretenimientos que en hacer versos en alabanza de
Camila, que la hiciesen eterna en la memoria de los siglos venideros.
10 Lotario alabó su buena determinación, y dijo que él por su parte ayudaría
a levantar tan ilustre edificio.° Con esto quedó Anselmo el hombre más   memorial
sabrosamente° engañado que pudo haber en el mundo. Él mismo llevaba   deliciously
por la mano a su casa, creyendo que llevaba el instrumento de su gloria,
toda la perdición de su fama. Recebíale[64] Camila con rostro al parecer
15 torcido,° aunque con alma risueña. Duró este engaño algunos días, hasta   looking away
que al cabo de pocos meses volvió fortuna su rueda° y salió a plaza la   wheel
maldad con tanto artificio° hasta allí cubierta, y a Anselmo le costó la vida   cunning
su impertinente curiosidad.

---

[64] That is, she received Lotario.

Capítulo XXXV. *Donde se da fin a la novela del Curioso impertinente*

POCO MÁS ¹quedaba por° leer de la novela, cuando del caramanchón° donde reposaba don Quijote salió Sancho Panza todo alborotado, diciendo a voces:

    "¡Acudid, señores, presto y socorred a mi señor, que anda envuelto° en la más reñida y trabada° batalla que mis ojos han visto! ¡Vive Dios que ha dado una cuchillada al gigante enemigo de la señora princesa Micomicona, que le ha tajado la cabeza cercen a cercen,¹ como si fuera un nabo°!"

    "¿Qué dices, hermano?" dijo el cura, dejando de leer lo que de la novela quedaba. "¿Estáis en vos,² Sancho? ¿Cómo diablos puede ser eso que decís, estando el gigante dos mil leguas de aquí?"

    En esto oyeron un gran ruido en el aposento, y que don Quijote decía a voces:

    "¡Tente,° ladrón, malandrín, follón, ¹que aquí te tengo,° y no te ha de valer tu cimitarra³!"

    Y parecía que daba grandes cuchilladas por° las paredes. Y dijo Sancho:

    "No tienen que pararse a escuchar, sino entren a despartir° la pelea, o ya ayudar a mi amo, aunque ya no será menester, porque sin duda alguna el gigante está ya muerto y dando cuenta a Dios de su pasada y mala vida, que yo vi correr la sangre por el suelo y la cabeza cortada y caída a un lado, que es ¹tamaña como° un gran cuero° de vino."

    "Que me maten," dijo a esta sazón el ventero, "si don Quijote, o don diablo, no ha dado alguna cuchillada en alguno de los cueros de vino tinto° que a su cabecera° estaban llenos, y el vino derramado° debe de ser lo que le parece sangre a este buen hombre."

    Y con esto, entró en el aposento, y todos tras él, y hallaron a don Quijote en el más estraño traje del mundo: estaba en camisa, la cual no era tan cumplida° que por delante le acabase de cubrir los muslos, y por detrás tenía seis dedos menos. Las piernas eran muy largas y flacas, llenas de vello° y no nada limpias. Tenía en la cabeza un bonetillo° colorado° grasiento,° que era del ventero. En el brazo izquierdo tenía revuelta° la manta de la cama, con quien tenía ojeriza Sancho, y él se sabía bien el porqué,° y en la derecha desenvainada la espada, con la cual daba cuchilladas a todas partes, diciendo palabras como si verdaderamente estuviera peleando con algún gigante, y es lo bueno que no tenía los ojos abiertos, porque estaba durmiendo y soñando° que estaba en batalla con el gigante: que fue tan intensa la imaginación de la aventura que iba a fenecer,° que le hizo soñar que ya había llegado al reino de Micomicón y que ya estaba en la pelea con su enemigo. Y había dado tantas cuchilladas en los cueros, creyendo que las daba en el gigante, que todo el aposento estaba lleno de vino, lo cual visto por el ventero, ¹tomó tanto enojo,° que arremetió con don Quijote, y ¹a puño cerrado,° le comenzó a dar tantos golpes, que si Cardenio y el cura no se le quitaran,° él acabara la guerra del

remained, garret

mixed up
fierce

turnip

stop, I've got you

at

stop

as big as, skin

red wine
head of bed, spilled

long

body hair, cap, red
filthy, wrapped

reason

dreaming

to conclude

got so angry
with a closed fist
take off

---

¹ **Cercen...** *from one end to the other.* Nowadays the word is **cercén**.
² **¿Estáis...** *Are you crazy?*
³ The scimitar is a Turkish sword with a curved blade.

gigante. Y con todo aquello no despertaba el pobre caballero, hasta que el
barbero trujo un gran caldero° de agua fría del pozo, y se le echó por todo   pot
el cuerpo de golpe, con lo cual despertó don Quijote, mas no con tanto
acuerdo que echase de ver de la manera que estaba.⁴

5   Dorotea, que vio cuán corta y sotilmente° estaba vestido, no quiso   slightly
entrar a ver la batalla de su ayudador y de su contrario.° Andaba Sancho   enemy
buscando la cabeza del gigante por todo el suelo, y como no la hallaba,
dijo:

"Ya yo sé que todo lo desta casa es encantamento, que la otra vez, en
10   este mesmo lugar donde ahora me hallo, me dieron muchos mojicones° y   blows to the face
porrazos, sin saber quién me los daba, y nunca pude ver a nadie. Y ahora
no parece por aquí esta cabeza que vi cortar por mis mismísimos° ojos, y   very own
la sangre corría del cuerpo como de una fuente."

"¿Qué sangre ni qué fuente dices, enemigo de Dios y de sus santos?"
15   dijo el ventero. "¿No vees, ladrón, que la sangre y la fuente no es otra cosa
que estos cueros que aquí están horadados y el vino tinto que nada° en este   is swimming
aposento, que nadando vea yo el alma, en los infiernos, de quien los
horadó?"⁵

"No sé nada," respondió Sancho, "sólo sé que vendré a ser tan desdi-
20   chado, que por no hallar esta cabeza, se me ha de deshacer° mi condado   melt
como la sal en el agua."

Y estaba peor Sancho despierto que su amo durmiendo: tal le tenían las
promesas que su amo le había hecho.⁶ El ventero se desesperaba de ver la
flema° del escudero y el maleficio° del señor, y juraba que no había de ser   apathy, damage
25   como la vez pasada, que 'se le fueron° sin pagar, y que ahora no le habían   got away from him
de valer los previlegios de su caballería para dejar de pagar lo uno y lo
otro, aun hasta lo que pudiesen costar las botanas° que se habían de echar   plugs
a los rotos cueros. Tenía el cura de las manos a don Quijote, el cual,
creyendo que ya había acabado la aventura y que se hallaba delante de la
30   princesa Micomicona, se hincó de rodillas delante del cura, diciendo:

"Bien puede la vuestra grandeza, alta y famosa señora, vivir, de hoy
más, segura que le pueda hacer mal⁷ esta mal nacida criatura, y yo también
de hoy más soy quito° de la palabra que os di, pues con el ayuda del alto   free
Dios y con el favor de aquella por quien yo vivo y respiro, también la he
35   cumplido."

"¿No lo dije yo?" dijo oyendo esto Sancho. "Sí que no estaba yo
borracho.° ¡Mirad si tiene puesto ya en sal mi amo al gigante! ¡Ciertos son   drunk
los toros,⁸ mi condado está 'de molde°!"   assured

¿Quién no había de reír con los disparates de los dos, amo y mozo?
40   Todos reían, sino el ventero, que se daba a Satanás. Pero, en fin, tanto
hicieron el barbero, Cardenio y el cura, que con no poco trabajo 'dieron
con° don Quijote en la cama, el cual 'se quedó dormido,° con muestras de   put, went to sleep
grandísimo cansancio. Dejáronle dormir y saliéronse al portal de la venta

---

⁴ **Mas no con...** *But not enough so that he knew what had happened*
⁵ **Que nadando...** *may I see the soul of the one who pierced them swimming in hell*
⁶ **Tal le...** *such was the effect his master's promises had on him*
⁷ **Que *no* le pueda hacer mal**
⁸ That is, if the bulls are coming to the arena, everything is in order.

a consolar a Sancho Panza de no haber hallado la cabeza del gigante, aunque más tuvieron que hacer en aplacar° al ventero, que estaba desesperado por la repentina muerte de sus cueros, y la ventera decía en voz y en grito:

    "En mal punto y en hora menguada[9] entró en mi casa este caballero andante, que nunca mis ojos le hubieran visto, que tan caro me cuesta. La vez pasada se fue con el costo° de una noche, de cena, cama, paja y cebada y un rocín y un jumento, diciendo que era caballero aventurero—¡que mala ventura le dé Dios a él y a cuantos aventureros hay en el mundo!—y que por esto no estaba obligado a pagar nada, que así estaba escrito en los aranceles° de la caballería andantesca. Y ahora, 'por su respeto,° vino estotro señor y me llevó mi cola, y hámela vuelto con más de dos cuartillos[10] de daño, toda pelada,° que no puede servir para lo que la quiere mi marido. Y por fin y remate de todo,[11] romperme mis cueros y derramarme mi vino, que derramada le vea yo su sangre. ¡Pues no se piense, que por los huesos de mi padre y por el siglo° de mi madre, si no me lo[12] han de pagar un cuarto[13] sobre otro, o no me llamaría yo como me llamo ni sería hija de quien soy!"

    Estas y otras razones tales decía la ventera con grande enojo, y ayudábala su buena criada Maritornes. La hija callaba y de cuando en cuando 'se sonreía.° El cura lo sosegó todo, prometiendo de satisfacerles su pérdida lo mejor que pudiese, así de los cueros como del vino, y principalmente del menoscabo° de la cola, de quien tanta cuenta hacían. Dorotea consoló a Sancho Panza, diciéndole que 'cada y cuando° que pareciese haber sido verdad que su amo hubiese descabezado al gigante, le prometía, en viéndose pacífica en su reino, de darle el mejor condado que en él hubiese. Consolóse con esto Sancho y aseguró a la princesa que tuviese por cierto[14] que él había visto la cabeza del gigante, y que, por más señas, tenía una barba que le llegaba a la cintura, y que si no parecía era porque todo cuanto en aquella casa pasaba era por vía de encantamento, como él lo había probado otra vez que había posado en ella. Dorotea dijo que así lo creía, y que no tuviese pena, que todo se haría bien y sucedería a pedir de boca.[15]

    Sosegados todos, el cura quiso acabar de leer la novela, porque vio que faltaba poco. Cardenio, Dorotea y todos los demás le rogaron la acabase. Él, que a todos quiso dar gusto y por el que él tenía[16] de leerla, prosiguió el cuento, que así decía:

    «Sucedió, pues, que por la satisfacción que Anselmo tenía de la bondad de Camila, vivía una vida contenta y descuidada, y Camila, de industria, 'hacía mal rostro° a Lotario, porque Anselmo entendiese al revés de la

Margin glosses: pacifying · price · laws, on his account · hairless · life · smiled · damage · provided that · was cool

[9] **En mal punto…** *at a bad time and an unlucky moment*
[10] **Dos cuartillos** were half a **real.**
[11] **Por fin…** *on top of it all*
[12] **Lo** refers to the wine.
[13] The **cuarto** was a coin worth four **maravedís.**
[14] **Tuviese…** *she could be certain*
[15] **A…** *For the asking*
[16] **El [gusto] que él tenía**

voluntad° que le tenía, y para más confirmación de su hecho, pidió licencia   affection
Lotario para no venir a su casa, pues claramente se mostraba la pesadumbre
que con su vista Camila recebía. Mas el engañado Anselmo le dijo que en
ninguna manera tal hiciese. Y desta manera, por mil maneras era Anselmo
5 el fabricador° de su deshonra, creyendo que lo era de su gusto.   creator

En esto, el que tenía[17] Leonela de verse cualificada° en sus amores,[18]   approved
llegó a tanto, que, sin mirar a otra cosa,[19] se iba tras él a suelta rienda, fiada
en que su señora la encubría y aun la advertía del modo que con poco
recelo° pudiese ponerle en ejecución. En fin, una noche sintió Anselmo   fear
10 pasos en el aposento de Leonela, y queriendo entrar a ver quién los daba,
sintió que le detenían° la puerta, cosa que le puso más voluntad de abrirla,   held back
y tanta fuerza hizo que la abrió, y entró dentro 'a tiempo° que vio que un   in time
hombre saltaba por la ventana a la calle, y acudiendo con presteza a
alcanzarle o conocerle, no pudo conseguir lo uno ni lo otro, porque Leonela
15 se abrazó con él, diciéndole:

"Sosiégate, señor mío, y no te alborotes ni sigas al que de aquí saltó:
es cosa mía, y tanto,[20] que es mi esposo."

No lo quiso creer Anselmo, antes, ciego de enojo, sacó la daga y quiso
herir a Leonela, diciéndole que le dijese la verdad—si no, que la mataría.
20 Ella, con el miedo, sin saber lo que se decía,[21] le dijo:

"No me mates, señor, que yo te diré cosas de más importancia de las
que puedes imaginar."

"Dilas luego," dijo Anselmo, "si no, muerta eres."

"Por ahora será imposible," dijo Leonela, "según estoy de turbada.
25 Déjame hasta mañana, que entonces sabrás de mí lo que te ha de admirar,
y está seguro que el que saltó por esta ventana es un mancebo de esta
ciudad, que me ha dado la mano de ser mi esposo."

Sosegóse con esto Anselmo y quiso° aguardar el término que se le   agreed
pedía, porque no pensaba oír cosa que contra Camila fuese, por estar de su
30 bondad tan satisfecho y seguro. Y así, se salió del aposento y dejó
encerrada en él a Leonela, diciéndole que de allí no saldría hasta que le
dijese lo que tenía que decirle. Fue luego a ver a Camila y a decirle, como
le dijo, todo aquello que con su doncella le había pasado, y la palabra que
le había dado de decirle grandes cosas y de importancia. Si se turbó Camila
35 o no, no hay para qué decirlo, porque fue tanto el temor que cobró,
creyendo verdaderamente—y era de creer—que Leonela había de decir a
Anselmo todo lo que sabía de su poca fe, que no tuvo ánimo para esperar
si su sospecha salía falsa o no. Y aquella mesma noche, cuando le pareció
que Anselmo dormía, juntó° las mejores joyas que tenía y algunos dineros,   gathered
40 y sin ser de nadie sentida, salió de casa y se fue a la de Lotario, a quien
contó lo que pasaba, y le pidió que la pusiese 'en cobro,° o que 'se   in hiding

---

[17] **El *gusto* que tenía**
[18] Here, the original edition has **cualificada, no de con sus amores,** which makes no
sense. The third edition has the solution given here. Schevill has: **Cualificada, no de
[deshonesta] con sus amores.** Other editors have other solutions.
[19] **Llegó a tanto...** *it came to the point that, without caring about anything else*
[20] **Es cosa...** *it's my business, in fact*
[21] *Any* verb can be made reflexive for emphasis only, as in this case.

ausentasen° los dos donde de Anselmo pudiesen estar seguros. La confusión   *go away*
en que Camila puso a Lotario fue tal, que no le sabía° responder palabra,   *could*
ni menos sabía resolverse en lo que haría.

En fin, acordó de llevar a Camila a un monesterio en quien era priora
una su hermana. Consintió Camila en ello, y con la presteza que el caso
pedía, la llevó Lotario y la dejó en el monesterio, y él ansimesmo se
ausentó luego de la ciudad, sin dar parte a nadie de su ausencia.

Cuando amaneció, sin echar de ver Anselmo que Camila faltaba° de su   *was missing*
lado, con el deseo que tenía de saber lo que Leonela quería decirle, se
levantó y fue adonde la había dejado encerrada. Abrió y entró en el
aposento, pero no halló en él a Leonela. Sólo halló puestas unas sabanas
añudadas° a la ventana, indicio y señal que por allí se había descolgado[22]   *tied together*
e ido. Volvió luego muy triste a decírselo a Camila, y no hallándola en la
cama ni en toda la casa, quedó asombrado. Preguntó a los criados de casa
por ella, pero nadie le 'supo dar razón de° lo que pedía.   *could explain*

Acertó acaso, andando a buscar a Camila, que vio sus cofres° abiertos,   *jewel boxes*
y que dellos faltaban las más de sus joyas, y con esto acabó de caer en la
cuenta de su desgracia, y en que no era Leonela la causa de su desventura.
Y ansí como estaba, sin acabarse de vestir, triste y pensativo, fue a dar
cuenta de su desdicha a su amigo Lotario. Mas cuando no le halló, y sus
criados le dijeron que aquella noche había faltado de casa, y había llevado
consigo todos los dineros que tenía, pensó perder el juicio. Y para acabar
de concluir con todo, volviéndose a su casa, no halló en ella ninguno de
cuantos criados ni criadas tenía, sino la casa desierta y sola. No sabía qué
pensar, qué decir, ni qué hacer, y poco a poco se le iba volviendo el
juicio.[23] Contemplábase y mirábase en un instante sin mujer, sin amigo y
sin criados, desamparado, a su parecer, del cielo que le cubría, y sobre todo,
sin honra, porque en la falta de Camila vio su perdición.

Resolvióse, en fin, a cabo de una gran pieza, de irse a la aldea de su
amigo donde había estado cuando dio lugar a que 'se maquinase° toda   *being plotted*
aquella desventura. Cerró las puertas de su casa, subió a caballo, y con
desmayado aliento se puso en camino. Y apenas hubo andado la mitad,
cuando, acosado de sus pensamientos, le fue forzoso apearse y arrendar° su   *tie up*
caballo a un árbol, a cuyo tronco se dejó caer, dando tiernos y dolorosos
suspiros, y allí se estuvo hasta casi que anochecía, y aquella hora vio que
venía un hombre a caballo de la ciudad, y después de haberle saludado, le
preguntó qué nuevas había en Florencia. El ciudadano respondió:

"Las más estrañas que muchos días ha se han oído en ella, porque se
dice públicamente que Lotario, aquel grande amigo de Anselmo el rico, que
vivía a° San Juan, se llevó esta noche a Camila, mujer de Anselmo, el cual   *near*
tampoco parece. Todo esto ha dicho una criada de Camila, que anoche la
halló el gobernador descolgándose con una sábana por las ventanas de la
casa de Anselmo. En efeto, no sé puntualmente cómo pasó el negocio. Sólo
sé que toda la ciudad está admirada deste suceso, porque no se podía
esperar tal hecho de la mucha y familiar° amistad de los dos, que dicen que   *well–known*
era tanta, que los llamaban LOS DOS AMIGOS."

[22] **Se...** *she had let herself down*
[23] **Poco a poco...** *gradually his wits started to return*

"¿Sábese, por ventura," dijo Anselmo, "el camino que llevan Lotario y Camila?"

"Ni por pienso," dijo el ciudadano, "puesto que el gobernador ha usado de mucha diligencia en buscarlos."

5   "A Dios vais, señor," dijo Anselmo.

"Con Él quedéis," respondió el ciudadano, y fuese.

Con tan desdichadas nuevas casi casi llegó a términos[24] Anselmo no sólo de perder el juicio, sino de acabar la vida. Levantóse como pudo, y llegó a casa de su amigo, que aún no sabía su desgracia. Mas como le vio

10   llegar amarillo, consumido y seco, entendió que de algún grave mal venía fatigado. Pidió luego Anselmo que le acostasen,° y que le diesen aderezo° de escribir. Hízose así, y dejáronle acostado y solo, porque el así lo quiso, y aun° que le cerrasen la puerta. Viéndose, pues, solo, comenzó a cargar tanto la imaginación de su desventura, que claramente conoció que se le iba

15   acabando la vida. Y así, ordenó de dejar noticia de la causa de su estraña muerte, y comenzando a escribir, antes que acabase de poner todo lo que quería, le faltó el aliento y dejó la vida en las manos del dolor que le causó su curiosidad impertinente.

Viendo el señor de casa que era ya tarde, y que Anselmo no llamaba,

20   acordó de entrar a saber si pasaba adelante su indisposición, y hallóle tendido 'boca abajo,° la mitad del cuerpo en la cama y la otra mitad sobre el bufete,° sobre el cual estaba con el papel escrito y abierto, y él tenía aún la pluma en la mano. Llegóse el huésped a él, habiéndole llamado primero, y trabándole° por la mano, viendo que no le respondía, y hallándole frío,

25   vio que estaba muerto. Admiróse y congojóse en gran manera, y llamó a la gente de casa para que viesen la desgracia a Anselmo sucedida, y finalmente, leyó el papel, que conoció que de su mesma mano estaba escrito, el cual contenía estas razones:

Un necio e impertinente deseo me quitó la vida. Si las nuevas de

30   mi muerte llegaren a los oídos de Camila, sepa que yo la perdono, porque no estaba ella obligada a hacer milagros, ni yo tenía necesidad de querer que ella los hiciese, y pues yo fui el fabricador de mi deshonra, 'no hay para qué...°

Hasta aquí escribió Anselmo, por donde se echó de ver que en aquel

35   punto, sin poder acabar la razón, se le acabó la vida. Otro día dio aviso su amigo a los parientes de Anselmo de su muerte, los cuales ya sabían su desgracia y el monesterio donde Camila estaba, casi en el término de acompañar a su esposo en aquel forzoso viaje, no por las nuevas del muerto esposo, mas por las que supo del ausente amigo. Dícese que, aunque se vio

40   viuda, no quiso salir del monesterio, ni menos hacer profesión de monja,° hasta que, no de allí a muchos días,[25] le vinieron nuevas que Lotario había muerto en una batalla que en aquel tiempo dio Monsiur de Lautrec[26] al

Right margin glosses:
- put to bed, materi[al]
- even
- face down
- writing desk
- seizing him
- there's no reason to...
- nun

---

[24] **Casi casi...** *was almost on the verge*

[25] **No de...** *just a few days later*

[26] Odet de Foix, Viscount of Lautrec (1485–1528), was a Frenchman who spent years fighting in Italy.

Gran Capitán Gonzalo Fernández de Córdoba en el reino de Nápoles, donde
había ido a parar el tarde arrepentido amigo, lo cual sabido por Camila,
hizo profesión[27] y acabó en breves días la vida a las rigurosas manos de
tristezas y melancolías.

Éste fue el fin que tuvieron todos, nacido de un tan desatinado°   reckless
principio.»

"Bien," dijo el cura, "me parece esta novela. pero no me puedo
persuadir que esto sea verdad, y si es fingido, fingió mal el autor, porque
no se puede imaginar que haya marido tan necio, que quiera hacer tan
costosa° experiencia como Anselmo. Si este caso se pusiera entre un galán   costly
y una dama,[28] 'pudiérase llevar.° Pero entre marido y mujer algo tiene del   it might pass
imposible; y en lo que toca al modo de contarle, no me descontenta."

Capítulo XXXVI. Que trata de la brava y descomunal batalla que don Quijote tuvo con unos cueros de vino tinto, con otros raros sucesos que en la venta le sucedieron.[1]

ESTANDO EN ESTO, EL ventero, que estaba a la puerta de la venta, dijo:
"Ésta que viene es una hermosa tropa° de huéspedes. Si ellos paran   crowd
aquí, *gaudeamus*° tenemos."   "let us be joyful"
    in Latin

"¿Qué gente es?" dijo Cardenio.

"Cuatro hombres," respondió el ventero, "vienen a caballo, 'a la jineta,°   with short stirrups
con lanzas y adargas, y todos con antifaces negros. Y junto con ellos viene
una mujer vestida de blanco, en un sillón,° ansimesmo cubierto el rostro,   sidesaddle
y otros dos mozos de a pie."

"¿Vienen muy cerca?" preguntó el cura.

"Tan cerca," respondió el ventero, "que ya llegan."

Oyendo esto Dorotea, se cubrió el rostro, y Cardenio se entró en el
aposento de don Quijote. Y casi no habían tenido lugar para esto, cuando
entraron en la venta todos los que el ventero había dicho. Y apeándose los
cuatro de a caballo, que de muy gentil talle y disposición eran, fueron a
apear a la mujer que en el sillón venía. Y tomándola uno dellos en sus
brazos, la sentó en una silla que estaba a la entrada del aposento donde
Cardenio se había escondido. En todo este tiempo, ni ella ni ellos se habían
quitado los antifaces, ni hablado palabra alguna, sólo que, al sentarse la
mujer en la silla, dio un profundo suspiro y dejó caer los brazos, como
persona enferma y desmayada. Los mozos de a pie llevaron los caballos a
la caballeriza.

Viendo esto el cura, deseoso de saber qué gente era aquella que con tal
traje y tal silencio estaba, se fue donde estaban los mozos, y a uno dellos
le preguntó lo que ya deseaba, el cual le respondió:

"¡Pardiez,° señor! yo no sabré deciros qué gente sea ésta. Sólo sé que   por Dios (*euph.*)
muestra ser muy principal, especialmente aquel que llegó a tomar en sus
brazos a aquella señora que habéis visto y esto dígolo porque todos los

---

[27] That is, she became a nun.

[28] **Galán...** *lover and his mistress*

[1] The Royal Academy edition of 1780 changes this title to: **Que trata de otros raros sucesos que en la venta sucedieron.**

demás le tienen respeto, y no se hace otra cosa más de la que él ordena y
manda."

"Y la señora, ¿quién es?" preguntó el cura.

"Tampoco sabré decir eso," respondió el mozo, "porque en todo el
5   camino no la he visto el rostro. Suspirar sí la he oído muchas veces,² y dar
unos gemidos, que parece que con cada uno dellos quiere dar el alma, y 'no
es de maravillar° que no sepamos más de lo que habemos° dicho, porque   It's no wonder,
mi compañero y yo no ha más de dos días que los acompañamos, porque,   hemos
habiéndolos encontrado en el camino,³ nos rogaron y persuadieron que
10 viniésemos con ellos hasta el Andalucía, ofreciéndose a pagárnoslo muy
bien."

"Y ¿habéis oído nombrar a alguno dellos?" preguntó el cura.

"No, por cierto," respondió el mozo, "porque todos caminan con tanto
silencio, que es maravilla, porque no se oye entre ellos otra cosa que los
15 suspiros y sollozos de la pobre señora, que nos mueven a lástima, y sin
duda tenemos creído que ella va forzada dondequiera que va. Y según se
puede colegir por su hábito, ella es monja, o va a serlo, que es lo más
cierto, y quizá porque no le debe de nacer de voluntad el monjío,° va triste,   becoming a nun
como parece."

20   "Todo podría ser," dijo el cura

Y, dejándolos, se volvió adonde estaba Dorotea, la cual, como había
oído suspirar a la embozada,° movida de natural compasión, se llegó a ella,   veiled
y le dijo."

"¿Qué mal sentís, señora mía? Mirad si es alguno de quien las mujeres
25 suelen tener uso y experiencia de curarle, que de mi parte os ofrezco una
buena voluntad de serviros."

A todo esto callaba la lastimada señora, y aunque Dorotea tornó con
mayores ofrecimientos, todavía se estaba en su silencio, hasta que llegó el
caballero embozado, que dijo el mozo que los demás obedecían, y dijo a
30 Dorotea:

"No os canséis, señora, en ofrecer nada a esa mujer, porque tiene por
costumbre de no agradecer cosa° que por ella se hace, ni procuréis que os   anything
responda, si no queréis oír alguna mentira de su boca."

"Jamás la dije," dijo a esta sazón la que hasta allí había estado
35 callando, "antes, por ser tan verdadera y tan sin trazas mentirosas, me veo
ahora en tanta desventura. Y desto vos mesmo quiero que seáis el testigo,
pues mi pura verdad os hace a vos ser falso y mentiroso."

Oyó estas razones Cardenio bien clara y distintamente, como quien
estaba tan junto de quien las decía, que sola la puerta del aposento de don
40 Quijote estaba en medio, y así como las oyó, dando una gran voz,° dijo: shout
"'¡Válgame Dios!° ¿qué es esto que oigo? ¿Qué voz es esta que ha   My God!
llegado a mis oídos?"

Volvió la cabeza a estos gritos aquella señora, toda sobresaltada, y no
viendo quién las daba, se levantó en pie y fuese a entrar en el aposento, lo
45 cual visto por el caballero, la detuvo, sin dejarla mover un paso. A ella, con
la turbación y desasosiego, se le cayó el tafetán con que traía cubierto el

---

² **Suspirar...** *I have heard her sigh many times*
³ **Habiéndolos...** *when we happened by them along the road*

rostro, y descubrió° una hermosura incomparable y un rostro milagroso,   uncovered
aunque descolorido° y asombrado, porque con los ojos andaba rodeando   pale
todos los lugares donde alcanzaba con la vista, con tanto ahinco,° que   insistence
parecía persona fuera de juicio, cuyas señales, sin saber por qué las hacía,
pusieron gran lástima en Dorotea y en cuantos la miraban. Teníala el
caballero fuertemente asida por las espaldas, y por estar tan ocupado en
tenerla, no pudo acudir a alzarse el embozo° que se le caía, como, en efeto,   mask
se le cayó del todo, y alzando los ojos Dorotea, que abrazada con la señora
estaba, vio que el que abrazada ansimesmo la tenía era su esposo don
Fernando. Y apenas le hubo conocido, cuando arrojando° de lo íntimo° de   emitting, depths
sus entrañas un luengo y tristísimo ¡AY! se dejó caer de espaldas,
desmayada, y a no hallarse allí junto el barbero,[4] que la recogió en los
brazos, ella diera consigo en el suelo.

    Acudió luego el cura a quitarle el embozo para echarle agua en el
rostro, y así como la descubrió, la conoció don Fernando, que era el que
estaba abrazado con la otra, y quedó como muerto en° verla, pero no   al
porque° dejase, con todo esto, de tener a Luscinda, que era la que procuraba so that
soltarse° de sus brazos, la cual había conocido en el suspiro a Cardenio, y   release herself
él la había conocido a ella. Oyó asimesmo Cardenio el ¡AY! que dio
Dorotea cuando se cayó desmayada, y creyendo que era su Luscinda, salió
del aposento despavorido, y lo primero que vio fue a don Fernando, que
tenía abrazada a Luscinda. También don Fernando conoció luego a
Cardenio, y todos tres, Luscinda, Cardenio y Dorotea, quedaron mudos y
suspensos, casi sin saber lo que les había acontecido. Callaban todos y
mirábanse todos: Dorotea a don Fernando, don Fernando a Cardenio,
Cardenio a Luscinda, y Luscinda a Cardenio. Mas quien primero rompió el
silencio fue Luscinda, hablando a don Fernando desta manera:

    "Dejadme, señor don Fernando, por lo que debéis a ser quien sois, ya
que por otro respeto no lo hagáis.[5] Dejadme llegar al muro de quien yo soy
yedra, al arrimo de quien no me han podido apartar vuestras
importunaciones,° vuestras amenazas, vuestras promesas ni vuestras dádivas.   demands
Notad cómo el cielo, por desusados° y a nosotros encubiertos caminos, me   unusual
ha puesto a mi verdadero esposo delante. Y bien sabéis por mil costosas
experiencias que sola la muerte fuera bastante para borrarle° de mi   erase him
memoria: sean, pues, parte tan claros desengaños para que volváis, ya que
no podáis hacer otra cosa, el amor en rabia, la voluntad en despecho, y
acabadme con él la vida, que como yo la rinda delante de mi buen esposo,
la daré por bien empleada. Quizá con mi muerte quedará satisfecho de la
fe que le mantuve, hasta el último trance de la vida."[6]

    Había en este entretanto vuelto Dorotea en sí, y había estado
escuchando todas las razones que Luscinda dijo, por las cuales vino en

---

  [4] **Se dejó...** *she fell backwards in a faint, and if the barber hadn't been next to her*
  [5] **Ya que por...** *if for no other reason*
  [6] **Y bien...** For this Starkie has: *So let these unmistakable trials of experience
convince you (since you have no alternative) to turn your love to fury, your affection to
hatred, and to put an end to my life, for I shall consider it well lost provided I die before
the eyes of my good husband. Perhaps my death will convince him that I kept my faith to
him to the last act of my life*

conocimiento de quién ella era, que viendo que don Fernando aún no la
dejaba de los brazos, ni respondía a sus razones, esforzándose lo más que
pudo, se levantó y se fue a hincar de rodillas a sus pies, y derramando
mucha cantidad de hermosas y lastimeras lágrimas, así le comenzó a decir:
5   "Si ya no es, señor mío, que los rayos deste sol que en tus brazos
eclipsado tienes te quitan y ofuscan los de tus ojos,[7] ya habrás echado de
ver que la que a tus pies está arrodillada° es la sinventura, hasta que tú   kneeling
quieras, y la desdichada Dorotea. Yo soy aquella labradora humilde a quien
tú, por tu bondad o por tu gusto, quisiste levantar a la alteza de poder
10   llamarse tuya. Soy la que, encerrada en los límites de la honestidad, vivió
vida contenta hasta que a las voces de tus importunidades y al parecer,
justos y amorosos sentimientos, abrió las puertas de su recato y te entregó
las llaves de su libertad, dádiva de ti tan mal agradecida cual lo muestra
bien claro haber sido forzoso hallarme en el lugar donde me hallas, y verte
15   yo a ti de la manera que te veo. Pero, con todo esto, no querría que cayese
en tu imaginación pensar que he venido aquí con pasos de mi deshonra,
habiéndome traído sólo los del dolor y sentimiento de verme de ti olvidada.[8]
Tú quisiste que yo fuese tuya, y quisístelo de manera que, aunque ahora
quieras que no lo sea, no será posible que tú dejes de ser mío. Mira, señor
20   mío, que puede ser recompensa a la hermosura y nobleza por quien me
dejas la incomparable voluntad que te tengo.[9] Tú no puedes ser de la
hermosa Luscinda, porque eres mío, ni ella puede ser tuya, porque es de
Cardenio. Y más fácil te será, si en ello miras, reducir tu voluntad a querer
a quien te adora, que no encaminar la que te aborrece a que bien te quiera.
25   Tú solicitaste mi descuido, tú rogaste a mi entereza, tú no ignoraste mi
calidad, tú sabes bien de la manera que me entregué a toda tu voluntad: no
te queda lugar ni acogida° de llamarte 'a engaño.°   refuge, deceived
       "Y si esto es así, como lo es, y tú eres tan cristiano como caballero,
¿por qué por tantos rodeos dilatas° de hacerme venturosa° en los fines,   delay, happy
30   como me heciste en los principios? Y si no me quieres por la que soy, que
soy tu verdadera y legítima esposa, quiéreme, a lo menos, y admíteme por
tu esclava, que como yo esté en tu poder, me tendré por dichosa y bien
afortunada. No permitas, con dejarme y desampararme, que se hagan y
junten corrillos en mi deshonra. No des tan mala vejez a mis padres, pues
35   no lo merecen los leales servicios que, como buenos vasallos, a los tuyos
siempre han hecho. Y si te parece que has de aniquilar tu sangre por
mezclarla con la mía, considera que pocas o ninguna nobleza hay en el
mundo que no haya corrido por este camino, y que la que se toma de las
mujeres no es la que hace al caso en las ilustres decendencias. Cuanto más
40   que la verdadera nobleza consiste en la virtud, y si ésta a ti te falta,
negándome lo que tan justamente me debes, yo quedaré con más ventajas
de noble que las que tú tienes. En fin, señor, lo que últimamente te digo es

---

   [7] **Si ya...** *if it isn't that the rays of the sun you hold eclipsed in your arms haven't
taken and darkened the sight of your eyes*
   [8] **No querría...** *I wouldn't want you to think that it is my shame that has taken me
here, it is only my pain and feeling of sorrow at seeing myself forgotten by you*
   [9] **Puede ser...** *the incomparable affection that I have for you may make up for the
beauty and nobility for which you are leaving me*

que, quieras o no quieras, yo soy tu esposa, testigos son tus palabras, que no han ni deben ser mentirosas, si ya es que te precias de aquello por que me desprecias. Testigo será la firma que hiciste, y testigo el cielo a quien tú llamaste por testigo de lo que me prometías. Y cuando todo esto falte, tu misma conciencia no ha de faltar de dar voces callando en mitad de tus alegrías, volviendo por esta verdad que te he dicho, y turbando tus mejores gustos y contentos."

Estas y otras razones dijo la lastimada Dorotea con tanto sentimiento y lágrimas, que los mismos que acompañaban a don Fernando, y cuantos presentes estaban la acompañaron en ellas. Escuchóla don Fernando sin replicalle palabra, hasta que ella dio fin a las suyas y principio a tantos sollozos y suspiros, que bien había de ser corazón de bronce el que con muestras de tanto dolor no se enterneciera. Mirándola estaba Luscinda, no menos lastimada de su sentimiento que admirada de su mucha discreción y hermosura, y aunque, quisiera llegarse a ella y decirle algunas palabras de consuelo, no la dejaban los brazos de don Fernando, que apretada la tenían, el cual, lleno de confusión y espanto, al cabo de un buen espacio que atentamente estuvo mirando a Dorotea, abrió los brazos, y dejando libre a Luscinda, dijo:

"Venciste, hermosa Dorotea, venciste: porque no es posible tener ánimo para negar tantas verdades juntas."

Con el desmayo que Luscinda había tenido, así como la dejó don Fernando iba a caer en el suelo. Mas hallándose Cardenio allí junto, que a las espaldas de don Fernando se había puesto porque no le conociese, pospuesto° todo temor y aventurando a todo riesgo,° acudió a sostener a Luscinda, y cogiéndola entre sus brazos, le dijo: *having put aside, risk*

"Si el piadoso cielo gusta y quiere que ya tengas algún descanso, leal, firme y hermosa señora mía, en 'ninguna parte° creo yo que le tendrás más seguro que en estos brazos que ahora te reciben y otro tiempo te recibieron, cuando la fortuna quiso que pudiese llamarte mía." *nowhere*

A estas razones puso Luscinda en Cardenio los ojos, y habiendo comenzado a conocerle, primero por la voz, y asegurándose que él era con la vista,[10] casi 'fuera de sentido° y sin tener cuenta a ningún honesto respeto,[11] le echó los brazos al cuello, y juntando su rostro con el de Cardenio, le dijo: *beside herself*

"Vos, sí, señor mío, sois el verdadero dueño desta vuestra captiva, aunque más lo impida la contraria suerte, y aunque más amenazas le hagan a esta vida que en la vuestra se sustenta."[12]

Estraño espectáculo fue éste para don Fernando y para todos los circunstantes, admirándose de tan no visto suceso. Parecióle a Dorotea que don Fernando había perdido la color del rostro y que hacía ademán de querer vengarse de Cardenio, porque le vio encaminar la mano a ponella en la espada, y así como lo pensó, con no vista presteza se abrazó con él por las rodillas, besándoselas y teniéndole apretado, que no le dejaba mover, y sin cesar un punto de sus lágrimas, le decía:

[10] **Asegurándose...** *assuring herself with her eyes* (**con la vista**) *that it was he*
[11] **Sin tener...** *forgetting about decorum*
[12] **Que en...** *which is sustained by yours [=life]*

"¿Qué es lo que piensas hacer, único refugio mío, en este tan
impensado° trance? Tú tienes a tus pies a tu esposa, y la que quieres que   unexpected
lo sea[13] está en los brazos de su marido. Mira si te estará bien, o te será
posible, deshacer lo que el cielo ha hecho, o si te convendrá querer levantar
5   a igualar a ti mismo a la que, pospuesto todo inconveniente, confirmada en
su verdad y firmeza, delante de tus ojos tiene los suyos,[14] bañados de 'licor
amoroso° el rostro y pecho de su verdadero esposo. Por quien Dios es te   i.e., tears
ruego, y por quien tú eres te suplico, que este tan notorio desengaño° no   truth
sólo no acreciente tu ira, sino que la mengüe en tal manera que con
10 quietud° y sosiego permitas que estos dos amantes le[15] tengan sin   calm
impedimento tuyo todo el tiempo que el cielo quisiere concedérsele, y en
esto mostrarás la generosidad de tu ilustre y noble pecho, y verá el mundo
que tiene contigo más fuerza la razón que el apetito."[16]
En tanto que esto decía Dorotea, aunque Cardenio tenía abrazada a
15 Luscinda, no quitaba los ojos de don Fernando, con determinación de que
si le viese hacer algún movimiento en su perjuicio, procurar defenderse y
ofender como mejor pudiese a todos aquellos que en su daño se
mostrasen,[17] aunque le costase la vida. Pero a esta sazón acudieron los
amigos de don Fernando, y el cura y el barbero, que a todo habían estado
20 presentes, sin que faltase el bueno de Sancho Panza, y todos rodeaban a don
Fernando, suplicándole 'tuviese por bien de mirar° las lágrimas de Dorotea,   well consider
y que, siendo verdad, como sin duda ellos creían que lo era, lo que en sus
razones había dicho, que no permitiese quedase defraudada de sus tan justas
esperanzas. Que considerase que no acaso, como parecía, sino con particular
25 providencia del cielo se habían todos juntado en lugar donde menos
ninguno pensaba. Y que advirtiese, dijo el cura, que sola la muerte podía
apartar a Luscinda de Cardenio, y aunque los dividiesen filos de alguna
espada, ellos tendrían por felicísima su muerte, y que en los lazos
irremediables era suma cordura, forzándose y venciéndose a sí mismo,
30 mostrar un generoso pecho,[18] permitiendo que por sola su voluntad los dos
gozasen el bien que el cielo ya les había concedido; que pusiese los ojos
ansimesmo en la beldad de Dorotea, y vería que pocas, o ninguna, se le
podían igualar, cuanto más hacerle ventaja, y que juntase a su hermosura
su humildad y el estremo del amor que le tenía, y sobre todo, advirtiese que
35 si se preciaba de caballero y de cristiano, que no podía hacer otra cosa que
cumplille la palabra dada, y que, cumpliéndosela, cumpliría con Dios y
satisfaría a las gentes discretas, las cuales saben y conocen que es
prerrogativa de la hermosura, aunque esté en sujeto humilde, como se
acompañe con la honestidad, poder levantarse e igualarse a cualquiera
40 alteza, sin nota de menoscabo del que le levanta e iguala a sí mismo, y
cuando se cumplen las fuertes leyes del gusto, como en ello no intervenga

---

[13] **La que...** *the one you want to be [your wife]*
[14] **Levantar a...** *raise to be your equal... her who has her eyes in front of yours.*
[15] This **le** seems superfluous.
[16] **Verá el...** *and the world will see that reason is stronger in you than desire*
[17] **A todos...** *everyone who might be his contrary*
[18] **En los lazos...** *in difficult situations the greatest prudence would be... to show a generous heart*

pecado, no debe de ser culpado el que las sigue.

En efeto, a estas razones añadieron todos otras, tales y tantas, que el valeroso pecho de don Fernando, en fin, como alimentado° con ilustre sangre, se ablandó y se dejó vencer de la verdad que él no pudiera negar aunque quisiera, y la señal que dio de haberse rendido y entregado al buen parecer que se le había propuesto fue abajarse y abrazar a Dorotea, diciéndole: — nourished

"Levantaos, señora mía, que no es justo que esté arrodillada a mis pies la que yo tengo en mi alma, y si hasta aquí no he dado muestras de lo que digo, quizá ha sido por orden del cielo, para que, viendo yo en vos la fe con que me amáis, os sepa estimar en lo que merecéis.[19] Lo que os ruego es que no me reprehendáis mi mal término y mi mucho descuido, pues la misma ocasión y fuerza que me movió para acetaros° por mía, esa misma me impelió° para procurar no ser vuestro, y que esto sea verdad,[20] volved y mirad los ojos de la ya contenta Luscinda, y en ellos hallaréis disculpa de todos mis yerros. Y pues ella halló y alcanzó lo que deseaba, y yo he hallado en vos lo que 'me cumple,° viva ella segura y contenta luengos y felices años con su Cardenio, que yo rogaré al cielo que me los deje vivir con mi Dorotea." — aceptaros / incited / I need

Y diciendo esto, la tornó a abrazar y a juntar su rostro con el suyo, con tan tierno sentimiento, que le fue necesario tener gran cuenta con que las lágrimas no acabasen de dar indubitables° señas de su amor y arrepentimiento. No lo hicieron así las de Luscinda y Cardenio, y aun las de casi todos los que allí presentes estaban, porque comenzaron a derramar tantas, los unos de contento proprio, y los otros del ajeno, que no parecía sino que algún grave y mal caso° a todos había sucedido. Hasta Sancho Panza lloraba, aunque después dijo que no lloraba él sino por ver que Dorotea no era, como él pensaba, la reina Micomicona, de quien él tantas mercedes esperaba. Duró algún espacio, junto con el llanto, la admiración en todos, y luego Cardenio y Luscinda se fueron a poner de rodillas ante don Fernando, dándole gracias de la merced que les había hecho con tan corteses razones, que don Fernando no sabía qué responderles, y así, los levantó y abrazó con muestras de mucho amor y de mucha cortesía. — sure / event

Preguntó luego a Dorotea le dijese[21] cómo había venido a aquel lugar tan lejos del suyo. Ella, con breves y discretas razones, contó todo lo que antes había contado a Cardenio, de lo cual gustó tanto don Fernando y los que con él venían, que quisieran que durara el cuento más tiempo: tanta era la gracia con que Dorotea contaba sus desventuras. Y así como hubo acabado, dijo don Fernando lo que en la ciudad le había acontecido, después que halló el papel en el seno de Luscinda, donde declaraba ser esposa de Cardenio y no poderlo[22] ser suya. Dijo que la quiso matar, y lo hiciera si de sus padres no fuera impedido,° y que así se salió de su casa despechado y corrido, con determinación de vengarse con más comodidad,° y que otro día supo como Luscinda había faltado de casa de sus padres, sin — prevented / advantage

[19] **Os sepa...** *to value you as much as you deserve*
[20] **Que esto...** *to show you that this is true*
[21] **Preguntó...** *He then asked Dorotea to tell him*
[22] **Lo** refers to "being the wife."

que nadie supiese decir dónde se había ido, y que, en resolución, al cabo
de algunos meses vino a saber como estaba en un monesterio, con voluntad
de quedarse en él toda la vida, si no la pudiese pasar con Cardenio, y que
así como lo supo, escogiendo para su compañía aquellos tres caballeros,
vino al lugar donde estaba, a la cual no había querido hablar,[23] temeroso
que en sabiendo que él estaba allí, había de haber más guarda en el
monesterio. Y así, aguardando un día a que la portería° estuviese abierta,　gatehouse
dejó a los dos a la guarda de la puerta, y el con otro habían entrado en el
monesterio buscando a Luscinda, la cual hallaron en el claustro hablando
con una monja. Y arrebatándola,° sin darle lugar a otra cosa,[24] se habían　carrying off
venido con ella a un lugar donde 'se acomodaron° de aquello que hubieron　provided themselve
menester para traella. Todo lo cual habían podido hacer bien a su salvo por
estar el monesterio en el campo, buen trecho fuera del pueblo. Dijo que así
como Luscinda se vio en su poder, perdió todos los sentidos, y que después
de vuelta en sí[25] no había hecho otra cosa sino llorar y suspirar, sin hablar
palabra alguna, y que así, acompañados de silencio y de lágrimas habían
llegado a aquella venta, que para él era haber llegado al cielo, donde se
rematan y tienen fin todas las desventuras de la tierra.

---

[23] That is, he didn't want to talk to Luscinda.
[24] **Sin dar...** *without giving her time to resist*
[25] **Perdió todos...** *she lost consciousness, and after coming to*

Capítulo XXXVII. Que trata donde[1] se prosigue la historia de la famosa infanta Micomicona, con otras graciosas aventuras.

TODO ESTO escuchaba Sancho, no con poco dolor de su ánima, viendo que se le desparecían e iban en humo las esperanzas de su ditado,° y que la linda princesa Micomicona se le había vuelto en Dorotea, y el gigante en don Fernando, y su amo se estaba durmiendo a 'sueño suelto,° bien descuidado de todo lo sucedido. No se podía asegurar Dorotea si era soñado el bien que poseía. Cardenio estaba en el mismo pensamiento, y el de Luscinda corría por la misma cuenta. Don Fernando daba gracias al cielo por la merced recebida y haberle sacado de aquel intricado laberinto, donde se hallaba tan a pique de perder el crédito y el alma, y finalmente, cuantos en la venta estaban, estaban contentos y gozosos° del buen suceso que habían tenido tan trabados y desesperados negocios.

Todo lo ponía en su punto el cura,[2] como discreto, y a cada uno daba el parabién del bien alcanzado, pero quien más jubilaba° y se contentaba era la ventera, por la promesa que Cardenio y el cura le habían hecho de pagalle todos los daños e intereses° que por cuenta de don Quijote le hubiesen venido. Sólo Sancho, como ya se ha dicho, era el afligido,° el desventurado y el triste. Y así, con malencónico semblante° entró a su amo, el cual acababa de despertar, a quien dijo:

"Bien puede vuestra merced, señor Triste Figura, dormir todo lo que quisiere, sin cuidado de matar a ningún gigante, ni de volver a la princesa su reino, que ya todo está hecho y concluido."

"Eso creo yo bien," respondió don Quijote, "porque he tenido con el gigante la más descomunal y desaforada batalla que pienso tener en todos los días de mi vida, y de un revés, ¡zas! le derribé la cabeza en el suelo. Y fue tanta la sangre que le salió, que los arroyos corrían por la tierra, como si fueran de agua."

"Como si fueran de vino tinto, pudiera vuestra merced decir mejor," respondió Sancho, "porque quiero que sepa vuestra merced, si es que no lo sabe, que el gigante muerto es un cuero horadado, y la sangre, seis arrobas de vino tinto que encerraba en su vientre, y la cabeza cortada es la puta que me parió,° y llévelo todo Satanás."

"Y ¿qué es lo que dices, loco?" replicó don Quijote. "¿Estás en tu seso?"

"Levántese vuestra merced," dijo Sancho, "y verá el buen recado° que ha hecho, y lo que tenemos que pagar, y verá a la reina convertida en una dama particular,° llamada Dorotea, con otros sucesos, que, si cae en ellos,[3] le han de admirar."

"No me maravillaría de nada deso," replicó don Quijote, "porque, si bien te acuerdas, la otra vez que aquí estuvimos, te dije yo que todo cuanto

title
sound asleep

delighted

took pleasure
what was due
distressed
face

bore

profit

private

---

[1] **Que trata donde** shows a false start, in imitation of the careless style of chapter titles in the old romances. Most editions, including Schevill, omit **que trata**. The original edition, in the contents at the back of the book, says: **Capítulo treinta y siete, que prosigue la historia...**

[2] **Todo lo...** _the priest fully appreciated the situation_

[3] **Si cae...** _if you come to understand them_

aquí sucedía eran cosas de encantamento, y no sería mucho que ahora fuese lo mesmo."

"Todo lo creyera yo," respondió Sancho, "si también mi manteamiento fuera cosa dese jaez. Mas no lo fue, sino real y verdaderamente, y vi yo
5 que el ventero, que aquí está hoy día, tenía dél un cabo de la manta, y me empujaba° hacia el cielo con mucho donaire y brío,° y con tanta risa como   impelled, energy fuerza, y donde interviene conocerse las personas,[4] tengo para mí, aunque simple y pecador, que no hay encantamento alguno, sino mucho molimiento y mucha mala ventura."
10 "Ahora bien, Dios lo remediará," dijo don Quijote, "'dame de vestir,[5] y déjame salir allá fuera, que quiero ver los sucesos y transformaciones que dices."

Diole de vestir Sancho, y en el entretanto que se vestía, contó el cura a don Fernando y a los demás las locuras de don Quijote, y del artificio que
15 habían usado para sacarle de la Peña Pobre, donde él se imaginaba estar por desdenes de su señora. Contóles asimismo casi todas las aventuras que Sancho había contado, de que no poco se admiraron y rieron, por parecerles, lo que a todos parecía, ser el más estraño género de locura que podía caber° en pensamiento desparatado.° Dijo más el cura: que pues ya   fit, **disparatado**
20 el buen suceso de la señora Dorotea impidía° pasar con su disignio°   **impedía**, intention adelante, que era menester inventar y hallar otro para poderle llevar a su tierra. Ofrecióse Cardenio de proseguir lo comenzado, y que Luscinda haría y representaría la persona de Dorotea.

"No," dijo don Fernando, "no ha de ser así, que yo quiero que Dorotea
25 prosiga su invención,° que, como° no sea muy lejos de aquí el lugar deste   deception, if buen caballero, yo holgaré de que se procure su remedio."

"No está más de dos jornadas de aquí."

"Pues aunque estuviera más, gustara yo de caminallas, a trueco de hacer tan buena obra."
30 Salió en esto don Quijote, armado de todos sus pertrechos, con el yelmo, aunque abollado, de Mambrino en la cabeza, embrazado de su rodela y arrimado a su tronco[6] o lanzón. Suspendió a don Fernando y a los demás la estraña presencia de don Quijote, viendo su rostro de media legua de andadura,° seco y amarillo, la desigualdad de sus armas y su mesurado   length
35 continente, y estuvieron callando hasta ver lo que él decía, el cual, con mucha gravedad y reposo, puestos los ojos en la hermosa Dorotea, dijo:

"Estoy informado, hermosa señora, deste mi escudero que la vuestra grandeza se ha aniquilado, y vuestro ser se ha deshecho, porque de reina y gran señora que solíades ser, os habéis vuelto en una particular doncella. Si
40 esto ha sido por orden del rey nigromante de vuestro padre, temeroso que yo no os diese la necesaria y debida ayuda, digo que no supo, ni sabe, de

---

[4] **Donde...** *when it comes to recognizing persons*
[5] **Dame...** *help me get me dressed*
[6] This trunk = lance refers back to Chap. 8, p. 62, l. 22, where Diego Pérez de Vargas used **un pesado ramo o *tronco*** with which he killed many enemies. When his own lance was destroyed, Don Quijote proposed to find "otro tronco, tal y tan bueno como aquél," which he did do later in that same chapter.

la misa la media,[7] y que fue poco versado en las historias caballerescas, porque si él las hubiera 'leído y pasado° tan atentamente, y 'con tanto espacio° como yo las pasé y leí, hallara a cada paso como otros caballeros, de menor fama que la mía, habían acabado cosas más dificultosas, no siéndolo mucho matar a un gigantillo, por arrogante que sea, porque no ha muchas horas que yo me vi con él, y... quiero callar, porque no me digan que miento. Pero el tiempo, descubridor de todas las cosas, lo dirá cuando menos lo pensemos."

    "Vístesos° vos con dos cueros, que no con un gigante," dijo a esta sazón el ventero, al cual mandó don Fernando que callase y no interrumpiese la plática de don Quijote en ninguna manera, y don Quijote prosiguió diciendo:

    "Digo, en fin, alta y desheredada° señora, que si por la causa que he dicho vuestro padre ha hecho este metamorfóseos[8] en vuestra persona, que 'no le deis crédito° alguno, porque no hay ningún peligro en la tierra por quien no 'se abra camino° mi espada, con la cual, poniendo la cabeza de vuestro enemigo en tierra, os pondré a vos la corona de la vuestra en la cabeza, en breves días."

    No dijo más don Quijote, y esperó a que la princesa le respondiese, la cual, como ya sabía la determinación de don Fernando, de que se prosiguiese adelante en el engaño hasta llevar a su tierra a don Quijote, con mucho donaire y gravedad le respondió:

    "Quienquiera que os dijo, valeroso caballero de la Triste Figura, que yo me había mudado y trocado de mi ser,° no os dijo lo cierto, porque la misma que ayer fui me soy hoy: verdad es que alguna mudanza han hecho en mí ciertos acaecimientos de buena ventura,[9] que me la han dado la mejor que yo pudiera desearme. Pero no por eso he dejado de ser la que antes, y de tener los mesmos pensamientos de valerme del valor de vuestro valeroso e invenerable[10] brazo que siempre he tenido. Así que, señor mío, vuestra bondad vuelva la honra al padre que me engendró, y téngale por hombre advertido y prudente, pues con su ciencia halló camino tan fácil y tan verdadero para remediar mi desgracia, que yo creo que si por vos, señor, no fuera, jamás acertara a tener la ventura que tengo, y en esto digo tanta verdad como son buenos testigos della los más destos señores que están presentes. Lo que resta es que mañana nos pongamos en camino, porque ya hoy se podrá hacer poca jornada, y en lo demás del buen suceso que espero, lo dejaré a Dios y al valor de vuestro pecho."

    Esto dijo la discreta Dorotea, y en oyéndolo don Quijote, se volvió a Sancho, y con muestras de mucho enojo, le dijo:

    "Ahora te digo, Sanchuelo,[11] que eres el mayor bellacuelo que hay en España. Dime, ladrón vagamundo,° ¿no me acabaste de decir ahora que esta

Margin glosses: read · as slowly · Os visteis · disinherited · don't believe him · find a way · being · tramp

---

[7] **Ni sabe...** *he doesn't know half the mass = he doesn't know anything.*

[8] Secondary form (deriving from the Greek genitive singular) for **metamorfosis** *transformation.*

[9] **Alguna...** *certain incidents of good fortune have made a change in me*

[10] Dorotea is either making a mistake or talking in jest. **Invencible** or **invulnerable** is what we would expect under ordinary circumstances.

[11] **-uelo** gives a scornful aspect to the word it is attached to.

princesa se había vuelto en una doncella que se llamaba Dorotea, y que la
cabeza que entiendo que corté a un gigante era la puta que te parió, con
otros disparates que me pusieron en la mayor confusión que jamás he
estado en todos los días de mi vida? ¡Voto," miró al cielo y apretó los
5   dientes, "que estoy por 'hacer un estrago° en ti, que ponga sal en la   wreak havoc
mollera¹² a todos cuantos mentirosos escuderos hubiere de caballeros
andantes, de aquí adelante, en el mundo!"
     "Vuestra merced se sosiegue, señor mío," respondió Sancho, "que bien
podría ser que yo me hubiese engañado en lo que toca a la mutación de la
10 señora princesa Micomicona. Pero en lo que toca a la cabeza del gigante,
o, a lo menos, a la horadación de los cueros, y a lo de ser vino tinto la
sangre, no me engaño, ¡vive Dios! porque los cueros allí están heridos a la
cabecera del lecho de vuestra merced, y el vino tinto tiene hecho un lago
el aposento, y si no, al freír de los huevos lo verá¹³—quiero decir, que lo
15 verá cuando aquí su merced del señor ventero¹⁴ le pida el menoscabo de
todo. De lo demás, de que la señora reina se esté como se estaba, me
regocijo en el alma, porque me va mi parte, como a cada hijo de vecino."¹⁵
     "Ahora yo te digo, Sancho," dijo don Quijote, "que eres un mentecato,°   idiot
y perdóname, y basta."
20   "Basta," dijo don Fernando, "y no se hable más en esto, y pues la
señora princesa dice que se camine mañana, porque ya hoy es tarde, 'hágase
así,° y esta noche la podremos pasar en buena conversación hasta el   so be it
venidero° día, donde todos acompañaremos al señor don Quijote, porque   coming
queremos ser testigos de las valerosas e inauditas° hazañas que ha de hacer   unheard-of
25 en el discurso desta grande empresa que a su cargo lleva."
     "Yo soy el que tengo de serviros y acompañaros," respondió don
Quijote, "y agradezco mucho la merced que se me hace y la buena opinión
que de mí se tiene, la cual procuraré que salga verdadera, o me costará la
vida, y aun más, si más costarme puede."
30   Muchas palabras de comedimiento y muchos ofrecimientos pasaron
entre don Quijote y don Fernando. Pero a todo puso silencio un pasajero°   traveler
que en aquella sazón entró en la venta, el cual en su traje mostraba ser
cristiano recién° venido de tierra de moros, porque venía vestido con una   recently
casaca° de paño azul, corta de faldas, con medias mangas y sin cuello.° Los   tunic, collar
35 calzones eran asimismo de lienzo azul, con bonete de la misma color. Traía
unos borceguíes datilados y un alfanje morisco, puesto en un tahelí que le
atravesaba el pecho.¹⁶ Entró luego tras él, encima de un jumento, una mujer
a la morisca vestida, cubierto el rostro, con una toca en la cabeza. Traía un
'bonetillo de brocado,° y vestida una almalafa° que desde los hombros a los   brocaded cap, cloak
40 pies la cubría.
     Era el hombre de robusto y agraciado talle, de edad de poco más de
cuarenta años, algo moreno° de rostro, largo de bigotes, y la barba muy   dark-complected

¹² **Que ponga...** *so that it might put some sense.* **Mollera** means *brains.*
¹³ His old proverb means something like "It'll all come out in the wash."
¹⁴ **Su merced...** *his grace, the innkeeper*
¹⁵ **Me va...** *it concerns me as much as any neighbor's son*
¹⁶ **Borceguíes...** *Date-colored low boots and and a short, curved sword, Moorish style, hanging from a strap across his chest*

bien puesta. En resolución, él mostraba en su apostura,° que si estuviera   bearing
bien vestido, le juzgaran por persona de calidad y bien nacida.

Pidió en entrando un aposento, y como le dijeron que en la venta no
le había, mostró recebir pesadumbre, y llegándose a la que en el traje
parecía mora, la apeó en sus brazos. Luscinda, Dorotea, la ventera, su hija
y Maritornes, llevados° del nuevo y para ellos nunca visto traje, rodearon   attracted
a la mora, y Dorotea, que siempre fue agraciada, comedida y discreta,
pareciéndole que así ella como el que la traía se congojaban por la falta del
aposento, le dijo:

"No os dé mucha pena, señora mía, la incomodidad de regalo[17] que
aquí falta, pues es proprio de ventas no hallarse en ellas. Pero, con todo
esto, si gustáredes de pasar[18] con nosotras," señalando a Luscinda, "quizá
en el discurso de este camino habréis hallado otros no tan buenos
acogimientos."[19]

No respondió nada a esto la embozada, ni hizo otra cosa que levantarse
de donde sentado se había, y puestas entrambas manos cruzadas sobre el
pecho, inclinada la cabeza, dobló° el cuerpo en señal de que lo agradecía.   bent at the waist
Por su silencio imaginaron que, sin duda alguna, debía de ser mora y que
no sabía hablar cristiano.° Llegó en esto el cautivo, que entendiendo en otra   Spanish
cosa hasta entonces había estado, y viendo que todas tenían cercada a la que
con él venía, y que ella a cuanto le decían callaba, dijo:

"Señoras mías, esta doncella apenas entiende mi lengua, ni sabe hablar
otra ninguna sino conforme a su tierra, y por esto no debe de haber
respondido, ni responde, a lo que se le ha preguntado."

"No se le pregunta otra cosa ninguna," respondió Luscinda, "sino
ofrecelle por esta noche nuestra compañía y parte del lugar donde nos
acomodáremos, donde se le hará el regalo que la comodidad ofreciere con
la voluntad que obliga a servir a todos los estranjeros que dello[20] tuvieren
necesidad, especialmente siendo mujer a quien se sirve."

"Por ella y por mí," respondió el captivo, "os beso, señora mía, las
manos, y estimo mucho y en lo que es razón la merced ofrecida, que en tal
ocasión, y de tales personas como vuestro parecer muestra, bien se echa de
ver que ha de ser muy grande."

"Decidme, señor," dijo Dorotea: "esta señora ¿es cristiana o mora?
Porque el traje y el silencio nos hace pensar que es lo que no querríamos
que fuese."

"Mora es en el traje y en el cuerpo. Pero en el alma es muy grande
cristiana, porque tiene grandísimos deseos de serlo."

"Luego ¿no es baptizada?" replicó Luscinda.

"No ha habido lugar para ello," respondió el captivo, "después que
salió de Argel,[21] su patria y tierra, y hasta agora no se ha visto en peligro

---

[17] We should expect **comodidad de regalo** meaning *comfort*, and not **incomodidad**,
but since it is Dorotea who is talking, the error is not surprising.

[18] We assume **pasar *la noche***. Starting with the third edition, it was changed to **posar**
to lodge.

[19] **En el...** *along this road you will have found not such good shelter.*

[20] That is, **regalo** *comfort*.

[21] **Argel** is *Algiers* in English, capital of Algeria, in Africa, due south of Barcelona.

de muerte tan cercana, que obligase a baptizalla sin que supiese primero
todas las ceremonias que nuestra madre la Santa Iglesia manda. Pero Dios
será servido que presto se bautice con la decencia° que la calidad de su   dignity
persona merece, que es más de lo que muestra su hábito y el mío."

5   Con estas razones puso²² gana en todos los que escuchándole estaban
de saber quién fuese la mora y el captivo. Pero nadie se lo quiso preguntar
por entonces, por ver que aquella sazón era más para procurarles descanso
que para preguntarles sus vidas. Dorotea la²³ tomó por la mano y la llevó
a sentar junto a sí, y le rogó que se quitase el embozo. Ella miró al cautivo,

10   como si le preguntara le dijese lo que decían y lo que ella haría. Él, en
lengua arábiga, le dijo que le pedían se quitase el embozo, y que lo hiciese,
y así, se lo quitó y descubrió un rostro tan hermoso, que Dorotea la tuvo
por más hermosa que a Luscinda, y Luscinda por más hermosa que a
Dorotea, y todos los circunstantes conocieron que si alguno²⁴ se podría

15   igualar al de las dos, era el de la mora, y aun hubo algunos que le
aventajaron° en alguna cosa. Y como la hermosura tenga prerrogativa y   preferred
gracia de reconciliar los ánimos y atraer las voluntades, luego se rindieron
todos al deseo de servir y acariciar° a la hermosa mora.   treat tenderly

    Preguntó don Fernando al captivo cómo se llamaba la mora, el cual

20   respondió que lela²⁵ Zoraida, y así como esto oyó ella, entendió lo que le
habían preguntado al cristiano, y dijo con mucha priesa, llena de congoja
y donaire:

    "¡No, no Zoraida: María, María!" dando a entender que se llamaba
María y no Zoraida.

25   Estas palabras, el grande afecto con que la mora las dijo, hicieron
derramar más de una lágrima a algunos de los que la escucharon,
especialmente a las mujeres, que de su naturaleza son tiernas y compasivas.
Abrazóla Luscinda con mucho amor, diciéndole:

    "¡Sí, sí—María, María!"

30   A lo cual respondió la mora:

    "¡Sí, sí, María—Zoraida *macange*!" que quiere decir NO.²⁶

    Ya en esto llegaba la noche, y por orden de los que venían con don
Fernando había el ventero puesto diligencia y cuidado en aderezarles de
cenar lo mejor que a él le fue posible. Llegada, pues, la hora, sentáronse

35   todos a una larga mesa, como de tinelo,° porque no la había redonda° ni   servants' table, rou
cuadrada en la venta, y dieron la cabecera° y principal asiento, puesto que   head of table
él lo rehusaba, a don Quijote, el cual quiso que estuviese a su lado la
señora Micomicona, pues él era su aguardador.° Luego se sentaron Luscinda   defender
y Zoraida, y frontero dellas, don Fernando y Cardenio, y luego el cautivo

40   y los demás caballeros, y al lado de las señoras, el cura y el barbero. Y así
cenaron con mucho contento, y acrecentóseles más viendo que, dejando de
comer don Quijote, movido de otro semejante espíritu que el que le movió
aèablar tanto como habló cuando cenó con los cabreros, comenzó a decir:

---

²² Schevill has added **con** here since **estas razones** cannot agree with **puso**.
²³ Obviously, **la** refers to the Moorish woman.
²⁴ That is, **si algún rostro…**
²⁵ **Lela** means **doña.**
²⁶ Or more appropriately it means *not that.*

"Verdaderamente, si bien se considera, señores míos, grandes e inauditas cosas ven los que profesan la orden de la andante caballería. Si no, ¿cuál de los vivientes habrá en el mundo que ahora por la puerta deste castillo entrara, y de la suerte que estamos nos viere, que juzgue y crea que nosotros somos quien somos?[27] ¿Quién podrá decir que esta señora que está a mi lado es la gran reina que todos sabemos, y que yo soy aquel caballero de la Triste Figura que anda por ahí en boca de la fama? Ahora no hay que dudar, sino que esta arte y ejercicio[28] excede a todas aquellas y aquellos que los hombres inventaron, y tanto más se ha de tener en estima, cuanto a más peligros está sujeto. 'Quítenseme delante° los que dijeren que las letras   away with
hacen ventaja a las armas, que les diré, y 'sean quien se fueren,° que no   be who they may
saben lo que dicen. Porque la razón que los tales suelen decir, y a lo que
ellos más 'se atienen,° es que los trabajos del espíritu exceden a los del   abide by
cuerpo, y que las armas sólo con el cuerpo 'se ejercitan,° como si fuese su   are practiced
ejercicio oficio de ganapanes,° para el cual no es menester más de buenas   porters
fuerzas, o como si en esto que llamamos armas los que las profesamos no
'se encerrasen° los actos de la fortaleza,° los cuales piden para ejecutallos   include, bravery
mucho entendimiento, o como si no trabajase el ánimo del guerrero° que   warrior
tiene a su cargo un ejército o la defensa de una ciudad sitiada,° así con el   under siege
espíritu como con el cuerpo. Si no, véase si se alcanza con las fuerzas
corporales° a saber y conjeturar el intento del enemigo, los disignios, las   of the body
estratagemas,° las dificultades, 'el prevenir° los daños que se temen, que   strategies, foreseeing
todas estas cosas son acciones del entendimiento, en quien no tiene parte
alguna el cuerpo.

"Siendo, pues, ansí, que las armas requieren espíritu como las letras,
veamos ahora cuál de los dos espíritus, el del letrado° o el del guerrero,   man of letters
trabaja más. Y esto se vendrá a conocer por el fin y paradero° a que cada   goal
uno se encamina, porque aquella intención se ha de estimar en más que
tiene por objeto más noble fin. Es el fin y paradero de las letras...,[29] y no
hablo ahora de las divinas, que tienen por blanco llevar y encaminar las
almas al cielo, que a un fin tan sin fin como éste ninguno otro se le puede
igualar: hablo de las letras humanas, que es su fin 'poner en su punto° la   regulate
justicia distributiva y dar a cada uno lo que es suyo, entender y hacer que
las buenas leyes se guarden, fin por cierto generoso y alto y digno de
grande alabanza, pero no de tanta como merece aquel a que las armas
atienden, las cuales tienen por objeto y fin la paz, que es el mayor bien que
los hombres pueden desear en esta vida. Y así, las primeras buenas nuevas
que tuvo el mundo y tuvieron los hombres fueron las que dieron los ángeles
la noche que fue nuestro día, cuando cantaron en los aires: «Gloria sea en
las alturas y paz en la tierra a los hombres de buena voluntad»,[30] y a la
salutación que el mejor maestro de la tierra y del cielo enseñó a sus
allegados° y favoridos° fue decirles que, cuando entrasen en alguna casa,   followers, favored

---

[27] **Cuál de los...** *Who in the world, if he entered the door of this castle and saw us here as we are, would think that we are who we are?*

[28] That is, knight-errantry.

[29] **Es el...** *the goal of letters is...*

[30] Luke 2:14. The quote leaves out **a Dios: Gloria sea a Dios en...**

dijesen: «Paz sea en esta casa.»[31] Y otras muchas veces les dijo: «Mi paz os doy, mi paz os dejo, paz sea con vosotros»,[32] bien como joya y prenda dada y dejada de tal mano, joya, que sin ella, en la tierra ni en el cielo puede haber bien alguno.[33] Esta paz es el verdadero fin de la guerra, que lo mesmo es decir armas que guerra. Prosupuesta,° [given] pues, esta verdad, que el fin de la guerra es la paz, y que en esto hace ventaja al fin de las letras, vengamos ahora a los trabajos del cuerpo del letrado y a los del profesor° [one who professes] de las armas, y véase cuáles son mayores."

De tal manera y por tan buenos términos iba prosiguiendo en su plática don Quijote, que obligó a que por entonces ninguno de los que escuchándole estaban le tuviese por loco. Antes, como todos los más eran caballeros, a quien son anejas las armas, le escuchaban de muy buena gana, y él prosiguió diciendo:

"Digo, pues, que los trabajos del estudiante son éstos: principalmente, pobreza,° [poverty] no porque todos sean pobres, sino por poner este caso en todo el estremo que pueda ser, y en haber dicho que padece pobreza, me parece que no había que decir más de su mala ventura, porque quien es pobre no tiene cosa buena. Esta pobreza la padece 'por sus partes,° [in various ways] ya en hambre, ya en frío, ya en desnudez, ya en todo junto. Pero, con todo eso, no es tanta, que no coma, aunque sea un poco más tarde de lo que se usa, aunque sea de las sobras de los ricos, que es la mayor miseria del estudiante este que entre ellos llaman «andar a la sopa»,[34] y no les falta algún ajeno brasero[35] o chimenea, que, si no calienta, a lo menos entibie° [moderates] su frío, y en fin, la noche duermen debajo de cubierta. No quiero llegar a otras menudencias, 'conviene a saber,° [for example] de la falta de camisas y no sobra de zapatos, la raridad y poco pelo del vestido,[36] ni aquel ahitarse° [gorging] con tanto gusto, cuando la buena suerte les depara algún banquete.

"Por este camino que he pintado, áspero y dificultoso, tropezando aquí, cayendo allí, levantándose acullá, tornado a caer acá, llegan al grado° [university degree] que desean, el cual alcanzado, a muchos hemos visto que, habiendo pasado por estas sirtes° [sand bars] y por estas Scilas y Caribdis,[37] como llevados en vuelo de la favorable fortuna, digo que los hemos visto mandar y gobernar el mundo desde una silla, trocada su hambre en hartura,° [satiety, comfort] su frío en refrigerio,° su desnudez en galas° [fancy clothing, ma] y su dormir en una estera° en reposar en holandas y damascos,° [fancy fabric, compared; soldier] premio justamente merecido de su virtud. Pero contrapuestos° y comparados sus trabajos con los del mílite° guerrero, se quedan muy atrás en todo, como ahora diré."

---

[31] Luke 10:5.

[32] The first two are from John 14:27, the third is fom John 20:19.

[33] **Joya...** *A jewel without which neither heaven nor earth can have any happiness*

[34] Covarrubias says that **ir a la sopa** meant to go to monasteries to get something to eat, usualy broth and a piece of bread.

[35] This is the Spanish "table heater," coals in a metal container suspended under the middle of a table.

[36] **Raridad...** *thin and threadbare clothing*

[37] Scylla and Charybdis were two irresistible monsters who haunted the Strait of Messina in the *Odyssey*. The terms now refer to the Rock of Scylla and the ever-changing, swirling currents (Charybdis) there, both things being hazards to navigation.

Capítulo XXXVIII. Que trata del curioso discurso que hizo don Quijote de las armas y las letras.

PROSIGUIENDO DON Quijote, dijo:

"Pues comenzamos en el estudiante por la pobreza y sus partes,[1] veamos si es más rico el soldado. Y veremos que no hay ninguno más pobre en la misma pobreza, porque está atenido° a la miseria de su paga, que viene o tarde o nunca, o a lo que garbeare° por sus manos, con notable peligro de su vida y de su conciencia. Y a veces 'suele ser° su desnudez tanta, que un coleto acuchillado[2] le sirve de gala y de camisa, y en la mitad del invierno se suele reparar° de las inclemencias del cielo, estando en la campaña rasa, con sólo el aliento de su boca, que, como sale de lugar vacío,° tengo por averiguado que debe de salir frío, contra toda naturaleza. Pues esperad que espere que llegue la noche para restaurarse de todas estas incomodidades en la cama que le aguarda, la cual, si no es por su culpa, jamás pecará° de estrecha, que bien puede medir en la tierra los pies que quisiere, y revolverse en ella a su sabor, sin temor que se le encojan° las sábanas.

"Lléguese, pues, a todo esto el día y la hora de recebir el grado de su ejercicio. Lléguese un día de batalla, que allí le pondrán la borla[3] en la cabeza, hecha de hilas, para curarle algún balazo° que quizá le habrá pasado las sienes,° o le dejará estropeado° de brazo o pierna. Y cuando esto no suceda, sino que el cielo piadoso le guarde y conserve sano y vivo, podrá ser que se quede en la mesma pobreza que antes estaba, y que sea menester que suceda uno y otro rencuentro,° una y otra batalla, y que de todas salga vencedor, para medrar° en algo. Pero estos milagros vense raras veces.

"Pero decidme, señores, si habéis mirado en ello, ¿'cuán menos° son los premiados° por la guerra que los que han perecido en ella? Sin duda habéis de responder que no tienen comparación, ni se pueden reducir a cuenta los muertos,[4] y que se podrán contar los premiados vivos con tres letras de guarismo.[5] Todo esto es al revés en los letrados, porque de faldas, que no quiero decir de mangas,[6] todos tienen en qué entretenerse.° Así que, aunque es mayor el trabajo del soldado, es mucho menor el premio. Pero a esto se puede responder que es más fácil premiar a dos mil letrados que a treinta mil soldados, porque a aquéllos° se premian con darles oficios que por fuerza se han de dar a los de su profesión,[7] y a éstos° no se pueden premiar, sino con la mesma hacienda del señor a quien sirven, y esta imposibilidad fortifica más la razón° que tengo.

right-margin glosses: dependent · pillages · is · defend · empty · will sin · rumples · gunshot would · temples, crippled · fight · to improve · how fewer · rewarded · sustain themselves · the former · the latter · argument

---

[1] **Pues...** _since we began with poverty and its circumstances in students_

[2] In Chap. 27, p. 206, l. 16, **acuchillado** referred to holes cut as if by knives, to make a pattern of colors beneath. This time it refers to actual knife slashes in the jacket.

[3] As with the soldier receiving his **grado** _academic degree_ above, the **borla** refers to the tassel on a doctor's academic cap.

[4] **Ni se pueden...** _the dead cannot be counted_

[5] **Guarismo** refers to _Arabic number_, so **tres letras** (= numbers) **de guarismo** means that 1000 has not been reached yet.

[6] **Faldas** and **mangas** refer to _fees_ and _tips_ and have come to mean "legally or ilegally."

[7] **Se premian...** _are rewarded by giving them appointments which have to be given to those of their profession_

"Pero dejemos esto aparte, que es laberinto de muy dificultosa salida, sino volvamos a la preeminencia de las armas contra las letras: materia que hasta ahora está por averiguar, según son las razones que cada una de su parte alega,° y entre las que he dicho, dicen las letras que sin ellas no se   alleges
5 podrían sustentar las armas, porque la guerra también tiene sus leyes y está sujeta a ellas, y que las leyes caen debajo de lo que son letras y letrados. A esto responden las armas que las leyes no se podrán sustentar sin ellas, porque con las armas se defienden las repúblicas, se conservan los reinos, se guardan las ciudades, se aseguran° los caminos, se despejan° los mares   make safe, are
10 de cosarios,° y finalmente, si por ellas no fuese, las repúblicas, los reinos,   cleared; pirates las monarquías, las ciudades, los caminos de mar y tierra estarían sujetos al rigor y a la confusión que trae consigo la guerra 'el tiempo que dura° y   while it lasts tiene licencia de usar de sus privilegios y de sus fuerzas.° Y es razón   powers averiguada que aquello que más cuesta° se estima y debe de estimar en   costs
15 más.

    "Alcanzar alguno a ser eminente en letras le cuesta tiempo, vigilias,°   loss of sleep hambre, desnudez, 'vaguidos de cabeza,° indigestiones de estómago y otras   headaches cosas a éstas adherentes, que en parte ya las tengo referidas. Mas llegar uno por sus términos a ser buen soldado le cuesta todo lo que al estudiante, en
20 tanto mayor grado[8] que no tiene comparación, porque a cada paso está a pique de perder la vida. Y ¿qué temor de necesidad y pobreza puede llegar, ni fatigar al estudiante, que llegue al que tiene un soldado, que, hallándose cercado° en alguna fuerza,° y estando de posta o guarda en algún revellín   surrounded, fortres o caballero,[9] siente que los enemigos están minando° hacia la parte donde   laying mines
25 él está, y no puede apartarse de allí por ningún caso, ni huir el peligro que de tan cerca le amenaza? Sólo lo que puede hacer es dar noticia a su capitán de lo que pasa, para que lo remedie con alguna contramina,° y el   countermine estarse quedo, temiendo y esperando cuándo improvisamente ha de subir a las nubes sin alas y bajar al profundo sin su voluntad.
30   "Y si éste parece pequeño peligro, veamos si le iguala, o hace ventajas, el de embestirse dos galeras por las proas° en mitad del mar espacioso, las   prows cuales, enclavijadas° y trabadas, no le queda al soldado más espacio del que   locked concede dos pies de tabla del espolón.° Y con todo esto, viendo que tiene   point of the prow delante de sí tantos ministros de la muerte que le amenazan cuantos
35 cañones° de artillería 'se asestan° de la parte contraria, que no distan de su   cannons, are being cuerpo una lanza,[10] y viendo que al primer descuido de los pies iría a visitar   aimed los profundos senos de Neptuno,[11] y con todo esto, con intrépido corazón llevado de la honra que le incita, se pone a ser blanco de tanta arcabucería°   musketry y procura pasar por tan estrecho paso al bajel° contrario. Y lo que más es   ship
40 de admirar, que apenas uno ha caído donde no se podrá levantar hasta la fin del mundo, cuando otro ocupa su mesmo lugar, y si éste también cae en el mar, que como a enemigo le aguarda,[12] otro y otro le sucede, sin dar tiempo

[8] **Tanto...** *such a larger degree*
[9] **Revellín...** These two terms refer to guardposts in fortresses.
[10] **No distan...** *are not the distance of the length of a lance from his body*
[11] Neptune is the god of the seas.
[12] **Como...** *[the sea] as an enemy waits for him*

al tiempo de sus muertes:[13] valentía y atrevimiento° el mayor que se puede   daring
hallar en todos los trances de la guerra.

"'Bien hayan° aquellos benditos siglos que carecieron de la espantable   blessed
furia de aquestos endemoniados° instrumentos de la artillería, a cuyo   devlish
inventor 'tengo para mí° que en el infierno se le está dando el premio de su   I believe
diabólica invención, con la cual dio causa que un infame y cobarde brazo
quite la vida a un valeroso caballero, y que, sin saber cómo o por dónde,
en la mitad del coraje° y brío que enciende y anima a los valientes pechos,   courage
llega una 'desmandada bala,° disparada de quien quizá huyó y se espantó   random bullet
del resplandor° que hizo el fuego al disparar de la maldita máquina, y corta   flash
y acaba en un instante los pensamientos y vida de quien la merecía gozar
luengos siglos.

"Y así, considerando esto, estoy por decir que en el alma me pesa de
haber tomado este ejercicio de caballero andante en edad tan detestable
como es esta en que ahora vivimos, porque aunque a mí ningún peligro me
pone miedo, todavía 'me pone recelo° pensar si la pólvora° y el estaño[14] me   I am fearful, gun
han de quitar la ocasión de hacerme famoso y conocido por el valor de mi   powder
brazo y filos de mi espada, por todo lo descubierto de la tierra. Pero haga
el cielo lo que fuere servido,[15] que tanto seré más estimado, si salgo con lo
que pretendo, cuanto a mayores peligros me he puesto que se pusieron los
caballeros andantes de los pasados siglos."

Todo este largo preámbulo dijo don Quijote en tanto que los demás
cenaban, olvidándose de llevar bocado a la boca, puesto que algunas veces
le había dicho Sancho Panza que cenase, que después habría lugar para
decir todo lo que quisiese. En los que escuchado le habían sobrevino nueva
lástima, de ver que hombre que, al parecer, tenía buen entendimiento y buen
discurso en todas las cosas que trataba, le hubiese perdido tan
rematadamente° en tratándole de su negra y pizmienta[16] caballería. El cura   utterly
le dijo que tenía mucha razón en todo cuanto había dicho en favor de las
armas, y que él, aunque letrado y graduado, estaba de su mesmo parecer.

Acabaron de cenar, levantaron los manteles, y en tanto que la ventera,
su hija y Maritornes aderezaban el camaranchón de don Quijote de la
Mancha, donde habían determinado que aquella noche las mujeres solas en
él se recogiesen, don Fernando rogó al cautivo les contase el discurso de su
vida, porque no podría ser sino que fuese peregrino y gustoso, según las
muestras que había comenzado a dar, viniendo en compañía de Zoraida. A
lo cual respondió el cautivo que de muy buena gana haría lo que se le
mandaba, y que sólo temía que el cuento no había de ser tal que les diese
el gusto que él deseaba, pero que, con todo eso, por no faltar en obedecelle,
le contaría. El cura y todos los demás se lo agradecieron, y de nuevo se lo
rogaron. Y él, viéndose rogar de tantos, dijo que no eran menester ruegos
adonde el mandar tenía tanta fuerza.

---

[13] **Sin dar tiempo...** *without any time between their deaths*

[14] **Estaño** is *tin*. Lead has always been what was used for bullets. Rodríguez Marín
has no idea why don Quijote says "tin"—it must be just one of his frequent mistakes.

[15] **Haga...** *heaven's will be done*

[16] **Pizmienta** means *black as pitch* (= la pez). Since **negra** here means *cursed*,
pizmienta seems to intensify the meaning of **negra**, according to Gaos.

"Y así, estén vuestras mercedes atentos, y oirán un discurso verdadero, a quien podría ser que no llegasen los mentirosos que con curioso y pensado artificio suelen componerse."

Con esto que dijo, hizo que todos se acomodasen y le prestasen un grande silencio, y él, viendo que ya callaban y esperaban lo que decir quisiese, con voz agradable y reposada comenzó a decir desta manera:

Capítulo XXXIX. Donde el cautivo cuenta su vida y sucesos.

"EN UN LUGAR DE las montañas de León[1] tuvo principio mi linaje, con quien fue más agradecida° y liberal la naturaleza que la fortuna, aunque en la estrecheza° de aquellos pueblos todavía alcanzaba mi padre fama de rico, y verdaderamente lo fuera, 'si así se diera maña° a conservar su hacienda como se la daba en gastalla. Y la condición° que tenía de ser liberal y gastador° le procedió de haber sido soldado los años de su juventud,° que es escuela la soldadesca,° donde el mezquino° se hace franco° y el franco pródigo,° y si algunos soldados se hallan miserables,° son como monstruos que se ven raras veces. Pasaba mi padre los términos de la liberalidad y 'rayaba en° los de ser pródigo, cosa que no le es de ningún provecho al hombre casado y que tiene hijos que le han de suceder en el nombre y en el ser. Los° que mi padre tenía eran tres, todos varones y todos de edad de poder elegir° estado. Viendo, pues, mi padre que, según él decía, no podía 'irse a la mano contra su condición,° quiso 'privarse del° instrumento y causa que le hacía gastador y dadivoso,° que fue privarse de la hacienda, sin la cual el mismo Alejandro[2] pareciera estrecho.°

"Y así llamándonos un día a todos tres a solas en un aposento, nos dijo unas razones semejantes a las que ahora diré. 'Hijos, para deciros que os quiero bien, basta saber y decir que sois mis hijos, y para entender que os quiero mal, basta saber que no me voy a la mano en lo que toca a conservar vuestra hacienda. Pues para que entendáis desde aquí adelante que os quiero como padre, y que no os quiero destruir como padrastro,° quiero hacer una cosa con vosotros, que ha muchos días que la tengo pensada[3] y con madura consideración dispuesta.° Vosotros estáis ya en edad de tomar estado, o a lo menos, de elegir ejercicio, tal, que cuando mayores os honre y aproveche.[4] Y lo que he pensado es hacer de mi hacienda cuatro partes: las tres os daré a vosotros, a cada uno lo que le tocare, sin exceder en cosa alguna, y con la otra me quedaré yo para vivir y sustentarme los días que el cielo fuere servido de darme de vida. Pero querría que después que cada uno tuviese en su poder la parte que le toca de su hacienda, siguiese uno

favored
poverty
if he were as skill
tendency
wasteful
juventud; soldieri
stingy; generous,
lavish, stingy
approached

los *hijos*
to choose
resist his propensi
abandon; generou
miserly

bad father

deliberated

[1] León, in the northwest part of the peninsula, is the former kingdom in the Middle Ages. The city of León was its capital.
[2] Much of what is attributed to Alexander the Great (356 B.C.-323 B.C.) is fanciful, as is his legendary generosity.
[3] **Ha muchos...** *for several days I have thought it through*
[4] **Tal, que...** *such that when you are older will bring you honor and profit*

de los caminos que le diré. Hay un refrán en nuestra España, a mi parecer, muy verdadero, como todos lo son, por ser sentencias breves sacadas de la luenga y discreta experiencia, y el que yo digo, dice: «Iglesia, o mar, o casa real,» como si más claramente dijera:[5] Quien quisiere valer y ser rico, siga, o la Iglesia, o navegue° ejercitando el arte de la mercancía,° o entre a servir a los reyes en sus casas. Porque dicen: «Más vale migaja° de rey, que merced de señor.» Digo esto, porque querría, y es mi voluntad, que uno de vosotros siguiese las letras, el otro la mercancía, y el otro sirviese al rey en la guerra, pues es dificultoso entrar a servirle en su casa, que ya que la guerra no dé muchas riquezas, suele dar mucho valor y mucha fama. Dentro de 'ocho días° os daré toda vuestra parte en dineros, sin defraudaros en un ardite, como lo veréis por la obra. Decidme ahora si queréis seguir mi parecer y consejo en lo que os he propuesto.'

"Y mandándome a mí, por ser el mayor, que respondiese, después de haberle dicho que no 'se deshiciese° de la hacienda, sino que gastase todo lo que fuese su voluntad, que nosotros éramos mozos para saber ganarla, vine a concluir en que cumpliría su gusto,[6] y que el mío era seguir el ejercicio de las armas, sirviendo en él a Dios y a mi rey. El segundo hermano hizo los mesmos ofrecimientos, y escogió el irse a las Indias, 'llevando empleada° la hacienda que 'le cupiese.° El menor, y a lo que yo creo, el más discreto, dijo que quería seguir la Iglesia, o irse a acabar sus comenzados estudios a Salamanca. Así como acabamos de concordarnos,° y escoger nuestros ejercicios, mi padre nos abrazó a todos, y con la brevedad que dijo, 'puso por obra° cuanto° nos había prometido, y dando a cada uno su parte, que, a lo que se me acuerda, fueron cada tres mil ducados, en dineros, porque un nuestro tío compró toda la hacienda y la pagó 'de contado,° porque no saliese del 'tronco de la casa,° en un mesmo día nos despedimos todos tres de nuestro buen padre, y en aquel mesmo, pareciéndome a mí ser inhumanidad° que mi padre quedase viejo y con tan poca hacienda, 'hice con él° que de mis tres mil tomase los dos mil ducados, porque a mí me bastaba el resto para acomodarme de lo que había menester un soldado.

"Mis dos hermanos, movidos de mi ejemplo, cada uno le dio mil ducados. De modo que a mi padre le quedaron cuatro mil en dineros, y más tres mil, que, a lo que parece, valía la hacienda que le cupo, que no quiso vender, sino quedarse con ella 'en raíces.° Digo, en fin, que nos despedimos dél y de aquel nuestro tío que he dicho, no sin mucho sentimiento y lágrimas de todos, encargándonos que les hiciésemos saber, todas las veces que hubiese comodidad para ello, de nuestros sucesos, prósperos° o adversos.° Prometímoselo, y abrazándonos y echándonos su bendición, el uno tomó el viaje de Salamanca, el otro de Sevilla,[7] y yo el de Alicante,[8] adonde tuve nuevas que había una nave ginovesa° que cargaba° allí lana para Génova.[9]

Margin glosses:
engage in business, business; crumb
one week
get rid of
investing, belonged to him
agreeing
put into effect, everything
instantly, family
cruelty
I induced him
property
favorable
unfavorable
Genoese, was loading

[5] **Como...** *or, to say it more clearly*
[6] **Vine a concluir...** *finally complied with his wish*
[7] Seville was the major port from where ships left Spain for the New World.
[8] Alicante is a major Mediterranean port in southeastern Spain.
[9] Genoa is a major European seaport in northwestern Italy.

"Éste[10] hará veinte y dos años que salí de casa de mi padre, y en todos ellos, puesto que he escrito algunas cartas, no he sabido dél ni de mis hermanos nueva alguna. Y lo que en este discurso de tiempo he pasado lo diré brevemente. Embarquéme° en Alicante, llegué con próspero viaje a   I embarked
5   Génova, fui desde allí a Milán,[11] donde me acomodé de armas y de algunas galas° de soldado, de donde quise ir a 'asentar mi plaza° al Piamonte[12], y   uniforms, begin estando ya de camino para Alejandría de la Palla,[13] tuve nuevas que el gran   serving Duque de Alba[14] pasaba a Flandes.[15] 'Mudé propósito,° fuime con él, servíle   I changed my plan en las jornadas° que hizo, halléme en la muerte de los Condes de Eguemón   expeditions
10 y de Hornos,[16] alcancé a ser alférez° de un famoso capitán de Guadalajara,   lieutenant llamado Diego de Urbina.[17] Y a cabo de algún tiempo que llegué a Flandes, se tuvo nuevas de la liga° que la Santidad del papa Pío Quinto,[18] de felice   confederation recordación, había hecho con Venecia[19] y con España contra el enemigo común, que es el Turco. El cual, en aquel mesmo tiempo, había ganado con
15 su armada la famosa Isla de Chipre,[20] que estaba debajo del dominio° de   control venecianos, y pérdida lamentable y desdichada.
    "'Súpose cierto° que venía por general desta liga el serenísimo[21] don   it was a known fac Juan de Austria, hermano natural de nuestro buen rey don Felipe.[22] Divulgóse° el grandísimo aparato° de guerra que se hacía. Todo lo cual me   spread, preparation
20 incitó y conmovió° el ánimo y el deseo de verme en la jornada que se   moved esperaba, y aunque tenía barruntos, y casi promesas ciertas, de que en la primera ocasión que se ofreciese sería promovido° a capitán, lo quise dejar   promoted todo y venirme, como me vine, a Italia. Y quiso mi buena suerte que el señor don Juan de Austria acababa de llegar a Génova,[23] que pasaba a
25 Nápoles° a juntarse con la armada de Venecia, como después lo hizo en   Naples Mecina.[24]

[10] **Este *año***
[11] Milan is a major manufacturing, commercial, and financial city 120 kms. north of Genoa.
[12] The Italian Piedmont region is west of Milan, bordering on France and Switzerland.
[13] Alessandria della Paglia was a fortress city about half way between Milan and Genoa.
[14] This was, in real life, the third Duke of Alba, Fernando Álvarez de Toledo, who did enter Brussels in 1567.
[15] **Flandes** is Flanders, roughly modern Belgium.
[16] The Duke of Alba had the rebellious dukes of Egmont and Horn beheaded in June of 1568.
[17] Diego de Urbina, in real life, went on to the battle of Lepanto (1571), in which Cervantes fought as well.
[18] Pius V (1504-1572) was a great reformer who eliminated Protestantism in Italy, excommunicated Elizabeth I, and organized the battle of Lepanto.
[19] Venice was a republic until 1797.
[20] The Turks did want to expand their empire by invading the Venetian island of Cyprus in 1570.
[21] *Most serene*, an honorific title.
[22] Don Juan de Austria (1545-1578) was indeed the bastard son of Carlos V and half brother of Felipe II.
[23] In real life, Juan de Austria did arrrive in Genoa on July 26, 1571.
[24] Troops were assembled in Messina, the Sicilian port nearest to mainland Italy, on August 24, 1571.

"Digo, en fin, que yo me hallé en aquella felicísima jornada,[25] ya hecho
capitán de infantería, a cuyo honroso cargo me subió mi buena suerte más
que mis merecimientos. Y aquel día, que fue para la cristiandad° tan   Christendom
dichoso, porque en él se desengañó el mundo y todas las naciones del error
en que estaban, creyendo que los turcos eran invencibles por la mar, en
aquel día, digo, donde quedó el orgullo° y soberbia otomana quebrantada,°   pride, crushed
entre tantos venturosos como allí hubo—porque más ventura tuvieron los
cristianos que allí murieron, que los que vivos y vencedores quedaron—, yo
solo fui el desdichado, pues, en cambio de que pudiera esperar, si fuera en
los romanos siglos,° alguna naval corona,[26] me vi aquella noche, que siguió times
a tan famoso día, con cadenas a los pies y esposas° a las manos.   manacles
    "Y fue desta suerte, que habiendo el Uchalí,[27] rey de Argel, atrevido
y venturoso cosario,° embestido y rendido la capitana de Malta,[28] que solos pirate
tres caballeros quedaron vivos en ella, y éstos mal heridos, acudió la
capitana de Juan Andrea[29] a socorrella, en la cual yo iba con mi compañía,
y haciendo lo que debía en ocasión semejante, salté° en la galera contraria, I jumped
la cual, desviándose de la que la había embestido, estorbó que mis soldados
me siguiesen, y así me hallé solo entre mis enemigos, a quien no pude
resistir por ser tantos. En fin, me rindieron lleno de heridas. Y como ya
habréis, señores, oído decir que el Uchalí 'se salvó° con toda su escuadra,°   escaped, squad
vine yo a quedar cautivo en su poder, y solo fui el triste entre tantos
alegres, y el cautivo entre tantos libres, porque fueron quince mil cristianos
los que aquel día alcanzaron la deseada libertad, que todos venían al remo°   oar
en la turquesca° armada.   Turkish
    "Lleváronme a Costantinopla,[30] donde el Gran Turco Selín[31] hizo
general de la mar a mi amo, porque había hecho su deber en la batalla,
habiendo llevado por muestra° de su valor el estandarte° de la religión° de   proof, flag, order
Malta. Halléme el segundo año, que fue el de setenta y dos, en Navarino,[32]
bogando en la capitana de los tres fanales.[33] Vi y noté la ocasión que allí
se perdió de no coger en el puerto toda el armada turquesca. Porque todos

---

[25] This *fortunate battle* was the Battle of Lepanto, October 7, 1571, where the
Venetian and Spanish armadas defeated the Turks. "Lepanto" is in Greece at modern
Náfpaktos, east of Patras in the Gulf of Corinth. After four hours the Christian fleet won
the battle and captured 117 enemy gallies. The victory boosted European morale greatly.
Cervantes participated in this battle.

[26] The Romans awarded a Naval Crown to the first soldier who jumped across to an
enemy galley.

[27] Uchalí had been an Italian renegade who converted to Islam and was viceroy of
Algiers in 1570. In real life, he did take part in the battle of Lepanto.

[28] **Embestido...** *having attacked and taken the flagship of Malta.* Malta is a small
island in the middle of the Mediterranean Sea.

[29] Giovanni Andrea Doria commanded the right wing of the Christian armada.

[30] Constantinople, capital of the Ottoman Empire, was the old name of Istanbul,
Turkey's largest city.

[31] This is Selim II (1524-1574), son of Süleyman I, the Magnificent (1494-1566).

[32] Navarinon is a port town in southwestern Greece about 175 kms. south of
"Lepanto."

[33] **Capitana de los tres fanales**—the galley with the three lanterns was the admiral's
flagship.

los leventes y genízaros[34] que en ella[35] venían tuvieron por cierto que les
había de embestir dentro del mesmo puerto,[36] y tenían 'a punto° su ropa   ready
y pasamaques, que son sus zapatos, para huirse luego por tierra sin esperar
ser combatidos: tanto era el miedo que habían cobrado a nuestra armada.
5 Pero el cielo lo ordenó de otra manera, no por culpa ni descuido del general
que a los nuestros regía, sino por los pecados de la cristiandad, y porque
quiere y permite Dios que tengamos siempre verdugos que nos castiguen.[37]
    "En efeto, el Uchalí se recogió a Modón, que es una isla que esta junto
a Navarino, y echando la gente en tierra, fortificó la boca del puerto y
10 estúvose quedo hasta que el señor don Juan se volvió. En este viaje se tomó
la galera que se llamaba LA PRESA, de quien era capitán un hijo de aquel
famoso cosario Barba Roja:[38] tomóla la capitana de Nápoles, llamada LA
LOBA,° regida por aquel rayo de la guerra, por el padre de los soldados, por   She-Wolf
aquel venturoso y jamás-vencido capitán don Álvaro de Bazán, marqués de
15 Santa Cruz.[39] Y no quiero dejar de decir lo que sucedió en la presa de LA
PRESA. Era tan cruel el hijo de Barba Roja, y trataba tan mal a sus cautivos,
que así como los que venían al remo vieron que la galera LOBA les iba
entrando,[40] y que los alcanzaba, soltaron todos a un tiempo los remos, y
asieron de su capitán que estaba sobre el estanterol° gritando que bogasen   captain's station
20 a priesa, y pasándole de banco° en banco, de popa a proa,[41] le dieron   bench
bocados, que a poco más que pasó del árbol° ya había pasado su ánima al   mast
infierno.° Tal era, como he dicho, la crueldad con que los trataba y el odio°   hell, hatred
que ellos le tenían.
    "Volvimos a Constantinopla, y el año siguiente, que fue el de setenta
25 y tres, se supo en ella como el señor don Juan había ganado a Túnez[42] y
quitado aquel reino a los turcos, y puesto en posesión dél a Muley Hamet,
cortando las esperanzas que de volver a reinar en él tenía Muley Hamida,[43]
el moro más cruel y más valiente que tuvo el mundo. Sintió mucho esta
pérdida el Gran Turco, y usando de la sagacidad que todos los de su casa
30 tienen, hizo paz con venecianos, que mucho más que él la deseaban, y el
año siguiente de setenta y cuatro acometió a la Goleta[44] y al fuerte° que   fort

---

[34] **Leventes** were the Turkish marines; **genízaros** were the sultan's personal guards.

[35] i.e., the Turkish armada

[36] **Tuvieron...** *were sure that they were to be attacked in that harbor itself*

[37] **Verdugos...** *scourge to chastise us*

[38] In real life, the the son of Barbarossa was not the capitain, but rather a certain Mahamet Bey.

[39] Álvaro de Bazán (1526-1588) had commanded 30 gallies at Lepanto.

[40] **Les...** *was closing in on them*

[41] **De...** *from poop to prow*

[42] Tunis is the capital of modern Tunisia, an African country 240 kms. west and a bit south of Sicily.

[43] Muley Hassán was king of Tunis until 1542 when his son Muley Hamida blinded and dethroned him. He more or less ruled until 1573 when his brother Muley Hamet took over (on October 14) but within a year the Turks imprisoned him.

[44] La Goleta was a fortress that protected Tunis. On July 14, 1535, Carlos V attacked La Goleta by sea with an immense force and later overtook Tunis, releasing 20,000 Christian prisoners. After that, the Spanish occupied the fortress at La Goleta, which Muley Hassán was forced to permit.

junto a Túnez había dejado 'medio levantado° el señor don Juan. _{half built}
"En todos estos trances° andaba yo al remo, sin esperanza de libertad _{battles}
alguna. A lo menos, no esperaba tenerla por rescate,° porque tenía _{ransom}
determinado de no escribir las nuevas de mi desgracia a mi padre. Perdióse,
en fin, la Goleta. Perdióse el fuerte, sobre las cuales plazas hubo de
soldados turcos, pagados, setenta y cinco mil[45], y de moros y alárabes° de _{Arabs}
toda la África más de cuatrocientos mil, acompañado este tan gran número
de gente con tantas municiones y pertrechos de guerra, y con tantos
gastadores,° que con las manos y a puñados de tierra pudieran cubrir la _{trench diggers}
Goleta y el fuerte.[46]

"Perdióse primero la Goleta, tenida° hasta entonces por inexpugnable,° _{thought, impregnable}
y no se perdió por culpa de sus defensores,° los cuales hicieron en su _{defenders}
defensa todo aquello que debían y podían, sino porque la experiencia
mostró la facilidad con que se podían levantar trincheas° en aquella desierta _{entrenchments}
arena,[47] porque a dos palmos se hallaba agua,[48] y los turcos no la hallaron
a dos varas,° y así con muchos sacos de arena levantaron las trincheas tan _{yards}
altas, que sobrepujaban las murallas de la fuerza, y tirándoles a caballero, _{fort}
ninguno podía parar ni asistir a la defensa.[49] Fue común opinión que no se
habían de encerrar los nuestros en la Goleta, sino esperar en campaña al
desembarcadero, y los que esto dicen hablan de lejos y con poca
experiencia de casos semejantes, porque si en la Goleta y en el fuerte
apenas había siete mil soldados, ¿cómo podía tan poco número, aunque más
esforzados fuesen, salir a la campaña y quedar en las fuerzas[50] contra tanto
como era el de los enemigos? Y ¿cómo es posible dejar de perderse fuerza
que no es socorrida,[51] y más cuando la cercan° enemigos muchos y _{surround}
porfiados° y en su mesma tierra? _{fierce}

"Pero a muchos les pareció, y así me pareció a mí, que fue particular
gracia° y merced que el cielo hizo a España en permitir que se asolase° _{favor, destroy}
aquella oficina y capa de maldades, y aquella gomia o esponja y polilla de
la infinidad de dineros que allí sin provecho se gastaban,[52] sin servir de otra
cosa que de conservar la memoria de haberla ganado la felicísima del
invictísimo Carlos Quinto, como si fuera menester para hacerla eterna,

---

[45] **Sobre...** *in whose fortifications there were 75,000 paid Turkish soldiers*
[46] **A puñados...** *by handfuls of dirt they could cover la Goleta and the fort*
[47] **Desierta...** *desert sand*
[48] **A dos...** *at sixteen inches they found water*
[49] **Con muchos...** *with many sandbags that raised fortifications* [clearly these are not
trenches] *so high that they surpassed the walls of the fort, and firing on them from above,
no one could make a stand or put up a defense.* **Caballero,** already mentioned, referred
to a construction from which they could fire in relative safety.
[50] **Quedar...** *hold its own*
[51] **¿Cómo es...** *how could a fort fail to be lost if no reinforcements are sent?*
[52] **Aquella oficina...** *that breeding place and hiding place of wicked things, that
waster or sponge and destroyer of an infinite amount of money which was spent there
without benefit*

como lo es y será, que aquellas piedras la sustentaran.[53] Perdióse también
el fuerte, pero fuéronle ganando los turcos palmo a palmo,[54] porque los que
lo defendían pelearon tan valerosa y fuertemente, que pasaron de veinte y
cinco mil enemigos los que mataron en veinte y dos asaltos generales que
5 les dieron. Ninguno cautivaron sano[55] de trecientos que quedaron vivos,
señal cierta y clara de su esfuerzo y valor y de 'lo bien° que se habían   how well
defendido y guardado sus plazas.

    "Rindióse 'a partido° un pequeño fuerte o torre que estaba en mitad del   unconditionallly
estaño,° a cargo de[56] don Juan Zanoguera,[57] caballero valenciano y famoso   lagoon
10 soldado. Cautivaron a don Pedro Puertorcarrero, general de la Goleta, el
cual hizo cuanto fue posible por defender su fuerza, y sintió tanto el haberla
perdido, que de pesar murió en el camino de Constantinopla, donde le
llevaban cautivo. Cautivaron ansimesmo al general del fuerte, que se
llamaba Gabrio Cerbellón, caballero milanés,° grande ingeniero° y   from Milan, engine
15 valentísimo soldado. Murieron en estas dos fuerzas muchas personas de
cuenta, de las cuales fue una Pagán de Oria,[58] caballero del hábito de San
Juan,[59] de condición generoso, como lo mostró la suma° liberalidad que usó   great
con su hermano, el famoso Juan Andrea de Oria, y lo que más hizo
lastimosa su muerte[60] fue haber muerto a manos de unos alárabes de quien
20 se fio, viendo ya perdido el fuerte, que le ofrecieron de llevarle en hábito
de moro a Tabarca,[61] que es un portezuelo o casa° que en aquellas riberas   station
tienen los ginoveses que se ejercitan en la pesquería° del coral, los cuales   fishery
alárabes le cortaron la cabeza y se la trujeron al general de la armada
turquesca, el cual cumplió con ellos nuestro refrán castellano que «aunque
25 la traición aplace,° el traidor se aborrece», y así se dice que mandó el   pleases
general ahorcar a los que le trujeron el presente, porque no se le habían
traído vivo.

    "Entre los cristianos que en el fuerte se perdieron, fue uno llamado don
Pedro de Aguilar, natural no sé de qué lugar del Andalucía, el cual había
30 sido alférez en el fuerte, soldado de mucha cuenta y de raro entendimiento.
Especialmente tenía particular gracia° en lo que llaman poesía. Dígolo   gift
porque su suerte le trujo a mi galera y a mi banco y a ser esclavo de mi
mesmo patrón,° y antes que nos partiésemos de aquel puerto hizo este   master
caballero dos sonetos a manera de epitafios, el uno a la Goleta y el otro al

---

   [53] **Conservar...** *preserve the happy memory of having been won by by the invincible*
Carlos V, as if those stones were needed to make his name eternal, as it is and will
always be [I follow Starkie for the last confusng phrase]. That is, as if the fort itself were
needed to preserve the memory of its capture by Carlos V.
   [54] **Palmo...** *inch by inch*
   [55] **Ninguno...** *they captured none unwounded*
   [56] **A...** *under the command of*
   [57] Juan Zanoguera and the next three people mentioned are historical.
   [58] Veteran of Lepanto, page of Felipe II and, brother of Giovanni Andrea Doria, to
whom he left all of his estimable wealth, referred to shortly.
   [59] The Order of San Juan, founded in the 11th century, is one of the Catholic military
orders whose members are the knights of that order.
   [60] **Lo que...** *what made his death sadder*
   [61] Tabarka was a small Genoese-owned port at the time of the Battle of Lepanto,
formerly Spanish. It is in modern Tunisia between the Algerian city of Bône and Tunis.

fuerte. Y en verdad que los tengo de decir, porque los sé de memoria, y creo que antes causarán gusto que pesadumbre."

En el punto que el cautivo nombró a don Pedro de Aguilar, don Fernando miró a sus camaradas, y todos tres se sonrieron, y cuando llegó a decir de los sonetos, dijo el uno:

"Antes que vuestra merced pase adelante, le suplico me diga qué se hizo[62] ese don Pedro de Aguilar que ha dicho."

"Lo que sé es," respondió el cautivo, "que al cabo de dos años que estuvo en Constantinopla, se huyó en traje de arnaúte° con un griego espía,°   Albanian, spy y no sé si vino en libertad, puesto que creo que sí, porque de allí a un año vi yo al griego en Constantinopla, y no le pude preguntar el suceso de aquel viaje."

"Pues lo[63] fue," respondió el caballero, "porque ese don Pedro es mi hermano, y está ahora en nuestro lugar, bueno y rico, casado y con tres hijos."

"Gracias sean dadas a Dios," dijo el cautivo, "por tantas mercedes como le hizo, porque no hay en la tierra, conforme mi parecer, contento que se iguale a alcanzar la libertad perdida."

"Y más," replicó el caballero, "que yo sé los sonetos que mi hermano hizo."

"Dígalos, pues, vuestra merced," dijo el cautivo, "que los sabrá decir mejor que yo."

"Que me place," respondió el caballero, y el de la Goleta decía así:[64]

Capítulo XL. Donde se prosigue la historia del cautivo.

SONETO

ALMAS DICHOSAS° que del mortal velo   happy
Libres y esentas,° por el bien que obrastes,°   free, did
  Desde la baja tierra os levantastes,
  A lo más alto y lo mejor del cielo.
Y ardiendo en ira° y en honroso celo,   rage
  De los cuerpos la fuerza ejercitastes,
  Que en propia y sangre ajena colorastes
  El mar vecino y arenoso° suelo;   sandy
Primero que el valor, faltó la vida
  En los cansados brazos que, muriendo,
  Con ser vencidos, llevan la vitoria.
Y esta vuestra mortal, triste caída,
  Entre el muro y el hierro, os va adquiriendo°   acquiring
  Fama que el mundo os da, y el cielo gloria.

---

[62] **Qué...** *what became of*
[63] **Lo** refers back to **suceso**: *It was successful.* Of course in the previous sentence **suceso** meant *outcome.*
[64] **El de...** *the one about la Goleta went like this*

"Desa mesma manera le° sé yo," dijo el cautivo.   lo
"Pues el del fuerte, si mal no me acuerdo," dijo el caballero, "dice así:"

SONETO

5
De entre esta tierra estéril, derribada
Destos terrones por el suelo echados,
Las almas santas de tres mil soldados
Subieron vivas a mejor morada,
Siendo primero, en vano, ejercitada
10
La fuerza de sus brazos esforzados,
Hasta que, al fin, de pocos y cansados,
Dieron la vida al filo de la espada.
Y éste es el suelo que continuo ha sido
De mil memorias lamentables lleno
15
En los pasados siglos y presentes.
Mas no más justas de su duro seno
Habrán al claro cielo almas subido,
Ni aun el sostuvo cuerpos tan valientes.

No parecieron mal los sonetos, y el cautivo se alegró con las nuevas
20 que de su camarada° le dieron, y prosiguiendo su cuento, dijo: friend
"Rendidos, pues, la Goleta y el fuerte, los turcos dieron orden en
desmantelar la Goleta, porque el fuerte quedó tal, que no hubo qué poner
por tierra,[1] y para hacerlo con más brevedad y menos trabajo, la minaron
por tres partes, pero con ninguna se pudo volar° lo que parecía menos   to blow up
25 fuerte, que eran las murallas viejas, y todo aquello que había quedado en
pie de la fortificación nueva, que había hecho el Fratín,[2] con mucha
facilidad vino a tierra.[3] En resolución, la armada volvió a Constantinopla
triunfante y vencedora, y de allí a pocos meses murió mi amo, el Uchalí,[4]
al cual llamaban Uchalí Fartax, que quiere decir en lengua turquesca «el
30 renegado tiñoso°», porque lo era, y es costumbre entre los turcos ponerse   scabby
nombres de alguna falta que tengan, o de alguna virtud que en ellos haya.
Y esto es porque no hay entre ellos sino cuatro apellidos° de linajes,[5] que   last names
decienden° de la casa Otomana,[6] y los demás, como tengo dicho, toman   descend
nombre y apellido ya de las tachas del cuerpo, y ya de las virtudes del
35 ánimo. Y este Tiñoso bogó el remo, siendo esclavo del Gran Señor,[7] catorce
años, y a más de los treinta y cuatro de su edad renegó de despecho

---

[1] **El fuerte quedó...** *the fort was in such a state that there was nothing to raze*
[2] El Fratín was an Italian architect, Giacome Paleazzo, who worked for Carlos V and Felipe II.
[3] **Con...** *came to the ground easily.*
[4] In real life, Uchalí died in June of 1587.
[5] Annotators always point out these four names: Muhammat, Mustafá, Murad, and Alí.
[6] The Ottoman Empire lasted from the fourteenth century until 1922.
[7] The **Gran Señor** was the Grand Turk, the sultan of Constantinople.

de que un turco, estando al remo, le dio un bofetón,[8] y por poderse vengar dejó su fe, y fue tanto su valor, que, sin subir° por los torpes medios[9] y caminos que los más privados° del Gran Turco suben, vino a ser rey de Argel, y después, a ser general de la mar, que es el tercero cargo[10] que hay en aquel señorío. Era calabrés de nación,[11] y moralmente fue 'hombre de bien° y trataba con mucha humanidad a sus cautivos, que 'llegó a tener° tres mil, los cuales, después de su muerte, 'se repartieron,° como él lo dejó en su testamento, entre el Gran Señor (que también es hijo heredero de cuantos mueren y 'entra a la parte° con los más° hijos que deja el difunto), y entre sus renegados,°[12] y yo cupe° a un renegado veneciano que, siendo grumete de una nave,[13] le cautivó el Uchalí, y le quiso tanto, que fue uno de los más regalados garzones[14] suyos, y él vino a ser el más cruel renegado que jamás se ha visto. Llamábase Azán Agá,[15] y llegó a ser muy rico y a ser rey de Argel, con el cual yo vine de Constantinopla algo contento por estar tan cerca de España,[16] no porque pensase escribir a nadie el desdichado suceso mío,[17] sino por ver si me era más favorable la suerte en Argel que en Constantinopla, donde ya había probado mil maneras de huirme,° y ninguna tuvo sazón° ni ventura,° y pensaba en Argel buscar otros medios de alcanzar lo que tanto deseaba, porque jamás me desamparó la esperanza de tener libertad, y cuando en lo que fabricaba, pensaba y ponía por obra no correspondía el suceso a la intención,[18] luego, sin abandonarme, fingía° y buscaba otra esperanza que me sustentase, aunque fuese débil y flaca.

"Con esto entretenía la vida, encerrado en una prisión o casa que los turcos llaman BAÑO,[19] donde encierran los cautivos cristianos, así los que son del rey como de algunos particulares,[20] y los que llaman DEL ALMACÉN,[21] que es como decir CAUTIVOS DEL CONCEJO,° que sirven a la ciudad en las obras públicas que hace y en otros oficios, y estos tales

*Margin glosses: rising / favorites / worthy man / finally had / were divided / shares, **demás** / renegades; fell / escaping, opportunity, luck / concealed my intentons / municipality*

---

[8] **A más...** *at* more *than 34 years of age he renounced his faith in resentment of a Turk who, while rowing, gave him a punch*

[9] Gaos points out that these "obscene means" refer to sodomy.

[10] Tercer cargo *the third highest position.* The highest ones are Grand Vizier (prime minister) and **muftí** (the highest judicial position in the empire).

[11] **Era...** *he was Calabrian by birth.* Calabria is the region that forms the toe of the Italian boot.

[12] That is, he left part of his slaves to the Grand Turk (who was going to get some in any case) and the rest to his renegades.

[13] **Siendo...** *when he [the Venetian] was a cabin boy on a ship*

[14] **Regalados...** *regaled youths*—refers to handsome boys used for sodomy, as Gaos explains.

[15] Hassán Bajá, was a Venetian originally named Andreta (born in 1545). Cervantes was his slave and was pardoned three times by him for his three attempts to escape.

[16] Algiers is only 340 kms. from the Spanish coast.

[17] **No porque...** *not because I planned to write anybody about my misfortunes*

[18] **Cuando...** *when the outcome of what I devised, planned, and tried didn't correspond to my intention*

[19] Comes from an Arabic word meaning 'building' **banayya.** It was a patio surrounded by small rooms, where the Moors kept their prisoners. Cervantes has a play called *Los baños de Argel.*

[20] **Así...** *those [slaves] of the king as well as those of some individuals*

[21] In this case **almacén** refers to the community as the sentence goes on to explain.

cautivos tienen muy dificultosa su libertad, que, como son del común y no
tienen amo particular, no hay con quién tratar su rescate, aunque le tengan.[22]
En estos baños, como tengo dicho, suelen llevar a sus cautivos algunos
particulares del pueblo, principalmente cuando 'son de rescate,° porque allí   to be ransomed
5 los tienen holgados° y seguros hasta que venga su rescate. También los   at their ease
cautivos del rey que son de rescate no salen al trabajo con la demás
chusma,° si no es cuando se tarda su rescate, que entonces, por hacerles que   crowd
escriban por él con más ahinco, les hacen trabajar y ir por leña° con los   firewood
demás, que es un no pequeño trabajo.
10   "Yo, pues, era uno de los de rescate, que como se supo que era
capitán, puesto que dije mi poca posibilidad° y falta de hacienda, no   means
aprovechó nada para que no me pusiesen en el número de los caballeros y
gente de rescate. Pusiéronme una cadena, más por señal de rescate que por
guardarme con ella, y así pasaba la vida en aquel baño, con otros muchos
15 caballeros y gente principal, señalados° y tenidos° por de rescate. Y aunque   designated, held
la hambre y desnudez pudiera fatigarnos a veces, y aun casi siempre,
ninguna cosa nos fatigaba tanto como oír y ver 'a cada paso° las jamás   at every turn
vistas ni oídas crueldades que mi amo usaba con los cristianos. Cada día
ahorcaba el suyo, empalaba° a éste, desorejaba° a aquél, y esto por tan poca   impaled, cut the
20 ocasión, y tan sin ella, que los turcos conocían que lo hacía no más de por   ear off
hacerlo,[23] y por ser natural condición suya ser homicida de todo el género°   race
humano. Sólo 'libró bien° con él un soldado español llamado tal de   got along well
Saavedra,[24] el cual, con haber hecho cosas que quedarán en la memoria de
aquellas gentes por muchos años, y todas por alcanzar libertad, jamás le dio
25 palo, ni se lo mandó dar, ni le dijo mala palabra, y por la menor cosa de
muchas que hizo temíamos todos que había de ser empalado. Y así lo temió
él más de una vez,[25] y si no fuera porque el tiempo no da lugar,[26] yo dijera
ahora algo de lo que este soldado hizo, que fuera parte para entreteneros y
admiraros harto mejor que con el cuento de mi historia.[27]
30   "Digo, pues, que encima del patio de nuestra prisión caían° las   overlooked
ventanas de la casa de un moro rico y principal, las cuales, como de
ordinario son las de los moros, más eran agujeros que ventanas, y aun éstas
se cubrían con celosías° muy espesas y apretadas.° Acaeció, pues, que un   lattices, dense
día, estando en un terrado° de nuestra prisión con otros tres compañeros,   patio
35 haciendo pruebas de saltar con las cadenas,[28] por entretener el tiempo,
estando solos, porque todos los demás cristianos habían salido a trabajar,

---

[22] **Estos…** *these captives get their freedom with great difficulty—since they belong to
the town and have no particular master with whom to deal for their ransom, even though
they may have it [the ransom money]*

[23] **Lo hacía…** *he did it for its own sake*

[24] This is, of course, Cervantes' own maternal last name.

[25] **Jamás le dio…** *he [Hassán Bajá] never drubbed him nor had him drubbed, nor
said a bad word to him, and for the least of the things he did we feared that he
[Saavedra] would be impaled; and he feared it himself more than once.*

[26] **El…** *time does not allow*

[27] Ferreras reports that there was an account of what Cervantes did to escape, to
promote insurrection, and to avoid getting executed himself, in Fray Diego de Haedo's
Topografía e historia de Argel (Valladolid, 1612)

[28] **Haciendo…** *trying to jump with our chains on*

alcé acaso los ojos, y vi que por aquellas cerradas ventanillas que he dicho
parecía una caña, y al remate° della puesto un lienzo° atado, y la caña se   end, piece of cloth
estaba blandeando° y moviéndose, casi como si hiciera señas que   waving
llegásemos a tomarla. 'Miramos en ello,° y uno de los que conmigo estaban   we considered it
fue a ponerse debajo de la caña, por ver si la soltaban, o lo que hacían.
Pero así como llegó, alzaron la caña y la movieron a los dos lados, como
si dijeran NO con la cabeza. Volvióse el cristiano, y tornáronla a bajar y
hacer los mesmos movimientos que primero. Fue otro de mis compañeros,
y sucedióle lo mesmo que al primero. Finalmente, fue el tercero, y avínole
lo que al primero y al segundo.

"Viendo yo esto, no quise dejar de 'probar la suerte,° y así como llegué   to try my luck
a ponerme debajo de la caña, la dejaron caer, y dio° a mis pies dentro del   it fell
baño. Acudí luego a desatar el lienzo, en el cual vi un nudo, y dentro dél
venían diez cianíis,[29] que son unas monedas de 'oro bajo° que usan los   gold alloy
moros, que cada una vale diez reales de los nuestros. Si me holgué con el
hallazgo, no hay para qué decirlo, pues fue tanto el contento como la
admiración de pensar de donde podía venirnos aquel bien,° especialmente   good fortune
a mí, pues las muestras de no haber querido soltar la caña sino a mí claro
decían que a mi se hacía la merced. Tomé mi buen dinero, quebré la caña,
volvíme al terradillo,° miré la ventana y vi que por ella salía una muy   terrace
blanca mano, que la abrían y cerraban muy apriesa. Con esto entendimos
o imaginamos que alguna mujer que en aquella casa vivía nos debía de
haber hecho aquel beneficio, y en señal de que lo agradecíamos hecimos°   hicimos
zalemas° a uso de moros, inclinando° la cabeza, doblando° el cuerpo y   salaams, bowing,
poniendo los brazos sobre el pecho. De allí a poco, sacaron por la mesma   bending
ventana una pequeña cruz hecha de cañas, y luego la volvieron a entrar.
Esta señal nos confirmó en que alguna cristiana debía de estar cautiva en
aquella casa, y era la que el bien nos hacía. Pero la blancura de la mano y
las ajorcas° que en ella. vimos nos deshizo este pensamiento, puesto que   bracelets
imaginamos que debía de ser cristiana renegada, a quien de ordinario suelen
tomar por legítimas mujeres sus mesmos amos, y aun lo tienen a ventura,[30]
porque las estiman en más que las de su nación.

"En todos nuestros discursos° dimos° muy lejos de la verdad del caso,   conjectures, we
y así todo nuestro entretenimiento° desde allí adelante era mirar y tener por   were; occupation
norte a la ventana donde nos había aparecido la estrella de la caña. Pero
bien se pasaron quince días en que no la vimos, ni la mano tampoco, ni otra
señal alguna. Y aunque en este tiempo procuramos con toda solicitud saber
quién en aquella casa vivía, y si había en ella alguna cristiana renegada,
jamás hubo quien nos dijese otra cosa, sino que allí vivía un moro principal
y rico, llamado Agi Morato,[31] alcaide que había sido de la Pata,[32] que es
oficio entre ellos de mucha calidad. Mas cuando más descuidados
estábamos de que por allí habían de llover más cianíis, vimos a deshora

[29] Editors disagree on the accentuation of this name for an Algerian coin—some, as
in the case of Schevill, show no accent, others -íis, -ís, or -iís. I follow Gaos.
[30] **Aun...** *they even do it gladly*
[31] Pronounced "ah gee" in Arabic but "agui" in Spanish as later spellings of the name
show. In real life, Hajji Murad did live in Algiers in those years.
[32] Al-Batha was a fortress six miles from Oran.

parecer la caña y otro lienzo en ella con otro nudo más crecido, y esto fue
'a tiempo que° estaba el baño como la vez pasada, solo y sin gente.   when
Hecimos la acostumbrada prueba, yendo cada uno primero que yo, de los
mismos tres que estábamos, pero a ninguno se rindió° la caña sino a mí,   delivered
5   porque en llegando yo, la 'dejaron caer.° Desaté el nudo y hallé cuarenta   dropped
escudos de oro españoles, y un papel escrito en arábigo, y al cabo de lo
escrito, hecha una grande cruz. Besé la cruz, tomé los escudos, volvíme al
terrado, hecimos todos nuestras zalemas, tornó a parecer la mano, hice
señas que leería el papel, cerraron la ventana. Quedamos todos confusos y
10   alegres° con lo sucedido, y como ninguno de nosotros no entendía el   happy
arábigo, era grande el deseo que teníamos de entender lo que el papel
contenía, y mayor la dificultad de buscar quien lo leyese.
    "En fin, yo me determiné de fiarme de un renegado, natural de
Murcia,[33] que se había dado por grande amigo mío,[34] y 'puesto prendas°   having made
15   entre los dos que le obligaban a guardar el secreto que le encargase,°   pledges; I would
porque suelen algunos renegados, cuando tienen intención de volverse a   entrust
tierra de cristianos, traer consigo algunas firmas° de cautivos principales,   testimonials
en que 'dan fe,° en la forma que pueden, como el tal renegado es hombre   attest
de bien y que siempre ha hecho bien a cristianos, y que lleva deseo de
20   huirse en la primera ocasión que se le ofrezca. Algunos hay que procuran
estas fees° con buena intención. Otros se sirven dellas acaso° y 'de   **fes**, casually
industria;° que viniendo a robar a tierra de cristianos, si a dicha se pierden   cunningly
o los cautivan, sacan sus firmas y dicen que por aquellos papeles se verá
el propósito con que venían, el cual era de quedarse en tierra de cristianos,
25   y que por eso venían en corso° con los demás turcos. Con esto se escapan   maritime raid
de aquel 'primer ímpetu,° y se reconcilian con la Iglesia, sin que se les haga   immediate conse-
daño,[35] y cuando veen la suya,[36] se vuelven a Berbería[37] a ser lo que antes   quences
eran. Otros hay que usan destos papeles, y los procuran con buen intento,
y se quedan en tierra de cristianos.
30   "Pues uno de los renegados que he dicho era este mi amigo, el cual
tenía firmas de todas nuestras camaradas, donde le acreditábamos° cuanto   vouched for
era posible, y si los moros le hallaran estos papeles, le quemaran vivo. Supe
que sabía muy bien arábigo, y no solamente hablarlo, sino escribirlo. Pero
antes que del todo me declarase con él, le dije que me leyese aquel papel,
35   que acaso me había hallado en un agujero de mi rancho.° Abrióle y estuvo   cell
un buen espacio mirándole y construyéndole,° murmurando entre los   arranging it
dientes. Preguntéle si lo entendía. Díjome que muy bien, y que si quería
que me lo declarase palabra por palabra, que le diese tinta° y pluma,°   ink, pen
porque mejor lo hiciese. Dímosle luego lo que pedía, y él, poco a poco, lo
40   fue traduciendo. Y en acabando dijo: 'Todo lo que va aquí en romance,° sin   Spanish
faltar letra, es lo que contiene este papel morisco, y hase de advertir que
adonde dice Lela Marién, quiere decir Nuestra Señora la Virgen María.'

---

[33] A city in southeastern Spain, a bit inland, on the Río Segura (Chap. 4, p. 42, n. 28).
[34] **Que se...** *who claimed he was my great friend*
[35] When renegades returned to Spain, they appeared before the Inquisition, and these
affidavits were useful in obtaining their release without punishment.
[36] **Cuando...** *as soon as they have the chance*
[37] Moorish terrritory along the northern African coast.

"Leímos el papel, y decía asi:

Cuando yo era niña tenía mi padre una esclava, la cual en mi
lengua me mostró° la ZALÁ° cristianesca° y me dijo muchas cosas de
Lela Marién. La cristiana murió, y yo sé que no fue al fuego, sino con
Alá,° porque después la vi dos veces, y me dijo que me fuese a tierra
de cristianos a ver a Lela Marién, que me quería mucho. No sé yo
cómo vaya.³⁸ Muchos cristianos he visto por esta ventana, y ninguno
me ha parecido caballero,° sino tú. Yo soy muy hermosa y muchacha,
y tengo muchos dineros que llevar conmigo. Mira tú si puedes hacer
cómo nos vamos,° y serás allá mi marido, si quisieres. Y si no
quisieres, no se me dará nada,³⁹ que Lela Marién me dará con quien
me case. Yo escribí esto. Mira a quién lo das a leer—no te fíes de
ningún moro, porque son todos marfuces.° Desto tengo mucha pena,
que quisiera que no te descubrieras a nadie, porque si mi padre lo sabe,
me echará luego en un pozo y me cubrirá de piedras. En la caña
pondré un hilo, ata allí la respuesta. Y si no tienes quien te escriba
arábigo, dímelo por señas, que Lela Marién hará que te entienda. Ella
y Alá te guarden, y esa cruz que yo beso muchas veces,⁴⁰ que así me
lo mandó la cautiva.

"Mirad, señores, si era razón que las razones deste papel nos admirasen
y alegrasen, y así lo uno y lo otro fue de manera que el renegado entendió
que no acaso se había hallado aquel papel, sino que realmente a alguno de
nosotros se había escrito. Y así nos rogó que si era verdad lo que
sospechaba, que nos fiásemos dél y se lo dijésemos, que el aventuraría su
vida por nuestra libertad. Y diciendo esto, sacó del pecho un crucifijo de
metal, y con muchas lágrimas juró por el Dios que aquella imagen
representaba, en quien él, aunque pecador y malo, bien y fielmente creía,
de 'guardarnos lealtad° y secreto⁴¹ en todo cuanto quisiésemos descubrirle,
porque le parecía, y casi adevinaba,° que por medio de aquella que aquel
papel había escrito, había él y todos nosotros de tener libertad y verse él en
lo que tanto deseaba, que era reducirse al gremio de la Santa Iglesia su
madre,⁴² de quien como miembro podrido estaba dividido y apartado,° por
su ignorancia y pecado.
"Con tantas lágrimas y con muestras de tanto arrepentimiento dijo esto
el renegado, que todos de un mesmo parecer consentimos y venimos en
declararle la verdad del caso, y así le dimos cuenta de todo,⁴³ sin encubrirle
nada. Mostrámosle la ventanilla por donde parecía la caña, y él marcó°
desde allí la casa y quedó de tener especial y gran cuidado⁴⁴ de informarse

taught, prayer,
Christian
Allah

gentleman

vayamos

deceitful

to be loyal to us
guessed

separated

situated

³⁸ **No sé yo...** *I don't know how to go [there]*
³⁹ **No se me...** *it will not distress me*
⁴⁰ **Ella y Alá...** *may she [Mary] and Allah and this cross (which I kiss many times)
protect you*
⁴¹ **Secreto** also takes the previous **guardar** with it: *to keep a secret*
⁴² **Reducirse...** *to restore himself to the Church*
⁴³ **Le dimos...** *we told him everything*
⁴⁴ **Quedó de tener...** *he took special care*

quién en ella venía. Acordamos ansimesmo que sería bien responder al
billete° de la mora, y como teníamos quien lo supiese hacer,[45] 'luego al   letter
momento° el renegado escribió las razones que yo le fui notando, que   right then
puntualmente fueron las que diré, porque de todos los puntos sustanciales
5 que en este suceso me acontecieron, ninguno se me ha ido de la memoria,
ni aun se me irá 'en tanto que° tuviere vida. En efeto, lo que a la mora se   as long as
le respondió, fue esto:

     El verdadero Alá te guarde, señora mía, y aquella bendita Marién,
que es la verdadera madre de Dios, y es la que te ha puesto en corazón
10 que te vayas a tierra de cristianos, porque te quiere bien. Ruégale tú
que 'se sirva de° darte a entender cómo podrás poner por obra lo que   she be pleased
te manda, que ella es tan buena, que sí° hará. 'De mi parte,° y de la de   certainly, on my
todos estos cristianos que están conmigo, te ofrezco de hacer por ti   part
todo lo que pudiéremos, hasta morir. No dejes de escribirme y
15 avisarme lo que pensares hacer, que yo te responderé siempre, que° el   for
grande Alá nos ha dado un cristiano cautivo que sabe hablar y escribir
tu lengua tan bien como lo verás por este papel. Así que, sin tener
miedo, nos puedes avisar de todo lo que quisieres. A lo que dices[46] que
si fueres a tierra de cristianos que has de ser mi mujer, yo te lo
20 prometo como buen cristiano, y sabe que los cristianos cumplen lo que
prometen mejor que los moros. Alá y Marién su madre sean en tu
guarda,[47] señora mía.

    "Escrito y cerrado este papel, aguardé dos días a que estuviese el baño
solo, como solía, y luego salí al paso acostumbrado del terradillo, por ver
25 si la caña parecía, que no tardó mucho en asomar, así como la vi, aunque
no podía ver quien la ponía, mostré el papel como dando a entender que
pusiesen el hilo. Pero ya venía puesto en la caña, al cual até el papel, y de
allí a poco tornó a parecer nuestra estrella con la blanca bandera° de paz del   flag
atadillo.° Dejáronla caer, y alcé yo, y hallé en el paño, en toda suerte de   little bundle
30 moneda° de plata y de oro, más de cincuenta escudos, los cuales cincuenta   money
veces más doblaron° nuestro contento y confirmaron la esperanza de tener   increased
libertad.
    "Aquella misma noche volvió nuestro renegado, y nos dijo que había
sabido° que en aquella casa vivía el mesmo moro que a nosotros nos habían   learned
35 dicho que se llamaba Agui Morato, riquísimo 'por todo estremo,° el cual   extremely
tenía una sola hija, heredera de toda su hacienda, y que era común opinión
en toda la ciudad ser° la más hermosa mujer de la Berbería, y que muchos   i.e., she was
de los virreyes° que allí venían la habían pedido por mujer, y que ella   viceroys
nunca se había querido casar, y que también supo que tuvo una cristiana
40 cautiva, que ya se había muerto. Todo lo cual concertaba con lo que venía
en el papel. Entramos luego en consejo con el renegado en qué orden° se   plan
tendría para sacar a la mora y venirnos todos a tierra de cristianos, y en fin,
se acordó por entonces que esperásemos al aviso° segundo de Zoraida, que   communication

[45] **Como teníamos...** *since we had someone who could do it*
[46] **A lo...** *as to what you say*
[47] **Sean...** *keep you*

así se llamaba la que ahora quiere llamarse María. Porque bien vimos que ella, y no otra alguna, era la que había de dar medio a todas aquellas dificultades. Después que quedamos en esto, dijo el renegado que no tuviésemos pena, que él perdería la vida, o nos pondría en libertad.

"Cuatro días estuvo el baño con gente, que fue ocasión que cuatro días tardase en parecer la caña, al cabo de los cuales, en la acostumbrada soledad del baño pareció con el lienzo tan preñado,° que un felicísimo parto   full
prometía. Inclinóse a mí la caña y el lienzo, hallé en él otro papel y cien escudos de oro, sin otra moneda alguna. Estaba allí el renegado, dímosle a leer el papel dentro de nuestro rancho, el cual dijo que así decía:[48]

> Y no sé, mi señor, cómo dar orden que nos vamos a España, ni Lela Marién me lo ha dicho, aunque yo se lo he preguntado, lo que se podrá hacer es que yo os daré por esta ventana muchísimos dineros de oro: rescataos° vos con ellos, y vuestros amigos, y vaya uno en tierra   ransom yourself
> de cristianos, y compre allá una barca, y vuelva por los demás, y a mí me hallarán en el jardín de mi padre, que está a la puerta de Babazón,[49] junto a la marina,° donde tengo de estar todo este verano con mi padre   seashore
> y con mis criados. De allí de noche me podréis sacar sin miedo y llevarme a la barca. Y mira que has de ser mi marido, porque si no, yo pediré a Marién que te castigue. Si no te fías de nadie que vaya por la barca, rescátate tú y ve; que yo sé que volverás mejor que otro, pues eres caballero y cristiano. Procura saber° el jardín, y cuando te pasees   **conocer**
> por ahí sabré que está solo el baño y te daré mucho dinero. Alá te guarde, señor mío.

"Esto decía y contenía el segundo papel, lo cual visto por todos, cada uno se ofreció a querer ser el rescatado,° y prometió de ir y volver con toda   ransomed one
puntualidad, y también yo me ofrecí a lo mismo. A todo lo cual se opuso el renegado, diciendo que en ninguna manera consentiría que ninguno saliese de libertad hasta que fuesen todos juntos, porque la experiencia le había mostrado cuán mal cumplían los libres las palabras que daban en el cautiverio, porque muchas veces habían usado de aquel remedio° algunos   measures
principales cautivos, rescatando a uno que fuese a Valencia o Mallorca[50] con dineros para poder armar° una barca y volver por los que le habían   to equip
rescatado, y nunca habían vuelto. Porque la libertad alcanzada[51] y el temor de no volver a perderla les borraba de la memoria todas las obligaciones del mundo. Y en confirmación de la verdad que nos decía, nos contó brevemente un caso que casi en aquella mesma sazón había acaecido a unos caballeros cristianos, el más estraño que jamás sucedió en aquellas partes, donde a cada paso suceden cosas de grande espanto° y de admiración.   astonishment

---

[48] **El cual...** *who said it said thus*
[49] One of the nine portals that led into Algiers
[50] Valencia is the Spanish city on the Mediterranean coast and Mallorca is the Spanish island fairly nearby, either chosen because of their proximity to Algiers.
[51] The first edition has **Porque de la libertad alcanzada...** *because liberty once achieved...* Most editions since omit the *de*, considering it an error. Schevill has **"Porque, de[cía], la libertad alcanzada..."**

"En efecto, él vino a decir que lo que se podía y debía hacer era que
el dinero que se había de dar para rescatar al cristiano, que se le diese a él,
para comprar allí en Argel, una barca, con achaque° de hacerse mercader   pretext
y tratante° en Tetuán[52] y en aquella costa,° y que siendo el señor de la   trader, coast
barca, fácilmente se daría traza para sacarlos del baño y embarcarlos° a   los = *us*
todos. Cuanto más que si la mora, como ella decía, daba dineros para
rescatarlos a todos, que estando libres, era facilísima cosa aun embarcarse
en la mitad del día, y que la dificultad que se ofrecía mayor[53] era que los
moros no consienten que renegado alguno compre ni tenga barca, si no es
bajel grande para ir en corso, porque se temen que el que compra barca,
principalmente si es español, no la quiere sino para irse a tierra de
cristianos. Pero que él facilitaría° este inconveniente con hacer que un moro   alleviate
tangerino[54] 'fuese a la parte con él° en la compañía° de la barca y en la   be his partner,
ganancia de las mercancías,° y con esta sombra° él vendría a ser señor de   purchase; cargo,
la barca, con que daba por acabado todo lo demás.[55]   pretext

"Y puesto que a mí y a mis camaradas nos había parecido mejor lo de
enviar por la barca a Mallorca, como la mora decía, no osamos
contradecirle, temerosos que si no hacíamos lo que él decía, nos había de
descubrir y poner a peligro de perder las vidas, si descubriese el trato de
Zoraida, por cuya vida diéramos todos las nuestras, y así determinamos de
ponernos en las manos de Dios y en las del renegado, y en aquel mismo
punto se le respondió a Zoraida diciéndole que haríamos todo cuanto nos
aconsejaba, porque lo había advertido tan bien como si Lela Marién se lo
hubiera dicho, y que en ella sola estaba dilatar aquel negocio o ponello
luego por obra. Ofrecímele de nuevo de ser su esposo, y con esto, otro día
que acaeció a estar solo el baño, en diversas veces,[56] con la caña y el paño,
nos dio dos mil escudos de oro, y un papel donde decía que el primer
JUMÁ, que es el viernes, se iba al jardín de su padre, y que antes que se
fuese nos daría más dinero, y que si aquello no bastase, que se lo
avisásemos, que nos daría cuanto le pidiésemos: que su padre tenía tantos
que no lo echaría menos, 'cuanto más° que ella tenía las llaves de todo.   besides
"Dimos luego quinientos escudos al renegado para comprar la barca.
Con ochocientos me rescaté yo, dando el dinero a un mercader valenciano
que a la sazón se hallaba en Argel, el cual me rescató del rey, tomándome
sobre su palabra, dándola[57] de que con el primer bajel que viniese de
Valencia pagaría mi rescate, porque si luego diera el dinero, fuera dar
sospechas al rey que había muchos días que mi rescate estaba en Argel, y
que el mercader, por sus grangerías,° lo había callado. Finalmente, mi amo   profit
era tan caviloso,° que en ninguna manera me atreví a que luego se   distrustful

[52] Tetuán is an important Moroccan city near the Mediterranean coast.
[53] **La dificultad que se ofrecía mayor = la mayor dificultad que se ofrecía**
[54] Thus in the original editions, *person from Tangier* (the Moroccan Mediterranean
port). Most editors, including Schevill, change it to **tagarino** *Moor form the ancient
kingdom of Aragón* since this Moor is referred to as **tagarino** in the next chapter.
[55] **Con que daba...** *he considered the rest as good as done*
[56] **Otro día...** *the next day the baño happened to be empty, at different times*
[57] **Tomándome...** *taking me on his pledged word and giving it [his word]*

desembolsase el dinero.[58] El jueves antes del viernes que la hermosa Zoraida se había de ir al jardín nos dio otros mil escudos y nos avisó de su partida, rogándome que si me rescatase, supiese luego el jardín de su padre, y que en todo caso buscase ocasión de ir allá y verla. Respondíle en breves palabras que así lo haría, y que tuviese cuidado de encomendarnos a Lela Marién con todas aquellas oraciones que la cautiva le había enseñado.

"Hecho esto, dieron orden en que los tres compañeros nuestros se rescatasen, por facilitar la salida del baño, y porque viéndome a mí rescatado, y a ellos no, pues había dinero, no 'se alborotasen° y les persuadiese el diablo que hiciesen alguna cosa en perjuicio de Zoraida, que puesto que el ser ellos quien eran me podía asegurar deste temor,[59] con todo eso, no quise poner el negocio 'en aventura,° y así los hice rescatar por la misma orden que yo me rescaté, entregando todo el dinero al mercader para que con certeza° y seguridad pudiese hacer la fianza,° al cual nunca descubrimos nuestro trato y secreto por el peligro que había."

get worried

at risk

certainty, security

---

[58] **En ninguna...** *in no way did I dare to have the money paid right then*
[59] **Puesto que...** *although the fact of their being who they were could relieve my fear*

Capítulo XLI. Donde todavía prosigue el cautivo su suceso.

"NO SE pasaron quince días, cuando ya nuestro renegado tenía comprada una muy buena barca, capaz de[1] más de treinta personas, y para asegurar su hecho y dalle color,[2] quiso hacer, como hizo, un viaje a 5 un lugar que se llamaba Sargel,[3] que está treinta leguas de Argel, 'hacia la parte de° Orán,[4] en el cual hay mucha contratación° de 'higos pasos.° Dos o tres veces hizo este viaje en compañía del tagarino[5] que había dicho. TAGARINOS llaman en Berbería a los moros de Aragón, y a los de Granada MUDÉJARES,[6] y en el reino de Fez[7] llaman a los mudéjares ELCHES, los 10 cuales son la gente de quien aquel rey más 'se sirve° en la guerra.

"Digo, pues, que cada vez que pasaba con su barca 'daba fondo° en una caleta° que estaba no dos tiros de ballesta del jardín donde Zoraida esperaba, y allí, muy 'de propósito,° se ponía el renegado con los morillos que bogaban el remo, o ya a hacer la zalá, o a como por ensayarse° 'de 15 burlas° a lo que pensaba hacer 'de veras°. Y así se iba al jardín de Zoraida y le pedía fruta. Y su padre se la daba sin conocelle, y aunque él quisiera hablar a Zoraida, como él después me dijo, y decille que él era el que por orden mía le había de llevar a tierra de cristianos, que estuviese contenta y segura, nunca le fue posible, porque las moras no se dejan ver de ningún 20 moro ni turco, si no es que su marido o su padre se lo manden. De cristianos cautivos se dejan tratar y comunicar, aun más de aquello que sería razonable,° y a mí me hubiera pesado que él la hubiera hablado—que quizá la alborotara, viendo que su negocio andaba 'en boca de° renegados.

"Pero Dios, que lo ordenaba de otra manera, no dio lugar al buen deseo 25 que nuestro renegado tenía, el cual, viendo cuán seguramente° iba y venía a Sargel, y que daba fondo cuando y como y adonde quería, y que el tagarino, su compañero, no tenía más voluntad de lo que la suya ordenaba, y que yo estaba ya rescatado, y que sólo faltaba buscar algunos cristianos que bogasen el remo, me dijo que mirase° yo cuáles° quería traer conmigo, 30 fuera de los rescatados, y que los tuviese hablados° para el primer viernes, donde° tenía determinado que fuese nuestra partida. Viendo esto, hablé a doce españoles, todos valientes hombres del remo, y de aquellos que más libremente° podían salir de la ciudad, y no fue poco hallar tantos en aquella coyuntura,° porque estaban veinte bajeles en corso y se habían llevado toda 35 la gente de remo. Y éstos no se hallaran si no fuera que su amo se quedó aquel verano sin ir en corso, a acabar una galeota[8] que tenía en astillero.°

towards, trade, drie
figs

uses

anchored
cove
intentionally
rehearse
not seriously, in
earnest

proper
i.e., talked about b

safely

find, which (Christ
ians); arranged for
when

easily
circumstance

shipyard

[1] **Capaz de contener**

[2] **Para asegurar...** *to make his deal safe and give it credence*

[3] Modern Cherchell, known as Iol in ancient times, originally a Carthaginian trading station and the capital of Mauretania (25B.C.), was an important Roman port. An active port in Cervantes' time, today it is just a small fishing town.

[4] Oran is an Algerian port, the second most important one after Algiers, directly south of Cartagena.

[5] The **tagarino** mentioned here is the one called **tangerino** in the last chapter.

[6] That is, in Barbary they call the Moors of Granada **mudéjares**.

[7] The Kingdom of Fez is now a part of northern Morocco. The city of Fez is very ancient and its university dates from 859.

[8] This was a small galley, 16-20 rowers per side.

A los cuales no les dije otra cosa sino que el primer viernes, en la tarde, se saliesen uno a uno,[9] disimuladamente,° y se fuesen 'la vuelta° del jardín de *furtively, towards* Agi Morato, y que allí me aguardasen hasta que yo fuese. A cada uno di este aviso 'de por sí,° con orden que, aunque allí viesen a otros cristianos, *individually* no les dijesen sino que yo les había mandado esperar en aquel lugar.

"Hecha esta diligencia,° me faltaba hacer otra, que era la que más me *step* convenía: y era la de avisar a Zoraida en el punto que estaban los negocios[10] para que estuviese apercebida° y sobre aviso, que no se *prepared* sobresaltase, si de improviso la asaltásemos° antes del tiempo que ella podía *seized* imaginar que la barca de cristianos podía volver. Y así determiné de ir al jardín y ver si podría hablarla, y con ocasión de coger° algunas yerbas, un *gathering* día antes de mi partida, fui allá, y la primera persona con quien encontré fue con su padre, el cual me dijo en lengua que en toda la Berbería y aun en Costantinopla se halla entre cautivos y moros, que ni es morisca, ni castellana, ni de otra nación alguna, sino una mezcla de todas las lenguas, con la cual todos nos entendemos, digo, pues, que en esta manera de lenguaje me preguntó que qué buscaba en aquel su jardín y de quién era. Respondíle que era esclavo de Arnaúte Mamí[11]—y esto porque sabía yo por muy cierto que era un grandísimo amigo suyo—, y que buscaba de todas yerbas para hacer ensalada. Preguntóme, por el consiguiente, si era hombre de rescate o no, y que cuánto pedía mi amo por mí.

"Estando en todas estas preguntas y respuestas, salió de la casa del jardín la bella Zoraida, la cual ya había mucho[12] que me había visto, y como las moras en ninguna manera 'hacen melindre° de mostrarse a los *not reluctant* cristianos, ni tampoco 'se esquivan,° como ya he dicho, no se le dio nada *avoid* de venir adonde su padre conmigo estaba. Antes, 'luego cuando° su padre *as soon as* vio que venía y de espacio, la llamó y mandó que llegase. Demasiada cosa sería decir yo agora la mucha hermosura, la gentileza, el gallardo y rico adorno° con que mi querida Zoraida se mostró a mis ojos. Sólo diré que *attire* más perlas pendían de su hermosísimo cuello, orejas y cabellos, que cabellos tenía en la cabeza. En las gargantas° de los sus pies, que *ankles* descubiertas° a su usanza traía, traía dos CARCAJES—que así se llamaban las *bare* manillas° o 'ajorcas de los pies° en morisco—de purísimo oro, con tantos *bracelets, anklets* diamantes engastados,° que ella me dijo después que su padre los estimaba *set* en diez mil doblas,[13] y las que traía en las muñecas de las manos valían 'otro tanto.° Las perlas eran en gran cantidad y muy buenas, porque la *the same* mayor gala° y bizarría de las moras es adornarse de ricas perlas y aljófar,° *elegance, seed-pearls* y así hay más perlas y aljófar entre moros que entre todas las demás naciones, y el padre de Zoraida tenía fama de tener muchas y de las mejores que en Argel había, y de tener asimismo más de docientos mil escudos españoles, de todo lo cual era señora esta que ahora lo es mía.

---

[9] **Uno...** *one by one*

[10] **En el punto...** *how things stood*

[11] In real life, Arnaúte Mamí was the Albanian pirate who captured *Cervantes* when he was returning from Naples to Spain in 1575.

[12] **Ya...** *for some time*

[13] The doubloon was worth two escudos. Gaos says this amount came to more than 70,000 **reales.**

"Si con todo este adorno podía venir entonces hermosa, o no, por las reliquias que le han quedado en tantos trabajos se podrá conjeturar cuál debía de ser en las prosperidades.[14] Porque ya se sabe que la hermosura de algunas mujeres tiene días y sazones, y requiere accidentes° para diminuirse° o acrecentarse, y es natural cosa que las 'pasiones del ánimo° la levanten o abajen, puesto que las más veces la destruyen. Digo, en fin, que entonces llegó en todo estremo aderezada y en todo estremo hermosa, o a lo menos a mí me pareció serlo la más que hasta entonces había visto,[15] y con esto, viendo las obligaciones en que me había puesto, me parecía que tenía delante de mí una 'deidad del cielo,° venida a la tierra para mi gusto y para mi remedio.

    "Así como ella llegó, le dijo su padre en su lengua como yo era cautivo de su amigo Arnaúte Mamí, y que venía a buscar ensalada. Ella tomó la mano, y en aquella mezcla de lenguas que tengo dicho, me preguntó si era caballero y qué era la causa que no me rescataba. Yo le respondí que ya estaba rescatado, y que en el precio podía echar de ver en lo que mi amo me estimaba, pues había dado[16] por mí mil y quinientos zoltanís.[17] A lo cual ella respondió: 'En verdad que si tú fueras de mi padre, que yo hiciera que no te diera el por 'otros dos tantos,° porque vosotros, cristianos, siempre mentís en cuanto decís, y os hacéis pobres por engañar a los moros.' 'Bien podría ser eso, señora,' le respondí, 'mas en verdad que yo la he tratado[18] con mi amo, y la trato y la trataré con cuantas personas hay en el mundo.' 'Y ¿cuándo te vas?' dijo Zoraida. 'Mañana creo yo,' dije, 'porque está aquí un bajel de Francia que se hace mañana a la vela,[19] y pienso irme en él.' '¿No es mejor,' replicó Zoraida, 'esperar a que vengan bajeles de España y irte con ellos, que no con los de Francia, que no son vuestros amigos?' 'No,' respondí yo, 'aunque si como hay nuevas[20] que viene ya un bajel de España es verdad, todavía yo le aguardaré, puesto que es más cierto el partirme mañana, porque el deseo que tengo de verme en mi tierra y con las personas que bien quiero es tanto, que no me dejará esperar otra comodidad si se tarda, por mejor que sea.' 'Debes de ser, sin duda, casado en tu tierra,' dijo Zoraida, 'y por eso deseas ir a verte con tu mujer.' 'No soy,' respondí yo, 'casado, mas tengo dada la palabra de casarme en llegando allá.' 'Y ¿es hermosa la dama a quien se la diste?'[21] dijo Zoraida, 'Tan hermosa es,' respondí yo, 'que para encarecella y decirte la verdad, te parece a ti mucho.'

    "Desto se rio muy de veras su padre, y dijo: '*Gualá*,° cristiano, que debe de ser muy hermosa si se parece a mi hija, que es la más hermosa de

Margin glosses:
- chance causes
- diminish, emotions
- goddess
- twice as much
- my God

---

[14] **Por las reliquias…** *through the vestiges that remain after so many travails, you can imagine how she must have been in prosperity*

[15] **A mí me…** *she seemed the most [beautiful] I had seen up to then*

[16] That is, *yo había dado*, although Clemencín thinks that the original had **habiā dado** = **habían dado.**

[17] The **zolta*ní*** was worth, in gold, a Spanish crown.

[18] **Yo la he tratado** = **yo he tratado la verdad** *I have been sincere*

[19] **Se hace…** *that sets sail tomorrow*

[20] Read it this way: **si hay nuevas**

[21] **Se la diste? La** refers to **palabra.**

todo este reino. Si no, mírala bien y verás como te digo verdad.' Servíanos de intérprete a las más de estas palabras y razones el padre de Zoraida, como más ladino,° que aunque ella hablaba la bastarda lengua que, como he dicho, allí se usa, más declaraba su intención° por señas que por palabras.

  knower of Spanish
  meaning

  "Estando en estas y otras muchas razones, llegó un moro corriendo y dijo a grandes voces que por las bardas o paredes del jardín habían saltado cuatro turcos y andaban cogiendo la fruta, aunque no estaba madura.° Sobresaltóse el viejo, y lo mesmo hizo Zoraida, porque es común y casi natural el miedo que los moros a los turcos tienen, especialmente a los soldados, los cuales son tan insolentes° y 'tienen tanto imperio sobre° los moros que a ellos están sujetos,²² que los tratan peor que si fuesen esclavos suyos. Digo, pues, que dijo su padre a Zoraida: 'Hija, retírate a la casa y enciérrate en tanto que yo voy a hablar a estos canes,° y tú, cristiano, busca tus yerbas y 'vete en buen hora,° y llévete Alá 'con bien° a tu tierra.' Yo me incliné y él se fue a buscar los turcos, dejándome solo con Zoraida, que comenzó a dar muestras de irse donde su padre la había mandado. Pero apenas 'él se encubrió con° los árboles del jardín, cuando ella, volviéndose a mí, llenos los ojos de lágrimas, me dijo: '¿*Ámexi*, cristiano, *ámexi*?' Que quiere decir: «¿Vaste, cristiano, vaste?» Yo la respondí: 'Señora, sí, pero no en ninguna manera sin ti. El primero *jumá*° me aguarda, y no te sobresaltes cuando nos veas, que sin duda alguna iremos a tierra de cristianos.'

  ripe

  contemptuous,
  so dominate

  dogs
  go away, safely

  he was hidden by

  Friday

  "Yo le dije esto de manera que ella me entendió muy bien a todas las razones que entrambos pasamos, y echándome un brazo al cuello, con desmayados pasos comenzó a caminar hacia la casa, y quiso la suerte, que pudiera ser muy mala, si el cielo no lo ordenara de otra manera, que yendo los dos de la manera y postura que os he contado, con un brazo al cuello, su padre, que ya volvía de 'hacer ir° a los turcos, nos vio de la suerte y manera que íbamos, y nosotros vimos que él nos había visto, pero Zoraida, advertida° y discreta, no quiso quitar el brazo de mi cuello, antes se llegó más a mí y puso su cabeza sobre mi pecho, doblando un poco las rodillas, dando claras señales y muestras que se desmayaba, y yo ansimismo di a entender que la sostenía contra mi voluntad. Su padre llegó corriendo adonde estábamos, y viendo a su hija de aquella manera, le preguntó que qué tenía, pero como ella no le respondiese, dijo su padre: 'Sin duda alguna que con el sobresalto de la entrada de estos canes se ha desmayado,' y quitándola del mío, la arrimó a su pecho, y ella, dando un suspiro y aun no enjutos los ojos de lágrimas, volvió a decir: '¡*Ámexi*, cristiano, *ámexi*!' «¡Vete, cristiano, vete!' A lo que su padre respondió: "No importa, hija, que el cristiano se vaya, que ningún mal te ha hecho, y los turcos ya son idos. No te sobresalte cosa alguna, pues ninguna hay que pueda darte pesadumbre, pues, como ya te he dicho, los turcos, a mi ruego,° se volvieron por donde entraron.' 'Ellos, señor, la sobresaltaron, como has dicho,' dije yo a su padre, 'Mas pues ella dice que yo me vaya, no la quiero dar pesadumbre. Quédate en paz, y con tu licencia volveré, si fuere menester, por yerbas a este jardín, que, según dice mi amo, en ninguno las

  chasing away

  quick-witted

  request

---

²² **Que a ellos...** *who are their subjects*

hay mejores para ensalada que en él.' 'Todas las[23] que quisieres podrás
volver,' respondió Agi Morato, 'que mi hija no dice esto porque tú ni
ninguno de los cristianos la enojaban,° sino que por decir que los turcos se   bothered
fuesen, dijo que tú te fueses, o porque ya era hora que buscases tus yerbas.'
5   "Con esto me despedí al punto de entrambos, y ella, arrancándosele el
alma, al parecer, se fue con su padre. Y yo, con achaque de buscar las
yerbas, rodeé muy bien y a mi placer° todo el jardín. Miré bien las entradas   ease
y salidas, y la fortaleza° de la casa, y la comodidad° que se podía ofrecer   security, opportunity
para facilitar todo nuestro negocio. Hecho esto, me vine y di cuenta de
10 cuanto había pasado al renegado y a mis compañeros. Y ya no veía la hora
de[24] verme gozar sin sobresalto del bien que en la hermosa y bella Zoraida
la suerte me ofrecía.
    "En fin, el tiempo se pasó y se llegó el día y plazo de nosotros tan
deseado, y siguiendo todos el orden y parecer que con discreta
15 consideración y largo discurso muchas veces habíamos dado, tuvimos el
buen suceso que deseábamos. Porque el viernes que se siguió al día que yo
con Zoraida hablé en el jardín, nuestro renegado,[25] al anochecer, dio fondo
con la barca casi frontero de donde la hermosísima Zoraida estaba. Ya los
cristianos que habían de bogar el remo estaban prevenidos° y escondidos   ready
20 por diversas partes de todos aquellos alrededores.° Todos estaban suspensos   surroundings
y alborozados aguardándome, deseosos ya de embestir con el bajel que a
los ojos tenían, porque ellos no sabían el concierto° del renegado, sino que   arrangement
pensaban que a fuerza de brazos habían de haber y ganar la libertad,
'quitando la vida° a los moros que dentro de la barca estaban.   killing
25 "Sucedió, pues, que así como yo me mostré, y mis compañeros, todos
los demás escondidos que nos vieron se vinieron llegando a nosotros. Esto
era ya a tiempo que la ciudad estaba ya cerrada, y por toda aquella campaña
ninguna persona parecía. Como estuvimos juntos, dudamos si sería mejor
ir primero por Zoraida, o rendir° primero a los moros bagarinos,° que   subdue, Moorish
30 bogaban el remo en la barca. Y estando en esta duda, llegó a nosotros   rowers
nuestro renegado, diciéndonos que en qué 'nos deteníamos,° que ya era   delaying
hora, y que todos sus moros estaban descuidados,° y los más de ellos   off guard
durmiendo. Dijímosle en lo que reparábamos,[26] y él dijo que lo que más
importaba era rendir primero el bajel, que se podía hacer con grandísima
35 facilidad y sin peligro alguno, y que luego podíamos ir por Zoraida.
Pareciónos bien a todos lo que decía, y así sin detenernos más, haciendo él
la guía,[27] llegamos al bajel, y saltando el dentro primero, metió mano a un
alfanje y dijo en morisco: '¡Ninguno de vosotros se mueva de aquí, si no
quiere que le cueste la vida!' Ya a este tiempo, habían entrado dentro casi
40 todos los cristianos. Los moros, que eran de poco ánimo, viendo hablar de
aquella manera a su arráez,° quedáronse espantados, y sin ninguno de todos   captain

---

[23] **Todas las** *veces*
[24] **Ya no veía...** *I couldn't wait*
[25] Here the text says **Morrenago** which Schevill corrects to **nuestro renegado**, as in
line 31, below. Flores had reconstructed **nr̄o renegado**, but I wonder [with Gaos] if the
second word was also abbreviated in the manuscript: **nr̄o rreneg°.**
[26] **En lo...** *why we were hesitating*
[27] **Haciendo...** *with him as our guide*

ellos echar mano a las armas, que pocas o casi ningunas tenían, se dejaron, sin hablar alguna palabra, maniatar[28] de los cristianos, los cuales con mucha presteza lo hicieron, amenazando a los moros que si alzaban por alguna vía o manera la voz, que luego al punto los 'pasarían todos a cuchillo.°   would be stabbed

"Hecho ya esto, quedándose 'en guardia° dellos la mitad de los   keeping guard nuestros, los que quedábamos, haciéndonos asimismo el renegado la guía, fuimos al jardín de Agi Morato, y quiso la buena suerte que, llegando a abrir la puerta, se abrió con tanta facilidad como si cerrada no estuviera. Y así con gran quietud° y silencio, llegamos a la casa sin ser sentidos de   calm nadie. Estaba la bellísima Zoraida aguardándonos a una ventana, y así como sintió gente, preguntó con voz baja si éramos NIZARANI, como si dijera o preguntara si éramos cristianos. Yo le respondí que sí, y que bajase. Cuando ella me conoció, no se detuvo un punto, porque, sin responderme palabra, bajó en un instante, abrió la puerta y mostróse a todos tan hermosa y ricamente vestida, que no lo acierto a encarecer. Luego que yo la vi, le tomé una mano y la comencé a besar, y el renegado hizo lo mismo, y mis dos camaradas. Y los demás, que el caso no sabían, hicieron lo que vieron que nosotros hacíamos, que no parecía sino que le dábamos las gracias y la reconocíamos por señora de nuestra libertad. El renegado le dijo en lengua morisca si estaba su padre en el jardín. Ella respondió que sí, y que dormía. 'Pues será menester despertalle,' replicó el renegado, 'y llevárnosle con nosotros, y todo aquello que tiene de valor este hermoso jardín.' 'No,' dijo ella, 'a mi padre no se ha de tocar en ningún modo, y en esta casa no hay otra cosa que lo que yo llevo, que es tanto, que bien habrá para que todos quedéis ricos y contentos, y esperaros[29] un poco y lo veréis.'

"Y diciendo esto, se volvió a entrar, diciendo que muy presto volvería, que nos estuviésemos quedos, sin hacer ningún ruido. Pregúntele al renegado lo que con ella había pasado, el cual me lo contó, a quien yo dije que en ninguna cosa se había de hacer más de lo que Zoraida quisiese, la cual ya que volvía cargada con un cofrecillo° lleno de escudos de oro,   little trunk tantos, que apenas lo podía sustentar.° Quiso la mala suerte que su padre   carry despertase en el ínterin° y sintiese el ruido que andaba en el jardín, y   interim asomándose° a la ventana, luego conoció que todos los que en él[30] estaban   leaning out eran cristianos. Y dando muchas, grandes y desaforadas voces, comenzó a decir en arábigo: '¡Cristianos, cristianos! ¡Ladrones, ladrones!' Por los cuales gritos nos vimos todos puestos en grandísima y temerosa confusión.°   chaos Pero el renegado, viendo el peligro en que estábamos, y lo mucho que le importaba salir con aquella empresa antes de ser sentido, con grandísima presteza, subió donde Agi Morato estaba, y juntamente° con él fueron   together algunos de nosotros, que yo no osé desamparar a la Zoraida, que como desmayada se había dejado caer en mis brazos.

"En resolución, los que subieron se dieron tan buena maña, que en un momento bajaron con Agi Morato, trayéndole atadas las manos y puesto un pañizuelo en la boca, que no le dejaba hablar palabra, amenazándole que el hablarla le había de costar la vida. Cuando su hija le vio, se cubrió los ojos

---

[28] **Se dejaron... maniatar** *they let themselves be tied up*
[29] Infinitive used as a command: *wait.*
[30] **En él** *jardín*

por no verle, y su padre quedó espantado, ignorando cuán de su voluntad
se había puesto en nuestras manos. Mas entonces siendo más necesarios los
pies, con diligencia y presteza nos pusimos en la barca, que ya los que en
ella habían quedado nos esperaban, temerosos de algún mal suceso nuestro.

5   "Apenas serían dos horas pasadas de la noche, cuando ya estábamos
todos en la barca, en la cual se le quitó al padre de Zoraida la atadura de
las manos y el paño de la boca. Pero tornóle a decir el renegado que no
hablase palabra, que le quitarían la vida. Él, como vio allí a su hija,
comenzó a suspirar ternísimamente,° y más cuando vio que yo estrecha-   *very tenderly*
10 mente la tenía abrazada, y que ella sin defender, quejarse ni esquivarse, se
estaba queda. Pero con todo esto, callaba, porque no pusiesen en efeto las
muchas amenazas que el renegado le hacía.

    "Viéndose, pues, Zoraida ya en la barca, y que queríamos dar los
remos al agua, y viendo allí a su padre y a los demás moros, que atados
15 estaban, le dijo al renegado que me dijese le hiciese merced[31] de soltar a
aquellos moros y de dar libertad a su padre, porque antes se arrojaría en la
mar que ver delante de sus ojos, y 'por causa suya,° llevar cautivo a un   *on her account*
padre que tanto la había querido. El renegado me lo dijo, y yo respondí que
era muy contento. Pero él respondió que no convenía, a causa que, si allí
20 los dejaban, apellidarían luego la tierra[32] y alborotarían la ciudad, y serían
causa que saliesen a buscallos[33] con algunas 'fragatas ligeras,° y les tomasen   *swift frigates*
la tierra y la mar, de manera que no pudiésemos escaparnos, que lo que se
podría hacer era darles libertad en llegando a la primera tierra de cristianos.
En este parecer venimos todos, y Zoraida, a quien se le dio cuenta, con las
25 causas que nos movían a no hacer luego lo que quería, también se satisfizo.
Y luego, con regocijado silencio y alegre diligencia, cada uno de nuestros
valientes remeros° tomó su remo, y comenzamos, encomendándonos a Dios   *rowers*
de todo corazón, a navegar la vuelta de las islas de Mallorca, que es la
tierra de cristianos más cerca.

30   "Pero a causa de soplar un poco el viento tramontana,° y estar la mar   *from the north*
algo picada,° no fue posible seguir la derrota° de Mallorca, y fuenos   *rough, course*
forzoso dejarnos 'ir tierra a tierra° la vuelta de Orán, no sin mucha   *follow the coast*
pesadumbre nuestra, por no ser descubiertos del lugar de Sargel, que en
aquella costa cae sesenta millas de Argel. Y asimismo temíamos encontrar
35 por aquel paraje° alguna galeota de las que de ordinario vienen con   *place*
mercancía de Tetuán, aunque cada uno por sí, y por todos juntos,[34]
presumíamos° de que si se encontraba galeota de mercancía, como no fuese   *supposed*
de las que andan en corso, que no sólo no nos perderíamos, mas que
tomaríamos bajel donde con más seguridad pudiésemos acabar nuestro viaje.
40 Iba Zoraida, en tanto que se navegaba, puesta la cabeza entre mis manos
por no ver a su padre, y sentía yo que iba llamando a Lela Marién, que nos
ayudase.

    "Bien habríamos navegado treinta millas, cuando nos amaneció, como
tres tiros de arcabuz 'desviados de° tierra, toda la cual vimos desierta, y sin   *from*

---

[31] **Le dijo...** *she told the renegade to tell me to do her the favor*
[32] **Apellidarían...** *they would call out the country folk*
[33] **Buscallos—los** *is used because the captive is relating what was said:* look for them.
[34] **Cada uno...** *each one on his own and everybody all together*

nadie que nos descubriese,° pero con todo eso nos fuimos, a fuerza de   see
brazos, entrando un poco en la mar[35] que ya estaba algo más sosegada. Y
habiendo entrado casi dos leguas, diose orden que se bogase 'a cuarteles°   in shifts
en tanto que comíamos algo, que iba bien proveída la barca, puesto que los
que bogaban dijeron que no era aquel tiempo de tomar reposo° alguno: que   rest
les diesen de comer los que no bogaban, que ellos no querían soltar los
remos de las manos en manera alguna. Hízose ansí, y en esto comenzó a
soplar° un viento largo[36] que nos obligó a 'hacer luego vela° y a dejar el   blow, put up sails
remo, y 'enderezar a° Orán, por no ser posible poder hacer otro viaje. Todo   to make for
se hizo con mucha presteza, y así a la vela navegamos por más de ocho
millas por hora, sin llevar otro temor alguno, sino el de encontrar con bajel
que de corso fuese.

"Dimos de comer a los moros bagarinos y el renegado les consoló,
diciéndoles como no iban cautivos: que en la primera ocasión les darían
libertad, lo mismo se le dijo al padre de Zoraida, el cual respondió:
'Cualquiera otra cosa pudiera yo esperar y creer de vuestra liberalidad y
buen término, ¡oh, cristianos! mas el darme libertad, no me tengáis por tan
simple que lo imagine, que nunca os pusistes vosotros al peligro de
quitármela[37] para volverla° tan liberalmente, especialmente sabiendo quién   give it back
soy yo, y el interese° que se os puede seguir de dármela,[38] el cual interese   sum
si le queréis poner nombre,° desde aquí os ofrezco todo aquello que   price
quisiéredes por mí y por esa desdichada hija mía, o si no por ella sola, que
es la mayor y la mejor parte de mi alma.'

"En diciendo esto, comenzó a llorar tan amargamente, que a todos nos
movió a compasión, y forzó a Zoraida que le mirase, la cual, viéndole
llorar, así 'se enterneció,° que se levantó de mis pies y fue a abrazar a su   was moved
padre, y juntando su rostro con el suyo comenzaron los dos tan tierno
llanto, que muchos de los que allí íbamos le acompañamos en él. Pero
cuando su padre la vio 'adornada de fiesta° y con tantas joyas sobre sí, le   dressed festively
dijo en su lengua: '¿Qué es esto, hija, que ayer al anochecer antes que nos
sucediese esta terrible desgracia en que nos vemos, te vi con tus ordinarios
y 'caseros vestidos,° y agora, sin que hayas tenido tiempo de vestirte, y sin   everyday clothes
haberte dado alguna nueva alegre de solenizalle con adornarte y pulirte,[39]
te veo compuesta° con los mejores vestidos que yo supe y pude darte   dressed up
cuando nos fue la ventura más favorable? Respóndeme a esto, que me
tienes más suspenso y admirado que la misma desgracia en que me hallo.'

"Todo lo que el moro decía a su hija nos lo declaraba el renegado, y
ella no le respondía palabra. Pero cuando él vio a un lado de la barca el
cofrecillo donde ella solía tener sus joyas, el cual sabía él bien que le había
dejado en Argel y no traídole al jardín, quedó más confuso, y preguntóle
que cómo aquel cofre había venido a nuestras manos, y qué era lo que
venía dentro. A lo cual el renegado, sin aguardar que Zoraida le

---

[35] **Entrando...** *moving a bit out to sea*
[36] This is a wind that blows towards the side of a ship.
[37] **Quitármela. La = libertad.**
[38] **Se os...** *you can receive in giving it back to me*
[39] **Sin que hayas...** *without having given you some happy news to commemorate by adorning yourself with great care.*

respondiese, le respondió: 'No te canses, señor, en preguntar a Zoraida tu
hija tantas cosas, porque con una° que yo te responda te satisfaré a todas.   una *cosa*
Y así quiero que sepas que ella es cristiana, y es la que ha sido la lima° de   file
nuestras cadenas y la libertad de nuestro cautiverio. Ella va aquí de su
5 voluntad, tan contenta, a lo que yo imagino, de verse en este estado,° como   position
el que sale de las tinieblas a la luz, de la muerte a la vida y de la pena a la
gloria.' '¿Es verdad lo que éste dice, hija?' dijo el moro. 'Así es,' respondió
Zoraida. '¿Que en efeto,' replicó el viejo, 'tú eres cristiana, y la que ha
puesto a su padre en poder de sus enemigos?' A lo cual respondió Zoraida:
10 'La que es cristiana yo soy, pero no la que te ha puesto en este punto,°   position
porque nunca mi deseo se estendió a dejarte, ni a hacerte mal, sino a
hacerme a mí bien.' 'Y ¿qué bien es el que te has hecho, hija?' 'Eso,'
respondió ella, 'pregúntaselo tú a Lela Marién, que ella te lo sabrá decir
mejor que no yo.'
15   "Apenas hubo oído esto el moro, cuando, con una increíble presteza,
se arrojó 'de cabeza° en el mar, donde sin ninguna duda se ahogara,° si el   head first, would
vestido largo y embarazoso° que traía no le entretuviera un poco sobre el   have drowned;
agua. Dio voces Zoraida que le sacasen, y así acudimos luego todos, y   encumbering
asiéndole de la almalafa, le sacamos medio ahogado y 'sin sentido,° de que   unconscious
20 recibió tanta pena Zoraida, que, como si fuera ya muerto, hacía sobre él un
tierno y doloroso llanto.° Volvímosle boca abajo,[40] volvió mucha agua,   lament
'tornó en sí° al cabo de dos horas, en las cuales, habiéndose trocado el   he came to
viento, nos convino° volver hacia tierra y hacer fuerza de remos por no   it was advisable
embestir en ella.[41] Mas quiso nuestra buena suerte que llegamos a una cala°   creek
25 que 'se hace° al lado de un pequeño promontorio o cabo,° que de los moros   lies, cape
es llamado el de la CABA RUMÍA, que en nuestra lengua quiere decir LA
MALA MUJER CRISTIANA. Y es tradición entre los moros que en aquel lugar
está enterrada la Cava,[42] por quien se perdió España, porque CABA en su
lengua quiere decir *mujer mala*, y RUMÍA, *cristiana*, y aun tienen por mal
30 agüero° llegar allí a dar fondo cuando la necesidad les fuerza a ello, porque   omen
nunca le dan sin ella,[43] puesto que para nosotros no fue abrigo de mala
mujer, sino puerto seguro de nuestro remedio, según andaba alterada° la   rough
mar.
     "Pusimos nuestras centinelas° en tierra, y no dejamos jamás los remos   sentries
35 de la mano. Comimos de lo que el renegado había proveído, y rogamos a
Dios y a Nuestra Señora, de todo nuestro corazón, que nos ayudase y
favoreciese, para que felicemente° diésemos fin a tan dichoso principio.   **felizmente**
Diose orden, a suplicación° de Zoraida, como echásemos en tierra a su   request
padre y a todos los demás moros que allí atados venían, porque no le

---

[40] **Volvímosle…** *we turned him face down*
[41] **Hacer…** *use the force of our oars so as not to crash against it [la **tierra**]*
[42] *Mala mujer* means "prostitute." According to the medieval tradition, La Cava,
daughter of Conde Julián, was perhaps raped (the act is certain, the force involved is not)
by Rodrigo, the last Visigothic king of Spain. Julián, her father, in the African town
(formerly in Morocco, and now part of Spain) of Ceuta, got his revenge by inducing the
Moors to invade the Iberian Peninsula in 711. This theme is a commonplace in Spanish
literature.
[43] **Porque…** *because they never do it [anchor their vessels] without it [need]*

bastaba el ánimo, ni lo podían sufrir sus blandas entrañas,[44] ver delante de sus ojos atado a su padre y aquellos de su tierra presos. Prometímosle de hacerlo así al tiempo de la partida, pues no corría peligro el dejallos en aquel lugar, que era despoblado. No fueron tan vanas nuestras oraciones, que no fuesen oídas del cielo, que en nuestro favor luego volvió el viento, tranquilo° el mar, convidándonos a que tornásemos° alegres a proseguir nuestro comenzado viaje.   calm, become

"Viendo esto, desatamos a los moros y uno a uno los pusimos en tierra, de lo que ellos se quedaron admirados. Pero llegando a desembarcar° al padre de Zoraida, que ya estaba en todo su acuerdo,[45] dijo: '¿Por qué pensáis, cristianos, que esta mala hembra° huelga de que me deis libertad? ¿Pensáis que es por piedad que de mí tiene? No, por cierto, sino que lo hace por el estorbo que le dará mi presencia cuando quiera poner en ejecución sus malos deseos. Ni penséis que la ha movido a mudar religión entender ella que la vuestra a la nuestra se aventaja,[46] sino el saber que en vuestra tierra se usa la deshonestidad más libremente que en la nuestra.' Y volviéndose a Zoraida, teniéndole yo y otro cristiano de entrambos brazos asido porque algún desatino no hiciese, le dijo: '¡Oh, infame moza y mal aconsejada muchacha! ¿Adónde vas, ciega y desatinada, en poder destos perros, naturales enemigos nuestros? ¡Maldita sea la hora en que yo te engendré y malditos sean los regalos y deleites en que te he criado!' Pero viendo yo que llevaba término de no acabar tan presto,[47] di priesa a ponelle en tierra, y desde allí, a voces, prosiguió en sus maldiciones y lamentos, rogando a Mahoma rogase a Alá[48] que nos 'destruyese, confundiese° y   destroy, confound acabase. Y cuando, por habernos 'hecho a la vela,° no podimos oír sus   set sail palabras, vimos sus obras, que eran arrancarse las barbas, mesarse° los   tearing out cabellos y arrastrarse° por el suelo, mas una vez esforzó° la voz de tal   writhing, exerted manera, que podimos° entender que decía: '¡Vuelve, amada hija, vuelve a   **pudimos** tierra, que todo te lo perdono. Entrega a esos hombres ese dinero que ya es suyo, y vuelve a consolar a este triste padre tuyo que en esta desierta° arena   deserted dejará la vida, si tú le dejas!'

°disembark

°female

"Todo lo cual escuchaba Zoraida, y todo lo sentía y lloraba, y no supo decirle ni respondelle palabra, sino: '¡Plega a Alá, padre mío, que Lela Marién, que ha sido la causa de que yo sea cristiana, ella te consuele en tu tristeza! Alá sabe bien que no pude hacer otra cosa de la que he hecho, y que estos cristianos no deben nada a mi voluntad, pues aunque quisiera no venir con ellos y quedarme en mi casa, me fuera imposible, según la priesa que me daba mi alma a poner por obra esta° que a mí me parece tan buena   **esta *cosa*** como tú, padre amado, la juzgas por mala.' Esto dijo a tiempo que ni su padre la oía, ni nosotros ya le veíamos. Y así consolando yo a Zoraida, atendimos todos a nuestro viaje, el cual nos le facilitaba el proprio° viento,   itself de tal manera que bien tuvimos por cierto de vernos otro día al amanecer

---

[44] **No le...** *her spirit was not strong enough, nor could her tender heart stand*
[45] **Ya estaba...** *now that he had all hit wits about him*
[46] **Ni penséis...** *don't think that her understanding that your religion is better than ours has moved her to change [religions]*
[47] **Llevaba...** *it looked like he was not going to finish so soon*
[48] **Rogando...** *praying to Mohammed to pray to Allah*

en las riberas de España.[49]

"Mas como pocas veces, o nunca, viene el bien puro y sencillo, sin ser acompañado o seguido de algún mal que le turbe o sobresalte, quiso nuestra ventura, o quizá las maldiciones que el moro a su hija había echado (que
5   siempre se han de temer de cualquier padre que sean), quiso, digo, que estando ya engolfados,° y siendo ya casi pasadas tres horas de la noche,   on the high sea
yendo 'con la vela tendida de alto baja,° frenillados[50] los remos porque el   at full sail
próspero viento nos quitaba del trabajo de haberlos menester, con la luz de la luna que claramente resplandecía,° vimos cerca de nosotros un bajel   shone
10   redondo,[51] que, con todas las velas tendidas, llevando un poco a orza el timón,[52] delante de nosotros atravesaba, y esto tan cerca, que nos fue forzoso amainar° por no embestirle, y ellos, asimesmo, 'hicieron fuerza de   take in sails
timón° para darnos lugar que pasásemos.   turned hard

"Habíanse puesto 'a bordo° del bajel a preguntarnos quién éramos y   alongside
15   adónde navegábamos y de dónde veníamos, pero por preguntarnos esto en lengua francesa, dijo nuestro renegado: 'Ninguno responda, porque éstos sin duda son cosarios franceses que 'hacen a toda ropa.'° Por este   rob everything
advertimiento° ninguno respondió palabra, y habiendo pasado un poco   warning
delante, que ya el bajel quedaba 'a sotavento,° de improviso soltaron° dos   downwind, they fi▮
20   piezas° de artillería, y a lo que parecía, ambas venían con cadenas,[53] porque   pieces
con una cortaron nuestro árbol° por medio y dieron con él y con la vela en   mast
la mar, y al momento disparando otra pieza, vino a dar la bala[54] en mitad de nuestra barca, de modo que la abrió toda sin hacer otro mal alguno. Pero como nosotros nos vimos 'ir a fondo,° comenzamos todos a grandes voces   sinking
25   a pedir socorro° y a rogar a los del bajel que 'nos acogiesen,° porque nos   help, take us in
anegábamos. Amainaron entonces, y echando el esquife° o barca a la mar,   skiff
entraron en él hasta doce franceses, bien armados, con sus arcabuces y cuerdas encendidas.[55] Y así llegaron junto al nuestro, y viendo cuán pocos éramos, y como el bajel 'se hundía,° nos recogieron, diciendo que por haber   was sinking
30   usado de la descortesía° de no respondelles nos había sucedido aquello.   rudeness

"Nuestro renegado tomó el cofre de las riquezas de Zoraida, y dio con él en la mar, sin que ninguno echase de ver en lo que hacía. En resolución, todos pasamos con los franceses, los cuales, después de haberse informado de todo aquello que de nosotros saber quisieron, como si fueran nuestros
35   capitales° enemigos, nos despojaron de todo cuanto teníamos, y a Zoraida   principal
le quitaron hasta los carcajes que traía en los pies. Pero no me daba a mí tanta pesadumbre la que a Zoraida daban, como me la daba el temor que

---

[49] It would be about 240 kms. from the African coast to the nearest Spanish shore. At eight knots an hour they would be able to make it in a single day.

[50] **Frenillado** means that the oars are in position, but with the handles tied down so that the blades are above the surface of the water.

[51] A **bajel redondo** had square sails, not triangular shaped ones.

[52] **Llevando...** *adjustng the rudder to put the prow a bit into the wind*

[53] The cannons were loaded with "chain shot"—two half cannonballs connected by a chain. When fired, they separate and the chain does the damage. It was used precisely for destroying riggings on ships.

[54] The text originally read **vela**, seemingly an obvoius error for **vala** (= **bala**) *cannonball*.

[55] **Cuerdas encendidas** *lighted wicks*, i.e. with which to fire the muskets

tenía de que habían de pasar del quitar de las riquísimas y preciosísimas joyas al quitar de la joya que más valía y ella más estimaba.[56] Pero los deseos de aquella gente no se estienden a más que al dinero, y desto jamás se vee harta su codicia,° lo cual entonces llegó a tanto, que aun hasta los vestidos de cautivos nos quitaran si de algún provecho les fueran. Y hubo parecer entre ellos de que a todos nos arrojasen a la mar envueltos en una vela, porque tenían intención de tratar° en algunos puertos de España con nombre de que eran bretones,[57] y si nos llevaban vivos serían castigados, siendo descubierto su hurto.

"Mas el capitán, que era el que había despojado a mi querida Zoraida, dijo que él se contentaba con la presa° que tenía, y que no quería tocar en ningún puerto de España, sino pasar el estrecho° de Gibraltar de noche, o como pudiese, y irse a la Rochela,[58] de donde había salido. Y así tomaron por acuerdo de darnos el esquife de su navío y todo lo necesario para la corta navegación que nos quedaba, como lo hicieron otro día, ya a vista de tierra de España, con la cual vista todas nuestras pesadumbres y pobrezas se nos olvidaron de todo punto, como si no hubieran pasado por nosotros:[59] tanto es el gusto de alcanzar la libertad perdida.

"Cerca de medio día podría ser cuando nos echaron en la barca, dándonos dos barriles° de agua y algún bizcocho, y el capitán, movido no sé de qué misericordia, al embarcarse la hermosísima Zoraida, le dio hasta cuarenta escudos de oro, y no consintió que le quitasen sus soldados estos mesmos vestidos que ahora tiene puestos. Entramos en el bajel, dímosles las gracias por el bien que nos hacían, mostrándonos más agradecidos que quejosos.° Ellos se hicieron a lo largo[60] siguiendo la derrota del estrecho. Nosotros, sin mirar a otro norte que a la tierra que se nos mostraba delante, nos dimos tanta priesa a bogar, que al poner del sol estábamos tan cerca, que bien pudiéramos, a nuestro parecer, llegar antes que fuera muy noche. Pero por no parecer en aquella noche la luna y el cielo mostrarse escuro,[61] y por ignorar el paraje en que estábamos, no nos pareció cosa segura embestir° en tierra, como a muchos de nosotros les parecía, diciendo que diésemos en ella, aunque fuese en unas peñas y lejos de poblado, porque así aseguraríamos° el temor que de razón se debía tener que por allí anduviesen bajeles de cosarios de Tetuán, los cuales anochecen en Berbería y amanecen en las costas de España,[62] y hacen de ordinario presa,[63] y se vuelven a dormir a sus casas. Pero de los contrarios pareceres el que se tomó fue que nos llegásemos poco a poco y que si el sosiego del mar lo concediese,

greed

to trade

prize
straits

kegs

angry

i.e., to land

would calm

---

[56] **Pero no me...** *but the distress that they caused her didn't affect me as much as the fear I had that they would go from taking her most rich and precious jewels to taking the jewel that was most valuable to her and the one that she esteemed the most.*

[57] **Bretones** are the French who live in Brittany in northwestern France.

[58] **La Rochelle** is a port city in southwestern France, an independent republic at that time (until 1628), and a hangout for pirates.

[59] **Como si no...** *as if we had never had them [pesadumbres and pobrezas]*

[60] **Se hicieron...** *they went out to sea*

[61] **Pero...** *but since there was no moon that night and the sky was dark*

[62] **Anochecen...** *leave Barbary at nightfall and arrive at the coast of Spain at daybreak*

[63] That is, **de ordinario hacen presa**

desembarcásemos donde pudiésemos.

"Hízose así, y poco antes de la media noche sería cuando llegamos al
pie de una disformísima° y alta montaña, no tan junto° al mar que no   very deformed, clos
concediese un poco de espacio para poder desembarcar cómodamente.
5 Embestimos en la arena, salimos a tierra, besamos el suelo, y con lágrimas
de muy alegrísimo contento dimos todos gracias a Dios, Señor Nuestro, por
el bien tan incomparable que nos había hecho. Sacamos de la barca los
bastimentos que tenía, tirámosla en tierra, y subímonos un grandísimo
trecho en la montaña, porque aun allí estábamos y aun no podíamos
10 asegurar el pecho, ni acabábamos de creer que era tierra de cristianos la que
ya nos sostenía.[64] Amaneció más tarde, a mi parecer, de lo que quisiéramos.
Acabamos de subir toda la montaña por ver si desde allí algún poblado 'se
descubría,° o algunas cabañas° de pastores, pero aunque más tendimos la   was seen, huts
vista, ni poblado, ni persona, ni senda, ni camino descubrimos.
15   "Con todo esto determinamos de entrarnos la tierra adentro, pues no
podría ser menos sino que presto descubriésemos quien nos diese noticia
della. Pero lo que a mí más me fatigaba era el ver ir a pie a Zoraida por
aquellas asperezas, que, puesto que alguna vez la puse sobre mis hombros,
más le cansaba° a ella mi cansancio que la reposaba su reposo, y así nunca   bothered
20 más quiso que yo aquel trabajo tomase. Y con mucha paciencia y muestras
de alegría, llevándola yo siempre de la mano, poco menos de un cuarto de
legua debíamos de haber andado, cuando llegó a nuestros oídos el son de
una pequeña esquila,° señal clara que por allí cerca había ganado, y   cowbell
mirando todos con atención si alguno se parecía, vimos al pie de un
25 alcornoque un pastor mozo, que con grande reposo y descuido estaba
labrando° un palo con un cuchillo. Dimos voces, y él, alzando la cabeza, se   whittling
puso ligeramente en pie, y a lo que después supimos, los primeros que a la
vista se le ofrecieron fueron el renegado y Zoraida, y como él los vio en
hábito de moros, pensó que todos los de la Berbería estaban sobre él, y
30 metiéndose con estraña ligereza por el bosque adelante, comenzó a dar los
mayores gritos del mundo, diciendo: '¡Moros, moros hay en la tierra!
¡Moros, moros! ¡Arma, arma!'
      "Con estas voces quedamos todos confusos, y no sabíamos qué
hacernos, pero considerando que las voces del pastor habían de alborotar la
35 tierra, y que la caballería de la costa[65] había de venir luego a ver lo que era,
acordamos que el renegado se desnudase° las ropas de turco y se vistiese   take off
un gilecuelco° o casaca° de cautivo que uno de nosotros le dio luego,   jacket, coat
aunque se quedó en camisa. Y así encomendándonos a Dios, fuimos por el
mismo camino que vimos que el pastor llevaba, esperando siempre cuándo
40 había de dar sobre nosotros la caballería de la costa. Y no nos engañó
nuestro pensamiento, porque aun no habrían pasado dos horas, cuando,
habiendo ya salido de aquellas malezas a un llano, descubrimos hasta
cincuenta caballeros que con gran ligereza, 'corriendo a media rienda,° a   cantering
nosotros se venían, y así como los vimos nos estuvimos quedos
45 aguardándolos. Pero como ellos llegaron y vieron, en lugar de los moros

[64] **Aun no...** *we couldn't assure our hearts nor did we finally believe that it was*
Christian ground on which we were standing
[65] This was a coastal militia to deal with attacks by Turks.

que buscaban, tanto pobre cristiano, quedaron confusos, y uno dellos nos preguntó si éramos nosotros acaso la ocasión porque un pastor había apellidado al arma. 'Sí,' dije yo, y queriendo comenzar a decirle mi suceso, y de dónde veníamos, y quién éramos, uno de los cristianos que con nosotros venían conoció al jinete° que nos había hecho la pregunta, y dijo sin dejarme a mí decir más palabra: 'Gracias sean dadas a Dios, señores, que a tan buena parte nos ha conducido, porque si yo no me engaño, la tierra que pisamos es la de Vélez Malaga,[66] si ya los años de mi cautiverio no me han quitado de la memoria el acordarme que vos, señor, que nos preguntáis quién somos, sois Pedro de Bustamante, tío mío.'

    "Apenas hubo dicho esto el cristiano cautivo, cuando el jinete se arrojó del caballo y vino a abrazar al mozo, diciéndole: 'Sobrino de mi alma y de mi vida. Ya te conozco, y ya te he llorado por muerto yo, y mi hermana tu madre, y todos los tuyos, que aún viven, y Dios ha sido servido de darles vida para que gocen el placer de verte. Ya sabíamos que estabas en Argel, y por las señales y muestras de tus vestidos y la de todos los desta compañía, comprendo que habéis tenido milagrosa libertad.' 'Así es,' respondió el mozo, 'y tiempo nos quedará para contároslo todo.' Luego que los jinetes entendieron que éramos cristianos cautivos, se apearon de sus caballos, y cada uno nos convidaba con el suyo[67] para llevarnos a la ciudad de Vélez Málaga, que legua y media de allí estaba. Algunos dellos volvieron a llevar la barca a la ciudad, diciéndoles dónde la habíamos dejado. Otros nos subieron a las ancas,[68] y Zoraida fue en las del caballo del tío del cristiano.

    "Salиónos a recebir todo el pueblo, que ya de alguno que 'se había adelantado° sabían la nueva de nuestra venida. No se admiraban de ver cautivos libres, ni moros cautivos, porque toda la gente de aquella costa está hecha° a ver a los unos y a los otros, pero admirábanse de la hermosura de Zoraida, la cual en aquel instante y sazón estaba 'en su punto,° ansí con el cansancio del camino como con la alegría de verse ya en tierra de cristianos, sin sobresalto de perderse, y esto le había sacado al rostro tales colores, que si no es que la afición entonces me engañaba, osaré decir que más hermosa criatura no había en el mundo, a lo menos, que yo la hubiese visto.

    "Fuimos derechos° a la iglesia a dar gracias a Dios por la merced recebida, y así como en ella entró Zoraida, dijo que allí había rostros que se parecían a los de Lela Marién. Dijímosle que eran imágenes suyas, y como mejor se pudo, le dió el renegado a entender lo que significaban, para que ella las adorase como si verdaderamente fueran cada una dellas la misma Lela Marién que la había hablado. Ella, que tiene buen entendimiento y un natural° fácil y claro, entendió luego cuanto acerca de las imágenes se le dijo. Desde allí nos llevaron y repartieron° a todos en diferentes casas del pueblo, pero al renegado, Zoraida y a mí nos llevó el cristiano que vino con nosotros, y en casa de sus padres, que medianamente° eran acomodados de

Marginal glosses:
- horseman
- had gone ahead
- accustomed
- at its greatest
- directly
- instinct
- distributed
- moderately

---

[66] A small city (now with 25,000 inhbitants) slightly inland and about 30 kms. east of Málaga.

[67] That is, they invited the captives to ride their horses.

[68] **Otros nos...** *others lifted us to the cruppers*

los bienes de fortuna, y nos regalaron con tanto amor como a su mismo hijo.

"Seis días estuvimos en Vélez, al cabo de los cuales el renegado, hecha su información de cuanto le convenía,[69] se fue a la ciudad de Granada a
5 reducirse por medio de la Santa Inquisición al gremio santísimo de la Iglesia. Los demás cristianos libertados se fueron cada uno donde mejor le pareció. Solos quedamos Zoraida y yo con solos los escudos que la cortesía del francés le dio a Zoraida, de los cuales compré este animal en que ella viene, y sirviéndola yo hasta agora de padre y escudero, y no de esposo,
10 vamos con intención de ver si mi padre es vivo, o si alguno de mis hermanos ha tenido más próspera ventura que la mía, puesto que por haberme hecho el cielo compañero de Zoraida, me parece que ninguna otra suerte me pudiera venir, por buena que fuera, que más la estimara. La paciencia con que Zoraida lleva las incomodidades que la pobreza trae
15 consigo y el deseo que muestra tener de verse ya cristiana es tanto y tal, que me admira y me mueve a servirla todo el tiempo de mi vida, puesto que el gusto que tengo de verme suyo y de que ella sea mía me le turba y deshace no saber si hallaré en mi tierra algún rincón donde recogella, y si habrán hecho el tiempo y la muerte tal mudanza en la hacienda y vida de
20 mi padre y hermanos, que apenas halle quien me conozca, si ellos faltan.

"No tengo más, señores, que deciros de mi historia, la cual si es agradable y peregrina, júzguenlo vuestros buenos entendimientos, que de mí sé decir que quisiera habérosla contado más brevemente, puesto que el temor de enfadaros más de cuatro circustancias° me ha quitado de la   incidents
25 lengua."

Capítulo XLII. Que trata de lo que más sucedió en la venta y de otras muchas cosas dignas de saberse.

CALLÓ EN diciendo esto el cautivo, a quien don Fernando dijo: "'Por cierto,° señor capitán, el modo con que habéis contado este estraño   indeed
30 suceso ha sido tal que iguala a la novedad° y estrañeza del mesmo caso.   novelty
Todo es peregrino y raro y lleno de accidentes° que maravillan° y   incidents, astonish
suspenden° a quien los oye. Y es de tal manera el gusto que hemos   amaze
recebido en escuchalle que, aunque nos hallara el día de mañana
entretenidos° en el mesmo cuento, holgáramos que de nuevo se comenzara."   occupied
35 Y en diciendo esto, Cardenio[1] y todos los demás se le ofrecieron con
todo lo a ellos posible para servirle,[2] con palabras y razones tan amorosas°   affectionate
y tan verdaderas,° que el capitán se tuvo por bien satisfecho de sus   sincere
voluntades.° Especialmente le ofreció don Fernando que si quería volverse   good will
con él, que él haría que el marqués,° su hermano, fuese padrino° del   marquis, godfather

---

[69] **Hecha...** *having learned what he was supposed to do*

[1] The first edition reads **don Antonio**, who is not one of the characters mentioned before, or after, in the inn. Most editors, including Schevill-Bonilla, change this to **Cardenio** since his name at least ends the same way. Gaos, along with Fitzmaurice-Kelly, opts for **don Fernando**. Cervantes *may* have written **don Antonio**, of course.

[2] **Se le...** *offered to serve them in whatever ways they could*

bautismo° de Zoraida, y que él, por su parte, le acomodaría de manera que   baptism
pudiese entrar en su tierra con el autoridad° y cómodo° que a su persona   credit, dignity
se debía. Todo lo agradeció cortesísimamente° el cautivo, pero no quiso   very courteously
acetar ninguno de sus liberales ofrecimientos.

En esto llegaba ya la noche, y al cerrar della, llegó a la venta un coche,
con algunos hombres de a caballo. Pidieron posada, a quien la ventera
respondió que no había en toda la venta un palmo desocupado.°   unoccupied

"Pues aunque eso sea," dijo uno de los de a caballo que habían
entrado, "no ha de faltar para el señor oidor° que aquí viene."   judge

A este nombre se turbó la güéspeda,° y dijo: inkeeper's wife

"Señor, lo que en ello hay es que no tengo camas. Si es que su merced
del señor oidor la trae, que sí debe de traer, entre en buen hora; que yo y
mi marido nos saldremos de nuestro aposento por acomodar a su merced."

"'Sea en buen hora,°'" dijo el escudero.   that's fine

Pero a este tiempo ya había salido del coche un hombre que, en el traje
mostró luego el oficio y cargo que tenía, porque la ropa luenga, con las
mangas arrocadas,° que vestía, 'mostraron ser° oidor, como su criado había   turned-up, showed
dicho. Traía de la mano a una doncella, al parecer de hasta diez y seis años,   he was
vestida de camino, tan bizarra,° tan hermosa y tan gallarda,° que a todos   elegant, charming
puso en admiración su vista, de suerte que a no haber visto a Dorotea y a
Luscinda y Zoraida, que en la venta estaban, creyeran que otra tal
hermosura como la desta doncella difícilmente pudiera hallarse. Hallóse°   was present
don Quijote al entrar del oidor y de la doncella, y así como le vio, dijo:

"Seguramente puede vuestra merced entrar y espaciarse° en este   relax
castillo, que aunque es estrecho y mal acomodado, no hay estrecheza ni
incomodidad° en el mundo que no dé lugar a las armas y a las letras, y más   lack of comfort
si las armas y letras traen por guía y adalid° a la fermosura, como la traen   leader
las letras de vuestra merced en esta fermosa doncella, a quien deben no sólo
abrirse y manifestarse° los castillos, sino apartarse los riscos, y devidirse y   make themselves
abajarse las montañas, para dalle acogida.³ Entre vuestra merced, digo, en   known
este paraíso:° que aquí hallará estrellas y soles que acompañen el cielo que   paradise
vuestra merced trae consigo: aquí hallará las armas en su punto y la
hermosura en su estremo."

Admirado quedó el oidor del razonamiento de don Quijote, a quien se
puso a mirar muy de propósito. Y no menos le admiraba su talle que sus
palabras, y sin hallar ningunas con que respondelle, se tornó a admirar de
nuevo cuando vio delante de sí a Luscinda, Dorotea y a Zoraida, que, a las
nuevas de los nuevos güéspedes y a las que la ventera les había dado de la
hermosura de la doncella, habían venido a verla y a recebirla.⁴ Pero don
Fernando, Cardenio y el cura le hicieron 'más llanos° y más cortesanos   plainer
ofrecimientos. En efecto, el señor oidor entró confuso, así de lo que veía
como de lo que escuchaba, y las hermosas de la venta dieron la
bienllegada° a la hermosa doncella.   welcome

En resolución, bien echó de ver el oidor que era gente principal toda
la que allí estaba. Pero el talle, visaje° y la apostura de don Quijote le   facial expression

³ **Sino...** *but also cliffs ought to split and mountains bow down to welcome her*
⁴ **A las nuevas...** *with the news about the new guests and what the innkeeper's wife
had told them about the beauty of the young woman, they had come to see and greet her*

desatinaba.° Y habiendo pasado entre todos corteses ofrecimientos y   bewildered
tanteado° la comodidad de la venta, se ordenó lo que antes estaba ordenado: examined
que todas las mujeres se entrasen en el camaranchón ya referido, y que los
hombres se quedasen fuera, como en su guarda. Y así fue contento el oidor
5   que su hija, que era la doncella, se fuese con aquellas señoras, lo que ella
hizo de muy buena gana. Y con parte de la estrecha cama del ventero, y
con la mitad de la que el oidor traía, se acomodaron aquella noche mejor
de lo que pensaban.

El cautivo, que desde el punto que vio al oidor, le dio saltos el
10   corazón⁵ y barruntos de que aquél era su hermano, preguntó a uno de los
criados que con el venían 'que cómo° se llamaba y si sabía de qué tierra   **cómo**
era. El criado le respondió que se llamaba el licenciado Juan Pérez de
Viedma, y que 'había oído decir° que era de un lugar de las montañas de   he had heard
León. Con esta relación, y con lo que él había visto, se acabó de confirmar
15   de que aquél era su hermano, que había seguido las letras por consejo de
su padre. Y alborotado y contento, llamando aparte a don Fernando, a
Cardenio y al cura, les contó lo que pasaba, certificándoles° que aquel oidor   assuring
era su hermano. Habíale dicho también el criado como iba proveído° por   appointed
oidor a las Indias, en la Audiencia de México. Supo también como aquella
20   doncella era su hija, de cuyo parto había muerto su madre, y que él había
quedado muy rico con el dote que con la hija se le quedó en casa. Pidióles
consejo qué modo tendría para descubrirse, o para conocer° primero si,   learn
después de descubierto, su hermano, por verle pobre, 'se afrentaba,° o le   would be ashamed
recebía con buenas entrañas.

25   "Déjeseme a mí el hacer esa experiencia," dijo el cura, "cuanto más
que no hay pensar sino que⁶ vos, señor capitán, seréis muy bien recebido,
porque el valor y prudencia que en su buen parecer descubre vuestro
hermano⁷ no da indicios de ser arrogante, ni desconocido,° ni que no ha de   unfeeling
saber poner los casos de la fortuna 'en su punto.°"   in perspective
30   "Con todo eso," dijo el capitán, "yo querría, no de improviso, sino 'por
rodeos,° dármele a conocer."   in a roundabout wa[y]
"Ya os digo," respondió el cura, "que 'yo lo trazaré° de modo que   I will detail it
todos quedemos satisfechos."

Ya, en esto, estaba aderezada la cena, y todos se sentaron a la mesa,
35   eceto el cautivo y las señoras, que cenaron de por sí en su aposento. En la
mitad de la cena, dijo el cura:
"Del mesmo nombre de vuestra merced, señor oidor, tuve yo una
camarada en Costantinopla, donde estuve cautivo algunos años. La cual
camarada era uno de los valientes soldados y capitanes que había en toda
40   la infantería española. Pero tanto cuanto tenía de esforzado y valeroso tenía
de desdichado."
"Y ¿cómo se llamaba ese capitán, señor mío?" preguntó el oidor.
"Llamábase," respondió el cura, "Ruy Pérez de Viedma, y era natural
de un lugar de las montañas de León. El cual me contó un caso° que a su   incident
45   padre con sus hermanos le había sucedido, que, a no contármelo un hombre

⁵ **Le dio...** *his heart skipped beats*
⁶ **No hay...** *there's no reason to think other than that*
⁷ **El valor...** *the worth and wisdom which is seen in your brother's good appearance*

tan verdadero como él, lo tuviera por conseja,° de aquellas que las viejas cuentan el invierno al fuego. Porque me dijo que su padre había dividido su hacienda entre tres hijos que tenía, y les había dado ciertos consejos, mejores que los de Catón. Y sé yo decir que el que él escogió de venir a la guerra le había sucedido tan bien, que en pocos años, por su valor y esfuerzo, sin otro brazo que el de su mucha virtud, subió a ser capitán de infantería, y a verse en camino y predicamento° de ser presto 'maestre de campo.° Pero fuele la fortuna contraria, pues donde la pudiera esperar y tener buena, allí la perdió con perder la libertad, en la felicísima jornada donde tantos la° cobraron, que fue en la batalla de Lepanto. Yo la perdí en la Goleta, y después, por diferentes sucesos, nos hallamos camaradas en Costantinopla. Desde allí vino a Argel, donde sé que le sucedió uno de los más estraños casos que en el mundo han sucedido."

De aquí fue prosiguiendo el cura, y con brevedad sucinta° contó lo que con Zoraida a su hermano había sucedido. A todo lo cual estaba tan atento el oidor, que ninguna vez había sido tan oidor° como entonces. Sólo llegó el cura al punto de cuando los franceses despojaron a los cristianos que en la barca venían, y la pobreza y necesidad en que su camarada y la hermosa mora habían quedado, de los cuales no había sabido en qué habían parado,[8] ni si habían llegado a España, o llevádolos los franceses a Francia.[9] Todo lo que el cura decía estaba escuchando algo de allí desviado° el capitán, y notaba todos los movimientos que su hermano hacía. El cual, viendo que ya el cura había llegado al fin de su cuento, dando un grande suspiro y llenándosele los ojos de agua,° dijo:

"¡Oh, señor, si supiésedes las nuevas que me habéis contado, y cómo me tocan tan en parte,[10] que me es forzoso dar muestras dello con estas lágrimas que, contra toda mi discreción y recato,° me salen por los ojos! Ese capitán tan valeroso que decís es mi mayor hermano, el cual, como más fuerte y de más altos pensamientos que yo ni otro hermano menor mío, escogió el honroso y digno ejercicio de la guerra, que fue uno de los tres caminos que nuestro padre nos propuso, según os dijo vuestra camarada en la conseja que, a vuestro parecer, le oístes.[11] Yo seguí el de las letras, en las cuales Dios y mi diligencia me han puesto en el grado que me veis. Mi menor hermano está en el Pirú,[12] tan rico, que con lo que ha enviado a mi padre y a mí ha satisfecho bien la parte que él se llevó, y aun dado a las manos de mi padre con que poder hartar su liberalidad natural.[13] Y yo, ansimesmo, he podido con más decencia y autoridad tratarme° en mis estudios y llegar al puesto° en que me veo. Vive aún mi padre, muriendo con el deseo de 'saber de° su hijo mayor, y pide a Dios con continuas oraciones no cierre la muerte sus ojos hasta que él vea con vida a los° de su hijo. Del cual me maravillo, siendo tan discreto, como en tantos trabajos

old wives' tale

prestige
regiment commander

i.e., **libertad**

concise

i.e., listener

to one side

i.e., tears

reserve

take care of myself
position
to learn about
i.e., **los ojos**

---

[8] **En qué...** *what had happened to them*
[9] **Llevádolos...** *[if] the French [had] taken them to France*
[10] **Cómo me...** *how deeply it touches me*
[11] **La conseja...** *the old wives' tale—in your opinion—that you heard from him*
[12] **Perú**, of course, but at that time **Pirú** was a common variant.
[13] **Y aun...** *and [has] even given itno my father's hands enough to satisfy his natural generosity*

y afliciones o prósperos sucesos se haya descuidado de dar noticia de sí a
su padre, que si él lo supiera, o alguno de nosotros, no tuviera necesidad de
aguardar al milagro de la caña para alcanzar su rescate. Pero de lo que yo
agora me temo es de pensar si aquellos franceses le habrán dado libertad,
5 o le habrán muerto por encubrir su hurto. Esto todo será que yo prosiga mi
viaje, no con aquel contento con que le comencé, sino con toda melancolía
y tristeza. ¡Oh buen hermano mío, y quién° supiera agora donde estabas,   "if I"
que yo te fuera a buscar y a librar de tus trabajos, aunque fuera a costa de
los míos! ¡Oh, quién llevara nuevas a nuestro viejo padre de que tenías
10 vida, aunque estuvieras en las mazmorras° más escondidas de Berbería, que   dungeons
de allí te sacaran sus riquezas, las de mi hermano y las mías! ¡Oh, Zoraida
hermosa y liberal, quién pudiera pagar° el bien que a un hermano hiciste,   repay
quién pudiera hallarse 'al renacer de tu alma,° y a las bodas, que tanto gusto   i.e., at your baptism
a todos nos dieran!"
15 Éstas y otras semejantes palabras decía el oidor, lleno de tanta
compasión con las nuevas que de su hermano le habían dado, que todos los
que le oían le acompañaban en dar muestras del sentimiento que tenían de
su lástima.° Viendo, pues, el cura, que tan bien había salido con su   lamentation
intención, y con lo que deseaba el capitán, no quiso tenerlos a todos más
20 tiempo tristes, y así se levantó de la mesa, y entrando donde estaba Zoraida,
la tomó por la mano, y tras ella se vinieron Luscinda, Dorotea y la hija del
oidor. Estaba esperando el capitán a ver lo que el cura quería hacer, que fue
que, tomándole a él asimesmo de la otra mano, con entrambos a dos, se fue
donde el oidor y los demás caballeros estaban, y dijo:
25 "Cesen, señor oidor, vuestras lágrimas, y cólmese vuestro deseo de
todo el bien que acertare a desearse,[14] pues tenéis delante a vuestro buen
hermano, y a vuestra buena cuñada. Este que aquí veis es el capitán
Viedma, y ésta la hermosa mora que tanto bien le hizo. Los franceses que
os dije los pusieron en la estrecheza que veis, para que vos mostréis la
30 liberalidad de vuestro buen pecho."[15]
Acudió el capitán a abrazar a su hermano, y él le puso ambas manos
en los pechos, por mirarle 'algo más apartado.° Mas cuando le acabó de   at some distance
conocer, le abrazó tan estrechamente, derramando tan tiernas lágrimas de
contento, que los más de los que presentes estaban le hubieron de
35 acompañar en ellas. Las palabras que entrambos hermanos se dijeron, los
sentimientos que mostraron, apenas creo que pueden pensarse, cuanto más
escribirse.[16] Allí, en breves razones, se dieron cuenta de sus sucesos; allí
mostraron, puesta en su punto, la buena amistad de dos hermanos; allí
abrazó el oidor a Zoraida; allí la ofreció su hacienda; allí hizo que la
40 abrazase su hija; allí la cristiana hermosa y la mora hermosísima 'renovaron
las lágrimas de todos.°   made everybody c
Allí don Quijote estaba atento sin hablar palabra, considerando estos   again
tan estraños sucesos, atribuyéndolos todos a quimeras de la andante

---

[14] **Cólmese...** *may your desire for all the goodness that you could possibly want be
fulfilled*
[15] **Los franceses...** *The French I mentioned put them in the state of poverty that you
see so that you might show the liberality of your kind heart.*
[16] **Apenas...** *I believe can hardly be imagined much less written down*

caballería. Allí concertaron que el capitán y Zoraida se volviesen con su
hermano a Sevilla, y avisasen° a su padre de su hallazgo y libertad, para   send news
que, como° pudiese, viniese a hallarse en las bodas y bautismo de Zoraida,   if
por no le ser al oidor posible dejar el camino que llevaba, a causa de tener
nuevas que de allí a un mes 'partía flota° de Sevilla a la Nueva España,[17]   the fleet would leave
y fuérale de grande incomodidad perder el viaje.

En resolución, todos quedaron contentos y alegres del buen suceso del
cautivo, y como ya la noche iba casi en las dos partes de su jornada,[18]
acordaron de recogerse° y reposar lo que de ella les quedaba. Don Quijote   to retire
se ofreció a hacer la guardia del castillo, porque° de algún gigante o otro   para que
mal andante follón no fuesen acometidos, codiciosos del gran tesoro de
hermosura que en aquel castillo 'se encerraba.° Agradeciéronselo los que le   was enclosed
conocían, y dieron al oidor cuenta del humor estraño de don Quijote, de que
no poco gusto recibió.

Sólo Sancho Panza se desesperaba con la tardanza del recogimiento,°   "going to bed"
y sólo él 'se acomodó° mejor que todos, echándose sobre los aparejos de   accommodated
su jumento, que le costaron tan caros,° como adelante se dirá.   himself; dearly
          room

Recogidas, pues las damas en su estancia,° y los demás acomodádose   room
como menos mal pudieron, don Quijote se salió fuera de la venta a hacer
la centinela del castillo, como lo había prometido. Sucedió, pues, que
faltando poco por venir el alba, llegó a los oídos de las damas una voz tan
entonada° y tan buena, que les obligó a que todas le prestasen atento oído,   in tune
especialmente Dorotea, que despierta estaba, a cuyo lado dormía doña Clara
de Viedma, que ansí se llamaba la hija del oidor. Nadie podía imaginar
quién era la persona que tan bien cantaba, y era una voz sola, sin que la
acompañase instrumento alguno. Unas veces les parecía que cantaban en el
patio, otras que en la caballeriza. Y estando en esta confusión muy atentas,
llegó a la puerta del aposento Cardenio, y dijo:

"Quien no duerme, escuche, que oirán una voz de un mozo de mulas,
que de tal manera canta, que encanta."

"Ya lo oímos, señor," respondió Dorotea.

Y con esto se fue Cardenio, y Dorotea, poniendo toda la atención
posible, entendió que lo que se cantaba era esto:

> Marinero° soy de amor,[19]   sailor
> y en su piélago profundo
> navego sin esperanza
> de llegar a puerto alguno.
> Siguiendo voy a una estrella
> que desde lejos descubro,
> más bella y resplandeciente
> que cuantas vio Palinuro.[20]

[17] New Spain was the vice-royalty of Mexico.
[18] **La noche...** *two thirds of the night were over*
[19] Although this poem looks like it is in stanzas of four lines, it is really a *romance*,
with even-numbered lines rhyming in *u – o*.
[20] Palinurus was the helmsman of Æneas' boat in the *Æneid*.

Yo no sé adónde me guía,
y así navego confuso,
el alma a mirarla atenta,
cuidadosa y con descúido.[21]
5   Recatos impertinentes,
honestidad contra el uso,
son nubes que me la encubren
cuando más verla procuro.
¡Oh, clara y luciente estrella,
10   en cuya lumbre 'me apuro!°   I hurry
al punto que te me encubras,
será de mi muerte el punto.

Llegando el que cantaba a este punto, le pareció a Dorotea que no sería
bien que dejase Clara de oír una tan buena voz, y así moviéndola a una y
15 a otra parte, la despertó, diciéndole:
"Perdóname, niña, que te despierto, pues lo hago porque gustes de oír
la mejor voz que quizá habrás oído en toda tu vida."
Clara despertó toda soñolienta,° y de la primera vez no entendió lo   drowsy
que Dorotea le decía, y volviéndoselo a preguntar ella, se lo volvió a decir,
20 por lo cual estuvo atenta Clara. Pero apenas hubo oído dos versos, que el
que cantaba iba prosiguiendo, cuando le tomó un temblor° tan estraño,   trembling
como si de algún grave accidente de cuartana° estuviera enferma, y   intermittant fever
abrazándose estrechamente con Dorotea, le dijo:
"¡Ay, señora de mi alma y de mi vida! ¿Para qué me despertastes? Que
25 el mayor bien que la fortuna me podía hacer por ahora era tenerme cerrados
los ojos y los oídos, para no ver ni oír a ese desdichado músico."
"¿Qué es lo que dices, niña? Mira que dicen que el que canta es un
mozo de mulas."
"No es sino señor de lugares," respondió Clara, "y el° que le tiene en   **el *lugar***
30 mi alma, con tanta seguridad, que si él no quiere dejalle, no le será quitado
eternamente."
Admirada quedó Dorotea de las sentidas° razones de la muchacha,   heartfelt
pareciéndole que se aventajaban en mucho a la discreción que sus pocos
años prometían. Y así le dijo:
35 "Habláis de modo, señora Clara, que no puedo entenderos. Declaraos
más, y decidme qué es lo que decís de alma y de lugares y deste músico,
cuya voz tan inquieta° os tiene. Pero no me digáis nada por ahora, que no   anxious
quiero perder, por acudir a vuestro sobresalto,° el gusto que recibo de oír   distress
al que canta: que me parece que con nuevos versos y nuevo tono° torna a   song
40 su canto.°"   singing
"Sea en buen hora," respondió Clara.
Y por no oílle, 'se tapó° con las manos entrambos oídos, de lo que   she covered
también se admiró Dorotea, la cual, estando atenta a lo que se cantaba, vio
que proseguían en esta manera:

---

[21] I put an accent mark on the *u* to make the *u – o* rhyme come out right.

Dulce esperanza mía,[22]
que, rompiendo imposibles y malezas,
sigues firme la vía
que tú mesma te finges y aderezas,
no te desmaye el verte
a cada paso junto al de tu muerte.
No alcanzan perezosos
honrados triunfos, ni vitoria alguna,
ni pueden ser dichosos
los que, no contrastando° a la fortuna,   resisting
entregan, desválidos°   destitute
al ocio blando todos los sentidos.
Que amor sus glorias venda
caras, es gran razón y es trato justo;
pues no hay más rica prenda
que la que se quilata por su gusto,
y es cosa manifiesta
que no es de estima lo que poco cuesta.
Amorosas porfías
tal vez alcanzan imposibles cosas,
y ansí, aunque con las mías
sigo de amor las más dificultosas,
no por eso recelo
de no alcanzar desde la tierra el cielo.

Aquí dio fin la voz, y principio a nuevos sollozos Clara. Todo lo cual encendía el deseo de Dorotea, que deseaba saber la causa de tan suave canto y de tan triste lloro. Y así le volvió a preguntar qué era lo que le quería decir denantes. Entonces Clara, temerosa de que Luscinda no la oyese, abrazando estrechamente a Dorotea, puso su boca tan junto del oído de Dorotea, que seguramente podía hablar sin ser de otro sentida. Y así le dijo:

"Este que canta, señora mía, es un hijo de un caballero, natural del reino de Aragón, señor de dos lugares, el cual vivía frontero de la casa de mi padre, en la corte.° Y aunque mi padre tenía las ventanas de su casa con   capital
lienzos° en el invierno y celosías en el verano, yo no sé lo que fue, ni lo   curtains
que no,[23] que este caballero, que 'andaba al estudio,° me vio, ni sé si en la   was a student
iglesia o en otra parte. Finalmente, él se enamoró de mí, y me lo dio a
entender desde las ventanas de su casa, con tantas señas y con tantas
lágrimas, que yo le hube de creer, y aun querer, sin saber lo que 'me
quería.° Entre las señas que me hacía, era una de juntarse la una mano con   wanted of me
la otra, dándome a entender que se casaría conmigo, y aunque yo me
holgaría mucho de que ansí fuera, como° sola y sin madre, no sabía con   since I was
quién comunicallo, y así lo dejé estar, sin dalle otro favor, si no era, cuando

---

[22] This poetic form, with alternating lines of 7 and 11 syllables, is known as the *silva*.
Góngora used the *silva* form for his *Soledades* (1613).
[23] **Yo no sé...** *I do not know how*

estaba mi padre fuera de casa y el suyo también, alzar un poco el lienzo,
o la celosía, y dejarme ver toda, de lo que él hacía tanta fiesta,[24] que daba
señales de volverse loco.

"Llegóse en esto el tiempo de la partida de mi padre, la cual él supo,
5   y no de mí, pues nunca pude decírselo. 'Cayó malo,° a lo que yo entiendo,   he got sick
de pesadumbre, y así el día que nos partimos nunca pude verle para
despedirme dél, siquiera° con los ojos. Pero a cabo de dos días que   even
caminábamos, 'al entrar° de una posada° en un lugar una jornada de aquí,   a la entrada, inn
le vi a la puerta del mesón, puesto en hábito de mozo de mulas, tan al
10 natural,[25] que si yo no le trujera tan retratado° en mi alma, fuera imposible   etched
conocelle. Conocíle, admiréme y alegréme. Él me miró 'a hurto de° mi   undetected by
padre, de quien él siempre se esconde cuando atraviesa por delante de mí
en los caminos y en las posadas do llegamos. Y como yo sé quién es, y
considero que por amor de mí viene a pie y con tanto trabajo, muérome de
15 pesadumbre, y adonde él pone los pies, pongo yo los ojos. No sé con qué
intención viene, ni cómo ha podido escaparse de su padre, que le quiere
estraordinariamente, porque no tiene otro heredero y porque él lo merece,
como lo verá vuestra merced cuando le vea. Y más le sé decir, que todo
aquello que canta lo saca de su cabeza, que he oído decir que es muy gran
20 estudiante y poeta. Y hay más: que cada vez que le veo o le oigo cantar,
tiemblo toda y 'me sobresalto,° temerosa de que mi padre le conozca y   I jump inside of m
venga en conocimiento de nuestros deseos. En mi vida[26] le he hablado
palabra,° y con todo eso le quiero de manera que no he de poder vivir sin   one single word
él. Esto es, señora mía, todo lo que os puedo decir deste músico, cuya voz
25 tanto os ha contentado, que en sola ella echaréis bien de ver que no es
mozo de mulas, como decís, sino señor de almas y lugares, como yo os he
dicho."

"No digáis más, señora doña Clara," dijo a esta sazón Dorotea, y esto,
besándola mil veces. "No digáis más, digo, y esperad que venga el nuevo
30 día, que yo espero en Dios de encaminar de manera vuestros negocios, que
tengan el felice fin[27] que tan honestos principios merecen."

"¡Ay, señora!" dijo doña Clara, "¿qué fin se puede esperar,° si su padre   expect
es tan principal y tan rico que le parecerá que aun yo no puedo ser criada
de su hijo, cuanto más esposa? Pues casarme yo a hurto de mi padre, no lo
35 haré por cuanto hay en el mundo. No querría sino que este mozo se
volviese y me dejase. Quizá con no velle y con la gran distancia del camino
que llevamos se me aliviaría la pena que ahora llevo, aunque sé decir que
este remedio que me imagino me ha de aprovechar bien poco.[28] No sé qué
diablos ha sido esto,[29] ni por dónde se ha entrado este amor que le tengo,
40 siendo yo tan muchacha y él tan muchacho, que en verdad que creo que
somos de una edad mesma, y que yo no tengo cumplidos diez y seis años,

---

[24] **De lo...** *which so pleased him*
[25] **Tan...** *looking so natural*
[26] **En mi vida**, that is, *never in my life.*
[27] That is, **de manera que vuestros negocios tengan el felice fin...**
[28] **Me ha...** *will be of little help to me*
[29] **No sé...** *I don't know how the devil this has happened*

que para el día de San Miguel[30] que vendrá dice mi padre que los cumplo."
No pudo dejar de reírse Dorotea oyendo cuán como niña hablaba doña Clara, a quien dijo:
"Reposemos, señora, lo poco que creo queda de la noche, y «amanecerá Dios y medraremos»,[31] o mal me andarán las manos."[32]
Sosegáronse con esto, y en toda la venta se guardaba un grande silencio. Solamente no dormían la hija de la ventera y Maritornes, su criada. Las cuales como ya sabían 'el humor de que pecaba° don Quijote, y que estaba fuera de la venta, armado y a caballo, haciendo la guarda, determinaron las dos de hacelle alguna burla, o, a lo menos, de pasar un poco el tiempo oyéndole sus disparates.

    the mental dispositon of

Es, pues, el caso, que en toda la venta no había ventana que saliese al campo, sino un agujero° de un pajar, por donde echaban la paja por de fuera. A este agujero se pusieron las dos semidoncellas, y vieron que don Quijote estaba a caballo, recostado° sobre su lanzón, dando de cuando en cuando tan dolientes y profundos suspiros, que parecía que con cada uno se le arrancaba el alma. Y asimesmo, oyeron que decía con voz blanda, regalada° y amorosa:

    window

    leaning

    delicate

"¡Oh, mi señora Dulcinea del Toboso, estremo de toda hermosura, fin y remate de la discreción, archivo del mejor donaire, depósito de la honestidad, y últimamente,° idea de todo lo provechoso, honesto y deleitable° que hay en el mundo! Y ¿qué fará agora la tu merced? ¿Si tendrás, por ventura, las mientes en[33] tu cautivo caballero, que a tantos peligros por sólo servirte de su voluntad ha querido ponerse?[34] Dame tú nuevas della, ¡oh, 'luminaria de las tres caras!° quizá con envidia de la° suya la estás ahora mirando, que, o paseándose por alguna galería de sus suntuosos° palacios, o ya 'puesta de pechos° sobre algún balcón, está considerando cómo, salva° su honestidad y grandeza, ha de amansar° la tormenta que por ella este mi cuitado° corazón padece, qué gloria ha de dar a mis penas, qué sosiego a mi cuidado,° y finalmente, qué vida a mi muerte y qué premio° a mis servicios. Y tú, sol, que ya debes de estar apriesa ensillando tus caballos por madrugar y salir a ver a mi señora, así como la veas, suplícote que de mi parte la saludes. Pero guárdate que al verla y saludarla no le des paz en el rostro,[35] que tendré más celos de ti que tú los tuviste de aquella ligera ingrata que tanto te hizo sudar y correr por los llanos de Tesalia, o por las riberas de Peneo,[36] que no me acuerdo bien por dónde corriste entonces, celoso y enamorado."

    finally

    delightful

    moon, la cara

    sumptuous, leaning with no detriment to, tame; afflicted

    worry

    reward

A este punto llegaba entonces don Quijote en su tan lastimero°

    doleful

---

[30] This is the 29th of September.
[31] Proverb: "Tomorrow is another day."
[32] See Chapter 15, p. 106, n. 12.
[33] **Tendrás,...** *will you be thinking, perhaps, about*
[34] **Que a tantos...** *who of his free will has wanted to expose himself to these perils just to serve you?*
[35] **Pero...** *but be careful when you see and greet her not to kiss her on the face*
[36] Refers to Daphne, a nymph of the plains of Thessaly, daughter of the river god Peneius. Don Quijote is making up Apollo's jealousy, and that's why he can't remember what happens next.

razonamiento, cuando la hija de la ventera le comenzó a cecear,° y a   beckon to him
decirle:
"Señor mío, lléguese acá la vuestra merced, si es servido."
   A cuyas señas y voz volvió don Quijote la cabeza, y vio a la luz de la
5   luna, que entonces estaba en toda su claridad, como le llamaban del agujero
que a él le pareció ventana, y aun con rejas doradas, como conviene que las
tengan tan ricos castillos como él se imaginaba que era aquella venta. Y
luego en el instante se le representó en su loca imaginación que otra vez,
como la pasada, la doncella fermosa, hija de la señora de aquel castillo,
10   vencida de su amor, tornaba a solicitarle, y con este pensamiento, por no
mostrarse descortés y desagradecido, volvió las riendas a Rocinante y se
llegó al agujero, y así como vio a las dos mozas, dijo:
   "Lástima os tengo, fermosa señora, de que hayades° puesto vuestras   **hayáis**
amorosas mientes en parte donde no es posible corresponderos conforme°   as
15   merece vuestro gran valor y gentileza, de lo que no debéis dar culpa a este
miserable andante caballero, a quien tiene amor imposibilitado de poder
entregar su voluntad a otra que aquella que en el punto que sus ojos la
vieron,[37] la hizo señora absoluta de su alma. Perdonadme, buena señora, y
recogeos en vuestro aposento, y no queráis con significarme más vuestros
20   deseos que yo me muestre más desagradecido,[38] y si del amor que me tenéis
halláis en mí otra cosa con que satisfaceros que el mismo amor no sea,
pedídmela,[39] que yo os juro por aquella ausente enemiga dulce mía, de
dárosla encontinente,° si bien me pidiésedes una guedeja de los cabellos de   immediately
Medusa,[40] que eran todos culebras, o ya los mesmos rayos del sol,
25   encerrados en una redoma."
   "No ha menester nada deso mi señora, señor caballero," dijo a este
punto Maritornes.
   "Pues ¿qué ha menester, discreta dueña, vuestra señora?" respondió don
Quijote.
30   "Sola una de vuestras hermosas manos," dijo Maritornes, "por poder
deshogar° con ella el gran deseo que a este agujero la ha traído, tan a   give vent to
peligro de su honor, que si su señor padre la hubiera sentido, la menor
tajada della fuera la oreja."[41]
   "Ya quisiera yo ver eso," respondió don Quijote, "pero él se guardará
35   bien deso, si ya no quiere hacer el más desastrado° fin que padre hizo en   disastrous
el mundo, por haber puesto las manos en los delicados miembros de su
enamorada hija."
   Parecióle a Maritornes que sin duda don Quijote daría la mano que la
habían pedido, y proponiendo en su pensamiento lo que había de hacer, se
40   bajó del agujero y se fue a la caballeriza, donde tomó el cabestro del

---

[37] **En el punto...** *as soon as his eyes saw her*
[38] **No queráis...** *don't reveal more of your desires to me so that I won't show myself more ungrateful*
[39] **Si del amor...** *if you find in your love for me anything I can do for you, other than returning your love, just ask me for it*
[40] Medusa, after her affair with Poseidon, had her hair turned to snakes. Anyone who looked at her head was turned to stone.
[41] **La menor...** *the least slice from her would be her ear*

jumento de Sancho Panza, y con mucha presteza se volvió a su agujero, a
tiempo que don Quijote se había puesto de pies sobre la silla de Rocinante,
por alcanzar a la ventana enrejada° donde se imaginaba estar la ferida   grated
doncella, y al darle la mano, dijo:
    "Tomad, señora, esa mano, o por mejor decir, ese verdugo de los
malhechores° del mundo. Tomad esa mano, digo, a quien no ha tocado   evildoers
otra° de mujer alguna, ni aun la de aquella que tiene entera posesión de   otra *mano*
todo mi cuerpo. No os la doy para que la beséis, sino para que miréis la
contestura° de sus nervios,° la trabazón° de sus músculos, la anchura° y   structure, tendons,
espaciosidad° de sus venas,° de donde sacaréis que tal debe de ser la fuerza   connections, breadth;
del brazo que tal mano tiene."   capacity, veins
    "Ahora lo veremos," dijo Maritornes.
    Y haciendo una 'lazada corrediza° al cabestro, se la echó a la muñeca,   slip knot
y bajándose del agujero, ató lo que quedaba al cerrojo° de la puerta del   door latch
pajar muy fuertemente. Don Quijote, que sintió la aspereza° del cordel° en   roughness, cord
su muñeca, dijo:
    "Más parece que vuestra merced me ralla° que no que me regala° la   is scraping, caressing
mano. No la tratéis tan mal, pues ella° no tiene la culpa del mal que mi   i.e., my hand
voluntad os hace, ni es bien que en tan poca parte venguéis el todo de
vuestro enojo.[42] Mirad que quien quiere bien no se venga tan mal."
    Pero todas estas razones de don Quijote ya no las escuchaba nadie,
porque así como Maritornes le ató, ella y la otra se fueron, muertas de risa,
y le dejaron asido de manera que fue imposible soltarse. Estaba, pues, como
se ha dicho, de pies sobre Rocinante, metido todo el brazo por el agujero,
y atado de la muñeca y al cerrojo de la puerta, con grandísimo temor y
cuidado que si Rocinante 'se desviaba a un cabo o a otro,° había de quedar   moved a little bit
colgado del brazo. Y así no osaba hacer movimiento alguno, puesto que de
la paciencia y quietud de Rocinante bien se podía esperar que estaría sin
moverse un siglo entero.
    En resolución, viéndose don Quijote atado, y que ya las damas se
habían ido, se dio a imaginar que todo aquello se hacía por vía de
encantamento, como la vez pasada, cuando en aquel mesmo castillo le
molió aquel moro encantado del harriero, y maldecía entre sí su poca
discreción y discurso, pues habiendo salido tan mal la vez primera de aquel
castillo, se había aventurado a entrar en él la segunda, siendo advertimiento
de caballeros andantes que, cuando han probado una aventura y no salido
bien con ella, es señal que no está para ellos guardada, sino para otros, y
así no tienen necesidad de probarla segunda vez. Con todo esto, tiraba de
su brazo por ver si podía soltarse, mas él estaba tan bien asido, que todas
sus pruebas fueron en vano. Bien es verdad que tiraba 'con tiento,° porque   delicately
Rocinante no se moviese, y aunque él quisiera sentarse y ponerse en la silla,
no podía sino estar en pie, o arrancarse° la mano.   pull off
    Allí fue el desear de la espada de Amadís,[43] contra quien° no tenía   which
fuerza encantamento alguno; allí fue el maldecir de su fortuna; allí fue el
exagerar° la falta que haría en el mundo su presencia el tiempo que allí   exaggeration
estuviese encantado, que sin duda alguna se había creído que lo estaba; allí

---

[42] **Ni es…** *is it not good for you to take out all your vengeance on such a small part*
[43] **Allí fue…** *then is when he wanted Amadís' sword*

el acordarse° de nuevo de su querida Dulcinea del Toboso; allí fue el llamar   remembering
a su buen escudero Sancho Panza, que, sepultado en sueño, y tendido sobre
el albarda° de su jumento, no se acordaba en aquel instante de la madre que   packsaddle
lo había parido; allí llamó a los sabios Lirgandeo y Alquife,[44] que le
5   ayudasen; allí invocó a su buena amiga Urganda, que le socorriese, y
finalmente, allí le tomó la mañana, tan desesperado y confuso, que
bramaba° como un toro, porque no esperaba él que con el día se remediaría   bellowing
su cuita, porque la tenía por eterna, teniéndose por encantado. Y hacíale
creer esto ver que Rocinante poco ni mucho se movía, y creía que de
10 aquella suerte, sin comer, ni beber, ni dormir, habían de estar él y su
caballo hasta que aquel mal influjo° de las estrellas se pasase, o hasta que   influence
otro más sabio encantador le desencantase.

Pero engañóse mucho en su creencia,° porque apenas comenzó a   belief
amanecer, cuando llegaron a la venta cuatro hombres de a caballo, muy
15 bien 'puestos y aderezados,° con sus escopetas sobre los arzones. Llamaron°   equipped, knocked
a la puerta de la venta, que aun estaba cerrada, con grandes golpes, lo cual
visto por don Quijote desde donde aun no dejaba de hacer la centinela, con
voz arrogante y alta, dijo:

"Caballeros, o escuderos, o quienquiera que seáis, 'no tenéis para qué°   you have no reason
20 llamar a las puertas deste castillo, que 'asaz de claro° está que a tales horas,   it's clear enough
o los que están dentro duermen, o no tienen por costumbre de abrirse las
fortalezas hasta que el sol esté tendido por todo el suelo. Desviaos afuera,
y esperad 'que aclare el día,° y entonces veremos si será justo o no que os   for day to break
abran."

25 "¿Qué diablos de fortaleza o castillo es éste," dijo uno, "para
obligarnos a guardar estas ceremonias? Si sois el ventero, mandad que nos
abran. Que somos caminantes que no queremos más de dar cebada a
nuestras cabalgaduras y pasar adelante, porque vamos de priesa."

"¿Paréceos, caballeros, que tengo yo talle de ventero?" respondió don
30 Quijote.

"No sé de qué tenéis talle," respondió el otro, "pero sé que decís
disparates en llamar castillo a esta venta."

"Castillo es," replicó don Quijote, "y aun de los mejores de toda esta
provincia, y gente tiene dentro que ha tenido cetro en la mano y corona en
35 la cabeza."

"Mejor fuera al revés," dijo el caminante: "el cetro en la cabeza y la
corona en la mano,[45] y será, 'si a mano viene,° que debe de estar dentro   perhaps
alguna compañía de representantes, de los cuales es tener a menudo esas
coronas y cetros que decís, porque en una venta tan pequeña, y adonde se
40 guarda tanto silencio como ésta, no creo yo que se alojan personas dignas
de corona y cetro."

"Sabéis poco del mundo," replicó don Quijote, "pues ignoráis los casos
que suelen acontecer en la caballería andante."

Cansábanse los compañeros que con el preguntante° venían, del   the question asker

---

[44] Lirgandeo is the chronicler, parallel with Cide Hamete, in the *Caballero del Febo*.
Alquife was a magician in *Amadís de Gaula*.

[45] Starkie points out that in Cervantes' time, criminals were branded with a crown on
their hand.

coloquio que con don Quijote pasaba, y así tornaron a llamar con grande furia, y fue de modo que el ventero despertó, y aun todos cuantos en la venta estaban, y así se levantó a preguntar quién llamaba.

Sucedió en este tiempo que una de las cabalgaduras en que venían los cuatro que llamaban se llegó a oler a Rocinante, que, melancólico y triste, con las orejas caídas, sostenía sin moverse a su estirado° señor, y como, en fin era de carne, aunque parecía de leño, no pudo dejar de resentirse° y tornar a oler a quien le llegaba a hacer caricias,° y así no se hubo movido 'tanto cuanto,° cuando se desviaron los juntos pies de don Quijote, y resbalando° de la silla, dieran con él en el suelo[46] a no quedar colgado del brazo, cosa que le causó tanto dolor, que creyó, o que la muñeca le cortaban, o que el brazo se le arrancaba,[47] porque él quedó tan cerca del suelo, que con los 'estremos de las puntas° de los pies besaba la tierra, que era en su perjuicio, porque como sentía lo poco que le faltaba para poner las plantas° en la tierra, fatigábase° y estirábase° cuanto podía por alcanzar al suelo, bien así como los que están en el tormento° de la garrucha[48] puestos a toca, no toca,[49] que ellos mesmos son causa de acrecentar su dolor con el ahinco que ponen en estirarse, engañados de la esperanza que se les representa, que con poco más que se estiren llegarán al suelo.

stretched out
feel the effects
caresses
a bit
slipping off

tips

feet, exerted,
stretched himself;
torture

---

[46] **Dieran...** *he would have fallen to the ground*

[47] **O que...** *either his wrist was being cut through or his arm being torn off*

[48] The **garrucha** is a pulley. In this torture, the prisoner was suspended from a pulley so that his feet barely touched the ground.

[49] **Puestos...** *in between touching and not touching*

Capítulo XLIIII. Donde se prosiguen los inauditos sucesos de la venta.

EN EFETO, fueron tantas las voces que don Quijote dio, que, abriendo de presto las puertas de la venta, salió el ventero, despavorido, a ver quién
5 tales gritos daba, y los que estaban fuera hicieron lo mesmo. Maritornes, que ya había despertado a las mismas voces, imaginando lo que podía ser, se fue al pajar y desató, sin que nadie lo viese, el cabestro que a don Quijote sostenía, y él dio luego en el suelo, a vista del ventero y de los caminantes, que, llegándose a él, le preguntaron qué tenía, que tales voces
10 daba. Él, sin responder palabra, se quitó el cordel de la muñeca, y levantándose en pie, subió sobre Rocinante, embrazó su andarga, enristró su lanzón, y tomando buena parte de campo, volvió a medio galope,[1] diciendo:

"Cualquiera que dijere que yo he sido con 'justo título° encantado,   just cause
15 como mi señora la princesa Micomicona me dé licencia para ello, yo le desmiento, le rieto y desafío a singular batalla."

Admirados se quedaron los nuevos caminantes de las palabras de don Quijote, pero el ventero les quitó de aquella admiración, diciéndoles que era don Quijote, y que no había que 'hacer caso° dél, porque estaba fuera de   pay attention
20 juicio. Preguntáronle al ventero si acaso había llegado a aquella venta un muchacho de hasta edad de quince años, que venía vestido como mozo de mulas, de tales y tales señas, dando las mesmas que traía el amante de doña Clara. El ventero respondió que había tanta gente en la venta, que no había echado de ver en el que preguntaban. Pero habiendo visto uno dellos el
25 coche donde había venido el oidor, dijo:

"Aquí debe de estar, sin duda, porque éste es el coche que él dicen que sigue.[2] Quédese uno de nosotros a la puerta, y entren los demás a buscarle, y aun sería bien que uno de nosotros rodease toda la venta, porque no se fuese por las bardas de los corrales."

30 "Así se hará," respondió uno dellos.

Y entrándose los dos dentro, uno se quedó a la puerta y el otro se fue a rodear la venta, todo lo cual veía el ventero, y no sabía atinar° para qué   figure out
se hacían aquellas diligencias, puesto que bien creyó que buscaban aquel mozo, cuyas señas le habían dado. Ya a esta sazón aclaraba el día, y así por
35 esto, como por el ruido que don Quijote había hecho, estaban todos despiertos y se levantaban, especialmente doña Clara y Dorotea, que, la una con sobresalto de tener tan cerca a su amante, y la otra con el deseo de verle, habían podido dormir bien mal aquella noche.

Don Quijote, que vio que ninguno de los cuatro caminantes hacía caso
40 dél, ni le respondían a su demanda,° moría y rabiaba° de despecho y saña,°   challenge, seething
y si él hallara en las ordenanzas° de su caballería que lícitamente° podía el   fury; laws, legally
caballero andante tomar y emprender otra empresa, habiendo dado su palabra y fe de no ponerse en ninguna hasta acabar la que había prometido, él embistiera con todos y les hiciera responder, mal de su grado. Pero por
45 parecerle no convenirle ni estarle bien comenzar nueva empresa hasta poner a Micomicona en su reino, hubo de callar y estarse quedo, esperando a ver

---

[1] **Tomando...** *making a wide turn down the field, he came back at a half gallop*
[2] **Que él...** *that they say he is following*

en qué paraban las diligencias de aquellos caminantes, uno de los cuales
halló al mancebo que buscaba durmiendo al lado de un mozo de mulas,
bien descuidado de que nadie ni le buscase, ni menos de que le hallase. El
hombre le trabó del brazo y le dijo:

"Por cierto, señor don Luis, que responde° bien a quien vos sois el   corresponds
hábito° que tenéis, y que dice bien la cama en que os hallo al regalo con outfit
que vuestra madre os crió."

Limpióse el mozo los soñolientos ojos, y miró de espacio al que le
tenía asido, y luego conoció que era criado de su padre, de que recibió tal
sobresalto, que no acertó o no pudo hablarle palabra por un buen espacio,
y el criado prosiguió, diciendo:

"Aquí no hay que hacer otra cosa, señor don Luis, sino prestar
paciencia y 'dar la vuelta° a casa, si ya vuestra merced no gusta que su   return
padre y mi señor la° dé al otro mundo, porque no se puede esperar otra   la *vuelta*
cosa de la pena con que queda por vuestra ausencia."

"Pues ¿cómo supo mi padre," dijo don Luis, "que yo venía este camino
y en este traje?"

"Un estudiante," respondió el criado, "a quien distes cuenta de vuestros
pensamientos, fue el que lo descubrió, movido a lástima, de las que vio que
hacía vuestro padre[3] al punto que os echó menos. Y así despachó a cuatro
de sus criados en vuestra busca, y todos estamos aquí a vuestro servicio,
más contentos de lo que imaginar se puede por el 'buen despacho° con que speed
tornaremos, llevándoos a los ojos que tanto os quieren."

"Eso será como yo quisiere, o como el cielo lo ordenare," respondió
don Luis.

"¿Qué habéis de querer, o qué ha de ordenar el cielo, fuera de
consentir en volveros, porque no ha de ser posible otra cosa?"

Todas estas razones que entre los dos pasaban oyó el mozo de mulas,
junto a quien don Luis estaba, y levantándose de allí, fue a decir lo que
pasaba a don Fernando y a Cardenio y a los demás, que ya vestido se
habían, a los cuales dijo como aquel hombre llamaba de DON a aquel
muchacho, y las razones que pasaban, y como le quería volver a casa de su
padre, y el mozo no quería. Y con esto, y con lo que dél sabían, de la
buena voz que el cielo le había dado, vinieron todos en gran deseo de saber
más particularmente quién era, y aun de ayudarle, si alguna fuerza le
quisiesen hacer.[4] Y así se fueron hacia la parte donde aún estaba hablando
y porfiando° con su criado.   arguing stubbornly

Salía en esto Dorotea de su aposento, y tras ella doña Clara toda
turbada, y llamando Dorotea a Cardenio aparte, le contó en breves razones
la historia del músico y de doña Clara, a quien él también dijo lo que
pasaba de la venida a buscarle los criados de su padre,[5] y no se lo dijo tan
callando,° que lo dejase de oír Clara, de lo que quedó tan 'fuera de sí,° que quietly, beside herself
si Dorotea no llegara a tenerla, diera consigo en el suelo. Cardenio dijo a

---

[3] **De las *lástimas* que vio que hacía vuestro padre** *by the grief that he saw in your
father*
[4] **Si...** *if they tried to use force against him*
[5] **De la venida...** *when his father's servants came to look for him*

Dorotea que se volviesen al aposento, que él procuraría poner remedio en todo, y ellas lo hicieron.

Ya estaban todos los cuatro que venían a buscar a don Luis dentro de la venta, y rodeados dél, persuadiéndole que luego, sin detenerse un punto,
5 volviese a consolar a su padre. Él respondió que en ninguna manera lo podía hacer hasta dar fin a un negocio en que le iba la vida, la honra y el alma.⁶ Apretáronle entonces los criados, diciéndole que en ningún modo volverían sin él, y que le llevarían, quisiese o no quisiese.

"Eso no haréis vosotros," replicó don Luis, "si no es llevándome
10 muerto, aunque de cualquiera manera que me llevéis, será llevarme sin vida."

Ya a esta sazón habían acudido a la porfía° todos los más que en la   dispute
venta estaban, especialmente Cardenio, don Fernando, sus camaradas, el oidor, el cura, el barbero y don Quijote, que ya le pareció que no había
15 necesidad de guardar más el castillo. Cardenio, como ya sabía la historia del mozo, preguntó a los que llevarle querían, que qué les movía a querer llevar contra su voluntad aquel muchacho.

"Muévenos," respondió uno de los cuatro, "dar la vida a su padre, que por la ausencia deste caballero queda a peligro de perderla."
20 A esto dijo don Luis:

"No hay para qué se dé cuenta aquí de mis cosas. Yo soy libre y volveré si me diere gusto, y si no, ninguno de vosotros me ha de hacer fuerza."

"Harásela a vuestra merced la razón,⁷" respondió el hombre, "y cuando
25 ella no bastare con vuestra merced, bastará con nosotros para hacer a lo que venimos⁸ y lo que somos obligados."

"Sepamos qué es esto de raíz,"⁹ dijo a este tiempo el oidor.

Pero el hombre que lo conoció, como vecino de su casa, respondió:

"¿No conoce vuestra merced, señor oidor, a este caballero, que es el
30 hijo de su vecino, el cual se ha ausentado de casa de su padre, en el hábito tan indecente a su calidad, como vuestra merced puede ver?"

Miróle entonces el oidor más atentamente, y conocióle, y abrazándole, dijo:

"¿Qué niñerías son éstas, señor don Luis, o qué causas tan poderosas,
35 que os hayan movido a venir desta manera, y en este traje, que dice tan mal con la calidad vuestra?"¹⁰

Al mozo se le vinieron las lágrimas a los ojos, y no pudo responder palabra. El oidor dijo a los cuatro que se sosegasen, que todo se haría bien, y tomando por la mano a don Luis, le apartó a una parte, y le preguntó 'qué
40 venida había sido aquélla.°   why he had come

Y en tanto que le hacía ésta y otras preguntas, oyeron grandes voces a la puerta de la venta, y era la causa dellas que dos huéspedes, que aquella noche habían alojado en ella, viendo a toda la gente ocupada en saber lo

---

⁶ **En que...** *on which his life, his honor, and his soul were at stake*
⁷ **Harásela...** *reason will compel you*
⁸ **Bastará...** *it will be enough to make us do what we came for*
⁹ **Sepamos...** *let's find out what's at the bottom of this*
¹⁰ **Que dice...** *which is so opposed to your station*

que los cuatro buscaban, habían intentado a irse sin pagar lo que debían. Mas el ventero, que atendía más a su negocio° que a los ajenos, les asió 'al salir° de la puerta y pidió su paga, y les afeó su mala intención con tales palabras, que les movió a que le respondiesen con los puños.° Y así le comenzaron a dar tal mano,° que el pobre ventero tuvo necesidad de dar voces y pedir socorro. La ventera y su hija no vieron a otro más desocupado° para poder socorrerle que a don Quijote, a quien la hija de la ventera dijo:

      affairs
      a la salida
      punches
      i.e., of punches
      idle

"Socorra vuestra merced, señor caballero, por la virtud que Dios le dio, a mi pobre padre, que dos malos hombres le están moliendo como a cibera."

A lo cual respondió don Quijote muy de espacio y con mucha flema:°

      calm

"Fermosa doncella, no ha lugar por ahora vuestra petición,[11] porque estoy impedido de entremeterme en otra aventura en tanto que no 'diere cima° a una en que mi palabra me ha puesto. Mas lo que yo podré hacer por serviros, es lo que ahora diré: corred y decid a vuestro padre que 'se entretenga° en esa batalla lo mejor que pudiere y que no se deje vencer en ningún modo, en tanto que yo pido licencia a la princesa Micomicona para poder socorrerle en su cuita, que si ella me la da, tened por cierto que yo le sacaré della."

      conclude happily
      defend hiumself

"Pecadora de mí," dijo a esto Maritornes, que estaba delante, "primero que vuestra merced alcance° esa licencia que dice, estará ya mi señor en el otro mundo."

      get

"Dadme° vos, señora, que yo alcance la licencia que digo," respondió don Quijote, "que como yo la tenga, poco hará al caso[12] que él esté en el otro mundo, que de allí le sacaré, a pesar del mismo mundo que lo contradiga,[13] o, por lo menos, os daré tal venganza de los que allá le hubieren enviado, que quedéis más que medianamente satisfechas."

      allow me

Y sin decir más, se fue a 'poner de hinojos° ante Dorotea, pidiéndole, con palabras caballerescas y andantescas, que la su grandeza fuese servida de darle licencia de acorrer y socorrer al castellano de aquel castillo, que estaba puesto en una grave mengua.° La princesa se la dio de buen talante, y él luego, embrazando su adarga y poniendo mano a su espada, acudió a la puerta de la venta, adonde aun todavía traían los dos huéspedes a mal traer al ventero.[14] Pero así como llegó, embazó° y se estuvo quedo, aunque Maritornes y la ventera le decían que en qué se detenía, que socorriese a su señor y marido.

      kneel
      distress
      hesitated

"Deténgome," dijo don Quijote, "porque no me es lícito poner mano a la espada contra gente escuderil. Pero llamadme aquí a mi escudero Sancho, que a él toca y atañe esta defensa y venganza."[15]

Esto pasaba en la puerta de la venta, y en ella andaban las puñadas y mojicones muy en su punto, todo en daño del ventero y en rabia de Maritornes, la ventera y su hija, que se desesperaban de ver la cobardía° de

      cowardice

---

[11] **No ha...** *your request is inappropriate*
[12] **Poco...** *it won't make any difference*
[13] **A pesar...** *in spite of everything the other world does to the contrary*
[14] **Traían...** *the two guests were mistreating the innkeeper*
[15] **A él...** *this defense and vengeance is his affair*

don Quijote, y de lo mal que lo pasaba su marido, señor y padre.

Pero dejémosle aquí, que no faltará quien le socorra, o si no, sufra y
calle el que se atreve a más de a lo que sus fuerzas le prometen,° y   allow
volvámonos atrás cincuenta pasos a ver qué fue lo que don Luis respondió
5 al oidor, que le dejamos aparte preguntándole la causa de su venida a pie,
y de tan vil traje vestido. A lo cual el mozo, asiéndole fuertemente de las
manos, como en señal de que algún gran dolor le apretaba el corazón, y
derramando lágrimas en grande abundancia, le dijo:

"Señor mío, yo no sé deciros otra cosa sino que desde el punto que
10 quiso el cielo y facilitó nuestra vecindad[16] que yo viese a mi señora doña
Clara, hija vuestra y señora mía, desde aquel instante la hice dueño[17] de mi
voluntad, y si la vuestra, verdadero señor y padre mío, no lo impide, en este
mesmo día ha de ser mi esposa. Por ella dejé la casa de mi padre, y por ella
me puse en este traje para seguirla dondequiera que fuese, como la saeta al
15 blanco, o como el marinero al norte. Ella no sabe de mis deseos más de lo
que ha podido entender de algunas veces que desde lejos ha visto llorar mis
ojos. Ya, señor, sabéis la riqueza y la nobleza de mis padres, y como yo
soy su único heredero. Si os parece que éstas son partes para que os
aventuréis a hacerme en todo venturoso, recebidme luego por vuestro hijo,
20 que si mi padre, llevado de otros disignios suyos, no gustare deste bien que
yo supe buscarme, más fuerza tiene el tiempo para deshacer y mudar las
cosas que las humanas voluntades."

Calló en diciendo esto el enamorado mancebo, y el oidor quedó en
oírle suspenso, confuso y admirado, así de haber oído el modo y la
25 discreción con que don Luis le había descubierto su pensamiento, como de
verse en punto que no sabía el que poder tomar en tan repentino y no
esperado negocio.[18] Y así no respondió otra cosa sino que se sosegase por
entonces, y entretuviese a sus criados, que por aquel día no le volviesen,
porque se tuviese tiempo para considerar lo que mejor a todos estuviese.
30 Besóle las manos por fuerza don Luis, y aun se las bañó con lágrimas, cosa
que pudiera enternecer un corazón de mármol, no sólo el del oidor, que,
como discreto, ya había conocido cuán bien le estaba a su hija aquel
matrimonio, puesto que, si fuera posible, lo quisiera efetuar con voluntad
del padre de don Luis, del cual sabía que pretendía hacer de título a su
35 hijo.[19]

Ya a esta sazón estaban en paz los huéspedes con el ventero, pues por
persuasión y buenas razones de don Quijote, más que por amenazas, le
habían pagado todo lo que él quiso, y los criados de don Luis aguardaban
el fin de la plática del oidor y la resolución de su amo, cuando el demonio,
40 que no duerme, ordenó que en aquel mesmo punto entró en la venta el
barbero a quien don Quijote quitó el yelmo de Mambrino, y Sancho Panza
los aparejos del asno, que trocó con los del suyo, el cual barbero, llevando

[16] **Desde...** *since heaven wanted to and made us neighbors*
[17] The use of the masculine **dueño** when referring to the owner of the knight's love,
is traditional in chivalresque literature.
[18] **No sabía...** *he didn't know what action to take in such a sudden and unexpected
matter*
[19] **Pretendía...** *wanted to bestow a title on his son*

su jumento a la caballeriza, vio a Sancho Panza que estaba aderezando no sé qué de la albarda, y así como la vio, la conoció, y se atrevió a arremeter a Sancho, diciendo:

"¡Ah, don[20] ladrón, que aquí os tengo! Venga mi bacía y mi albarda, con todos mis aparejos que me robastes."

Sancho, que se vio acometer tan de improviso y oyó los vituperios que le decían, con la una mano asió de la albarda, y con la otra dio un mojicón al barbero, que le bañó los dientes en sangre, pero no por esto dejó el barbero la presa que tenía hecha en el albarda, antes alzó la voz de tal manera, que todos los de la venta acudieron al ruido y pendencia, y decía:

"¡Aquí del rey[21] y de la justicia, que sobre cobrar mi hacienda me quiere matar este ladrón,[22] 'salteador de caminos!°'"   highwayman

"¡Mentís," respondió Sancho, "que yo no soy salteador de caminos, que en buena guerra ganó mi señor don Quijote estos despojos!"

Ya estaba don Quijote delante, con mucho contento de ver cuán bien se defendía y ofendía su escudero, y túvole desde allí adelante por hombre de pro,° y propuso en su corazón de armalle caballero en la primera ocasión   courage que se le ofreciese, por parecerle que sería en él bien empleada la orden de la caballería. Entre otras cosas que el barbero decía en el discurso de la pendencia, vino a decir:

"Señores: así esta albarda es mía como la muerte que debo a Dios. Y así la conozco como si la hubiera parido, y ahí está mi asno en el establo, que no me dejará mentir. Si no, pruébensela, y si no le viniere pintiparada,°   perfectly yo quedaré por infame. Y hay más: que el mismo día que ella se me quitó,[23] me quitaron también una bacía de azófar nueva que no se había estrenado, que 'era señora de° un escudo."   cost

Aquí no se pudo contener° don Quijote sin responder, y poniéndose   contain himself entre los dos, y apartándoles,° depositando la albarda en el suelo, que la   separating them tuviese de manifiesto hasta que la verdad se aclarase,[24] dijo:

"¡Porque vean vuestras mercedes clara y manifiestamente el error en que está este buen escudero, pues llama bacía a lo que fue, es y será yelmo de Mambrino, el cual se le quité yo en buena guerra, y me hice señor dél con ligítima y lícita posesión! En lo del albarda no 'me entremeto,° que lo   I won't get involved que en ello sabré decir es que mi escudero Sancho me pidió licencia para quitar los jaeces° del caballo deste vencido cobarde, y con ellos adornar el   trappings suyo. Yo se la di y él los tomó, y de haberse convertido de jaez en albarda no sabré dar otra razón si no es la ordinaria: que como esas transformaciones se ven en los sucesos de la caballería, para confirmación de lo cual, corre, Sancho hijo, y saca° aquí el yelmo que este buen hombre   bring out dice ser bacía."

"¡Pardiez,° señor!" dijo Sancho, "si no tenemos otra prueba de nuestra   by golly intención que la que vuestra merced dice, tan bacía es el yelmo de Malino como el jaez deste buen hombre albarda."

---

[20] **Don** used ironically to increase the offense intended.
[21] **¡Aquí...** *help in the name of the king!*
[22] **Sobre...** *while I am trying to recover my property this thief is trying to kill me*
[23] **Ella...** *it [la albarda] was taken from me*
[24] **La tuviese...** *putting it on display until the truth could be cleared up*

"Haz lo que te mando," replicó don Quijote, "que no todas las cosas deste castillo han de ser guiadas por encantamento."

Sancho fue a do estaba la bacía y la trujo, y así como don Quijote la vio, lo tomó en las manos y dijo:

"Miren vuestras mercedes con qué cara° podía decir este escudero que   cheek ésta es bacía, y no el yelmo que yo he dicho. Y juro por la orden de caballería que profeso, que este yelmo fue el mismo que yo le quité, sin haber añadido en él ni quitado cosa alguna."

"En eso no hay duda," dijo a esta sazón Sancho, "porque desde que mi señor le ganó hasta agora no ha hecho con él más de una batalla, cuando libró a los sin ventura encadenados, y si no fuera por este baciyelmo, no lo pasara entonces muy bien, porque hubo asaz de pedradas en aquel trance."

Capítulo XXXV.[1] Donde se acaba de averiguar la duda del yelmo de Mambrino y de la albarda, y otras aventuras sucedidas, con toda verdad.

"¿QUÉ LES parece a vuestras mercedes, señores," dijo el barbero, "de lo que afirman estos gentiles hombres, pues aún porfían que ésta no es bacía, sino yelmo?"

"Y quien lo contrario dijere," dijo don Quijote, "le haré yo conocer que miente, si fuere caballero, y si escudero, que remiente mil veces."

Nuestro barbero, que a todo estaba presente, como tenía tan bien conocido el humor de don Quijote, quiso esforzar su desatino y llevar adelante la burla, para que todos riesen, y dijo hablando con el otro barbero: "Señor barbero, o quien° sois, sabed que yo también soy de vuestro oficio, y tengo más ha de veinte años 'carta de examen,° y conozco muy bien de todos los instrumentos de la barbería,° sin que le falte uno, y ni más ni menos fui un tiempo en mi mocedad soldado, y sé también qué es yelmo, y qué es morrión y celada de encaje, y otras cosas tocantes a la milicia,° digo, a los géneros de armas de los soldados. Y digo, salvo mejor parecer, remitiéndome° siempre al mejor entendimiento, que esta pieza que está aquí delante, y que este buen señor tiene en las manos, no sólo no es bacía de barbero, pero está tan lejos de serlo, como está lejos lo blanco de lo negro y la verdad de la mentira, también digo que éste, aunque es yelmo, no es yelmo entero."

whoever
"license"
barber's trade

military
deferring

"No, por cierto," dijo don Quijote, "porque le falta la mitad, que es la babera.°"

beaver

"Así es," dijo el cura, que ya había entendido la intención de su amigo el barbero.

Y lo mismo confirmó Cardenio, don Fernando y sus camaradas. Y aun el oidor, si no estuviera tan pensativo con el negocio de don Luis, ayudara por su parte a la burla, pero las veras° de lo que pensaba le tenían tan suspenso, que poco o nada atendía a aquellos donaires.

realities

"¡Válame Dios!" dijo a esta sazón el barbero burlado. "¿Que es posible que tanta gente honrada diga que ésta no es bacía, sino yelmo? Cosa parece ésta que puede poner en admiración a toda una universidad, por discreta que sea. Basta—si es que esta bacía es yelmo, también debe de ser esta albarda jaez de caballo, como este señor ha dicho."

"A mí albarda me parece," dijo don Quijote, "pero ya he dicho que en eso no me entremeto."

"De que sea albarda o jaez," dijo el cura, "no está en más de decirlo el señor don Quijote, que en estas cosas de la caballería todos estos señores y yo le damos la ventaja."

"Por Dios, señores míos," dijo don Quijote, "que son tantas y tan estrañas las cosas que en este castillo, en dos veces que en él he alojado, me han sucedido, que no me atreva a decir afirmativamente ninguna cosa de lo que acerca de lo que en él se contiene se preguntare, porque imagino que cuanto en él se trata va por vía de encantamento. La primera vez me fatigó mucho un moro encantado que en él hay, y a Sancho no le fue muy

---

[1] In the first edition it *does* say XXXV instead of XLV.

bien con otros sus secuaces,[2] y anoche estuve colgado deste brazo casi dos
horas, sin saber cómo ni cómo no, vine a caer en aquella desgracia. Así que
ponerme yo agora en cosa de tanta confusión a dar mi parecer, será caer en
'juicio temerario.° En lo que toca a lo que dicen que ésta es bacía y no   rash judgment
5   yelmo, ya yo tengo respondido. Pero en lo de declarar si ésa es albarda o
jaez, no me atrevo a dar 'sentencia difinitiva.° Sólo lo dejo al buen parecer   absolute opinion
de vuestras mercedes. Quizá por no ser armados caballeros, como yo lo soy,
no tendrán que ver con vuestras mercedes los encantamentos deste lugar,
y tendrán los entendimientos libres, y podrán juzgar de las cosas deste
10   castillo como ellas son real y verdaderamente, y no como a mí me
parecían."
       "No hay duda," respondió a esto don Fernando, "sino que el señor don
Quijote ha dicho muy bien hoy, que a nosotros toca la difinición° deste   resolution
caso, y porque vaya con más fundamento, yo tomaré en secreto los votos
15   destos señores, y de lo que resultare, daré entera y clara noticia."
       Para aquellos que la° tenían del humor de don Quijote, era todo esto   la *noticia*
materia de grandísima risa, pero para los que le ignoraban, les parecía el
mayor disparate del mundo, especialmente a los cuatro criados de don Luis,
y a don Luis ni más ni menos, y a otros tres pasajeros que acaso habían
20   llegado a la venta, que tenían parecer de ser cuadrilleros, como, en efeto,
lo eran. Pero el que más se desesperaba era el barbero, cuya bacía allí
delante de· sus ojos se le había vuelto en yelmo de Mambrino, y cuya
albarda pensaba sin duda alguna que se le había de volver en jaez rico de
caballo, y los unos y los otros se reían de ver cómo andaba don Fernando
25   tomando los votos de unos en otros, hablándolos al oído, para que en
secreto declarasen si era albarda o jaez aquella joya, 'sobre quien° tanto se   over whch
había peleado. Y después que hubo tomado los votos de aquellos que a don
Quijote conocían, dijo en alta voz:
       "El caso es, buen hombre, que ya yo estoy cansado de tomar tantos
30   pareceres, porque veo que a ninguno pregunto lo que deseo saber, que no
me diga que es disparate el decir que ésta sea albarda de jumento, sino jaez
de caballo, y aun de caballo castizo,° y así, habréis de tener paciencia,   pure-blooded
porque, a vuestro pesar y al de vuestro asno, éste es jaez y no albarda, y
vos habéis alegado y probado muy mal de vuestra parte."
35   "No la° tenga yo en el cielo," dijo el sobrebarbero, "si todos vuestras   la *parte*
mercedes no se engañan, y que así parezca mi ánima ante Dios,[3] como ella
me parece a mí albarda y no jaez, pero «allá van leyes, etc.»,[4] y no digo
más. Y en verdad que no estoy borracho: que no me he desayunado si de
pecar no."[5]
40   No menos causaban risa las necedades que decía el barbero que los
disparates de don Quijote, el cual a esta sazón dijo:
       "Aquí no hay más que hacer, sino que cada uno tome lo que es suyo,

---

[2] **Otros sus secuaces** *his other underlings.* Remember that Sancho claimed that he
was beaten up by more than 400 Moors, supposed underlings of the Moor who beat up
don Quijote (Chap. 17, p. 118, 1.6).
  [3] **Así...** *may my soul appear thus before God*
  [4] **Allí van leyes do quieren reyes** *Laws go where kings want*
  [5] **Que no...** *for I have eaten nothing, unless it is sins*

y a quien Dios se la dio, San Pedro se la bendiga.°"   bless
Uno de los cuatro dijo:
"Si ya no es que esto sea burla pensada,° no me puedo persuadir que   planned
hombres de tan buen entendimiento como son, o parecen todos los que aquí
están, se atrevan a decir y afirmar que ésta no es bacía, ni aquélla albarda.
Mas como veo que lo afirman y lo dicen, me doy a entender que no carece
de misterio el porfiar una cosa tan contraria de lo que nos muestra la
misma° verdad y la misma experiencia. Porque, ¡voto a tal!" y 'arrojóle   itself
redondo,° "que no me den a mí a entender cuantos hoy viven en el mundo   exclaimed
al revés de que ésta no sea bacía de barbero, y ésta albarda de asno."[6]
"Bien podría ser de borrica," dijo el cura.
"'Tanto monta,°" dijo el criado, "que el caso no consiste en eso, sino   it's all the same
en si es o no es albarda, como vuestras mercedes dicen."
Oyendo esto uno de los cuadrilleros que habían entrado, que había oído
la pendencia y quistión,° lleno de cólera y de enfado dijo: dispute
"Tan albarda es como mi padre, y el que otra cosa ha dicho o dijere
debe de estar 'hecho uva.°"   i.e., drunk
"¡Mentís como bellaco villano!" respondió don Quijote.
Y alzando el lanzón, que nunca le dejaba de las manos, le iba a
descargar tal golpe sobre la cabeza, que a no desviarse el cuadrillero, se le
dejara allí tendido. El lanzón se hizo pedazos en el suelo, y los demás
cuadrilleros, que vieron tratar mal a su compañero, alzaron la voz pidiendo
favor a la Santa Hermandad. El ventero, que era de la cuadrilla,° entró al   company
punto por su varilla° y por su espada, y se puso al lado de sus compañeros.   staff of office
Los criados de don Luis rodearon a don Luis, porque con el alboroto no 'se
les fuese.° El barbero, viendo la casa revuelta,° tornó a asir de su albarda,   get away, in turmoil
y lo mismo hizo Sancho. Don Quijote puso mano a su espada y arremetió
a los cuadrilleros. Don Luis daba voces a sus criados que le dejasen a él,
y acorriesen a don Quijote y a Cardenio y a don Fernando, que todos
favorecían a don Quijote. El cura daba voces; la ventera gritaba; su hija se
afligía; Maritornes lloraba; Dorotea estaba confusa; Luscinda, suspensa y
doña Clara, desmayada; el barbero aporreaba° a Sancho; Sancho molía al   pounded
barbero; don Luis, a quien un criado suyo se atrevió a asirle del brazo
porque no se fuese, le dio una puñada que le bañó los dientes en sangre; el
oidor le defendía; don Fernando tenía debajo de sus pies a un cuadrillero,
midiéndole el cuerpo con ellos° muy a su sabor. El ventero tornó a reforzar   sus pies
la voz pidiendo favor a la Santa Hermandad, de modo que toda la venta era
llantos, voces, gritos, confusiones, temores, sobresaltos, desgracias,
cuchilladas, mojicones, palos, coces y 'efusión de sangre,° y en la mitad   bloodshed
deste caos, máquina y laberinto de cosas, se le representó en la memoria de
don Quijote que se veía metido 'de hoz y de coz° en la discordia del campo   suddenly
de Agramante.[7] Y así, dijo con voz que atronaba° la venta: stunned
"¡Ténganse todos; todos envainen;° todos se sosieguen; óiganme todos,   sheathe your swords

---

[6] **que no me...** *no living person can make me believe that this is not a barber's
basin and this not a packsaddle*
[7] **Campo de Agramante**—in *Orlando Furioso*, when Agramante is laying siege to
Paris, Charlemagne manages to sow seeds of discord amongst Agramante's men, who
begin fighting among themselves for unclear reasons (see Cantos 14 and 27).

si todos quieren quedar con vida!"

A cuya gran voz todos se pararon, y él prosiguió, diciendo:

"¿No os dije yo, señores, que este castillo era encantado y que alguna región° de demonios debe de habitar en él? En confirmación de lo cual   **legión**
5   quiero que veáis por vuestros ojos cómo se ha pasado aquí y trasladado entre nosotros la discordia del campo de Agramante. Mirad cómo allí se pelea por la espada, aquí por el caballo, acullá por el águila, acá por el yelmo,[8] y todos peleamos y todos no nos entendemos. Venga, pues, vuestra merced, señor oidor, y vuestra merced, señor cura, y el uno sirva de rey
10   Agramante. Y el otro de rey Sobrino,[9] y pónganos en paz, porque, por Dios todopoderoso,° que es gran bellaquería que tanta gente principal como aquí   **almighty** estamos se mate por causas tan livianas.°"   **slight**

Los cuadrilleros, que no entendían el frasis° de don Quijote y se veían   **language** malparados° de don Fernando, Cardenio y sus camaradas, no querían   **in a sorry state**
15   sosegarse; el barbero, sí, porque en la pendencia tenía deshechas las barbas y el albarda. Sancho, a la más mínima voz de su amo, obedeció, como buen criado; los cuatro criados de don Luis también se estuvieron quedos, viendo cuán poco les iba en no estarlo. Sólo el ventero porfiaba que se habían de castigar las insolencias de aquel loco que a cada paso le alborotaba° la   **disturbed**
20   venta. Finalmente, el rumor se apaciguó por entonces, la albarda se quedó por jaez hasta el Día del Juicio, y la bacía por yelmo, y la venta por castillo en la imaginación de don Quijote.

Puestos, pues, ya en sosiego, y hechos amigos todos, a persuasión del oidor y del cura, volvieron los criados de don Luis a porfiarle que al
25   momento se viniese con ellos, y en tanto que él con ellos se avenía,° el   **reconciling** oidor comunicó° con don Fernando, Cardenio y el cura, qué debía hacer en   **consulted** aquel caso, contándoseles con las razones que don Luis le había dicho. En fin, fue acordado que don Fernando dijese a los criados de don Luis quién él era, y como era su gusto que don Luis se fuese con él al Andalucía,
30   donde de su hermano el marqués sería estimado como el valor de don Luis merecía,[10] porque, desta manera, se sabía de la intención de don Luis que no volvería por aquella vez a los ojos de su padre, si le hiciesen pedazos. Entendida, pues, de los cuatro la calidad de don Fernando y la intención de don Luis, determinaron entre ellos que los tres se volviesen a contar lo que
35   pasaba a su padre, y el otro se quedase a servir a don Luis, y a no dejalle hasta que ellos volviesen por él, o viese lo que su padre les ordenaba.

Desta manera se apaciguó aquella máquina de pendencias por la autoridad de Agramante y prudencia del rey Sobrino, pero viéndose el enemigo de la concordia y el émulo° de la paz menospreciado° y burlado,   **rival, despised**
40   y el poco fruto que había granjeado de haberlos puesto a todos en tan confuso laberinto, acordó de probar otra vez la mano, resucitando nuevas pendencias y desasosiegos.°   **disrturbances**

Es, pues, el caso que los cuadrilleros se sosegaron por haber entreoído°   **half-heard**

---

[8] The sword they were fighting for was Roland's Durendal (heroes gave names to their swords), the horse was Frontino, the eagle was on a shield belonging to Hector—but the helmet was don Quijote's "Mambrino's helmet."

[9] These two kings pacified the battle.

[10] **Sería**... *don Luis would be shown the honor that his rank deserved*

la calidad de los que con ellos se habían combatido, y se retiraron de la
pendencia, por parecerles que de cualquiera manera que sucediese, habían
de llevar lo peor de la batalla. Pero uno dellos, que fue el que fue molido
y pateado° por don Fernando, le vino a la memoria que entre algunos   trampled
mandamientos° que traía para prender a algunos delicuentes, traía uno   warrants
contra don Quijote, a quien la Santa Hermandad había mandado prender por
la libertad que dio a los galeotes, y como Sancho, con mucha razón, había
temido. Imaginando, pues, esto, quiso certificarse si las señas que de don
Quijote traía venían bien. Y sacando del seno un pergamino,° topó con el   parchment
que buscaba, y poniéndosele a leer de espacio, porque no era buen lector,°   reader
a cada palabra que leía ponía los ojos en don Quijote y iba cotejando° las   comparing
señas del mandamiento con el rostro de don Quijote, y halló que, sin duda
alguna, era el que el mandamiento rezaba,° y apenas se hubo certificado,   described
cuando recogiendo su pergamino, en la izquierda[11] tomó el mandamiento,
y con la derecha asió a don Quijote del cuello fuertemente, que no le dejaba
alentar,° y a grandes voces decía: to breathe
   "¡Favor a la Santa Hermandad! Y para que se vea que lo pido de veras,
léase este mandamiento, donde se contiene que se prenda a este salteador
de caminos."
   Tomó el mandamiento el cura, y vio como era verdad cuanto el
cuadrillero decía, y como convenía° con las señas con don Quijote, el cual,   agreed
viéndose tratar mal de aquel villano malandrín, puesta la cólera en su punto,
y crujiéndole° los huesos de su cuerpo, como mejor pudo, el asió al   cracking
cuadrillero con entrambas manos de la garganta, que, a no ser socorrido de
sus compañeros, allí dejara la vida antes que don Quijote la presa.° El   grip
ventero, que por fuerza había de favorecer a los de su oficio, acudió luego
a dalle favor. La ventera, que vio de nuevo a su marido en pendencias, de
nuevo alzó la voz, cuyo tenor[12] le llevaron luego Maritornes y su hija,[13]
pidiendo favor al cielo y a los que allí estaban. Sancho dijo, viendo lo que
pasaba:
   "¡Vive el Señor, que es verdad cuanto mi amo dice de los encantos
deste castillo, pues no es posible vivir una hora con quietud en él!"
   Don Fernando despartió al cuadrillero y a don Quijote, y con gusto de
entrambos, les desenclavijó° las manos que el uno en el collar del sayo del   unlocked
uno, y el otro en la garganta del otro bien asidas tenían. Pero no por esto
cesaban los cuadrilleros de pedir su preso y que les ayudasen a dársele
atado y entregado a toda su voluntad, porque así convenía al servicio del
rey y de la Santa Hermandad, de cuya parte de nuevo les pedían socorro y
favor, para hacer aquella prisión° de aquel robador y salteador de sendas y   arrest
de carreras.°   roads
   Reíase de oír decir estas razones don Quijote, y con mucho sosiego
dijo:
   "Venid aca, gente soez y mal nacida, ¿saltear de caminos llamáis al dar
libertad a los encadenados,° soltar los presos, acorrer a los miserables, alzar   men chained together

---

[11] The first edition has **y quizá** here. Most editors, including Schevill, change it to **en
la izquierda.**
[12] The first editon has **temor** (folio 277ᵛ) which has been seen as an error for **tenor**.
[13] **Cuyo tenor…** *in which Maritornes and her daughter joined her*

los caídos, remediar° los menesterosos? ¡Ah, gente infame, digna por   helping
vuestro bajo y vil entendimiento que el cielo no os comunique el valor que
se encierra en[14] la caballería andante, ni os dé a entender el pecado e
ignorancia en que estáis en no reverenciar° la sombra, cuanto más la   revering
asistencia° de cualquier caballero andante! Venid acá, ladrones en cuadrilla,   presence
que no cuadrilleros, salteadores de caminos con licencia de la Santa
Hermandad, decidme, ¿quién fue el ignorante que firmó mandamiento de
prisión contra un tal caballero como yo soy? ¿Quién el que ignoró que son
esentos de todo 'judicial fuero° los caballeros andantes? ¿Y que su ley es   jusirdiction
su espada, sus fueros sus bríos, sus premáticas° su voluntad? ¿Quién fue el   decrees
mentecato, vuelvo a decir, que no sabe que no hay secutoria° de hidalgo   title
con tantas preeminencias° ni esenciones° como la que adquiere un caballero   privileges, exemptic
andante el día que se arma caballero y se entrega al duro ejercicio de la
caballería? ¿Qué caballero andante pagó pecho,° alcabala,° chapín de la   tribute, tax
reina,[15] 'moneda forera,° portazgo,° ni barca?° ¿Qué sastre° le llevó   king's tribute, toll,
hechura° de vestido que le hiciese? ¿Qué castellano le acogió en su castillo   ferry, tailor; paym
que le hiciese pagar el escote? ¿Qué rey no le asentó° a su mesa? ¿Qué   seated
doncella no se le aficionó° y se le entregó rendida a todo su talante y   fell in love with
voluntad? Y finalmente, ¿qué caballero andante ha habido, hay, ni habrá en
el mundo que no tenga bríos para dar él sólo cuatrocientos palos a
cuatrocientos cuadrilleros que se le pongan delante?"

---

[14] The first edition has **se encierra a** (folio 278ʳ), fixed in the third editon.
[15] **Chapín de la reina** was a tax used to pay for the marriage of a monarch.

Capítulo XLVI. De la notable aventura de los cuadrilleros y la gran ferocidad° de nuestro buen caballero don Quijote.

ferocity

EN TANTO que don Quijote esto decía, estaba persuadiendo el cura a los cuadrilleros como don Quijote era 'falto de juicio,° como lo veían por sus obras y por sus palabras, y que no tenían para qué llevar aquel negocio adelante, pues aunque le prendiesen y llevasen, luego le habían de dejar por loco, a lo que respondió el del mandamiento que 'a él no tocaba° juzgar de la locura de don Quijote, sino hacer lo que por su mayor le era mandado, y que, una vez preso, siquiera le soltasen trecientas.¹

crazy

it was not up to him

"Con todo eso," dijo el cura, "por esta vez no le habéis de llevar, ni aun él dejará llevarse, a lo que yo entiendo."²

En efeto, tanto les supo el cura decir y tantas locuras supo don Quijote hacer, que más locos fueran que no él los cuadrilleros si no conocieran la falta de don Quijote, y así, tuvieron por bien de apaciguarse, y aun de ser medianeros° de hacer las paces entre el barbero y Sancho Panza, que todavía asistían con gran rancor a su pendencia. Finalmente, ellos, como miembros de justicia, mediaron la causa y fueron árbitros° della, de tal modo que ambas partes quedaron, si no del todo contentas, a lo menos, en algo satisfechas, porque se trocaron las albardas, y no las cinchas y jáquimas.° Y en lo que tocaba a lo del yelmo de Mambrino, el cura, 'a socapa° y sin que don Quijote lo entendiese,° le dio por la bacía ocho reales, y el barbero le hizo una 'cédula del recibo,° y de no llamarse a engaño³ por entonces, ni 'por siempre jamás,° amén.

mediators

arbitrators

headstalls
surrepticiously,
  finding out; receipt
forever and ever

Sosegadas, pues, estas dos pendencias, que eran las más principales y de más tomo,° restaba que los criados de don Luis se contentasen de volver los tres, y que el uno quedase para acompañarle donde don Fernando le quería llevar. Y como ya la buena suerte y mejor fortuna había comenzado a romper lanzas y a facilitar dificultades⁴ en favor de⁵ los amantes de la venta y de los valientes della, quiso⁶ llevarlo al cabo y dar a todo felice suceso, porque los criados se contentaron de cuanto don Luis quería, de que recibió tanto contento doña Clara, que ninguno en aquella sazón la mirara al rostro que no conociera el regocijo° de su alma.

importance

joy

Zoraida, aunque no entendía bien todos los sucesos que había visto, se entristecía y alegraba 'a bulto,° conforme veía y notaba los semblantes a cada uno, especialmente de su español, en quien tenía siempre puestos los ojos y traía colgada el alma. El ventero, a quien no se le pasó⁷ por alto la dádiva y recompensa que el cura había hecho al barbero, pidió el escote de don Quijote, con el menoscabo de sus cueros y falta de vino, jurando que

variously

---

¹ **Una vez...** *once he was a prisoner, they could even let him go 300 [times]*

² **A lo...** *the way I understand it*

³ **No llamarse...** *not to claim that he has been deceived*

⁴ **Había comenzado...** *had begun to remove obstacles.*

⁵ The original edition has **en saber de**, changed to **en favor de** in the Brussels (1607) edition, now the accepted solution.

⁶ **[La buena suerte] quiso...**

⁷ The first edition says **a quien se le pagó**. Most editions change this to **a quien no se le pasó**. Schevill brackets the **no** to show it wasn't in the first edition.

no saldría de la venta Rocinante ni el jumento de Sancho, sin que se le
pagase primero hasta el último ardite. Todo lo apaciguó el cura y lo pagó
don Fernando, puesto que el oidor de muy buena voluntad había también
ofrecido la paga, y de tal manera quedaron todos en paz y sosiego, que ya
5   no parecía la venta la discordia del campo de Agramante, como don Quijote
había dicho, sino la misma paz y quietud del tiempo de Otaviano,[8] de todo
lo cual fue común opinión que se debían dar las gracias a la 'buena
intención° y mucha elocuencia del señor cura, y a la incomparable   good will
liberalidad de don Fernando.
10   Viéndose, pues, don Quijote, libre y desembarazado de tantas
pendencias, así de su escudero, como suyas, le pareció que sería bien seguir
su comenzado viaje y dar fin a aquella grande aventura para que había sido
llamado y escogido.[9] Y así, con resoluta determinación se fue a poner de
hinojos ante Dorotea, la cual no le consintió que hablase palabra hasta que
15   se levantase, y él, por obedecella, se puso en pie y le dijo:
"Es común proverbio, fermosa señora, que «la diligencia es madre de
la buena ventura», y en muchas y graves cosas ha mostrado la experiencia
que la solicitud del negociante° trae a buen fin el pleito° dudoso.° Pero en   negociator, lawsuit,
ningunas cosas se muestra[10] esta verdad que en las de la guerra, adonde la   uncertain
20   celeridad° y presteza previene los discursos° del enemigo y alcanza la   speed, movements
vitoria antes que el contrario se ponga en defensa. Todo esto digo, alta y
preciosa[11] señora, porque me parece que la estada° nuestra en este castillo   stay
ya es sin provecho, y podría sernos de tanto daño, que lo echásemos de ver
algún día, porque ¿quién sabe si por ocultas° espías y diligentes habrá   hidden
25   sabido ya vuestro enemigo el gigante de que yo voy a destruille, y dándole
lugar el tiempo, se fortificase en algún inexpugnable° castillo o fortaleza   impregnable
contra quien valiesen poco mis diligencias y la fuerza de mi incansable°   tireless
brazo? Así que, señora mía, prevengamos, como tengo dicho, con nuestra
diligencia sus designios, y partámonos luego a la buena ventura, que no está
30   más de tenerla vuestra grandeza como desea, de cuanto yo tarde de verme
con vuestro contrario."[12]
Calló y no dijo más don Quijote, y esperó con mucho sosiego la
respuesta de la fermosa infanta, la cual, con ademán señoril° y acomodado   lordly
al estilo de don Quijote, le respondió desta manera:
35   "Yo os agradezco, señor caballero, el deseo que mostráis tener de
favorecerme en mi gran cuita, bien así como caballero, a quien es anejo y
concerniente favorecer los huérfanos y menesterosos, y quiera el cielo que
el vuestro y mi deseo se cumplan para que veáis que hay agradecidas
mujeres en el mundo. Y en lo de mi partida, sea luego, que yo no tengo
40   más voluntad que la vuestra: disponed° vos de mí a toda vuestra guisa y   order

---

[8] The **Pax Octaviana** or **Pax romana** refers to the period of relative tranquility in
ancient Rome between 27 B.C. and 180 A.D.
[9] This seems to be a reference to Matthew 20:16 "Muchos son los llamados y pocos
los escogidos."
[10] Some editions add **más** or **mejor** here. Schevill adds a bracketed **más**.
[11] A number of editors change this to **preciada**, starting with the Brussels 1607
edition.
[12] **De cuanto...** *by my delay in confronting your enemy*

talante, que la que una vez os entregó la defensa de su persona y puso en
vuestras manos la restauración de sus señoríos, no ha de querer ir contra lo
que la vuestra prudencia ordenare."

"A la mano de Dios," dijo don Quijote, "pues así es que una señora se
me humilla,[13] no quiero yo perder la ocasión de levantalla y ponella en su
heredado trono;° la partida sea luego, porque me va poniendo espuelas al   throne
deseo, y al camino, lo que suele decirse que en la tardanza está el peligro,
y pues no ha criado el cielo ni visto el infierno ninguno° que me espante°   ningún *peligro,*
ni acobarde, ensilla, Sancho, a Rocinante, y apareja tu jumento y el palafrén   frighten
de la reina, y despidámonos del castellano y destos señores, y vamos de
aquí luego al punto."

Sancho, que a todo estaba presente, dijo, meneando la cabeza a una
parte y a otra:[14]

"¡Ay, señor, señor, y «cómo hay más mal en el aldegüela que se
suena»,[15] con perdón sea dicho de las tocadas honradas!"[16]

"¿Qué mal puede haber en ninguna aldea, ni en todas las ciudades del
mundo, que pueda sonarse° en menoscabo mío, villano?"   resound

"Si vuestra merced se enoja," respondió Sancho, "yo callaré y dejaré
de[17] decir lo que soy obligado como buen escudero, y como debe un buen
criado decir a su señor."

"Di lo que quisieres," replicó don Quijote, "como tus palabras no se
encaminen a ponerme miedo, que si tú le tienes, haces como quien eres, y
si yo no le tengo, hago como quien soy."

"No es eso, pecador fui yo a Dios," respondió Sancho, "sino que yo
tengo por cierto y por averiguado que esta señora que se dice ser reina del
gran reino Micomicón no lo es más que mi madre, porque a ser lo que ella
dice,[18] no se anduviera hocicando° con alguno de los que están 'en la   kissing
rueda,° a vuelta de cabeza y a cada traspuesta.°'"   present, fleeting oc-
                                                                                   casion
Paróse colorada con las razones de Sancho Dorotea, porque era verdad
que su esposo don Fernando alguna vez, a hurto de otros ojos, había cogido
con los labios parte del premio que merecían sus deseos—lo cual había
visto Sancho, y pareciéndole que aquella desenvoltura más era de dama
cortesana que de reina de tan gran reino—, y no pudo ni quiso responder
palabra a Sancho, sino dejóle proseguir en su plática, y él fue diciendo:

"Esto digo, señor, porque si al cabo de haber andado caminos y
carreras y pasado malas noches y peores días, ha de venir a coger el fruto
de nuestros trabajos el que se está holgando en esta venta, no hay para qué
darme priesa a que ensille a Rocinante, albarde el jumento y aderece al
palafrén, pues será mejor que nos estemos quedos, y «cada puta hile, y

---

[13] **Pues así...** *since a lady humbles herself to me thus*
[14] **Meneando...** *shaking his head*
[15] **«Cómo...** *there is more mischief in the village than you hear of*
[16] **Con perdón...** *begging the pardon of the good people.* Sancho should have said
tocas *hats,* but frequently makes mistakes, and this one is particularly apt since he will
mention how Dorotea has been touched by Fernando..
[17] **De** was missing in the first three editons.
[18] **A ser...** *if she were what she says*

comamos»."[19]

¡Oh, válame Dios, y cuán grande que fue el enojo que recibió don Quijote oyendo las descompuestas palabras de su escudero! Digo que fue tanto, que con voz atropellada y tartamuda° lengua, lanzando vivo fuego por   stammering
5 los ojos, dijo:

"¡Oh, bellaco villano, mal mirado, descompuesto, ignorante, infacundo,° deslenguado,° atrevido, murmurador° y maldiciente!° ¿tales   incoherent, foul palabras has osado decir en mi presencia y en la destas ínclitas° señoras?   mouthed, gossip, Y ¿tales deshonestidades y atrevimientos osaste poner en tu confusa   slanderer; illustrio
10 imaginación? ¡Vete de mi presencia, monstruo de naturaleza, depositario de mentiras, almario° de embustes, silo de bellaquerías, inventor de maldades,   cabinet publicador° de sandeces, enemigo del decoro que se debe a las reales   publisher personas! ¡Vete: no parezcas delante de mí, so pena de mi ira!"

Y diciendo esto, enarcó las cejas, hinchó los carrillos, miró a todas
15 partes, y dio con el pie derecho una gran patada° en el suelo, señales todas   stamp de la ira que encerraba° en sus entrañas. A cuyas palabras y furibundos°   held, raging ademanes quedó Sancho tan encogido° y medroso, que se holgara que en   cowering aquel instante se abriera debajo de sus pies la tierra y le tragara. Y no supo qué hacerse, sino volver las espaldas y quitarse de la enojada presencia de
20 su señor. Pero la discreta Dorotea, que tan entendido tenía ya el humor de don Quijote, dijo para templarle° la ira: to appease

"No ¡os despechéis,° señor Caballero de la Triste Figura, de las   get angry sandeces que vuestro buen escudero ha dicho, porque quizá no las debe de decir sin ocasión, ni de su buen entendimiento y cristiana conciencia se
25 puede sospechar que levante testimonio° a nadie, y sí, se ha de creer, sin   false testimony poner duda en ello, que, como en este castillo, según vos, señor caballero, decís, todas las cosas van y suceden por modo de encantamento, podría ser, digo, que Sancho hubiese visto por esta diabólica vía lo que él dice que vio tan en ofensa de mi honestidad."

30 "Por el omnipotente Dios juro," dijo a esta sazón don Quijote, "que la vuestra grandeza ha 'dado en el punto,° y que alguna mala visión se le puso   hit the mark delante a este pecador de Sancho, que le hizo vèr lo que fuera° imposible   **sería** verse de otro modo que por el de encantos no fuera, que sé yo bien de la bondad e inocencia deste desdichado, que no sabe levantar testimonios a
35 nadie."

"Ansí es y ansí será," dijo don Fernando, "por lo cual debe vuestra merced, señor don Quijote, perdonalle y reducille al gremio de su gracia, *sicut erat in principio*,[20] antes que las tales visiones le sacasen de juicio."

Don Quijote respondió que él le perdonaba, y el cura fue por Sancho,
40 el cual vino muy humilde y hincándose de rodillas, pidió la mano a su amo, y él se la dio, y después de habérsela dejado besar, le echó la bendición, diciendo:

"Agora acabarás de conocer, Sancho hijo, ser verdad lo que yo otras muchas veces te he dicho, de que todas las cosas de este castillo son hechas
45 por vía de encantamento."

---

[19] **Cada...** *every prostitute spin, and let's eat.* In rough times, the pimp would have the prositutes do other types of work so that they all could be supported.

[20] *As it was in the beginning...* from the Latin Gloria Patri.

"Así lo creo yo," dijo Sancho, "excepto aquello de la manta, que realmente sucedió por vía ordinaria."

"No lo creas," respondió don Quijote, "que si así fuera, yo te vengara entonces, y aun agora. Pero ni entonces ni agora pude, ni vi en quién tomar venganza de tu agravio."

Desearon saber todos qué era aquello de la manta, y el ventero les contó, punto por punto, la volatería° de Sancho Panza, de que no poco se   *flight* rieron todos, y de que no menos se corriera Sancho, si de nuevo no le asegurara su amo que era encantamento, puesto que jamás llegó la sandez de Sancho a tanto, que creyese no ser verdad pura y averiguada, sin mezcla de engaño alguno, lo de haber sido manteado por personas de carne y hueso, y no por fantasmas soñadas ni imaginadas, como su señor lo creía y lo afirmaba.

Dos días eran ya pasados los que había que toda aquella ilustre compañía estaba en la venta,[21] y pareciéndoles que ya era tiempo de partirse, dieron orden para que, sin ponerse al trabajo de volver Dorotea y don Fernando con don Quijote[22] a su aldea con la invención de la libertad de la reina Micomicona, pudiesen el cura y el barbero llevársele como deseaban, y procurar la cura° de su locura en su tierra. Y lo que ordenaron   *cure* fue que se concertaron° con un carretero de bueyes que acaso acertó a pasar   *arranged* por allí, para que lo llevase en esta forma. Hicieron una como jaula° de   *cage* 'palos enrejados,° capaz° que pudiese en ella caber holgadamente° don   *wooden bars,*   *spacious,* Quijote, y luego don Fernando y sus camaradas, con los criados de don   *comfortably* Luis y los cuadrilleros, juntamente con el ventero, todos por orden y parecer del cura, se cubrieron los rostros y se disfrazaron,° quién de una manera y   *disguised* quién de otra, de modo que a don Quijote le pareciese ser otra gente de la que en aquel castillo había visto.

Hecho esto, con grandísimo silencio se entraron adonde él estaba durmiendo y descansando de las pasadas refriegas. Llegáronse a él, que libre y seguro de tal acontecimiento dormía, y asiéndole fuertemente, le ataron muy bien las manos y los pies, de modo que, cuando él despertó con sobresalto, no pudo menearse ni hacer otra cosa más que admirarse y suspenderse de ver delante de sí tan estraños visajes.° Y luego dio en la   *faces* cuenta de lo que su continua y desvariada imaginación le representaba,[23] y se creyó que todas aquellas figuras eran fantasmas de aquel encantado castillo, y que, sin duda alguna, ya estaba encantado, pues no se podía menear ni defender: todo 'a punto° como había pensado que sucedería el   *exactly* cura, trazador desta máquina. Sólo Sancho, de todos los presentes, estaba en su mesmo juicio y en su mesma figura, el cual, aunque le faltaba bien poco para tener la mesma enfermedad de su amo, no dejó de conocer quién eran todas aquellas contrahechas° figuras. Mas no osó descoser° su boca   *disguised, unsew* hasta ver en qué paraba aquel asalto y prisión de su amo. El cual tampoco hablaba palabra, atendiendo a ver el paradero de su desgracia, que fue, que, trayendo allí la jaula, le encerraron dentro y le clavaron° los maderos° tan   *nailed down, bars*

[21] **Dos días...** *the illustrious company was in the inn for two days*

[22] **Sin...** *so that Dorotea and don Fernando wouldn't have to return with don Quijote*

[23] **Dio en la...** *he came to realize what his never-ending and extravagant imagination represented to him*

fuertemente, que no se pudieran romper 'a dos tirones.°   in a million years
Tomáronle luego en hombros, y al salir del aposento, se oyó una voz
temerosa, todo cuanto la supo formar el barbero, no el del albarda, sino el
otro, que decía:
5   "¡Oh, Caballero de la Triste Figura, no te dé afincamiento° la prisión   grief
en que vas, porque así conviene para acabar más presto la aventura en que
tu gran esfuerzo te puso! La cual se acabará cuando el furibundo león
manchado[24] con la blanca 'paloma tobosina° yoguieren° en uno, ya después   Tobosan dove, lie
de humilladas las altas cervices al blando yugo matrimoñesco,[25] de cuyo
10   inaudito consorcio° saldrán a la luz del orbe° los bravos cachorros° que   union, world, cubs
imitarán las 'rumpantes garras° del valeroso padre. Y esto será antes que el   rampant claws
seguidor de la fugitiva ninfa[26] faga dos vegadas° la visita de las 'lucientes **veces**
imágines,° con su rápido y natural curso. Y tú, ¡oh, el más noble y   zodiac signs
obediente escudero que tuvo espada 'en cinta,° barbas en rostro y olfato° en   at his side, sense of
15   las narices! no te desmaye ni descontente ver llevar ansí delante de tus ojos smell
mesmos a la flor de la caballería andante, que presto, si al plasmador° del   framer
mundo le place, te verás tan alto y tan sublimado,° que no te conozcas, y   exalted
no 'saldrán defraudadas° las promesas que te ha fecho tu buen señor. Y   will not prove false
asegúrote, de parte de la sabia Mentironiana, que tu salario te sea pagado,
20   como lo verás 'por la obra,° y sigue las pisadas° del valeroso y encantado   in due course, step
caballero, que conviene que vayas donde paréis entrambos, y porque no me
es lícito decir otra cosa, a Dios quedad, que yo me vuelvo a donde yo me
sé."
Y al acabar de la profecía, alzó la voz de punto,° y diminuyóla   tone
25   después, con tan tierno acento,° que aun los sabidores de la burla estuvieron   sound
por creer que era verdad lo que oían. Quedó don Quijote consolado con la
escuchada profecía, porque luego coligió 'de todo en todo° la significación   completely
de ella, y vio que le prometían el verse ayuntado[27] en santo y debido
matrimonio con su querida Dulcinea del Toboso, de cuyo felice vientre°   womb
30   saldrían los cachorros, que eran sus hijos, para gloria perpetua de la
Mancha. Y creyendo esto bien y firmemente, alzó la voz, y dando un gran
suspiro, dijo:
"¡Oh, tú, quienquiera que seas, que tanto bien me has pronosticado!°   foretold
—ruégote que pidas de mi parte al sabio encantador que mis cosas tiene a
35   cargo, que no me deje perecer en esta prisión donde agora me llevan, hasta
ver cumplidas tan alegres e incomparables promesas como son las que aquí
se me han hecho, 'que como esto sea,° tendré por gloria las penas de mi   if this happens
cárcel y por alivio estas cadenas que me ciñen, y no por duro campo de
batalla este lecho en que 'me acuestan,° sino por cama blanda y tálamo°   lie me down, nuptial
40   dichoso. Y en lo que toca a la consolación de Sancho Panza, mi escudero,   bed
yo confío de su bondad y buen proceder que no me dejará, en buena ni en
mala suerte, porque cuando no suceda, por la suya o por mi corta ventura,

---

[24] **Manchado** is *spotted*, but here it obliquely hints at **manchego**.
[25] **Después…** *after they shall have bowed their high necks under the soft matrimonial yoke*
[26] The fleeing nymph is Daphne and her follower is Apollo, the sun.
[27] The first three Cuesta editions have **ayuntados** here, seen as an error by most editors, including Schevill.

el poderle yo dar la ínsula,[28] o otra cosa equivalente que le tengo prometida, por lo menos, su salario no podrá perderse, que en mi testamento, que ya está hecho, dejo declarado lo que se le ha de dar, no conforme a sus muchos y buenos servicios, sino a la posibilidad mía."

Sancho Panza se le inclinó con mucho comedimiento, y le besó entrambas las manos, porque la una no pudiera, por estar atadas entrambas. Luego tomaron la jaula en hombros aquellas visiones, y la acomodaron en el carro de los bueyes.

Capítulo XLVII. Del estraño modo con que fue encantado don Quijote de la Mancha, con otros famosos sucesos.[1]

CUANDO DON Quijote se vio de aquella manera enjaulado y encima del carro, dijo:

"Muchas y muy graves historias he yo leído de caballeros andantes, pero jamás he leído, ni visto, ni oído, que a los caballeros encantados los lleven desta manera[2] y 'con el espacio° que prometen estos perezosos y tardíos° animales, porque siempre los suelen llevar por los aires, con estraña ligereza, encerrados en alguna parda° y escura nube, o en algún carro de fuego, o ya sobre algún hipogrifo[3] o otra bestia semejante. Pero que me lleven a mí agora sobre un carro de bueyes ¡vive Dios que me pone en confusión! Pero quizá la caballería y los encantos destos nuestros tiempos deben de seguir otro camino que siguieron los antiguos. Y también podría ser que, como yo soy nuevo caballero en el mundo y el primero que ha resucitado el ya olvidado ejercicio de la caballería aventurera,° también nuevamente se hayan inventado otros géneros de encantamentos, y otros modos de llevar a los encantados. ¿Qué te parece desto, Sancho hijo?"

"No sé yo lo que me parece," respondió Sancho, "por no ser tan leído como vuestra merced en las escrituras° andantes. Pero, con todo eso, osaría afirmar y jurar que estas visiones que por aquí andan, que no son del todo católicas."[4]

"¿Católicas? ¡Mi padre!" respondió don Quijote, "¿cómo han de ser católicas, si son todos demonios que han tomado cuerpos fantásticos para venir a hacer esto, y a ponerme en este estado? Y si quieres ver esta verdad, tócalos y pálpalos,° y verás como no tienen cuerpo sino de aire, y como no consiste más de en la apariencia."

"Par° Dios, señor," replicó Sancho, "ya yo los he tocado, y este diablo

despacio
slow

dark

errant

writings

feel them

por

---

[28] **Cuando no...** *if it doesn't happen, through his or my bad luck, that I can't give him an island*

[1] Here is another case of a so-called misplaced chapter heading—since Don Quijote is already enchanted.

[2] Don Quijote may not have heard of it, but Cervantes doubtless did, since this episode reflects the way Lancelot was transported in the French epic *Le Chevalier de la charrette,* **carro** in Spanish.

[3] The **hipogrifo** was a clawed flying horse with the face of a griffon.

[4] **No es católico** means *It sounds fishy.*

que aquí anda tan solícito° es rollizo de carnes, y tiene otra propiedad muy   diligently
diferente de la que yo he oído decir que tienen los demonios. Porque, según
se dice, todos huelen a piedra azufre y a otros malos olores, pero éste huele
a ámbar 'de media legua.°"   at half a league
5   Decía esto Sancho por° don Fernando, que, como tan señor, debía de   about
oler a lo que Sancho decía.

"No te maravilles deso, Sancho amigo," respondió don Quijote,
"porque te hago saber que los diablos saben mucho, y puesto que traigan
olores consigo, ellos no 'huelen nada,° porque son espíritus, y si huelen, no   **huelen *a* nada**
10   pueden oler cosas buenas, sino malas y hidiondas.° Y la razón es, que,   foul-smelling
como ellos dondequiera que están, traen el infierno consigo y no pueden
recebir género de alivio alguno en sus tormentos, y el buen olor sea cosa
que deleita y contenta, no es posible que ellos huelan cosa buena. Y si a ti
te parece que ese demonio que dices huele a ámbar, o tú te engañas, o él
15   quiere engañarte con hacer que no le tengas por demonio."

Todos estos coloquios pasaron entre amo y criado, y temiendo don
Fernando y Cardenio que Sancho no viniese a caer del todo en la cuenta de
su invención, a quien andaba ya muy en los alcances,[5] determinaron de
abreviar con la partida, y llamando aparte al ventero, le ordenaron que
20   ensillase a Rocinante y enalbardase el jumento de Sancho, el cual lo hizo
con mucha presteza.

Ya, en esto, el cura se había concertado con los cuadrilleros que le
acompañasen hasta su lugar, dándoles un tanto cada día.[6] Colgó Cardenio
del arzón de la silla de Rocinante, del un cabo la adarga y del otro la bacía,
25   y por señas mandó a Sancho que subiese en su asno y tomase de las riendas
a Rocinante, y puso a los dos lados del carro a los dos cuadrilleros, con sus
escopetas. Pero antes que se moviese el carro, salió la ventera, su hija y
Maritornes a despedirse de don Quijote, fingiendo que lloraban de dolor de
su desgracia, a quien don Quijote dijo:

30   "No lloréis, mis buenas señoras, que todas estas desdichas son anexas
a los que profesan lo que yo profeso, y si estas calamidades no me
acontecieran, no me tuviera yo por famoso caballero andante. Porque a los
caballeros de poco nombre y fama nunca les suceden semejantes casos,
porque no hay en el mundo quien se acuerde dellos. A los valerosos, sí, que
35   tienen envidiosos de su virtud y valentía a muchos príncipes y a muchos
otros caballeros,[7] que procuran por malas vías destruir a los buenos. Pero,
con todo eso, la virtud es tan poderosa, que por sí sola, a pesar de toda la
nigromancia° que supo su primer inventor Zoroastes,[8] saldrá vencedora de   black magic
todo trance y dará de sí luz en el mundo, como la da el sol en el cielo.
40   Perdonadme, fermosas damas, si algún desaguisado por descuido mío os he
fecho, que de voluntad y 'a sabiendas° jamás le di a nadie. Y rogad a Dios   knowingly
me saque destas prisiones donde algún mal intencionado encantador me ha

   [5] **Andaba...** *he had almost figured it out*
   [6] **Dándoles...** *paying them so much every day*
   [7] **Tienen...** *they have caused many princes and other knights to be envious of their
virtue*
   [8] Zoroaster (also known as Zarathustra) (628.–*ca.* 551 B.C). Persian priest who, in
legend, is connected with occult knowledge and magic.

puesto, que si de ellas me veo libre, no se me caerá de la memoria las
mercedes que en este castillo me habedes fecho, para gratificallas,° servillas   reward them
y recompensallas como ellas merecen."

En tanto que las damas del castillo esto pasaban con don Quijote, el
cura y el barbero se despidieron de don Fernando y sus camaradas, y del
capitán y de su hermano y todas aquellas contentas señoras, especialmente
de Dorotea y Luscinda. Todos se abrazaron y quedaron° de darse noticia de   agreed
sus sucesos, diciendo don Fernando al cura dónde había de escribirle para
avisarle en lo que paraba don Quijote, asegurándole que no habría cosa que
más gusto le diese que saberlo, y que él asimesmo le avisaría de todo
aquello que él viese que podría darle gusto, así de su casamiento, como del
bautismo de Zoraida, y suceso de don Luis, y vuelta de Luscinda a su casa.
El cura ofreció de hacer cuanto se le mandaba, con toda puntualidad.
Tornaron a abrazarse otra vez, y otra vez tornaron a nuevos ofrecimientos.

El ventero se llegó al cura y le dio unos papeles, diciéndole que los
había hallado en un aforro° de la maleta donde se halló la *Novela del*   lining
curioso impertinente, y que pues su dueño no había vuelto más por allí, que
se los llevase todos, que pues él no sabía leer, no los quería. El cura se lo
agradeció, y abriéndolos luego, vio que al principio de lo escrito decía:
Novela de Rinconete y Cortadillo,[9] por donde entendió ser alguna novela,
y coligió que, pues la del *Curioso impertinente* había sido buena, que
también lo sería aquélla, pues podría ser fuesen todas de un mesmo autor.
Y así, la guardó con prosupuesto de leerla cuando tuviese comodidad.

Subió a caballo, y también su amigo el barbero, con sus antifaces,°   masks
porque no fuesen luego conocidos de don Quijote, y pusiéronse a caminar
tras el carro, y la orden que llevaban era ésta: iba primero el carro,
guiándole su dueño, a los dos lados iban los cuadrilleros, como se ha dicho,
con sus escopetas. Seguía luego Sancho Panza sobre su asno, llevando de
rienda a Rocinante. Detrás de todo esto iban el cura y el barbero sobre sus
poderosas mulas, cubiertos los rostros, como se ha dicho, con grave y
reposado continente, no caminando más de lo que permitía el paso tardo°   slow
de los bueyes. Don Quijote iba sentado en la jaula, las manos atadas,
tendidos los pies, y arrimado a las verjas,° con tanto silencio y tanta   bars
paciencia, como si no fuera hombre de carne, sino estatua de piedra.

Y así, con aquel espacio y silencio caminaron hasta dos leguas, que
llegaron a un valle, donde le pareció al boyero° ser lugar acomodado para   wagoner
reposar y dar pasto a los bueyes. Y comunicándolo con el cura, fue de
parecer el barbero que caminasen un poco más, porque él sabía detrás de
un recuesto° que cerca de allí se mostraba, había un valle de más yerba y   slope
mucho mejor que aquel donde parar querían. Tomóse el parecer del barbero,
y así, tornaron a proseguir su camino.

En esto volvió el cura el rostro y vio que 'a sus espaldas° venían hasta   behind him
seis o siete hombres de a caballo, bien puestos y aderezados,° de los cuales   equipped
fueron presto alcanzados, porque caminaban, no con la flema y reposo de
los bueyes, sino como quien iba sobre mulas de canónigos,[10] y con deseo

[9] This **novela** was published as the third of Cervantes' twelve *Novelas ejemplares*
(1613).

[10] Canons were staff priests in a cathedral.

de llegar presto a sestear a la venta, que menos de una legua de allí se
parecía. Llegaron los diligentes° a los perezosos, y saludáronse cortésmente,   speedy ones
y uno de los que venían, que, en resolución, era canónigo de Toledo y
señor de los demás que le acompañaban, viendo la concertada° procesión   orderly
5 del carro, cuadrilleros, Sancho, Rocinante, cura y barbero, y más a don
Quijote enjaulado° y aprisionado,° no pudo dejar de preguntar qué   caged, imprisoned
significaba llevar aquel hombre de aquella manera, aunque ya se había dado
a entender, viendo las insignias de los cuadrilleros, que debía de ser algún
facinoroso salteador o otro delincuente, cuyo castigo tocase a la Santa
10 Hermandad. Uno de los cuadrilleros, a quien fue hecha la pregunta,
respondió ansí:
    "Señor, lo que significa ir este caballero desta manera dígalo él, porque
nosotros no lo sabemos."
    Oyó don Quijote la plática, y dijo:
15   "¿Por dicha vuestras mercedes, señores caballeros, son versados y
perictos° en esto de la caballería andante? Porque si lo son, comunicaré con   experienced
ellos[11] mis desgracias, y si no, no hay para qué me canse en decillas."
    Y a este tiempo habían ya llegado el cura y el barbero, viendo que los
caminantes estaban en pláticas con don Quijote de la Mancha, para
20 responder de modo que no fuese descubierto su artificio. El canónigo, a lo
que don Quijote dijo, respondió:
    "En verdad, hermano, que sé más de libros de caballerías que de las
Súmulas de Villalpando.[12] Ansí que, 'si no está más que en esto,°   if that's all
seguramente podéis comunicar conmigo lo que quisiéredes."
25   "A la mano de Dios," replicó don Quijote. "Pues así es, quiero, señor
caballero, que sepades que yo voy encantado en esta jaula por envidia y
fraude de malos encantadores, que la virtud más es perseguida de los malos
que amada de los buenos. Caballero andante soy, y no de aquellos de cuyos
nombres jamás la fama se acordó para eternizarlos° en su memoria, sino de   immortalize
30 aquellos que a despecho y pesar de la mesma envidia, y de cuantos magos
crió Persia, bracmanes la India, ginosofistas la Etiopia,[13] ha de poner su
nombre en el templo de la inmortalidad, para que sirva de ejemplo y
dechado° en los venideros siglos, donde los caballeros andantes vean los   model
pasos que han de seguir, si quisieren llegar a la cumbre y alteza honrosa de
35 las armas."
    "Dice verdad el señor don Quijote de la Mancha," dijo a esta sazón el
cura, "que él va encantado en esta carreta, no por sus culpas y pecados,
sino por la mala intención de aquellos a quien la virtud enfada y la valentía
enoja. Éste es, señor, el Caballero de la Triste Figura, si ya le oístes
40 nombrar en algún tiempo, cuyas valerosas hazañas y grandes hechos serán

    [11] Since **vuestra merced** *your grace* is a feminine third-person verb form, you should
expect to find **ellas** here. But since **señores caballeros** follows, don Quijote uses the
masucline form. It means *you*, of course.
    [12] Gaspar Cardillo de Villalpando was a professor of Theology at the University of
Alcalá where his *Summa summularum* (colloquially the *Súmulas*) was required reading.
    [13] Brahmans are Indian priests; gymnosophists are what the Greeks called the naked
ascetics of ancient India (not Ethiopia, as footnote writers point out—they also attribute
this error to Cervantes and not to Don Quijote).

escritas en bronces duros y en eternos mármoles, por más que se canse la
envidia en escurecerlos y la malicia en ocultarlos.°"   hiding them
    Cuando el canónigo oyó hablar al preso y al libre en semejante estilo,
estuvo por hacerse la cruz de admirado,[14] y no podía saber lo que le había
acontecido, y en la mesma admiración cayeron todos los que con él venían.
En esto Sancho Panza, que se había acercado a oír la plática, para adobarlo°   to clarify
todo, dijo:
    "Ahora, señores, quiéranme bien o quiéranme mal por lo que dijere, el
caso de ello es que así va encantado mi señor don Quijote como mi madre.
Él tiene su entero juicio, él come y bebe y hace sus necesidades como los
demás hombres, y como las hacía ayer, antes que le enjaulasen.° Siendo   put in the cage
esto ansí, ¿cómo quieren hacerme a mí entender que va encantado? Pues yo
he oído decir a muchas personas que los encantados ni comen, ni duermen,
ni hablan, y mi amo, si no le van a la mano, hablará más que treinta
procuradores."
    Y volviéndose a mirar al cura, prosiguió diciendo:
    "¡Ah, señor cura, señor cura! ¿Pensaba vuestra merced que no le
conozco, y pensará que yo no calo° y adivino adónde se encaminan estos   understand
nuevos encantamentos? Pues sepa que le conozco, por más que se encubra
el rostro, y sepa que le entiendo, por más que disimule sus embustes. En
fin, donde reina° la envidia no puede vivir la virtud, ni adonde hay   reigns
escaseza,° la liberalidad. Mal haya el diablo, que si por su reverencia no   stinginess
fuera,[15] ésta fuera ya la hora que mi señor estuviera casado con la infanta
Micomicona, y yo fuera conde por lo menos, pues no se podía esperar otra
cosa, así de la bondad de mi señor, el de la Triste Figura, como de la
grandeza de mis servicios. Pero ya veo que es verdad lo que se dice por
ahí, que la rueda de la fortuna anda 'más lista° que una rueda de molino,   faster
y que los que ayer estaban 'en pinganitos,° hoy están por el suelo. De mis prosperous
hijos y de mi mujer me pesa, pues cuando podían y debían esperar ver
entrar a su padre por sus puertas hecho gobernador o visorrey° de alguna   viceroy
ínsula o reino, le verán entrar hecho 'mozo de caballos.° Todo esto que he stable boy
dicho, señor cura, no es más de por encarecer° a 'su paternidad° haga   stress, "you"
conciencia del mal tratamiento que a mi señor se le hace, y mire bien no
le pida Dios en la otra vida esta prisión de mi amo,[16] y 'se le haga cargo° he charges
de todos aquellos socorros y bienes que mi señor don Quijote deja de hacer
en este tiempo que está preso."
    "¡Adóbame esos candiles!"[17] dijo a este punto el barbero. "¿También
vos, Sancho, sois de la cofradía de vuestro amo? ¡Vive el Señor que voy
viendo que le habéis de tener compañía en la jaula, y que habéis de quedar
tan encantado como él por lo que os toca de su humor y de su caballería!
En mal punto 'os empreñastes° de sus promesas, y en mal hora se os entró impregnated yourself
en los cascos la ínsula que tanto deseáis."
    "Y no estoy preñado de nadie," respondió Sancho, "ni soy hombre que

---

[14] **Estuvo...** *he was about to cross himself in wonder*
[15] **Si...** *if it weren't for you*
[16] **Mire...** *watch out that God doesn't hold you accountable in the other world for
making my master a prisoner*
[17] **¡Adóbame...** *I don't believe it!*

me dejaría empreñar 'del rey que fuese,° y aunque pobre, soy cristiano viejo   by the king himsel
y no debo nada a nadie, y si ínsulas deseo, otros desean otras cosas peores,
y cada uno es hijo de sus obras, y 'debajo de ser hombre,° puedo venir a   being a man
ser papa, cuanto más gobernador de una ínsula, y más pudiendo ganar
5 tantas mi señor, que le falte a quien dallas. Vuestra merced mire cómo
habla, señor barbero, que no es todo hacer barbas, y algo va de Pedro a
Pedro. Dígolo, porque todos nos conocemos, y 'a mí no se me ha de echar
dado falso.° Y en esto del encanto de mi amo, Dios sabe la verdad, y   you can't deceive
quédese aquí, porque es peor meneallo."
10   No quiso responder el barbero a Sancho, porque no descubriese con sus
simplicidades lo que él y el cura tanto procuraban encubrir. Y por este
mesmo temor había el cura dicho al canónigo que caminasen un poco
delante, que él le diría el misterio del enjaulado, con otras cosas que le
diesen gusto. Hízolo así el canónigo, y adelantóse con sus criados, y con él
15 estuvo atento a todo aquello que decirle quiso de la condición, vida, locura
y costumbres de don Quijote, contándole brevemente el principio y causa
de su desvarío, y todo el progreso de sus sucesos hasta haberlo puesto en
aquella jaula, y el disignio que llevaban de llevarle a su tierra, para ver si
por algún medio hallaban remedio a su locura. Admiráronse de nuevo los
20 criados y el canónigo de oír la peregrina historia de don Quijote, y en
acabándola de oír, dijo:
    "Verdaderamente, señor cura, yo hallo por mi cuenta que son
perjudiciales en la república estos que llaman libros de caballerías. Y
aunque he leído,[18] llevado de un ocioso y falso gusto, casi el principio de
25 'todos los más° que hay impresos, jamás me he podido acomodar a leer   the majority
ninguno del principio al cabo, porque me parece que, cuál más, cuál menos,
todos ellos son una mesma cosa, y no tiene más éste que aquél, ni estotro
que el otro. Y según a mí me parece, este género de escritura y
composición cae debajo de aquel de las fábulas que llaman milesias,[19] que
30 son cuentos disparatados que atienden solamente a deleitar, y no a enseñar,
al contrario de lo que hacen las fábulas apólogas,[20] que deleitan y enseñan
juntamente. Y puesto que el principal intento de semejantes libros sea el
deleitar, no sé yo cómo puedan conseguirle, yendo llenos de tantos y tan
desaforados disparates.
35   "Que el deleite que en el alma se concibe ha de ser de la hermosura y
concordancia° que vee o contempla en las cosas que la vista o la   harmony
imaginación le ponen delante, y toda cosa que tiene en sí fealdad° y   ugliness
descompostura° no nos puede causar contento alguno. Pues ¿qué hermosura   disproportion
puede haber, o qué proporción de partes con el todo y del todo con las
40 partes en un libro o fábula° donde un mozo de diez y seis años[21] da una   fable
cuchillada a un gigante como una torre, y le divide en dos mitades, como
si fuera de alfeñique,° y que cuando nos quieren pintar una batalla, después   almond paste
de haber dicho que hay de la parte° de los enemigos un millón de   side

---

[18] **He leído**—the first edition has **el oýdo**, corrected in the third edition.

[19] The Greek Milesian tales were pure fiction with no moral to extract.

[20] In contrast with the Milesian tales, the Phrygian apologues did have some moral teaching that could be extracted,

[21] This alludes to Belianís de Grecia who did something similar at that same age.

competientes,° como sea contra ellos el señor del libro,[22] forzosamente, mal   *combatants*
que nos pese,[23] habemos de entender que el tal caballero alcanzó la vitoria
por sólo el valor de su fuerte brazo?

"Pues ¿qué diremos de la facilidad con que una reina o emperatriz
heredera° se conduce en los brazos de un andante y no conocido caballero?   *heiress*
¿Qué ingenio, si no es del todo bárbaro e inculto,° podrá contentarse   *uncultured*
leyendo que una gran torre, llena de caballeros, va por la mar adelante,
como nave° con próspero viento, y hoy anochece en Lombardía,[24] y mañana   *ship*
amanezca en tierras del preste Juan de las Indias,[25] o en otras que ni las
descubrió Tolomeo ni las vio Marco Polo?[26] Y si a esto se me respondiese
que los que tales libros componen los escriben como cosas de mentira,° y   *fiction*
que así no están obligados a mirar en delicadezas° ni verdades, responder-   *fine points*
les-ía[27] yo que tanto la mentira es mejor cuanto más parece verdadera, y
tanto más agrada cuanto tiene más de lo dudoso° y posible. Hanse de casar   *truthfulness*
las fábulas mentirosas con el entendimiento de los que las leyeren,
escribiéndose de suerte que, facilitando los imposibles, allanando las
grandezas, suspendiendo los ánimos, admiren, suspendan, alborocen y
entretengan, de modo que anden a un mismo paso la admiración y la alegría
juntas, y todas estas cosas no podrá hacer el que huyere de la verisimilitud
y de la imitación, en quien consiste la perfeción de lo que se escribe.[28]

"No he visto ningún libro de caballerías que haga un cuerpo de fábula°   *plot*
entero con todos sus miembros, de manera que el medio corresponda al
principio y el fin al principio y al medio, sino que los componen con tantos
miembros, que más parece que llevan intención a formar una quimera[29] o
un monstruo que a hacer una figura proporcionada. Fuera desto, son en el
estilo duros; en las hazañas, increíbles; en los amores, lascivos; en las
cortesías,° 'mal mirados;° largos en las batallas; necios en las razones;   *compliments, uncouth*
disparatados en los viajes, y finalmente, ajenos de todo discreto artificio, y
por esto, dignos de ser desterrados de la república cristiana, como a gente
inútil."

[22] **Como sea...** *and the hero of the book is against them*
[23] **Mal...** *whether we like it or not*
[24] Lombardy is the northern Italian region that borders on Switzerland. Its largest city
is Milan.
[25] Preste Juan de las Indias supposedly ruled a large portion of Asia in the thirteenth
century.
[26] The first edition says **descubrió** as transcribed here. Some editors, realizing that the
Egyptian geographer Ptolemy (127–145 A.D.) was not a navigator but rather a writer of
treatises, change this to **describió**. I prefer to leave the error with the canon. Ptolemy
knew the earth was round, and thought it was the center of the universe. Marco Polo was
the Venetian merchant (1254-1324) who traveled to China where he spent 17 years.
[27] **Les respondería** in a very archaic style.
[28] **Escribiéndose...** *writing in such a way that impossible things seem possible,
excesses are smoothed over, the mind is kept in suspense, that they astonish, stimulate,
delight, and entertain in such a way that admiration and pleasure move at the same rate;
and the person who flees from credibility and imitation—of which the perfection of what
one writes consists—cannot do this.* Complex even in translation!
[29] A *chimera* in Greek mythology is a three-headed (lion, snake, goat) monster who
breathed fire.

El cura le estuvo escuchando con grande atención, y parecióle hombre
de buen entendimiento y que tenía razón en cuanto decía. Y así, le dijo que,
por ser él de su mesma opinión y tener ojeriza° a los libros de caballerías,   dislke
había quemado todos los de don Quijote, que eran muchos. Y contóle el
5 escrutinio que dellos había hecho, y los que había condenado al fuego y
dejado con vida, de que no poco se rio el canónigo. Y dijo que, con todo
cuanto mal había dicho de tales libros, hallaba en ellos una cosa buena, que
era el sujeto que ofrecían para que un buen entendimiento pudiese mostrarse
en ellos, porque daban largo y espacioso campo por donde sin empacho°   obstacle
10 alguno pudiese correr la pluma, descubriendo naufragios,° tormentas, un   shipwrecks
capitán valeroso, con todas las partes que para ser tal se requieren,
mostrándose prudente, previniendo las astucias° de sus enemigos, y   cunning
elocuente orador,° persuadiendo o disuadiendo a sus soldados, maduro en   speaker
el consejo, presto en 'lo determinado,° tan valiente en el esperar como en   resolve
15 el acometer, pintando ora un lamentable y trágico suceso, ahora un alegre
y 'no pensado° acontecimiento; allí una hermosísima dama, honesta, discreta   unexpected
y recatada; aquí un caballero cristiano, valiente y comedido; acullá un
desaforado bárbaro fanfarrón;° acá un príncipe cortés, valeroso y bien   show-off
mirado; representando bondad y lealtad de vasallos, grandezas y mercedes
20 de señores. Ya puede mostrarse astrólogo, ya cosmógrafo excelente, ya
músico, ya inteligente en las 'materias de estado,° y tal vez le vendrá   affairs of state
ocasión de mostrarse nigromante, si quisiere. Puede mostrar las astucias de
Ulixes,[30] la piedad de Eneas, la valentía de Aquiles, las desgracias de
Héctor, las traiciones de Sinón,[31] la amistad de Eurialo,[32] la liberalidad de
25 Alejandro, el valor de César, la clemencia y verdad de Trajano,[33] la
fidelidad de Zopiro,[34] la prudencia de Catón, y finalmente, todas aquellas
acciones que pueden hacer perfecto a un varón ilustre, ahora poniéndolas
en uno sólo, ahora dividiéndolas en muchos.

"Y siendo esto hecho con apacibilidad° de estilo y con ingeniosa   gentleness
30 invención, que tire lo más que fuere posible a la verdad, sin duda
compondrá una tela° de varios y hermosos lizos[35] tejida, que, después de   web
acabada, tal perfeción y hermosura muestre, que consiga el fin mejor que
se pretende en los escritos, que es enseñar y deleitar juntamente, como ya
tengo dicho. Porque la escritura desatada destos libros da lugar a que el
35 autor pueda mostrarse épico, lírico, trágico, cómico, con todas aquellas
partes que encierran en sí las dulcísimas y agradables ciencias de la poesía
y de la oratoria, que la épica también puede escrebirse en prosa como en
verso."

[30] Ulysses is the hero of Homer's *Odyssey*. He is the master of cunning.
[31] Sinon was the Greek spy who persuaded the Trojans to accept the wooden horse.
[32] Euryalus was Æneas' companion. He and his close friend Nisus died together at the
hands of the Rutuli.
[33] Trajan was the Roman emperor who was famous for clemency. He was born in
Italica, near Seville in 53A.D. and lived until 117.
[34] Zopirus was a Persian nobleman faithful to Darius I (550 – 486B.C.). He helped
Darius become king of Persia in 522. Too complicated a story for such a minor note.
[35] The text says **lazos** *knots*, which Schevill respects, but suggests that **lizos** *threads*
is a better reading.

Capítulo XLVIII. Donde prosigue el canónigo la materia de los libros de caballerías, con otras cosas dignas de su ingenio.

"ASÍ ES como vuestra merced dice, señor canónigo," dijo el cura, "y por esta causa son más dignos de reprehensión los que hasta aquí han compuesto semejantes libros, sin tener advertencia a ningún buen discurso, ni al arte y reglas por donde pudieran guiarse y hacerse famosos en prosa, como lo son en verso los dos príncipes de la poesía griega y latina."[1]

"Yo, a lo menos," replicó el canónigo, "he tenido cierta tentación° de hacer un libro de caballerías, guardando en él todos los puntos que he significado,° y si he de confesar la verdad, tengo escritas más de cien hojas.[2] Y para hacer la experiencia de si correspondían a mi estimación, las he 'comunicado con° hombres apasionados° desta leyenda, dotos° y discretos, y con otros ignorantes, que sólo atienden al gusto de oír disparates, y de todos he hallado una agradable aprobación.° Pero, con todo esto, no he proseguido adelante, así por parecerme que hago cosa ajena de mi profesión, como por ver que es más el número de los simples que de los prudentes, y que puesto que es mejor ser loado° de los pocos sabios que burlado de los muchos necios, no quiero sujetarme al confuso° juicio del desvanecido° vulgo, a quien por la mayor parte toca leer semejantes libros.

"Pero lo que más me le quitó de las manos, y aun del pensamiento de acabarle, fue un argumento que hice conmigo mesmo, sacado de las comedias que ahora se representan, diciendo: 'Si estas que ahora se usan, así las imaginadas como las de historia,° todas o las más son conocidos disparates, y cosas que no llevan pies ni cabeza, y con todo eso, el vulgo las oye con gusto, y las tiene y las aprueba por buenas, estando tan lejos de serlo, y los autores que las componen, y los actores que las representan dicen que así han de ser, porque así las quiere el vulgo, y no de otra manera, y que las que llevan traza y siguen la fábula como el arte pide, no sirven sino para cuatro discretos que las entienden, y todos los demás se quedan ayunos° de entender su artificio, y que a ellos les está mejor ganar de comer con los muchos, que no opinión con los pocos, deste modo vendrá a ser mi libro, al cabo de haberme quemado las cejas[3] por guardar los preceptos referidos, y vendré a ser el sastre del cantillo.'[4]

"Y aunque algunas veces he procurado persuadir a los actores, que se engañan en tener la opinión que tienen, y que más gente atraerán y más fama cobrarán representando comedias que hagan el arte, que no con las disparatadas, y están tan asidos y encorporados° en su parecer, que no hay razón ni evidencia que dél los saque. Acuérdome que un día dije a uno destos pertinaces:° 'Decidme, ¿no os acordáis que ha pocos años que se representaron° en España tres tragedias, que compuso un famoso poeta

temptation

indicated

gave to, fond, learned

approval

praised
confused
smug

history

without any idea

obstinate

obstinate people
put on

---

[1] These are Homer and Virgil.
[2] **Cien hojas** represents 200 pages, since each **hoja** was written on both sides.
[3] **Al cabo...** *after so much effort*
[4] **«El sastre del cantillo que cosía de balde y ponía el hilo»**—*The tailor on the corner who sewed for nothing and threw in the thread.*

destos reinos,[5] las cuales fueron tales, que admiraron, alegraron y
suspendieron a todos cuantos las oyeron, así simples como prudentes, así
del vulgo como de los escogidos,° y dieron más dineros a los   select few
representantes° ellas tres solas que treinta de las mejores que 'después acá°   actors, since
5 se han hecho?' 'Sin duda,' respondió el autor° que digo, 'que debe de decir   producer
vuestra merced por la *Isabela*, la *Filis* y la *Alejandra*.'[6] 'Por ésas digo,' le
repliqué yo, 'y mirad si guardaban bien los preceptos del arte,[7] y si por
guardarlos dejaron de parecer lo que eran y de agradar a todo el mundo.[8]
Así que no está la falta en el vulgo que pide disparates, sino en aquellos
10 que no saben representar otra cosa. Sí, que no fue disparate la *Ingratitud*
vengada, ni le tuvo la *Numancia*, ni se le halló en la del *Mercader amante*,
ni menos en la *Enemiga favorable*,[9] ni en otras algunas que de algunos
entendidos poetas han sido compuestas para fama y renombre suyo, y para
ganancia de los que las han representado.' Y otras cosas añadí a éstas, con
15 que a mi parecer le dejé algo confuso, pero no satisfecho ni convencido,
para sacarle de su errado pensamiento."

"En materia ha tocado vuestra merced,[10] señor canónigo," dijo a esta
sazón el cura, "que ha despertado en mí un antiguo rancor que tengo con
las comedias que agora se usan, tal, que iguala al que tengo con los libros
20 de caballerías, porque habiendo de ser la comedia, según le parece a Tulio[11]
—espejo de la vida humana, ejemplo de las costumbres y imagen de la
verdad—las que ahora se representan son espejos de disparates, ejemplos
de necedades e imágenes de lascivia.° Porque, ¿qué mayor disparate puede   lewdness
ser en el sujeto que tratamos que salir un niño en mantillas° en la primera diapers
25 cena° del primer acto, y en la segunda salir ya hecho hombre barbado? Y   scene
¿qué mayor que pintarnos un viejo valiente y un mozo cobarde, un lacayo
rectórico,° un paje consejero, un rey ganapán° y una princesa fregona?°   eloquent, handyman
                                                                            dishwasher; attenti
"¿Qué diré, pues, de la observancia° que guardan en los tiempos en que
pueden o podían suceder las acciones que representan, sino que he visto
30 comedia que la primera jornada° comenzó en Europa, la segunda en Asia,   act
la tercera se acabó en África, y aun si fuera de cuatro jornadas, la cuarta
acababa en América, y así se hubiera hecho en todas las cuatro partes del
mundo? Y si es que la imitación es lo principal que ha de tener la comedia,
¿cómo es posible que satisfaga a ningún mediano° entendimiento, que,   average

---

[5] Lupercio Leonardo de Argensola (1559-1613). The three plays are mentioned below.
[6] These plays so praised by the canon went a long time before they were published.
The first and third came out in 1772 and the second had to wait until 1889.
[7] These *precepts of art* are the three unities of drama: action, time, and place. In
Cervantes' own plays he didn't observe all three unities.
[8] **Por guardarlos...** *by keeping them [the precepts] they failed to seem what they*
were and to please everybody
[9] *La ingratitud vengada* (1587) is by Lope de Vega (1562-1635), *La Numancia* is
Cervantes' tragedy about the Roman victory over the Numantians. *El mercader amante*,
by Gaspar de Aguilar (1561–1623), respects the three unities. *La enemiga favorable* is by
a canon named Francisco Agustín Tárrega (1554?–1602) which also observes the three
unities. Don't feel bad if you've only heard of Lope de Vega and Cervantes.
[10] **En...** *you have touched on a subject*
[11] Tully is Cicero. What the Roman orator really said, slightly different from what the
our priest attributed to him is: imitation of life, mirror of customs, and image of the truth.

fingiendo una acción que pasa en tiempo del rey Pepino y Carlomagno, el
mismo que en ella hace la persona principal le atribuían que fue el
Emperador Heraclio, que entró con la Cruz en Jerusalén, y el que ganó la
Casa Santa, como Godofre de Bullón,[12] habiendo infinitos años de lo uno
a lo otro, y fundándose° la comedia sobre cosa fingida, atribuirle verdades   founding
de historia y mezclarle pedazos de otras sucedidas a diferentes personas y
tiempos, y esto, no con trazas verisímiles, sino con patentes errores de todo
punto inexcusables? Y es lo malo que hay ignorantes que digan que esto es
lo perfecto, y que lo demás es buscar gullurías.°   superfluities

"Pues ¿qué, si venimos a las comedias divinas?[13] ¡Qué de milagros
falsos fingen en ellas, qué de cosas apócrifas° y mal entendidas, atribuyendo apochryphal
a un santo los milagros de otro! Y aun en las humanas° se atreven a hacer   secular
milagros, sin más respeto ni consideración que parecerles que allí estará
bien el tal milagro y apariencia,° como ellos llaman, para que gente   special effect
ignorante se admire y venga a la comedia, que todo esto es en perjuicio de
la verdad y en menoscabo de las historias y aun en oprobrio de los ingenios
españoles, porque los estranjeros, que con mucha puntualidad guardan las
leyes de la comedia, nos tienen por bárbaros e ignorantes, viendo los
absurdos° y disparates de las° que hacemos.   absurdities, las
                                                                              comedias

"Y no sería bastante disculpa desto decir que el principal intento que
las repúblicas bien ordenadas tienen, permitiendo que se hagan públicas
comedias, es para entretener la comunidad con alguna honesta recreación,
y divertirla a veces de los malos humores que suele engendrar la
ociosidad,[14] y que, pues éste se consigue con cualquier comedia buena o
mala, no hay para qué poner leyes ni estrechar° a los que las componen y   to force
representan a que las hagan como debían hacerse, pues, como he dicho, con
cualquiera se consigue lo que con ellas se pretende.[15] A lo cual respondería
yo que este fin se conseguiría mucho mejor, sin comparación alguna, con
las comedias buenas que con las no tales. Porque de haber oído la comedia
artificiosa y bien ordenada, saldría el oyente alegre con las burlas,
enseñado° con las veras,° admirado de los sucesos, discreto con las razones,   instructed, truths
advertido con los embustes, sagaz con los ejemplos, airado contra el vicio°   vice
y enamorado de la virtud, que todos estos afectos ha de despertar la buena
comedia en el ánimo del que la escuchare, por rústico y torpe° que sea. Y   slow mentally
de toda imposibilidad, es imposible dejar de alegrar y entretener, satisfacer
y contentar la comedia que todas estas partes tuviere,[16] mucho más que
aquella que careciere dellas, como por la mayor parte carecen estas que de
ordinario agora se representan.

[12] Pippin, that is Pépin III, the Short, lived between 714–768 and Charlemagne lived
between 742–814. Heraclius (575–641) was an emperor of the Eastern Roman Empire.
He claimed to have recovered the wood from Christ's cross. Godfrey of Bouillon (*ca.*
1060–1100) was a leader in the First Crusade.

[13] **¿Qué,...** *what about sacred plays?*

[14] **Divertirla...** *to take one's mind off the evil humors which idleness sometimes
engenders*

[15] **Con cualquiera...** *the same object is achieved by any kind of play*

[16] **Es imposible...** *it is impossible that the play that has all of these features can fail
to entertain, satisfy, and gratify*

"Y no tienen la culpa desto los poetas que las componen, porque
algunos hay dellos que conocen muy bien en lo que yerran,° y saben   go astray
estremadamente° lo que deben hacer. Pero como las comedias se han hecho   very well
mercadería° vendible,° dicen, y dicen verdad, que los representantes no se   commodity, sellab[?]
5   las comprarían si no fuesen de aquel jaez. Y así, el poeta procura
acomodarse con lo que el representante que le ha de pagar su obra le pide.
Y que esto sea vèdad, véase por muchas e infinitas comedias que ha
compuesto un felicísimo ingenio destos reinos,[17] con tanta gala, con tanto
donaire, con tan elegante verso, con tan buenas razones, con tan graves
10   sentencias, y finalmente, tan llenas de elocución y alteza de estilo, que tiene
lleno el mundo de su fama. Y por querer acomodarse al gusto de los
representantes, no han llegado todas, como han llegado algunas, al punto de
la perfección que requieren.[18]
        "Otros las componen tan sin mirar lo que hacen, que después de
15   representadas tienen necesidad los recitantes de huirse y ausentarse,
temerosos de ser castigados, como lo han sido muchas veces, por haber
representado cosas en perjuicio de algunos reyes y en deshonra° de algunos   dishonor
linajes. Y todos estos inconvenientes cesarían, y aun otros muchos más que
no digo, con que hubiese en la corte una persona inteligente y discreta que
20   examinase todas las comedias antes que se representasen, no sólo aquellas
que se hiciesen en la corte, sino todas las que se quisiesen representar en
España, sin la cual aprobación, sello° y firma, ninguna justicia° en su lugar   seal, authority
dejase representar comedia alguna. Y desta manera los comediantes°   directors
tendrían cuidado de enviar las comedias a la corte, y con seguridad podrían
25   representallas. Y aquellos que las componen mirarían con más cuidado y
estudio° lo que hacían, temorosos[19] de haber de pasar sus obras por el   study
riguroso examen° de quien lo entiende, y desta manera se harían buenas   examination
comedias y se conseguiría felicísimamente lo que en ellas se pretende, así
el entretenimiento del pueblo, como la opinión de los ingenios de España,
30   el interés y seguridad de los recitantes, y el ahorro del cuidado de
castigallos.[20]
        "Y si se diese cargo a otro, o a este mismo, que examinase los libros
de caballerías que de nuevo se compusiesen, sin duda podrían salir algunos
con la perfección que vuestra merced ha dicho, enriqueciendo° nuestra   enriching
35   lengua del° agradable y precioso tesoro de la elocuencia, dando ocasión que   with the
los libros viejos se escureciesen a la luz de los nuevos que saliesen, para
honesto pasatiempo, no solamente de los ociosos, sino de los más
ocupados.° Pues no es posible que esté continuo el arco armado,° ni la   busy, ready
condición° y flaqueza humana se pueda sustentar sin alguna lícita   nature
40   recreación."
        A este punto de su coloquio llegaban el canónigo y el cura, cuando
adelantándose el barbero, llegó a ellos, y dijo al cura:
        "Aquí, señor licenciado, es el lugar que yo dije que era bueno para

---

[17] Reference to Lope de Vega.
[18] **No han...** *not all [of his plays] have achieved, as some have, the level of perfection*
they require
[19] The priest says this form instead of the current **temerosos**.
[20] **Y el ahorro...** *and sparing the bother of punishing them [the actors]*

que, sesteando nosotros, tuviesen los bueyes fresco y abundoso° pasto."   abundant
"Así me lo parece a mí," respondió el cura. Y diciéndole al canónigo
lo que pensaba hacer, él también quiso quedarse con ellos, convidado del
sitio de un hermoso valle que a la vista se les ofrecía. Y así, por gozar dél
como de la conversación del cura, de quien ya iba aficionado,[21] y por saber
más 'por menudo° las hazañas de don Quijote, mandó a algunos de sus   in detail
criados que se fuesen a la venta, que no lejos de allí estaba, y trujesen della
lo que hubiese de comer, para todos, porque él determinaba de sestear en
aquel lugar aquella tarde. A lo cual uno de sus criados respondió que el
acémila del repuesto, que ya debía de estar en la venta, traía recado°   provisions
bastante para no obligar a no tomar de la venta más que cebada.

"Pues así es," dijo el canónigo, "llévense allá todas las cabalgaduras,
y haced volver la acémila."

En tanto que esto pasaba, viendo Sancho que podía hablar a su amo sin
la continua asistencia del cura y el barbero, que tenía por sospechosos,[22] se
llegó a la jaula donde iba su amo y le dijo:

"Señor, para descargo° de mi conciencia le quiero decir lo que pasa   relief
cerca de su encantamento, y es que aquestos dos que vienen aquí cubiertos
los rostros son el cura de nuestro lugar y el barbero, y imagino han dado
esta traza de llevalle desta manera, de pura envidia que tienen como vuestra
merced se les adelanta en hacer famosos hechos.[23] Presupuesta, pues, esta
verdad, síguese que no va encantado, sino embaído° y tonto. Para prueba   deceived
de lo cual le quiero preguntar una cosa, y si me responde como creo que
me ha de responder, tocará con la mano este engaño, y verá como no va
encantado, sino 'trastornado el juicio.°'"   driven crazy

"Pregunta lo que quisieres, hijo Sancho," respondió don Quijote, "que
yo te satisfaré y responderé a toda tu voluntad. Y en lo que dices que
aquellos que allí van y vienen con nosotros son el cura y el barbero,
nuestros compatriotos° y conocidos, bien podrá ser que parezca que son   townsmen
ellos mesmos. Pero que lo sean realmente y en efeto, eso no lo creas en
ninguna manera. Lo que has de creer y entender es que si ellos se les
parecen, como dices, debe de ser que los que me han encantado habrán
tomado esa apariencia y semejanza, porque es fácil a los encantadores tomar
la figura que se les antoja, y habrán tomado las destos nuestros amigos para
darte a ti ocasión de que pienses lo que piensas, y ponerte en un laberinto
de imaginaciones que no aciertes a salir dél, aunque tuvieses la soga de
Teseo,[24] y también lo habrán hecho para que yo vacile° en mi   waver
entendimiento, y no sepa atinar de dónde me viene este daño, porque si por
una parte tú me dices que me acompañan el barbero y el cura de nuestro
pueblo, y por otra yo me veo enjaulado, y sé de mí que fuerzas humanas,
como no fueran sobrenaturales,° no fueran bastantes para enjaularme, ¿qué   supernatural
quieres que diga o piense sino que la manera de mi encantamento excede
a cuantas yo he leído en todas las historias que tratan de caballeros andantes

---

[21] **De quien...** *to whom he had taken a liking*
[22] **Que tenía...** *whom he considered suspicious*
[23] **Se les...** *surpasses them in doing famous deeds*
[24] As the story goes, Ariadne gave Theseus a thread, not a rope, so he could find his
way out of the labyrinth of Crete.

que han sido encantados? Ansí que bien puedes darte paz y sosiego en esto
de creer que son los que dices, porque así son ellos como yo soy turco. Y
en lo que toca a querer preguntarme algo, di, que yo te responderé aunque
me preguntes de aquí a mañana."

5   "¡Válame nuestra señora!" respondió Sancho, dando una gran voz. "Y
¿es posible que sea vuestra merced tan duro de celebro y tan falto de
meollo,° que no eche de ver que es pura verdad lo que le digo, y que en   understanding
esta su prisión y desgracia tiene más parte la malicia que el encanto? Pero
pues así es, yo le quiero probar evidentemente como no va encantado. Si
10   no, dígame, así Dios le saque desta tormenta, y así se vea en los brazos de
mi señora Dulcinea cuando menos se piense..."

"Acaba de conjurarme,°" dijo don Quijote, "y pregunta lo que   beseeching me
quisieres. Que ya te he dicho que te responderé con toda puntualidad."

"Eso pido," replicó Sancho, "y lo que quiero saber es que me diga, sin
15   añadir ni quitar cosa ninguna, sino con toda verdad, como se espera que la
han de decir y la dicen todos aquellos que profesan las armas, como vuestra
merced las profesa, debajo de título de caballeros andantes..."

"Digo que no mentiré en cosa alguna," respondió don Quijote. "Acaba
ya de preguntar, que en verdad que me cansas con tantas salvas,° plegarias   oaths
20   y prevenciones, Sancho."

"Digo que yo estoy seguro de la bondad y verdad de mi amo, y así,
porque hace al caso a nuestro cuento,[25] pregunto, hablando con
acatamiento,° si acaso después que vuestra merced va enjaulado, y a su   respect
parecer encantado, en esta jaula, le ha venido gana y voluntad de hacer
25   ᶦaguas mayores o menores,° como suele decirse."   number one or
                                                                            number two; clari
"No entiendo eso de «hacer aguas», Sancho. Aclárate° más, si quieres
que te responda derechamente.°"   properly

"¿Es posible que no entiende vuestra merced de «hacer aguas menores
o mayores»? Pues en la escuela destetan° a los muchachos con ello. Pues   are weaned
30   sepa que quiero decir si le ha venido gana de hacer lo que ᶦno se escusa.°"   can't be put off

"¡Ya, ya te entiendo, Sancho! Y muchas veces, y aun agora la tengo.
¡Sácame deste peligro, que no anda todo limpio!"

---

[25] **Hace al caso...** *it has to do with our subject at hand*

Capítulo XLIX. Donde se trata del discreto coloquio que Sancho Panza tuvo con su señor don Quijote.

"¡HA!" DIJO Sancho. "¡Cogido° le tengo! ¡Esto es lo que yo deseaba saber como al alma y como a la vida!¹ Venga acá, señor, ¿podría negar lo que comúnmente suele decirse por ahí cuando una persona está de 'mala voluntad:° 'No sé qué tiene fulano, que ni come, ni bebe, ni duerme, ni responde 'a propósito° a lo que le preguntan, que no parece sino que está encantado?' De donde 'se viene a sacar° que los que no comen, ni beben, ni duermen, ni hacen las obras° naturales que yo digo, estos tales están encantados, pero no aquellos que tienen la gana que vuestra merced tiene, y que bebe cuando se lo dan, y come cuando lo tiene, y responde a todo aquello que le preguntan."

"Verdad dices, Sancho," respondió don Quijote, "pero ya te he dicho que hay muchas maneras de encantamentos, y podría ser que con el tiempo se hubiesen mudado de unos en otros, y que agora se use que los encantados hagan todo lo que yo hago, aunque antes no lo hacían. De manera que contra el uso de los tiempos no hay que argüir° ni de qué 'hacer consecuencias.° Yo sé y tengo para mí que voy encantado, y esto me basta para la seguridad de mi conciencia, que la formaría² muy grande si yo pensase que no estaba encantado y me dejase estar en esta jaula, perezoso y cobarde, defraudando el socorro que podría dar a muchos menesterosos y necesitados que de mi ayuda y amparo deben tener a la hora de ahora precisa° y estrema necesidad."

"Pues con todo eso," replicó Sancho, "digo que, para mayor abundancia y satisfacción,³ sería bien que vuestra merced probase a salir desta cárcel, que yo 'me obligo° con todo mi poder a facilitarlo, y aun a sacarle della, y probase de nuevo a subir sobre su buen Rocinante, que también parece que va encantado, según va de malencólico y triste, y hecho esto, probásemos otra vez ·la suerte de buscar más aventuras, y si no nos sucediese bien, tiempo nos queda para volvernos a la jaula, en la cual prometo, a ley de buen y leal escudero, de encerrarme juntamente con vuestra merced, si acaso fuere vuestra merced tan desdichado, o yo tan simple, que no acierte a salir con lo que digo."

"Yo soy contento de hacer lo que dices, Sancho hermano," replicó don Quijote, "y cuando tú veas coyuntura de poner en obra mi libertad, yo te obedeceré en todo y por todo. Pero tú, Sancho, verás cómo te engañas en el conocimiento de mi desgracia."

En estas pláticas se entretuvieron el caballero andante y el mal andante escudero, hasta que llegaron donde, ya apeados, los aguardaban el cura, el canónigo y el barbero. Desunció° luego los bueyes de la carreta el boyero y dejólos andar 'a sus anchuras° por aquel verde y apacible sitio, cuya frescura° convidaba a quererla gozar, no a las personas tan encantadas como don Quijote, sino a los tan advertidos y discretos como su escudero, el cual

caught

indisposed
properly
one can gather
functions

argue
draw inferences

clear

I promise

unyoked
freely
coolness

---

¹ **Como [quiero] al alma y como [quiero] a la vida** *just as I love my heart and soul.* This is Rodríguez Marín's good solution.

² **Formaría (cargo de conciencia)** *it would weigh heavily on my conscience*

³ Gaos suggests this meaning: **a mayor abundamiento y para mejor satisfacción** *furthermore, and for better satisfaction.*

rogó al cura que permitiese que su señor saliese por un rato de la jaula,
porque si no le dejaban salir, no iría tan limpia aquella prisión como
requiría la decencia de un tal caballero como su amo.

Entendióle el cura, y dijo que de muy buena gana haría lo que le pedía,
5 si no temiera que, en viéndose su señor en libertad, había de hacer de las
suyas,[4] y irse donde jamás 'gentes le viesen.°   **nadie le viese**

"Yo 'le fío de la fuga,°" respondió Sancho.   guarantee he won't

"Y yo 'y todo,°" dijo el canónigo, "y más si él me da la palabra como   flee; also
caballero de no apartarse de nosotros hasta que sea nuestra voluntad."

10 "Sí doy" respondió don Quijote, que todo lo estaba escuchando,
"cuanto más que el que está encantado, como yo, no tiene libertad para
hacer de su persona lo que quisiere, porque el que le encantó le puede hacer
que no se mueva de un lugar en tres siglos, y si hubiere huido, le hará
volver 'en volandas.°"   in an instant

15 Y que, pues esto era así, bien podían soltalle, y más siendo tan en
provecho de todos, y del no soltalle les protestaba° que no podía dejar de   assured
fatigalles el olfato,° si de allí no se desviaban.[5]   sense of smell

Tomóle la mano el canónigo, aunque las tenía atadas, y debajo de su
buena fe y palabra le desenjaularon,° de que él se alegró infinito y en   let out of cage
20 grande manera de verse fuera de la jaula. Y lo primero que hizo fue
estirarse todo el cuerpo, y luego se fue donde estaba Rocinante, y dándole
dos palmadas° en las ancas, dijo: slaps

"Aún espero en Dios y en su bendita Madre, flor y espejo de los
caballos, que presto nos hemos de ver los dos cual deseamos: tú con tu
25 señor a cuestas, y yo encima de ti, ejercitando el oficio para que Dios me
echó al mundo."

Y diciendo esto don Quijote, se apartó con Sancho en remota parte, de
donde vino más aliviado° y con más deseos de poner en obra lo que su   relieved
escudero ordenase. Mirábalo el canónigo y admirábase de ver la estrañeza
30 de su grande locura, y de que en cuanto hablaba y respondía mostraba tener
bonísimo entendimiento. Solamente venía a 'perder los estribos,° como otras   talk nonsense
veces se ha dicho, en tratándole de caballería. Y así, movido de compasión,
después de haberse sentado todos en la verde yerba para esperar el repuesto
del canónigo, le dijo:

35 "¿Es posible, señor hidalgo, que haya podido tanto con vuestra merced
la amarga y ociosa letura de los libros de caballerías, que le hayan vuelto
el juicio de modo que venga a creer que va encantado, con otras cosas deste
jaez, tan lejos de ser verdaderas como lo está la mesma mentira de la
verdad? Y ¿cómo es posible que haya entendimiento humano que se dé a
40 entender que ha habido en el mundo aquella infinidad de Amadises, y
aquella turbamulta° de tanto famoso caballero, tanto emperador de   mish-mash
Trapisonda, tanto Felixmarte de Hircania, tanto palafrén, tanta doncella
andante, tantas sierpes, tantos endriagos, tantos gigantes, tantas inauditas
aventuras, tanto género de encantamentos, tantas batallas, tantos desaforados
45 encuentros, tanta bizarría de trajes, tantas princesas enamoradas, tantos
escuderos condes, tantos enanos graciosos, tanto billete, tanto requiebro,

---

[4] **Había de...** *he might try to have his own way*
[5] **Si de...** *unless they kept their distance*

tantas mujeres valientes, y finalmente, tantos y tan disparatados casos como los libros de caballerías contienen? De mí sé decir que cuando los leo, en tanto que no pongo la imaginación en pensar que son todos mentira y liviandad, me dan algún contento. Pero cuando 'caigo en la cuenta° de lo que son, 'doy con° el mejor dellos en la pared, y aun diera con él en el fuego, si cerca o presente le tuviera, bien como a merecedores de tal pena, por ser falsos y embusteros y fuera del trato° que pide la común naturaleza, y como a inventores de nuevas sectas y de nuevo modo de vida, y como a quien da ocasión que el vulgo ignorante venga a creer y a tener por verdaderas tantas necedades como contienen.[6]

    "Y aun tienen tanto atrevimiento, que se atreven a turbar los ingenios° de los discretos y bien nacidos hidalgos, como se echa bien de ver por lo que con vuestra merced han hecho, pues le han traído a términos que sea forzoso encerrarle en una jaula, y traerle sobre un carro de bueyes, como quien trae o lleva algún león, o algún tigre, de lugar en lugar, para ganar con él dejando que le vean.[7] Ea, señor don Quijote, duélase° de sí mismo y redúzgase al gremio de[8] la discreción, y sepa usar de la mucha° que el cielo fue servido de darle, empleando el felicísimo talento de su ingenio en otra letura que redunde en aprovechamiento° de su conciencia y en aumento de su honra. Y si todavía, llevado de su natural inclinación, quisiere leer libros de hazañas y de caballerías, lea en la 'Sacra Escritura° el de los Jueces,° que allí hallará verdades grandiosas y hechos tan verdaderos como valientes. Un Viriato tuvo Lusitania; un César Roma; un Aníbal Cartago; un Alejandro Grecia; un Conde Fernán González Castilla; un Cid Valencia; un Gonzalo Fernández Andalucía; un Diego García de Paredes Estremadura; un Garci Pérez de Vargas Jérez; un Garci Laso Toledo; un don Manuel de León Sevilla,[9] cuya leción de sus valerosos hechos puede entretener, enseñar, deleitar y admirar a los más altos ingenios que los leyeren. Ésta sí será letura digna del buen entendimiento de vuestra merced, señor don Quijote mío, de la cual saldrá erudito° en la historia, enamorado de la virtud, enseñado en la bondad, mejorado en las costumbres, valiente sin temeridad,° osado° sin cobardía, y todo esto, para honra de Dios, provecho suyo y fama de la Mancha, do, según he sabido, trae vuestra merced su principio y origen.''

Glosses (right margin):
I realize
I throw

treatment

wits

take pity
mucha *discreción*

advantage

Bible
Judges

learned

recklessness, daring

---

    [6] **Y como a inventores…** *for inventing new religious sects and new ways of life, and for causing the ignorant masses to come to believe and hold as true so many follies that they contain*
    [7] **Para ganar…** *to earn money by letting it be seen*
    [8] **Redúzgase…** *return to the bosom of*
    [9] Viriathus was a Celtic leader in Lusitania (modern Portugal) who fought to prevent the Romans from entering his country (he was assassinated in 140 B.C.). Hannibal (247– c. 181B.C.) was a great Carthaginian general who led his forces against Rome in the Second Punic War (218–201B.C.). Fernán González (died 970) united various counties to form a unified Castile. The Cid is credited to Valencia (which he conquered) rather than Burgos (where he was born). Andalusia's Gonzalo Fernández was already mentioned as the Gran Capitán, Gonzalo Hernández de Córdoba. The Garcilaso de le Vega mentioned here is not the poet, but rather the soldier who participated in the conquest of Granada with Fernando and Isabel. Manuel Ponce de León was a contemporary of Garcilaso. After he went into an arena with lions to retrieve his lady's glove, she slapped him with it.

Atentísimamente estuvo don Quijote escuchando las razones del canónigo, y cuando vio que ya había puesto fin a ellas, después de haberle estado un buen espacio mirando, le dijo:

"Paréceme, señor hidalgo, que la plática de vuestra merced se ha
5 encaminado a querer darme a entender que no ha habido caballeros andantes en el mundo, y que todos los libros de caballerías son falsos, mentirosos, dañadores° e inútiles para la república, y que yo he hecho mal   harmful en leerlos, y peor en creerlos, y más mal en imitarlos, habiéndome puesto a seguir la durísima profesión de la caballería andante que ellos enseñan,
10 negándome que no ha habido en el mundo Amadises, ni de Gaula, ni de Grecia, ni todos los otros caballeros de que las escrituras están llenas."

"Todo es al pie de la letra, como vuestra merced lo va relatando," dijo a esta sazón el canónigo.

A lo cual respondió don Quijote:
15 "Añadió también vuestra merced, diciendo que me habían hecho mucho daño tales libros, pues me habían vuelto el juicio y puéstome en una jaula, y que me sería mejor hacer la enmienda y mudar de letura, leyendo otros más verdaderos y que mejor deleitan y enseñan."

"Así es," dijo el canónigo.
20 "Pues yo," replicó don Quijote, "hallo por mi cuenta que el sin juicio y el encantado es vuestra merced, pues se ha puesto a decir tantas blasfemias contra una cosa tan recebida° en el mundo y tenida por tan   accepted verdadera, que el que la negase, como vuestra merced la niega, merecía la mesma pena que vuestra merced dice que da a los libros cuando los lee y
25 le enfadan. Porque querer dar a entender 'a nadie° que Amadís no fue en   i.e., to everyone el mundo, ni todos los otros caballeros aventureros, de que están colmadas°   filled las historias, será querer persuadir que el sol no alumbra,° ni el hielo enfría,   shine ni la tierra sustenta, porque ¿qué ingenio puede haber en el mundo que pueda persuadir a otro que no fue verdad lo de la infanta Floripes y Guy de
30 Borgoña? ¿Y lo de Fierabrás con la puente de Mantible,[10] que sucedió en el tiempo de Carlo Magno, que voto a tal que es tanta verdad como es ahora de día?

"Y si es mentira, también lo debe de ser que no hubo Héctor,[11] ni Aquiles, ni la guerra de Troya, ni los Doce Pares de Francia, ni el rey Artús
35 de Ingalaterra, que anda hasta ahora convertido en cuervo, y le esperan en su reino 'por momentos.° Y también se atreverán a decir que es mentirosa   at any moment la historia de Guarino Mezquino,[12] y la de la demanda° del Santo Grial,[13]   quest

---

[10] Don Quijote is recalling three sections from the same popular book of fiction, *Historia del emperedor Carlomagno y los doce pares de Francia* (Seville, 1525), printed ten times before 1605. Floripes (the sister of the giant Saracen Fierabrás) married Gui de Bourgogne. Those who wanted to pass over the marble bridge of Mantible had to pay an enormous tribute: 100 each of maidens, horses, falcons and dogs.

[11] The mythological Hector led forces in the Trojan war, killing 31 Greeks. He was killed by Achilles.

[12] *Crónica del muy noble caballero Guarino Mezquino* (Seville, 1512, with two more editions), translated from the Italian (Padua, 1473). Juan de Valdés in his *Diálogo de la lengua* says it is an exceptionaly untruthful book and is poorly written to boot.

[13] The Holy Grail is the cup Christ used at the Last Supper. *La demanda del Sancto Grial* (Toledo, 1515) in which King Arthur and Lancelot go looking for it is pure fiction.

y que son apócrifos los amores de don Tristán y la reina Iseo,[14] como los
de Ginebra y Lanzarote, habiendo personas que casi se acuerdan de haber
visto a la dueña Quintañona, que fue la mejor escanciadora° de vino que   wine server
tuvo la Gran Bretaña. Y es esto tan ansí, que me acuerdo yo que me decía
una mi agüela° 'de partes de mi padre,° cuando veía alguna dueña con tocas   **abuela,** paternal
reverendas: 'Aquélla, nieto, se parece a la dueña Quintañona.' De donde
arguyo yo que la debió de conocer ella, o, por lo menos, debió de alcanzar
a ver algún retrato suyo. Pues, ¿quién podrá negar no ser verdadera la
historia de Pierres y la linda Magalona,[15] pues aun hasta hoy día se vee en
la armería° de los reyes la clavija° con que volvía° al caballo de madera,   armory, peg, guided
sobre quien iba el valiente Pierres por los aires,[16] que es un poco mayor que
un 'timón de carreta,° y junto a la clavija está la silla de Babieca?   cart-pole
    "Y en Roncesvalles está el cuerno de Roldán, tamaño como una grande
viga,°[17] de donde se infiere que hubo Doce Pares, que hubo Pierres, que   beam
hubo Cides y otros caballeros semejantes,

        destos que dicen las gentes
        que a sus aventuras van.[18]

"Si no, díganme también que no es verdad que fue caballero andante el
valiente lusitano° Juan de Merlo,[19] que fue a Borgoña° y se combatió en la   Portuguese, Bur-
ciudad de Ras con el famoso señor de Charní, llamado mosén° Pierres, y   gundy; sir
después, en la ciudad de Basilea,° con mosén Enrique de Remestán,   Basel (Switz.)
saliendo de entrambas empresas vencedor y lleno de honrosa fama. Y las
aventuras y desafíos que también acabaron en Borgoña los valientes
españoles Pedro Barba y Gutierre Quijada[20]—de cuya alcurnia° yo deciendo,   lineage
por línea recta de varón—, venciendo a los hijos del conde de San Polo.
Niéguenme, asimesmo, que no fue a buscar las aventuras a Alemania° don   Germany
Fernando de Guevara,[21] donde se combatió con micer° Jorge, caballero de   **mi señor**
la casa del duque de Austria. Digan que fueron burla las justas° de Suero   jousts

[14] The story of Tristan and Iseult came from a Celtic legend and became a well-known
Old French poem. It first appeared in Spain in 1501.
[15] *Historia de la linda Magalona, hija del rey de Nápoles, y de Pierres, hijo del conde
de Provenza.* (Seville, 1519, and five more editions before 1605), a very popular work of
fiction of Provençal origin (12th century).
[16] Pierres rode no flying wooden horse in the book about Magalona. The episode
derives from *La historia del muy valiente y esforzado caballero Clamades...* (Burgos,
1521). In the Royal Armory you won't see the peg next to Babieca's saddle. You won't
see Babieca's saddle there either, anymore.
[17] Roland's horn, the *oliphant*, was made from an elephant's tusk. Visitors who go to
Roncesvalles will not see Roland's horn there. Going into France from there you *will* see
a spectacular view.
[18] A variant of these verses is found at the beginning of Chapter 9.
[19] All of the people mentioned here are historic. Juan Merlo fought with Juan II of
Castile (1406-1454). Ras is the French city of Arras, capital of the department of Pas-de-
Calais. Clemencín has astonishing notes about these people starting on p. 1474 of the
Castilla edition.
[20] Both of these are mentioned in the *Crónica de Juan II.*
[21] Also mentioned in the chronicle just cited.

de Quiñones, del Paso,[22] las empresas de mosén Luis de Falces contra don Gonzalo de Guzmán,[23] caballero castellano, con otras muchas hazañas hechas por caballeros cristianos, destos y de los reinos estranjeros, tan auténticas y verdaderas, que torno a decir, que el que las negase carecería
5   de toda razón y buen discurso."

Admirado quedó el canónigo de oír la mezcla que don Quijote hacía de verdades y mentiras, y de ver la noticia que tenía de todas aquellas cosas, tocantes y concernientes a los hechos de su andante caballería, y así, le respondió:
10   "No puedo yo negar, señor don Quijote, que no sea verdad algo de lo que vuestra merced ha dicho, especialmente en lo que toca a los caballeros andantes españoles, y asimesmo, quiero conceder que hubo Doce Pares de Francia, pero no quiero creer que hicieron todas aquellas cosas que el arzobispo Turpín dellos escribe—porque la verdad dello es que fueron
15   caballeros escogidos por los reyes de Francia, a quien llamaron PARES, por ser todos iguales en valor, en calidad y en valentía, a lo menos, si no lo eran, era razón que lo fuesen, y era como una religión de las que ahora se usan de Santiago o de Calatrava,[24] que se presupone que los que la profesan han de ser o deben ser caballeros valerosos, valientes y bien nacidos, y
20   como ahora dicen CABALLERO DE SAN JUAN o DE ALCÁNTARA, decían en aquel tiempo CABALLERO DE LOS DOCE PARES, porque lo fueron doce iguales los que para esta religión militar se escogieron. En lo de que hubo Cid, no hay duda, ni menos Bernardo del Carpio, pero de que hicieron las hazañas que dicen, creo que la hay muy grande. En lo otro de la clavija,
25   que vuestra merced dice del conde Pierres, y que está junto a la silla de Babieca en la armería de los reyes, confieso mi pecado, que soy tan ignorante o tan 'corto de vista,° que, aunque he visto la silla, no he echado   short-sighted de ver la clavija, y más siendo tan grande como vuestra merced ha dicho."

"Pues allí está sin duda alguna," replicó don Quijote, "y por más señas,
30   dicen que está metida en una funda° de vaqueta,° porque no se tome de   sheath, cowhide moho.°"   rust

"Todo puede ser," respondió el canónigo, "pero por las órdenes que recebí, que no me acuerdo haberla visto. Mas puesto que conceda que está allí, no por eso me obligo a creer las historias de tantos Amadises ni las de
35   tanta turbamulta de caballeros como por ahí nos cuentan, ni es razón que un hombre como vuestra merced, tan honrado y de tan buenas partes,° y   qualities dotado° de tan buen entendimiento, se dé a entender que son verdaderas   endowed tantas y tan estrañas locuras como las que están escritas en los disparatados libros de caballerías."

---

[22] This **Paso** is the **paso honroso**. In 1434 Suero de Quiñones defended a bridge on the river Órbigo near León (this was his **paso honroso**). He fought and defeated 68 knights there from Spain, Portugal, Britain, Italy, and France.

[23] Two more knights from the same chronicle.

[24] These are Spanish religious-military orders of knights dating from the late twelfth century.

Capítulo L. De las discretas altercaciones° que don Quijote y el canónigo tuvieron, con otros sucesos.

°*quarrels*

"BUENO ESTÁ eso," respondió don Quijote, "los libros que están impresos con licencia de los reyes, y con aprobación de aquellos a quien se remitieron,° y que con gusto general son leídos y celebrados° de los grandes y de los chicos, de los pobres y de los ricos, de los letrados e ignorantes, de los plebeyos° y caballeros, finalmente, de todo género de personas, de cualquier estado y condición que sean, ¿habían de ser mentira, y más llevando tanta apariencia de verdad, pues nos cuentan el padre, la madre, la patria, los parientes, la edad, el lugar y las hazañas, punto por punto y día por día, que el tal caballero hizo, o caballeros hicieron? Calle vuestra merced, no diga tal blasfemia y créame—que le aconsejo en esto lo que debe de hacer como discreto— si no, léalos, y verá el gusto que recibe de su leyenda.

°*submitted, praised*
°*plebeians*

"Si no, dígame, ¿hay mayor contento que ver, como si dijésemos, aquí ahora se muestra delante de nosotros un gran lago de pez° hirviendo 'a borbollones,° y que andan nadando y cruzando° por él muchas serpientes, culebras° y lagartos,° y otros muchos géneros de animales feroces° y espantables, y que del medio del lago sale una voz tristísima, que dice: 'Tú, caballero, quienquiera que seas, que el temeroso lago estás mirando—si quieres alcanzar el bien que debajo destas negras aguas se encubre, muestra el valor de tu fuerte pecho, y arrójate en mitad de su° negro y encendido licor, porque si así no lo haces, no serás digno de ver las altas maravillas que en sí encierran y contienen los siete castillos de las siete fadas,° que debajo desta negregura° yacen?' ¿Y que apenas el caballero no ha acabado de oír la voz temerosa, cuando 'sin entrar más en cuentas° consigo, sin ponerse a considerar el peligro a que se pone, y aun sin despojarse de la pesadumbre° de sus fuertes armas, encomendándose a Dios y a su señora, se arroja en mitad del bullente° lago?

°*pitch*
°*furiously, crossing*
°*snakes, lizards, ferocious*
°*its*
°*fairies*
°*blackness*
°*without further thought*
°*weight*
°*boiling*

"Y cuando no se cata ni sabe dónde ha de parar, se halla entre unos floridos° campos, con quien los Elíseos no tienen que ver en ninguna cosa. Allí le parece que el cielo es más transparente, y que el sol luce con claridad más nueva. Ofrécesele a los ojos una apacible floresta, de tan verdes y frondosos árboles compuesta, que alegra a la vista su verdura,° y entretiene los oídos el dulce y no aprendido canto de los pequeños, infinitos y pintados pajarillos que por los intricados ramos van cruzando. Aquí descubre un arroyuelo, cuyas frescas aguas, que líquidos cristales parecen, corren sobre menudas arenas y blancas pedrezuelas,° que oro cernido° y puras perlas semejan. Acullá vee una artificiosa fuente de jaspe° variado° y de liso mármol compuesta. Acá vee otra, a lo brutesco° adornada, adonde las menudas conchas de las almejas,° con las torcidas casas, blancas y amarillas, del caracol,° puestas con orden desordenada, mezclados entre ellas pedazos de cristal luciente y de contrahechas esmeraldas,° hacen una variada labor° de manera que el arte, imitando a la naturaleza, parece que allí la vence.

°*flowered*
°*greenness*
°*little stones, sifted*
°*jasper, varied*
°*grotesque*
°*clams*
°*snail*
°*emeralds*
°*piece of work*

"Acullá, de improviso, se le descubre un fuerte castillo o vistoso alcázar, cuyas murallas son de macizo° oro, las almenas de diamantes, las puertas de jacintos.° Finalmente, él es de tan admirable compostura,° que

°*solid*
°*jacinths, composition*

con ser la materia de que está formado no menos que de diamantes, de
carbuncos,° de rubíes, de perlas, de oro y de esmeraldas, es de más   type of ruby
estimación su hechura.° Y ¿hay más que ver, después de haber visto esto,   workmanship
que ver salir por la puerta del castillo un buen número de doncellas, cuyos
5 galanos° y vistosos trajes, si yo me pusiese ahora a decirlos como las   elegant
historias nos los cuentan, 'sería nunca acabar,° y tomar luego la que parecía   I'd never finish
principal de todas por la mano al atrevido caballero[1] que se arrojó en el
ferviente° lago, y llevarle, sin hablarle palabra, dentro del rico alcázar o   boiling
castillo, y hacerle desnudar como su madre le parió, y bañarle con
10 templadas° aguas, y luego untarle° todo con olorosos ungüentos, y vestirle   warm, anoint
una camisa de cendal delgadísimo,° toda olorosa° y perfumada, y acudir   very fine, fragrant
otra doncella y echarle un mantón° sobre los hombros, que, por lo menos   shawl
menos, dicen que 'suele valer° una ciudad y aun más?   is worth
"¿Qué es ver, pues, cuando nos cuentan que tras todo esto, le llevan a
15 otra sala, donde halla puestas las mesas con tanto concierto,° que queda   harmony
suspenso y admirado? ¿Qué el verle echar agua a manos, toda de ámbar y
de olorosas flores distilada?° ¿Qué el hacerle sentar sobre una silla de   filtered
marfil? ¿Qué verle servir todas las doncellas, guardando un maravilloso
silencio? ¿Qué el traerle tanta diferencia de manjares, tan sabrosamente
20 guisados,° que no sabe el apetito a cuál deba de alargar la mano? ¿Cuál   prepared
será oír la música que en tanto que come suena, sin saberse quién la canta
ni adónde suena? Y ¿después de la comida acabada y las mesas alzadas,°   cleared
quedarse el caballero recostado sobre la silla, y quizá 'mondándose los
dientes,° como es costumbre, entrar a deshora por la puerta de la sala otra   picking his teeth
25 mucho más hermosa doncella que ninguna de las primeras,[2] y sentarse al
lado del caballero, y comenzar a darle cuenta de qué castillo es aquél, y de
como ella está encantada en él,° con otras cosas que suspenden al caballero   *el castillo*
y admiran a los leyentes° que van leyendo su historia?   readers
"No quiero alargarme más en esto, pues dello se puede colegir que
30 cualquiera parte que se lea de cualquiera historia de caballero andante ha
de causar gusto y maravilla a cualquiera que la leyere. Y vuestra merced
créame, y como otra vez le he dicho, lea estos libros, y verá como le
destierran la melancolía que tuviere, y le mejoran la condición, si acaso la
tiene mala. De mí sé decir que, después que soy caballero andante, soy
35 valiente, comedido, liberal, bien criado, generoso, cortés, atrevido, blando,
paciente, sufridor° de trabajos, de prisiones, de encantos, y aunque ha tan   endurer
poco que me vi encerrado en una jaula como loco, pienso, por el valor de
mi brazo, favoreciéndome el cielo y no me siendo contraria la fortuna, en
pocos días verme rey de algún reino, adonde pueda mostrar el
40 agradecimiento y liberalidad que mi pecho encierra, 'que mía fe,° señor, el   upon my faith
pobre está 'inhabilitado de poder° mostrar la virtud de liberalidad con   unable
ninguno, aunque en sumo grado la posea. Y el agradecimiento, que sólo
consiste en el deseo, es cosa muerta, como es muerta la fe sin obras. Por
esto querría que la fortuna me ofreciese presto alguna ocasión, donde me
45 hiciese emperador, por mostrar mi pecho, haciendo bien a mis amigos,

---

[1] **Tomar luego...** *[and then see] her who seemed to be the most important of all the maidens take the daring knight by the hand*

[2] **Otra mucho...** *another maiden much more beautiful than any of the previous ones*

especialmente a este pobre de Sancho Panza, mi escudero, que es el mejor hombre del mundo, y querría darle un condado que le tengo muchos días ha prometido,[3] sino que temo que no ha de tener habilidad para gobernar su estado."

Casi estas últimas palabras oyó Sancho a su amo, a quien dijo:

"Trabaje vuestra merced, señor don Quijote, en darme ese condado, tan prometido de vuestra merced como de mí esperado, que yo le prometo que no me falte a mi habilidad para gobernarle, y cuando me faltare, yo he oído decir que hay hombres en el mundo que 'toman en arrendamiento° los estados de los señores y les dan un tanto° cada año, y ellos se tienen cuidado del gobierno, y el señor se está a pierna tendida, gozando de la renta que le dan, sin curarse de otra cosa. Y así haré yo, y no repararé en tanto más cuanto,[4] sino que luego me desistiré de todo, y me gozaré mi renta como un duque,° y allá se lo hayan."[5]

"Eso, hermano Sancho," dijo el canónigo, "entiéndese en cuanto al gozar la renta, empero, al administrar justicia, ha de atender el señor del estado, y aquí entra la habilidad y buen juicio, y principalmente la buena intención de acertar,° que si ésta falta en los principios, siempre irán errados los medios y los fines.[6] Y así suele Dios ayudar al buen deseo del simple como desfavorecer al malo del discreto."[7]

"No sé esas filosofías," respondió Sancho Panza, "mas sólo sé que tan presto tuviese yo el condado como sabría regirle, que tanta alma tengo yo como otro, y tanto cuerpo como 'el que más,° y tan rey sería yo de mi estado como cada uno del suyo, y siéndolo, haría lo que quisiese, y haciendo lo que quisiese, haría mi gusto, y haciendo mi gusto, estaría contento, y en estando uno contento, no tiene más que desear, y no teniendo más que desear, acabóse, y 'el estado venga,° y a Dios y veámonos, como dijo un ciego a otro."

"No son malas filosofías ésas, como tú dices, Sancho, pero, con todo eso, hay mucho que decir sobre esta materia de condados."

A lo cual replicó don Quijote:

"Yo no sé que haya más que decir. Sólo me guío por el ejemplo que me da el grande Amadís de Gaula, que hizo a su escudero conde de la Ínsula Firme. Y así, puedo yo sin escrúpulo de conciencia hacer conde a Sancho Panza,[8] que es uno de los mejores escuderos que caballero andante ha tenido."

Admirado quedó el canónigo de los concertados disparates que don Quijote había dicho, del modo con que había pintado la aventura del Caballero del Lago, de la impresión que en él habían hecho las pensadas° mentiras de los libros que había leído. Y finalmente, le admiraba la necedad de Sancho, que con tanto ahínco deseaba alcanzar el condado que su amo

lease
amount

duke

be right

the next person

let the estate come

deliberate

---

[3] **Le tengo...** *I promised him many days ago*
[4] **No repararé...** *I won't worry about details*
[5] **Allá...** *who cares abot the rest?*
[6] **Si ésta...** *if this is lacking in the beginning, the middle and final parts will go astray*
[7] **Desfavorecer...** *not to do anything for the evil shrewd person*
[8] Clemencín points out that Amadís didn't make Gandalín the *conde* of Ínsula Firme, but only *señor*, so Don Quijote is not exactly following Amadís.

le había prometido.

Ya en esto volvían los criados del canónigo, que a la venta habían ido por la acémila del repuesto, y haciendo mesa de una alhombra° y de la verde yerba del prado, a la sombra° de unos árboles se sentaron y comieron 5 allí, porque el boyero no perdiese la comodidad de aquel sitio, como queda dicho. Y estando comiendo, a deshora oyeron un recio estruendo y un son de esquila, que por entre unas zarzas° y espesas matas que allí junto estaban sonaba, y al mesmo instante vieron salir de entre aquellas malezas una hermosa cabra, toda la piel manchada° de negro, blanco y pardo. Tras ella 10 venía un cabrero dándole voces, y diciéndole palabras a su uso, para que se detuviese, o al rebaño volviese. La fugitiva cabra, temerosa y despavorida,° se vino a la gente, como a favorecerse della,[9] y allí se detuvo. Llegó el cabrero, y asiéndola de los cuernos, como si fuera capaz de discurso y entendimiento, le dijo:

15   "¡A cerrera,° cerrera; manchada,° manchada, y cómo andáis vos estos días de pie cojo![10] ¿Qué lobos os espantan, hija? ¿'No me diréis qué es esto,° hermosa? Mas ¿qué puede ser sino que sois hembra, y no podéis estar sosegada°? ¡Que mal haya vuestra condición y la de todas aquellas a quien imitáis![11] Volved, volved, amiga, que si no tan contenta, a lo menos, 20 estaréis más segura en vuestro aprisco,° o con vuestras compañeras, que si vos, que las habéis de guardar y encaminar, andáis tan sin guía y tan descaminada, ¿en qué podrán parar ellas?"

Contento dieron las palabras del cabrero a los que las oyeron, especialmente al canónigo, que le dijo:

25   "Por vida vuestra, hermano, que os soseguéis un poco, y no 'os acuciéis° en volver tan presto esa cabra a su rebaño, que pues ella es hembra, como vos decís, ha de seguir su natural distinto, por más que vos os pongáis a estorbarlo. Tomad este bocado, y bebed 'una vez,° con que templaréis la cólera, y en tanto, descansará la cabra."

30   Y el decir esto y el darle con la punta del cuchillo los lomos° de un 'conejo fiambre,° todo fue uno. Tomólo, y agradecíólo el cabrero, bebió, y sosegóse, y luego dijo:

"No querría que por haber yo hablado con esta alimaña° tan 'en seso,° me tuviesen vuestras mercedes por hombre simple, que en verdad que no 35 carecen de misterio las palabras que le dije. Rústico° soy, pero no tanto que no entienda cómo se ha de tratar con los hombres y con las bestias."

"Eso creo yo muy bien," dijo el cura, "que ya yo sé de esperiencia que los montes crían letrados, y las cabañas° de los pastores encierran filósofos."

40   "A lo menos, señor," replicó el cabrero, "acogen hombres escarmentados,° y para que creáis esta verdad y la toquéis con la mano, aunque parezca que sin ser rogado° me convido, si no os enfadáis dello, y queréis, señores, un breve espacio prestarme oído atento,[12] os contaré una

carpet
shade

brambles

spotted

terrified

wanderer, Spotty

won't you tell me?
still

fold

hurry

a swallow

loins
cold rabbit

animal, seriously

peasant

huts

learned from
experience; asked

---

[9] **Como a...** *as if for protection by the people*
[10] **Cómo andáis...** *how you've been limping recently!*
[11] **Que mal...** *a curse on your temperament and the temperament of those that you imitate*
[12] **Queréis,...** *[if] you want, sirs, to lend me an attentive ear for a short time*

verdad, que acredite° lo que ese señor," señalando al cura, "ha dicho, y la mía." — will confirm

A esto respondió don Quijote:

"Por ver que tiene este caso 'un no sé qué° de sombra de aventura de caballería, yo, por mi parte, os oiré, hermano, de muy buena gana, y así lo harán todos estos señores, por lo mucho que tienen de discretos y de ser amigos de curiosas novedades° que suspendan, alegren y entretengan los sentidos, como sin duda pienso que lo ha de hacer vuestro cuento. Comenzad, pues, amigo, que todos escucharemos." — a bit; news

"Saco la mía,"[13] dijo Sancho, "que yo a aquel arroyo me voy con esta empanada,° donde pienso hartarme por tres días, porque he oído decir a mi señor don Quijote que el escudero de caballero andante ha de comer cuando se le ofreciere, hasta no poder más a causa que se les suele ofrecer entrar acaso por una selva tan intricada, que no aciertan a salir della en seis días, y si el hombre no va harto, o bien proveídas las alforjas, allí se podrá quedar, como muchas veces se queda, hecho 'carne momia.°'" — meat pie; mummy

"Tú estás en lo cierto, Sancho," dijo don Quijote, "vete adonde quisieres y come lo que pudieres, que yo ya estoy satisfecho, y sólo me falta dar al alma su refacción,° como se la daré escuchando el cuento deste buen hombre." — nourishment

"Así las daremos todos a las nuestras," dijo el canónigo.

Y luego rogó al cabrero que diese principio a lo que prometido había. El cabrero dio dos palmadas sobre el lomo a la cabra, que por los cuernos tenía, diciéndole:

"Recuéstate junto a mí, manchada, que tiempo nos queda para volver a nuestro apero.°'" — flock

Parece que lo entendió la cabra, porque en sentándose su dueño, se tendió ella junto a él con mucho sosiego, y mirándole al rostro, daba a entender que estaba atenta a lo que el cabrero iba diciendo, el cual comenzó su historia desta manera:

---

[13] *I am going to fold.* A card player's expression meaning that he is leaving the game.

*Capítulo LI. Que trata de lo que contó el cabrero a todos
los que llevaban a don Quijote.*

"TRES LEGUAS deste valle está una aldea que, aunque pequeña, es de
las más ricas que hay en todos estos contornos, en la cual había un
labrador muy honrado, y tanto que aunque es anexo al ser rico el ser
honrado, más lo era él por la virtud que tenía que por la riqueza que
alcanzaba. Mas lo que le hacía más dichoso, según él decía, era tener una
hija de tan estremada hermosura, rara discreción, donaire y virtud, que el
que la conocía y la miraba, se admiraba de ver las estremadas partes con
que el cielo y la naturaleza la habían enriquecido.° Siendo niña, fue   endowed
hermosa, y siempre fue creciendo en belleza, y en la edad de diez y seis
años fue hermosísima.° La fama de su belleza se comenzó a estender por   very beautiful
todas las circunvecinas aldeas ¿Qué digo yo por las circunvecinas no más,
si se estendió a las apartadas ciudades, y aun se entró por las salas de los
reyes y por los oídos de todo género de gente que, como a cosa rara, o
como a imagen de milagros, de todas partes a verla venían?

"Guardábala su padre y guardábase ella, que no hay candados,°   padlocks
guardas° ni cerraduras que mejor guarden a una doncella que las del recato   bolts
proprio.° La riqueza del padre y la belleza de la hija movieron a muchos,   her own
así del pueblo como forasteros,° a que por mujer se la pidiesen. Mas él,   outsiders
como a quien tocaba disponer° de tan rica joya, andaba confuso, sin saber°   dispose, **poder**
determinarse a quién la entregaría de los infinitos que le importunaban,° y   begged
entre los muchos que tan buen deseo tenían, fui yo uno, a quien dieron[1]
muchas y grandes esperanzas de buen suceso conocer que el padre conocía
quien yo era, el ser natural del mismo pueblo, limpio en sangre,[2] en la edad
floreciente,° en la hacienda muy rico y en el ingenio no menos acabado.   blooming

"Con todas estas mismas partes la pidió también otro del mismo
pueblo, que fue causa de suspender° y 'poner en balanza° la voluntad del   postpone, hang in |
padre, a quien parecía que con cualquiera de nosotros estaba su hija bien   balance
empleada, y por salir desta confusión, determinó decírselo a Leandra—que
así se llama la rica que en miseria me tiene puesto—advirtiendo que, pues
los dos éramos iguales, era bien dejar a la voluntad de su querida hija el
escoger a su gusto, cosa digna de imitar de todos los padres que a sus hijos
quieren poner en estado.[3] No digo yo que los dejen escoger en cosas ruines
y malas, sino que se las propongan buenas, y de las buenas que escojan a
su gusto. No sé yo el que tuvo Leandra—sólo sé que el padre nos entretuvo
a entrambos con la poca edad de su hija, y con palabras generales, que ni
le obligaban, ni nos desobligaban° tampoco. Llámase mi competidor   released
Anselmo, y yo Eugenio, porque vais con noticia de los nombres de las
personas que en esta tragedia se contienen, cuyo fin aún está pendiente,
pero bien se deja entender que ha de ser desastrado.

"En esta sazón vino a nuestro pueblo un Vicente de la Rosa, hijo de

---

[1] The subject of **dieron** is **conocer...** and **ser natural...** with all of the items
following it.

[2] "Clean in blood" meant that you were an "old Christian," that is, no Jewish blood
in your ancestry.

[3] **Los...** *fathers who want to marry their children off*

un pobre labrador del mismo lugar, el cual Vicente venía de las Italias⁴ y
de otras diversas partes, de ser Vicente de soldado⁵—llevóle de nuestro
lugar, siendo muchacho de hasta doce años, un capitán que con su
compañía por allí acertó a pasar, y volvió el mozo de allí a otros doce,⁶
vestido 'a la soldadesca,° pintado con mil colores, lleno de mil dijes° de   as a soldier, trinkets
cristal y sutiles cadenas de acero.° Hoy se ponía una gala° y mañana otra,   steel, dress uniform
pero todas sutiles, pintadas, de poco peso y menos tomo. La gente
labradora, que de suyo es maliciosa,⁷ y dándole el ocio lugar es la misma
malicia,° lo notó, y contó punto por punto sus galas y preseas,° y halló que   mischief, trinkets
los vestidos eran tres de diferentes colores, con sus ligas° y medias,° pero   garters, stockings
él hacía tantos guisados° e invenciones dellas, que si no se los contaran,   arrangements
hubiera quien jurara que había hecho muestra de más de diez pares de
vestidos° y de más de veinte plumajes.° Y no parezca impertinencia° y   outfits, feathered
demasía esto que de los vestidos voy contando, porque ellos hacen una   hats, impertinent
buena parte en esta historia.   remark
   "Sentábase en un poyo° que debajo de un gran álamo° está en nuestra   bench, poplar
plaza, y allí nos tenía a todos 'la boca abierta,° pendientes de las hazañas   agape
que nos iba contando: no había tierra en todo el orbe que no hubiese visto,
ni batalla donde no se hubiese hallado. Había muerto más moros que tiene
Marruecos° y Túnez, y entrado en más singulares desafíos, según él decía,   Morocco
que Gante y Luna, Diego García de Paredes⁸ y otros mil que nombraba, y
de todos había salido con vitoria, sin que le hubiesen derramado una sola
gota de sangre, por otra parte, mostraba 'señales de heridas° que, aunque no   scars
se divisaban, nos hacía entender que eran arcabuzazos° dados en diferentes   musket wounds
rencuentros y faciones.° Finalmente, con una no vista arrogancia llamaba   battles
de VOS a sus iguales⁹° y a los mismos que le conocían, y decía que su   equals
padre era su brazo, su linaje sus obras, y que, debajo de ser soldado, al
mismo rey no debía nada.¹⁰ Añadiósele a estas arrogancias ser un poco
músico y tocar una guitarra a lo rasgado,¹¹ de manera que decían algunos
que la hacía hablar, pero no pararon aquí sus gracias, que también la tenía
de poeta, y así, de cada niñería que pasaba en el pueblo componía un
romance de legua y media de escritura.
   "Este soldado, pues, que aquí he pintado, este Vicente de la Rosa, este
bravo, este galán,° este músico, este poeta, fue visto y mirado muchas veces   handsome man
de Leandra desde una ventana de su casa que 'tenía la vista a° la plaza;   which looked out
eamoróla el oropel° de sus vistosos trajes; encantáronla sus romances, que   onto; tinsel

---

   ⁴ "Las Italias" because Italy was not a unified country until the nineteenth century.
   ⁵ **Venía...** *he came from Italy and other places, where Vicente was a soldier*
   ⁶ **Volvió...** *and the young man came back from there twelve years later*
   ⁷ **De...** *by nature is mischievous*
   ⁸ Since Garcilaso and Diego García de Paredes are mentioned in the same sentence
in Chapter 49, some editors have assumed that Gante y Luna is a compositor's misreading
for Garci Lasso. Clemencín thinks Gante y Luna represents two different persons.
   ⁹ The singular **vos** was reserved generally for inferiors. It used the modern **vosotros**
form of the verb.
   ¹⁰ **Decía...** *he said that his father was his [right] arm, his lineage was his deeds, and
that, as a soldier, he owed nothing even to the king himself.*
   ¹¹ **Rasgado**, modern **rasgueado**, is a Spanish strumming technique involving from one
finger to all five, typical of flamenco technique.

de cada uno que componía daba veinte traslados;° llegaron a sus oídos las   copies
hazañas que él de sí mismo había referido, y finalmente, que así el diablo
lo debía de tener ordenado, ella se vino a enamorar dél, antes que en él
naciese presunción de solicitalla,° y como en los casos de amor no hay   to ask for her
5   ninguno que con más facilidad se cumpla que aquel que tiene de su parte
el deseo de la dama, con facilidad se concertaron Leandra y Vicente, y
primero que alguno de sus muchos pretendientes° cayesen en la cuenta de   suitors
su deseo, ya ella le tenía cumplido, habiendo dejado la casa de su querido
y amado padre, que° madre no la tiene, y ausentádose de la aldea con el   since
10 soldado, que salió con más triunfo desta empresa que de todas las muchas
que él 'se aplicaba.°   boasted
    "Admiró el suceso a toda el aldea, y aun a todos los que del noticia
tuvieron. Yo quedé suspenso, Anselmo atónito, el padre triste, sus parientes
afrentados, solícita° la justicia, los cuadrilleros listos° Tomáronse los   ready, prepared
15 caminos, escudriñáronse los bosques y cuanto había, y al cabo de tres días
hallaron a la antojadiza° Leandra en una cueva de un monte,° desnuda en   capricious, mountai
camisa, sin muchos dineros y preciosísimas joyas que de su casa había
sacado. Volviéronla a la presencia de su lastimado padre. Preguntáronle su
desgracia. Confesó sin apremio que Vicente de la Roca[12] la había engañado,
20 y debajo de su palabra de ser su esposo la persuadió que dejase la casa de
su padre, que él la llevaría a la más rica y más viciosa° ciudad que había   luxurious
en todo el universo mundo, que era Nápoles,° y que ella, mal advertida y   Naples
peor engañada, le había creído, y robando a su padre, se le entregó la
misma noche que había faltado, y que él la llevó a un áspero monte y la
25 encerró en aquella cueva donde la habían hallado. Contó también como el
soldado, sin quitalle su honor, le robó cuanto tenía, y la dejó en aquella
cueva y se fue—suceso que de nuevo puso en admiración a todos.
    "Duro se nos hizo de creer la continencia del mozo,[13] pero ella lo
afirmó con tantas veras, que 'fueron parte° para que el desconsolado padre   it helped
30 se consolase, no haciendo cuenta de las riquezas que le llevaban, pues le
habían dejado a su hija con la joya que, si una vez se pierde, no deja
esperanza de que jamás se cobre. El mismo día que pareció Leandra la
desapareció° su padre de nuestros ojos y la llevó a encerrar en un   made disappear
monesterio de una villa que está aquí cerca, esperando que el tiempo gaste°   will wear away
35 alguna parte de la mala opinión en que su hija se puso. Los pocos años de
Leandra sirvieron de disculpa de su culpa,° a lo menos con aquellos que 'no   fault
les iba algún interés en que° ella fuese mala o buena. Pero los que conocían   didn't care if
su discreción y mucho entendimiento no atribuyeron a ignorancia su pecado,
sino a su desenvoltura° y a la natural inclinación° de las mujeres, que, por   brazenness,
40 la mayor parte, suele ser desatinada y mal compuesta.°   propensity; put
    "Encerrada Leandra, quedaron los ojos de Anselmo ciegos, a lo menos,   together
sin tener cosa que mirar que contento le diese, los míos en tinieblas, sin luz
que a ninguna cosa de gusto les encaminase.[14] Con la ausencia de Leandra

---

  [12] The first two mentions of his name were "Rosa." The first edition has "Roca" here
(folio 306v), which I maintain is an effort by Cervantes to confuse names *on purpose.*
Virtually all editions change this third instance to Rosa.
  [13] **Duro...** *it was hard for us to believe the restraint of the young man*
  [14] **Sin luz...** *without the light to lead them towards anything that gives pleasure*

crecía nuestra tristeza, apocábase° nuestra paciencia, maldecíamos las galas **diminished**
del soldado y abominábamos° del poco recato del padre de Leandra. **we cursed**
Finalmente, Anselmo y yo nos concertamos de dejar el aldea y venirnos a
este valle, donde él apacentando una gran cantidad de ovejas suyas proprias,
y yo un numeroso rebaño de cabras, también mías, pasamos la vida entre
los árboles, dando vado a nuestras pasiones, o cantando juntos alabanzas o
vituperios de la hermosa Leandra, o suspirando solos y a solas comunicando
con el cielo nuestras querellas.

"A imitación nuestra, otros muchos de los pretendientes de Leandra se
han venido a estos ásperos montes usando el mismo ejercicio nuestro, y son
tantos, que parece que este sitio se ha convertido en la pastoral Arcadia,
según está colmo° de pastores y de apriscos, y no hay parte en él donde no **filled**
se oiga el nombre de la hermosa Leandra. Éste la maldice y la llama
antojadiza, varia° y deshonesta;° aquél la condena por fácil y ligera;° tal **indifferent, immodest,**
la absuelve° y perdona, y tal la justicia y vitupera; uno celebra su **loose; absolves**
hermosura, otro reniega de su condición,[15] y en fin, todos la deshonran y
todos la adoran, y de todos se estiende a tanto la locura, que hay quien se
queje de desdén sin haberla jamás hablado,[16] y aun quien 'se lamente° y **laments**
sienta la rabiosa° enfermedad de los celos, que ella jamás dio a nadie, **furious**
porque, como ya tengo dicho, antes se supo su pecado que su deseo. No
hay hueco de peña, ni margen° de arroyo, ni sombra de árbol que no esté **bank**
ocupada de algún pastor que sus desventuras a los aires cuente. El eco
repite el nombre de Leandra dondequiera que pueda formarse. LEANDRA
resuenan los montes; LEANDRA murmuran los arroyos, y LEANDRA nos
tiene a todos suspensos y encantados, esperando sin esperanza y temiendo
sin saber de qué tememos.

"Entre estos disparatados,° el que muestra que menos y más juicio **foolish persons**
tiene es mi competidor° Anselmo, el cual, teniendo tantas otras cosas de **rival**
que quejarse, sólo se queja de ausencia,° y al son de un rabel que **[Leandra's] absence**
admirablemente toca, con versos, donde muestra su buen entendimiento,
cantando se queja. Yo sigo otro camino más fácil, y a mi parecer el más
acertado, que es decir mal de la ligereza° de las mujeres, de su **fickleness**
inconstancia,° de su doble trato,[17] de sus promesas muertas, de su fe **inconstancy**
rompida y finalmente, del poco discurso que tienen en saber colocar sus
pensamientos e intenciones que tienen. Y ésta fue la ocasión, señores, de
las palabras y razones que dije a esta cabra cuando aquí llegué—que por ser
hembra la tengo en poco,[18] aunque es la mejor de todo mi apero.

"Ésta es la historia que prometí contaros. Si he sido en el contarla
prolijo,° no seré en serviros corto. Cerca de aquí tengo mi majada, y en ella **long-winded**
tengo fresca leche y muy sabrosísimo queso, con otras varias y sazonadas
frutas, no menos a la vista que al gusto agradables."

[15] **Tal la justicia...** *one condemns and censures her, one celebrates her beauty,
another complains about her character*
[16] **De todos...** *this madness extends to everyone to such an extent that there are those
that complain of her scorn without having ever spoken to her*
[17] **Doble trato** *double dealing*
[18] **La...** *I hold her in little esteem*

Capítulo LII. De la pendencia que don Quijote tuvo con el
cabrero, con la rara aventura de los deceplinantes,° a   flagellants
quien dio felice fin a costa de su sudor.

5   GENERAL GUSTO causó el cuento del cabrero a todos los que escuchado
le habían, especialmente le recibió el canónigo, que con estraña
curiosidad notó la manera con que le había contado, tan lejos de parecer
rústico cabrero cuan cerca de mostrarse discreto cortesano. Y así, dijo que
había dicho muy bien el cura en decir que los montes criaban letrados.
10   Todos se ofrecieron a Eugenio, pero el que más se mostró liberal en esto
fue don Quijote, que le dijo:
"Por cierto, hermano cabrero, que si yo me hallara posibilitado° de   allowed
poder comenzar alguna aventura, que luego luego me pusiera en camino,
porque vos la° tuviérades buena, que yo sacara del monesterio, donde, sin   **la** ***ventura***
15   duda alguna, debe de estar contra su voluntad, a Leandra, a pesar de la
abadesa° y de cuantos quisieran estorbarlo, y os la pusiera en vuestras   abbess
manos para que hiciérades della a toda vuestra voluntad y talante,
guardando, pero,° las leyes de la caballería, que mandan que a ninguna   however
doncella se le sea fecho desaguisado alguno, aunque yo espero en Dios
20   Nuestro Señor que no ha de poder tanto la fuerza de un encantador
malicioso, que no pueda más la de otro encantador mejor intencionado, y
para entonces os prometo mi favor y ayuda, como me obliga mi profesión,
que no es otra si no es favorecer a los desválidos° y menesterosos."   needy
Miróle el cabrero, y como vio a don Quijote de tan mal pelaje° y   dressed
catadura,° admiróse y preguntó al barbero, que cerca de sí tenía: looks
25   "Señor, ¿quién es este hombre que tal talle tiene y de tal manera
habla?"
"¿Quién ha de ser," respondió el barbero, "sino el famoso don Quijote
de la Mancha, desfacedor de agravios, enderezador° de tuertos, el amparo   righter
de las doncellas, el asombro de los gigantes y el vencedor de las batallas?"
30   "Eso me semeja,° respondió el cabrero, "a lo que se lee en los libros   seems
de caballeros andantes, que hacían todo eso que de este hombre vuestra
merced dice, puesto que para mí tengo, o que vuestra merced se burla, o
que este gentil hombre debe de tener vacíos los aposentos de la cabeza."
"Sois un grandísimo bellaco," dijo a esta sazón don Quijote, "y vos
35   sois el vacío y el menguado,° que yo estoy más lleno¹ que jamás lo estuvo   wretch
la muy hideputa° puta que os parió."   bitch
Y diciendo y hablando, arrebató° de un pan° que junto a sí tenía, y dio   snatched, loaf
con él al cabrero en todo el rostro, con tanta furia, que le remachó° las   flattened
narices. Mas el cabrero, que no sabía de burlas, viendo con cuántas veras
40   le maltrataban,² sin tener respeto a la alhombra, ni a los manteles, ni a todos
aquellos que comiendo estaban, saltó sobre don Quijote, y asiéndole del
cuello con entrambas manos, no dudara de ahogalle, si Sancho Panza no
llegara en aquel punto y le asiera por las espaldas y diera con él encima de
la mesa, quebrando platos, rompiendo tazas° y derramando y esparciendo   cups
45   cuanto en ella estaba. Don Quijote, que se vio libre, acudió a subirse sobre

¹ Don Quijote contrasts **lleno** with **vacío**. **Lleno** is also used to mean *pregnant*, but
only with animals, thus the insult to Eugenio's mother is increased.
² **Viendo…** *seeing himself mistreated in earnest*

el cabrero, el cual, lleno de sangre el rostro, molido a coces de Sancho, andaba buscando 'a gatas° algún cuchillo de la mesa para hacer alguna sanguinolenta° venganza, pero estorbábanselo el canónigo y el cura. Mas el barbero hizo de suerte que el cabrero cogió debajo de sí a don Quijote, sobre el cual llovió tanto número de mojicones, que del rostro del pobre caballero llovía tanta sangre como del suyo.

Reventaban de risa el canónigo y el cura, saltaban los cuadrilleros de gozo, zuzaban° los unos y los otros, como hacen a los perros cuando en pendencia están trabados. Sólo Sancho Panza se desesperaba, porque no se podía desasir de un criado del canónigo, que le estorbaba que a su amo no ayudase. En resolución, estando todos en regocijo y fiesta,° sino los dos aporreantes° que se carpían,° oyeron el son de una trompeta, tan triste, que les hizo volver los rostros hacía donde les pareció que sonaba. Pero el que más se alborotó de oírle fue don Quijote, el cual, aunque estaba debajo del cabrero, harto° contra su voluntad y más que medianamente molido, le dijo:

"Hermano demonio, que no es posible que dejes de serlo, pues has tenido valor y fuerzas para sujetar 'las mías,° ruégote que hagamos treguas,° no más de por una hora, porque el doloroso son de aquella trompeta que a nuestros oídos llega me parece que a alguna nueva aventura me llama."

El cabrero, que ya estaba cansado de moler y ser molido, le dejó luego, y don Quijote se puso en pie, volviendo asimismo el rostro adonde el son se oía, y vio a deshora que por un recuesto bajaban muchos hombres vestidos de blanco a modo de diciplinantes. Era el caso, que aquel año habían las nubes negado su rocío° a la tierra, y por todos los lugares de aquella comarca° se hacían procesiones, rogativas° y diciplinas,° pidiendo a Dios abriese las manos de su misericordia y les lloviese, y para este efecto la gente de una aldea que allí junto estaba venía en procesión a una 'devota ermita° que en un recuesto de aquel valle había.

Don Quijote, que vio los estraños trajes de los diciplinantes,[3] sin pasarle por la memoria las muchas veces que los 'había de haber visto,° se imaginó que era cosa de aventura y que a él sólo tocaba, como a caballero andante, el acometerla, y confirmóle más esta imaginación, pensar que una imagen que traían cubierta de luto fuese alguna principal señora que llevaban por fuerza aquellos follones y descomedidos malandrines, y como esto le cayó en las mientes, con gran ligereza arremetió a Rocinante, que paciendo andaba, quitándole del arzón el freno y el adarga, y en un punto le enfrenó, y pidiendo a Sancho su espada, subió sobre Rocinante y embrazó su adarga, y dijo en alta voz a todos los que presentes estaban:

"Agora, valerosa compañía, veredes cuánto importa que haya en el mundo caballeros que profesen la orden de la andante caballería. Agora digo que veredes, en la libertad de aquella buena señora que allí va cautiva, si se han de estimar los caballeros andantes."

Y en diciendo esto, apretó los muslos a Rocinante, porque espuelas no las tenía, y a todo galope, porque carrera tirada[4] no se lee en toda esta verdadera historia que jamás la diese Rocinante, se fue a encontrar con los

on all fours
bloody

urged

enjoyment
combatants,
quarreling

quite

mis fuerzas, truce

moisture
region, praying for
rain, scourges

holy shrine

must have seen

---

[3] What these people are wearing is very similar to the Ku Klux Klan garb of today.

[4] **Carrera tirada** or **tendida** is a full gallop. **Galope**, in those days, Ferreras says, meant *trot*.

diciplinantes, bien que fueran° el cura y el canónigo y barbero a detenelle, tried
mas no les fue posible, ni menos le detuvieron las voces que Sancho le
daba, diciendo:

 "¿Adónde va, señor don Quijote? ¿Qué demonios lleva en el pecho que
5 le incitan a ir contra nuestra fe católica? Advierta, mal haya yo, que aquélla
es procesión de diciplinantes, y que aquella señora que llevan sobre la
peana° es la imagen benditísima de la Virgen sin mancilla.° Mire, señor, lo litter, blemish
que hace, que por esta vez se puede decir que no es lo que sabe."

 Fatigóse en vano Sancho, porque su amo iba tan puesto° en llegar a los determined
10 ensabanados° y en librar a la señora enlutada, que no oyó palabra, y aunque sheeted people
la oyera, no volviera, si el rey se lo mandara. Llegó, pues, a la procesión,
y paró a Rocinante, que ya llevaba deseo de quietarse° un poco, y con to rest
turbada y ronca voz, dijo:

 "Vosotros, que quizá por no ser buenos os encubrís los rostros, atended
15 y escuchad lo que deciros quiero."

 Los primeros que se detuvieron fueron los que la imagen llevaban, y
uno de los cuatro clérigos que cantaban las ledanías,° viendo la estraña litanies
catadura de don Quijote, la flaqueza de Rocinante y otras circunstancias 'de
risa° que notó y descubrió en don Quijote, le respondió diciendo: laughable
20 "Señor hermano, si nos quiere decir algo, dígalo presto, porque se van
estos hermanos abriendo las carnes, y no podemos, ni es razón que nos
detengamos a oír cosa alguna, si ya no es tan breve que en dos palabras se
diga.

 "En una lo diré," replicó don Quijote, "y es ésta: que luego al punto
25 dejéis libre a esa hermosa señora, cuyas lágrimas⁵ y triste semblante dan
claras muestras que la lleváis contra su voluntad y que algún notorio
desaguisado le habedes fecho. Y yo, que nací en el mundo para desfacer
semejantes agravios, no consentiré que un solo paso adelante pase sin darle
la deseada libertad que merece."

30 En estas razones, cayeron todos los que las oyeron que don Quijote
debía de ser algún hombre loco, y tomáronse° a reír muy de gana, cuya risa they began
fue poner pólvora a la cólera de don Quijote, porque sin decir más palabra,
sacando la espada, arremetió a las andas, uno de aquellos que las llevaban,
dejando la carga a sus compañeros, salió al encuentro de don Quijote,
35 enarbolando° una horquilla° o bastón con que sustentaba° las andas en tanto brandishing, forked
que descansaba, y recibiendo en ella una gran cuchillada que le tiró don prop, held up
Quijote, con que se la hizo dos partes, con el último tercio, que le quedó
en la mano, dio tal golpe a don Quijote encima de un hombro, por el
mismo lado de la espada, que no pudo cubrir el adarga contra villana
40 fuerza, que el pobre don Quijote vino al suelo muy mal parado.

 Sancho Panza, que jadeando° le iba a los alcances,⁶ viéndole caído, dio panting
voces a su moledor° que no le diese otro palo, porque era un pobre assailant
caballero encantado, que no había hecho mal a nadie en todos los días de
su vida. Mas lo que detuvo al villano no fueron las voces de Sancho, sino
45 el ver que don Quijote no bullía° pie ni mano. Y así, creyendo que le había moved

---

⁵ As in this case, Spanish statues of the Virgin frequently have tears running down
their cheeks.
⁶ **Le...** *was pursuing him*

muerto, con priesa se alzó la túnica a la cinta y dio a huir por la campaña
como un gamo.

Ya en esto llegaron todos los de la compañía de don Quijote adonde
él estaba. Mas los de la procesión, que los vieron venir corriendo, y con
ellos los cuadrilleros con sus ballestas, temieron algún mal suceso y
hiciéronse todos un remolino° alrededor de la imagen, y alzados los   barrier of people
capirotes,° empuñando° las diciplinas° y los clérigos los ciriales,° esperaban   hoods, grasping,
el asalto, con determinación de defenderse y aun ofender, si pudiesen, a sus   whips, candles
acometedores,° pero la fortuna lo hizo mejor que se pensaba, porque Sancho   attackers
no hizo otra cosa que arrojarse sobre el cuerpo de su señor, haciendo sobre
él el más doloroso y risueño° llanto del mundo, creyendo que estaba   laughable
muerto.

El cura fue conocido de otro cura que en la procesión venía, cuyo
conocimiento puso en sosiego el concebido° temor de los dos escuadrones.   imagined
El primer cura dio al segundo en dos razones cuenta de quién era don
Quijote, y así, él como toda la turba de los diciplinantes fueron a ver si
estaba muerto el pobre caballero, y oyeron que Sancho Panza, con lágrimas
en los ojos, decía:

"¡Oh flor de la caballería, que con sólo un garrotazo° acabaste la   blow with club
carrera de tus tan bien gastados años! ¡Oh honra de tu linaje, honor y gloria
de toda la Mancha y aun de todo el mundo, el cual, faltando tú en él,
quedará lleno de malhechores, sin temor de ser castigados de sus 'malas
fechorías!° ¡Oh liberal sobre todos los Alejandros, pues por solos ocho   misdeeds
meses de servicio me tenías dada la mejor ínsula que el mar ciñe y rodea!
¡Oh humilde con los soberbios y arrogante con los humildes, acometedor
de peligros, sufridor de afrentas, enamorado sin causa, imitador de los
buenos, azote de los malos, enemigo de los ruines, en fin, caballero
andante, que es todo lo que decir se puede!"

Con las voces y gemidos de Sancho revivió° don Quijote, y la primer   revived
palabra que dijo fue: "El que de vos vive ausente, dulcísima Dulcinea, a
mayores miserias que éstas está sujeto. Ayúdame, Sancho amigo, a ponerme
sobre el carro encantado, que ya no estoy para oprimir la silla de Rocinante,
porque tengo todo este hombro hecho pedazos."

"Eso haré yo de muy buena gana, señor mío," respondió Sancho, "y
volvamos a mi aldea en compañía destos señores, que su bien desean, y allí
daremos orden de hacer otra salida que nos sea de más provecho y fama."

"Bien dices, Sancho," respondió don Quijote, "y será gran prudencia
dejar pasar el mal influjo de las estrellas que agora corre."

El canónigo y el cura y barbero le dijeron que haría muy bien en hacer
lo que decía. Y así, habiendo recebido grande gusto de las simplicidades de
Sancho Panza, pusieron a don Quijote en el carro, como antes venía. La
procesión volvió a ordenarse y a proseguir su camino. El cabrero se
despidió de todos. Los cuadrilleros no quisieron pasar adelante, y el cura
les pagó lo que se les debía. El canónigo pidió al cura le avisasèel suceso
de don Quijote, si sanaba de su locura, o si proseguía en ella, y con esto
tomó licencia para seguir su viaje.

En fin, todos se dividieron y apartaron, quedando solos el cura y
barbero, don Quijote y Panza, y el bueno de Rocinante, que a todo lo que

había visto estaba con tanta paciencia como su amo. El boyero unció sus
bueyes y acomodó a don Quijote sobre un haz° de heno,° y con su   bundle, hay
acostumbrada flema siguió el camino que el cura quiso, y a cabo de seis
días llegaron a la aldea de don Quijote, adonde entraron en la mitad del día,
5 que acertó a ser domingo, y la gente estaba toda en la plaza, por mitad de
la cual atravesó el carro de don Quijote. Acudieron todos a ver lo que en
el carro venía, y cuando conocieron a su compatrioto, quedaron
maravillados, y un muchacho acudió corriendo a dar las nuevas a su ama
y a su sobrina de que su tío y su señor venía flaco y amarillo, y tendido
10 sobre un montón° de heno, y sobre un carro de bueyes. Cosa de lástima fue   heap
oír los gritos que las dos buenas señoras alzaron, las bofetadas° que se   blows
dieron, las maldiciones que de nuevo echaron a los malditos libros de
caballerías, todo lo cual se renovó cuando vieron entrar a don Quijote por
sus puertas.
15   A las nuevas desta venida de don Quijote acudió la mujer de Sancho
Panza, que ya había sabido que había ido con él, sirviéndole de escudero,
y así como vio a Sancho, lo primero que le preguntó fue que si venía bueno
el asno. Sancho respondió que venía mejor que su amo.
     "Gracias sean dadas a Dios," replicó ella, "que tanto bien me ha hecho,
20 pero contadme agora, amigo, ¿qué bien habéis sacado de vuestras
escuderías?° ¿qué saboyana° me traéis a mí? ¿qué zapaticos° a vuestros   squirings, skirt, littl
hijos?"   shoes
     "No traigo nada deso," dijo Sancho, "mujer mía, aunque traigo otras
cosas de más momento y consideración."
25   "Deso recibo yo mucho gusto," respondió la mujer, "mostradme esas
cosas de más consideración y más momento, amigo mío, que las quiero ver
para que se me alegre este corazón, que tan triste y descontento ha estado
en todos los siglos de vuestra ausencia."
     "En casa os las mostraré, mujer," dijo Panza, "y por agora estad
30 contenta, que, siendo Dios servido de que otra vez salgamos en viaje a
buscar aventuras, vos me veréis presto conde o gobernador de una ínsula,
y no de las de por ahí, sino la mejor que pueda hallarse."
     "Quiéralo así el cielo, marido mío, que bien lo habemos menester. Mas
decidme, ¿qué es eso de ínsulas,⁷ que no lo entiendo?"
35   "No es la miel para la boca del asno," respondió Sancho, "a su tiempo
lo verás, mujer, y aun te admirarás de oírte llamar señoría de todos tus
vasallos."
     "¿Qué es lo que decís, Sancho, de señorías, ínsulas y vasallos?"
respondió Juana Panza, que así se llamaba la mujer de Sancho, aunque no
40 eran parientes, sino porque se usa en la Mancha tomar las mujeres el
apellido de sus maridos.
     "No 'te acucies,° Juana, por saber todo esto tan apriesa. Basta que te   be in hurry
digo verdad, y cose° la boca. Sólo te sabré decir, 'así de paso,° que no hay   sew, by the way
cosa más gustosa en el mundo que ser un hombre honrado escudero de un

---

⁷ **Ínsula** was really never a current word in Spanish, and that's why Sancho's wife
doesn't know it. It's a "cultismo," a made up word based on the Latin source, and used
essentially only in the books of chivalry. The people used **isla**, a form seen first in Berceo
(early thirteenth century).

caballero andante, buscador de aventuras. Bien es verdad que las más que se hallan no salen tan a gusto como el hombre querría, porque de ciento que se encuentran, las noventa y nueve suelen salir aviesas° y torcidas. Sélo yo de expiriencia, porque de algunas he salido manteado y de otras molido. Pero, con todo eso, es linda cosa esperar los sucesos, atravesando montes, 'escudriñando selvas,° pisando peñas, visitando castillos, alojando en ventas a toda discreción, sin pagar ofrecido sea al diablo el maravedí."⁸

    Todas estas pláticas pasaron entre Sancho Panza y Juana Panza, su mujer, en tanto que el ama y sobrina de don Quijote le recibieron y le desnudaron y le tendieron en su antiguo lecho. Mirábalas él con ojos atravesados,° y no acababa de entender en qué parte estaba. El cura encargó a la sobrina tuviese gran cuenta con regalar a su tío, y que estuviesen alerta de que otra vez no se les escapase, contando lo que había sido menester para traelle a su casa. Aquí alzaron las dos de nuevo los gritos al cielo; allí se renovaron las maldiciones de los libros de caballerías; allí pidieron al cielo que confundiese° en el centro del abismo a los autores de tantas mentiras y disparates. Finalmente, ellas quedaron confusas y temerosas de que se habían de ver sin su amo y tío en el mesmo punto que tuviese alguna mejoría;° y sí fue como ellas se lo imaginaron.

    Pero el autor desta historia, puesto que con curiosidad y diligencia ha buscado los hechos que don Quijote hizo en su tercera salida, no ha podido hallar noticia de ellas, a lo menos por escrituras auténticas. Sólo la fama ha guardado en las memorias de la Mancha, que don Quijote, la tercera vez que salió de su casa, fue a Zaragoza,⁹ donde se halló en unas famosas justas que en aquella ciudad hicieron, y allí le pasaron cosas dignas de su valor y buen entendimiento. Ni de su fin y acabamiento° pudo alcanzar cosa alguna, ni la alcanzara, ni supiera, si la buena suerte no le deparara un antiguo médico,° que tenía en su poder una caja de plomo,° que, según él dijo, se había hallado en los cimientos° derribados de una antigua ermita° que 'se renovaba.° En la cual caja se habían hallado unos pergaminos escritos con letras góticas,¹⁰ pero en versos castellanos, que contenían muchas de sus hazañas y daban noticia de la hermosura de Dulcinea del Toboso, de la figura de Rocinante, de la fidelidad de Sancho Panza y de la sepultura del mesmo don Quijote, con diferentes epitafios y elogios de su vida y costumbres.

    Y los que se pudieron leer y 'sacar en limpio,° fueron los que aquí pone el fidedigno° autor desta nueva y jamás vista historia. El cual autor no pide a los que la leyeren, en premio del inmenso trabajo que le costó inquerir y buscar todos los archivos manchegos por sacarla a luz, sino que le den el mesmo crédito que suelen dar los discretos a los libros de caballerías, que tan validos° andan en el mundo, que con esto se tendrá por bien pagado y satisfecho. Y se animará a sacar y buscar otras,° si no tan verdaderas, a lo menos, de tanta invención y pasatiempo. Las palabras

Margin glosses: adversely — searching forests — squinting — plunge — improvement — end — doctor, lead — foundation, hermitage — was being rebuilt — make out — trustworthy — favored — **otras** *historias*

⁸ **Sin...** *without paying a single* **maravedí**
⁹ A major Spanish city on the Ebro River, 280 kms. west of Barcelona.
¹⁰ There is some dispute as to what Gothic letters are. For me it is the writing used in, for example, Alfonso el Sabio's court (13th century). In any case, the parchments are old!

primeras que estaban escritas en el pergamino que se halló en la caja de plomo eran éstas:

Los académicos° de la Argamasilla,[11] lugar de   academicians
la Mancha, en vida y muerte del valeroso
5   don Quijote de la Mancha,
'*hoc scripserunt.*°   they wrote this

El Monicongo,[12] académico de la Argamasilla,
a la sepultura de don Quijote.

EPITAFIO

10   El calvatrueno,° que adornó a la Mancha   crazy person
de más despojos que Jasón[13] de Creta;
el juicio que tuvo la veleta°   weathervane
aguda donde fuera mejor ancha;
el brazo que su fuerza tanto ensancha,°   enlarges
15   que llegó del Catay hasta Gaeta;[14]
la musa más horrenda y más discreta,
que grabó versos en broncínea plancha;[15]
el que 'a cola° dejó los Amadises,   at the rear
y en muy poquito a Galaores tuvo,
20   estribando° en su amor y bizarría;   lying
el que hizo callar los Belianises;
aquel que en Rocinante errando° anduvo,   went
yace debajo desta losa fría.

[11] Argamasilla is a village 70 kms. east of Ciudad Real and 48 kms. southwest of El Toboso. Today there are 6,300 inhabitants, mostly dealing in agriculture. There was no Academy there in real life.

[12] This is the old name for the Congo (modern Zaire). In those days, academicians would take literary pseudonyms. The burlesque names seen here would have been amusing in that light.

[13] Jason is a mythological hero who was sent on a suicide mission to find the Golden Fleece, which led to the successful expedition of the argonauts. Since Jason had no connection with Crete, you should be immediately suspicious about the quality of these academicians.

[14] **Del...** *from China to a port city near Naples.* The words are practically phonetic anagrams of each other.

[15] **Que...** *who engraved verses on a bronzed plaque*

Del Paniaguado,° académico de la Argamasilla,   protégé
in laudem Dulcineæ del Doboso.[16]

SONETO
Esta que veis de rostro amondongado,°   looking like innards
    alta de pechos y ademán brioso,
    es Dulcinea, reina del Toboso,
    de quien fue el gran Quijote aficionado.
Pisó por ella el uno y otro lado
    de la gran Sierra Negra,° y el famoso   Morena
    campo de Montiel, hasta el herboso°   grassy
    llano de Aranjuez,[17] a pie y cansado.
Culpa de Rocinante. ¡Oh dura estrella,
    que esta manchega dama y este invito°   unconquered
    andante caballero, en tiernos años,
ella dejó muriendo de ser bella,
    y él, aunque queda en mármores escrito,
    no pudo huir de amor, iras y engaños!

Del Caprichoso,° discretísimo académico de la   capricious
    Argamasilla, en loor° de Rocinante,   praise
    caballo de don Quijote de
    la Mancha.

SONETO[18]
En el soberbio trono diamantino°   rigidly firm
    que con sangrientas° plantas huella Marte,   bloody
    frenético° el manchego su estandarte   frenzied
    tremola° con esfuerzo peregrino.   waves
Cuelga las armas y el acero fino
    con que destroza,° asuela, raja° y parte: smashes, splits
    ¡nuevas proezas! pero inventa el arte
    un nuevo estilo al nuevo paladino.°   champion
Y si de su Amadís se precia Gaula,
    por cuyos bravos descendientes Grecia
    triunfó mil veces, y su fama ensancha,
Hoy a Quijote le corona el aula°   palace
    do Belona[19] preside, y dél se precia
    más que Grecia, ni Gaula, la alta Mancha.
Nunca sus glorias el olvido mancha,°   tarnish
    pues hasta Rocinante en ser gallardo,
    excede a Brilladoro y a Bayardo.[20]

[16] *In... in praise of Dulcinea del Toboso.* The first edition *did* say "Doboso." It could
be an amusing error-on-purpose by Cervantes.
[17] Aranjuez is a city 60 kms. south of Madrid. Don Quijote never got near that place.
[18] The 17-verse sonnet is not a mistake. Adding three lines was common.
[19] Bellona was the Roman goddess of war, the sister, friend, or wife of Mars
[20] These were the horses respectively of Orlando (Furioso) and Renaut de Montauban.

Del Burlador, académico Argamasillesco, a
Sancho Panza.

SONETO

Sancho Panza es aqueste en cuerpo chico,
pero grande en valor, ¡milagro estraño!
escudero el más simple y sin engaño
que tuvo el mundo, os juro y certifico.
De ser conde no estuvo en un tantico,°   a bit
si no se conjuraran en su daño
insolencias y agravios del tacaño°   stingy
siglo, que aun no perdonan a un borrico.
Sobre él anduvo, con perdón se miente,
este manso escudero, tras el manso
caballo Rocinante y tras su dueño.
Oh vanas esperanzas de la gente,
cómo pasáis con prometer descanso,
y al fin paráis en sombra, en humo, en sueño!

Del Cachidiablo,° académico de la Argamasilla,   hobgoblin
en la sepultura de don Quijote:

EPITAFIO[21]

Aquí yace el caballero
bien molido y mal andante,
a quien llevó Rocinante
por uno y otro sendero.°   path
Sancho Panza, el majadero,
yace también junto a él,
escudero el más fiel
que vio el trato de escudero.

Del Tiquitoc, académico de la Argamasilla,
en la sepultura de Dulcinea del Toboso:

EPITAFIO
Reposa aquí Dulcinea,
y aunque de carnes rolliza,
la volvió en polvo y ceniza
la muerte espantable y fea.
Fue de castiza ralea
y tuvo asomos° de dama;   traces
del gran Quijote fue llama,
y fue gloria de su aldea.

[21] These last two are **redondillas**, stanzas of eight syllables, full rhyme, following this
pattern: ABBA.

Estos fueron los versos que se pudieron leer; los demás, por
estar carcomida° la letra, se entregaron a un académico   eaten away
para que por conjeturas° los declarase. Tiénese   conjectures
noticia que lo ha hecho, a costa de muchas
vigilias y mucho trabajo, y que tiene
intención de sacallos a luz
con esperanza de la
tercera salida de
don Quijote.

Forse altro canterà con miglior plectio.[22]

FINIS.   the end, *Lat.*

---

[22] This is an ill-remembered verse from *Orlando Furioso* (XXX,16): *Forsi altri
canterà con miglior plettro.* After having stated that Don Quijote made a third sally that
took him to Zaragoza the rather cocky narrator dares to anyone to take his pen and
continue the story. The quote means: "Perhaps another will sing with a better pick," the
pick being analogical with a pen.

TABLA DE LOS
Capítulos que contiene esta famosa historia del valeroso caballero don Quijote de la Mancha.

Primera parte del ingenioso hidalgo Don Quijote de la Mancha[1] . . . . pág. 21

Capítulo primero, Que trata de la condición y ejercicio del famoso hidalgo y valiente don Quijote de la Mancha 21

Capítulo segundo, Que trata de la primera salida que de su tierra hizo el ingenioso don Quijote 27

Capítulo tercero, Donde se cuenta la graciosa manera que tuvo don Quijote en armarse caballero 33

Capítulo quarto, De lo que le sucedió a nuestro caballero cuando salió de la venta 38

Capítulo quinto, Donde se prosigue la narración de la desgracia de nuestro caballero 45

Capítulo sexto, Del donoso escrutinio que el cura y el barbero hicieron en la librería de nuestro ingenioso hidalgo 49

Capítulo séptimo, De la segunda salida de nuestro buen caballero 56

Capítulo octavo, Del buen suceso que el valeroso don Quijote tuvo en la espantable y jamás imaginada aventura de los molinos de viento, etc. 61

---

[1] In the old editions, "page" numbers referred to folios and not pages. A folio is two modern pages, front (= recto) and back)= verso). Chapters could begin on the front or the back of the folio. Obviously there were half the number of folios than of pages. In the original, therefore, to the right it says "fol." and not "pág."

Parte segunda del ingenioso hidalgo don Quijote de la Mancha 68

Capítulo nono, Donde se concluye y da fin a la estupenda batalla que el gallardo vizcaíno y el valiente manchego tuvieron 68

Capítulo décimo, De lo que más le avino a don Quijote con el vizcaíno y del peligro en que se vio con una caterva de yangüeses . . . 73

Capítulo undécimo, De lo que lo sucedió a don Quijote con unos cabreros 79

Capítulo duodécimo, De lo que contó un cabrero a los que estaban con don Quijote 85

Capítulo trece, Donde se da fin al cuento de la pastora Marcela, con otros sucesos 90

Capítulo catorce, Donde se ponen los versos desesperados del difunto pastor, con otros sucesos 99

Tercera parte del ingenioso hidalgo don Quijote de la Mancha 105

Capítulo quince, Donde se cuenta la desgraciada aventura que se topó don Quijote en topar con unos desalmados yangüeses 105

Capítulo dieciséis, De lo que le sucedió al ingenioso hidalgo en la venta que él imaginaba ser castillo 112

Capítulo diecisiete, Donde se prosiguen los innumerables trabajos que el bravo don Quijote y su buen escudero Sancho Panza pasaron, etc. 117

Capítulo dieciocho, Donde se cuentan las razones que pasó Sancho Panza con su señor don Quijote, con otras aventuras dignas de ser contadas 125

Capítulo diecinueve, De las discretas razones que Sancho pasaba con su amo, y de la aventura que le sucedió con un cuerpo muerto, etc. 133

Capitulo veinte, De la jamás vista ni oída aventura que con más poco peligro fue acabada de famoso caballero en el mundo, como la que acabó el valeroso don Quijote 140

Capítulo veintiuno, Que trata de la alta aventura y rica ganancia del yelmo de Mambrino, etc. 150

Capítulo veintidós, De la libertad que dio don Quijote a muchos desdichados 160

Capítulo veintitrés, De lo que le aconteció al famoso don Quijote en Sierra Morena, que fue una de las más raras aventuras que en esta verdadera historia se cuenta 169

Capítulo veinticuatro, Donde se prosigue la aventura de la Sierra Morena. Dice la historia que era grandísima la atención que don Quijote escuchaba al astroso caballero de la sierra, el cual, prosigueindo su plática dixo: "Quienquiera que seáis, etc." . 178

Capítulo veinticinco, Que trata de las estrañas cosas que en Sierra Morena sucedieron al valiente caballero de la Mancha, y de la imitación que hizo a la penitencia de Beltenebros 185

Capítulo veintiséis, Donde se prosiguen las finezas que de enamorado hizo don Quijote en Sierra Morena 199

Capítulo veintisiete, De cómo salieron con su intención el cura y el barbero, con otras cosas dignas de que se cuenten 206

Cuarta parte del ingenioso hidalgo don Quijote de la Mancha 219

Capítulo veintiocho, Que trata de la nueva y agradable aventura que al cura y barbero sucedió en la mesma sierra 219

Capítulo veintinueve, Que trata de la discreción de la hermosa Dorotea, con otras cosas de gusto y pasatiempo 230

Capítulo treinta, Que trata del gracioso artificio y orden que se tuvo en sacar a nuestro enamorado caballero de la asperísima penitencia en que se había puesto 240

Capítulo treinta y uno, los sabrosos razonamientos que pasaron entre don Quijote y Sancho Panza, su escudero, con otros sucesos 248

Capítulo treinta y dos, Que trata de lo que sucedió en la venta a toda la cuadrilla de don Quijote 255

Capítulo treinta y tres, Donde se cuenta la novela del Curioso impertinente 261

Capítulo treinta y cuatro, Donde se prosigue la novela del Curioso impertinente 276

Capítulo treinta y cinco, Donde se da fin a la novela del Curioso impertinente 291

Capítulo treinta y seis, Que trata de la brava y descomunal batalla que don Quijote tuvo con unos cueros de vino tinto, con otros raros sucesos que en la venta sucedieron 297

Capítulo treinta y siete, Que prosigue la historia de la famosa infanta Micomicona, con otras graciosas aventuras 305

Capítulo treinta y ocho, Que trata del curioso discurso que hizo don Quijote de las armas y las letras 313

Capítulo treinta y nueve, Donde el cautivo cuenta su vida y sucesos 316

Capítulo cuarenta, Donde se prosigue la historia del cautivo . . . 323
Capítulo cuarenta y uno, Donde todavía prosigue el cautivo su suceso
. . . . 334
Capítulo cuarenta y dos, Que trata de lo que más sucedió en la venta y
de otras muchas cosas dignas de saberse 348
Capítulo cuarenta y tres, Donde se cuenta la agradable historia del mozo
de mulas, con otros acaecimientos en la venta. Comienza:
«Marinero soy da amor» 353
Capítulo cuarenta y cuatro, Donde se prosiguen los inauditos sucesos
de la venta 362
Capítulo cuarenta y cinco, Donde se acaba de averiguar la duda del
yelmo de Mambrino y de la albarda, y otras aventuras sucedidas,
con toda verdad 369
Capítulo cuarenta y seis, De la notable aventura de los cuadrilleros y la
gran ferocidad de nuestro buen caballero 375
Capítulo cuarenta y siete, Del estraño modo con que fue encantado don
Quijote, con otros famosos sucesos 381
Capítulo cuarenta y ocho, Donde prosigue el canónigo la materia de los
libros de caballerías, con otras cosas dignas de su ingenio . 389
Capítulo cuarenta y nueve. Donde se trata del discreto coloquio que
Sancho Panza tuvo con su señor don Quijote 395
Capítulo cincuenta, De las discretas altercaciones que don Quijote y el
canónigo tuvieron, con otros sucesos 401
Capítulo cincuenta y uno, Que trata de lo que contó el cabrero a todos
los que llevaban a don Quijote 406
Capítulo cincuenta y dos, De la pendencia que don Quijote tuvo con el
cabrero, con la rara aventura de los deceplinantes, a quien dio felice
fin a costa de su sudor 410

Fin de la tabla